UNE VIE PARIA

TERRE HUMAINE

COLLECTION D'ÉTUDES ET DE TÉMOIGNAGES FONDÉE ET DIRIGÉE PAR JEAN MALAURIE

UNE VIE PARIA

Le rire des asservis

Pays tamoul, Inde du Sud

par

Viramma

Josiane et Jean-Luc Racine

Avec 50 illustrations dans le texte
73 illustrations hors texte
5 cartes
1 glossaire
3 index

FRANCE LOISIRS

123, boulevard de Grenelle, Paris

COLLECTION UNESCO D'ŒUVRES REPRÉSENTATIVES

Le lecteur trouvera en fin de volume la liste des ouvrages de la collection Terre Humaine.
La plupart des titres de Terre Humaine sont disponibles.
Depuis 1993, la première édition est tout à la fois reliée et brochée. La seconde n'est plus que brochée.

Une édition du Club France Loisirs, Paris,
réalisée avec l'autorisation de la Librairie Plon

Maquette des hors-texte : Catherine Repettati.
Cartes : Patrick Mérienne d'après des documents des auteurs.

ISBN : édition reliée 2-259-18138-4
ISBN : édition brochée 2-259-02353-3
ISSN : 0492-7915
ISBN UNESCO : 92-3-203145-0
ISBN : 2-7242-9259-6

En une longue suite d'entretiens confiants, conduits de 1980 à 1990, Viramma, Paria d'un village de l'Inde du Sud, a conté sa vie à Josiane Racine, en tamoul, leur langue maternelle à toutes deux.

La matière de ces propos, traduits et réordonnés, annotés et commentés par Josiane et Jean-Luc Racine, constitue le récit qui suit, qu'éclaire un important corpus d'annexes.

C'est parce que Viramma se dit paria et assume cet état qu'on a gardé ce mot aujourd'hui condamné en Inde par les intellectuels, les militants et les mouvements luttant pour l'émancipation de ceux qu'on appelle et qui s'appellent de plus en plus communément les *dalits* : les opprimés.

REMARQUES LIMINAIRES

A l'exception des villes et des personnalités connues dans l'Inde entière ou au pays tamoul, tous les noms de personnes et de lieux ont été changés afin de préserver la véracité d'un récit sans fard, tout en respectant l'anonymat de ceux dont la vie, en tout ou en partie, est ici racontée par Viramma, dont le nom même est un pseudonyme.

Notes. Glossaire. Index

Les chiffres en exposant rencontrés au fil du texte renvoient aux notes explicatives regroupées en fin de volume, chapitre par chapitre. On trouvera également en fin de volume, entre autres annexes :

— Un glossaire, où sont brièvement expliqués les mots tamouls ou sanscrits qui apparaissent dans le texte en italique, ainsi que les mots empruntés au vocabulaire français pondichérien, qui eux ne sont pas mis en italique.

— Un index des personnes mentionnées dans le récit.

— Un index des castes (qui sont répertoriées mais non commentées dans le glossaire).

— Un index des divinités, esprits et héros qui sont marqués d'un astérisque lorsqu'ils apparaissent dans le texte pour la première fois.

Graphies et prononciation

On a choisi de donner ici les noms et les mots tamouls, noms propres ou noms communs, dans une graphie qui correspond à peu près à la prononciation populaire en usage chez les Parias de la région de Pondichéry, à ceci près qu'en renonçant dans le texte aux signes diacritiques, on n'a pu indiquer les différences entre longues et brèves, dentales et rétroflexes, etc. Dans le glossaire et les index, en revanche, on a fait suivre la graphie donnée dans le texte, écho d'une langue parlée populaire, de la translittération savante aujourd'hui en usage pour le tamoul écrit et pour le sanscrit. Quand des concepts sanscrits — essentiellement liés à la pensée religieuse — apparaissent dans le récit, on leur a donné, plutôt que leur forme tamoule, leur transcription habituelle en français, mais sans signes diacritiques (dharma, karma, bhakti, mantra, par exemple). On a fait de même quand Viramma évoque des personnages du *Mahabharata*, ou quand on mentionne des divinités majeures, connues de qui s'intéresse un peu à l'Inde.

Retenir enfin deux entorses à la graphie française, consacrées par l'usage : dans tous les mots indiens donnés dans le texte, *u* doit se prononcer *ou*, et *j* doit se prononcer *dj* (*puja* se prononce poudja).

I

COMME LE ROYAUME DES DIEUX SUR TERRE

C'était une nuit du mois de *Markaji*, une nuit de veille et de jeûne où les comédiens nous tiennent jusqu'au petit matin. Malgré les remontrances de tout le voisinage, ma mère, le ventre bas comme Pillaiyar*, avait tenu à être là. Mais elle ne devait pas rester bien longtemps. La lune était à peine levée que les douleurs la prirent. Ma grand-mère qui était assise à côté d'elle, en la voyant souffler comme un bœuf, se leva précipitamment et rassembla toutes les femmes au plus vite. Ensemble elles emmenèrent ma mère tant bien que mal à la maison. Grand-mère et tante Kanikkai [1] préparèrent le nécessaire : l'eau chaude, des chiffons, de l'huile de ricin, du curcuma, de l'herbe-hirondelle, la faucille. Et puis elles attendirent en caressant le front de ma mère et en lui donnant du courage.

Le jour se leva. On entendait la cloche à main et les tambours du temple de Pérumal*, au village, et aussi le bruit des poulies et des seaux : les gens, là-bas, prenaient leur bain rituel. Le jeûne venait de se terminer. Ici, au *céri* [2], les hommes se préparaient à aller aux champs après une nuit de veille. Ils s'arrêtaient devant la maison pour prendre des nouvelles. Il suffisait de voir mon père assis près de la porte, la tête entre les mains, pour deviner le sexe de l'enfant, et les hommes repartaient en disant : « Nadesan a encore eu une fille ! » Les femmes, elles, reconnaissaient le cri aigu propre aux filles, et lançaient gentiment : « Hé ! Encore une petite garce qui est née ! »

Grand-mère, de son côté, se consolait comme elle pouvait, en expliquant que ce n'était pas un jour comme un autre, et que si le mois de *Markaji* était néfaste, ce jour particulier, lui, était auspicieux : un jour de fête de Pérumal. Une naissance ce jour-là ne pourrait qu'être une chance pour la famille, bien qu'on dise que la quatrième fille n'apporte le bonheur que tant qu'elle reste à la maison, et que, après ses noces, elle n'apporte plus la richesse qu'à sa belle-famille. Elle jette la misère sur le foyer des siens, quand elle se marie, la quatrième fille ; c'est comme si elle vidait la maison !

Quoi qu'il en soit, j'étais née un jour faste, où l'on honore les dieux, et l'on me donna un nom divin, Viramma[3]. On donne souvent chez nous des noms de dieux, car nous autres Parias, on ne peut pas passer notre temps à vivre dans la pureté, à prendre des bains rituels. Mais, en prononçant les noms des dieux, on a l'occasion de se purifier plusieurs fois par jour. Est-ce qu'on ne dit pas, Sinnamma[4], qu'en appelant Dieu par son nom, sa bonté descend sur nous, et que c'est un acte auspicieux et méritoire que de dire le nom de Dieu ?

Chez nous, les pauvres, déception ou malheur ne durent pas longtemps ; on ne peut pas vivre en ressassant ça tout le temps. Aussi, on oublia très vite la déception de ma naissance, et l'on m'accueillit fort bien au foyer. Mon grand-père paternel Samikkanneu était serf chez Swara Reddi. C'était un homme droit, un travailleur obstiné, fidèle à ses maîtres. Il était ouvrier agricole, mais il pratiquait aussi la sorcellerie. Il savait jeter les sorts et apprivoiser les démons. Tout le monde le redoutait et le respectait en même temps. De sa première femme Kannima, la fille d'un charretier de Karai, il a eu cinq enfants. Les démons en avaient pris trois : seuls mon père et ma tante Adi ont survécu. Un jour grand-père Samikkanneu est parti chez un sorcier réputé pour apprendre auprès de lui des mantra plus redoutables. Quand il est revenu, c'était avec la fille de son maître en sorcellerie, et elle était enceinte... Ma grand-mère n'a pas ouvert la bouche, et elle n'a jamais été agressive envers la nouvelle venue. Dieu seul peut dire si elle craignait que grand-père ne lui jette un sort si elle protestait. Elle continua de mener sa vie tranquille, éleva ses enfants puis ceux de sa rivale, qui eut un fils et une fille. Les enfants grandirent ensemble, et furent mis à leur tour au travail chez le Reddi.

Un jour un ami de grand-père Samikkanneu vint lui dire que des places étaient libres dans une cocoteraie de Madras où il travaillait. Grand-père prépara un petit ballot de vêtements pour chacun de ses fils, qui partirent après le coucher du soleil avec cet ami, sans qûe personne le sache. Grand-père pensait que c'était là une occasion rare, et que les garçons gagneraient plus en ville. Le lendemain, il raconta au Reddi que ses fils étaient partis voir des parents dans un village éloigné. Il essaya de faire le travail des garçons avec ses deux femmes et ses deux filles, mais ils n'arrivaient pas toujours à joindre les deux bouts, car, en ce temps-là, les femmes ne touchaient presque rien, et les filles encore moins. La vie devenait dure à Velpakkam. Mais, au moins, le ciel, les nuages, l'eau, toute la nature était avec nous. Elle jaillissait de partout, l'eau, en ce temps-là ! On comptait trois moussons par an, la terre était fertile, et tout poussait sans qu'on se donne beaucoup de mal. Et c'est ce qui fait que, malgré le départ de ses fils, grand-père réussit à conserver les quelques lopins de terre qu'il possédait.

Pour grand-mère, cette séparation était un crève-cœur. Elle n'arrêtait pas de pleurer et de se lamenter en souhaitant le retour des garçons, ou au moins de son fils Nadesan. Nuit et jour, elle cherchait un moyen de le faire rentrer, et l'idée lui vint d'en parler à sa sœur qui habitait Ranganam. Elle partit la voir, avec tante Kanikkai. Sa sœur essaya de la consoler, et lui suggéra de marier Nadesan à la fille d'une parente à elle dont le mari était aussi établi à Madras. « La fille est belle, claire comme une Tamoule [5], bien portante, capable de faire le travail d'un homme, lui dit-elle. Nadesan sera séduit quand il la verra, et il n'aura plus le cœur de quitter sa femme et son village. » Grand-mère écouta attentivement sa sœur aînée, et rentra réconfortée à Velpakkam.

Les femmes sont habiles quand il s'agit de préparer les mariages. Peu de temps après, Nadesan vint en visite au village. Grand-mère réunit tous les hommes et leur fit part de ses projets. Et de fait, mon père ne voulut plus retourner à Madras. Il reprit sa tâche chez le Reddi, en essayant de conserver le peu de terre de la famille. Ce fut peine perdue, car les mariages des enfants obligèrent grand-père, puis papa, à mettre en gage et à céder les champs.

L'avenir ne reposait plus que sur la descendance, sur la nouvelle génération. Ma mère Patteu a eu sept enfants vivants, dont trois nés à Ranganam. À la naissance de mon frère Muttu, on a appris la mort de mon grand-père maternel Pandéri, qui n'avait plus donné signe de vie depuis son départ pour Madras, des années et des années plus tôt. Un ami qui travaillait avec lui dans un entrepôt de saris à Madras vint annoncer la nouvelle, et dit que le propriétaire de l'entrepôt s'était chargé des funérailles. Ma grand-mère n'a ainsi presque pas connu son mari, et ma mère n'a pas connu son père. Son devoir d'épouse accompli, ma grand-mère décida après la mort de grand-père Pandéri de quitter sa belle-famille. Elle rendit son *tali* d'or, et rentra à Korakkuppam, son village natal, où ses frères vivaient plus aisément. Ma grand-mère partie, ma mère n'alla plus accoucher à Ranganam. Sa belle-mère Kannima l'aimait comme sa propre fille, et la fit venir : c'est ainsi que je suis née chez elle, chez mes grands-parents paternels, à Velpakkam[6]...

Comme les corbeaux

Mon enfance n'a rien de très particulier. Bien sûr, si je la compare à celle de ma fille Sundari, elle a sans doute été un peu courte ; on n'allait pas à l'école quand j'étais gamine. Mais je garderai toujours un souvenir heureux de mes années à Velpakkam. C'était une vie d'amitié et de jeux. Les jeux... Dans la maison, et surtout dehors : près de la maison, dans les rues du *céri*, sous le banian de la place, dans les champs, dans les bois, près des rivières qui entouraient le village. C'était une vie sans soucis, sans obligations. Pourtant on devait ramener assez tôt un salaire à la maison...

Mon enfance s'écoula comme si je vivais au royaume des dieux sur terre. On passait des heures entières à inventer des jeux, des chansons, des histoires, à ramasser tout ce qu'on pouvait trouver pour fabriquer des jouets. Nos journées commençaient plus tard que celles des adultes ; on se levait bien après le soleil, quand nos mères rentraient du puits. Les hommes aux champs, les femmes au ménage, le *céri* était calme. Et tout à coup, il se remplissait des piaillements et des cris des enfants. Dès le réveil, on sortait de nos maisons pour discuter de ce qu'on allait faire dans la journée, des endroits à explorer, du chemin à découvrir. Mais nos mères arrêtaient nos discussions pour nous envoyer faire notre toilette, pendant qu'elles, elles nettoyaient les plus petits. Chez moi, presque tout le monde allait travailler. Mes grands-parents avaient trimé aux champs jusqu'à leur dernier jour pour nourrir la famille. Maman, le matin, allait chez le Reddi, pour nettoyer l'étable, et se charger d'autres travaux, selon le besoin. Elle confiait alors mon petit frère encore au sein à Sarda, notre cousine aînée, qui avait aussi un nourrisson, et allaitait les deux bébés sans faire de différence. Maman lui donnait un récipient de *kuj* et des *karunai* pour qu'elle ait davantage de lait, et parfois c'était elle qui donnait le sein aux deux petits.

Notre toilette était vite faite : un peu d'eau sur le visage, les bras et les pieds, et un peu de cendres pour se frotter les dents. On avalait ensuite du riz à l'eau ou une bouillie de millet. Les petits frères allaient nus. Moi, comme ma sœur, je passais simplement un jupon autour de mes reins. Un bâton à la main, en traînant nos chars de noix de coco, on allait de maison en maison chercher les camarades qui nous rejoignaient, chacun avec ses richesses : dînettes, billes, cordes, galets, petits coquillages blancs. Et en route ! On s'arrêtait ici et là, on grimpait aux arbres, on dérobait des fruits, on grappillait des graines, des plantes, on collectionnait des cailloux, tout en chantant et piaillant.

Les garçons marchaient en tête, toujours plus vite que nous. Peu à peu on les perdait de vue. Nous, les filles, on ne se dispersait pas. On passait à travers champs, et quand c'était la saison du millet, on s'arrêtait pour cueillir des épis. À Velpakkam, il était magnifique, le millet, avec de grosses boules toutes rondes et bien jaunes. Les unes tendaient leur jupe, les autres arrachaient les épis et les lançaient dedans ; on volait juste une dizaine d'épis par champ. La cueillette faite, on grimpait au sommet d'une colline pas bien loin de là, et on se mettait à l'ombre d'un grand banian. On y déchargeait nos fardeaux, pour retourner au pied de la colline arracher des lentilles. La matinée passait sans qu'on s'en aperçoive. L'ombre se faisait de plus en plus rare, la chaleur torride. C'étaient les tiraillements de la faim qui nous indiquaient l'heure du repas. Quelques-unes d'entre nous retournaient alors au *céri* chercher de quoi manger sans oublier un peu de sel et une boîte avec deux allumettes, juste assez pour que les parents ne se rendent pas compte qu'on les avait chipées. Le *kuj* était versé dans de petites pannelles[7], et il fallait passer dans les maisons prendre la part de chacune. Celles qui étaient restées au pied de la colline écossaient les lentilles, puis remontaient au sommet retrouver les trésors déjà collectés. De là-haut, on voyait les filles revenir du *céri*, chargées de petits pots empilés les uns sur les autres. On s'amusait à s'interpeller, à pousser des cris, à lancer des surnoms, et l'écho nous renvoyait des mots bizarres qui nous faisaient pouffer de rire. Enfin, quand on s'était toutes retrouvées, on posait les pannelles par terre, et on s'asseyait en rond autour, les jambes croisées. Avant de commencer, on vérifiait que chacune avait quelque chose à manger, car il arrivait, surtout en saison creuse, que certains parents n'aient rien à donner pour le repas de midi. Alors, dans ce cas-là, on partageait. Celles qui le pouvaient donnaient un peu de *kuj*. Ce n'est pas pour rien, Sinnamma, qu'on dit que les Parias, enfants comme adultes, c'est comme les corbeaux. Il n'y a pas que la couleur qui compte. Comme les corbeaux, on est toujours en groupe. Comme les corbeaux, on ne mange jamais seul. Quand un corbeau trouve quelque chose, il appelle ses amis pour partager avec lui : c'est pareil pour nous.

Le *kuj* avalé de bon appétit, le repas terminé, c'était l'heure de la dînette. On adorait ce jeu, et souvent on faisait des dînettes de mariage. Moi, je demandais toujours à être le marié, et Kirti était ma femme. La cérémonie, c'était quelque chose ! *(Rires...)* Chacune savait son rôle. D'abord, les fleurs. Il en fallait, bien sûr, pour décorer la plate-forme où les mariés allaient s'asseoir. On trouvait des *samandi* jaunes toute l'année et, selon les saisons, on les mélangeait aux fleurs rouges des flamboyants ou aux jasmins sauvages, si parfumés ! Kittéri, Rukkumani et Nilamma étaient expertes en ce domaine. Pour elles, guirlandes et tresses n'avaient pas de secret. Elles savaient combiner avec goût les formes, les couleurs, les odeurs ; on admirait leur talent, et parfois on appelait les parents pour leur montrer leur art. Kasturi, Nayaki et Patchamma, elles, jouaient du tambour avec les pannelles, et chantaient. Nagamma était le prêtre, et les autres s'occupaient du festin. Un groupe ramassait des brindilles, les plaçait entre les pierres, et allumait le feu avec précaution, grâce aux deux allumettes chipées à la maison. D'autres, pendant ce temps, égrenaient le millet cueilli en route ; un coup de bâton sur l'épi, et les grains roulaient à terre. Les préparatifs se faisaient dans un brouhaha de rires et de chansons. Nous étions tout heureuses d'imiter les grands. Le calme revenait avec le repas qui terminait les cérémonies, et on distribuait le millet et les lentilles sur des feuilles de *kino*.

Le soleil commençait alors à baisser. Quand on l'apercevait entre les cocotiers, il fallait, grignotant du millet ou portant une pannelle vide sur la tête, prendre le chemin du retour. Habituellement, on s'arrêtait près d'un étang. On déposait vêtements et pannelles sur la berge, et on se lançait à l'eau en faisant la course comme les Blancs à la mer, plongeant, réapparaissant plus loin, jusqu'à ce que nos yeux deviennent rouges comme des bryones.

On avait des ennuis, parfois, à l'heure du bain, quand les garçons partis le matin avec nous rentraient aussi par l'étang au soleil couchant. Ces petits salopards prenaient nos jupons, grimpaient dans un banian voisin, et profitaient du spectacle en riant. D'abord honteuses, on commençait par les supplier, les mains devant le sexe. Les grandes, surtout, n'osaient pas se montrer nues et imploraient les garçons de leur rendre leurs vêtements. Et puis, petit à petit, la colère nous prenait, et on leur lançait des cailloux, en traitant ces vauriens de tous les noms :

« Hé ! Vacher ! Espèce de torchon de mes règles ! »

« Hé ! Brouteur de con ! Viens que j't'emmène voir mon père et ma mère ! »

« Pédés ! qu'est-ce que vous venez foutre ici ? Qu'est-ce que ça peut vous foutre qu'on se baigne à poil, espèces de gosses de veuves ! »

Vexés, ils descendaient de leur perchoir pour nous battre, mais on arrivait toujours, à plusieurs, à en traîner un ou deux dans l'étang et à leur plonger la tête sous l'eau. Les garçons nous lançaient alors nos jupons, brisaient nos pannelles et détalaient comme des ânes...

Souvent, on rentrait à la maison après les parents. Les hommes, sitôt de retour, repartaient, le *somin* baissé jusqu'aux chevilles, le *tundeu* noué sur la tête. Direction, la gargote ! Pour eux, la journée était terminée, et ils ne s'attardaient pas à la maison ; souvent les femmes devaient leur courir après pour leur soutirer de l'argent. Car, pour elles, il y avait encore beaucoup à faire, à commencer par le marché. Nous, les gosses, on aimait bien suivre les mères au marché. C'est toujours intéressant, un marché, même celui du *céri*, avec juste quelques petites boutiques sans grand choix. Mais les femmes retrouvaient les marchandes, bavardaient et nous achetaient à l'occasion une galette, un *vadai*, un *murukkeu*. Elles ne traînaient pas trop, pourtant, car il fallait vite préparer le repas du soir, le seul repas complet de la journée : du riz, une bonne sauce forte, des légumes. Notre rôle à nous, les fillettes, c'était de moudre les épices, le fenugrec, le cumin, le piment qui brûlait les mains...

Que de bêtises j'ai pu faire à la cuisine ! Un jour, sans faire attention, je me suis assise toute nue sur la meule où l'on venait d'écraser les piments. *Ayo* ! Les fesses et le beignet en feu, Sinnamma ! *(Viramma rit.)* Ma mère, de colère, m'a battue, en me répétant une fois de plus qu'on ne doit pas s'asseoir sur la meule, que cette pierre est sacrée, que Lakshmi* s'y tient, et que c'est insulter la déesse que d'aller poser son derrière dessus ! Les brûlures durèrent toute la nuit, mais cette fois j'avais compris pour de bon ; les paroles ne servent à rien quand on est petit, Sinnamma, c'est par l'expérience qu'on apprend.

Les brûlures et le brûlé, combien d'histoires on pourrait raconter à ce propos... C'est qu'on n'allait pas toujours au marché avec nos mères. Souvent, quand elles rentraient du travail, elles allumaient rapidement le bois, mettaient l'eau pour le riz sur le feu, car la cuisson était longue, et couraient seules aux boutiques en nous ordonnant de surveiller tout ça. On se sentait importantes ; évidemment, cuire un vrai repas, avec de vrais aliments, ça nous changeait de nos dînettes. Mais l'intérêt retombait vite, car il était tentant de retrouver les amies, plutôt que de rester à surveiller le feu. J'en ai perdu du riz, comme ça ! C'est une voisine attirée par l'odeur de brûlé qui découvrait le désastre, éteignait tout pour limiter les dégâts, et courait prévenir maman, qui rentrait précipitamment du marché. Maman passait sa colère sur moi puis, découragée, elle préparait un repas simplifié, du *kanji* relevé d'achards de tamarin ; ça n'allait pas tout seul quand les hommes rentraient, à moitié soûls, et découvraient pour le repas du soir autre chose que ce qu'on leur avait annoncé...

La bonne volonté ne suffit pas toujours ; le pire arriva un soir où j'avais vraiment voulu aider maman. Elle était encore aux champs avec grand-mère, à récolter les piments du Reddi. Je m'étais mis en tête de commencer à préparer le repas avant leur retour. Les brindilles et le bois ne manquaient pas, et je voulais faire cuire le riz. Impossible pourtant de faire prendre le feu ! De la fumée partout, oui, les yeux qui piquaient, mais pas de flamme. Impatiente, je me risquai à utiliser le pétrole. J'avais déjà vu maman s'en servir pour aller plus vite. J'ouvris la lampe, et je versai la moitié du contenu sur les brindilles. Quand j'approchai l'allumette... les flammes léchèrent d'un coup le toit de palmes qui avait été refait quelques mois plus tôt. Affolée, je courus appeler au secours. Mais déjà grand frère Sinnatambi et grand frère Kannan avaient vu le feu se propager. Ce fut la foule aussitôt, et les premiers seaux d'eau circulèrent. La nouvelle alla plus vite que le feu même ; maman laissa là la récolte et accourut, bouleversée. J'entendis ses cris : « *Ayo ! Ayo !* Elle est brûlée ? Elle est brûlée ? Oh, ma petite, mon enfant, ma fille ! » Je bousculai la foule pour la retrouver. Et, quand elle me vit saine et sauve, son angoisse fit place à la colère, c'était Kali* incarnée, le tonnerre et l'éclair. Elle se jeta sur moi, me roua de coups, et m'abandonna à mes pleurs. J'avais mal partout. Je me réfugiai derrière la maison de Kittéri, et je n'en bougeai plus, me promettant de ne plus chercher à bien faire, s'il fallait le payer aussi cher ! Grâce aux secours de tous, seul notre toit avait brûlé, mais les voisins avaient dû retirer leur chaume à la hâte pour que le feu ne s'étende pas au *céri* entier. Papa et son ami Irsin étaient en négociations : c'est eux qui referaient les toits des voisins, et c'était pour eux au moins une journée de travail perdue. Pour remplacer notre toit, il allait falloir emprunter... C'est grand-mère, qui ne prenait jamais rien au tragique, qui vint me chercher et me ramena à la maison. « Viramma est sauve, répétait-elle à maman, c'est ça l'essentiel, non ? » C'était trop d'émotions pour chacun, et personne n'avait faim. Ce soir-là, on m'envoya me coucher sans manger.

Quand nous rentrions plus tôt au *céri*, c'était encore de nouveaux jeux : la marelle, le cheval, la tape, la main cachée, mais jamais les osselets, car le geste de ramasser quelque chose le soir porte la guigne et invite les esprits de malheur [8] à ramasser eux aussi tout ce qui traîne dans la maison. La ronde était un de nos jeux favoris. Pendant des heures et des heures, on pouvait chanter et danser.

Le *céri* était toujours plein de bruits, de chants, de cris. Gosses qui piaillent ou se disputent, c'est toujours plein de vie chez nous, alors qu'au village, à l'*ur*, tout est calme et chacun chez soi. Les enfants de l'*ur*, eux, ne pouvaient jouer qu'à heures fixes. Des tas de choses leur étaient interdites, et ils ne connaissaient pas les environs du village. Il n'y avait que les enfants des Kudiyanar [9] qui sortaient un peu ; leurs parents étaient ouvriers agricoles, comme les nôtres.

En ce temps-là, on n'allait pas à l'école. Il y en avait bien une à l'*ur*, mais ce n'était pas pour nous. Notre vie, c'était le jeu et les histoires. Notre maître d'école à nous, c'était à sa façon grand-père Munissami, le grand-père de Kittéri. Quel conteur ! Il y en avait d'autres, et l'on attendait avec impatience que les hommes rentrent de la gargote et viennent nous raconter jusqu'à l'heure du dîner des histoires de rois et de reines.

Mais de tous les conteurs du *céri*, c'était grand-père Munissami mon préféré. Il savait nous faire rire, et racontait volontiers plusieurs fois la même histoire si on le lui demandait. Chaque histoire durait plusieurs jours, et tous les soirs c'était à moi qu'il disait : « Hé, petite-fille de Kanimma ! Dis-moi où on en était restés hier ! »

Je lui rappelais fidèlement sa dernière phrase de la veille, et il continuait. Il nous apprenait aussi des chansons, des devinettes. Je me souviens encore de quelques-unes. « Des moutons innombrables qui paissent dans un champ sans bornes. Qui sont-ils ? — Ce sont les étoiles du ciel. » « Le brahmane qui court avec ses trois raies sur le dos. Qui est-il ? — C'est l'écureuil [10]. » Une fois, j'ai posé une des devinettes de grand-père Munissami à Minatchi, la fille du Reddi chez qui maman travaillait : « Mes parents sont le soleil et la mer, et ils m'ont laissé dans toutes les maisons. Qui suis-je ? » Elle ne trouvait pas, et moi je ne voulais pas lui donner la solution. Elle s'est plainte à sa mère, qui a appelé la mienne. Je me suis fait gronder pour avoir voulu étaler mon petit savoir auprès de nos maîtres qui sont bien plus instruits que nous.

Humiliée, de la porte de l'étable où je m'étais cachée, j'ai lancé la réponse : « C'est le sel ! »

Que d'histoires connaissait grand-père Munissami ! Il savait autant de choses qu'un maître d'école, mais on allait à lui de nous-mêmes. Il était intarissable, et nous, les gamins, on était comme hypnotisés par ses paroles, par le son de sa voix. On avait du rêve plein la tête, on ne sentait ni la fatigue ni la faim... C'était généralement les cris de la mère de Nayaki qui nous ramenaient sur terre : « *Aye* ! Ces diablesses de *vadai* à trou [11] sont incroyables ! Elles sont quasiment debout avec le soleil comme si elles devaient travailler, et elles sont toujours là, la nuit tombée, avec leurs jeux et leurs histoires ! » Elle secouait sa fille, et chacun rentrait chez soi. C'est alors que l'appétit nous prenait tout à coup, comme si l'on n'avait pas mangé depuis des jours. On se jetait comme des affamées sur notre platée de riz, pour être finalement rassasiées avant d'avoir fini notre part. Encore une réprimande de nos mères, et on s'endormait d'un coup d'un sommeil de mort. On partait vers un autre monde, bien agréable, le monde que nous décrivait grand-père Munissami, soir après soir.

Travailler

Ainsi coulaient nos jours heureux, nos jours de jeux et de rires. Et puis on devenait un petit homme ou une jeune fille. Ça n'était pas une question d'âge ou de taille, mais d'argent, car tout dépendait de ce que possédait la famille. Les aînés, en général, travaillaient plus tôt. Il fallait garder les petits, ou rapporter quelques sous. Quand on se mettait à vagabonder un peu trop, le temps n'était pas loin où l'on nous commandait de venir aux champs, pour rester sous l'œil des parents, et commencer à apprendre le métier. On nous disait : « Écoutez, les petites, la vie, c'est pas que les chansons. Vous ne pouvez pas jouer comme ça, sans fin. Il faut apprendre à vous servir de vos bras. Vous irez un jour faire votre vie ailleurs, et il faudra qu'on dise de vous : "Voilà une bonne travailleuse ! Voilà des bras qui rapportent, et pas seulement une bouche de plus à nourrir !" »

Nous, on ne tenait pas à quitter nos jeux pour travailler, et on protestait ; mais une fois traînées aux champs, on s'y mettait. Les débuts étaient longs. On regardait faire. On essayait. On apprenait, quoi ! C'est seulement plus tard qu'on commençait à être payées, presque rien : quatre *anna* [12], un quart de roupie, pour cueillir les aubergines, les haricots, les lentilles vertes, les lentilles noires, arracher le manioc, cueillir les piments. On inquiétait un peu les propriétaires, qui craignaient de voir le travail traîner, ou au contraire bâclé. Mais c'était pour eux si avantageux de payer un gosse quatre *anna* par jour qu'ils finissaient toujours par nous embaucher. Nous, de notre côté, les petits à quatre *anna*, on essayait de se payer un peu en nature. Mais pendant les heures de travail, c'était impossible de chaparder le moindre grain. Le Grand Reddi avait un surnom : on l'appelait « Œil-de-hibou ». Il voyait tout, et il savait débusquer les tricheurs. En sortant des champs, il fallait secouer nos jupes, montrer les pannelles vides, prouver qu'on n'avait rien pris.

Un jour, je décidai avec Nagamma et Nayaki de faire des gâteaux aux cacahuètes. On n'allait quand même pas en acheter, alors qu'on passait nos journées à récolter celles du Reddi. On s'était donné le mot pour cacher des petits tas dans la terre. Le travail terminé, on fit la queue pour le contrôle, on toucha nos quatre *anna*, et l'on prit le chemin de la maison. Sans aller bien loin. Quand on vit que le Grand Reddi avait quitté le champ, on tourna par le sentier des tamariniers, on coupa à travers le champ du Gounder et, comme de petites fourmis, sans oublier le moindre repère, on fit une deuxième récolte, la nôtre, cette fois. Les bourrelets de cacahuètes grossissaient autour de nos tailles. On était tellement heureuses de réussir notre coup et de tromper Œil-de-hibou qu'on ne pouvait s'empêcher de pouffer. L'écho porta nos rires au loin. Le Reddi, qui discutait avec Subramanian Gounder et Ramalingam Naïcker près de leurs champs, envoya son comptable voir ce qui se passait. Nous, on se dépêchait sans plus se soucier de rien, quand la forme blanche du comptable surgit tout à coup devant nous. Terrifiées, on hurla comme si c'était le Budam* en personne, et on resta plantées là au lieu de chercher à fuir. « Qu'est-ce que vous fichez là ? », cria l'homme, et, sans hésiter, il nous attrapa par nos tresses et, tête contre tête, nous traîna jusqu'au Reddi. On était en larmes, prêtes à rendre ce qu'on avait volé et même notre salaire, pourvu qu'on ne nous batte pas. Mais nos tremblements n'ont pas attendri le Reddi. Il donna l'ordre au comptable de dénouer nos bourrelets de cacahuètes et de nous donner une paire de claques à chacune. On se laissa faire en attendant d'autres coups, mais le Reddi grogna seulement : « Foutez le camp, petites garces, et que je ne vous y reprenne plus ! » On n'attendit pas une seconde de plus, et l'on courut à toutes jambes jusqu'au *céri* où, je ne sais comment, tout le monde était déjà au courant. Le groupe de Kuppamma s'est bien moqué de nous, les autres aussi. Pour sauver la face, nos mères sortirent et nous flanquèrent quelques gifles, plutôt pour nous punir de n'avoir pas été assez discrètes que pour nous reprocher notre larcin. J'avais mal à la tête et des sensations de brûlures partout. Ce soir-là, je n'ai pas demandé à manger, et je ne suis pas allée écouter grand-père Munissami. Je me suis couchée en me promettant, à la prochaine récolte de cacahuètes, d'être un peu plus maligne, et de faire enfin ces fichus gâteaux !

Avec l'âge, nos journées de travail s'allongeaient, et l'on passait aux rizières. On apprenait le repiquage, le désherbage. On regardait faire, d'abord, puis, avec l'autorisation du propriétaire, on descendait dans la rizière, enfoncées dans la boue jusqu'aux cuisses, et on essayait d'imiter nos mères. Jamais personne ne nous a payées pour ça. On n'embauchait pas pour un travail aussi lent. Mais petit à petit, on finissait par s'approcher du rythme des adultes.

Quel travail, la rizière ! On chantait pour tuer les heures, pour oublier la fatigue et les reins endoloris :

Nos jambes enfoncées dans la boue nous font souffrir
Ellamba ellan [13] !
Aie pitié de nous, bourreau !
Ellamba ellan !
C'est l'heure de notre pitance,
Ellamba ellan !
On a vite repiqué,
Ellamba ellan !
Un semis de paddy à chaque empan,
Ellamba ellan !
Des douleurs aux genoux, les traits tirés,
Ellamba ellan !
On a fini les trois *kani*
Ellamba ellan !
Kannimma va au marché,
Ellamba ellan !
Acheter trois mesures de millet,
Ellamba ellan !
Et des piments secs,
Ellamba ellan !
Pour se remettre de tant de fatigue,
Ellamba ellan !
Mais il lui faudrait aussi des cacahuètes grillées,
Ellamba ellan !

On se racontait aussi des histoires drôles, et les langues des commères allaient bon train dans les rizières ! On ajoutait souvent notre propre répertoire aux chansons connues de toutes, et ça finissait dans une cacophonie terrible. A l'ombre du palmier d'où il surveillait son monde, le propriétaire se levait de son lit de corde et venait nous chasser à coups de parapluie...

C'est comme ça, Sinnamma, qu'on apprenait à travailler. On aurait préféré continuer à jouer et à se lever tard. On aimerait bien rester enfant toute sa vie, et l'on se dit que, s'il n'y avait pas ce foutu estomac qu'il faut toujours remplir, on vivrait innocent et heureux. C'est aux champs qu'on faisait notre éducation, de mon temps. Aujourd'hui, c'est à l'école. On vient chercher les enfants, on leur donne livres et crayons, et même le repas de midi en plus ; les maîtresses gardent les petits pendant que les mères sont au travail. Malgré tout, il y a bien peu de garçons du *céri* qui soient allés jusqu'au bout : le premier, c'est Karuppan. Sa mère n'avait qu'un fils, alors elle a pu le laisser faire des études. Il est maintenant à l'usine de Pondy, et il gagne bien sa vie. Notre Anbin, on l'a envoyé aussi à l'école, tant bien que mal, jusque vers neuf, dix ans. Mais ce fils de crétin n'a pas voulu y rester ; il ne supportait pas les coups de règle... Alors on l'a mis aux champs. On n'a pas d'autre fils, nous, et l'on venait de marier Miniyamma. Il fallait garder les petits, et on a toujours besoin d'un jeune bouvier. Pour l'école, il faut du temps et de la patience. Quand on en a, on peut devenir riche. Mais des pauvres comme nous, qui vivent au jour le jour, on ne peut pas se permettre de passer son temps à l'école. Savoir travailler aux champs, ça paie tout de suite. C'est ce que pensaient nos parents, et c'est pour ça qu'ils nous faisaient travailler très tôt. Aujourd'hui, l'école nous est ouverte, le repas est fourni. Et voilà nos enfants partagés entre l'école et la terre. Ils n'apprennent ni l'une ni l'autre : si on les met d'abord à la terre, ils n'ont pas le temps d'aller régulièrement à l'école ; et si l'on commence par l'école, ils reviennent difficilement à la terre. Ils grandissent, ils n'obéissent plus et, un jour, ils se décident à aller chercher du travail en ville, en laissant là les parents qui ont souffert pour les élever... Voilà le destin de notre caste de Parias, et ce dicton est bien juste : « Quand on progresse d'un empan, on redescend d'une coudée. » L'éducation est là, à notre portée, mais on ne sait pas encore en profiter. De mon temps, il n'y avait pas le choix. La ligne était tracée, il fallait la suivre. Apprendre les travaux agricoles et ménagers dès le bas âge : c'était ça le travail, et le rendement était immédiat ! *(Pause bétel.)*

L'esprit du moringuier

Quand je rentrais au *céri* après le travail aux champs, je n'avais pas fini ma journée pour autant. J'accompagnais ma mère chez le Reddi pour nettoyer l'étable et balayer la cour. Pendant qu'elle vannait le paddy et écrasait les épices, je faisais la vaisselle et je puisais l'eau. J'aimais bien aller chez le Reddi avec maman, parce qu'il y avait toujours quelque chose à découvrir là-bas. Minatchi et Janaki, les filles du Reddi, m'aimaient bien : je les amusais et je satisfaisais leurs caprices. J'ai fait le chien pour elles, courant à quatre pattes tandis qu'elles me poursuivaient en riant, un bâton à la main. Elles me demandaient souvent de raconter des histoires ; j'en savais beaucoup plus qu'elles.

Un jour, Janaki, l'aînée, insista pour que je lui raconte une histoire de démon. Je savais qu'elle aurait peur et je ne voulais pas. Mais elle me frappa, me menaçant de dire à sa mère que j'avais, ce soir-là, fêlé une pannelle en allant chercher l'eau. Je cédai et je lui racontai l'histoire des messagers de Murugan* qui habitent dans les moringuiers, leur arbre préféré. Je précisai bien qu'il ne faut pas s'approcher des moringuiers lorsque le soleil est au zénith ou lorsqu'il est couché. Janaki me demanda si le moringuier près des cabinets était habité. Bien sûr qu'il l'était !

Maman qui avait fini son travail vint me chercher. On rentra au *céri*. Le lendemain matin, la femme du Reddi fit appeler maman de très bonne heure et la gronda. Janaki avait des convulsions, de la fièvre. Elle avait crié toute la nuit. Maman tomba à genoux, promit de me battre et de ne plus m'emmener chez eux, et demanda quelle histoire j'avais racontée. Quand elle sut que c'était celle de l'esprit qui grimpe aux moringuiers elle fut soulagée et rassura sa maîtresse, soulignant que ce démon n'était pas malfaisant, qu'il était un envoyé de Murugan. Elle proposa d'aller chercher tout de suite grand frère Mani, qui savait s'y prendre avec les esprits comme avec les démons : le bourdonnement de son tambour et un mantra approprié sauraient guérir l'enfant. Elle courut à l'autre bout du village, près de l'étang, chez grand frère Mani. Il s'apprêtait à partir au travail, mais c'était un homme simple, calme, toujours disponible, même pour nous. Sans se faire prier, il rentra chez lui, déposa son équipement de souraire [14], prit son petit tambour en forme de sablier et se mit en route avec maman pour la maison du Grand Reddi. On l'installa dans la cour de derrière et on lui amena l'enfant. Grand frère Mani n'eut aucune peine à guérir Janaki, qui se sentit tout à fait rétablie après les derniers chants de louange [15]. La femme du Reddi donna une petite mesure de riz à grand frère Mani qui fut bien content, et chacun rentra chez soi. Je dormais encore. Une paire de gifles me réveilla. Je fondis en larmes. Maman s'était calmée et se préparait une chique de bétel pour se remettre de ses émotions. Je m'avançai vers elle en pleurant et je lui dis que ce n'était pas ma faute ; j'avais raconté cette histoire sous la menace. Maman répondit qu'il valait mieux recevoir une paire de gifles de Janaki ou de sa mère, plutôt que de se laisser aller à parler d'esprits à nos maîtres. « Ces enfants-là ne sortent pas de chez eux, me dit-elle, ils ne connaissent rien de la nature, et ils craignent le mauvais œil. Il ne fallait pas lui parler de ça ! »

Elle avait raison. Janaki et Minatchi ne mettaient jamais le nez dehors, pas même sur le *tinnai*. Toujours cloîtrées dans leur grande maison, les pauvres ! L'amitié, la découverte de la nature, les jeux en commun, les histoires de grand-père Munissami, tout ça leur était interdit. C'est le sort des enfants de ceux qui sont en haut ! Leurs parents croient les amuser avec des jouets ou des objets qui coûtent cher, mais ça ne les intéresse guère. Je m'en suis bien rendu compte lorsque j'ai assisté pour la première fois à un mariage de poupées.

C'était comme un vrai mariage : un *pandal* couvert de fleurs, des feux d'artifice, une voiture décorée de guirlandes et de tresses de jasmin, des musiciens, les femmes et les filles en soie brodée d'or, du curcuma, de l'eau de rose, les plateaux de cadeaux, les sucreries, un festin pour les invités. Nous, on était ébahies de voir cette parade, cette splendeur, pour un mariage de poupées. On a essayé de s'approcher de la voiture où étaient les poupées, mais nos vêtements et notre sueur nous trahissaient, et on a dû s'éloigner. On s'est installées finalement, discrètement, dans un margosier qui faisait face au *pandal*. Blotties comme des singes dans notre arbre, on pouvait tout observer : des cérémonies à n'en plus finir, des dames affairées, le brahmane marmonnant dans son coin, occupé aux rites, et les hommes assis au milieu du *pandal*, discutant en chiquant du bétel. Certains enfants étaient assis, d'autres suivaient leur mère, mais tous avaient l'air de s'ennuyer terriblement. On voyait bien que ce n'était pas drôle de jouer à la poupée avec les grands ! Tout était sans faute, trop soigné !

Nos poupées à nous étaient moins belles. C'était celles du potier de Viramangalam ou celles faites en bois médicinal, qu'on achète pendant les fêtes de Draupadi* pour guérir les plaies et les abcès. Beaucoup de nos poupées n'avaient plus de jambes ni de bras, mais quel bonheur on avait à jouer avec !

Notre éblouissement disparaissait peu à peu, ce mariage de poupées était vraiment trop monotone. On ne restait plus que pour attendre la nourriture. L'odeur des cuisines nous creusait le ventre. La distribution aux pauvres se fit assez tard. Après avoir obtenu notre lot, on est rentrées au *céri* pour partager ce qu'on avait reçu.

C'est là que j'ai appris que ce mariage de poupées n'était pas un jeu pour enfants. Un parti s'était présenté pour voir Janaki, mais la rencontre était restée sans suite, et c'était de mauvais augure. En faisant un mariage de poupées, les choses devaient s'arranger, et un vrai mariage se contracter très vite... C'est une tradition chez les castes qui sont au-dessus [16], surtout chez les Reddiar. Ça coûte cher, mais c'est efficace, car Janaki a bien été mariée dans l'année !

II

TOMBE LA FOUDRE

J'étais encore une petite fille, innocente et heureuse, sans poitrine, quand on décida de me marier. Grande sœur Ellamma, une de mes cousines bien plus âgée que moi, avait été donnée à une famille de Karani. Quand elle entendit dire que mes futurs beaux-parents cherchaient une bru, elle leur fit savoir qu'elle connaissait à Velpakkam, son village natal, une fillette modèle. Grande sœur Ellamma a toujours beaucoup aimé ma mère, et elle voulait lui témoigner son affection en arrangeant ce mariage. Ce fut le bonheur à la maison le jour où elle vint conter l'affaire : je revois ma mère sur le *tinnai*, pleurant de joie, et grande sœur Ellamma la réconfortant. La proposition semblait tentante pour maman. « C'est vrai qu'Ellamma se trouve bien là-bas, disait-elle. Viramma pourrait être heureuse elle aussi à Karani, et si quelque chose arrivait, Ellamma serait là pour s'occuper d'elle. Mes *puja* ne sont pas inutiles, c'est là une bénédiction de Périyandavin*. »

Elle partit aussitôt pour le grand marché de Selvipatti, en rapporta du poisson bien frais et une grande ration de vin de palme, pour préparer un repas digne des circonstances. Quand papa revint du travail, maman sortit vite de la maison, lui ordonna d'aller se laver les pieds et de revenir tout de suite, car grande sœur Ellamma était là, porteuse d'une grande nouvelle. Papa avertit ses amis qui partaient à la gargote qu'une visite le retenait à la maison et obéit aux ordres reçus. Maman laissa grand-mère lui exposer leur idée. Elle le fit à mi-voix. Je savais qu'on parlait de moi, mais je n'entendais que des bribes de phrases : « Elle sera heureuse... Elle travaillera bien... Ellamma sera là pour la surveiller... Karani n'est pas loin, on pourra la voir souvent... » Je pensais qu'on voulait m'envoyer travailler chez les Reddiar de grande sœur Ellamma, où je gagnerais plus, tout en étant logée et nourrie.

J'attirai dans un coin Nayaki, ma meilleure amie, et je lui racontai toute l'histoire, en lui faisant promettre de garder le secret, même pour ses parents. Bien entendu, le lendemain matin tout le monde était plus ou moins au courant et cherchait à savoir pour de bon ce qui se préparait. Mes parents restèrent prudents, disant que rien n'était décidé et qu'on s'était seulement renseigné sur moi : s'il y avait refus, quel coup dur pour la réputation de leur fille ! Maman, pourtant, avait confiance, car grande sœur Ellamma était quelqu'un sur qui on pouvait compter. Et à Karani, ma future belle-mère pensait la même chose. Elle consulta l'*Iyer* [1], qui fixa le jour auspicieux pour une visite à Velpakkam. Les choses prenaient tournure.

On m'expliqua entre-temps ce que c'était que le mariage. J'allais quitter la maison, quitter ma famille, mes amies, mon village natal, pour aller faire la cuisine pour des étrangers et travailler pour eux. Désormais, je n'appartiendrais plus qu'à ces gens-là, je deviendrais leur fille et je ne pourrais plus venir voir mes parents qu'avec leur permission. C'était trop pour la petite tête que j'étais. Je sanglotais jour et nuit. J'implorais ma mère de ne pas me donner en mariage. Je serais sage. J'arrêterais les jeux, je travaillerais dur, je ramènerais beaucoup d'argent à la maison. Je demandai aussi à Nayaki et à mes amies d'intervenir auprès de ma mère, et de la faire abandonner son projet. Un soir, à son retour des champs, ma mère éclata à son tour en sanglots. Enlacées l'une à l'autre, on pleurait à chaudes larmes. Maman savait bien que je n'étais qu'une enfant et que je ne comprenais rien à toute cette affaire, mais elle-même se sentait incapable de me l'expliquer. Elle cita son exemple. Elle aussi, elle avait quitté sa mère pour venir à Velpakkam ; elle y avait eu des enfants et elle y était heureuse, même si on ne mangeait pas toujours à sa faim. Voilà le destin des femmes. Le départ est effrayant, on croit que tout prend fin, mais tout ne fait que commencer avec le mariage. On devient femme et on s'épanouit pour devenir la lumière du foyer.

Ces paroles me faisaient réfléchir et me donnaient un peu de courage. Ma grand-mère aussi prenait soin de moi. Elle me dit qu'on ne m'enverrait pas à Karani immédiatement après la cérémonie : je resterais encore quelque temps à la maison. Je savais que je pouvais compter sur sa promesse, et ça me donna le cœur de faire face aux préparatifs de la première visite.

Dans un vieux sari de ma mère, on avait coupé un demi-sari pour moi [2], et je m'y laissai draper tout en préférant rester en jupon et torse nu. Presque chaque jour, maman m'achetait de l'huile de coco, dans laquelle elle faisait tremper des feuilles de karissa et de ricinelle pour bien noircir les cheveux, qu'on décorait de jasmin. La vie passait ainsi ; je continuais à travailler aux champs, à me promener avec mes amies, à écouter grand-père Munissami, jusqu'au soir où l'on m'apprit que la famille de mon futur mari allait venir me voir le lendemain. Ça n'aurait pas dû me surprendre, mais la nouvelle me frappa comme tombe la foudre sur le jeune cocotier. Les aînées tentèrent de me réconforter. On me parla doucement. On me donna des conseils : « Sois souriante... Apporte un tout petit peu de sel... Donne très peu de chaux... » Mais je passai une nuit affreuse. J'imaginais des choses terribles. À cet âge-là, on ne comprend pas ce qu'est un mariage. J'allais être séparée de ceux que j'aimais : pour moi, c'était comme un enlèvement. Quand on était petit, on nous mettait en garde contre les kidnappeurs, et voilà que j'allais être comme kidnappée, avec l'accord de toute la famille ! On n'allait pas me tuer, mais me faire travailler, et « faire de moi une femme ». Qu'est-ce que c'était donc qu'une femme ? Mon état de petite fille me convenait parfaitement. Pour la première fois de ma vie, je passai une nuit blanche. J'entendis les premiers corbeaux qui annonçaient que le jour n'allait pas tarder à se lever. Le ciel était encore noir, pas de lune, pas d'étoiles, pas de nuages, pas d'éclairs. On aurait dit qu'il s'accordait avec ma douleur. J'avais fixé ce ciel noir toute la nuit. Quand une petite lueur apparut, je m'endormis.

La visite n'était prévue que pour l'après-midi. Ma grand-mère insista pour qu'on me laisse dormir très tard. Ce jour-là, personne n'était allé aux champs. Maman et des cousines s'affairaient, préparant des *idli*, des *uppuma*, des *vadai* aux feuilles de moringuier, du petit-lait aux épices, des galettes. On plaça une grande pannelle d'eau et un petit gobelet à l'entrée de la maison. Tout était prêt quand je m'éveillai. Chacun s'était lavé, coiffé avec soin, proprement vêtu. Je fis une toilette prolongée, et j'enfilai le jupon encore neuf qu'on m'avait offert à *Dipavali* [3]. Maman sortit les jolis bracelets de verre coloré qu'elle avait achetés à la foire. Grande sœur Ammayi me coiffa longuement. Elle me fit une tresse épaisse à mille pattes, et y plaça deux bonnes coudées de jasmin double, enfilé très serré. On me poudra le visage et les bras. On me maquilla les yeux avec une pâte que maman avait spécialement préparée pour moi et l'on me dessina enfin, avec la même pâte, un *potteu* sur le front [4]. J'étais prête.

Mes amies étaient là, à moitié nues, sentant la sueur, et me complimentaient. Voisins et curieux défilaient. Tout à coup, on entendit les enfants qui traînaient dehors crier : « Les voilà ! Les voilà ! » Mon père sortit à grands pas de la maison, fendit la foule et, quand il arriva sur la place, les gamins éclatèrent de rire, ravis de leur plaisanterie. Mon père les poursuivit, agitant son châle d'un air furieux, et les laissa filer, pour revenir s'entretenir avec les hommes devant la maison. Un bon moment plus tard, oncle Ponneussami vint annoncer l'arrivée des visiteurs. Papa et la famille s'avancèrent pour les accueillir. Je disparus dans l'obscurité de la maison et me blottis dans un coin. Mon cœur battait très fort.

Maman étendit des nattes sur le *tinnai*, pendant que les invités se lavaient les pieds et les mains. Chaque famille prit place. Le *tinnai* était trop petit pour tant de monde ! La conversation commença. Hommes et femmes discutaient de choses et d'autres : du trajet pour venir à Velpakkam, de la campagne ici et là-bas... On cherchait des liens de parenté entre les familles, et on finit par en trouver un, puisque grande sœur Ellamma était une nièce de mon demi-oncle paternel qui avait épousé un cousin de leur lignée... Enfin, on dit qu'on aimerait bien me voir...

Maman m'appela sans quitter le *tinnai* et me demanda d'apporter de l'eau. Je sortis de ma cachette la tête basse et posai un gobelet aux trois quarts plein à côté de la personne qu'on m'avait indiquée. Sans lever les yeux, je vins m'asseoir près de grand-mère. Le silence se fit. Je sentais tous les regards posés sur moi, cherchant dès le premier abord à deviner quel genre de belle-fille je pourrais être : une bonne bru, capable de vivre sans révolte au sein de ma nouvelle famille ou une bru difficile, prête à fuir aux premières remontrances ? Celle qui allait devenir ma belle-mère me demanda alors d'un ton détaché de préparer le bétel [5]. Les yeux toujours au sol, me rappelant les conseils donnés et répétés, je pris une feuille de belle allure, en cassai le pétiole, mis très peu de chaux — signe de docilité — et saupoudrai d'un peu de noix d'arec et de tabac écrasé. Je repliai le tout soigneusement, et l'offris des deux mains à ma future belle-mère. Un murmure de satisfaction s'éleva du côté des visiteurs. Gênée et ne sachant que faire, je retournai vite dans ma cachette. Maman me suivit dans la maison, joignit les mains devant le trident planté dans le sol [6] et me lança un large sourire. Puis elle apporta à manger. Nos hôtes apprécièrent la variété et la saveur de ce qui leur était offert. L'accueil et la fille semblaient leur convenir. Après avoir discuté à voix basse, ils laissèrent entendre à demi-mot que je leur avais plu, que l'affaire semblait bonne, et qu'il faudrait se revoir, à Karani cette fois, pour discuter plus amplement du mariage et des for-

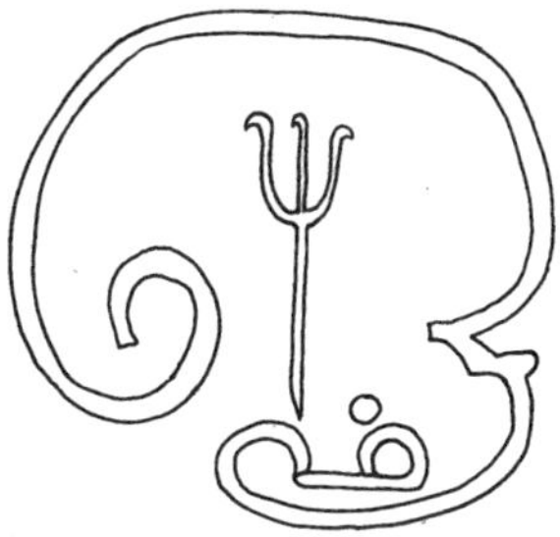

Le trident de Siva, dessiné au cœur du signe OM, transcription du son primordial.

malités à respecter. Maman apporta alors le plateau de bétel. Les invités se servirent, puis se levèrent. Ils saluèrent les mains jointes et prirent le chemin du retour, heureux de leur visite.

Aussitôt, voisins et amis envahirent à leur tour le *tinnai*, en posant mille questions. Grand-mère, qui n'attendait que ça, raconta l'entrevue sans épargner à ses auditeurs le moindre détail. Il y eut des commentaires flatteurs, puis chacun se retira. C'était la joie à la maison, où l'on répétait que j'allais me trouver entre de bonnes mains.

Notre fille est à vous, votre fils est à nous

Dès le lendemain, on commença à préparer le mariage. Il fallait d'abord réunir l'argent nécessaire à la cérémonie et à la dot. Papa emprunta une forte somme, en mettant en gage les deux parcelles que possédait grand-père. Après avoir longtemps essayé de payer les intérêts, sans même parler de la somme elle-même, il a fallu y renoncer. C'est comme ça qu'on a perdu nos champs. Mais moi, je n'avais pas à me plaindre. On m'acheta tout ce qu'il fallait : les bijoux d'oreilles, le bijou pour le nez, deux bracelets en or, des chaînettes d'argent pour les chevilles, de la vaisselle en laiton, une malle, des vêtements, et bien d'autres choses encore : ma belle-mère n'a rien trouvé à redire à ma dot.

Un mercredi de *Kartikkai*, la famille se rendit à Karani ; un groupe impair de ma lignée, neuf en tout, proprement habillé, les femmes avec des fleurs dans les cheveux et le *potteu* au front. L'accueil fut excellent. Les deux familles discutèrent dans le calme, et se mirent d'accord sur la dot, sur la répartition des dépenses pour les quatre cérémonies qui allaient se succéder, et sur leur date. Je ne sais pas si nos envoyés ont demandé à voir le promis. En tout cas, au retour, ils étaient plus disposés à parler des conditions du mariage que de mon futur mari. Moi qui aurais voulu en savoir plus, je n'ai pas osé leur poser la question.

La promesse de mariage [7] se fit à la maison, mais les frais étaient à la charge de la famille de l'époux, qui vint avec une énorme quantité d'aubergines, de moringes, de pommes de terre, de petits pois amers, et bien d'autres légumes. Un cuisinier avait été recruté pour l'occasion, mais parents et alliés nous donnaient un coup de main. Le repas terminé, il y eut un échange de bétel et un échange d'engagements entre les deux familles. On leur a dit : « Notre fille est à vous, votre fils est à nous. » Et ils ont répondu : « Notre fils est à vous, votre fille est à nous. » Désormais, on ne pouvait plus faire marche arrière, à moins que le chef du *céri* n'accepte une rétractation.

L'*Iyer* de Karani fixa un peu plus tard les dates des fiançailles et du mariage, toujours très rapprochées ; ce serait un lundi du mois de *Taï*.

Il ne restait plus que quelques semaines. Pendant tout le mois de *Markaji* mes parents s'affairèrent. Ils n'étaient pas encore dans une misère noire en ce temps-là, et ils ont fait de leur mieux, grâce au prêt du Grand Reddi et à leurs petites économies. Je fus couverte de bijoux, et tout le monde fut bien reçu : on le dit encore, à Karani comme à Velpakkam ! Mais ça ne s'est pas fait sans mal ! Grand-mère mettait de côté tout ce qu'elle pouvait récupérer, des brindilles jusqu'aux épices. Papa allait moins souvent boire à la gargote. Après son travail aux champs, il allait chercher des palmes de rônier et, avec son ami, il fabriquait des vans, des paniers, des boîtes à bétel, des éventails. À la récolte du coton, maman en mit quelques livres de côté pour me faire des oreillers. Papa et grand-père le cardèrent soigneusement, pour le rendre doux comme de la soie. Ils en remplirent deux gros oreillers, taillés dans une toile commandée à Sinnatambi, le tisserand de Palayam. On acheta une malle de mariage au marché de Selvipatti, une malle à motifs géométriques, bien colorée.

Voilà à quoi les grands occupaient leur temps, pendant ce mois de *Markaji*. Moi, je continuais à travailler et à jouer comme avant. On s'amusait à mimer mon mariage, et l'on riait de bon cœur.

Mais les semaines passaient, et le vendredi de *Taï* prévu pour les fiançailles arriva. Cette fois le repas était à nos frais. Maman prépara sept sortes de légumes, du *sambar*, des *idli*, du *payasam*, du petit-lait parfumé à la coriandre et au gingembre. On avait un peu de temps devant nous, car les invités devaient attendre la fin de l'heure néfaste pour se mettre en route [8]. Les femmes arrivèrent enfin, avec leurs paniers de cadeaux sur la tête. Grand-mère et les femmes de notre famille étaient sorties les accueillir. C'était les sœurs aînées de mon futur mari qui étaient venues, et elles avaient l'air souriant. Après nous avoir salué, elles déposèrent leur charge au milieu de la maison. Les paniers étaient bien remplis. Dans l'un, il y avait un sari, un corsage, un jupon, des bracelets, un miroir, un peigne, du *kungumam.* Dans les deux autres, trois bottes de bétel, trois mains de bananes [9], trois lots de noix d'arec, des fleurs, des noix de coco, du curcuma, une lampe à huile, un plateau à bétel.

Après avoir regardé tout ça de près, nos femmes disposèrent joliment les cadeaux sur des feuilles de bananier. Elles allumèrent la lampe à huile, et me firent faire trois tours autour des offrandes : tout le monde se prosterna devant le dieu de notre lignée et les ancêtres. Quand tout fut soigneusement rangé, on servit à manger aux invités. Comme la première fois, le repas fut fort apprécié, et maman complimentée. Elle remercia à son tour pour le joli sari et les cadeaux apportés, et elle offrit sur un plateau un *somin*, un *tundeu* et une chemise, cinq mains de bananes, cinq bottes de bétel, cinq lots de noix d'arec. On se sépara enfin, pour se retrouver le surlendemain, la veille du mariage, à l'occasion de la conjuration du mauvais œil.

C'était encore à la maison, aux frais des miens, qu'on allait conjurer le mauvais œil. Cette fois, les dépenses seraient sérieuses. Pour la première fois, mon promis serait là. Il fallait compter cinquante personnes à nourrir, et bien nourrir. Les parents de la fille ont beaucoup plus de repas à offrir que ceux du garçon, et chaque repas doit être meilleur que le précédent.

On est végétariens les jours qui précèdent un mariage. Ni viande, ni poisson, ni œuf, mais des lentilles. On le dit bien : « Pas de mariage sans lentilles ! » Il faut des lentilles rouges pour le *sambar*, des lentilles vertes pour le *payasam*, des pois chiches avec de la noix de coco et du sucre, et surtout des lentilles vertes en pâte pour le bain des mariés, ça assouplit la peau, et ça la fait briller. Mes parents avaient mis de côté pour le mariage plusieurs mesures de lentilles vertes qu'ils avaient cultivées eux-mêmes, et que j'avais récoltées avec mes amies. Pour le riz, nos réserves ne suffisaient pas. Il avait fallu emprunter un premier sac au Reddi, et un second au charretier du village qui nous connaissait bien. Maman, grande sœur Nettappakkam, mes cousines Suriya et

Vanaroja, mes tantes, toutes les femmes de la famille s'étaient mises au travail pour ce repas...

Moi, j'allais voir pour la première fois celui que j'allais épouser le lendemain, et j'avais peur. Mes amies se moquaient de moi, et ça n'arrangeait pas les choses. Comme à la première visite de ses parents, j'étais encore cachée dans mon coin quand le promis arriva. Je ne voulais pas le voir, cet homme qui allait devenir mon maître, peut-être mon bourreau : j'éclatai en sanglots en y pensant. Mais, d'un autre côté, comment résister à la curiosité ? Petit à petit, je trouvai le courage d'écarter légèrement les feuilles de palmier tressées du mur. Il était assis sur la plate-forme installée pour la cérémonie, vêtu de blanc, au milieu d'une assemblée bourdonnante. Je fus toute surprise de découvrir son visage doux et souriant. Il devait avoir l'âge de mon oncle cadet. C'était un vieux pour une petite fille comme moi. Mais ce n'est pas l'âge qui compte, c'est le caractère... La première impression était plutôt bonne... On verrait bien ! Je séchai mes larmes dans mon jupon quand j'entendis ma mère m'appeler : « Viramma ! Viramma ! Tu n'es pas encore prête ? » Je bondis de mon trou comme une souris et mes cousines m'habillèrent.

On me fit signe de sortir, et grande sœur Sarda me conduisit par la main jusqu'à la plate-forme. Les yeux baissés, j'admirai tous les *kolam* que cousines et amies avaient dessinés ; le sol en était couvert. Jamais je n'avais vu la maison aussi propre, aussi bien décorée. Si, peut-être, pour le mariage de mon frère, mais j'étais alors bien petite, et je ne m'en souvenais pas précisément. On me fit faire trois fois le tour de la plate-forme couverte d'un tissu blanc qu'avait prêté le blanchisseur. Puis on me plaça à côté du fiancé. Je tremblais comme une vieille, d'émotion et de timidité. Maman me chuchota quelque chose à l'oreille, mais je ne compris rien à ce qu'elle disait. Je suppose qu'elle me demandait de me calmer et d'être courageuse. En face de nous, il y avait le rouleau d'une meule à moudre le riz, un petit plateau avec du camphre allumé et des fleurs, et un grand plateau de laiton avec des coupelles remplies d'huile, de santal, de curcuma, de pâte de lentilles vertes.

La mère du fiancé fit signe de commencer. Derrière moi, maman me soufflait ce qu'il fallait faire. Je pris l'huile et j'en enduisis le front, les mains et les pieds de mon futur mari. Puis je fis de même, tour à tour, avec la pâte de lentilles et le santal. Je pris le petit plateau de camphre, et je fis l'*alam*[10], en faisant tourner la flamme autour de l'homme. À son tour, il m'enduisit le front, les mains et les pieds d'huile, de pâte et de santal, puis il ajouta du curcuma. On fit ensuite passer le plateau de bétel à chacun : aux personnes âgées d'abord, puis aux amis et aux parents, aux jeunes enfin. Chacun prit sa part, et reçut aussi une banane. Mon fiancé se leva. Je fis comme lui. On se prosterna devant le plateau de camphre brûlant, puis on se sépara pour prendre chacun notre bain. Pendant la cérémonie, les jeunes filles, mes cousines et mes amies, avaient entonné les chansons de mariage. Elles continuaient maintenant, en attendant le repas. Ma mère, grande sœur Ellamma et d'autres femmes mariées m'emmenèrent. On me lava les cheveux au *sikakaï*, on m'enduisit le corps de pâte de lentilles vertes, puis de curcuma, et l'on me rinça. Le fiancé, de son côté, était baigné par les hommes de sa famille. Les bains terminés, on fit un nouvel *alam* avec le plateau de camphre, et l'on passa au repas.

Le repas sur les feuilles de bananier.

Les femmes servaient la nourriture sur des feuilles de bananiers : *idli*, *vadai*, petit-lait, légumes, de superbes achards de gingembre, de tamarin et de coriandre. Ce n'était pas tous les jours qu'on pouvait manger aussi bien ! Nos nouveaux alliés étaient heureux d'un pareil festin, et fiers de la famille. C'était important, car ça facilitait les rapports entre les deux familles. On pourrait aller la tête haute à Karani, puisqu'on avait si bien accompli notre devoir, par la grâce de Périyandavin, qui a donné à mes parents les moyens qu'il fallait pour ça, quitte à le payer durement et longtemps. Une cérémonie n'est réussie, Sinnamma, que lorsqu'elle sort de l'ordinaire, et que tout le monde en convient. Malheureusement, tous ne peuvent pas en faire autant, et alors les rancœurs naissent et durent jusqu'à la mort, et même au-delà. Dans ce *kaliyugam* [11], Sinnamma, l'argent commande, même chez les pauvres ! Qu'est-ce que le *nalungeu* ? C'est la cérémonie qui protège les futurs mariés contre le mauvais œil. Mais qu'est-ce qu'on en retient ? Qu'il y avait beaucoup de monde, qu'on a beaucoup dépensé, que le repas était fameux... En vérité, c'est à ça qu'on prête attention, c'est de ça qu'on parle ensuite : le premier sens de la cérémonie est oublié. Moi, je croyais aux rites, et je les avais accomplis avec sincérité. Je n'ai pas posé de questions, je me suis contentée de vivre ce qu'est le *nalungeu*, de chasser le mauvais œil. Mais après tout, plus tard, moi aussi j'ai fait comme tout le monde...

Le lotus sur son char

Le lendemain, c'était le jour du mariage. Tôt le matin on s'est préparés pour partir à Karani. On m'a couvert la tête et les nattes de fleurs. On m'a fixé les cinq bijoux d'or aux oreilles [12], enfilé douze bracelets de verre encadrés de deux bracelets plaqués or à chaque bras, on m'a glissé des anneaux d'argent aux orteils et grande sœur Ellamma m'a maquillée. La veille au soir, elle avait dessiné de jolies mangues sur mes paumes et des petites fleurs sur la face interne de mes doigts et de mes pieds, avec une pâte de henné, qu'elle avait fait macérer pendant des heures. Quand j'ai enlevé la pâte le lendemain matin, les dessins étaient bien marqués d'un beau rouge sur ma peau sombre. Grande sœur Ellamma m'a fait également les yeux. Elle m'a dessiné un grain de beauté sur la joue, et m'a mis enfin un *potteu* noir sur le front.

Pendant que je m'habillais, maman préparait le coffre de mariage. Elle y a mis une coupelle pour l'huile, un petit pot en laiton pour l'eau, un plateau à bétel, une lampe à huile, des noix de coco, des mains de bananes, neuf galettes de farine de riz enroulées dans des feuilles de bananier, du riz, du jagre. On a posé la malle sur la tête de grand frère Sami, qui l'a portée jusqu'à Karani. Grand frère Maciyan, lui, s'est chargé d'un panier avec un pot de petit-lait, une grosse citrouille et la natte de mariage.

Et le cortège s'est mis en route ! En tête, les musiciens du *céri*, puis les porteurs suivis des femmes : maman, grand-mère, grande sœur Ellamma, les cousines. Je venais derrière, précédant papa et les oncles. Tout le *céri* nous accompagna jusqu'au temple de Mariamman*, devant qui l'on se prosterna après avoir brisé une noix de coco. Les amis et les voisins s'arrêtèrent là. Ils nous souhaitèrent bonne route et bon mariage, avant de s'en retourner chez eux. C'était très tôt le matin, le soleil allait se lever, et il fallait se dépêcher pour arriver à Karani avant l'heure néfaste. Dans la semi-obscurité, je devinais tous les champs qu'on traversait, et j'énumérais, l'un après l'autre, les noms de leur propriétaire. Je savais tout ça par cœur. Les récoltes venaient d'être faites. Les champs étaient vides, la nature triste. Triste comme moi. Mais que faire ? On me disait que c'était pour mon bonheur qu'on me renvoyait ainsi de cette terre où j'étais née, pour me conduire chez des inconnus. Et je me mis à pleurer doucement, tandis que j'entendais parler mariage autour de moi.

Après plusieurs heures de marche, on aperçut enfin le *céri* de Karani. Ils avaient déjà commencé à labourer par là-bas, et quelques champs même étaient semés. C'était drôle, cette impression de vie qui commence. À l'entrée du chemin qui conduisait au *céri*, nos musiciens se mirent à jouer. Le son du *senaï* était grisant et les battements des tambours me tiraient de mes pensées. On s'arrêta au temple du *céri*, où l'on nous installa. Je m'assis au centre, entourée par les miens. Quelques instants plus tard, mes beaux-parents et quelques personnes de leur famille vinrent nous saluer, en apportant trois pots d'infusion d'oignon et de jagre, et trois plateaux de bétel. Ils prirent place en face de nous. Le chef du *céri*, qui les accompagnait, se leva. Il prit un pot puis un plateau, et les tendit à mon père. Il se retourna ensuite du côté du fiancé, et donna aussi au chef de famille un pot et un plateau. Les pères des mariés ont alors mis chacun un billet de cinq roupies sur le troisième plateau à bétel, et l'ont offert au chef du *céri* avec le troisième pot. En les acceptant, l'homme reconnaissait l'union de bon gré des deux familles.

Maman ouvrit alors la malle de mariage. Elle en sortit neuf galettes de riz, le jagre, et onze bananes, qu'elle éplucha. Elle malaxa le tout sur une feuille de bananier, en répétant : « Voilà en signe d'alliance, alliance, ô alliance ! » Elle partagea ensuite le mélange en trois parts égales, une pour chaque famille et une pour le chef du *céri*. Les parts reçues, chacun but une gorgée d'infusion, pendant que les musiciens jouaient très fort pour marquer la fin de la cérémonie. Les enfants qui étaient là s'emparèrent des pots, et réclamèrent à grands cris le droit de boire : « Par ici ! Par ici ! »

L'alliance ainsi scellée, ma nouvelle famille m'accueillit au *céri*. Le cortège, musiciens et porteurs en tête, fit le tour du quartier. Chacun était à sa porte, et les femmes chantaient des chansons de bienvenue :

Ô jeune fille sans égale,
Il t'a accueillie lui-même,
Belle aux bijoux.
Il t'a offert une guirlande de bauhinies et de jasmins,
Il t'a enduite en abondance
D'eau de rose, de santal et de musc.
Après t'avoir parée,
Après avoir orné ton cou et ton chignon
D'une guirlande de frais champaks,
D'une guirlande de jasmins sauvages,
Il t'a mis un *potteu* au front,
Il t'a ceinte du diadème,
Il t'a noué le *tali* d'or,
Toi, le lotus sur son char...

Les enfants criaient de joie. Et moi aussi, j'étais une enfant, et je criais comme eux quelques semaines plus tôt. Maintenant, c'était moi la bête curieuse... J'aurais voulu pouvoir les rejoindre. J'étais presque jalouse d'eux.

J'avançais la tête baissée, le cœur serré, les larmes prêtes à couler. Mais j'étais bien la seule de cette humeur : c'était la fête autour de moi, les rues étaient balayées, parsemées de feuilles de cocotier, le ciel était bleu, sans nuages... On approchait de la maison. On avait construit devant un *pandal*. Sur les poteaux d'entrée, on avait fixé des troncs de bananiers avec leur régime de bananes, des grappes de fruits de rôniers, des palmes de cocotiers [13].

Ma belle-mère m'attendait à l'entrée du *pandal*. Les musiciens et les porteurs s'écartèrent. On me conduisit jusqu'à l'entrée, où l'on fit trois fois l'*alam* avec le plateau de camphre allumé. Accompagnée des femmes de ma lignée, j'entrai dans la maison, par le pied droit comme il le faut. On me fit visiter les lieux, et je mis la main dans toutes les pannelles, dans toutes les réserves de riz, de sel, de son, pour m'accoutumer et prendre possession de mon futur foyer. On servit ensuite le repas, un festin végétarien. Tout était bon. Les hommes mangèrent d'abord, les femmes ensuite. Cela fait, on me drapa dans le sari de mariage en soie, on me recoiffa, on retoucha le maquillage de mes yeux, on changea la guirlande de fleurs accrochée à ma tresse.

Et l'on refit le tour du *céri*, musiciens en tête, pour s'arrêter devant la plate-forme de mariage, joliment décorée de fleurs. La natte apportée par grand frère Maciyan était déroulée dessus. Tous les objets nécessai-

La meule et son rouleau.

res étaient là : la meule et son rouleau, le plateau à bétel, le porte-encens, un plateau d'argile, la petite lampe à huile en laiton avec l'image de Kamatchi*, la grande lampe à huile sur pied, de la terre de rizière, des palmes, des pousses de mil et de millet, deux pots d'eau. Au centre d'un petit carré de terreau était planté un rameau de figuier de pagode [14]. Autour il y avait des germes de blé, une noix de coco abondamment entourée de jasmin, couverte de curcuma et de *kungumam*, avec le *tali* en or enfilé sur un cordon jaune, deux petits bracelets, une assiette de riz cuit et une coupelle d'huile.

L'*Iyer* était assis à droite du rameau de figuier. Il marmonnait, puis il s'arrêta, et fit signe qu'on pouvait commencer. Il donna une poignée de riz au marié, qui la porta à mon front et à mes cuisses, et me la passa. Je lui fis de même, et je remis le riz dans l'assiette : ce riz-là, c'est le prêtre qui le garderait. L'*Iyer* nous aspergea ensuite avec de l'huile de sésame et des bourgeons de manguiers, pour écarter une nouvelle fois le mauvais œil. Il alluma le plateau de camphre, se prosterna devant et nous commanda de le saisir tous deux ensemble, pour le présenter au rameau du figuier et à tous les objets qui étaient là. On reprit ensuite nos places sur la plate-forme. L'*Iyer* passa les deux bracelets aux poignets du marié. Il me présenta le rouleau de la meule, que je devais prendre dans mon sari. Je ne comprenais pas le sens de ce rite-là, et les moqueries me faisaient hésiter. J'entendais les gens rire et dire : « Oh, c'est une enfant ! Elle est encore innocente [15] ! » On se leva de nouveau pour faire trois fois le tour du rameau. Puis on se rassit sur la plate-forme. Les rites préliminaires étaient accomplis ; on pouvait me passer le *tali* autour du cou. Les musiciens jouaient maintenant de toutes leurs forces. Les gens parlaient, riaient. L'*Iyer* récitait le *Jaya mangalam*. Mon cœur battait au rythme du tambour, pada, pada, pada... Comme en transe, je sentis un pied s'appuyer sur ma cuisse, des mains me passer le *tali* au cou et faire trois nœuds au cordon. Le son de la trompe domina le vacarme. Sans y penser, je me prosternai devant le camphre brûlant.

Nous étions mariés.

Il fallut presque me ranimer pour que je fasse une dernière fois le tour du rameau de figuier. J'avançais la tête vide. Je ne sais plus à quoi je pensais, mais j'étais trop émue pour manifester quoi que ce soit. Ma belle-sœur aînée nous précédait avec le plateau de camphre. Il fallait écarter le mauvais œil. On fit l'*alam* devant chacun des points cardinaux, en se prosternant, avant de retourner s'asseoir sur la plate-forme. Les invités et les parents défilèrent alors pour apporter l'argent qu'ils offraient au couple. Il restait une épreuve : savoir qui, des deux époux, l'emporterait. Ce serait celui qui trouverait une pièce de monnaie au fond d'une pannelle de mariage à col resserré. Je fis semblant de me prêter au jeu, mais je ne voulais même pas essayer de trouver la pièce ; je laissais toutes ses chances à mon mari. Après ça, on déterra le rameau, les femmes débarrassèrent la plate-forme, balayèrent le *pandal*. Le dîner fut servi, aussi copieux que le premier repas. Chacun rassasié, il ne restait plus qu'à accomplir le rite de la pousse des céréales avant de rentrer à Velpakkam.

On me confia un panier neuf, rempli d'un mélange d'une dizaine de graines, d'une noix de coco, de noix d'arec, de bétel, de fleurs et de bananes, ainsi qu'une pannelle de riz à l'eau avec une pincée de sel, trois piments grillés et une feuille de bananier. Je mis la pannelle sur ma tête, le panier sur ma hanche, et j'allai rejoindre le marié. Il était derrière la maison. Près de l'étable, on avait dégagé un petit lopin de terre, on y avait découpé quatre toutes petites parcelles. Je déposai panier et pannelle, et je semai des graines dans deux des parcelles. Le marié en sema dans les deux autres. Il brisa la noix de coco, offrit les bananes et les fleurs à la terre et alluma le camphre. On se prosterna tous les deux. Il se releva, se lava les mains. Je versai dans ses paumes ouvertes le riz à l'eau, pour rappeler les devoirs de l'épouse envers son mari, et les tâches quotidiennes de chacun. Il but le riz, pendant qu'autour de nous les gamins se tordaient de rire et se moquaient, en attendant de rafler les restes. Je rinçai la pannelle et je la remplis d'eau. Je roulai un pan de mon sari de mariage sur la tête, et posai la pannelle dessus. Le marié prit le panier, et l'on s'en retourna vers la maison, précédés des musiciens. Ma belle-mère était sur le seuil et fit un autre *alam* pour nous recevoir. Encore une fois, on prépara un plateau de bétel bien chargé de trois parts, une pour chaque famille et une pour le chef du *céri*. On nous donna un panier avec une mesure de paddy, une main de bananes, trois noix de coco, du bétel et des noix d'arec. On nous remit la natte de mariage et l'un des oreillers que nous avions apportés. Ma famille et moi fîmes alors nos adieux à ma belle-famille. Et l'on se mit en route pour Velpakkam avec le marié. L'orchestre nous précédait. Quand on arriva le soir, tout le *céri* nous attendait. En entendant la musique, beaucoup étaient venus sur la grand-route pour nous accueillir. Mon mari resta chez nous sept jours, puis, après un dernier repas de fête, non végétarien cette fois, il s'en retourna à Karani.

Je restai encore à Velpakkam deux moussons. De temps en temps, avec maman, j'allais rendre visite à ma belle-famille, partant le matin, rentrant le soir. Rien n'avait vraiment changé. J'étais toujours une enfant. Mes amies avaient presque oublié, ou elles faisaient semblant d'avoir oublié que j'étais mariée. On continuait à jouer comme avant. Un après-midi, en me baignant avec mes amies dans l'étang de Pakkanur, je perdis mon *tali* d'or. Je ne m'en étais pas rendu compte. Quand je rentrai à la maison, maman découvrit mon cou vide et s'affola. Un demi-souverain, pour lequel elle s'était endettée, perdu si vite et si bêtement ! On me battit, mais ça ne fit pas retrouver le *tali* perdu, et il n'était pas question d'en racheter un en or. Mais il fallait expliquer l'affaire à la belle-famille et compenser la perte : ma mère décida d'acheter de nouveaux ustensiles en laiton pour compléter la dot.

Cet incident mis à part, on me choyait, car on savait que j'allais partir bientôt. Quand je sortais torse nu en jupon, les vieilles du *céri* disaient à maman : « Eh, Patteu ! Les noix d'arec pointent, hein ! Le *putteu* est pour bientôt ! » Je ne comprenais rien à tout ça, et je ne m'en souciais pas. J'étais heureuse avec les miens dans mon *céri* natal, et l'idée de les quitter m'était sortie de la tête. Pourtant, de temps en temps, il fallait respecter certaines obligations. Au premier *Dipavali* après le mariage, on doit envoyer des cadeaux et des vêtements au mari. Mes parents étaient inquiets : il fallut aller cette fois chez le prêteur, car le Grand Reddi n'allait pas satisfaire une nouvelle demande, après avoir avancé une forte somme pour le mariage, quelques mois plus tôt. Mais moi, ce que je voulais pour *Dipavali*, comme tous les gosses, c'était des pétards ! Maman poussa un gros soupir, et dit à grand-mère : « Comment va-t-elle vivre là-bas ? C'est encore une enfant ! » Grand-mère la rabroua, et lui répondit que ça se ferait tout seul.

Les semaines passaient. Des conversations, parfois, me rappelaient que, plus tard, il faudrait que je parte. Tout le monde attendait un signe, je ne savais pas lequel.

Et un jour, il apparut...

III

FAIRE UNE FEMME

C'était l'après-midi. Une bonne platée de bouillie de sorgho dans le ventre, la corde et le coutelas à la main, je partais chercher du bois pour le feu avec Rukkumani et sa grand-mère Subbu.

On venait tout juste de quitter le *céri*, quand je sentis quelque chose couler le long de ma cuisse. Quelque chose de froid. Je soulevai mon jupon, et je découvris avec horreur du sang, du sang frais. La peur me prit. Je ne m'étais pas coupée, je ne m'étais pas égratignée. J'étais sûrement malade pour saigner comme ça, mais je n'avais mal nulle part. Voyant la chose, grand-mère Subbu ne s'affola pas du tout. Bien au contraire, elle me dit que c'était un heureux événement, et qu'elle était fière d'en être témoin. On fit demi-tour jusqu'à la maison. Je courus vers maman pour lui montrer ma cuisse en sang. Elle fut un peu surprise, et surtout heureuse. Elle appela tante Kanikkai et lui dit : « Regarde un peu ma fille. Je suis sa mère, je ne dois pas voir ça ! Et préviens ma belle-mère. » Tante Kanikkai souleva à son tour mon jupon, et claironna : « Viramma a ses règles ! On va avoir du *putteu* ! » Je n'y comprenais toujours rien mais, autour de moi, je le voyais bien, les gens étaient heureux. Une fête allait se préparer, et encore une fois ils seraient invités. Pour mes parents, la joie irait avec le souci, car il faudrait trouver l'argent et tout faire pour le bon déroulement des cérémonies.

Sans perdre une seconde, on m'emmena à l'intérieur de la maison, et l'on m'ordonna de ne pas en sortir jusqu'à ce que les préparatifs du bain rituel soient achevés. Toujours alerte malgré son âge, grand-mère prit l'affaire en main, et la mena rondement. Riche d'expérience, elle était la plus vieille de la famille, capable de décider seule, et, à l'occasion, de commander aux hommes de la maison. Elle montra une fois de plus combien elle était précieuse, en s'occupant des invitations et du bain.

Elle trotta d'abord jusqu'à la rizière que labourait oncle Krishnan, le demi-frère de mon père, qui se trouvait alors à Velpakkam. Elle lui annonça la nouvelle, et lui demanda de ramener quatre ou cinq palmes fraîches à la maison et de les tresser au plus tôt pour m'y isoler. Normalement, c'est l'oncle maternel qui doit faire ça, mais maman étant fille unique, oncle Krishnan était le mieux placé pour remplir ce rôle [1]. Grand-mère continua à travers champs et *céri*, contacta tous ceux qui devaient prendre part aux rites. Elle donna du bétel à Kannan, le joueur de tambour, et à sept femmes mariées de la famille. Essoufflée, assoiffée par la chaleur de l'après-midi, grand-mère ne s'arrêta qu'un instant à la maison, avala un petit gobelet d'eau, et repartit avec une pannelle sur la tête, une sur la hanche, pour aller chercher l'eau du bain en compagnie de Muttamma et de tante Konakkali.

Maman, pendant ce temps, préparait le fortifiant qu'on doit donner aux filles pendant onze jours, dès leurs premières règles : une bouillie de lentilles vertes, de riz, de jagre, d'huile de sésame et d'œufs, un tonique qui fortifie l'utérus et le cerveau, et qui permet aux femmes de lutter toute leur vie contre la maladie et la fatigue, et leur assure des grossesses et des accouchements sans danger. La préparation achevée, maman l'offrit au dieu de notre lignée. On était seules, chacune dans un coin de la pièce. J'en profitai pour demander ce que tout ça voulait dire. Maman m'apprit que j'étais devenue une vraie femme et que j'allais maintenant vivre avec mon mari. Je crus avoir froid, tout à coup ; la nouvelle me hérissa les poils. Je protestai, mais en vain. Maman me dit combien ce qui m'arrivait était important, et elle reprit les discours qu'elle avait tenus avant le mariage. J'éclatai en sanglots. Cette fois, c'était fini ! On ne pouvait plus me promettre de me garder après la cérémonie comme on l'avait fait au temps des noces. J'étais si heureuse avec les miens ! J'avais même oublié que j'étais mariée. Mon mari, je ne l'avais pratiquement pas revu depuis deux ans, et voilà que tout recommençait si brutalement... Maman me dit qu'elle viendrait me voir régulièrement à Karani, et me commanda en même temps, d'un ton irrité, d'arrêter de pleurer en ce jour heureux.

Grand-mère entra alors. Elle me serra contre sa poitrine maigre et me couvrit de baisers. En essuyant mes larmes, elle trouvait des mots de consolation : « Viens mon petit cabri, mon sucre candi, ma reine du ciel, mon bourgeon de cocotier. Viens te purifier dans l'eau toute fraîche, ma pièce d'or, ma perle, mon rubis... » Elle me prit par le bras et me conduisit derrière la maison, près de l'étable, où les sept femmes mariées qu'elle avait fait venir m'attendaient. On me fit asseoir par terre et, à tour de rôle, chacune des femmes m'arrosa à travers un tamis tenu au-dessus de ma tête. On m'enduisit de pâte de curcuma, puis l'on me rinça à grande eau. Depuis que j'étais arrivée près des femmes, Kannan battait son tambour à un rythme régulier pour éloigner les mauvais esprits. Il le frappa de plus en plus vite pendant qu'on me donnait le dernier bain. Une fois rincée, on me fit rentrer à la maison, et je me prosternai devant la lampe à huile allumée. Chaque femme me gava de cette fameuse bouillie, que j'avais du mal à avaler !

Pendant ce temps, Kalimuttu le blanchisseur bouchait tout le *tinnai* où j'allais vivre les prochains jours, avec des palmes tressées par oncle Krishnan. Il ne laissa qu'un passage étroit pour y pénétrer et deux trous grands comme des citrons en guise de fenêtres. Le soleil ne devait pas entrer dans mon réduit. C'est un dieu mâle qui est néfaste pendant cette période ; il peut rendre les femmes stériles ! De même, je ne devais pas voir d'homme pendant ces onze jours. Kalimuttu reçut son dû : une mesure de riz, une banane, du bétel, de la noix d'arec et, surtout, mon jupon souillé. J'étais furieuse de perdre un jupon tout neuf qu'on m'avait offert pour *Dipavali*. Manjamma, la fille du blanchisseur, allait être heureuse de le récupérer !

On me mit un vieux sari plié en quatre entre les cuisses, on me l'attacha à la taille par une ficelle, et l'on me fit pénétrer dans mon abri. Chacune des femmes qui m'avaient baignée reçut alors un morceau de curcuma, du bétel, des fleurs et une banane. Kannan, lui, eut droit à une roupie, du bétel, une banane et des fleurs.

Tout le monde repartit content. Moi, j'étais dans ma cage. Maman et grand-mère attendaient le retour de papa. Dès la nouvelle connue, papa était allé chez le Reddi emprunter de l'argent que le maître ne pouvait refuser : qu'on soit paria ou de haute caste, il faut se purifier quand on devient nubile, car les mauvais esprits sont attirés par la forte odeur des règles. Ils viennent rôder autour des filles, et si les rites ne sont pas accomplis comme il faut, l'esprit vient vous habiter. On en voit, des jeunes filles possédées ! Tout le monde sait ça, et le Reddi avança l'argent sans attendre. Être démuni ne dispense pas de faire ce qu'il faut, et l'on sait qu'on peut compter sur le Reddi dans les grandes circonstances...

Les cinquante roupies en main, papa alla à Karani pour annoncer la bonne nouvelle à mes beaux-parents, et inviter nos parents et alliés à la cérémonie de l'eau de curcuma, fixée au onzième jour. On lui servit un rafraîchissement et de quoi manger, puis on s'empressa de le mener chez l'*Iyer* pour mieux connaître mon horoscope. On emporta pour Mani Iyer un plateau avec du bétel, de la noix d'arec, du camphre, une banane, et un billet d'une roupie. Il était chez lui, et il fit entrer les visiteurs dans sa maison, pour les mettre à l'abri des curieux qui s'étaient déjà réunis. Il demanda le jour et l'heure de ma naissance, le jour et l'heure de ma puberté. Papa les lui dit, et attendit la suite avec inquiétude. On ne sait jamais ce que réserve l'avenir. Si l'horoscope annonçait des ennuis, si le malheur me guettait ou guettait la famille, il allait falloir encore de l'argent pour payer les rites qui conjureraient la menace. Mani Iyer trouva rapidement les deux étoiles qui correspondaient aux dates et aux heures données. Il consulta l'horoscope et rassura tout le monde : aucune incompatibilité, tout était pour le mieux, ce temps de misère allait prendre fin avec mon arrivée dans mon nouveau foyer. L'heure de ma puberté était faste, et pour moi et pour ma belle-famille. Je serais une femme de santé robuste, et mère de beaucoup d'enfants. Papa fut heureux et fier d'entendre les prédictions de l'*Iyer*. Lui qui s'était toujours tenu en retrait, parmi les siens, se sentit tout à coup gonflé de satisfaction et d'orgueil à la pensée d'offrir un si précieux cadeau à ma belle-famille. Il insista pour que la cérémonie du onzième jour se fasse à Velpakkam et non à Karani, et s'en retourna au village. En chemin, il s'arrêta au marché de Tirulagam pour acheter ce qu'il fallait pour les prochains jours : des miroirs, des boîtes à chaux, des barrettes, des fleurs, des bananes, du sucre, du bétel, du curcuma, du *kungumam*, un sac de toile. Il s'arrêta aussi à la gargote de la grand-route : je le revois, une calebasse de vin de palme dans le nez, raconter fièrement, et sans omettre un détail, sa consultation auprès de l'*Iyer*, grand-mère et maman écoutant tout émues...

J'étais donc isolée pour onze jours, avec interdiction d'accueillir qui que ce soit dans mon abri, interdiction d'en sortir sauf pour le bain quotidien, interdiction d'entrer dans la maison, interdiction de toucher la vaisselle commune. Je passais mon temps à dormir, et à penser à ce qui allait m'arriver. Le soir, un groupe de jeunes et de vieilles, dont la grand-mère d'Arayi et celle de Nagamma, venait s'asseoir près du *tinnai*, et chantait des chansons rigolotes et obscènes, au milieu des rires. On m'apprenait en chantant ce qui m'attendait, et comment mon mari allait « se servir » de mon corps. J'étais contente d'être à l'abri des regards dans mon réduit, car j'avais honte d'entendre ça. Chaque soir, quelqu'un trouvait une chanson nouvelle, mais certaines revenaient souvent, surtout celle de Kuppu, que tout le monde reprenait en chœur :

Ô gentille petite, tu as eu tes premières règles,
Quand les as-tu eues, fillette ?
Dis-moi ce que tu ressens,
N'aie pas honte en le découvrant.
Fille, maintenant que tu es pubère,
Ton beignet doit se couvrir
De poils frisés, de poils doux.
Le premier jour, tu mangeras de la bouillie ;
Le cinquième jour, tu mangeras du *putteu* ;
Le onzième jour, tu prendras un bain de curcuma.
Ô petite fille, après tu partiras
Avec ton mari, chez lui.
Il t'arrivera plein de bonnes choses,
Ton mari fera tout ce qu'il faut.
Il caressera tes jolis seins fermes,
Ça te fera du bien, petite fille.
Il enfoncera sa chose dans ton joli con,
Dans le trou du haut il la placera,
Ça sera bon, ça sera un délice,
C'est comme ça qu'il te mettra enceinte,
Et l'enfant sortira par le même trou,
Et blessera ton joli con, ô gentille petite...

Tout le monde riait, et moi je pleurais dans mon coin, malheureuse d'être fille. L'idée que l'enfant passerait par ce petit trou me retournait les tripes. Malgré le brouhaha, on entendait parfois mes sanglots : grand-mère faisait alors taire les vieilles.

Je connaissais beaucoup de ces chansons, et j'en avais chanté moi-même lors de l'isolement de Nilamma, de Nagamma et de Kasturi. Une surtout me plaisait alors (*Viramma rit*) :

Il monte sur la colline d'Annamalai et aperçoit...
Il grimpe sur le mont Clitoris et il voit...
En pressant des deux mains tes seins, ma bien-aimée,
Il pénètre le con poilu et frisé,
Il a fait mal en entrant dans le trou du haut,
Mais comme c'est bon, ma bien-aimée, comme c'est bon !

Tu es nubile, c'est merveilleux, ma bien-aimée,
C'est merveilleux !

Je riais en chantant cette chanson en ce temps-là, tout comme les autres le faisaient pour moi maintenant. Je les trouvais obscènes, ces chansons, mais jamais jusque-là elles ne m'avaient fait peur. Pourquoi ce changement ? Est-ce que c'était à cause de mes amies qui voulaient tout savoir sur mon état : « De quelle couleur c'est, les règles ? Et par quel trou ça sort ? »

Est-ce que c'était simplement que les jours passaient, et qu'on allait bientôt m'offrir à mon mari ? Je ne sais pas, mais pour moi, en dehors du côté physique, la puberté annonçait surtout le signal du départ, le dernier épisode du mariage.

Le onzième jour

Nos vieilles me parlaient de sexe en chansons. Maman et grand-mère, elles, s'occupaient de faire de moi une femme, en onze jours. Elles prenaient soin de mon régime, qui était végétarien, puisque la viande et le poisson donnent aux règles l'odeur forte qui peut attirer les mauvais esprits ! Elles écartaient aussi certains fruits et légumes, comme le cœur de bananier ou la friture de bananes vertes, qui colorent les règles et laissent des taches qui résistent au lavage. Nous, les femmes parias, par mesure d'économie, par pauvreté, on se laisse aller à porter des vêtements souillés, on ne prend pas trop garde à ce qu'on mange, et c'est comme ça qu'on attire plus que d'autres les démons. Ma mère le comprenait bien, et c'est pourquoi elle respectait strictement les interdits. J'étais donc cajolée, bien nourrie, bien soignée, baignée tous les jours. Mes frères et mes sœurs, qui ne comprenaient pas pourquoi on me dorlotait comme ça, étaient jaloux de mes repas et de mes goûters. Chaque jour j'avais ma ration de *putteu* à l'éleusine ou au riz, avec du sucre et de la noix de coco râpée. Dans le régime des fillettes nubiles, le *putteu*, c'est ce qu'il y a de plus important. Il fortifie les hanches, la matrice, et tous les organes, et pour demander si une fillette est nubile, il suffit de dire : « Votre fille a-t-elle fait le *putteu* ? » C'est la marque de la puberté, et le jour de la purification, on distribue à chaque invité un cornet de *putteu*. La bouillie de lentilles vertes est aussi un très bon fortifiant aux vertus innombrables, et maman ne manquait pas de m'en donner.

On passait donc beaucoup de temps à préparer mes repas. Papa insistait pour qu'on fasse au mieux sur ce point, et il trouvait toujours l'argent qu'il fallait pour bien me nourrir. Jamais je n'ai été aussi gâtée que pendant ces onze jours ! Ce fut un moment étrange dans ma vie : d'un côté, on me rejetait, on m'isolait parce que j'étais impure ; et de l'autre, j'étais constamment entourée. Je sentais que si on me soignait si bien c'était pour m'arracher à l'enfance, et me lancer dans la vraie vie d'adulte. Pendant ces onze jours, il fallait faire de moi une femme.

Pour maman, c'était aussi les derniers jours où elle pouvait chérir son enfant, et elle voyait venir la séparation à grands pas. Elle me répétait : « Mange bien, ma fille ! Il faut que tu prennes des forces pour faire face à la vie difficile et au travail. Je ne pourrai plus être à côté de toi maintenant ; profite de mes derniers soins ! » Je commençais à comprendre ses sentiments, et la raison de ses efforts. Je ne m'effondrais plus en larmes comme avant. J'écoutais ses conseils : « Obéis à tes beaux-parents, ils sont tes dieux, désormais. Obéis à ton mari, qui est ton maître. Sois-lui fidèle. Ne sois pas arrogante, ne provoque personne, ne parle pas à tort et à travers et gagne-toi une bonne réputation : c'est difficile, tu sais, ça ne s'obtient pas tout seul !... » J'avais le temps de ressasser tout ça, dans mon réduit, et je me préparais peu à peu au grand jour.

Au dixième jour de ma réclusion, maman et grand-mère, le bétel à la main, allèrent rappeler l'invitation faite aux sept femmes qui me donneraient le bain rituel le lendemain, jour de la purification. Les musiciens étaient prévenus, tous les parents invités à cette cérémonie de l'eau de curcuma, fixée le lendemain, mercredi matin, à 10 heures, après l'heure néfaste.

Le matin du onzième jour, Kalimuttu le blanchisseur démonta l'abri où j'avais été enfermée, prépara la plate-forme nécessaire aux rites, et récupéra tout ce que j'avais touché pendant ma réclusion : les nattes, mon oreiller, ma vaisselle, les palmes. Ma belle-famille était venue au grand complet, portant des plateaux chargés de bananes, de bétel, de noix de coco, de fleurs, avec aussi un sari brodé d'or, un corsage, un jupon, du *kungumam*, du curcuma, un peigne et un miroir. À l'entrée du village, les musiciens avaient accueilli les visiteurs et les avaient conduits en fanfare jusqu'à la maison. Les plateaux furent offerts aux femmes de ma famille, qui les disposèrent en cercle au centre de la maison et allumèrent du camphre posé sur un petit plateau. Tout le monde se prosterna.

Des cuisiniers étaient venus préparer le repas, pendant que les femmes cuisaient à la vapeur une grande quantité de *putteu* pour tous les invités. Puis maman et les sept femmes me donnèrent le bain rituel. On me frotta d'abord avec une pâte de lentilles vertes. On me rinça, puis on m'enduisit de curcuma. On me rinça une deuxième fois. D'autres femmes, celles qui m'avaient maquillée pour le mariage, m'habillèrent : on me mit de nouveaux vêtements achetés par mes parents, et l'on me sécha les cheveux à la fumée de l'encens. Chacune des femmes reçut ensuite une roupie, une banane, du bétel, une boîte à chaux, un peigne et un miroir, que papa avait achetés onze jours plus tôt au marché de Tirulagam. Pendant ce temps, mes parents offraient à mon mari un *somin*, un châle et du bétel. Puis maman donna aux invités des *vadai* avec du petit-lait aux épices.

J'étais prête. Tante Kanakkali me fit l'*alam*, et j'entrai dans la maison. Mon oncle Krishnan avança son plateau, tandis que les musiciens se mettaient à jouer. On nous fit asseoir, mon mari et moi, sur la plateforme. Oncle Krishnan fit l'*alam*, et déposa devant nous son plateau. Il y avait dix roupies dessus. Mes parents lui donnèrent alors en échange un autre plateau, avec vingt roupies : il faut toujours rendre à l'oncle le double de ce qu'il donne. C'est son dû, car c'est lui qui remplacera les parents s'ils meurent, ou s'ils deviennent incapables de veiller sur leurs enfants, ou de subvenir à leurs besoins. Chacun à leur tour, les invités nous ont lancé du riz en signe de bénédiction, et nous ont offert un cadeau — de l'argent, pour la plupart. Chacun reçut un cornet de *putteu* et une banane, avec en plus, pour les femmes, des fleurs et une boîte de *kungumam*. La fête se termina en famille avec un bon repas non végétarien, et avec du vin de palme pour les hommes.

L'heure du départ approchait. Ma malle, avec la vaisselle, les nattes et les vêtements, était prête. Maman n'en pouvait plus. Elle avait les yeux rouges et ne quittait pas ma belle-mère, la suppliant de bien s'occuper de moi. Les gens du *céri* s'étaient rassemblés devant la maison, pour voir ma mère me confier à ma belle-mère... Maman revenait vers moi, et me répétait encore une fois ses conseils. J'étais triste de la voir en pareil état. Moi, je n'arrivais plus à pleurer. Je n'avais plus de larmes. J'étais devenue grave, ma gaieté d'autrefois avait disparu.

Les musiciens se mirent en place, en tête du cortège. Le signal était donné. J'allais partir. Mes grands-parents, mes parents, mes frères, mes sœurs, mes amies avaient les larmes aux yeux. Tout le *céri*, ému, était là.

Le cortège se mit en route pour Karani. Cette fois, c'était pour de bon. À mon tour, je me mis à pleurer...

IV

LA PETITE CORNEILLE QUI NE SAVAIT PAS VOLER

Le trajet pour Karani m'était maintenant familier. J'avais mes points de repère. Je savais qu'il fallait tourner à gauche après le bouquet d'arequiers, et rattraper la grand-route bordée de porchers [1]. Là-bas, à vue d'homme, une gargote indiquait le chemin du village.

Les musiciens commencèrent à jouer dès l'entrée du village. Les enfants, comme d'habitude, accoururent les premiers, et crièrent : « Voilà la mariée ! C'est une petite fille ! On pourra jouer avec elle ! » Ces cris me rassurèrent un peu, et je relevai ma tête lourde de chagrin et de fleurs. Je n'avais pas l'habitude de porter la natte de fleurs dans le dos, les boucles d'oreilles, les chaînettes accrochées aux cheveux et le pendentif qui tombait sur le front. Tout cela pesait, m'agaçait et me gênait pour regarder autour de moi. Les gamins étaient à peu près de ma taille. C'était plutôt réconfortant d'être accueillie gentiment par les enfants de mon nouveau village. J'y étais sensible, et je me disais que j'allais avoir au moins des camarades, car, malgré mon air timide, j'étais une fille joyeuse et rieuse, et je me liais facilement. Et voilà que je me suis mise à penser à de nouveaux jeux, à de nouvelles histoires à raconter, en oubliant tous les conseils de maman et de grand-mère. Comment vous dire à quel point j'étais innocente en ce temps-là, Sinnamma ?

Au fur et à mesure qu'on s'approchait du *céri*, des curieuses s'attroupaient pour nous voir et y allaient de leur commentaire : « Oh, c'est une enfant ! », disait l'une. Et l'autre : « Quelle grande femme pour Manikkam ! Elle est ronde comme une toupie ! Une vraie *ujakkeu* [2] ! » Et la troisième : « Ça va, elle a de beaux traits malgré son teint noir... »

Puis une femme sortit d'une maison, un plateau de cuivre préparé pour l'*alam* à la main, et le tendit à ma belle-mère qui fit trois cercles avec autour de mon visage. On me fit alors entrer dans la maison, en veillant à ce que j'y mette d'abord le pied droit.

Tout le monde s'installa sur le *tinnai* ou là où il le pouvait. Les femmes s'étaient rassemblées autour de ma belle-mère qui racontait l'accueil reçu à Velpakkam. Moi, quand j'ai vu tout le monde pris par la conversation, j'ai vite défait mes fleurs, enlevé mes bijoux et mon demi-sari. J'ai replié ma jupe sur ma taille, et je me suis faufilée au milieu de la cohue pour aller retrouver les enfants qui jouaient à l'entrée du *céri*. Personne ne s'était rendu compte de mon absence.

Je tombai sur un groupe de filles, qui m'accueillit par un « Voilà la femme du Vieux ! ». Je fus toute triste d'entendre ça. J'avais une fois de plus oublié que j'étais mariée. Si j'avais été à Velpakkam, je leur aurais tout de suite répliqué vertement. Mais là, à Karani, j'étais devenue timide, et j'ai baissé la tête sans mot dire, l'air pitoyable. Une des filles s'approcha alors de moi, me prit la main, et me dit : « Bon, ne te fâche pas, tu seras notre amie, hein ? » Je fis signe que oui de la tête. Je me mêlai au groupe, et tout de suite on me posa une foule de questions : « Pourquoi on t'a mariée ? Tu étais vilaine ?

— Oh non ! C'est parce que j'étais trop grande pour rester à la maison de Velpakkam. Vous le connaissez, le Vieux ?

— Quel vieux ? Grand frère Manikkam ?

— Oui.

— Oh oui ! On se moque beaucoup de lui, parce qu'il lui manque des dents. On l'appelle "l'édenté". Quand il est vraiment en colère, il nous court après ou nous lance des pierres.

— Ah bon, il lui manque des dents ? Je ne l'avais même pas remarqué ! Pourquoi vous l'appelez "le Vieux" ?

— Parce qu'il a quelques cheveux blancs.

— Et vous, vous n'êtes pas mariées, vous ? Aucune d'entre vous ?

— Si ! Kanima, Sakkamma et Danamma... Leurs hommes sont là-bas, chez Kannin, en train de chanter...

— Bon, et si on jouait à cloche-pied ? », lança l'une d'elles. Et l'on répondit « oui » en chœur...

Et voilà qu'on s'est mises à s'amuser à sauter, à courir, à crier, à rire... C'était bien, j'étais contente de ma première soirée dans mon nouveau *céri*, quand tout à coup j'entendis une voix m'appeler. Je l'ai reconnue tout de suite. C'était celle de ma belle-mère. Mais j'étais si essoufflée que je ne pouvais pas lui répondre. J'ai pris la direction de la maison sans même dire au revoir à mes nouvelles camarades. Je suis arrivée en sueur, la tête ébouriffée, montrant mes genoux, car j'avais oublié de faire retomber ma jupe.

Et les femmes d'éclater de rire en me voyant : « Quelle allure ! Grande-sœur a vraiment trouvé une fille soumise et bien élevée pour son fils ! À peine arrivée, la voilà qui détale comme un âne qui se détache ! Comment Manikkam fera-t-il sa vie avec une fille qui a la bougeotte ? » Je me mis à trembler en entendant toutes ces remarques désagréables. Je longeai le mur comme une petite souris et rentrai tête basse dans la maison. Je me mis dans un coin sombre, et pleurai à chaudes larmes. Ma belle-mère vint me chercher, appelant : « Hé ! Fillette ! Où es-tu ? Tu es là ? Dans le noir ? » Et d'un ton mi-autoritaire, mi-cajoleur, elle me dit : « Mais pourquoi pleures-tu, petite sotte. Arrête de verser des larmes quand la nuit est tombée [3], ça porte malheur ! Hé ! Kacimma ! Donne-lui à manger, il est tard ; nous sommes restées bien longtemps à bavarder. »

Grande sœur Kacimma, ma belle-sœur aînée, me prit par la main, essuya mes larmes, et m'apporta à manger. Je n'avais pas faim. J'étais très fatiguée, j'avais sommeil. À Velpakkam, je m'endormais souvent sans manger. Ici, on devait mal le prendre : « On fera des économies sur la nourriture, si tu continues comme ça, me répétait ma belle-mère, mais notre descendance s'arrêtera là, et personne, demain, ne nous versera le *kuj* ! »

En ce temps-là, je ne comprenais rien à ce qu'elle me disait et je la laissais parler, tout en poursuivant ma petite grève de la faim.

Les femmes de ma nouvelle maison étaient très gentilles avec moi. Dans notre caste, les brimades de la belle-mère et de ses filles contre la bru commencent beaucoup plus tard, quand on devient femme. Mais de toute façon, ça n'est jamais comparable à ce qui se passe chez les Reddi. Récemment encore, chez le Grand Reddiar, ils ont fait la vie à une des belles-filles qui venait d'accoucher d'une deuxième fille. Que pouvait-elle y faire, la pauvre ? On ne choisit pas le petit qu'on a dans le ventre. Isvaran* décide, et puis voilà, il faut accepter. C'est Anjamma, la femme du barbier, qui va faire les messages, qui me l'a dit... La pauvre fille le lui a raconté en pleurant. Il paraît qu'on ne l'appelle même pas pour manger et qu'on la laisse s'occuper seule de son bébé. D'ailleurs, je la vois quand je vais balayer l'étable. Elle a toujours l'air triste, la pauvre... Il faut dire que, nous, on travaille dehors : si on colporte nos histoires aux champs, toutes les femmes s'en mêlent, disent qui a tort, de la belle-mère ou de sa bru, et l'affaire est terminée. Ou bien, ça fait une bonne dispute dans le *céri* même, et tout est réglé. Tandis que chez les Reddi, c'est autre chose. Ça se passe en catimini, par des gestes, des mots, des attitudes, des piques. On se fait la tête, ça dure une vie entière. Ou ça se termine mal. Ici même, à Karani, depuis mon arrivée au village, deux belles-filles se sont suicidées, même pas chez des Reddi. L'une s'est

Nallatangal, héroïne d'une ballade célèbre : humiliée par sa belle-famille, elle jette ses enfants dans un puits avant de les suivre dans la mort.

jetée dans le puits. Son malheur, c'était de ne pas avoir d'enfants. Sa belle-mère et sa belle-famille l'ont tellement montrée du doigt que la pauvre a fini dans le puits.

L'autre, dans la cuisine, s'est arrosée de pétrole et s'est brûlée vive. Ils n'ont rien pu faire à l'hôpital. Alors on a camouflé l'affaire, en racontant que son sari en nylon avait pris feu tandis qu'elle passait le riz. Mais nos hommes, qui sont allés jouer du tambour pour son enterrement, ont entendu les gens de l'hôpital dire que c'était un suicide. Elle était d'une famille modeste, et son père n'avait pas payé la dot promise. Tout ça lui valait remontrances et brimades. La pauvre enfant n'a pas pu le supporter et elle a décidé de se brûler... Comme quoi, c'est pas parce qu'ils sont des gens d'en haut[4] qu'ils savent mieux vivre, Sinnamma. Ils peuvent aussi se conduire comme des bêtes. Chez nous, les Parias, je ne dis pas qu'on est parfait, mais on trouve toujours quelqu'un pour nous défendre, et on se soutient davantage. Il y a aussi des gens qui se suicident, mais c'est très rare, et plutôt pour des affaires d'adultère. Ça peut être un homme, parfois. Encore que je n'aie jamais connu de cas pareils dans les *céri* voisins. Ces choses-là, c'est à l'hôpital qu'on en entend parler...

Ça me rappelle une très belle histoire de femmes, celle de Nallatangal[5]. Avec Anjalaï et Sakkamma on s'est cotisées pour l'acheter, et on l'a fait lire par un petit vacher qui, lui, a été à l'école. On l'a apprise par cœur, cette histoire, et croyez-moi, c'est une bonne leçon pour celles qui sont égoïstes, pingres, ou qui ont un cœur de pierre, que ce soit des belles-mères, des belles-filles ou des belles-sœurs. Elles se sentent visées, et on en profite pour rire d'elles et pour critiquer publiquement leur méchanceté. Ça leur met un peu de cervelle dans la tête !

Une tache blanche à côté de moi

Pour en revenir à ma première nuit à Karani, ma belle-mère a été très gentille avec moi. Elle m'a coiffée comme sa petite fille. Elle était douce. Après le dîner, je me suis remise à pleurer, parce que j'avais peur de dormir dans le noir. Ma belle-mère m'assura que tout le monde allait bientôt se coucher, et que je n'allais pas être seule. Elle étendit une natte par terre, et mit un tissu blanc par-dessus. Elle approcha la lampe à huile de mon chevet, et me dit : « Tu peux aller te coucher. Je vais m'asseoir près de la porte pour chiquer un peu de bétel. Tu n'as pas à avoir peur. Dors tranquillement. »

Dehors, une ou deux femmes étaient venues discuter avec ma belle-mère. Je les entendais rire et chanter. « Ça va être la fête pour Manikkam aujourd'hui ! », disaient-elles... Je n'ai pas pu écouter leur conversation plus longtemps. J'étais rassurée de ne pas être seule. Écrasée de fatigue et d'émotions, je me suis assoupie aussitôt.

Je dormais profondément, lorsque je sentis quelqu'un me prendre le bras. Terrifiée, je hurlai : « *Ayoyo ! Ayoyo !* Il me touche ! Il m'écrase ! » Ma belle-mère se leva immédiatement et me chuchota : « Ne crie pas, fillette, tu vas réveiller tout le monde ! » Et moi je criais : « J'ai vu une ombre !... Quelqu'un vient de sortir !... » Elle me calma très vite, en me disant qu'il n'y avait personne, et que j'avais fait un cauchemar. Et je me rendormis aussitôt. Mais voilà bientôt qu'on m'étouffait une deuxième fois. J'ai tellement hurlé que la masse s'est écartée aussitôt. Malgré mes efforts, je ne reconnaissais rien dans cette nuit de charbon. Derrière mes larmes, je ne voyais que des points lumineux, tremblotants, comme quand on se frotte les yeux à s'en faire mal. Rien ne bougeait autour de moi. J'avais peur, et je restais éveillée. Peu à peu, je commençai à distinguer une tache blanche à côté de moi.

Je levai la tête pour mieux voir. À ce moment-là, une main rugueuse caressa mes cheveux. « Hé ! Viramma ! pourquoi as-tu peur ? » Je reconnus alors la voix de mon mari et son *somin* blanc que mes parents lui avaient offert. Ma crise de larmes avait repris, et je marmonnais : « Je veux rentrer à Velpakkam, je veux rentrer chez ma maman, je lui dirai tout ce qu'on me fait ici... » (*Viramma imite les sanglots d'un enfant.*) « Tais-toi ! Tais-toi, petite sotte. On verra tout ça demain matin ! »...

Vous pensez bien, Sinnamma, que je n'ai plus fermé l'œil de la nuit. J'ai attendu que le soleil se lève pour sortir de ce trou, et vite, je suis allée m'asseoir près du moringuier. Ce moringuier, Sinnamma, c'est une longue histoire. Depuis ce jour, il est devenu mon confident, et maintenant encore, quand j'ai un problème, je vais lui parler, lui dire mon chagrin, et il me réconforte. Le vendredi, je lui allume du camphre, comme au trident. C'est un dieu pour moi.

J'étais là, au pied de cet arbre. Les hommes qui passaient, avec leur houe sur l'épaule, s'arrêtaient devant moi et disaient : « Hé ! Qu'est-ce que c'est que ça ? Une jeune mariée ! » Mais ils n'osaient pas poser de questions. Les femmes commençaient à arriver avec leurs pannelles. Tante Konakkali, la plus curieuse et la plus bavarde, me demanda : « Qu'est-ce qui t'arrive, fillette ? Tu as fini ta nuit de noces ? » Je ne comprenais pas ce qu'elle voulait dire, mais je lui répondis aussitôt : « Le garçon de la maison m'a tirée par le bras cette nuit, tante ! » Ma belle-mère sortit à ce moment-là, et s'adressa aux femmes : « Vous avez entendu ça ? » Ce fut un éclat de rire général. Oh ! Sinnamma, j'étais déçue de cette réaction ! Entendre rire de ce qui m'était arrivé des femmes qui avaient l'âge de ma mère !

« Non ! Je connais le chemin de Velpakkam. J'irai dès ce matin raconter ce qui s'est passé à ma mère, et vous verrez si elle laissera cet homme tranquille ! Elle lui coupera la main. Mon père le tranchera en deux !

— Oui, oui ! Ton père et ta mère sont des héros. On a tous peur d'eux ! En attendant, toi, va te laver ! »

Bien entendu, la nouvelle se répandit dans tout le *céri*. Les plus curieuses de toutes, c'étaient mes camarades, qui me questionnaient sans fin ; et moi je répondais à toutes leurs questions. Ce qui fait qu'au lieu d'aller à Velpakkam comme je me l'étais promis, je suis allée jouer avec les filles.

Les premiers jours passèrent ainsi. J'allais jouer. Je ne rentrais qu'aux heures des repas. Aux moindres remarques, je me mettais à pleurer, et toutes les nuits je repoussais mon mari. Ma belle-mère était très patiente et ne me brusquait pas. Elle essaya plusieurs fois de me raisonner, mais j'avais l'esprit au jeu. Je n'arrivais pas à vaincre cette peur d'être donnée à un homme. C'était trop cruel ! Ma belle-mère avait aussi demandé à grande sœur Ellamma de me parler, mais je ne voulais rien entendre. Les femmes s'attendrissaient en me voyant, et elles disaient : « Tout le monde la connaît dans le *céri*, sauf son mari Manikkam. Comme elle est naïve, l'innocente ! Ah ! Nous sommes toutes passées par là ! C'est bien le sort des femmes... »

Ma belle-mère finit quand même par en avoir assez de mes façons. Elle commença par m'interdire les jeux au-dehors. Puis je dus l'aider dans les travaux de la maison. Mes camarades, pendant ce temps, allaient vagabonder dans la campagne. Et elle me plaisait, cette campagne ! Elle n'était pas très différente de chez moi, mais ici tout était plat, sans collines, sans bois. En ce temps-là, il n'y avait pas autant de rizières que maintenant. Il y avait des cactus partout, et on disait que des esprits rôdaient près de la rivière, même de jour.

C'était notre Reddi qui avait le plus de terres. Il avait des rizières, et surtout des vergers de manguiers et des cocoteraies. Les autres Reddi sont venus petit à petit. Puis les Kudiyanar se sont enrichis, et aujourd'hui le paysage est complètement changé. Les enfants sont chassés des champs et des vergers ; ils ne peuvent rien cueillir et sont bien moins libres qu'on ne l'était à leur âge. Nous, les enfants du *céri*, on était toujours fourrés dans le verger du Reddi, assis comme des singes sur les grosses branches des manguiers. C'était un grand-père du *céri* qui gardait le verger, mais il était sourd, et il s'apercevait rarement qu'on était perchés au-dessus de sa tête. Que de tours on lui a joués ! On allait sucer les rayons de miel en se couvrant la tête d'un chiffon pour se protéger des abeilles, mais ça ne manquait pas : on se faisait piquer quand même. N'en pouvant plus, on allait dans sa paillote lui demander de la chaux et du gros sel. Lui nous accueillait toujours avec son bâton levé en l'air, pour nous battre, et il criait : « Qui vous a dit d'entrer ici, sales chiens ? » On n'avait pas peur du tout, on était pliés de rire...

Tout cela me manquait. J'étais malheureuse à la maison. Ce n'était pas que j'avais peur du travail qu'on me donnait à faire, au contraire, je m'ennuyais quand j'avais fini. Sinnamma, je n'ai jamais redouté le travail, je vous l'ai déjà dit : dès que j'ai su dire : « Ceci est un arbre ; cela est notre vache », j'ai commencé à travailler. Je sais faire tous les travaux, et vite. Alors, quand il n'y avait plus rien à faire, j'allais jouer.

Mais, une fois, ma belle-mère, agacée, m'a dit : « Ça ne peut pas durer. C'est pas pour aller jouer avec tes amies que tes parents ont dépensé tant d'argent pour te marier ! » Et depuis ce jour-là, elle a commencé à être sévère avec moi et à me gronder quand elle me voyait jouer. Pour me garder à la maison et pour m'occuper, elle mélangeait une mesure de riz et une mesure de lentilles, et me demandait de les trier. Et pendant que je le faisais, elle s'asseyait à côté de moi et elle me sermonnait. Elle me rappelait tout ce que m'avaient dit grand-mère et maman.

Et puis, un jour, elle m'annonça très calmement : « Nous allons vivre avec ton beau-père séparément. On divisera cette grande pièce en trois. Ton mari et toi vous serez à gauche ; nous, on sera au milieu ; Marimuttu et sa famille à droite. Il y aura maintenant trois pannelles à riz. Chacun fera ses repas[6]. »

Quel coup de tonnerre, Sinnamma ! Je regardai ma belle-mère les larmes aux yeux. Elle qui avait été si gentille jusqu'alors, elle qui était une mère pour moi, la voilà qui devenait dure et autoritaire. Je n'avais plus personne à qui me confier. Grande sœur Ellamma, elle, me conseillait d'obéir à ma belle-mère et à mon mari. « Sois docile, disait-elle, le nom de ta mère en souffrira si sa fille ne s'adapte pas à sa nouvelle vie dans sa belle-famille. » Je sentais vraiment la solitude et j'en souffrais. Grande sœur Ellamma me répétait qu'un mari est un protecteur, qu'après le mariage on lui appartient, et qu'il faut donc le satisfaire. Ces mots et ces conseils, on me les avait répétés. Mais à cet âge, Sinnamma, il ne suffit pas d'écouter pour comprendre. Pourquoi, moi, j'appartiendrais à ce voyou qui m'a touchée cette nuit, plutôt qu'à mon père et à ma mère qui m'ont élevée ? Je me demandais si mes parents ne m'avaient pas vendue à ces gens de Karani. Vous savez, Sinnamma, dans ma famille on a vendu un cousin de ma mère aux agents qui achetaient des coolies pour les plantations de thé de Ceylan. Ma vieille tante en voulait toujours à son mari d'avoir vendu son fils, et pour presque rien en plus ! Les agents avaient promis des tas d'avantages et de l'argent, que personne n'a jamais vu, et le fils n'est jamais revenu. Cette histoire m'était restée dans la tête, et je me sentais souvent dans cette situation ; je me disais que, peut-être, mes parents s'étaient débarrassés de moi. Mais alors pourquoi tant de cérémonies, pourquoi des fêtes, des orchestres, des cadeaux ? Des pleurs, du chagrin : j'étais inconsolable...

Dans l'après-midi même, mon beau-père et ses fils, tous trois en cache-sexe et coiffés d'un turban, s'étaient mis au travail, et montaient les murs de terre qui allaient couper la maison en trois. Moi, j'aidais les femmes à déménager. Les voisines qui passaient par là s'arrêtaient bien sûr pour commenter : « Il a fallu en arriver là, tu te rends compte ! Eh, souricette, il ne suffit pas de jouer à la poupée, tu sais ; il faut passer à l'action ! Ce n'est pas pour rien que tes parents ont dépensé tant d'argent pour te marier. Allez, laisse-toi faire, tu verras, t'en redemanderas ! C'est des choses connues, ça ! » Et tout le monde riait...

« Tu es toute jeune et ton mari est déjà vieux. Profites-en, le temps passe vite pour ces choses-là ! »

Du haut du toit, une voix d'homme lança : « Les femelles aujourd'hui sont plus obstinées que de notre temps ! » C'était mon beau-père, et c'était la première fois que je l'entendais !

Trop cru, trop brutal

Le soir, je n'avais pas faim. Ma belle-mère me força à manger quelques poignées de riz. Puis elle étendit la natte, et remit le tissu blanc dessus. Elle me dit que je pouvais me coucher, et qu'elle allait dormir chez elle, à côté. Et que je n'aie pas peur, mon mari allait me rejoindre bientôt. Après quoi, elle ferma la porte, et s'en alla. Sinnamma, cette fois, je n'ai pas protesté. Cette fois, j'avais franchi une nouvelle étape. J'attendais, maintenant, et mon cœur battait fort.

L'homme entra enfin. Je fermai les yeux aussitôt. Je m'étais recroquevillée comme une crevette, la tête entre les mains. Il approcha la lampe. J'étais immobile comme un cadavre. Il grommela quelque chose, et se coucha à côté de moi. Très vite il enleva son *somin*, et avec la même rapidité il me déshabilla. J'étais humiliée d'être nue. Il se colla comme une sangsue contre moi, en s'accrochant solidement à mes seins. J'étouffais sous son poids. Je tremblais. J'étais terriblement mouillée comme si j'avais pissé. Il lâcha enfin un de mes seins, prit sa queue dure comme une canne à sucre et l'enfonça en haut de mes cuisses, qu'il tenait écartées avec les siennes. J'avais l'impression qu'il me déchirait. Il rugissait comme un lion en donnant de grands coups de rein, et moi, pour une fois, je souffrais en silence.

Même aujourd'hui, Sinnamma, à mon âge, je tremble encore quand je pense à ma première union ; c'est resté un souvenir horrible. Les Reddi sont plus civilisés, et chez eux ça ne se passe pas comme chez ces sauvages de Parias. Je sais comment ils font chez les Reddi. Dans une chambre décorée de guirlandes de jasmin, on apporte des plateaux de fruits, des *jilebi*, des *laddeu*, des *Mysore pak*, des *bonda*, des *uppuma* et deux verres de lait aux amandes et au safran. On étend un drap blanc sur le lit. Les aînés conduisent les mariés dans la chambre, et ferment la porte. Les jeunes ont alors toute la journée pour se parler, s'apprivoiser et faire l'amour en douceur. Chez nous c'est trop cru, trop brutal. C'est vrai qu'on n'a ni la place ni le temps pour faire comme ça. Mais, pour moi, ç'a été trop affreux !

Quand mon mari s'est calmé, je lui ai dit en pleurant : « Non. C'est pas possible que mes parents aient permis une chose pareille. Je veux rentrer chez moi. Je veux raconter ça à ma mère ! » Et lui : « Calme-toi, fillette. Ta maison est ici. C'est avec moi que tu vas vivre. Je te rendrai heureuse, tu vas voir. C'est parce que c'est la première fois, que tu as mal. Ça ira mieux la prochaine fois. » Mon mari m'a chuchoté dans le noir ces mots, qui m'ont troublée. Mais je continuais à pleurer, à cause de mes brûlures. J'avais en plus de drôles de sensations ; tout mon corps me semblait gluant et sale. Mon mari était embarrassé par mes douleurs. « Y a de l'eau dans le seau dehors. Viens te laver », me dit-il. Pour ne pas me laisser seule, il était sorti de la maison lui aussi, et il attendait sur le *tinnai*. J'ai pris le grand seau et je me le suis versé tout entier sur le beignet. Ça me faisait du bien, et ça calmait un peu la douleur. Sans même m'essuyer, et pour garder un peu cette fraîcheur, j'ai enfilé mon jupon et ma chemise. J'en voulais beaucoup à mon mari de ce qu'il venait de me faire avec brutalité, et malgré ses appels à venir me coucher près de lui, je m'isolai dans un coin de la pièce pour terminer la nuit.

Quand je me suis réveillée j'étais seule dans la maison. Mon mari était parti labourer le champ du Grand Reddi. J'ai entendu grande sœur Ellamma demander : « Qu'est-ce que devient la petite ? » et ma belle-mère lui répondre : « Allez voir si elle s'est bien conduite ! »

Grande sœur Ellamma, ma belle-sœur Kacima et tante Nettakkali sont entrées : « Mais où est donc cette petite guêpe ?

— Ah ! La voilà dans son coin, comme d'habitude !

— Tiens, regarde ! Le tissu est près des pannelles ! »

Elles se précipitèrent sur ce chiffon, et je me demandai ce qu'il pouvait avoir de si précieux. « Tant d'histoires pour ces quelques gouttes ! », dirent-elles, puis elles sortirent, et tante Nettakkali appela ma belle-mère : « Grande sœur, ton fils a dû être bien content. C'est fait !

Il n'y a rien à reprocher à la petite. Avoue quand même que c'est une obstinée, hein ! Elle a tenu tête si longtemps ! »

Voilà comment on faisait dans l'autre *yugam*, le *yugam* des innocents. Aujourd'hui, tout ça c'est fini chez nous. Ça existe encore chez les Reddiar. Ça disparaît chez les Kudiyanar. La misère les fait travailler dans les champs comme nous. Ils font des rencontres, et ils s'unissent avant le mariage. On ne peut plus les en empêcher, Sinnamma ! À la campagne, il y a mille endroits pour s'unir ! Et puis, dans ce *kaliyugam* où les filles attendent plusieurs années après les premières règles, on y attache moins d'importance. Quand j'ai marié ma fille, je vous assure que la belle-famille a plus insisté sur sa dot que sur son pucelage ! Les temps changent... Moi, j'ai souvent regretté dans ma vie de n'avoir pas toujours tenu compte, quand j'étais petite, des conseils de ma mère. Mais que faire ? Quand on est jeune, on est maladroite et rancunière.

Comme je vivais maintenant dans une pièce séparée, j'étais obligée de tout faire pour mon mari : lui servir à manger, lui faire chauffer l'eau pour le bain, lui porter son repas aux champs, lui donner le bétel. Il n'y avait plus d'intermédiaire. Tout ce qu'avait fait ma belle-mère, c'est à moi que cela revenait. Encore une fois, Sinnamma, ce n'était pas le travail qui me faisait reculer, c'était de le faire pour un inconnu qui me faisait mal la nuit et disparaissait le jour. Mais il n'y avait pas d'autre solution que d'obéir. Si je refusais, c'était les coups qui m'attendaient : on n'allait sûrement pas me cajoler ! Alors je boudais, je faisais la tête, je ne riais jamais, je me vengeais à ma façon. Je vous donne un exemple. Nous étions sept filles qui portaient le repas de leur mari aux champs. Elles enroulaient toutes le pan de leur sari sur le crâne, et posaient dessus leur pot de *kuj*. Moi, je me disais que ce bourreau-là ne méritait pas ça, et j'arrivais avec le pot posé directement sur la tête : je lui avais manqué de respect, et je le vexais à tous les coups. Alors, le soir, il trouvait un prétexte quelconque — il n'y avait pas assez de sel dans le riz, ou l'eau pour se laver était trop chaude —, et il se mettait à m'insulter : « Espèce de vérolée, de mal baisée, de putain ! Regardez-moi cette tête de con ! » J'avais honte, et je me mettais à pleurer. Les gens venaient le calmer et lui disaient : « T'énerve pas, Manikkam ! C'est une toute petite fille ! » Et lui répondait : « Mais non ! Vous ne savez pas le culot qu'elle a ! » Et il racontait ce que je lui avais fait le matin. J'étais humiliée mais, en même temps, satisfaite de mon coup.

J'avais un autre moyen de l'agacer. Quand j'allais lui porter le *kanji*, je posais le pot par terre près de lui et je m'asseyais plus loin, en lui tournant le dos, et en grattant le sol avec mon gros orteil. Ça le mettait hors de lui, et il criait : « Toutes ces femmes sont venues porter le *kanji* à leur mari, elles leur ont servi à manger, et elles restent à côté d'eux pendant qu'ils mangent ! Et regardez où est Velpakkatta[7] ? À dix pieds de moi ! » Tout le monde se mettait à rire et répliquait : « Hé ! Manikkam ! La balance ne penche pas de ton côté ! Tu ne sais pas t'y prendre. Si un jour tu lui donnais une bonne correction, tu verrais qu'elle retournerait dans le droit chemin ! » Moi j'étais furieuse, et je leur lançais un regard de mépris en marmonnant : « Qu'est-ce que ça peut vous foutre à vous autres, bande de buffles ! »

Je n'osais jamais répondre aux insultes de mon mari, j'avais peur qu'il me frappe : vous me voyez, moi un ver de terre, contre un Mahadisvaran ! Mais je râlais toujours contre ceux qui poussaient mon mari contre moi : « On voit bien que ça ne vous fait mal nulle part de dire des choses pareilles ! Que vos langues pourrissent ! » Personne ne m'en voulait. Mais, remarquez, je me permettais tout ça aux champs devant des groupes de jeunes. Je ne l'aurais jamais fait au *céri* devant les vieux : là, je prenais toujours mon air de persécutée.

Après le retour des champs, je déposais ma pannelle, prenais un panier, et j'allais chercher du bois pour le feu. Je ne m'attardais plus comme autrefois, car j'avais peur de me faire gronder par ma belle-mère. Je n'allais plus jouer avec mes camarades, et je les voyais peu. Elles commencèrent par me faire la tête, et elles finirent tout simplement par m'ignorer. C'était dur. Je me rapprochai alors d'un groupe de filles mariées comme moi et, plus tard, surtout, de Kannima et d'Anjalai. L'une venait de Manigappakkam, l'autre de Murungappakkam. Mais je ne les voyais que lorsque j'allais porter le repas aux champs. Je me sentais donc seule et abandonnée. Les aînées, elles, me faisaient tout le temps la leçon. J'en avais assez.

Jeter du grain

La personne que je voyais le plus, finalement, c'était mon mari, qui essayait de m'apprivoiser. Souvent, il rentrait au *céri* avant les autres. Il justifiait toujours sa présence par tel ou tel travail à faire quand les gens lui disaient : « Alors, Manikkam, t'as l'air d'apprécier ta maison et ta femme, hein ? » Il répondait : « Non, non, c'est pas du tout ça ! », et il entrait. Il m'appelait : « *Aye* ! Fillette ! Sors de ta cachette ! » Je lui disais : « Non ! je ne viendrai pas ! », et je me mettais à gémir en refusant de bouger. Il s'énervait et m'insultait : « Si tu veux que j' t'écorche la peau du dos, reste dans ton coin ! Sinon, sors vite de ton trou, chienne ! Je n'te conviens pas comme mari, peut-être ? Qu'est-ce que j'ai d' travers, moi ? Qu'est-ce qu'un autre a d' mieux qu' moi ? Il te faut un maharajah, un fils de Manmadan* ? »

Je vous l'ai déjà dit, Sinnamma, je ne lui répondais jamais quand il s'emportait comme ça. Je savais que mes refus répétés à ses avances et mes provocations le rendaient furieux. Moi, en l'entendant m'insulter ainsi, je bouillais de colère. J'avais envie de le battre ! Entre nous, Sinnamma, c'est pas si difficile de battre un homme... Dans notre *céri*, il y avait une femme qui ne faisait que ça, et en plus elle buvait. Le couple était la risée de tout le monde. Lui, on le traitait de couille molle, et elle, de Patrakali*. Chez nous, les Parias, quand on appelle une femme Patrakali, c'est vraiment pas un compliment ! Kali, tous les dieux ont peur d'elle. Elle est seule. Elle traîne près des bûchers, condamnée à manger les cadavres. Les Koratti [8], elles, ne se laissent pas faire. Si le mari lève le bras, la femme lève le pied ! Mais ce sont d'autres castes, des nomades. Nous, on ne bouge pas. On vit dans une colonie [9], et on suit des règles.

(Viramma s'arrête ici, prépare soigneusement une chique de bétel, puis rompt le silence en commentant : « Je vous dis tout ça, puisqu'on parle de ma vie, alors, je vous dis aussi ce que j'ai ressenti. » *Et le récit reprend...)*

En fait, Sinnamma, mon mari était quelqu'un de gentil. Il cherchait à me connaître, à se lier avec moi. C'est moi qui ne comprenais rien. J'étais trop jeune, et ses moindres paroles, ses moindres gestes étaient pour moi des agressions. En même temps, tout en geignant dans mon coin, je l'observais : il était beau, son visage était doux. Son grand corps musclé, couvert de perles de sueur qui brillaient au soleil, ne me laissait pas indifférente. Ça me faisait quelque chose de le voir... des sensations... Il avait une bonne nature : avec ses amis il riait toujours, échangeait des blagues. Il connaissait des tas de chansons à rire et des duos d'amour. Moi, j'étais la petite corneille qui ne savait pas voler et qui n'osait pas se lancer seule dans la vie. Lui, étant plus âgé que moi, y mettait beaucoup du sien, et me jetait du grain, comme on dit chez nous, pour m'apprivoiser.

Le soir, je faisais cuire du riz pour deux repas : le dîner d'abord, et

Oiseau picorant du grain.

le reste pour le matin — en ce temps-là on pouvait se le permettre. Je les présentais dans un plat en laiton que mon père m'avait donné en dot. Mon père, qui travaillait alors à Madras, ne m'avait pas envoyée sans rien : pannelle pour l'eau, plat en laiton, lampe à huile, grand plateau à *puja*, petite pannelle pour l'huile, oreiller, natte... Tout cela faisait partie de ma dot. Mon père était civilisé, et il avait bien fait les choses.

Oui, je préparais une bonne sauce forte au tamarin, avec des aubergines ou du poisson salé. Je savais cuisiner, et on ne pouvait rien me reprocher dans ce domaine. Puis je balayais la pièce, je mettais de l'eau à bouillir pour le bain et je l'attendais près de la porte, à l'intérieur. Il ne traînait pas en route et il ne rentrait jamais les mains vides. Il venait toujours avec quelque chose : des pois chiches grillés, des *murukkeu*, des *vadai*. Il achetait aussi du bétel pour le soir chez le Moustachu. Dès que je l'entendais, je me ruais sur mes feux. Lui m'attendait près de la porte, voulant sans doute que je vienne l'accueillir. Mais je ne bougeais pas. « *Aye !* Tiens ! *Aye !* Viens prendre ça ! », me disait-il gentiment. Sans me retourner, je lui faisais remarquer que je n'avais pas gardé les vaches avec lui pour qu'il m'appelle tout le temps « *aye* » [10]. Vexé, il élevait la voix : « Veux-tu prendre c' que j' te donne ou veux-tu que j' te fasse mûrir la peau du dos ? » Je lui répondais que je n'avais pas envie de ce qu'il m'apportait et que, d'abord, je n'avais rien demandé. Puis, en geignant, je me levais et j'allais prendre les friandises. Mais, par coquetterie, je ne les mangeais pas et je les posais par terre. Et ça recommençait : « Pourquoi tu ne veux pas manger c' que j' t' apporte, espèce de bourrique ?

— Non ! J'ai pas envie. J'ai pas faim. J' les mangerai plus tard. Quoi ? J' dois les manger tout de suite ? J'ai pas le droit de les manger plus tard, peut-être ? »

Mes crises de larmes avaient disparu, et ces disputes, je les attendais presque avec plaisir, car elles nous rapprochaient peu à peu. Ma belle-mère et les autres qui me disaient renfermée ne voyaient pas d'un bon œil les gâteries que me faisait mon mari ni la façon effrontée dont je lui répondais. Bien sûr, on entendait tout ce qui se disait chez nous pardessus la cloison, et je compris vite que nos querelles, il fallait les garder pour la nuit, où on était seuls.

Quand mon mari avait pris son bain, je lui servais son dîner. Puis, pendant que moi je mangeais, il allait faire un tour et discutait avec ses parents ou avec les jeunes du *céri*. Je me dépêchais de faire la vaisselle et de ranger les ustensiles. J'étendais ensuite la belle natte qu'on m'avait donnée pour mon mariage et je me couchais en l'attendant.

Mon mari ne traînait pas trop, là non plus. Il rentrait assez vite et s'allongeait à côté de moi. Je me levais aussitôt pour lui masser les jambes, et il me demandait alors de lui raconter des histoires. Moi, j'étais très heureuse de ça, d'autant que j'en savais un bon nombre, et que ça me détendait : j'avais enfin la parole, et j'aimais être écoutée. Pendant que je lui racontais des histoires, il m'attirait vers lui, et je me retrouvais allongée contre lui, jambes contre jambes. Je n'éprouvais aucune gêne. J'étais bien. Mon mari caressait mon corps avec ses mains rugueuses. Il était plutôt tendu, mais pas du tout brutal dans ses gestes. Nous nous caressions longuement, très longuement. Sinnamma, je ne sais pas comment vous dire tout ça. Dans ces moments-là, il était prêt à tout faire. Une fois, pour le punir d'avoir été si brutal au début de notre union, je lui ai fait lécher mes plantes de pied et mes orteils ! Ça me faisait beaucoup de bien en même temps. J'ai découvert avec lui que les oreilles et le creux derrière les genoux étaient des endroits à plaisir. Il n'y a pas que ça. Je voyais avec admiration ses petites couilles bien velues et son dard gros et dur comme de la canne à sucre avec son gland violet. J'étais toujours très émue dans ces moments-là, et j'éprouvais des sensations que je n'avais jamais connues avant. Il me disait en me caressant la toison : « Tu es mon mont de Tiruvannamalai et sa mèche [11] ! » *Ayo ! Ayo !* Sinnamma ! On s'en est fait des choses quand on était jeunes ! La position qu'il préférait, c'était « l'épluchage de la noix de coco [12] ! » *Ayo !* Sinnamma ! J'ai honte de vous dire tout ça, mais tant pis, tout le monde fait ça... Enfin, nous étions heureux, nous nous satisfaisions. Je me sentais bien avec lui. On me l'avait dit que je serais heureuse avec mon mari, mais ma première expérience avait été si dure que j'étais devenue très inquiète après. Et puis, les autres ont beau vous conseiller, on ne comprend pas grand-chose. Rien ne vaut sa propre expérience, Sinnamma ! Et c'est depuis ce temps-là que l'amour est né entre nous. En tout cas, c'est à ce moment-là que j'ai commencé à aimer mon mari comme l'être le plus cher de ma vie...

Kama... Une amulette invoque le nom du dieu de l'amour, inscrit en son centre.

V

LE GOURDIN DIVIN

Sinnamma, tout commençait à bien aller entre nous. Ça me plaisait maintenant d'être mariée. C'est avec impatience que j'attendais le retour de mon mari. J'appréciais sa compagnie. Il était bon et doux avec moi. C'était trop beau, et il ne faut pas, dans les campagnes, oublier le mauvais œil. Voyant que tout allait mieux pour moi, les femmes de ma belle-famille m'employaient de plus en plus pour leurs travaux. Comment refuser ? Moudre les épices, aller chercher huit pannelles d'eau chaque jour, garder les neveux : tout ça me faisait prendre du retard dans mon propre travail, et quand mon mari rentrait, j'étais à la tâche ici ou là, alors que ma belle-sœur traînait au puits. Si le travail n'était pas fini, on me faisait la tête, et on me traitait de paresseuse. Je ne disais rien car je voyais très bien que c'était de la jalousie. Ma belle-sœur n'avait pas les mêmes relations que moi avec son mari, qui était vieux, et qui ne s'intéressait pas à elle. Il était tout le temps avec les hommes du *céri*, à boire ou à discuter. Pour eux, les belles années étaient terminées. Ma belle-mère, elle, se sentait abandonnée par son fils. Mon mari voyait bien que j'étais la victime de la jalousie de ces femmes, mais le pauvre était dans une position difficile. Je le comprenais bien : pour qui prendrait-il parti ? Pour sa famille, ou pour une nouvelle venue ? Je supportais tout et n'en voulais à personne, car je retrouvais bonheur et courage la nuit auprès de mon mari. Moi qui avais trouvé que ma belle-mère avait été injuste de nous mettre dans un logement séparé, je me disais maintenant que c'était une vraie chance que d'avoir une pièce à nous. Vous savez bien, Sinnamma, que je n'ai pas comploté pour obtenir ça, et que c'est par mon innocence et ma naïveté qu'on en est venus là : je ne suis pas calculatrice, moi.

La nuit, je ne parlais jamais de mes problèmes à mon mari. On « faisait » bien. J'avais le beignet irrité, car j'étais longue à satisfaire. Je me versais plein d'eau pour calmer mes brûlures. Tout ça me redonnait la patience nécessaire pour la journée. Parfois on se rencontrait sur le chemin qui mène au puits derrière le temple d'Aiyanar* — autrefois le puits des Parias se trouvait par là-bas, au milieu des cactus. On prenait du bétel, il m'attrapait la main ou me pressait un sein ; il m'envoyait un baiser et s'en allait vite avant que quelqu'un ne nous voie... J'aimais ces nuits où nous étions dans notre tenue de naissance, avec notre cordelette sur les reins [1]. J'écoutais sa respiration haletante. Je me sentais bien...

Ainsi passait le temps dans mon nouveau village. Je commençais à connaître tout le monde et à être à l'aise au *céri*. À l'*ur*, j'y allais quelquefois. Je ne connaissais personne là-bas, sauf la mère du maître d'école, qui est aussi de Velpakkam. Une nouvelle Paria au *céri*, vous pensez bien que ça n'intéresse personne. Mais chez le Grand Reddi, on savait que j'étais la femme de Manikkam. J'allais avec ma belle-mère balayer l'étable et ramasser les bouses de vache. Dans ma belle-famille, ils sont serfs chez le Reddi depuis des générations [2]. Un jour que ma belle-mère était malade, elle m'envoya chez lui faire le travail à sa place.

Sinnamma, en ce temps-là, j'étais belle, jeune et bien portante. Mes hanches et mes cuisses étaient lisses comme des troncs de bananiers. J'étais petite et noire comme une corneille, mais mes rondeurs étaient attirantes. Pour une Paria, j'étais pas si mal, et tout le monde le disait, même dans l'*ur* : je l'entendais en passant. En revenant de chez le Reddi, j'avais l'habitude de m'arrêter chez Pajani Gounder, le père du maître d'école, et de demander à sa femme des nouvelles de Velpakkam, et des garçons du *céri* qui travaillaient chez ses parents là-bas. Chaque fois, elle me demandait de faire de petits travaux : « Tiens, Velpakkatta, viens balayer un peu la cour », disait-elle, et elle me donnait une poignée de pois chiches salés, ou me jetait une pièce.

À côté de chez elle, il y a le bureau d'état civil : le mur est mitoyen. Ce jour-là, je m'étais bien coiffée, avec des fleurs dans les cheveux, j'avais mis un beau *potteu*, j'étais très propre. Le fonctionnaire était assis à une table près de la fenêtre. Quand il me vit passer, il me fit signe de venir. Je me suis dit que c'était un chef, un Sir, un fonctionnaire, et que je devais m'arrêter par respect. Peut-être qu'il voulait que je balaie le trottoir ou la cour. J'entrai dans la pièce, en me couvrant le dos avec mon sari et en joignant les mains respectueusement. Et qu'est-ce que j'ai vu en relevant les yeux ? Sa bite ! Une grosse bite ! Il la tenait d'une main, et il avait des pièces dans l'autre. J'ai poussé un cri. Je tremblais de tout mon corps, et je ne savais pas comment me sortir de cette situation. De leur cour, la mère du maître d'école et son mari observaient la scène, et ils se demandaient si j'allais accepter la proposition ou alerter tout le monde...

Nous autres, les Paratchi, on a la réputation d'être des femmes faciles, qui se couchent quand on les siffle. C'est vrai que nos jeunes couchent volontiers avant le mariage. J'en connais même qui le font après. Mais ça se passe entre nous. On travaille dans des champs isolés, des jeunes gars passent... Mais on n'est pas toutes des putains. Ces messieurs de l'*ur* parlent beaucoup de l'impureté des Intouchables, mais nos trous les attirent toujours. C'est avec nous qu'ils font toutes leurs saloperies, c'est à croire que nos mouilles ont plus de goût que celles de leurs femmes ! À l'hôpital, c'est pareil. Tous nous font des avances, depuis le médecin jusqu'au balayeur. « *Aye !* Qu'est-ce que t'en dis ? Tu viens ? » Les docteurs nous pressent le sein sous prétexte d'écouter le cœur. D'autres sortent carrément leur paquet et demandent de les toucher. À plus d'une d'entre nous c'est arrivé. On est agressées en permanence là-bas. Mais on n'ose pas crier ou faire de scandale ; on nous traiterait de menteuses, on barrerait notre nom des registres de l'hôpital et on ne serait plus soignées.

Qu'est-ce que ça serait si on était civilisées comme vous, toujours propres et belles ! Mais rassurez-vous, on ne peut pas rester belles aussi longtemps que vous. Jeunes, oui, on est fortes comme des graines de tamarin, mais après les enfants c'est fini. À chaque enfant on perd du sang, et en plus, il y a tout le travail qu'on abat : le repiquage, le désherbage, la moisson, s'occuper du bétail, ramasser les bouses de vache, porter huit pannelles d'eau, et puis piler, vanner le millet, étuver le paddy, l'emporter à la rizerie à Tirulagam, et tout le travail à la maison et à l'*ur*. Une Paria perd très tôt sa force et sa beauté. Les femmes des Reddi, elles, n'ont qu'à dormir, manger, et à faire quelques petits travaux à la cuisine : elles peuvent rester très propres, civilisées. Nous, on rentre le soir fatiguées, en sueur. On ne prend pas le temps de se laver, on se couche comme on est. À l'*ur*, elles se lavent plusieurs fois par jour. On n'a pas la même vie ! Et malgré tout, c'est avec nous qu'ils cherchent à coucher !

Pour en revenir à mon fonctionnaire, ce baiseur d'âne me faisait mourir de peur plus qu'autre chose. Ils pensaient tous que j'allais accepter sa proposition. Je n'avais pas vu les Gounder qui m'observaient de leur cour, mais je suis tout de suite sortie en criant, sans oser raconter l'histoire. La mère du maître d'école m'appela et me demanda ce qui se passait, sans bien sûr me dire qu'elle avait tout vu. Moi je lui dis : « *Ayo !* Mère ! Mère ! L'officier d'état civil m'a appelée ; j'y suis allée en pensant qu'il fallait obéir à un fonctionnaire du village, et voilà ce qu'il m'a montré : sa bite et des pièces ! » J'éclatai en sanglots. Elle me consola, et me dit : « Va, Velpakkatta, tu t'es bien conduite. Ils sont comme ça, les gens de la ville qui viennent dans les campagnes. Ne t'arrête jamais quand un homme t'appelle ! »

Je rentrai toute honteuse au *céri*, quand j'ai vu sur le chemin mon mari, soûl, avec un couteau à la main. Et il gueulait : « Y partira pas vivant d'ici, c'fils de pute ! J'vais l'achever ce soir, c'buveur de mouille ! Il a osé appeler ma femme pour êt' sa femme ! J'vais lui parler, moi, à coups d'savates usées, salaud, espèce de baiseur de sa mère, baiseur de sa sœur ! » La nouvelle avait vite circulé, et mon mari, peiné d'apprendre ce qui m'était arrivé, vexé aussi que ce soit arrivé à sa femme, était allé boire pour se donner le courage de sortir à ce type tout ce qu'il avait sur le cœur. Autrefois, un Paria n'avait aucun droit ; il se mettait toujours à plat ventre devant ses maîtres. On ne pouvait rien revendiquer comme maintenant. Alors il allait se soûler, et lançait des injures à l'entrée de l'*ur*. C'est ce que faisait mon mari. Personne ne prenait ça au sérieux : on disait que c'était des paroles d'ivrogne et voilà tout. Les gueulantes ne dépassaient pas le *céri*, et l'affaire était enterrée. Aujourd'hui, si on le voulait, ça se passerait autrement, à cause des hommes du parti [3] qui sont toujours prêts à nous aider. Remarquez, c'est pas gratuit, ils ont nos voix en masse. Enfin, les élections, Sinnamma, c'est une autre histoire...

Un groupe d'hommes âgés avaient calmé mon mari — dont le père de Malliga qui était à l'époque le chef du *céri* : « Laisse donc cet homme, il n'a même pas touché ta femme ! Et même s'il avait fait quelque chose, tu sais bien qu'on ne pourrait rien contre lui, c'est un type d'en haut [4] !

— Ah non ! bondit mon mari, c'est pas des arguments ! Cette bite-là — il souleva son *somin* — cette bite-là ne va pas avoir peur de lui ! On va voir s'il peut en arracher un poil. »

Mais les gens continuèrent de l'apaiser, tout en riant de voir ses choses à l'air. En ce temps-là, il était jeune et il se révoltait comme ceux de son âge. C'est quand on vieillit qu'on comprend mieux et qu'on sait que ça ne sert à rien de lutter contre ces gens-là... Il faut dire qu'au *céri* ce soir-là on a bien ri, non pas du fonctionnaire qui avait montré sa bite, mais de mon mari qui avait répliqué en montrant la sienne !

Le lendemain, ce fils de putain d'officier d'état civil refit la même chose avec la fille de grande sœur Tacimma, une Kudiyanar que je connaissais bien car elle travaillait aux champs elle aussi. Elle, elle n'a pas eu peur, elle a crié tout de suite au scandale. Ça faisait maintenant deux scandales : un avec une femme du *céri*, moi, et un autre, avec une femme de l'*ur*. Et le scandale dans l'*ur*, ça ne se passe pas comme ça ! En ce temps-là, le père du grand Reddi était *kambattam*[5], et il avait du pouvoir. On est allés se plaindre à lui, et il a fait muter ce type immédiatement. On ne l'a plus revu dans les parages. Il paraît que c'était un musulman : ces gens-là ne sont jamais satisfaits[6]...

Quand j'ai appris la nouvelle en allant chercher de l'eau, je suis rentrée en courant au *céri*, en disant à qui voulait m'entendre : « Vous savez que le fonctionnaire a été renvoyé à cause de moi ! » J'étais très fière, Sinnamma ! Je pensais qu'on allait me féliciter. Eh bien, non ! Les jalouses ont tourné l'affaire contre moi. « C'est parce que tu es trop coquette que tout ça t'est arrivé ! » : voilà ce qu'on m'a répondu ! Moi, j'avais encore tout ce que mon père m'avait donné comme dot et comme trousseau, et mes belles-sœurs s'en servaient comme elles voulaient.

Chez nous, les pauvres, la dot de la bru sert surtout à marier les filles de la maison : que faire d'autre quand on n'a pas le sou ? Mais heureusement pour moi, les deux sœurs de mon mari étaient déjà mariées, et j'ai pu comme ça profiter de mon trousseau : j'étais la plus jeune mariée, et j'avais des habits encore neufs... Les autres étaient jalouses aussi parce que ça allait bien entre moi et mon mari, et qu'il me gâtait. Les filles, maintenant, chuchotaient et ricanaient en me voyant. Les vieilles, elles, disaient : « Hein ! Autant Velpakkatta avait peur de son mari, autant elle aime sa queue aujourd'hui ! » Ça me faisait de la peine d'entendre ça, et d'être mise à l'écart.

Y a-t-il quelqu'un de plus beau que toi ?

Malgré tout, j'étais heureuse dans mon nouveau *céri*. Je pensais de moins en moins à Velpakkam et aux miens. Tout ça me paraissait très loin, alors que ça ne faisait qu'une mousson que je les avais quittés. Je me rendais compte que c'était grâce à mon mari que j'étais heureuse, et qu'il comptait pour moi dans la vie.

Lui aussi était heureux. Sinnamma, j'ai honte de vous le dire, il a perdu ses dents, nos enfants sont mariés, mais il me désire encore ! C'est vrai qu'on a beaucoup couché ensemble... Il ne me lâchait plus et me réclamait tout le temps. Je lui disais : « Arrête de faire comme un âne en rut : tu vas perdre tes forces et moi aussi ! » Sinnamma, on voit dans notre *céri* des hommes qui traînent sans avoir la force de travailler. Pandéri est un type comme ça. Il aime les femmes, tout le monde le sait, et il a eu tellement de rapports qu'il est maintenant affaibli par la « mauvaise eau » : ses membres sont enflés, et tout son sang a tourné. Un de ses fils est comme ça aussi : on dit qu'il a attrapé la vérole, et ça, Sinnamma, c'est avec sa tête que ça partira [7]. Le pauvre, il ne doit toucher ni viande ni poisson. Sa mère a vraiment essayé tous les médicaments. Finalement, le guérisseur Nadar de l'*ur* lui a conseillé de prendre du jus de ninuri. Dans l'*ur* aussi cette maladie fait des ravages chez les Kepmari : ces gens-là voyagent beaucoup. Ils traversent des pays étrangers, vont à Bombay, à Delhi. On ne sait pas avec qui ils couchent, et ils attrapent la vérole. Mani, le fils de Ramamurti Kepmari, il a l'air normal : il n'a pas maigri ni rien, mais on a bien remarqué que depuis quelque temps il marche les cuisses écartées. Anjalai, Pakkiam et moi, on s'est dit : « Oh ! ça, c'est la chaude-pisse qu'il a, ce garçon ! » Deux jours après, le petit du barbier est venu me chercher, et quand je suis allée demander pourquoi, sa mère, grande sœur Anjamma, est sortie de chez elle, et m'a prise à part pour me dire : « *Aye*, Viramma, y me faudrait des feuilles de laurier blanc et de ninuri. » Je lui ai dit : « C'est pour chez vous, grande sœur ? » Elle m'a répondu : « Non, c'est pour Mani, le fils de Ramamurti Kepmari. Il a la vérole. Il paraît que son gland est tout rouge, tout rongé, et que sa queue a terriblement rétréci : il l'a montrée à mon mari. C'est le Nadar qui le soigne. Il lui a donné de l'huile de ricin chauffée avec du cumin à appliquer sur sa queue, et il cherche du ninuri, des feuilles de laurier blanc, et des bourgeons d'euphorbe pour lui faire une pâte à prendre pendant trois jours. » Quand j'ai entendu ça, je me suis dit que j'avais bien l'œil...

Sinnamma, ici on dit que ces véroles, quand ça empire, ça devient la grande maladie [8]. C'est pour ça aussi que je disais à mon mari, quand on a commencé à prendre de l'âge et qu'il me poursuivait pour qu'on couche même pendant mes règles : « Pourquoi t'es là comme un chien en chaleur qui traîne dans la rue ? Est-ce que je suis une putain ? Qu'est-ce qui t'inquiète ? Je suis toujours là près de toi : quand tu me désires, on peut y aller. À ton âge, t'as pas peur de devenir cinglé [9] ? T'aurais l'air malin avec le cou raide et les pieds enflés ! Tu crois que ton ventre se remplira tout seul quand tu seras dans cet état ? Calme-toi un peu, mon vieux ! Pourquoi t'en faire comme ça ? Est-ce qu'il s'agit de millet ou d'éleusine pour que t'aies peur que quelqu'un se serve ? Tu sais bien qu'ici une fourmi rouge ne bougerait pas sans mon autorisation. Y a-t-il quelqu'un de plus beau que toi ? Tu penses que ta chose est tordue et que je préfère celle du voisin ? »

J'avais pris de l'assurance, et j'aime encore bien parler comme ça, crûment, même aux jeunes ou à des parents comme un oncle ou un cousin : « Attends un peu, connard ! Attends que j' te verse ma mouille sur la figure ! Sors ton paquet et viens dehors avec moi. J' te ferai voir, moi ! J'ai eu un plein boisseau d'enfants ! » Quand ils m'entendent, les jeunes se cachent la tête de honte en disant : « *Ayoyo* ! Cette femme est vraiment trop vulgaire ! Elle a fils et petit-fils, mais même à cet âge, elle parle encore lestement ! » Et ça nous fait bien rire, toutes les femmes et moi !

Sinnamma, il y a longtemps que j'ai espacé mes rapports avec mon mari. C'était très bien au début, mais après, qui l'a payé ? C'est moi. Pour lui, ce n'était rien : il me montait dessus et l'affaire était terminée. Mais après, je me retrouvais avec un enfant dans le ventre chaque fois, en ayant du mal à me lever, à m'asseoir, à me coucher ! Que de difficultés ! Les anciens avaient bien raison de me dire : « Ne te laisse pas prendre tout le temps, Velpakkatta ! Tu vas perdre ta beauté et ta force... » Et c'est vrai, tout ce sang qu'on perd à chaque enfant... Les hommes s'en fichent. Ils mangent bien, et sont forts comme un gourdin divin [10]. Ça ne leur fait pas peur de baiser, mais nous, on doit penser à la suite et, Sinnamma, on préfère s'en passer... Même les femmes riches sont comme nous : riche ou pauvre, on accouche par le même trou, et on perd autant de sang. Bien sûr, les autres, avec ce qu'elles mangent, elles vivront plus longtemps. Mais moi, Sinnamma, je ne pense pas du tout que je tiendrai longtemps après tant d'enfants : je n'ai vraiment plus de force à rien.

Si on est nombreux, on peut manger et vivre

Dans l'*ur*, même si les hommes sont excités, ils savent se contrôler. Regardez, le grand maître d'école n'a qu'un fils, le petit Gounder a deux enfants, le Grand Reddi en a trois. Mais eux, ils peuvent se permettre un planning familial : ils ont de l'argent, leur *kanji* est assuré. Nous, c'est pas pareil : le ventre est plein le jour où on travaille, sinon il reste creux. Si on est nombreux, on peut manger et vivre dans un *céri* sans trop de difficultés. Mais si on n'a personne pour nous nourrir quand on est vieux, ça n'est pas à cet âge qu'on va chercher du travail en ville, hein ? Le père de Virassami, le cordonnier qui jouait de la trompe, lui, il est parti comme renonçant après la mort de sa femme et de ses deux fils. Sinon, il ne reste plus qu'à prendre une coupelle en terre et à aller mendier...

On nous parle toujours du planning familial pour « être heureux », pour « faire baisser le taux de population [11]. » Moi, ce camion qui vient de l'hôpital de Pondy, je crache dessus... Ils ont donné des transistors, de l'argent, et nos gens y sont allés au début. Mais maintenant, on obtient davantage à chaque élection. D'ailleurs ils ne donnent plus rien pour stériliser, et ça n'attire plus grand monde. Sinnamma, on a voulu emmener mon mari pour lui faire cette opération des couilles. Il était déjà en rang pour monter dans le camion quand un petit est venu me dire ça. J'ai tout de suite laissé les bêtes, et j'ai couru au *céri* avec Anjalai et Pakkiam : on est toujours ensemble pour ces choses-là. On est allées trouver les docteurs dans le camion et on a dit à l'un d'entre eux : « Monsieur, laissez nos maris tranquilles ! On a eu le courage d'avoir dix enfants et de les nourrir tous les dix. Nous sommes tous heureux ! Allez chercher des chèvres, des vaches, des ânes, des chevaux et faites tout ce que vous voulez dessus, mais ne touchez pas à nos hommes !

— Alors vous les femmes, montez ! ils nous ont dit, et on leur a répliqué :

— On est encore capables d'avoir une dizaine d'enfants ! Retournez avec votre camion d'où vous venez ! » Ils nous ont insultées, mais ils sont repartis...

Sinnamma, cette opération est très dangereuse. À Sivapatti un homme en est devenu fou après avoir eu des migraines tous les soirs. On dit aussi qu'après cette opération la chose ne lève plus même en y passant des heures : les hommes n'ont pas de passion. C'est ça être heureux ? C'est ma fille qui me l'a dit. Elle n'a eu que cinq enfants, et elle a trouvé que c'était assez. Mon gendre s'est fait opérer. Elle, c'est une belle femme. Eh bien, lui, il a perdu toutes ses dents, on dirait un vieux... Certains en meurent tout de suite, ceux qui sont mal nourris. D'autres s'en sortent avec tout ce qu'ils mangent de fortifiant : des oranges, des mandarines, d'autres fruits, et ceci, et cela, tout ce qui donne des forces... Mais nous on ne peut pas manger comme ça, et notre santé en souffre, on tombe facilement malade. Et puis ils n'ont plus envie. Rien ne vient. Ils sont tout juste bons à s'asseoir dessus. Regardez, même un petit enfant, vous attrapez sa quéquette et vous lui faites un bisou par affection, eh ben il lève tout de suite ! Si on coupe ce nerf important, c'est fini ! Ça, vous pouvez le demander à n'importe qui, n'importe quel type d'en haut. Mais c'est parce qu'il en naît de tous côtés, de vrais troupeaux, qu'ils ont décidé à l'hôpital de couper tout le monde, qu'on le veuille ou non, homme ou femme !

On dit que l'opération pour les femmes est encore plus embêtante, parce que les femmes enflent et se fatiguent vite, et donc elles ne peuvent plus travailler comme avant. C'est normal, le mauvais sang n'est pas évacué. Tout ça c'est bon pour les femmes qui travaillent dans les crèches ou dans les bureaux, mais pas pour les Parias qui grillent dans les champs. Le *yugam* où j'ai eu des enfants, c'était différent : en ce temps-là, on nous bénissait d'avoir des petits. Aujourd'hui, dans ce *kaliyugam*, tout est à l'envers ! Même le gouvernement dit qu'il faut s'arrêter à deux enfants. Et nos jeunes, entraînés par les hommes des partis et par le cinéma, acceptent ça, et reculent devant le travail : ce sont des incapables !

Sinnamma, pourquoi voulez-vous que moi je me fasse stériliser ? J'ai eu tant d'enfants que maintenant je suis comme un arbre qui a donné ses fruits. Chez l'être humain, l'envie ne partira qu'avec la mort. Et encore... Ma belle-mère disait qu'un cadavre aurait même battu de la queue pendant qu'on le déposait sur le bûcher !

Alors, que mon mari me désire encore, ce n'est pas un crime, mais je trouve que ce n'est pas raisonnable à cet âge, même si c'est vrai que j'ai toujours mes règles. Je lui dis : « Écoute : nous avons eu tant d'enfants ; un fils nous est né, nous lui avons donné un nom, nous l'avons élevé ; maintenant il va coucher avec une femme, et au lieu d'être heureux et fiers de ça, tu veux qu'on soit mari et femme ! Tu n'as pas honte ? Tu es un homme ou non ? Qu'est-ce que tu manges, de la paille ou du riz ? Tu n'as pas de cervelle pour comprendre ça ? Tu veux que je me retrouve encore avec un enfant dans le ventre, à cet âge ? » Et tout en le raisonnant comme ça je le repousse. Et s'il insiste vraiment trop, tout ce que je viens de vous raconter, je le dis à haute voix sur mon *tinnai*. Aussitôt, ce sont des éclats de rire dans les maisons voisines, et il y a toujours des jeunes pour dire en se moquant : « *Dè* ! Oncle Manikkam ! Tu es vieux et tu veux encore que tante Viramma soit ta femme ? »

VI

UN PLEIN BOISSEAU D'ENFANTS

J'aimais bien coucher avec mon mari. On était bien ensemble et tout se passait pour le mieux entre nous. Un jour, pourtant, ma belle-mère me demanda : « Hé ! Viramma ! Est-ce que tu t'es baignée ce mois-ci[1] ? » Je lui répondis tout de suite : « Oui, pourquoi ? », et elle me dit : « Non, non, pour savoir... » Bientôt grande sœur Ellamma et d'autres femmes du *céri* me posèrent la même question, et à elles aussi je répondis « oui, oui ». Elles insistèrent : « Mais on ne t'a pas vu étendre tes serviettes sur les cactus... » Alors, pour ne pas continuer la conversation, j'ai pris ma pannelle et je suis allée au puits. J'avais menti à tout le monde : ce mois-là je n'avais pas encore eu mes règles, et comme j'étais ignorante en ce temps-là, je n'avais pas compris pourquoi. Peut-être que j'avais trop fait l'amour avec mon mari ces derniers temps ? Et pourquoi toutes ces femmes s'intéressaient-elles tant à mes règles ? Peut-être qu'à voir ma tête on devinait que j'avais eu trop de relations ? Moi qui étais contente de ne pas avoir mes règles, voilà que je commençais à m'inquiéter. Qu'est-ce que cela pouvait cacher ? Je n'osais pas parler de règles à mon mari. Encore une fois j'étais seule. Grande sœur Ellamma était âgée et avait beaucoup d'expérience, mais j'hésitais encore et je ne savais pas comment aborder la question. J'avais l'impression d'avoir fait une bêtise. C'était la saison des fruits de palmiers à sucre. Est-ce que j'en avais trop mangé, ou est-ce que j'avais trop été avec mon mari ? Pourquoi je n'avais plus mes règles ?

Avant même que je me décide à en parler à grande sœur Ellamma, un soir, après le dîner, j'ai vomi à grand jet : j'ai eu juste le temps de sortir pour faire ça sur le *tinnai*. Ma belle-mère, qui chiquait du bétel à côté, est accourue avec de l'eau. « Viens, *Mâ* », me dit-elle en me relevant.

Elle m'aspergea le visage, étendit une natte et me fit asseoir : « Couche-toi, *Mâ*. Ça va être comme ça pendant quelque temps, et après ça passera.

— Mais qu'est-ce que j'ai, tante ? J'ai mal au cœur...

— Non non, ce n'est rien, *Mâ*, c'est une bonne nouvelle : tu es enceinte ! »

Je n'y comprenais rien : j'avais un ventre normal, plat, et voilà qu'elle me disait que j'étais enceinte ! Elle sortit aussitôt annoncer la nouvelle à mon mari qui discutait dehors : « Hé ! Manikkam, ta femme est enceinte ! » « Hé ! Manikkam, tu as bien travaillé », dirent aussitôt ses amis, et tout le monde se mit à rire. Les femmes étaient sorties de chez elles. Avec ma belle-mère, elles essayaient de compter quel était le premier jour de la grossesse pour prévoir la date de l'accouchement. Moi j'étais rentrée et j'écoutais, couchée, toutes les conversations. Je ne me sentais ni malade, ni enceinte. Mon mari entra peu après et me dit : « Alors, montre-moi, il paraît que tu es enceinte ? » Je me suis mise à rire en voyant qu'il était aussi naïf que moi. Mais il insistait : « Montre !

— Mais qu'est-ce que tu veux voir ? Il est comme un ver de terre dans mon ventre, il ne grossira que petit à petit ! »

C'est comme ça que j'ai appris ce que c'était que la grossesse. Ma belle-mère était fière de moi, et elle disait à tout le monde : « Notre Viramma est enceinte ! » On a fait porter la nouvelle à Velpakkam, et mes parents, eux aussi heureux et fiers, sont venus me voir avec beaucoup de friandises. Ma mère voulait que j'aille chez elle au septième mois, comme c'est la coutume dans notre caste, mais mon mari, pour que je reste plus longtemps avec lui, refusa en prétextant qu'il n'y aurait personne pour lui faire à manger. On retourne assez tôt dans sa famille maternelle pour le premier accouchement car on n'est jamais très sûr de la date du début de la grossesse. Ça dure en tout dix mois [2] et on célèbre la fête du *simantam* au septième mois. Mais moi je ne suis partie à Velpakkam qu'au neuvième mois.

Dès le cinquième mois, mes parents m'ont apporté les premiers plateaux, ceux du riz de la mi-grossesse, qu'on fait spécialement pour les femmes enceintes. Il y avait cinq mesures de riz, toutes sortes de légumes et des gourmandises. On a déposé tout ça au milieu de la maison et brûlé du camphre. Tous les parents ont été invités, afin de leur montrer que ma mère avait bien fait les choses. Puis on nous a fait asseoir, mon mari et moi, et on a commencé à partager le repas sur deux feuilles de bananier. On y a mis un peu de chaque chose : du riz au yaourt, du riz au petit-lait, du riz à l'oseille, des beignets bien frits à l'huile... Tout le reste a été ensuite distribué à la famille, aux amis, aux voisins, comme vous le faites, vous : est-ce que vous n'envoyez pas des plateaux de sucreries chez les uns et les autres ? Nous aussi nous devons honorer nos amis !

Pour moi, on a fêté le *simantam* seulement au neuvième mois, mais on l'a fait comme il fallait. Mes parents ont apporté la nourriture dans un récipient en cuivre grand comme ça ! Il faut qu'il y en ait d'abondance. Qu'on soit pauvre ou miséreux, on doit envoyer au moins la moitié de ce qui se fait d'habitude. Il faut sauver la face. On emprunte un récipient chez l'un, du riz chez l'autre. Et quand il s'agit d'honneur, Sinnamma, les gens prêtent volontiers : ce n'est pas parce qu'on est pauvres qu'on doit s'humilier devant sa belle-famille ! Quand la fille retourne chez sa mère pour accoucher, on rend les objets empruntés. On avait donc cuit trois sortes de riz dans de grandes pannelles de cuivre, et dans une autre, on avait mis des *laddeu*, des *jilebi*, des *Mysore pak*, des *vadai*, des *murukkeu*. Autrefois, on apportait tout ça dans de grands paniers d'osier, mais dans ce *kaliyugam*, le monde a complètement changé. Maintenant, n'importe quel miséreux possède de la vaisselle en inox. Nous, c'est dans de grandes bassines de cuivre recouvertes de tissu jaune qu'on a tout transporté de la maison de ma mère à celle de ma belle-famille.

Avant l'accouchement, on a célébré une cérémonie très importante[3]. On nous a fait asseoir, cette fois, mon mari et moi, en face de deux pannelles d'eau bien remplies et couvertes de feuilles de bananier. Sur une pannelle on avait mis un plateau avec un sari, sur l'autre, un plateau avec un *somin*. Tout était prêt. On m'a demandé de courber le dos, pour mettre dessus une feuille de bananier. Les femmes de ma belle-famille sont ensuite venues verser une mesure de lait de vache sur la feuille, et chaque fois on annonçait qui venait de verser : « Le lait de la belle-mère de Viramma !... Le lait de la belle-sœur aînée !... » Quand ce rite a été terminé, j'ai mis le nouveau sari qui était sur le plateau, et mon mari a revêtu un nouveau *somin*. On est revenus s'asseoir pour le don de l'argent : les hommes ont déposé de l'argent sur mon front, et les femmes ont déposé de l'argent sur le front de mon mari, et chaque fois aussi quelqu'un annonçait qui venait de donner, et combien : « L'argent de la belle-mère : cinq roupies ! L'argent du beau-frère : trois roupies !... » Pendant ce temps-là, le repas se préparait. Quand on a eu terminé, on nous a fait rentrer dans la maison. On a mis des feuilles de bananier par terre, et on a invité les gens de ma famille à s'asseoir et à manger. Quand le repas a été fini, mon père est allé consulter l'*Iyer*, pour savoir si l'on pouvait rentrer aussitôt à Velpakkam, ou s'il voyait quelques astres néfastes qui pourraient contrarier notre retour. Est-ce que Vénus, surtout, se trouvait face à nous ? L'*Iyer* lui a répondu je ne sais quoi, que Vénus était à sa descente ou à sa montée, et a demandé de quel côté était l'ouverture de notre maison, en indiquant qu'il fallait en faire le tour par le nord si l'entrée était au sud, ou en faire le tour par le sud si l'entrée était au nord. Et c'est ainsi que nous sommes tous partis à pied pour Velpakkam.

Là-bas, j'ai traîné encore jusqu'au dixième mois. Je ne comprenais rien à ce qui m'arrivait. De jour en jour mon ventre grossissait. J'étais petite avec un gros ventre comme un éléphanteau, et je me déplaçais exactement comme lui, à petits pas. Les gens avaient pitié de moi. Ils s'arrêtaient pour me demander : « Hé ! petite fille, où donc as-tu mal ? » Et moi je leur montrais ici, le pubis, en leur disant : « C'est là que j'ai mal. J'ai pas mal au ventre, ni ailleurs, c'est seulement là que j'ai mal ! » *(Rires...)* Sinnamma, j'étais ignorante en ce temps-là ! Je ne pouvais pas me faire à cette douleur, et je ronchonnais : « *Ayo !* Je ne sais pas quel veuf on est allé me donner en mariage, et voilà ce qui m'arrive ! » Les femmes disaient : « Pauvre petite, c'est comme ça le premier enfant ; après ça ira tout seul ! »

Et puis un jour, alors que j'étais assise sur le *tinnai*, ma mère m'a dit : « Viramma, va me cueillir des feuilles de pourpier qui sont sur le toit, on va faire un *kutteu.* » Je me suis levée et, en m'appuyant contre le mur, je suis allée au bord du toit. Je n'ai pu cueillir que deux ou trois feuilles : j'avais le bas-ventre qui tirait, une espèce de douleur que je n'avais jamais eue avant, quelque chose comme des piqûres de fourmis rouges. J'ai quand même cueilli mes feuilles, et je suis allée m'asseoir en disant à ma mère : « *Ayo*, mère, j'ai mal au ventre ! *Ayayo*, j'ai mal au ventre ! Passe-moi dessus de la pâte de gingembre sec. » Ma mère m'a répondu : « Ne bouge pas. Ça a commencé... Pour le premier enfant il faudra attendre un peu de temps... » Et moi j'ai demandé à ma belle-sœur Saroja de me faire une infusion de gingembre. Elle me l'a apportée après l'avoir tiédie. J'aimais beaucoup cette odeur, et je pensais que ça me soulagerait, mais non, rien n'y a fait. J'ai eu envie d'aller uriner. En m'appuyant encore une fois contre le mur je me suis avancée vers l'abreuvoir, et là j'ai dit : « *Ayayo*, mère ! on dirait que j'ai envie d'aller au jardin[4]. » Han, oui, je me souviens, à l'hôpital, celles qui venaient accoucher pour la première fois éprouvaient cette sensation : elles allaient s'asseoir dans les cabinets et, dans cette position, elles accouchaient dans le trou ! J'en reviens à mon histoire. J'étais arrivée difficilement près de l'abreuvoir. Je n'en pouvais plus. Je me suis accroupie en disant : « *Ayo*, *Sami*[5] ! » J'ai entendu : « Podukkeu », comme un bruit de robinet qui dégorge. C'était tout. L'enfant était tombé dans les plis du sari. J'étais tout habillée, le pan de mon sari sur la poitrine. L'enfant, lui, était coincé dans les plis et criait. J'ai eu très peur et j'ai hurlé : « Ô mère ! Ô mère ! *Ayo*, les sales veuves ! Venez vite ! Venez vite ! » Ma mère affolée est accourue : « *Ayo*, ma fille ! *Ayo*, ma fille ! Espèce d'idiote, t'aurais pu me dire que tu te sentais mal ! T'aurais pu me dire !... »

Ma mère était accoucheuse. Elle est allée chercher une faucille pour couper le cordon. Vite, avec une houe elle a creusé un trou dans la rigole et elle a tout de suite enterré le placenta et le cordon. Pendant ce temps-là, ma belle-sœur faisait chauffer de l'eau et préparait une pâte de curcuma. Après avoir lavé le bébé au savon, on l'a enduit de cette pâte, puis on l'a rincé à l'eau chaude. Il était tout propre, enveloppé dans un vieux sari bien doux pour ne pas blesser sa peau fine. On lui a mis un gros *potteu* noir sur le front et un autre sur la joue pour éloigner le mauvais œil, et on l'a étendu sur une natte.

Moi, on m'a massée à l'huile, d'abord la tête, puis le ventre pour faire sortir le mauvais sang. On m'a nettoyée partout à l'eau chaude, et on m'a bandé le ventre avec un morceau de tissu très serré pour que l'air ne pénètre pas par le vagin. Ça c'est pareil pour tout le monde, hein, même pour les femmes de votre caste ! On m'a mis ensuite une bonne épaisseur de chiffons entre les cuisses pour recueillir les pertes. On était couchés, mon bébé et moi, dans un coin. Je ne pouvais pas me lever, j'avais la tête qui tournait. Le matin, on me donnait de la cendre et un peu d'eau pour me laver les dents. Je crachais dans un pot en terre que l'on me tendait, et je me débarbouillais de la même façon, assise. Je n'avais pas le droit de sortir. Après ma toilette, je prenais à jeun de la poudre de *sélaveu* qu'on venait de préparer pour moi, je buvais aussitôt un verre d'eau tiède, et je me recouchais. Pas de repas pendant deux jours. Je me nourrissais de pain et de café au gingembre, c'est tout. Je restais allongée, sans trop me retourner. Quand je voulais m'asseoir, je demandais à ma belle-sœur ou à ma mère de m'aider. Pour les tétées, on me mettait le bébé dans les bras. J'étais très faible. Deux jours et deux nuits sans manger : mes oreilles se bouchaient de fatigue, et j'avais le pouls trop bas pour soulever l'enfant. Oui, Sinnamma, je disais : « *Amma*, soulève un peu cet enfant, et donne-le-moi, *Amma* ! » C'est ainsi que j'allaitais. Ensuite, quand on recommence à manger, on reprend un peu de forces et ça va mieux. J'ai pu bientôt m'asseoir seule, et parler aux gens qui me rendaient visite. Je leur racontais avec tous les détails comment ça s'était passé.

C'est ainsi, Sinnamma, que j'ai accouché de mon premier enfant. J'étais bien nourrie chez mon père, et j'étais d'une solide santé ; c'est pour ça que mon accouchement s'est passé très vite et si facilement. L'enfant a glissé comme une banane, et tout le reste aussi. On n'a pas mis la main pour tirer le bébé, et je n'ai même pas eu de déchirure. Dans les hôpitaux, on en voit des accoucheuses, des brutes qui cassent un bras ou tordent une jambe aux nouveau-nés !...

Après l'accouchement, je suis restée sans sortir jusqu'au neuvième bain. Pendant tout ce temps on nourrissait notre blanchisseur : c'est lui qui lave le linge souillé après l'accouchement, qu'il soit neuf ou en soie, il lui revient aussi, il lui appartient de droit. Au neuvième bain, on lui offre enfin, sur un plateau, du *sikakaï*, de l'huile, du bétel et un billet de deux roupies, et notre devoir envers lui, avec ça, est accompli. Ce dernier bain, le neuvième, est un bain à l'ammi. On applique sur les cheveux une mesure d'huile mélangée à une poignée de graines d'ammi qu'on a fait chauffer. Ça sent très bon. On nous masse ensuite le corps avec cette même huile, puis on se lave avec du *sikakaï*. Il ne faut surtout pas s'assoupir après le bain, sinon l'eau va se mettre dans la tête, et on peut être très malade : on ne voit pas le soleil pendant tous ces jours et on élimine mal l'eau qu'on boit, voilà pourquoi ça peut rester dans le corps, dans la tête, et donner le *sitalam*[6]. L'eau se mélange au sang : on tousse, on respire mal, on a une forte fièvre, on délire, on devient très faible. Parfois le sang peut même s'évaporer !

Ma mère s'est très bien occupée de moi quand j'étais à Velpakkam. Le troisième jour, elle m'a fait du riz en quantité avec une bonne sauce *sélaveu* qu'on cuit avec une poudre grillée dans un récipient de terre tout neuf[7] et qui est faite avec des graines de cumin, de moutarde, d'ammi et du gingembre sec. Ma mère avait préparé cette poudre en abondance. Elle en avait gardé une moitié dans une boîte de fer, pour l'utiliser en sauce, et avait mélangé l'autre moitié à du jagre de palmier pour que j'en prenne au réveil à jeun. C'est un remède très efficace, Sinnamma : il nous débarrasse de toutes les impuretés du ventre, et cicatrise en même temps cette partie en feu... Quand j'étais à Velpakkam, ma mère a fait très attention à mon régime. Jamais elle ne me faisait prendre d'aliments rafraîchissants afin d'éviter le *sitalam*, qui peut conduire au délire et tuer. Elle ne me laissait même pas boire de l'eau fraîche pendant les trois premiers jours, et me servait de l'eau bouillie et tiédie. Jusqu'au neuvième jour, je n'ai eu que du riz à la sauce *sélaveu*, et ensuite du *kali*. Nous les pauvres, on ne peut pas manger du riz tous les jours. Pendant un mois, on a évité de me donner du *kuj*, du potiron, des gombos, des courges, des tomates, des feuilles vertes, le riz de la veille, du petit-lait : tout ça est très rafraîchissant, mais il faut l'éviter sinon le bébé en souffre, il a la diarrhée. Ce sont les produits échauffants qu'il faut prendre, et on me donnait de plus en plus de sauce *sélaveu*, des aubergines, des purées de lentilles, du poisson salé, de la viande, du lait de chèvre. On utilisait aussi beaucoup d'ail, de cumin, de fenugrec, préparés au jour le jour, mais on ne me donnait pas beaucoup de jagre ni de canne à sucre, parce que cela donne aussi la diarrhée aux bébés... Ma mère tenait à ce qu'on ne lui fasse pas de reproches sur ce point, et qu'on ne dise pas chez ma belle-mère : « Quoi ! Viramma est allée accoucher chez sa mère. On ne s'est pas occupé d'elle, elle s'est laissée aller à manger n'importe quoi, et regardez : maintenant le bébé est malade... » Sinnamma, même si on s'occupe peu de la bru chez les beaux-parents, on n'hésite jamais à critiquer sa famille...

Je suis restée à Velpakkam trois mois encore. Ma belle-famille est venue me voir une fois après l'accouchement, et elle est venue me rechercher au bout des trois mois. Mon mari, lui, est venu deux fois entre-temps. Il voulait voir le bébé, et me demandait doucement : « Quand est-ce que, *Dè*, on va t'envoyer à Karani ? » Il avait hâte que je retourne auprès de lui, et moi aussi, car j'en avais assez de tout ce qu'on m'interdisait ici. Je n'allais même pas travailler dans les champs, pour ne pas risquer d'attraper le *sitalam* en mettant les pieds et les mains dans l'eau. On ne me laissait pas non plus aller au puits, pour éviter de soulever des choses lourdes et de faire des mouvements brusques. À Velpakkam même, il y avait une femme de l'âge de ma mère qui avait son sac qui lui pendouillait entre les genoux [8] : il paraît qu'elle avait déplacé trop tôt un gros récipient de paddy. Et on nous disait : « Faites attention, les filles. Si vous êtes imprudentes, vous allez vous retrouver avec un œuf en pendeloque entre les cuisses comme Kuppu ! » Ça nous faisait bien rire, mais on essayait quand même de faire attention, car on avait peur. On a toujours un peu peur pour le premier enfant, et on fait ce qu'on nous dit de faire.

Et souvent ils en meurent

Vous savez, Sinnamma, les bébés ont facilement la diarrhée, et souvent ils en meurent. Deux ou trois de mes enfants sont morts comme ça. Ma mère avait planté au bord d'un champ des coloquintes pour

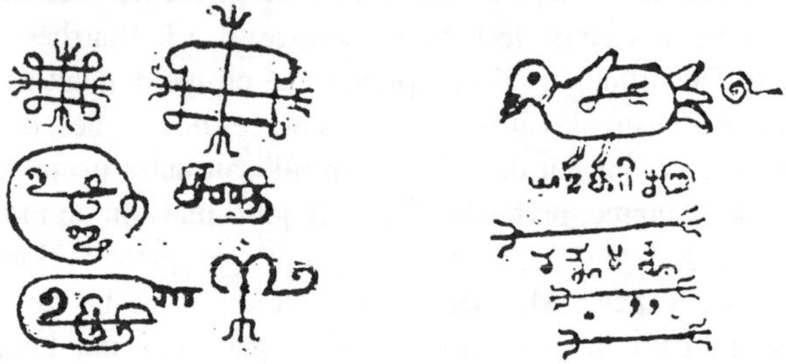

Pour lutter contre le dosham.

guérir les bébés qui attrapaient le *dosham*[9]. On fait asseoir les petits, et sur un plateau on met de la chaux diluée, de l'eau de curcuma et des coloquintes. On fait tourner le plateau trois fois autour de la tête du bébé, puis on verse tout ça par terre et on casse les coloquintes, dans un terrain hors du *céri*. Matin et soir, on donne au bébé une infusion de cumin et de feuilles de morinde. Ça, c'est pour le *dosham* le plus banal, celui qu'on attrape dans les chemins obscurs. Mais il y a des *dosham* plus graves, qu'on ne sait pas soigner. Ceux-là, c'est le blanchisseur qui s'en occupe : il joue du tambour, chante des mantra, et donne au bébé un cordon noué ou un talisman. Oui, Sinnamma, il y a tellement d'occasions d'« avoir peur » dans nos campagnes ! On va ramasser du bois, on va partout, même dans les champs crématoires. Là, si une mère qui allaite est possédée, c'est inévitable, c'est le bébé qui a le *dosham*. On le voit bien à son visage : il n'ouvre plus les yeux qu'à moitié, il est très fatigué, il ne sourit plus et pleure tout le temps. Ça, à tout coup, c'est le *kujidosham*. Je l'ai encore dit l'autre jour à Sisata. Elle revenait du dispensaire de Naliveli avec son bébé et me dit : « Grande sœur, ça fait trois jours que je lui fais faire des piqûres au dispensaire, mais il ne va pas mieux... » Je lui ai répondu : « C'est pas au dispensaire que ton enfant guérira. Regarde-le, ça m'a l'air d'un *kujidosham !* Va chez grand frère Pérambin, il vous guérira avec ses mantra, toi et ton enfant. On n'a pas encore inventé de piqûres ni de cachets pour ce mal-là ! » Aujourd'hui, Sinnamma, dans ce *kaliyugam*, tout le monde court à l'hôpital pour un oui ou pour un non. On ne s'embête plus avec ces régimes d'autrefois, quand il n'y avait ni piqûres, ni comprimés, ni hôpitaux. Tout ce qu'on donne maintenant au dispensaire est tellement échauffant qu'il faut prendre des aliments rafraîchissants pour compenser [10] !

À présent, des docteurs passent dans les villages et donnent des médicaments et des fortifiants aux femmes enceintes, dès le début de leur grossesse. Au sixième et au septième mois, elles doivent aller elles-mêmes au dispensaire pour qu'on les regarde. Oui, tout a changé maintenant. On vient nous voir, on nous apporte des médicaments, Sinnamma. Une infirmière vient au village. Elle fait d'abord le tour de l'*ur* avec Anjamma, la femme du barbier, qui est accoucheuse. Elle note le nom de toutes les femmes enceintes, et celui de celles qui ont accouché récemment, puis elle vient au *céri*. Ici, c'est moi l'accoucheuse, et je l'emmène de la même façon auprès de toutes les femmes qui ne se sont pas baignées [11] ou qui ont été en couches. J'indique aussi si les nouveau-nés sont des garçons ou des filles. L'infirmière va ensuite inscrire tout ça dans les registres de l'hôpital de Pondy. On envoie les cachets et les piqûres à Naliveli. Les gens du dispensaire les distribuent dans les villages et font le tour du *céri* avec leur plateau de médicaments. Pour les accouchements, on doit accompagner les femmes au dispensaire, mais souvent il n'y a pas de place, ou le docteur n'est pas là, et il faut aller en car jusqu'à Pondy. Autrefois on n'emmenait les femmes à l'hôpital que dans des cas très graves. On y allait en char à bœufs ou en *rickshaw* et souvent la femme mourait en route...

Nous, les accoucheuses, on aide les infirmières pendant l'accouchement, et on est payées vingt roupies par mois par l'État. On m'a même proposé de venir travailler en permanence au dispensaire, mais je n'ai pas voulu. J'ai assez à faire à la maison et je ne pourrais pas faire ce travail à temps plein : qui s'occuperait de mes vaches et de mes veaux ? Si j'avais été seule, alors oui. Le grand docteur, l'infirmière, tout le monde est venu au *céri* pour me dire de faire un stage, mais je leur ai dit non. Je suis chez le Reddiar, j'irrigue trois quarts d'hectare chez lui. Je ne pourrais pas le quitter [12]. Anjamma, la femme du barbier, elle, elle est allée au stage, et il paraît qu'elle a appris beaucoup de choses là-bas. Quand un cas est grave, elle vient me donner un coup de main ici, au *céri*. Hein, que faire ? Parias ou pas, quand il y a danger, il faut s'aider : on est des femmes avant tout ! Elle n'a jamais fait de difficultés pour venir dans ces cas-là. L'enfant se présente mal, le placenta remonte, le cordon est autour du cou : il vaut mieux être deux, non ? Mais Sinnamma, on le lui rend bien, et on la paie correctement.

Moi, au *céri*, on me donne maintenant cinq roupies par accouchement, plus une demi-roupie, l'argent du cordon. Quand une femme a des douleurs, on vient me chercher : « Belle-sœur aînée ! La femme va mal à la maison ! » Alors je laisse tout tomber, je vais la voir, je l'examine, je la tourne, je la retourne, je l'embête un peu, et je lui dis à peu près quand l'enfant va naître : dans deux heures ou avant le lever du jour, ou après la première séance de cinéma, ou après la seconde... Et ça se passe comme j'avais prévu. Je coupe vite le cordon avec un couteau, en demandant aux femmes qui sont là d'aller chercher une houe et une barre à mine, et de faire un trou dans la rigole près de la maison. J'attends que le placenta sorte, et je vais moi-même l'enterrer aussitôt. Ensuite je m'occupe de l'accouchée. Puis on l'étend sur une natte, on la cale avec des oreillers, on lave le bébé au savon et à l'eau chaude, et on le couche à côté de sa mère. À la tête de la natte, près de l'oreiller, je mets alors une faucille et quelques feuilles de margosier, pour que les esprits [13] ne s'approchent pas. Oui, Sinnamma, ces voyous d'esprits aiment bien rôder par les chemins le soir ou la nuit, en mangeant la nourriture qui peut traîner par terre, et en cherchant à posséder les gens.

Vous savez bien qu'ils nous suivent partout où l'on va, quand on va sarcler ou repiquer, quand on va changer les tissus des règles, quand on va se laver les cheveux. Ils sentent qu'on va rendre visite à une femme en couches, et ils nous possèdent alors, puisqu'ils ont besoin d'un corps intermédiaire pour passer dans celui de l'accouchée. C'est pourquoi on met la faucille et les feuilles de margosier qui les éloignent. Après ça, je viens prendre des nouvelles assez souvent, voir si tout va bien. Parfois, si des impuretés sont restées dans le ventre, je vais cueillir des feuilles de petits pois pouilleux, j'en extrais le jus, et j'en fais boire trois fois à la mère.

Voilà, c'est comme ça que se passe un accouchement chez nous. Ici, au *céri*, on préfère accoucher à la maison. C'est seulement dans les cas vraiment difficiles que je conseille aux femmes d'aller à l'hôpital. Pourtant, je vous l'ai dit, on vient de plus en plus au *céri* nous dire de bien prendre les fortifiants pendant la grossesse et d'accoucher au dispen-

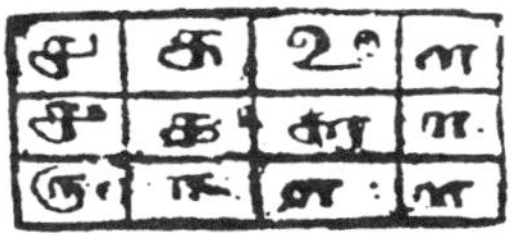

Pour faciliter les accouchements laborieux.
À gauche : à dessiner sur une feuille de bétel que mangera la parturiente.
À droite : à tracer sur une feuille de palmier qu'on plongera dans l'huile de ricin, avant d'oindre le vagin de cette huile.

saire. Mais nos femmes n'y vont pas ; l'expérience de quelques-unes d'entre nous ne nous pousse pas du tout à y aller. D'abord, on y est mal accueillies. Il faut attendre longtemps avant que quelqu'un vienne s'occuper de nous. Quand on est admises, nous les femmes de la campagne, on parle toujours un peu fort, et quand on a mal, on le dit, on crie : « *Ayayo !* Mère ! J'ai mal ! » Et les infirmières qui sont là se moquent de nous : « Hein ! C'était bon à ce moment-là, hein ? Eh bien, maintenant, il faut souffrir ! » Ce sont de toutes jeunes infirmières qui nous disent ça, Sinnamma ! Et en plus elles sont rudes : « Lève-toi ! Marche ! Descends du lit ! Va au cabinet ! » C'est l'accouchée qui doit tout faire, ou parfois la famille peut s'en occuper. Mais c'est pas du travail qu'on a peur ; simplement, on est perdues là-bas. On ne sait pas qui est quoi, ni où sont les choses. Les hommes n'ont pas le droit d'entrer dans le bloc des femmes, et comme nous on ne comprend rien, on se fait engueuler tout le temps. En plus de la douleur qu'on a au ventre, il faut accepter tout ce qu'on entend : on est humiliées. Sinon, les infirmières nous renvoient ou vont raconter des mensonges sur notre compte au grand docteur. Lui, il ne voit pas ce qui se passe. Il écoute ce que disent les infirmières et nous dit : « *Mâ !* Pourquoi vous ne faites pas ce que disent les *sisters* [14] ? » Comment voulez-vous alors qu'on ouvre la bouche devant le grand docteur ? Ce sont nos hommes qui répondent : « Non, *Sami*, ma femme vient de la campagne, elle ne comprend rien, pardonnez-lui, elle fera tout ce que vous dites ! » Le grand docteur, lui, n'est pas rude, mais il a tant de monde à voir qu'il n'est jamais là. C'est vrai aussi, d'un autre côté, que les infirmières ont beaucoup à faire avec les villageois : il y a tant de maladies que les gens arrivent de partout à l'hôpital.

Un garçon tout noir

Quand même, après ce qui est arrivé à Irsamma et à Kaliyamma, on préfère accoucher au *céri*. Vous allez comprendre pourquoi on est méfiantes... Vous voyez la femme de Nadan, celle qui est maigre comme une brindille de balai ? Elle s'appelle Irsamma. Elle était enceinte de son deuxième enfant. Son premier était mort. Elle était faible et elle perdait encore du sang ! Au dispensaire de Nalivéli, on lui a dit qu'il fallait aller à l'hôpital de Pondy pour accoucher. Nous aussi, on était d'accord : à l'hôpital on pourrait au moins lui donner des remontants ou lui mettre une bouteille de sang dans les veines. Irsamma, Nadan, sa mère et moi, on est partis pour l'hôpital quelques jours avant l'accouchement. Irsamma a eu une chambre, mais il n'y avait pas de lit de libre. On l'a installée par terre, dans un coin. Elle était bien, on lui apportait à manger et on s'occupait d'elle. Nous trois, on vivait dans le parc en face de l'hôpital. On avait emporté des ustensiles pour faire la cuisine, et on allait à tour de rôle voir Irsamma. Un matin, on m'a dit qu'elle avait les douleurs et qu'elle était dans la salle d'accouchement. Je suis vite descendue prévenir les autres. Une infirmière est alors arrivée pour nous dire qu'Irsamma avait accouché. Mais comme il avait fallu mettre les fers pour sortir l'enfant, Irsamma avait perdu beaucoup de sang, et elle était très faible. Elle était donc dans une salle séparée, avec son bébé, qui était un garçon. Nous autres, nous avons eu très peur, et on s'est mis à pleurer. À ce moment-là, le grand docteur est sorti et nous a rassurés : si on l'avait gardée là à part, c'était pour bien la remonter avec du glucose, et pour qu'elle soit ensuite en bonne santé. Un grand docteur qui dit ça, ça réconforte ! Pendant plus d'une semaine elle est restée à part, et puis on l'a remise dans la salle commune. Quand on est allés la voir, on l'a trouvée en train de pleurer. Pourtant, elle avait l'air d'aller bien, elle n'avait pas de tube ni rien. On s'est approchés d'elle, et on lui a demandé : « Qu'est-ce qu'il y a, *Mâ* ? Est-ce que tu as mal ? » Elle s'est mise à hurler : « C'est pas ça, c'est mon bébé !

— Qu'est-ce qu'il a ton bébé. Il n'a pas bu ? Il est malade ?

— Non ! Non ! Mon bébé, c'est un garçon, il est tout noir ! »

Moi, je n'avais pas encore vu le bébé, et je lui ai dit :

« Qu'est-ce que c'est que cette histoire ? Pleurer parce que son bébé est noir ! Est-ce qu'on a déjà entendu ça ? »

Pendant ce temps, Nadan et sa mère s'étaient penchés sur l'enfant :

« Mais quoi ? Il est plutôt clair ce petit ! Et d'abord, noir, clair, est-ce que c'est ça qui compte ? Tu crois qu'on est clairs, nous ? Non mais, tu es folle ? »

Alors moi je leur ai dit : « Non, non, c'est pas de sa faute, il y a trop d'esprits dans ces endroits-ci ! Peut-être que ce sont ces chiens qui font ça ! »

Irsamma s'est mise à pleurer encore plus fort. Les gens qui étaient à côté se sont approchés de son lit, et elle criait : « Rendez-moi mon bébé, c'est un garçon tout noir ! Je l'ai vu !... Rendez-le !... Rendez-le-moi ! »

On n'y comprenait rien. Alors j'ai pris le bébé dans mes bras et j'ai dit : « Mais qu'est-ce que c'est que ça ? C'est une fille ! »

Irsamma pleurait d'un côté, de l'autre les infirmières étaient en colère contre nous, et il fallait répondre aux curieux qui nous entouraient. On ne s'entendait plus dans ce vacarme. Je ne savais plus quoi faire. Les infirmières, elles, nous insultaient : « Non seulement vous venez accoucher ici dans le confort, mais vous criez comme des poissardes ! Vous êtes bien de vraies Parias ! »

La grande infirmière, celle avec une coiffe en papillon, arriva à ce moment-là. Moi j'avais peur qu'elle nous renvoie, et la pauvre petite avait besoin de tonique et de repos. Alors je suis intervenue : « Mère ! Mère ! Ce n'est rien du tout, c'est à propos du bébé : notre petite pense avoir eu un garçon, c'est tout...

— Quoi ? Qu'est-ce que c'est que cette histoire ? On travaille, nous, ici ! On ne peut pas perdre notre temps avec vos stupidités ! Voyons quel est le numéro de la maman et celui du bébé ! »

C'est alors seulement que j'ai remarqué que tous deux portaient une plaque avec un numéro au poignet. Et la grande infirmière a dit : « Eh bien ! C'est le même numéro pour tous les deux, venez voir ! Qu'est-ce que vous voulez de plus ? »

Mais, nous, on ne savait pas lire. Les gens autour de nous ont regardé, et ont dit : « Oui, c'est bien le même numéro. Cette femme, dans son état, qu'est-ce qu'elle a pu voir ? »

Et moi j'ai ajouté : « Non, non, mère, c'est pas elle qui a dit ça, c'est celui qui la possède... »

L'infirmière est partie en haussant les épaules. Nous, on n'a pas insisté, et au contraire, on a même rabroué Irsamma, et on s'est dit qu'il fallait lui mettre un cordon noir autour du cou pour la protéger, ou pour atténuer les effets du *dosham* qu'elle pouvait avoir. Car, à l'hôpital, on trouve toutes sortes de maladies. Peut-être qu'Irsamma a vu une femme en train d'avorter, et ça l'aura fait délirer, ça lui aura donné le *dosham*. Nous, on voulait qu'elle soit bien soignée ici, avant de l'emmener voir notre exorciste pour qu'il lui enlève son mal [15].

Tous les jours, on faisait des piqûres à Irsamma. Tous les jours on lui donnait des médicaments. Mais cette imbécile, au lieu de profiter de la nourriture qu'on lui apportait sur un plateau, elle ne mangeait pas ! Le grand docteur lui a dit que si elle ne mangeait plus, elle aurait à revenir à l'hôpital encore une fois, et il nous a donné un laissez-passer pour qu'on vienne nous-mêmes lui donner à manger matin et soir. Elle a fini par aller mieux, et quand elle a eu bien repris, on a pensé qu'elle pouvait rentrer à la maison. Nadesan est allé au marché acheter tout ce qu'il fallait pour faire une *puja*, et avant de quitter l'hôpital, on a brûlé du camphre et cassé une noix de coco sur la pierre qui est à l'entrée. Et voilà qu'Irsamma nous refait là une crise de larmes : « *Ayo*, Andava* ! Ce n'est pas juste ce que tu fais ! Tu reprends ce que tu m'as donné !... »

On était vraiment en colère contre elle. Grâce à Dieu, elle avait été bien soignée, elle avait retrouvé ses forces, et voilà qu'elle nous remettait encore son histoire ! Son mari l'a bien rabrouée, et sa belle-mère aussi. Moi, je me suis retenue pour ne pas lancer de mots injurieux à cet endroit, devant un dieu. Mais un gardien qui se tenait près de la grille s'est approché, et il a dit : « Laissez-la. Ne la grondez pas. C'est son instinct maternel qui bouillonne. Elle n'a peut-être pas tort, mais c'est pas en pleurant qu'elle fera revenir son enfant ! Allez, allez, rentrez chez vous, vous habitez loin. »

Nadesan lui a glissé une pièce, comme il avait fait pour tous les hommes de peine, et moi j'ai dit : « Allons ! Il faut maintenant se dépêcher de rentrer à la maison avant que la nuit tombe. Il ne faut pas que la petite ait le mauvais œil ou qu'elle soit touchée par un de ces mauvais souffles qui rôdent partout ! »

On a arrêté un *rickshaw* qui nous a demandé une somme énorme pour aller jusqu'aux autocars. On était bien chargés avec toutes nos pannelles, et comme nous les femmes on ne voulait pas se retrouver seules là-bas avec toutes nos affaires au milieu de tant de monde, j'ai dit à Nadesan : « Petit frère, monte dans le *rickshaw* avec les deux femmes, le bébé et toutes les affaires. Je vous suivrai à pied. » Et c'est ainsi qu'ils sont tous partis.

Moi, en marchant, je repensais à ce qu'avait dit le gardien, et ça me travaillait, cette histoire. Alors j'ai fait demi-tour et je suis allée le voir. Je le connaissais un peu de vue, parce que j'étais venue plusieurs fois à l'hôpital, et c'était toujours lui qui était à la grille l'après-midi. J'avais donc un peu confiance en lui, et je suis allée lui demander : « Grand frère ! Grand frère ! Qu'est-ce que tu as dit à propos de cette petite tout à l'heure ? Elle n'a pas tort ?

— Où sont les autres ?

— Je les ai expédiés en premier. Moi je vais à pied prendre le car, le *rickshaw* ne pouvait pas nous monter tous. Mais je n'ai pas voulu partir sans t'avoir parlé, grand frère !

— Qu'est-ce que tu veux savoir ? C'est fini, c'est terminé depuis longtemps cette histoire ! »

À ce moment-là, quelqu'un est venu lui demander un renseignement. Alors, dans ma tête, j'ai vraiment imaginé toutes sortes de choses. Peut-être que l'enfant, le garçon d'Irsamma, était mort après sa naissance par la faute d'une infirmière, et qu'on avait donné à la place un enfant abandonné ? Vous savez tout ce qu'on entend dire, Sinnamma ! J'attendais avec impatience de savoir la vérité. Le gardien est revenu au bout de quelques minutes : « Alors, tu veux vraiment tout savoir ? Et qu'est-ce que tu feras après ?

— Qu'est-ce que je vais faire ? Entendre de cette oreille et le faire sortir par celle-là ! Hein ! Qu'est-ce que nous pouvons faire, nous ? »

Et il m'a raconté qu'une femme de haut rang avait accouché quelques heures après Irsamma. Cette femme avait déjà trois filles, et il fallait absolument qu'elle ait un garçon, parce qu'on lui avait dit qu'elle ne pourrait plus avoir d'enfants après. La famille avait donc acheté tous les docteurs et toutes les infirmières pour qu'on échange la fille contre n'importe quel garçon nouveau-né. Irsamma était à ce moment-là dans une salle séparée, avec ses tuyaux partout. Ils en ont profité pour faire l'échange. Sinon quelle mère aurait eu le cœur d'échanger son fils ? C'est vrai qu'on abandonne parfois son enfant à cause de la misère ou parce qu'on a fauté, mais qui irait échanger son petit ? Irsamma, malgré son état, avait bien vu son garçon, et ça devait être des infirmières qui n'étaient pas au courant de l'affaire qui nous avaient dit que le bébé était un garçon. Mais non, puisque la combine s'est décidée seulement après ! Qui sait ? On pouvait tout nous faire croire en ce temps-là, il suffisait d'élever la voix... Enfin, voilà le fils d'Irsamma dans une famille riche, et cette petite au *céri* des Parias ! C'était écrit sur leur tête de changer de vie ainsi dès leur naissance [16]... Qui sait ce qu'ils étaient avant de naître dans cette vie humaine ?... Irsamma en tout cas a élevé la petite comme sa fille, et elle l'a même donnée en mariage dans un village à côté de Karani.

Plusieurs années après, une histoire semblable est arrivée à Kaliyamma. Mais là, ce ne sont pas les infirmières qui ont fait l'échange, c'est une mère elle-même qui a pris l'enfant. Les accouchées, Sinnamma, sont dans une si grande pièce à l'hôpital ! Les premiers jours après l'accouchement, on peut rester avec la mère, mais le soir il faut la quitter pour aller dormir dans le couloir. Les infirmières de nuit, elles, dorment dans une pièce à côté. On n'entend pas ce qui se passe chez les accouchées, et n'importe qui peut faire n'importe quoi dans leur pièce, c'est facile... Kaliyamma dormait quand ça s'est passé, mais, bien sûr, c'est elle qui s'en est rendu compte la première, quand elle a pris son enfant pour la tétée du matin. Aussitôt elle m'a dit : « Qu'est-ce que c'est que ça, *Dè* ! il a une autre tête ! »

Moi j'avais mal dormi toute la nuit et je n'étais pas bien réveillée quand j'ai entendu ça. J'ai répondu : « *Aye !* Essuie-toi bien les yeux et regarde ! »

Mais elle était déjà en train de déshabiller le bébé : c'était une fille au lieu d'un garçon... Kaliyamma s'est mise à se lamenter en se frappant la poitrine. Moi je n'y comprenais rien et je commençais à trembler. J'avais bien vu que son bébé, son vrai bébé, était un garçon. Qu'est-ce qui s'était passé ? Les infirmières sont accourues et, avec Mariamma, la mère de Kaliyamma, et Ganesan, son mari, je leur ai expliqué ce qui se passait. Elles n'en revenaient pas, mais elles ne voulaient pas prendre de décision parce que leur service était presque fini : elles ont dit d'attendre le grand docteur. Kaliyamma les a laissées parler, mais elle a fait elle-même le tour de la salle et, tout à coup, elle s'est écriée : « C'est lui ! C'est lui ! C'est mon enfant ! », en montrant du doigt un bébé bien habillé, bien couvert, avec chaussettes et bonnet. La femme avec qui l'enfant était a commencé à insulter Kaliyamma, en la traitant de folle, et en protestant : « Quoi ? Échanger avec un Harijan ? Nous ! » C'était une musulmane... Pendant ce temps, l'équipe des infirmières avait changé. Le grand docteur avait été informé, et il est entré dans la pièce. Moi je me suis prosternée pour le saluer. À l'hôpital on commençait à me connaître, car j'accompagne souvent les malades ou les accouchées. Cette fois-ci, les médecins étaient pour nous : le coup ne venait pas d'en haut. Le docteur a donné l'ordre de déshabiller les enfants. Il a regardé le registre. C'était bien marqué « garçon » pour Kaliyamma, et « fille » pour l'autre femme. Ganesan, lui, sait lire et écrire ; lui aussi s'est approché du registre et il a vu la même chose. On a rendu le garçon à Kaliyamma. La femme, elle, essayait de s'expliquer, en disant que c'étaient les infirmières de nuit qui s'étaient trompées de berceau. Vous savez, les nouveau-nés se ressemblent tous, habillés comme ça. Mais pour une mère, c'est différent, son instinct et son amour lui ouvrent les yeux ! La femme et le docteur ont continué à se disputer. Nous, on était bien contents d'avoir récupéré notre bébé. Oh, maintenant c'est un beau garçon, qui s'appelle Ramakrishnan : il est grand, et il va à l'école avec une pile de livres !... *(Pause bétel.)*

Les seize portes

Vous comprenez pourquoi on n'aime pas beaucoup l'hôpital, Sinnamma. Moi, pour mes douze enfants, j'ai fait ça toute seule, je n'ai laissé approcher personne, de peur qu'on me déchire le trou ou qu'on démette un os à mon bébé. J'ai toujours dit aux infirmières de Nalivéli : « Laissez-moi tranquille, ça va sortir tout seul ! Pourquoi voulez-vous fouiller là-dedans ? » Moi je fais mes couches très doucement, Sinnamma, comme quand on effleure une rose... Ça ne dure jamais très longtemps : je ne suis pas comme celles pour qui ça traîne tant — toute une nuit, ou même des jours — qu'il faut leur donner de l'eau à boire, du *kuj*, du café... Non, moi ce n'est pas du tout comme ça !

D'abord, je n'oublie surtout pas de préparer le plateau pour Ettiyan* et ses hommes immenses à grosses moustaches, qui portent une massue sur leurs épaules musclées [17] : un plateau avec des mangues vertes, des noix de coco, d'autres fruits aussi, et des outils comme une houe, une barre à mine, une corbeille, pour qu'ils puissent se mettre au travail dès que l'enfant sort du sac, là, dans notre ventre. Oui ! J'en ai assez vu pour vous dire ! C'est un plein boisseau d'enfants que j'ai eu, moi ! Tout ce qu'on mange va dans ce sac, et c'est comme ça que l'enfant grandit. Regardez comme c'est mystérieux ! Isan, avec le sang qu'il recueille pendant dix mois, façonne un bébé dans notre ventre. Il n'y a que lui qui peut faire ça. Sinon, comment un peu de sperme pourrait devenir un enfant ? Et c'est Isan qui envoie Ettiyan et ses hommes pour calmer nos douleurs après l'accouchement. Ils prennent de la boue et la lancent sur notre ventre pour que les douleurs se calment, et voilà comment toute cette partie rouge comme de la braise et la peau ramollie comme du coton se cicatrisent si vite !

« Des hommes immenses à grosses moustaches. »

La première chose que je prépare donc, c'est un plateau pour Ettiyan. Puis je fais vite chauffer de l'eau. J'enlève mon sari. Avec un gobelet, je me verse l'eau sur les reins et sur les hanches. Je me sèche, et je me passe un petit tissu devant. Je marche un peu en m'appuyant contre le mur. Je sens que ça descend et, pour en être bien sûre, j'attends que la poche des eaux s'ouvre et, oh ! je l'entends éclater : « podeu ! », et puis couler : « sala, sala, sala... » et après tout va vite : l'enfant d'abord, par la tête, puis le placenta et voilà, c'est terminé... Il paraît que Dévi* dit à Sami* : « Seigneur ! Envoie ton coup de pied ! Ne laisse pas traîner cet enfant une minute de plus dans ce ventre, celle-là est une femme habile ! » Oui, les femmes d'expérience comme moi [18] ont la faveur spéciale du Seigneur...

Sinnamma, je ne commets aucune faute, je ne fais aucune distinction dans les accouchements que je conduis. Je sais que pour nous, les accoucheuses, la voie est libre et toute tracée. Que je meure aujourd'hui ou que je meure vieille, il n'y aura ni Yéman* ni ses gardes pour m'arrêter et pour me dire ma sentence. Isvaran ne nous donnera pas l'enfer, ni aux autres accoucheuses. Nous voyons trop de souffrances de nos propres yeux ! Que de sang nous regardons couler ! Que de sang nous recueillons dans nos mains ! Que de douleur ! Voilà pourquoi il n'y aura pas d'obstacles pour nous. Les seize portes nous seront grandes ouvertes, et nous irons tout droit nous enfermer au séjour de Yéman [19]. Il ne nous enverra pas renaître ! Non, pas cette condamnation à renaître...

VII

LES FRUITS ET LES BOURGEONS

J'ai toujours eu beaucoup de lait pendant mes grossesses, et encore plus après. Ça coulait tellement que le devant de mon sari était tout rêche. Je suis sûre que même maintenant, si j'étais enceinte, j'aurais encore du lait en abondance. Ma fille est comme moi, elle en a même davantage. Il fallait voir la lourdeur de mes seins quand un bébé mourait : le lait se durcissait dans les seins, quelle souffrance ! Au *céri*, on n'ose pas se mettre de cataplasmes, de peur de ne plus avoir de lait pour le prochain enfant. Eh oui, Sinnamma ! Plus jamais de lait après les cataplasmes ! Alors on va au dispensaire, et là on nous met une coupelle transparente avec un tuyau et une pompe au bout. Le lait est aspiré et les seins deviennent tout mous... Nous, quand on veut sevrer l'enfant, il est déjà grand, et on n'a plus autant de lait qu'au début. Alors on va ramasser une grande quantité de jasmin, on le met sur les seins et on serre très fort avec un bandeau. On fait ça trois jours de suite, et c'est fait : le lait est tari, et à la prochaine grossesse, ça repart.

Vous savez bien qu'on allaite nos enfants longtemps, au moins trois ans. Ça nous permet de ne pas avoir d'autre enfant tout de suite. Nous, on est des femmes condamnées à cuire au soleil. Si on se faisait mettre un bébé dans le ventre chaque fois, comment ferait-on pour travailler et pour manger ? Vous, Sinnamma, vous êtes une femme riche : vous pouvez vous permettre d'étendre vos jambes et de vous reposer. Mais moi, pour avoir mon *kanji*, il faut que je le transporte partout, mon ventre : pour repiquer, pour sarcler, pour faire paître les vaches, pour ramasser du bois... Et quand on a un petit dans les bras, c'est pareil : on l'emmène partout et on se fait du souci, car pendant qu'on travaille on ne sait pas bien ce qu'il fait, où il est... C'est pour ça qu'on essaie d'attendre trois ans, jusqu'à ce que l'enfant grandisse, marche, parle, et sache dire : « papa », « maman », « c'est notre vache », « tante arrive ». C'est ça qui nous sert d'indication. On laisse passer un bain[1] et après on peut recommencer à « se parler » et « à faire ». Si on respecte ce délai, l'enfant sera fort et dodu. Nous, les Parias, on allaite longtemps, et notre lait est très recherché, Sinnamma !

On vient nous en demander un peu quand un bébé ou sa mère sont malades dans l'*ur*. Un jour, à Madras, au marché des Parias, un Marwari — un prêteur sur gages — qui avait installé sa boutique là-bas m'a fait arrêter pour me demander une coupelle de lait. Han ! Je me promenais dans ce marché avec mon bébé sur la hanche. Il m'a repérée et a envoyé quelqu'un me demander un peu de lait pour sa femme et son bébé qui étaient très malades. C'était pour dissoudre un médicament en poudre dans mon lait. Moi, j'ai eu honte, quand on m'a dit ça devant tout le monde, comme ça, dans cette grande ville, mais mon mari m'a dit : « Donne, *dè* ! C'est une question de maladie ! » Alors je me suis mise dans un coin et j'ai recueilli le lait. Sinnamma, le Marwari m'a donné dix roupies pour une si petite coupelle ! Dix roupies ! Oui, notre lait est très demandé, et quand on en donne à vos enfants, ils guérissent vite, parce que c'est un lait très riche. Nous, on peut manger de tout, rien ne nous est interdit. Quand on peut se l'offrir, on mange du poulet, de la viande de bœuf, du mouton, toutes sortes de poissons, des feuilles vertes. C'est ça qui le rend si particulier et nourrissant, notre lait. Vous, vous ne mangez que des légumes. Bien sûr, vous prenez beaucoup de pain, beaucoup de lait, des fruits, mais malgré tout, vous avez un peu moins de force que nous. Nous, comme on est pauvres, on fait cuire des repas simples : une poignée de lentilles avec beaucoup de feuilles cueillies en chemin dans les champs, une sauce vite faite et bien forte de poisson salé avec une mangue verte. Parfois du bœuf. Voilà ce qui enrichit notre lait. Quand on soulève un de vos enfants, il est toujours un peu mou, flasque, léger. Mais quand c'est un des nôtres, on dirait qu'on soulève un Pillaiyar de pierre !

Ne cherchez pas plus loin, regardez le fils de notre Reddiar. C'est un beau jeune homme, maintenant, bien fort. Il est né en même temps qu'un de mes enfants, que mon premier, je pense. Je lui ai donné le sein. En ce temps-là, quand il était bébé, sa mère avait beaucoup à faire à la maison. Elle devait préparer les *idli* et les *uppuma* pour le petit déjeuner, faire chauffer l'eau du bain pour ses cinq beaux-frères, et faire préparer le *kuj* pour les soixante-dix ouvriers qui travaillaient dans leurs champs. Il y avait tant à faire pour les femmes de cette maison qu'on me confiait le bébé. On me disait : « Garde-le dans le jardin. Donne-lui un peu de ton lait ! » Moi, je l'amenais au *céri* et je l'allaitais comme mon propre enfant. Si j'avais préparé du bœuf, je lui en donnais. *(Rires...)* Il aimait ce goût-là et en réclamait ! Et maintenant qu'il est un homme, il ne me respecte pas, et si je suis chez lui, dans sa cour, il me dit : « *Aye !* Arrête-toi là, toi ! Ça sent le Paria ici ! » Un jour que j'avais emmené les bêtes paître au soleil, je suis rentrée assoiffée, sans avoir pu m'arrêter en route pour boire. J'ai attaché les bêtes et je lui ai dit : « Petit frère ! Verse-moi de l'eau, je meurs de soif ! » Lui s'est tourné vers sa mère qui était dans la cuisine, et il lui a dit : « Mère, Velpakkatta demande de l'eau. » Et sa mère lui a dit d'aller en chercher dans une timbale. Lui qui a bu à mes seins, le voilà qui hésite maintenant à me donner un peu d'eau [2] !

Tout ça pour vous dire combien notre lait, le lait des Parias, est recherché. Et c'est avec ce lait-là qu'on élève nos enfants jusqu'à ce qu'ils grandissent et parlent.

Après la naissance de l'enfant, le mari ne doit pas s'approcher de sa femme. Non, même son ombre ne doit pas s'en approcher. Si ses cinq doigts touchent sa femme, le lait tournera aussitôt, ça ne sera plus que de l'eau, comme de l'eau froide, quoi ! Alors l'enfant dépérira. Il tombera malade et ne se remettra pas ; il restera maigre, faute de lait maternel. Ça, c'est vrai pour toutes les femmes, Sinnamma ! Que ce soit ta mère ou une autre, si une femme tombe enceinte alors qu'elle allaite encore, l'enfant qu'elle tient dans les bras deviendra chétif [3] !

Moi, une fois, j'ai failli perdre un petit comme ça, faute de lait. Ça t'étonne, non ? Parce que j'ai dit que j'avais toujours beaucoup de lait. Mais tu vas voir... Un jour que je balayais la cour de notre Reddiar, j'ai entendu tinter la cloche à main du prêtre près du terrain où l'on enterre assis les gens [4]. Alors, je me suis approchée du mur pour voir. C'était la famille de notre Reddiar, venue de Pakkanur, qui faisait faire une *puja* au dieu de sa lignée qui se trouvait là-bas. J'ai fini de balayer, et puis j'ai pris mon bébé sur la hanche et je suis rentrée au *céri*. Ça devait être mon troisième enfant ; je ne sais plus si c'était un garçon ou une fille, il y a tellement longtemps ! En tout cas, il s'est mis à pleurer. Il avait faim. Je l'ai pris, je me suis assise et je l'ai fait téter, mais rien n'est venu. Il avait beau téter : rien, pas une goutte ! Et il sanglotait de plus belle ! C'était le soir. En entendant le bébé pleurer comme ça, des voisines sont sorties pour voir ce qui se passait. Elles pensaient que le bébé était tout seul. Moi je n'y comprenais rien, et je leur ai dit que tout à coup je n'avais plus eu de lait. Elles m'ont dit : « Qui sait quel esprit, quelle Kattéri*[5] qui rôde autour de nos *céri* t'a possédée ou t'a fait peur ! Demain, tu iras voir le Gounder ; il te mettra une cordelette au cou et de la cendre sur le front, et ça ira bien ! » Mais que faire en attendant ? J'ai donné une bouillie de riz au bébé. Moi, je n'ai pas pu dormir de la nuit ; je me demandais ce qui m'arrivait. Et, tout à coup, en pensant aux Kattéri, je me suis rappelée que la *puja* que j'avais vu faire ce jour-là devait être en l'honneur de Kattéri, parce que c'est elle la déesse de la lignée des Reddiar. Pourtant leur Kattéri à eux est bonne, elle élève les enfants... Je ne savais pas ce que tout ça voulait dire. Dès que le jour s'est levé, j'ai vite fait ma toilette, j'ai pris mon bébé sur la hanche, et j'ai couru chez le Reddi. Quand la dame m'a vue, elle m'a dit : « Alors, Velpakkatta ! Tu es là avec ton bébé sur la hanche dès que le coq chante ?

— Oui, mère ! Je n'ai pas fermé l'œil de la nuit : je n'ai plus une goutte de lait pour nourrir mon bébé ! »

Et je lui ai tout raconté en pleurant. Elle m'a répondu : « Han ! C'est ton impureté qui a déplu à notre Kattéri ! Apporte-moi du camphre, du bétel, une noix de coco et des petits bracelets noirs ! »

C'était le matin. Je n'avais pas d'argent, mon mari non plus. J'ai vite couru chez Ambigai, je lui demandé de me prêter une roupie, et j'ai pu rapporter ce que la femme du Reddi m'avait demandé. Elle est rentrée dans sa chambre avec tout ça, et elle a fait une *puja*. Pendant ce temps, j'ai nettoyé l'étable, en tremblant de peur. Longtemps après, elle est ressortie avec un paquet de cendres et les bracelets noirs, et elle m'a dit : « Hé ! Velpakkatta ! Tiens, mets ça aux poignets de ton bébé, et applique ces cendres largement sur tes seins. Et surtout, ne t'amuse plus à regarder quand on fait une *puja* ! Notre Kattéri est bonne : elle s'en est tenue là avec toi. Mais quand on la contrarie, elle peut faire avorter une femme enceinte, ou étrangler ses enfants au lieu de les élever. As-tu oublié qui tu es ? Vous autres, vous êtes impurs ! »

J'ai reçu les cendres dans mes mains, avec respect, et comme elle me l'avait dit, je me suis frotté les seins, et même le front, pendant trois jours, et j'en ai aussi enduit le front de mon bébé. Ni le lait de vache, ni l'eau sucrée, ni la bouillie de riz qu'on lui avait donnés dans une timbale n'avaient rassasié le petit, et il voulait toujours téter. J'avais les larmes aux yeux en le voyant... Je l'étendais sur mes cuisses et je lui chantais des chansons. Une fois, j'avais commencé une berceuse et, sans m'en rendre compte je suis passée à une chanson de deuil, et j'ai pleuré... Et puis, quand j'ai voulu me moucher dans mon sari, je l'ai senti tout craquant ! Rien qu'au toucher, j'ai deviné ce qui se passait... c'était du lait, Sinnamma, du lait qui avait séché sur mon sari ! *Ayo* ! J'étais heureuse, très heureuse de pouvoir allaiter mon enfant et de le voir enfin sourire, le ventre plein ! Depuis ce temps, Sinnamma, à chaque grossesse et après chaque accouchement, j'ai demandé à notre blanchisseur, dont le dieu de lignée est Kattéri, de faire deux *puja* : l'une pour me protéger pendant la grossesse, l'autre pour préserver mes enfants des maladies et des mauvais esprits. Ça a coûté cher, mais tant pis ! Que faire sans lait ? Comment élever un enfant sans lait ? Une seule fois j'ai manqué de lait, comme je viens de dire. Pourtant, Isvaran m'a mis un enfant par an, et malgré ça, mon sang reste le même, il n'a pas tourné, et mes enfants n'ont jamais été dans cet état de grande maigreur. Vous savez, ça dépend aussi de la façon dont on les soigne...

Moi, c'était mon grand souci ! Je me débrouillais pour bien les nourrir. Dès que j'avais un peu d'argent, je leur achetais des friandises, des bonbons. Je leur faisais du riz quand c'était possible, des *dosai*, des *idli*, je mettais un peu de sucre dans du lait de vache... Voilà comment je m'occupais de mes enfants, que j'ai eus si rapprochés ! Il y a des femmes qui laissent leurs enfants comme ça, sans leur donner à manger à heures régulières. Un être ne peut vivre que si on lui met au moins un peu de lait dans la bouche quand il a faim ! Chez nous, ça arrive que des femmes prises par le travail de la maison, ou pour gagner un peu plus d'argent, fassent sauter les heures de repas des enfants. Comment voulez-vous qu'ils grandissent, alors ? Comment voulez-vous qu'ils poussent ? *(Pause bétel.)*

Ça naît, ça meurt...

Pour moi, c'est mon destin ! Isvaran a bien fait son travail ; il m'a mis plein d'enfants dans le ventre. Mais après... Ça a été autre chose, et plusieurs de mes petits sont morts...

Sinnamma, moi j'ai accouché de beaux enfants, nés en parfaite santé. C'est seulement après que certains sont morts... Un de diarrhée, un autre d'apoplexie. Tous ont marché ! Deux de mes enfants venaient même à la récolte des cacahuètes : ils désherbaient, ils allaient me cueillir des feuilles vertes dans un petit panier d'osier blanc... Je leur avais percé le nez pour y mettre un bijou. Je leur avais fait une tresse de chaque côté et mis des fleurs dans les cheveux, et un joli *potteu* sur le front, fait avec de la pâte. Je les soignais bien mes petits, même si moi je me laissais aller — parce que je travaille dans les champs. Jamais je ne les négligeais. Je les habillais proprement. Ils étaient bien mis, et si des gens comme vous les voyaient courir dans la rue, ils leur parlaient gentiment, en croyant que c'étaient des enfants de votre caste...

Tu me demandes combien j'ai eu d'enfants en tout ? Attends... Moi, j'ai eu douze enfants ! Le premier-né, c'était une fille, elle s'appelait Muttamma. Ensuite, un garçon, Ganesan. Après une fille, Arayi. *Ayo !* Après je ne me rappelle plus, Sinnamma ! Attends, attends un peu... Pourtant j'en ai bien eu douze, même qu'on les a enregistrés au bureau d'état civil. Oui, quand il y a une naissance, il faut aller la déclarer : « Voilà monsieur, j'ai eu un garçon, ou une fille, et je le nomme Manivélu, Nataraja ou Pérambata. » Là-bas on inscrit tout ça dans un grand cahier. *Ayo !* Si on allait à ce bureau, peut-être qu'ils pourraient nous dire combien j'ai eu d'enfants, et leurs noms aussi. Viens Sinnamma, on va rentrer au *céri* ; les femmes là-bas pourront m'aider à compter correctement et à retrouver les noms. *Ayo !* Regarde ça, je ne me souviens plus, moi. Ça naît, ça meurt. Je n'ai pas en tête le nom de tous mes enfants ! Parfois, ils meurent avant même que je leur donne un nom[6]... Moi, je ne sais pas tout ça par cœur... A l'état civil, on leur dit un nom, mais quand on rase le crâne pour la première fois et qu'on perce le nez, on donne un autre nom, et c'est celui-là qui restera...

Attends, on va reprendre. La première, c'est Muttamma. La troisième c'est une fille. Hé ! Hé ! Après un, c'est deux, alors la deuxième c'est Irsamma. Pourtant, pour bien se rappeler les noms, on les donne selon l'ordre de naissance : Muttamma vient de *mudal*, c'est la première ; Irsamma vient de *iru*[7], c'est la deuxième... Non, malgré ça, je n'y arrive pas... La cinquième, c'est une fille, Anjalai. Alors la première c'est Muttamma, le deuxième un garçon, et... je vous jure, Sinnamma, je n'arrive pas à le dire... Vous croyez que j'ai tout ça en tête, le nom des enfants qui sont morts ! Attendez, attendez... Ça vient ! Le troisième c'est un garçon, Muttukrishnan. La quatrième, c'est ma fille qui vit à Koraiyur : c'est Miniyamma. La cinquième, c'est Anjalai, la sixième c'est Arayi, le septième, c'est Murugesan, un garçon. Ça fait sept, non ? Après, la neuvième, c'est une fille. Ah ! Non, non ! Après sept c'est huit : c'est mon fils Anbin. Alors, la neuvième, c'est une fille, Omakkanni. Ensuite la onzième, c'est une fille. C'est ça, hein ?

« Non ! C'est dix, après !

— Dix ? Alors là, Je ne me souviens plus... Si, si ! c'est Palayi. Ça fait dix en tout. La onzième, c'est Sundari, une fille. Le douzième, c'est un garçon, Govindan. Avec ça, c'est fini. »

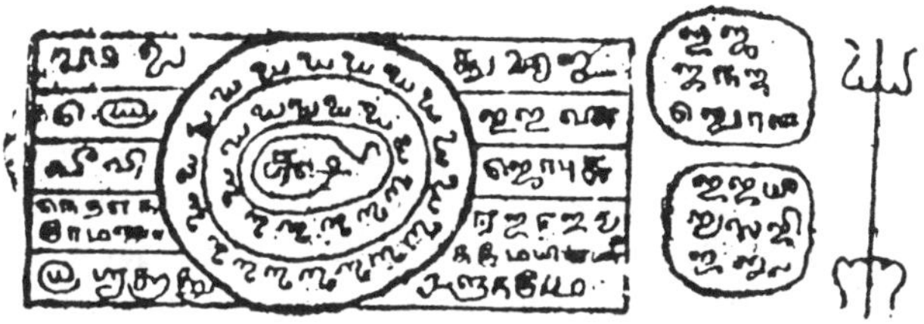

Pour conjurer le mauvais destin d'un enfant.

L'ordre des enfants, c'est très important, Sinnamma. Chez nous, et chez tout le monde, pour un mariage on demande toujours l'ordre de naissance de la fille ou du garçon. Si l'ordre est mauvais, il peut porter malheur ; s'il est bon, il peut mettre fin à des années de malheur. J'ai eu du mal à vous dire l'ordre de tous mes enfants, parce que beaucoup sont morts : il ne me reste plus que Miniyamma, mon quatrième enfant, Anbin, mon huitième, et Sundari, mon onzième. Mais pour eux, l'ordre, je le connais bien ! Prenez ma fille Miniyamma : pour une quatrième naissance, il aurait fallu un garçon, qui aurait porté bonheur à tous. Alors qu'en quatrième rang une fille ne fera que vider, vider, vider complètement la maison. C'est pas elle, Miniyamma, qui fait ça, c'est simplement que son astre et son sexe ne concordent pas. Si une famille aisée a une fille pour quatrième enfant et continue de prospérer, c'est la famille où elle entrera qui se videra après son mariage. Mais si la famille où elle naît connaît le malheur, c'est que sa belle-famille prospérera après son arrivée... voyez ce qui s'est passé avec Miniyamma : on l'a bien mariée, dans le village de Kanjappakkam, chez des gens plus riches que nous, qui possédaient des bêtes et même une petite rizière. Mais dès que ma fille a mis les pieds là-bas, ç'a été fini, et aujourd'hui, c'est la misère. J'ai eu beau l'aider, Miniyamma, rien n'y a fait...

Pour être heureux, Sinnamma, il faut un garçon à la huitième naissance. Et là, j'ai été comblée, avec Anbin. Mon fils, je l'ai élevé comme on prend soin de ce qui est précieux comme l'or ! Et, depuis sa naissance, Sinnamma, nous sommes vraiment moins dans la misère. Tu le vois toi-même : j'ai des vaches, des chèvres, du travail tous les jours. Nous remontons, quoi. Mon seul regret, c'est que sa femme n'ait pas encore d'enfants ! Mais pour qu'elle en ait, je dépenserai ce qu'il faut. Je ferai mon possible pour l'emmener dans les temples. Après, on verra... Isvaran fera savoir... En tout cas, pour mon fils Anbin, l'*Iyer* du temple de Pérumal me l'a encore confirmé avant-hier, ça ira : ses bêtes seront en bonne santé, et Lakshmi vivra avec nous dans cette maison. Qu'est-ce qu'il faut de plus ? C'est écrit dans son horoscope que dans sa vie d'homme — peut-être une demi-heure seulement de sa vie d'homme — on le verra triompher par le sabre et poser quelque part une pierre de fondation [8]... Ça, Sinnamma, c'est vrai pour tous les huitièmes, qu'ils soient fils de maharaja ou fils de pauvres qui n'ont même pas d'eau à boire, tous ont pareille chance. Ce garçon, on aurait dû l'appeler Ettyan, le Huitième, mais quand on lui a rasé le crâne pour la première fois, moi j'ai dit : « Non ! Je l'ai désiré, ce huitième. Je l'ai sauvé de toutes les maladies. Je veux qu'on l'appelle Anbin, le Bien-aimé. »

Quant à ma fille Sundari, mon onzième enfant, c'est moi aussi qui ai choisi son nom. Sundari, c'est le personnage que j'aime le plus dans le *Bharatam* [9]. C'est une mère si puissante ! Vous avez vu, Sinnamma, comment son visage se durcit cruellement et se contracte quand elle descend dans le feu au moment où le récitant chante : « *Pattini Sundari Dévi* [10]... » Son visage est alors d'un foncé ! Noir de fureur... Cette mère est la colère même : c'est pour montrer sa vraie nature qu'elle est née femme !

Tous les ans, Sinnamma, je me débrouille pour aller écouter cette histoire que j'aime tant. En rentrant des champs, je m'assois un petit moment près du bassin aux lotus, et j'écoute [11]... Ou bien, c'est après avoir ramassé du bois que je m'arrête. Quand le soleil se couche, je remets mon fagot sur la tête et je rentre au *céri* pour faire les travaux du soir à la maison... Où que je sois, quoi que je fasse comme travail, je ne manque jamais d'aller écouter un peu : je lâche tout pour ça. J'aime bien me mettre dans le champ de Madhava Reddi, qui donne sur le mur du temple de Draupadi. Là, on entend bien l'*Iyer* qui lit le *Bharatam* et, en même temps, on ne peut pas me voir... Il paraît que c'est très bénéfique d'écouter, que ça pardonne les fautes. Mais ça, ça ne se passe que dans l'*ur*. Jamais quelqu'un n'acceptera de lire pour nous, on est trop impurs pour ça, et il y aurait toujours un fils de pute pour sortir des jurons pendant la lecture ! Encore que, qui sait ? Dans ce *kaliyugam*,

Sinnamma, c'est l'argent qui compte. Peut-être que si on donnait un bon prix, un meilleur prix que les gens de l'*ur*, on trouverait un prêtre qui accepterait. Mais jusqu'à présent ça ne s'est pas fait. Alors, je vais vous dire comment ça se passe au *céri*. On s'est tous cotisés pour acheter un gros livre du *Bharatam*, où tout est indiqué. Les hommes de chez nous qui savent lire emportent ce livre, et vont s'asseoir près du *kulam* et, pendant que le récitant du temple lit et explique le *Bharatam*, nos gars, intelligents et malins, inscrivent tous les détails sur le livre *(Viramma fait semblant d'écrire)* : ici, c'est le palais de cire [12], ici on descend dans le feu, etc. Au *céri*, les jours où il n'y a pas de travail, ils s'assoient à quatre ou cinq sur un *tinnai* et se mettent à lire devant une dizaine d'hommes. En entendant leurs histoires, nous, les femmes, on va aussi les écouter. Voilà comment j'ai connu Draupadi. Depuis, j'ai toujours voulu qu'une de mes filles porte un de ses noms, surtout si c'était une onzième enfant !

La fille de septième naissance, on dit qu'avec elle « il y aura de l'or même sur l'auvent » ! Sa famille sera comblée et ne manquera de rien. La ville qu'elle habitera sera pareille à Ayodhya [13]. A l'âge du mariage, tout le monde se l'arrachera. Mais un garçon de septième naissance, au contraire, portera malheur aux siens. Il sera vraiment difficile pour sa famille : même si elle montait jusqu'alors, après sa naissance elle redescendra, et lui-même connaîtra bien des échecs... Non, ce qu'il faut comme septième enfant, c'est une fille ! Pour le cinquième enfant, c'est pareil. Si c'est une fille, elle remplira le grenier. Mais alors, elle aura du caractère ! Elle fera trembler les cinq éléments [14]. Elle sera méprisante et autoritaire. Mais si c'est un garçon, il ne pèsera pas lourd dans la balance. Il errera comme un mendiant de Siva. Il pourra travailler comme un chien, il n'aura ni satisfaction, ni épanouissement. Errer, errer, voilà tout ce qu'il pourra faire.

« *Arayi purayi ambalita nallayi* » : « Là où entre la sixième, le mari ne sera pas heureux ! » Cette fille de sixième naissance, on aura beau l'enfermer dans une boîte, elle finira toujours par se faire empaler par quelqu'un d'autre que son mari, et malgré sa facilité à cocufier son mari, elle ne sera pas heureuse. Ça, c'est vrai pour toutes les castes : les Reddi, les potiers, les Gounder, la mienne, la tienne...

La fille de neuvième naissance, elle, elle sera heureuse. Toujours on l'appellera Omakkanni [15]. Celle de troisième naissance apportera l'équilibre dans sa famille. Mais elle ne doit pas avoir d'épis dans les cheveux, ni devant, ni derrière. Sinon, son premier mari se fanera, et son deuxième aussi. Seul le troisième pourra jouir du nœud qu'il aura fait derrière son cou car elle aura en tout trois mariages. Oh, ce n'est pas elle qui choisira, la pauvre ! C'est Celui qui a dessiné ces épis sur son crâne : quand on les a, il faut faire avec ! Pour un garçon de troisième naissance, ce sera pareil : s'il a les épis, sa première femme mourra, sa deuxième aussi. Ce n'est qu'avec la troisième qu'il réussira son mariage [16].

C'est une fille de huitième naissance,
Ne te marie pas avec elle !
Tu es une fille de dixième naissance,
Ne me regarde pas !

Voilà ce que chantent les hommes, dans leurs chansons d'irrigation. Quand on s'approche d'une fille de huitième rang, on est ruiné. Et si c'est un dixième enfant, elle peut même détruire un palais : il n'en restera pas trace ! Ces deux-là, on change toujours leur nom. On devrait normalement les appeler Ettiyamma et Palayi, mais on les nomme Saroja, ou Kamatchi, ou n'importe quoi [17]. C'est seulement ainsi qu'un homme les épousera. Ça, c'est vrai pour toutes, même pour celles qui naissent du ventre de ta mère : elle changerait sûrement les noms, elle aussi, pour pouvoir marier ses filles... Enfin, tout ça dépend de beaucoup de choses, Sinnamma. L'heure à laquelle on a été conçu, l'heure à laquelle on est né peuvent tout changer.

Regarde-la, la sans-enfant !

Le premier enfant, lui, qu'il soit fille ou garçon, il porte toujours bonheur, il n'y a pas à dire ! L'essentiel, c'est d'avoir un enfant. Si vous n'avez pas même un enfant, on vous traite de femme stérile, et toute votre vie, on vous écartera, car vous portez malheur. Vous perdez votre honneur, votre raison de vivre. Vous n'êtes plus vous-même. Une femme stérile souffre beaucoup, Sinnamma, plus qu'aucune d'entre nous. Tout le temps ça la travaille. Qu'est-ce qu'elle a pu faire dans sa vie antérieure pour mériter ça ? Ses parents n'ont sans doute pas bien accompli leur *dharma* [18], et c'est sur leur fille que ça retombe ! Quand on repique le riz, on aime toujours chanter la chanson de « celle qui n'avait pas d'enfant ». C'est une chanson triste, et on pleure toutes, même celles qui sont mères, en la chantant. Voilà, c'est comme ça [19] :

Dans la forêt, *yelalam*, avec courage, n'est-ce pas ?
Yelama yelam
Avec courage n'est-ce pas ?
Yelama yelam
Kaliyamma*, *yelalam*, j'ai modelée,
J'ai modelée.
Ayo ! Malgré ça, *yelalam*...
Ils n'avaient pas d'enfants,
Yelalam yelam
Ils n'avaient pas d'enfants,
Yelama yelam,
Les cinq fils, *yelala*, les Pandava,
Les cinq fils, les Pandava.

Au sanctuaire du Puttupputtan*
Au sanctuaire,
J'ai même apporté, *yelala*, un panier d'offrandes,
Ayo ! Malgré ça...
Ils n'avaient pas d'enfants,
Ils n'avaient pas d'enfants,
Les cinq fils, les Pandava,
Les cinq fils, les Pandava !

Les cinq Pandava demandent à Drona, leur maître d'armes, sa bénédiction. On reconnaît de gauche à droite : l'aîné Yudhisthira, Bhima et sa massue, Arjuna et son arc, les jumeaux Nakula et Sahadeva.

Au temple de Selliyamma*,
Au temple,
J'ai lâché, *yelala*, un coq.
Ayo ! Malgré ça...
Ils n'avaient pas d'enfants,
Les cinq fils, les Pandava !

Au temple de Patchaiyamma*,
J'ai même apporté du lait.
Le lait n'a pas caillé, *amma* !
Mes fautes passées ne sont pas expiées !
Malgré ça...
Ils n'avaient pas d'enfants,
Les cinq fils, les Pandava !

Ayo ! En me disant que je n'ai pas d'enfant,
J'ai même marché jusqu'à Chidambaram.
Il ne m'a pas, Tillai *nana*,
Yemma, Celui de la forêt,
Il ne m'a pas fait la grâce d'un enfant !
Malgré ça...
Ils n'avaient pas d'enfants,
Les cinq fils, les Pandava !

En me disant que je n'avais pas, *yemma*, de curcuma,
J'ai même marché, *yemma*, jusqu'à Mayavaram.
Il ne m'a pas, Mayan* *nana*,
Yemma, Celui de la berge,
Il ne m'a pas donné le pouvoir du curcuma !
Malgré ça...
Ils n'avaient pas d'enfants,
Les cinq fils, les Pandava !

Ensuite, Sinnamma, comme la femme n'obtient pas d'enfant, elle adopte un neveu : un enfant de la sœur de son mari. Mais quand elle veut le marier à la fille de son frère, sa belle-sœur refuse. Et voilà ce que son frère lui dit, et ce qu'elle répond :

Je t'aurais bien donné ma fille, *yelama yelam*,
Bien donné, ma sœur,
Ma fille, *nana*, ô Mère ! Je t'aurais bien donné, *yelama yelam*,
Bien donné, ma sœur,

Toute parée de fleurs, pour ce prince, *nana*,
Si tu étais venue huit jours plus tôt, *yelama yelam*,
Si tu étais venue, ma sœur
La fille vertueuse, *nana*, je l'aurais donnée,
J'aurais donné, *nana*, ma fille, *arigari*,
Pour ton beau garçon, ma sœur,
Ô ma sœur, si huit jours plus tôt tu étais venue,
Arigari, huit jours plus tôt,
La fille vertueuse, je te l'aurais donnée !

Ô mon frère, si ta fille, *nana*, tu ne donnes pas,
Je prendrai, mon frère, la pannelle pleine,
Je la briserai, mon frère, contre ta porte !

Tu ne la trouves pas triste, cette chanson, Sinnamma ? Elle est allée dans tous les temples, cette pauvre femme, et personne ne l'a exaucée, personne ne lui a fait la grâce d'un enfant. Elle espère avoir la fille de son frère pour son fils adoptif, pour garder les liens avec la maison maternelle, et comme elle ne le peut pas, elle finit par dire qu'elle cassera la pannelle d'eau contre la porte de cette maison, pour bien montrer qu'elle n'est pas digne d'être la fille de cette famille... C'est ça, Sinnamma, la vie d'une femme sans enfants : on n'est plus rien. On n'est plus respectée, même par les gamins qui disent quand on passe : « Regarde-la, la sans-enfant ! »

À la campagne, on fait vraiment tout ce qu'on peut pour avoir un enfant. Vous savez bien que ce n'est pas dans nos mains, ce pouvoir de faire un enfant. C'est pas un docteur qui peut faire venir un enfant dans ton ventre. C'est Lui, Isvaran, Lui seul qui décide. Alors on court chez le diseur de *mantra*, ou chez le *samiar*[20], qui donne des amulettes, de la cendre, du citron, des cordelettes ou autre chose encore, et qui nous dit de faire des offrandes à tel dieu, à telle déesse. Tenez, hier encore, j'ai vu des parents à moi qui partaient faire une *puja* à Périyandavin, le dieu de notre lignée. C'était pour leur belle-fille qui vient de Pakkanur. Ça fait trois juillets qu'elle est mariée, et elle n'a toujours pas d'enfant. Tout le monde partait vers l'étang, avec du *pongal*, des noix de coco, des bananes et un coq. L'*Iyer* était avec eux, et les musiciens aussi. Que Périyandavin l'entende et lui façonne un enfant, à cette pauvre femme !

Sinnamma, comme je suis accoucheuse au *céri*, on vient aussi me chercher pour les vœux. Oui, quand quelqu'un veut recevoir la grâce

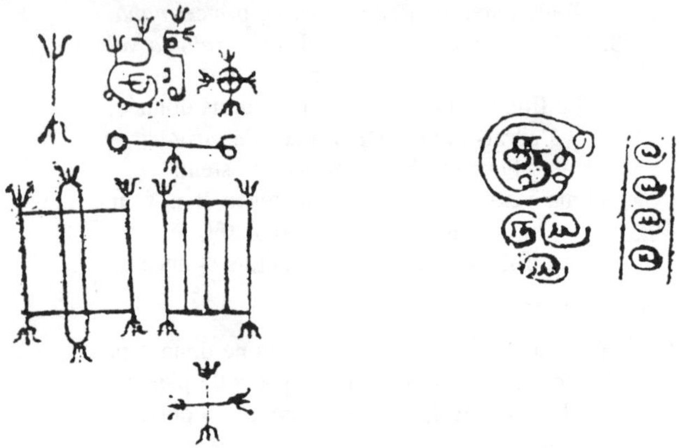

Pour lutter contre la stérilité féminine.

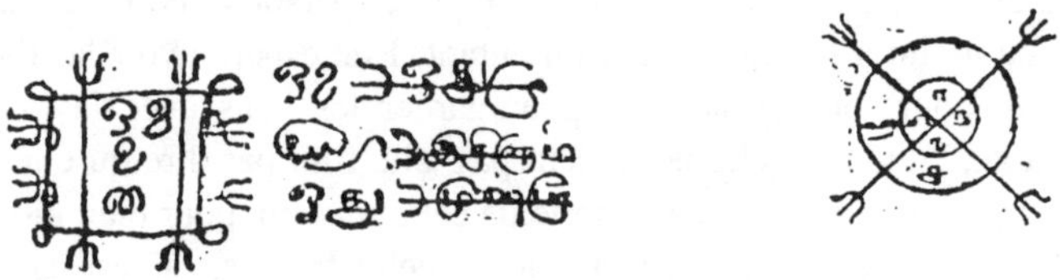

Pour lutter contre l'impuissance.

d'obtenir un enfant, il fait un vœu à un dieu. Pour faire ce vœu, on prend ce qu'il faut pour toutes les offrandes habituelles, mais en plus, il faut un bébé modelé dans de la farine de riz. Et ce bébé-là, c'est moi qui le fais, au *céri*, pour les femmes qui n'ont pas d'enfants. Le dernier que j'ai modelé, c'est le fils du chef du *céri* qui me l'a demandé. Je connais bien Ponni, sa femme. Elle vient de Kattrappakkam, un village qui n'est pas loin de Velpakkam. Quand elle était toute petite, elle venait avec sa mère au marché de Pakkirippakkam. Elle a épousé Mani, et elle vit maintenant ici. Ça fait cinq *Pongal*[21] qu'elle est à Karani, mais sans une seule grossesse. La pauvre a fait un vœu à Patchaissami*, le dieu de son village natal, pour avoir un enfant. C'est pour ça qu'on est venu me chercher. Voilà comment on a fait.

On a pris quatre mesures de riz non étuvé. On était quatre femmes à le piler avec quatre pilons. On avait une telle adresse qu'on n'entrechoquait jamais les pilons, et qu'on ne s'arrêtait jamais en cours : dang, dang, dang, dang... Ça couvrait tous les bruits du *céri*, avec un rythme bien régulier. Puis on a tamisé cette farine plusieurs fois, avant d'en faire une pâte avec un peu d'eau. C'est avec cette pâte qu'on a modelé le bébé. Chacune a fait une partie du corps. C'est moi qui ai façonné la tête : je sais bien faire les têtes, avec un joli sourire qui laisse voir les dents. J'ai dessiné aussi les yeux, les oreilles, le nez. Ensuite, j'ai fixé tous les morceaux. On aurait dit un vrai bébé, Sinnamma ! Pendant ce temps, on faisait bouillir de l'eau dans une grande marmite. On a coincé quatre bambous en croix dans l'ouverture de la marmite, on a étendu un tissu par-dessus, et très doucement on a posé le bébé en pâte sur les bambous, avant de remettre le couvercle. J'ai vite façonné vingt et une petites lampes à huile et je les ai placées autour, là où je pouvais. Et puis, on a laissé tout ça cuire un bon moment à la vapeur. En attendant, la famille a préparé le reste : les noix de coco, l'encens en grains et en baguettes, les bananes, le camphre... Au bout d'une demi-heure, j'ai sorti du feu le bébé qui était bien ferme, et je l'ai laissé refroidir. J'ai mis ensuite des mèches et de l'huile dans les lampes en farine de riz. Ponni est alors partie mettre un sari jaune. Quand elle a été prête, j'ai posé sur ses hanches un grand tamis à riz, et j'ai placé dedans le bébé en pâte. Ensuite elle est partie en procession avec sa famille et les musiciens, pour faire les offrandes comme on les fait d'habitude. Tout de suite après, on a lancé en l'air, très haut, le bébé, et tous ceux qui étaient là, les hommes, les femmes, les parents ou les curieux, tout le monde s'est précipité, l'un en tendant son *somin*, l'autre en ouvrant le pan de son sari, pour recueillir un morceau du bébé de farine. Celui ou celle qui aura le bonheur de recevoir ne serait-ce qu'un bout du bébé, celui-là aura un enfant dans l'année. Eh bien, Ponni l'a eu presque en entier, le bébé : la tête et le ventre sont tombés dans le pan de son sari. Elle a été exaucée, Sinnamma, et elle en est maintenant à son troisième enfant ! Moi, pour ma dernière fille, ça s'était passé comme ça : à la fête de Draupadi, quelqu'un avait lancé un bébé de farine. J'ai eu la chance d'en recevoir un morceau et j'ai accouché dans l'année.

Après son mariage avec mon frère, ma belle-sœur Saroja n'a pas eu d'enfants non plus pendant un certain temps. Mais là, il y avait une autre raison, une histoire d'esprit qui habitait sa maison. Je te la raconterai plus tard. On dit chez nous que si on invoque les ancêtres et que si, en cas de deuil dans la maison, une femme mariée reçoit le pot à lait funéraire de celui qui conduit le deuil, lors des cérémonies du seizième jour [22] la femme tombe aussitôt enceinte. On l'a fait pour ma belle-sœur, quand ma mère est morte. Saroja s'était habillée comme une Brahmane.

Nous, les femmes, on l'a accompagnée à la pompe (parce qu'à Velpakkam la rivière est très loin), et on lui a versé dessus trois seaux d'eau. Quand les hommes sont arrivés avec le pot, Saroja s'est avancée toute mouillée vers celui qui conduisait le deuil, et elle a échangé le pot contre un billet d'une roupie et du bétel qu'elle a mis dans sa main. Elle a porté le pot très pieusement et elle l'a déposé sur une mesure de paddy éparpillée au centre de la maison et entourée de toutes sortes de lampes à huile allumées. Comme la défunte était une femme, on a mis aussi un sari, des bracelets, des boucles d'oreilles. Puis, Saroja s'est prosternée, en vénérant le pot, car on dit que l'esprit du mort est dedans. Enfin, elle est sortie, pour changer de vêtement. Ce rite-là est très bénéfique aux femmes stériles. L'année suivante, Saroja a accouché d'une fille, et ensuite elle a eu un garçon.

Une tige d'herbe-hirondelle

C'est comme ça qu'on fait à la campagne. À qui voulez-vous qu'on se heurte, sinon à ceux qui sont en haut[23] ? Je vous ai déjà dit qu'une femme sans enfants est perdue. On ne peut pas prendre de médicaments pour avoir un enfant. Les docteurs qui nous disent de suivre le planning familial, hein ? si celles qui n'ont pas d'enfants leur demandaient des médicaments pour faire le contraire, est-ce qu'ils pourraient leur en donner ? Réponds-moi ! Voilà pourquoi les femmes stériles portent du lait aux Naga*, offrent du *pongal* au dieu de leur lignée, dédient des statues peintes, visitent des temples et font tout ce que l'un ou l'autre leur conseille...

D'un côté, les femmes stériles font tout ce qu'elles peuvent pour avoir un enfant, et de l'autre, il y a de plus en plus de femmes au *céri* qui

Pour faire avorter.

veulent avorter après deux ou trois enfants ! Elles avalent de la poudre de *sélaveu*, par poignées, et on les voit se tordre de douleur à cause de maux de ventre. Elles perdent des caillots de sang et sont aussi fatiguées qu'une accouchée, pendant trois ou quatre jours, elles ont d'ailleurs le même régime : du pain et du gingembre, et puis ensuite une bonne sauce avec beaucoup d'ail, de l'aubergine et du poisson salé, avant de reprendre des repas normaux. Parfois, les filles qui parlent avec les garçons et qui ne se baignent plus mangent des mangues vertes et des papayes, parce que ce sont des aliments très échauffants. Elles espèrent que ça les fera avorter, mais ça ne marche pas toujours ! Alors elles viennent me voir pour que je les fasse avorter en leur introduisant une tige d'herbe-hirondelle. Mais je leur dis : « Non, ma petite sœur ! Ça n'est pas possible ! Va à l'hôpital, moi je ne ferai pas ça. » Egavalli, la petite qui habite à côté du puits, je connais bien sa mère. Je lui ai tout dit, et je lui ai conseillé de marier les jeunes gens très vite. Mais elle n'osait pas approcher les parents du garçon, alors c'est moi qui suis allée les voir, et l'affaire a été vite conclue. Chez Egavalli, ils n'avaient pas assez d'argent pour la dot ; ils ont promis de payer petit à petit. En ce moment, ils veulent tous un vélo, une radio ou une montre. Tout ça coûte cher, vous savez bien. Le temps d'amasser ce qu'il faut et de marier la fille ensuite, les années passent et la fille vieillit. C'est pour ça qu'on essaie de leur acheter quelque chose, petit à petit, ou à chaque *Dipavali*, à chaque *Pongal*. C'est comme ça qu'il faut s'arranger : il faut vivre avec son temps...

Sinnamma, je vais te dire une chose. Moi aussi, la dernière fois que j'ai été enceinte, j'ai voulu avorter. Je voulais changer de méthode, car on souffre trop avec l'herbe-hirondelle. J'avais déjà un gendre, des petits-enfants, un fils à marier, et j'étais enceinte de trois mois : je mourais de honte d'en avoir un dans le ventre. Han ! Je me souviens encore, je me cachais. Je refusais de me laisser prendre, j'humiliais mon mari devant tout le monde. Mais il me courait tellement après que j'ai eu pitié de lui. Je me suis dit : « Advienne que pourra ! Il me désire tant, laissons-nous faire ! » C'est que certains hommes s'affaiblissent quand il leur manque l'odeur des femmes. J'ai eu peur qu'il tombe malade. On dit même qu'il y en a qui s'éteignent de chagrin ! Alors je l'ai laissé faire. Et Isvaran a modelé ça en enfant, et me l'a mis dans le ventre. De la poudre de *sélaveu*, du cumin noir, des mangues vertes, des papayes vertes, des fleurs d'hibiscus, que de produits échauffants auraient dû me faire avorter ! Mais Isvaran avait décidé que, pour moi, rien n'aurait d'effet. Et comme j'avais peur de m'introduire cette herbe-hirondelle, peur de souffrir, je suis allée voir Anjamma, la femme du barbier, pour qu'elle me donne un cachet qui ferait avorter. Elle, elle a suivi le stage à l'hôpital... Elle m'a bien eue, celle-là ! et depuis je lui en veux. Elle m'a demandé deux roupies ! Et après, elle m'a apporté des petites boules, comme des crottes de bique, à avaler avec du jagre. Je suis allée acheter le jagre au marché de Tirulagam, je l'ai moulu en poudre comme du sucre, j'ai enrobé les crottes avec, et j'ai avalé ça. Pendant trois jours j'ai fait ça. Et regardez ! Même pas un poil d'ici n'a avorté ! *(Geste vers le sexe.)* Je suis aussi allée au dispensaire des sœurs, parce qu'on m'avait dit qu'il y avait là-bas une infirmière qui faisait des avortements, une grosse, qui n'a pas d'enfants. Oui, je n'ai pas regardé à la dépense, je suis allée là-bas, et pas à l'hôpital du gouvernement où l'on se moque de nous et où on nous insulte. En tout cas, cette grosse du dispensaire m'a extirpé cinq roupies, mais elle n'a rien fait bouger... Un bon gros est né, mon douzième, mon dernier, venu après l'arrivée d'un gendre ! Oh ! depuis, il est mort aussi, celui-là...

Je sais qu'il ne faut pas détruire de fœtus. Si je touche à un fœtus, dix milliards de générations de mes descendants en souffriront, et d'abord mes propres enfants, mes filles, mon fils. C'est pour ça que je me dis : « Non ! Je ne le ferai pas de mes propres mains ! Je cueille les fruits, pas les bourgeons... »

VIII

LA MANGEUSE DE FŒTUS

Tu le vois, Sinnamma, une femme enceinte qui souhaite avorter n'y arrive pas toujours. Et en même temps, dans son état, elle est la proie de tout ce qui lui tourne autour, je veux dire ces ombres, ces goules, ces démons, ces *pey piçaceu* : il faut qu'elle fasse très attention ! Surtout si elle est paria. Nous, les femmes parias, on est obligées d'aller partout, pour faire paître le bétail ou pour ramasser le bois. On est dehors tout le temps, même au zénith. Ces êtres-là en profitent, s'emparent de nous, et nous possèdent. Ou bien, on est effrayées [1] et on tombe malades, ou on fait une fausse couche. J'ai eu une histoire comme ça quand j'étais enceinte de mon deuxième enfant. Mon neveu, le fils de mon beau-frère aîné, est mort jeune, subitement, le lendemain de ses fiançailles. C'était un beau garçon, qui ressemblait trait pour trait à mon mari. Une nuit que nous dormions, mon mari et moi — j'étais enceinte de quelques mois — j'ai vu ce garçon s'asseoir sur moi, je l'ai senti ! Mon mari, lui, m'a dit que je l'avais serré très fort dans mes bras, que j'avais déliré, en marmonnant quelque chose... Moi je n'y comprenais rien. Le lendemain, on s'est dit que le garçon avait besoin de quelque chose, et que c'était pour ça qu'il était venu. Mon mari est vite allé chercher une bouteille d'arack et une bouteille de vin de palme. Moi, j'ai arrangé les offrandes au milieu de la maison : bétel, noix d'arec et chaux — mon neveu chiquait le bétel comme une femme ; une grande feuille de bananier avec une montagne de riz, du poisson salé, du pain grillé, un cigare, des bouteilles d'alcool, une pannelle d'eau pleine à ras bord, et une belle lampe avec beaucoup d'huile et une grosse mèche. Pendant ce temps, mon mari est allé chercher l'*Iyer* du temple de Pérumal ; c'est lui qui se charge des cérémonies d'après la mort. L'*Iyer* a demandé qu'on étende du sable de rivière à côté des offrandes. Il a invoqué Yéman, puis il a dessiné sur le sable une lettre rappelant le signe de Yéman, et il est reparti. On a dîné le soir comme d'habitude, et on s'est couchés dans un coin. Il ne faut jamais se mettre en face de la porte, car « il » peut nous gifler en entrant s'il nous trouve sur son passage. Il faut vraiment avoir du courage quand l'ombre arrive ! En fait, on ne la voit pas. On entend seulement ses pas. On dirait le son de clochettes, djang, djang, comme lorsque passe un char à bœufs. Elle fait han ! han ! han ! comme si elle avait grande envie de quelque chose. Elle vient toujours avec ses messagers, attachés l'un à l'autre avec de grosses cordes. On les entend marcher d'un pas cadencé et pesant : ahum ! ahum ! ahum ! Nous, on a eu très peur. Certains attrapent la diarrhée dans ces moments-là. Dès que l'ombre est entrée, la lampe, remplie d'huile pourtant, s'est éteinte d'un seul coup. On l'a entendue marcher, et manger tout son soûl pendant un bon moment, puis tout à coup elle s'est enfuie. On l'a entendue courir très vite, et, quelques minutes après, le jour s'est levé. On s'est précipités pour voir ce qui s'était passé. Le riz avait été éparpillé partout. Sur le sable, on a trouvé la marque d'une patte de chat, et une partie de la lettre était effacée. « Il » était venu sous la forme d'un chat ! En attendant que l'*Iyer* vienne et donne son avis, on a recouvert les offrandes d'un grand panier d'osier, pour ne pas attirer les chiens qui traînent dans la rue. L'*Iyer*, lui, a été très satisfait, et nous a dit qu'« il » ne reviendrait plus. Mais moi, après cette histoire, je suis tombée malade plusieurs fois, j'étais faible, et j'ai fait une fausse couche.

Il y a pire : ce sont les Kattéri, qui nous guettent constamment quand on est enceinte. Avec elles, il faut être très prudente. Il y a plusieurs sortes de Kattéri. Celle qui boit le sang, Rana Kattéri* aux plaies saignantes ; Irsi Kattéri*, la mangeuse de fœtus ; d'autres encore... Irsi Kattéri est terrible. C'est elle qui fait avorter. Dès qu'elle sent l'odeur de fœtus dans le ventre d'une femme, elle est là, à guetter, à attendre la première occasion pour aspirer le fœtus. On peut reconnaître tout de suite le travail de cette chienne-là, quand on trouve des caillots noirs comme du charbon de bois pendant l'avortement : elle aspire le bon sang et ne laisse que des déchets. Dès que quelqu'un avorte comme ça, on prépare aussitôt une sauce avec des aubergines, du poisson salé et toutes sortes de légumes. On mélange la sauce avec du riz, en grande quantité, et on le lance poignée par poignée, à chaque carrefour, dans chaque coin et recoin du *céri*, pour la rassasier et qu'elle s'en aille sans toucher à nos enfants. Le lait maternel l'attire, Irsi Kattéri. Je vous ai déjà dit qu'une fois elle m'a vidé les seins. Et elle a fait ça à bien d'autres femmes du *céri* : même pas une goutte de lait à donner comme médicament ! Les enfants dépérissaient de jour en jour ; comment voulez-vous qu'ils soient forts sans lait maternel ? Nous, on ne peut rien faire pour se protéger d'Irsi Kattéri. C'est un *samiar* ou un diseur de mantra qu'il faut voir : eux ont tous pouvoirs sur elle. Il faut apporter le nécessaire à *puja*. L'exorciste écrit alors des formules sur des feuilles

La conque, symbole de Vishnu, auquel Hanuman, à gauche, rend hommage.

de cuivre. Il met le nom de l'enfant, dessine une conque ou un trident sur une des feuilles[2]. Sur l'autre, il fait pareil, mais en mettant le nom de la mère. Puis il roule les feuilles pour confectionner les talismans, et il les donne, avec de la cendre. Anjalai a fait ça pour sa cadette. Moi, pour un de mes enfants, Sundari, j'avais acheté deux talismans au marché de Tirulagam : il y a là-bas un vendeur qui connaît ce mantra, et qui prépare d'avance les amulettes. Il les vend un quart de roupie. A ma fille, il avait donné une plume de paon enroulée dans un cylindre de métal, et à moi un morceau de racine d'arbre, connue de lui seul. Cet homme nous a chanté des mantra en nous posant un bouquet de plumes de paon sur la tête. Plus tard, je l'ai perdu, ce talisman...

Pour en revenir à Irsi Kattéri la suçeuse de fœtus, la redoutable, il m'est arrivé une drôle d'histoire avec elle. Quand j'étais enceinte de Miniyamma, mon mari est allé travailler un temps à Madras. Il m'a emmenée, pour lui faire à manger. On était plusieurs du *céri*. En ce temps-là, il n'y avait pas autant de bâtiments qu'aujourd'hui, et on trouvait partout des buissons de cactus et de grands arbres dormeurs[3] où des voyous d'esprits de toutes sortes s'abritaient. Oh ! Madras, c'est une grande ville. Les douches et les cabinets publics sont construits n'importe où là-bas : on ne tient pas compte de l'orientation. Ces esprits-là en sont contents, et ils nous guettent dans tous ces endroits. C'est ainsi qu'Irsi m'a possédée, un jour que j'étais allée me laver dans une douche publique. Sinnamma, pendant neuf mois j'ai constamment perdu du sang, et j'ai cru que j'allais avorter. Mon mari, lui, transportait de l'alcool d'une place à l'autre. Comme c'était un travail temporaire, on n'avait pas pris de maison. On campait près d'un buisson de cactus. Il y avait beaucoup d'autres gens qui faisaient pareil autour de nous. En ce temps-là, on avait ce terrain pour s'installer. C'était mieux qu'aujourd'hui, où les gens sont obligés de rester sur les trottoirs en pleine ville, avec toute la circulation ! Oui, ce jour-là, j'étais allée me laver. Je m'étais enduite de curcuma, pour être belle et avoir un visage bien lisse et lumineux. Un des esprits qui rôdaient là-bas m'a possédée. Il y a tant de monde à Madras ! Des mendiants, des sans-travail, des malades. Ils viennent chercher abri là, et parfois ils y meurent, tout seuls. Personne n'est là pour leur faire les dernières cérémonies : ils sont simplement enterrés par la municipalité. Tous rôdent alors sous forme d'esprits, en attendant leur vraie mort[4]. *Ayo !* Il y en a mille fois plus que dans nos campagnes ! Ces pauvres gens ont souvent de la famille au village, mais qui va prendre la peine d'avertir les parents, et comment ? Si le mort avait un travail régulier, son patron peut se charger d'avertir sa famille, qui pourra alors venir le chercher. Mais les journaliers, eux, ne peuvent compter sur personne, ils ne connaissent personne. Alors, c'est la municipalité qui se charge de les enterrer. Il peut arriver aussi que les compagnons de misère du mort, ceux qui partageaient son trottoir, décident de s'occuper eux-mêmes de l'enterrement[5]. On en voit dans les marchés, avec une lampe à huile sur un plateau, et qui vous disent : « L'aumône pour un pauvre cadavre ! L'aumône pour l'enterrer ! » L'argent tombe. Une fois, j'ai même vu des gens mettre un billet de dix roupies. Avec cet argent, les quêteurs font venir un orchestre, achètent des fleurs et font des funérailles respectables. Mais les abandonnés, ceux dont le cadavre est remis à la municipalité, eux se transforment en esprits, en *pey piçaceu.*

Je me trouvais dans cet état, avec des pertes de sang continuelles. Autour de moi, on avait bien deviné que c'était Kattéri qui me possédait, et on m'a poussée à aller voir un exorciste. Mon beau-frère était avec nous. Il s'est renseigné, et il a appris qu'à Vannarapet[6] un blanchisseur guérissait tout ce qui était lié à Kattéri. Mon mari et mon beau-frère m'ont conduite chez lui en *rickshaw.* L'exorciste a dessiné un grand cercle sur le sol, et a chanté des mantra. Il m'a enveloppée d'encens, et m'a couvert le front et les bras de cendres. Puis il s'est levé. Il a écrit quelque chose sur une plaquette, il a dessiné dessus la figure d'Anjaneyar* et un gourdin, et il a roulé la plaquette pour en faire un talisman. Il paraît qu'il a invoqué Minisuprayan*, la forme mâle de Kattéri : lui est bon et protège les enfants. L'exorciste m'a dit qu'il faudrait appeler l'enfant à naître Miniyamma si c'était une fille, et Miniyan si c'était un garçon. Depuis ce temps, je suis possédée par Minisuprayan. Moi, je ne m'en rends pas bien compte, mais il paraît que, lorsqu'on joue du tambour et de la trompe, je danse en pleurant à gros sanglots. Oh ! À part ça, il ne me gêne pas, et je ne cherche pas à le faire partir. C'est Minisuprayan : qu'il reste, puisqu'il protège les enfants ! En tout cas, j'étais protégée, avec ce talisman au cou, et petit à petit les pertes de sang se sont arrêtées, et j'ai pu garder l'enfant. Mais je ne voulais pas du tout accoucher là-bas, à Madras. J'avais trop peur de tous ces esprits. Autour de moi, les femmes qui avaient des bébés les gardaient toujours dans leurs bras. Si on les avait couchés par terre, les esprits se seraient précipités pour les dévorer, à ce qu'il paraît. Quand on m'a dit ça, j'ai voulu tout de suite retourner au *céri*, où on a une maison à nous où on est en sûreté. De toute façon, mon mari avait décidé de me reconduire au village. J'ai fait vœu, alors, si mon enfant devait vivre en bonne santé, de retourner à Vannarapet, pour offrir du *pongal* à la déesse Kattéri. Attention, pas la démone Kattéri, la mangeuse de fœtus. Non ! La déesse... De retour au *céri*, j'ai accouché d'une fille, qu'on a appelée Miniyamma comme l'avait dit l'exorciste. Plus tard, quand elle a commencé à parler, à bien marcher et à savoir faire toute seule le tour des quatre rues du quartier, on est allés comme promis à Vannarapet, en procession, avec les musiciens du *céri*. Moi, j'étais habillée en noir, et ma fille aussi. J'ai emporté un *somin* et une écharpe pour l'exorciste, un coq tout noir, et tout ce qu'il fallait pour faire offrande. Là-bas, on a préparé du riz avec une sauce de légumes. Sous un banian, l'exorciste a placé trois briques[7], il a tranché le cou du coq, et il a accompli les rites qu'il fallait. Puis il a rasé le crâne de Miniyamma. Tout a été fait selon les règles, sans une erreur. Ce diseur de mantra est mort aujourd'hui, le pauvre ! Il avait bien de la *bhakti*[8] ! S'il était encore là, je lui amènerais ma belle-fille Amsa qui n'a pas encore d'enfants, depuis qu'elle a épousé mon fils Anbin. Pour le moment, elle va chez Murugaiya Gounder, qui est devenu *samiar* à l'*ur*. Il lui a donné deux citrons chargés de mantra : elle en a mangé un et elle a gardé l'autre. Il lui a demandé aussi de faire chaque jour le tour d'un temple : le temple d'Aiyanar, celui de Pillaiyar ou celui de Mariamman. Il paraît qu'Amsa serait possédée. Alors, il lui a donné une cordelette à nœuds blancs pour mettre autour du cou : elle est chargée de mantra elle aussi. Oui, c'est vrai ce qu'il dit, le *samiar* ! On l'a bien vu l'autre jour, quand les musiciens ambulants sont venus au *céri*. Quand ils ont joué du tambour et de la trompe, Amsa s'est mise à danser et à tourner comme une toupie, et mon fils a eu bien du mal à la calmer. On ne sait pas encore qui la possède, mais je n'ai pas perdu espoir.

Les os des premiers-nés

Mes trois premiers sont nés à Velpakkam, chez ma mère. Ils naissaient bien, et ils sont morts en bon état[9]. Je n'ai pas désespéré et, vous voyez, j'ai mis au monde plus d'enfants que les doigts des deux mains. C'est vrai que beaucoup sont morts, mais, du moins, il m'en reste trois. Peut-être qu'Arayi aura les siens plus tard... Mes trois premiers, c'est le farfadet[10] qui habitait notre maison de Velpakkam qui les a dévorés. Mon grand-père paternel connaissait la sorcellerie. Un ami sorcier la lui avait apprise. Mais nous, on n'est pas du tout de ce métier-là. Mon grand-père savait surtout comment « lier » une personne, comment attirer quelqu'un vers soi par magie. Les gens venaient le voir à Velpakkam. Il ne demandait pas d'argent, mais on lui apportait une calebasse de vin de palme, du camphre, du bétel, des bananes pour les offrandes... On disait que le vieux appelait le farfadet, qu'il lui parlait et lui demandait de l'accompagner quand il sortait. Il vivait avec, quoi ! Quand mon grand-père est mort, on a essayé de chasser cet esprit, qui était vraiment très embêtant. Mais rien à faire, il revenait s'asseoir, sous la forme de mon grand-père ; il participait aux conversations, il appelait ma grand-mère par son nom, comme faisait son défunt mari. Et ma grand-mère lui répliquait : « Ah ! c'est avec le balai que je vais te répondre, espèce de chien ! Je te reconnais ! Je sais qui tu es ! Va-t'en d'ici ! » Lui, il lui envoyait des graines de tamarin à la figure. Quand un sorcier est venu d'Ossur pour essayer de le déloger, il est devenu carrément méchant et s'est endurci. Le sorcier nous a dit qu'il ne pouvait rien faire contre lui. L'esprit avait pris racine dans ce terrain. Il était vieux et rusé : c'est nous qui devions partir. Il a tout dévasté, Sinnamma ! Tout ! Pas une gousse d'ail n'a pu pousser ! Mon père a dû vendre sa rizière. Trois fois, j'ai accouché là-bas : aucun de ces enfants n'a survécu. Il les a mangés au fur et à mesure qu'ils naissaient. Rien n'a prospéré. C'est comme ça avec les esprits. Une fois qu'on commence à travailler avec eux il faut continuer, sinon ils se retournent contre vous. C'est pour ça aussi que je ne suis plus allée accoucher à Velpakkam.

Tous mes enfants ont été enterrés là où ils sont morts : les premiers à Velpakkam, les autres à Karani... L'aînée, ma mère a insisté pour qu'on l'incinère et qu'on jette ses cendres à la rivière, afin qu'un sorcier ne vienne pas les récupérer. C'est que les cendres ou les os des premiers-nés sont très recherchés par les magiciens. Un tout petit peu de cendre ou de cheveux leur suffit. On les voit avec une houe sur l'épaule,

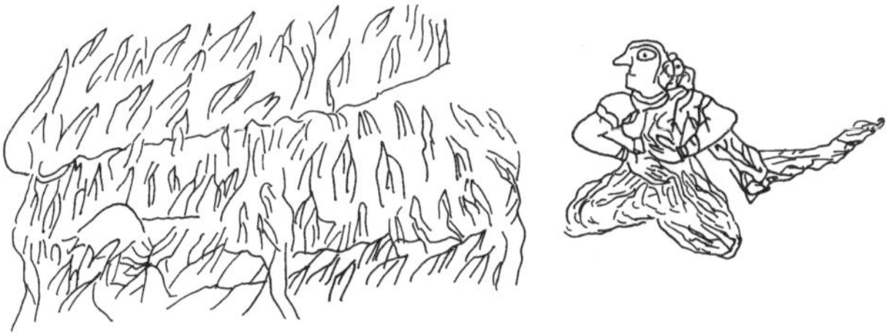

Le bûcher.

rôder là où on a incinéré ou enterré un premier-né. Même un peu de cendre mêlée au sable les attire... Aussi, ceux qui ont coutume d'enterrer leurs morts mettent le corps d'un premier-né dans un sac de jute, avant d'aller l'enterrer secrètement. Pour mon aînée, on a pris la précaution de faire tout disparaître. On dit chez nous que, si l'on dissout complètement les cendres dans l'eau, on aura tout de suite un autre enfant.

Quand on est enceinte du premier enfant, il faut être très prudente, Sinnamma, avec tous les chiromanciens, les diseurs de bonne aventure, et tous ces gens qui passent dans les villages. On ne sort jamais seule car ils peuvent jeter un sort pour qu'on les suive. Ensuite, ils nous font avaler un produit qui fait oublier toutes les attaches, toutes les relations : père, mère, frère, sœur, village ! Vous devez sûrement en avoir vu, de ces sorciers qui viennent du pays malayali [11]. Les hommes comme les femmes sont redoutables : elles sont chiromanciennes, eux sont jeteurs de sort. Ces gens du pays malayali, ils ne comprennent pas bien notre langue. On a beau les traiter de buveurs de mouille, de baiseurs de leur mère ou de tout ce qu'on veut, ça n'y fait rien. On rit bien en les insultant, mais en même temps on a très peur d'eux, et on se cache après les avoir injuriés. Ils se promènent toujours avec une main de premier-né enduite de curcuma, à laquelle sont accrochés les talismans qu'ils nous vendent une roupie, une roupie et demie, à nous autres les gens du *céri*, pour écarter les mauvais esprits, pour ne pas avoir peur des *pey piçaceu* dans les rizières ou dans les champs, pour éviter les cauchemars, aussi. Tout ça, ce sont des choses qui nous arrivent, à nous Parias. Alors on est toujours tentés de leur acheter leurs talismans pour se protéger...

Quand ils ont vendu leurs talismans, ils vont s'asseoir près du banian et ils font de la magie. Ils attrapent un de nos enfants, et lui font lire dans une boîte de fard, en leur mettant un talisman sur la tête : « Petit frère ! Qui vois-tu dans cette boîte ? »

Et l'enfant répond : « Je vois Arayi, Kannamma, ou Pandéri... Je vois sept personnes qui... »

Mais quand l'autre enlève le talisman, c'est fini, l'enfant ne voit plus rien. C'est le pouvoir du talisman qui lui faisait voir le monde entier au fond d'une boîte de fard !

Ils ont un autre tour aussi : ils attrapent un enfant, et disent avec leur accent *malayalam* : « Regardez ! Regardez ! Regardez ! Regardez ! Ouvrez grands vos yeux pour voir ce prodige ! » Ils jouent alors très fort de leur petit tambour, et puis disent : « *Janakkatteu*, *janakkatteu*, *janakkatteu*, *janakkatteu* ! Sors vite ! Sors vite ! sors vite !... Et voilà ! », et ils nous sortent un œuf du petit cul de l'enfant ! On a mal au ventre de rire en voyant ce tour, Sinnamma, mais on a peur aussi, en même temps. Alors eux nous disent : « Ne vous sauvez pas ! N'ayez pas peur ! Restez ici, sinon je lâche un sort, et le sang coulera dans vos maisons ! » Que faire dans ces cas-là ? Nous, pauvres miséreux effrayés, on leur donne un quart de roupie, une demi-roupie, ou une mesure de paddy, de millet ou d'éleusine en aumône, pour qu'ils fichent le camp... Ils font aussi autre chose, Sinnamma ! Ils appellent une femme, lui demandent de se coucher, et avec un grand couteau bien aiguisé, ils lui ouvrent le ventre. Le sang gicle, mais la femme ne sent rien, ne dit rien. Nous, on pousse des cris, on a peur pour elle. Eux lui sortent les organes comme ça, un à un, et les mettent de côté. Enfin, ils chantent un mantra, et disent : « *Janakkatteu*, *janakkatteu*, *janakkatteu*, *janakkatteu* ! Viens vite, viens vite, viens vite ! » Et tout se remet en place, et la femme se relève comme si de rien n'était. Voilà leurs tours de magie. C'est pendant qu'on est tous rassemblés là à les regarder qu'eux repèrent les femmes enceintes d'un premier enfant pour les enlever. C'est pour ça qu'on ne laisse jamais sortir une femme enceinte quand passent les magiciens. On a peur aussi qu'elle fasse une fausse couche en voyant leurs tours.

Ils ne sont pas les seuls à passer, les gens du pays malayali. On en voit d'autres, qui se promènent dans nos campagnes avec un petit farfadet et des os de crâne de premiers-nés : eux font de la magie noire... Et puis il y a ces truands qui viennent avec des cobras. Ils s'installent tout près d'ici, dans la rue du gardien. Là, au son du *magudi*, ils font sortir leur cobra de son panier. Le cobra sort, il « prend la photo », fait trois tours, puis se frappe la tête par terre[12]. C'est tout : le numéro est terminé. Mais après ça, ces salopards prennent leur cobra dans la main et le lâchent devant la porte de chaque maison en demandant l'aumône. Les gens ne se font pas prier, Sinnamma ! Ils sont sur le pas de leur porte

Pour écarter les serpents.
À gauche : à conserver dans la maison.
À droite : à enfouir dans le sol de la maison.

pour leur verser des grains avant même que le serpent soit là ! La trouille ! On a la trouille de leur cobra ! S'il entrait dans nos maisons toutes sombres, on n'aurait plus qu'à s'en aller. Vous voyez un peu s'il allait se cacher dans nos pannelles à paddy ? Vous comprenez pourquoi on se précipite pour faire l'aumône. Eux font alors rentrer leur cobra dans le panier et, pour aller plus vite, nous font verser les grains directement dans le panier, sur le serpent. C'est comme ça qu'on se débarrasse de ces buveurs de mouille...

J'étais partie pour vous parler des femmes enceintes de leur premier enfant, et nous voilà dans ces histoires de magiciens. Mais c'est pour dire combien on doit faire attention quand on est enceinte. Je me souviens de ce qui s'est passé quand on a creusé le premier puits du *céri*, après mon arrivée. Murugan s'est fait tomber la hache sur le pied. Le même jour, le mari de Senguéni s'est évanoui, il respirait difficilement. C'était deux mauvais signes. Les vieux avaient bien dit qu'il fallait d'abord demander l'autorisation du dieu du *céri* avant de creuser le puits, mais comme c'était le gouvernement qui payait, les hommes qui étaient venus n'avaient rien voulu savoir. Les quatre frères Vattiya étaient alors possédés par Éjeumalaiyan*. Deux d'entre eux sont morts aujourd'hui. Notre *Iyer* est allé chercher son tambour pour demander ce que ça signifiait. Il a fait asseoir l'aîné des Vattiya, et il a commencé à chanter des chansons sur Éjeumalaiyan, pour le faire venir. Très vite, Éjeumalaiyan est descendu, et il a répondu ceci aux questions de l'*Iyer* : « Kattéri rôde autour de votre *céri*. Il lui faut un premier-né à dévorer. C'est pour ça qu'elle vous attaque pendant que vous creusez le puits. »

On était plusieurs à avoir accouché ou à être enceintes d'un premier enfant, à ce moment-là. Danamma avait un fils qui marchait et qui était très turbulent. Il s'échappait du *céri*, et on le retrouvait dans les champs, au milieu des cannes à sucre : elle avait très peur que quelqu'un n'en profite pour l'emmener et le sacrifier. Dans notre village, Sinnamma, on n'a jamais eu d'histoires de ce genre, mais on sait qu'ailleurs ça s'est fait : les chanteurs itinérants nous ont chanté plus d'une histoire de ce genre, autrefois [13]. Nous, pour notre puits, on a offert un agneau mâle premier-né à Kattéri et, à Éjeumalaiyan, on a offert du *pongal*, un gros tas de curcuma, des bananes, du bétel, des noix de coco et une grosse pelote de fil. Tout le *céri* s'est cotisé — un quart de roupie par personne — pour faire cette *puja* qu'on appelle l'offrande du fil. À la fin de la *puja*, on a trempé le fil dans l'eau jaune du curcuma, et Vattiya, l'aîné, en a distribué un bout à chacun : homme, femme, enfant, vache, bœuf, chèvre. On a tous été protégés comme ça, et les travaux du puits ont été achevés normalement.

Voilà, Sinnamma, ce que je voulais dire sur les femmes qui sont enceintes pour la première fois. Et même à toi je te le dis : reste bien cachée pour ton premier enfant ! Il y a trop d'esprits malins qui rôdent autour de nous dans ces moments-là...

L'enterrement des briques

Oh ! après, jusqu'à ce qu'ils grandissent, jusqu'à ce qu'ils deviennent grands comme ça, nous les mères, on a toujours le feu au ventre pour nos enfants : il faut les nourrir, les sauver de toutes les maladies, les élever pour qu'ils deviennent un homme ou une femme qui va travailler... Ma nièce, elle, est morte seize jours après ma mère, le jour des rites. Normalement, il aurait fallu faire des cérémonies différentes pour chacune, mais nous, on les a faites le même jour pour ma mère et pour cette enfant. Comment voulez-vous qu'on s'en sorte, s'il y a deux morts en même temps ? On n'est pas des riches ! Mon frère est le seul garçon de sa famille. Il n'a ni aîné, ni cadet : qu'est-ce qu'il peut faire, le pauvre, tout seul, sans personne pour l'aider [14] ?

Au mois de *Panguni* de la même année, une de mes trois sœurs est morte. Elle toussait beaucoup : elle avait une espèce de tuberculose. Sa maladie datait d'il y a longtemps. Quand elle était bébé, elle avait été mordue par un rat. Vous savez, on ne sent pas quand un rat vous mord, à cause de son souffle [15]. Le rat lui avait complètement dentelé l'oreille, et son poison était resté dans le corps. On s'était dit : c'est un bébé, et un rat, après tout, c'est pas bien grave ! On avait laissé tomber, sans donner les médicaments nécessaires. Ce poison lui était finalement entré dans le sang, et ça lui avait donné la tuberculose. Elle toussait beaucoup et elle avait comme des crises. Pour la soulager, on faisait chauffer un fer au feu, et on la marquait partout dans le dos. La pauvre, elle avait des brûlures partout ! Mais ça n'a rien guéri. Elle avalait toutes sortes d'herbes en pâte, que lui donnait un exorciste chasseur. Quand elle est devenue grande, on l'a emmenée chez tous les guérisseurs. L'un d'eux, un chasseur lui aussi [16], s'était spécialisé dans les poisons. Il chantait ses mantra en tenant un bouquet de plumes de paon pour faire descendre le poison. Mais rien n'y a fait, elle est morte. Elle avait été mariée, et elle laissait un enfant, un fils, qu'elle avait eu très difficilement. C'est moi qui l'ai gardé après la mort de sa mère. Comme ce garçon était souvent malade, lui aussi, ma sœur avait fait un vœu pour qu'il retrouve la santé, mais elle est morte entre-temps. J'ai donc repris son vœu. Je suis allée dans trois maisons. Dans chacune, j'ai demandé une coudée de tissu. J'ai mis les trois tissus par terre et j'ai couché l'enfant dessus. Puis, dans trois autres maisons, je suis allée troquer l'enfant contre trois mesures de son, en disant : « L'enfant est à vous, le son est à moi. » Bien sûr, c'était juste le temps de recevoir le son, après j'ai récupéré l'enfant. Ensuite, dans trois autres maisons, je suis allée ramasser une poignée d'ordures. J'ai mélangé les trois poignées, je les ai étalées et j'ai roulé l'enfant dedans, en disant : « Ton nom sera Kuppa ! Tu es Kuppa [17] ! Tu es né de l'ordure ! » Puis je lui ai percé la narine avec un fil d'argent, que j'ai courbé en anneau. Ça lui a bien réussi ! Il vit toujours, et encore aujourd'hui et il porte cet anneau au nez. Ce sont des cérémonies qui font que l'enfant ne meurt pas. Les anciens le disent, moi-même, est-ce que je n'ai pas fait ça pour Anbin ? Il m'est né quatre garçons, qui sont morts chaque fois. C'est quand j'ai fait cette cérémonie que le garçon est resté vivant. Je l'ai appelé Anbin. Pour ça, il n'y a pas de différence de caste qui tienne. Même les riches font ça, Sinnamma : une caste comme les Reddi, par exemple. Une fois, les Reddi m'ont demandé de faire ça pour un de leurs enfants : lui aussi s'appelle Kuppa aujourd'hui, Kuppa et quelque chose d'autre du nom du dieu de leur lignée.

Ici, à Karani, Nallamma a eu ses fils très tard. C'est la belle-mère de Mani, notre *Iyer*, qui porte les signes de Siva [18]. Elle a d'abord eu une fille, puis tous ses enfants sont morts, l'un après l'autre, après leur naissance. Mani est de Naliyur. Il est né et il a été élevé là-bas. C'est après son mariage qu'il s'est installé à Ḳarani, chez sa belle-mère, en fils adoptif. Bien après son arrivée, Nallamma a eu un fils. Elle est plus âgée que moi, mais elle a eu des enfants après moi, très tard, bien après les miens. Son fils, elle m'a demandé de le rouler dans l'ordure. C'est moi qui l'ai accouchée. Sitôt que l'enfant est tombé à terre, immédiatement après avoir coupé le cordon, j'ai ramassé des ordures dans trois maisons. Je les ai mélangées avec le sang de l'accouchée, et j'ai roulé le nouveau-né dans ce mélange d'ordure et de sang, avec le placenta. Je lui ai percé le nez avec un fil d'or, et je l'ai appelé lui aussi Kuppa, « né de l'ordure ». Plus tard, sa mère lui a donné un autre nom. Ce garçon est maintenant un jeune homme, il travaille à Pondy. Il fait aussi partie de la troupe de comédiens de son demi-frère Mani Iyer. C'est pour protéger l'enfant de toutes les maladies qu'on le roule comme ça dans l'ordure. Ce sont les accoucheuses qui le font. Ici, au *céri*, c'est moi. Dans les familles, on ne pense pas tout de suite à faire ça. C'est seulement quand plusieurs enfants sont morts qu'on le fait pour les suivants. Et tous ceux pour qui j'ai fait cette cérémonie sont aujourd'hui vivants !

Mais troquer l'enfant contre du son ou le rouler dans l'ordure, ça ne suffit pas toujours. L'enfant peut retomber malade. Prenez la jaunisse : on emmène les petits à l'hôpital mais, en même temps, on donne aussi notre médecine à nous, une infusion de ninuri qui est très efficace. Pourtant, après la jaunisse comme après la fièvre empoisonnée [19], les enfants restent très faibles. Comme ils n'ont pas de nourriture riche comme vous, ils restent comme ça toute leur vie, ou ils meurent.

Quand une maladie est très grave, il y a une chose qu'on peut organiser, c'est « l'enterrement des briques ». On vient de le faire pour la fillette de Senguéni. Au milieu de sa maison, devant la lampe à huile, Senguéni a placé trois briques, qu'elle a recouvertes d'un tissu trempé dans l'eau jaune de curcuma. La petite, elle, était couchée par terre, dans un coin, sous un grand panier d'osier. Tout le monde au *céri* est allé rendre visite à cette maison, comme si quelqu'un y était mort. Et nous, les femmes, assises autour des briques, on chantait des lamentations en se frappant la poitrine : « *Ayayo* ! La fille de Senguéni est morte ! » Pendant ce temps-là, le *totti* qui est chargé d'annoncer les décès avait rassemblé les musiciens de l'orchestre paria et passait dans toutes les rues du *céri* en criant : « Aujourd'hui, le lundi 8 du mois de *Purattaci*, dans la maison de Senguéni, la petite est morte. L'enterrement aura lieu à 4 heures de l'après-midi, au champ de crémation du *céri* de Karani, dum, dum, dum, dum, para, para para, para... ». À l'heure dite, on a emmené les trois briques en procession, dans un hamac fait avec le tissu trempé d'eau de curcuma. Arrivés au champ de crémation, on a accompli les rites pour les briques, comme on fait pour les humains, et on les a enterrées. Trois jours après, la famille est retournée là-bas pour la cérémonie du lait, et l'*Iyer* est venu le seizième jour s'occuper des derniers rites. Celui qui mène le deuil avait emmené en procession un pot de cuivre avec, sur le pot, une noix de coco décorée de fleurs. L'*Iyer* a chanté des mantra au champ de crémation. Après ça, il a reçu un *somin*, du bétel et de la noix d'arec, et cinq roupies. On a payé aussi les musiciens, puis un repas a été servi à tous les parents et amis. Tout ça demande beaucoup d'argent, Sinnamma, mais qu'est-ce qu'on ne ferait pas pour sauver son enfant !

Moi qui ai eu tant d'enfants, plus que les doigts de la main, il m'en reste au moins trois, grâce aux *puja* et aux vœux que j'ai accomplis. L'enterrement des briques, je l'ai fait pour mon fils Anbin, mais je n'avais pas assez d'argent pour payer les musiciens. Ils le savaient, et ils ne m'ont rien demandé. Quand même, comment laisser partir sans rien des gens qui travaillent pour vous ? Je leur ai acheté une grande calebasse de vin de palme, et ils ont été très contents. Ma fille Miniyamma, elle, je vous l'ai dit, elle a échappé à cette Kattéri de Madras. Alors, j'ai fait un vœu, ici-même, au *céri*, dans le temple de Mariamman. J'ai dit : « Mère ! si tu me donnes un fils comme je le désire, je t'offrirai une cloche pour tinter ! » Mère m'a entendue : elle m'a donné un fils. C'est Anbin. Mais je n'ai pas pu tenir ma promesse tout de suite. Alors, l'année où il est né, à la fête de Mariamman, dans l'*ur*, j'ai déposé un « enfant au berceau », tout habillé en jaune comme Anbin qui était dans mes bras. Vraiment, on n'arrivait pas à économiser l'argent nécessaire pour acheter cette cloche à main en laiton pour le temple. En ce temps-là, d'ailleurs, il était presque à l'abandon, ce temple. Quand notre K.S. [20] a été élu, il a donné de l'argent pour rénover le temple. Puis, le Reddi de Nalivéli a offert la statue de bronze de la déesse. C'est alors seulement qu'il y a eu des *puja* régulières. Mais pendant tout ce temps, je n'ai rien pu économiser. Alors, pour montrer que je n'avais pas oublié mon vœu et pour faire patienter la déesse, j'ai fait faire par le potier de l'*ur* un joli enfant au berceau en terre cuite. On est peut-être pauvre, mais on sait se priver pour tenir parole...

IX

UNE VACHE POUR LA MONTAGNE

On est paria, impur, mais on croit beaucoup au pouvoir du dieu Pérumal de Tirupati [1]. L'année du grand cyclone, on était tous malades dans la famille. Mon mari toussait beaucoup. Mon petit-fils avait une fièvre qui ne baissait pas, il délirait ; c'était le tétanos, et il est mort. J'étais vraiment trop triste. Je n'ai consulté personne, aucun *samiar.* Je suis allée à la pierre du Gardien [2]. J'ai allumé du camphre et je lui ai dit : « Guéris-nous tous, et donne un enfant à ma fille. J'offrirai une vache à Pérumal, à Tirupati. » Je suis allée dans l'étable. J'ai pris la génisse grise. Je l'ai aspergée d'eau de curcuma, je lui ai mis un gros *potteu* sur le front. Puis je suis allée voir mon mari, pour lui annoncer mon vœu. Il m'a dit : « Tu as bien fait ! » Offrir une vache, c'est ce qu'on pouvait faire de mieux, nous, des pauvres, comme offrande à ce grand Tirumal*. Pour nous mettre quelque chose dans le ventre tous les jours, il faut qu'on soit en bonne santé, grands et petits... Et ma fille, elle, elle a déjà perdu deux enfants. Je sais ce que c'est, moi, que de porter un enfant pendant dix mois, et de ne pas pouvoir le garder jusqu'à la fin ! C'est à cause de tout ça que j'ai offert une vache à ce Venkatapati* — on dit chez nous « laisser une vache pour la montagne ».

Le jour où j'ai fait ce vœu, j'ai enduit la maison de bouse de vache. Ma fille et moi on a jeûné. Le lendemain matin, l'*Iyer* est venu nous attacher un fil jaune autour du poignet. C'est le signe des gens qui ont fait un vœu. Il a allumé le camphre, cassé une noix de coco et chanté des mantra. J'ai mis une roupie dans son plateau, et il a promis de nous accompagner à Tirupati. Pour le repas, j'avais préparé du *sambar* de moringe et des aubergines sautées, qu'on a offerts au dieu avant de les manger. Dans la semaine, mon mari s'est renseigné pour savoir où trouver un dresseur de vache savante[3]. On lui a dit qu'il y en avait un à Aïveli. Il a pris le car et il est allé le chercher. Le dresseur a accepté d'apprendre à la vache tous les tours qu'il connaissait : elle allait devenir savante, et elle pourrait répondre aux questions qu'il lui poserait en s'arrêtant devant chaque maison. Il lui demanderait par exemple : « Est-ce qu'il y aura un mariage dans cette maison ? » Et pendant qu'il jouerait du tambour, la vache répondrait « oui » en bougeant la tête. Ou il demanderait : « Est-ce qu'il naîtra un prince vertueux dans cette maison ? » Ou des tas de questions de ce genre... Moi, Sinnamma, j'avais besoin d'argent pour aller à Tirupati. Alors on a vendu la vache au gars d'Aïveli pour un prix très bas, cent roupies, et ce qu'on n'a pas dépensé de cet argent pour le voyage, on l'a donné comme offrande à Tirupati. Avant de remettre la vache au dresseur, je l'ai lavée à l'eau claire, enduite de pâte de curcuma et je lui ai fait un grand *potteu* sur le front. Je l'ai aussi régalée d'un bon *pongal*, de farine de riz mélangée à du jagre, de bananes et de noix de coco — tout cela mis sur une feuille de bananier. Et j'ai offert au dresseur un châle et un *somin* neufs. Ceux qui ne vont pas à Tirupati donnent la vache gratuitement. Les riches qui font le pèlerinage donnent aussi la vache gratuitement, et paient leur voyage en plus. Nous, on n'a pas pu. Chacun fait selon ses possibilités. En tout cas, ma vache grise est partie toute belle, une guirlande de fleurs autour du cou. Ils avaient l'air heureux, elle et son dresseur...

Après avoir fait ce vœu pour nous tous, et plus particulièrement pour Miniyamma, j'ai demandé à la déesse Mangavarttamma* de donner un enfant à ma fille. Tu sais bien, Sinnamma, son temple est sur la route de Tirupati. Et on est allés avec la famille de mon gendre faire la *puja* du berceau au temple de Mangavarttamma. On avait emporté trois mètres de tissu blanc, une brique toute neuve, une grosse et belle racine de curcuma, des fleurs, et du *kungamam*. Le temple est dans un grand bois, avec des banians immenses. On a voyagé toute la nuit, et on est arrivés très tôt le matin. L'air était frais à saisir la gorge quand on est descendus du car. On a marché longtemps ensuite, en demandant le chemin du temple à tous ceux qu'on rencontrait. Une fois là-bas, Miniyamma et moi on a préparé la brique, en dessinant dessus des points rouges. Mon gendre a alors sauté pour abaisser une branche d'un des banians. Pendant qu'il la tenait, j'ai noué le tissu blanc à la branche, exactement comme on fait un berceau au village en attachant un sari à une poutre. Puis Miniyamma a couché la brique dans le berceau. Elle a mis dessus la racine de curcuma, et enfin les fleurs. Et quand mon gendre a lâché la branche, on s'est tous prosternés en se touchant le visage et en disant : « Mangavarttamma ! La grâce de nous donner un enfant est maintenant entre tes mains ! » Ça faisait un berceau de plus, parmi les milliers qui flottaient au vent dans ce bois... L'année suivante, Miniyamma était enceinte. Elle a accouché d'un garçon. Quant à nous, on avait retrouvé la santé.

On a attendu que le petit grandisse et qu'il sache dire : « Grand-père, c'est notre vache ! » Pendant tout ce temps, on ne lui a pas coupé les cheveux : on les avait promis à Tirupati.

On a réussi à économiser cinq sacs de paddy. On les a vendus et avec cet argent on est partis accomplir notre vœu.

C'est un long voyage, d'aller à Tirupati. C'est loin, et il faut beaucoup d'argent pour faire cette *puja*, et puis on ne peut pas rentrer les mains vides de Tirupati. Et quand quelqu'un fait vœu d'aller à Tirupati, sa famille se joint parfois à lui. C'est une occasion de faire le voyage, car les gens de mon âge ne se déplacent pas beaucoup, surtout nous, les femmes. On se retrouve donc très nombreux à partir. Et puis, Sinnamma, avant d'aller à Tirupati, il faut absolument offrir à notre Éjeumalaiyan, ici, au *céri*, la moitié de ce qu'on donnera là-bas à Pérumal. Tout ça demande beaucoup d'argent, et on fait donc toujours une quête. Voilà comment. On achète plusieurs mètres de tissu blanc, qu'on teint avec de l'eau jaune de curcuma. À chacun de ceux qui ont fait un vœu, l'*Iyer* de notre temple passe au cou une guirlande de basilic. Pour dix *paice* de plus, il marque sur le front des hommes les signes de Vishnu : le *namam* et les barres[4]. Aux femmes, il fait juste un trait sur le front. On

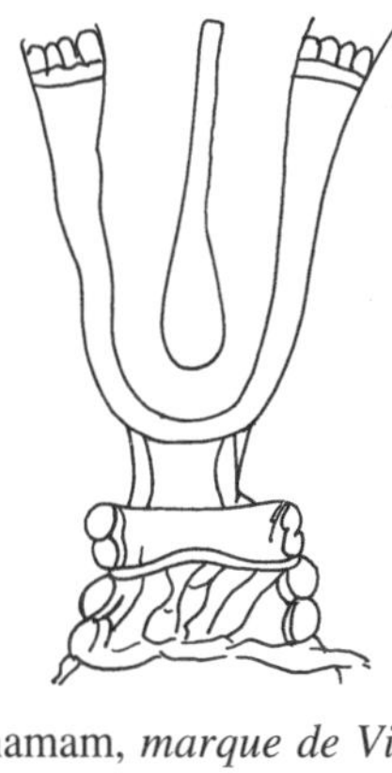

Le namam, *marque de Vishnu.*

prépare aussi une petite pannelle, qu'on couvre d'un tissu jaune fendu au milieu. Quand tout a été prêt, qu'on s'est habillés avec ce tissu jaune, on est partis en procession. Notre *Iyer* était en tête, et jouait du gong et de son petit tambour. Derrière lui venaient ceux qui avaient fait un vœu, avec leur guirlande de basilic au cou et les signes de Vishnu. Et enfin les autres, simplement marqués des signes[5]. On criait : « Govinda* ! ô Govinda ! Govinda ! ô Govinda ! » On a commencé par faire le tour du *céri*. Tout le monde donne quelque chose, une pièce ou du grain. Puis, on est allés dans l'*ur* et dans cinq villages voisins où il nous arrive de travailler. Bien sûr, c'est dans l'*ur* qu'on a reçu le plus d'argent, de paddy et de grain. Tout ce qu'on a collecté, on l'a partagé en trois : un tiers pour le dieu de Tirupati ; un tiers pour notre *Iyer* ; et un tiers pour nous, pour faire au retour le repas de fin de jeûne, et accueillir le dieu de Tirupati dans notre foyer.

Le jour du départ, on a quêté encore à l'arrêt des cars et au marché de Tirulagam, en criant : « Govinda ! ô Govinda ! » C'est mon mari qui tenait le plateau et la pannelle, et beaucoup de billets sont tombés dedans ! Quand le car est arrivé, on a chargé tout ce qu'il fallait pour se faire à manger là-bas : le sac de riz, les épices, les lentilles, des graines de moutarde, du tamarin, de l'huile. Moi, vêtue de jaune, je suis montée la première pour m'installer. Et là, Sinnamma, l'émotion m'a remué le ventre : je sentais quelque chose me couler le long des cuisses ! J'ai eu très peur, et j'ai tout de suite demandé leur avis aux femmes âgées qui se trouvaient là : « Mère ! Qu'est-ce que c'est que ce signe ? J'ai ça juste au moment de partir pour le temple ! Est-ce que je peux y aller, ou est-ce que je dois m'arrêter ici ?

— Il n'y a aucun mal à ça, elles m'ont dit ; tu pourras monter les marches de Tirupati après le bain du troisième jour. Ne t'arrête pas ici. »

Alors je suis descendue me nettoyer et me garnir de tissus. Quand je suis remontée, le car a démarré, et on est tous partis pour Tirupati...

Sinnamma, c'était la première fois de ma vie que je voyageais si loin ! Quand on est arrivés au pied de la montagne, on a commencé à monter les marches qui mènent jusqu'au temple. Un peu avant d'arriver, notre *Iyer* s'est mis à chanter des chants sur Pérumal. Quand il s'arrêtait, nous on criait : « Govinda ! Govinda ! » Sinnamma, on a fait ça très pieusement, car c'était la première fois que nous autres du *céri* on entrait dans un temple[6]. On a suivi tous les conseils de l'*Iyer*, on surveillait notre langage, on ne chiquait pas de bétel. Il ne fallait pas faire quoi que ce soit qui aurait pu se retourner contre nous, pour toutes ces raisons d'impuretés. Notre *Iyer* ne nous a pas quittés une minute, et ça nous rassurait : lui, il a l'habitude.

Ayo, Sinnamma ! Ce qui m'a le plus frappée, en route, c'est la statue de Kali dans le temple de Mangavarttamma[7]. *Ayoyo* ! Elle avait soixante bras de chaque côté, Sinnamma ! Quand je l'ai vue, j'ai sué de peur. Ça m'a fait un tel effet qu'aussitôt j'ai eu encore une fois mes règles ! Ç'a été la dernière fois que j'étais impure. La dernière fois que je me suis baignée, c'était au retour de Tirupati, au temple de Mangavarttamma. J'ai bien prié Mangavarttamma. Je suis allée m'immerger dans le bassin avec mes règles. J'ai joint les deux mains et je lui ai dit : « Mangavarttamma, j'ai eu douze enfants. Maintenant je n'en veux plus. Lave et rince bien mon organe avec cette eau. Je suis une femme comme toi : je ne veux plus d'enfants à cet âge ! » Sinnamma, ça a été fini : je n'ai plus jamais eu mes règles !

Ce qui m'a beaucoup surprise aussi, là-bas, c'est la quantité de beurre fondu qu'on versait sur la statue de Kali pour la nettoyer. On la baigne avec du beurre fondu ! Et il y a une autre statue de Kali, toute dorée, en plein milieu d'un bassin. Elle brille, comme le soleil. L'eau autour d'elle est blanche et glacée comme de la bave d'escargot... En route, on a vu aussi des chutes d'eau qui faisaient un bruit terrible. Oui ! Que de choses étonnantes on a vues pendant ce voyage !

Enfin, on est arrivés à Tirupati, et j'ai pu accomplir la promesse que j'avais faite. Mon petit-fils a jeté une poignée de pièces dans le panier entouré de piquets. *Ayoyo* ! Ce panier peut contenir deux sacs d'argent tellement il est haut et grand ! Ce sont les Koravin qui l'ont tressé. Et comme promis, on a rasé le crâne de mon petit-fils. C'est alors seulement que je me suis rendu compte de ce que voulait dire « travailler comme les barbiers de Tirupati ». Han ! Pour ne pas perdre leurs clients, ils enlèvent quelques mèches à chacun, et ils les font asseoir en ligne, pour qu'ils attendent leur tour de se faire raser complètement ! Les barbiers ne manquent pas de travail là-bas, mais ils en veulent toujours davantage...

Quand on est rentrés à Karani, il restait la dernière *puja* à faire, celle qui marque le retour de Tirupati. Ceux de la famille qui étaient restés au village avaient préparé la maison. Pour nous accueillir, ils avaient enduit le sol de bouse de vache, puis l'avait aspergé avec de l'urine de vache[8]. On est arrivés un samedi, avec le crâne rasé. Pour préparer ce repas de fin de pèlerinage, on a acheté des pannelles neuves et des légumes : des aubergines, des moringes, des fèves, des tomates, etc. Il faut sept sortes de légumes. Dans une grande pannelle marquée des signes de Vishnu, on cuit d'abord un *pongal* avec du riz non étuvé. Pendant la cuisson, tout le monde autour de la pannelle crie : « *Pongalo* ! *Pongalo* ! Govinda ! ô Govinda ! » On descend ensuite le *pongal* du feu, et on y verse une bonne mesure de sucre. C'est seulement après qu'on peut faire cuire les légumes et les sauces. Les lampes à huile, les plateaux à offrande, enfin tout ce qui est en cuivre est bien astiqué et disposé autour. Avec le *kungamam*, on fait des points rouges sur le mur du fond, lui aussi enduit de bouse de vache. Quand tout est prêt, on va chercher l'*Iyer*. Il vient avec son petit tambour et, avant de chanter, il entoure les offrandes de morceaux de camphre, qu'il fait brûler. Il faut une bonne quantité de camphre, Sinnamma ! Ensuite, l'*Iyer* chante des chansons en l'honneur de Venkatapati. Puis, sur une grande feuille de bananier, on dispose une montagne de riz blanc, du *pongal* sucré, une pannelle de lait, une de lait caillé, une de beurre fondu, les légumes cuits, neuf noix de coco cassées en deux, les *laddeu* achetés à Tirupati et une grosse lampe en farine, faite avec du riz mélangé à de la mélasse. Dans la lampe, on verse du beurre fondu qu'on allume avec une grosse mèche, pendant que le camphre brûle. L'*Iyer* se lève et il dessine sur le mur la forme du dieu de Tirupati et un énorme *namam* à côté. Chez les pèlerins de retour de Tirupati, personne ne vient voir les cérémonies, ce jour du *pongal* sucré. C'est bien le seul moment au *céri* où les curieux ne viennent pas s'attrouper devant une maison où il se passe quelque chose. C'est qu'il ne faut pas barrer le passage au dieu de Tirupati qui va entrer dans la maison : il ne doit rien rencontrer d'impur ! La *bhakti* est telle, à ce moment-là, que l'oiseau qui est à Tirupati, Garudam*, vient tournoyer juste au-dessus de la maison. Je vous jure que c'est vrai ! L'*Iyer* chante jusqu'à ce que Garudam passe au-dessus de notre tête. Alors, quand l'aigle arrive, on crie : « Govinda ! ô Govinda ! » Et c'est seulement à ce moment-là que tout le monde sort de chez soi, pour crier aussi : « Govinda ! ô Govinda ! » Tous, tous, hommes, femmes, enfants et vieux, tous doivent crier. L'*Iyer* chante alors de plus en plus fort en battant son tambour. Ô, Sinnamma ! C'est bonheur que de voir ça ! Et voilà ! C'est la fin du jeûne. Les hommes entrent les premiers. On leur sert à manger. Puis on va chercher les vieux, les impotents, les veuves, et on leur sert la nourriture sur des feuilles de bananier bien alignées. Ce jour-là, on a fait cuire douze litres de riz pour nourrir tout ce monde ! Enfin, on a distribué aux voisins l'eau de Tirupati et les sucreries qu'on avait ramenées de là-bas, avec, sur une feuille de bana-

Garudam, la monture de Vishnu.

nier, un morceau de noix de coco, du *pongal* sucré et un morceau de la lampe de farine.

Voilà comment on a acquitté notre dû envers Venkatapati. Vous savez, Sinnamma, je viens de faire un nouveau vœu, pour mon fils cette fois. Je vous l'ai déjà dit, il est marié depuis quatre *Pongal* mais rien n'est sorti du ventre de ma bru. Rien, même pas un ver de terre ! Tous les mardis, Murugaiya le *samiar* lui donne des cendres, et il lui a fait une amulette avec différents métaux. J'ai aussi emmené ma bru chez un musulman de Tirulagam. Il lui a donné une cordelette nouée. Mais rien jusqu'à présent. J'espère très fort que ce Venkatapati m'entendra et continuera ma lignée. Je me suis conduite parfaitement envers lui, il n'a rien à me reprocher. Govinda ! ô Govinda ! *(Viramma se tape les joues en implorant Vishnu.)*

La richesse des actes

Si je n'ai rien à me reprocher, ce n'est pas le cas de ce malheureux Bangareu Reddi, qui habite dans le quartier des Reddi. Il avait fait le vœu d'aller à Tirupati alors qu'il était malade. Après sa guérison, le voilà parti en famille à Tirupati. Mais là-bas, ce crétin qui était venu de si loin, au moment de donner comme promis ses cheveux à Dieu, il s'est dit : « Mon Dieu, comment je vais pouvoir me séparer de cette masse de cheveux ? » Il a toujours porté un gros chignon bien fourni, et il y tenait ! Pour la forme, il a juste fait couper un petit bout de son chignon, il a mis plein d'argent dans la boîte, et il est revenu à la maison. Trois jours après, on l'a vu se balader avec une enflure entre les jambes. Et que je te retourne aussitôt à Tirupati, et que je te remette ce que je devais à Dieu ! Il est rentré, la boule à zéro, cette fois-ci, et le voilà maintenant désenflé, lui qui traînait une vraie calebasse ! Non, Pérumal n'est pas un dieu ordinaire. Il a connu mille avatars. S'il le veut, il peut arrêter notre vie aujourd'hui même, et s'il veut donner une vie, il le peut aussi, il a tout pouvoir ! Ce connard de Bangareu Reddi n'avait pas compris ça. Il aurait dû se faire raser la première fois, mais non, il y tenait à son chignon ! Il avait une chevelure épaisse comme celle d'une femme. Il était toujours là, avec son crâne à demi rasé sur le devant, son gros chignon derrière, des diamants aux oreilles, à s'abriter du soleil sous son parapluie. *Ayo* ! Un vrai *dharmakarta*[9]. C'est comme ça qu'on l'a surnommé, ce baiseur de sa sœur ! Écoute bien ce que je vais te raconter, Sinnamma, et tu comprendras quel genre de type il est !

C'était pendant une récolte de millet, dans son champ. On était quelques dizaines de femmes et on allait commencer à moissonner. Une fille un peu garce avait cueilli, en arrivant, un épi pour le manger. Elle l'avait égrené, et soufflait pour faire tomber le son. Au moment où elle allait mettre un grain à la bouche, ce fils de putain s'est baissé, a ramassé une poignée de sable, et il l'a lancée sur le millet qu'elle avait à la main, en lui disant : « *Aye* ! Si c'est ça ton premier geste en entrant dans mon champ, combien d'épis tu me mangeras d'ici ce soir ? » Voilà ce qu'il a fait, ce *dharmakarta* ! Aujourd'hui encore, si on parle de lui, on dit : « *Ayo* ! Le généreux qui jette du sable sur le grain des pauvres ! » Comment elle aurait pu manger le millet mélangé au sable, la pauvre fille ? Et, en plus, elle avait du sable plein les yeux ! Ce jour-là, on a toutes fait demi-tour, toutes ! Toutes les femmes qui travaillaient dans ses quatre champs : on était à peu près une centaine... C'est quand même pas une faute bien grave qu'elle avait commise, cette voleuse ! Alors, où est donc la différence entre lui et nous ? Lui, un *kambattam*, un chef de grande famille, il lui suffit de bouger le petit doigt pour que les choses se fassent ! Comment il a pu être pingre au point de ne pas vouloir perdre un épi de millet ? Sinnamma, il ne suffit pas d'être riche pour gagner l'estime des autres. Ce qui compte, c'est la richesse de nos actes envers les pauvres. Lui, il n'a gagné que notre mépris. Et pour lui rendre la politesse, personne n'est allé travailler chez lui cette année-là : on a toutes refusé. Il a dû faire venir des gens à lui et recruter dans les villages voisins. On a même parlé de cette affaire dans les journaux ! Tu vois, il n'a su se conduire ni avec Dieu, ni avec les hommes. Mais Pérumal lui a montré sa puissance, en lui envoyant une enflure entre les jambes pour lui rappeler son dû, et en même temps il lui a montré sa bonté en lui rendant la santé.

Moi, je souhaitais que ce même dieu de Tirupati m'écoute, et donne un enfant à ma bru Amsa.

Sinnamma, qu'y a-t-il de plus important que des enfants, pour nous, les femmes ? Si de ce ventre on ne tire rien, à quoi ça sert donc d'être une femme ? Une femme qui n'a pas de fils pour lui mettre une poignée de riz dans la bouche, pas de fille pour lui fermer les yeux, est une femme malheureuse. Elle ou ses parents ont dû mal faire leur *dharma* [10]. Moi, j'ai été comblée de ce côté-là : Isvaran m'a rempli le ventre. Ah, si tous mes enfants étaient vivants, ils feraient tous les métiers du monde ! Un serait laboureur, un autre charpentier. J'en aurais fait étudier un. On aurait pu marier deux filles et profiter de nos petits-enfants. Je pourrais aller me reposer un mois chez chacun de mes fils. Oui, on aurait été fiers des enfants...

X

LES PERLES DU DEVOIR

Quand Mariatta est venue s'installer au *céri*, j'avais un enfant dans les bras. Ne me demande pas lequel, Sinnamma, je ne sais plus. Je me souviens que c'était une fille, pas grande : je l'allaitais encore, et elle avait la *mariatta*. Tu sais bien ce que c'est, la *mariatta*, c'est la varicelle, ou la variole [1]. Nous autres, à la campagne, on l'appelle *mariatta*, parce que c'est Mariamman, cette Mère, qui vient comme ça, sous cette forme, pour qu'on lui offre une pannelle de bouillie. Elle s'installe ; elle passe de personne en personne, de maison en maison, de *céri* en *céri*, et partout où elle va, elle enlève une ou deux personnes. Et quand tout le monde lui a fait une offrande, quand tout le monde lui a donné ce qu'elle voulait, elle s'en va de ce monde.

Quand cette Mère commence à envahir les *céri*, ce sont les possédés qui nous préviennent. Je t'ai déjà dit que les frères Vattiya ont sur eux Ejeumalaiyan. D'autres ont sur eux des dieux comme Subramanian, et d'autres, Mariamman. Et Mariatta n'est personne d'autre que Mariamman, qui est venue sur terre quand son époux Isvaran l'a chassée, un jour qu'il était en colère, en la couvrant de vingt et une sortes de pustules. Il l'a maudite, et lui a dit : « Peuh ! Tu n'es pas digne de vivre dans mon foyer ! Va-t'en ! Sème les pustules autour de toi, et vis de ce que les gens t'offriront pour guérir [2] ! » Des pauvres comme nous ont vu arriver cette femme toute nue, couverte de pustules, et se sont demandé qui elle était. Et quand elle s'est approchée, ils ont reconnu la divine Mère. Des blanchisseurs qui étaient au lavoir ont vite trempé un tissu blanc dans de l'eau de curcuma, et lui ont donné ce vêtement pour se couvrir et pour soigner ses pustules. C'est pour ça qu'aujourd'hui encore ceux qui ont fait un vœu à Mariamman offrent un jupon jaune. Un peu plus loin, des gens de notre caste moissonnaient le riz. Ils ont vite égrené quelques épis, ils en ont fait une farine, qu'ils ont offerte à la Mère, dans une coque de noix de coco, sans souillure, et ils lui ont fait boire du *kuj*. Et la Mère a passé son chemin, en accordant de bonnes grâces à tous ceux qui lui offraient des jupons, des saris, du *kuj*, des boulettes de farine. Partout alors on a construit des temples pour l'honorer...

Quand la Mère envahit les *céri*, on est donc avertis par l'un des dieux qui descend — pas sur n'importe qui, pas sur toi, pas sur moi, mais sur quelqu'un qui a sa faveur. Alors le possédé se met à danser et nous annonce : « *Deï* ! *Deï* ! Mère est arrivée ! *Deï* ! Mère vient d'entrer dans votre *céri* ! *Deï* ! Faites attention, tout le monde ! Pas d'impuretés surtout ! Conduisez-vous bien ! Pas de choses impures ! » Il passe dans les rues, s'arrête aux carrefours, en criant comme ça. Nous, on sort tous, tous, de nos maisons ; on se rassemble autour de lui pour l'écouter. Et on apprend que Mariatta est au *céri*, ou au village. Oui, parce que les gens cachent toujours l'arrivée de Mariatta chez eux. Ils ont peur, ils ont honte de le dire. Mais le possédé nous prévient, et on prend alors nos précautions. La vieille de Kuppam ou d'autres vieux du *céri* interrogent le possédé : « Mère, Mère Mariatta ! Combien de temps va-t-elle rester dans ce village ? Quand va-t-elle quitter le *céri* ? Dans huit ou dans douze jours ? Dans cinq ou dans sept jours ? Est-ce qu'il y aura des pertes dans le pays ? Est-ce qu'il faut faire des sacrifices ? Est-ce que Mère partira si l'on fait des *puja* aux dieux du territoire ?... »

Avant, c'était surtout l'édenté de la rue du Gardien qui posait les questions. Mais nous, on était plusieurs à éclater de rire quand il parlait — il est mort maintenant —, parce que, comme il avait perdu ses dents de devant, chaque mot était suivi d'un *pfeu* ! : « Mère *pfeu* ! Mère *pfeu* Mariatta *pfeu* ! » Quand on se moquait de lui dans ces moments-là, on se faisait insulter par les hommes : « *Aye* ! Connasses ! Putes ! Espèces de guenons ! Fermez-la ! » Et le possédé faisait alors un bond, et hurlait : « Chiens de Parias ! Votre langage ! Votre langage ! Vous êtes incorrigibles, *Deï* ! Faites attention ! » Les aînés s'excusaient, et nous, on se mettait le pan du sari devant la bouche et on pouffait de rire... Toi aussi, Sinnamma, tu l'as entendu, l'édenté, et tu as ri. C'est vrai qu'il était vraiment rigolo avec sa bouche vide. Parfois, entre femmes, on engageait la conversation avec lui et on le faisait chanter, mais on partait toujours d'un fou rire en l'entendant. Alors il se levait, ajustait son turban, et s'en allait en nous disant : « Anesses *pfeu*, ânesses *pfeu* en *pfeu* chaleur *pfeu* ! » Ça nous faisait rire encore plus. On le rattrapait pour le calmer, en lui offrant du bétel et de la noix d'arec pour chiquer. Il les prenait, bien content, tout en nous disant : « Bande *pfeu* de *pfeu* putes *pfeu* ! » Quand j'étais jeune, je n'arrivais pas à me contrôler, même dans des moments aussi graves que l'annonce de la venue de Mère Mariatta. D'ailleurs, vers la fin, on ne laissait plus parler l'édenté en public ; il faisait trop rire les jeunes, et même les vieux avaient du mal à rester sérieux. Mais on lui demandait conseil, il savait beaucoup de choses et il était très écouté. C'était sa façon de parler qui faisait rire, même une petite abeille comme ça. *(Viramma montre une petite fille à ses côtés.)*

Pour en revenir au possédé, il répond à toutes les questions, et dit toujours ce qu'il faut faire : il faut « délimiter les frontières ». Quand il a répondu aux questions, le possédé s'écroule : le dieu l'a quitté pour retourner dans la montagne. Alors on le réveille avec de l'eau et on prépare le *karagam*[3]. Le possédé se lève. On lui attache des branches de margosier sur tout le corps, et il repart, avec les deux tambours de Mariamman, excité de nouveau, avec derrière lui une dizaine d'hommes pour le soutenir. Car Mariatta ne se laissera pas faire : elle va lutter pour rester. Le possédé la craint un peu, car elle est très puissante. Elle peut le gifler, lui casser les membres comme on brise une baguette. Mais lui, le possédé, est sous la protection du dieu : il porte le *karagam* sur la tête, il marche jusqu'aux limites du territoire du village, et aux huit points cardinaux il plante un drapeau en criant : « Govinda ! Ô Govinda ! Éloigne Mariatta de ce village, Govinda ! »

Le lendemain, on se cotise tous — dix ou vingt *paice* par maison — pour faire la *puja* du fil. On achète une pelote de fil, qu'on fait tremper dans l'eau de curcuma, et on l'offre à Mariamman, dans son temple. Puis le possédé passe dans toutes les maisons, pour attacher à tous, au poignet, un bout de fil qui les protégera. Il noue le fil même aux nouveau-nés de la nuit, même aux vaches, aux bœufs, aux chèvres. Ça n'empêchera pas Mariatta de rester ni de faire ce qu'elle a à faire, mais, simplement, il y aura moins de dégâts.

Tu peux être fils d'un maharaja ou fils d'un Koravin, si Mariatta a décidé de venir sur toi, elle viendra. On ne peut pas y échapper. Je vais te raconter une histoire que tout le monde connaît ici, Sinnamma.

Dans un *céri*, Mariatta sévissait depuis plusieurs jours. Il en mourait deux ou trois par maison. Affolée, une grand-mère dit à son petit-fils qui, jusque-là, avait été épargné : « Fils, écoute-moi bien ! Je vais te donner un bon repas pour la route. Prends de la farine de millet dans

Le porteur de karagam.

un ballot, prends un bâton, et va dans le *céri* qui est de l'autre côté de la rivière. Quand Mariatta sera partie d'ici, je viendrai te chercher. Va mon fils ! Tu es notre seul descendant, il ne faut pas que Mariatta t'emporte ! » Le garçon mit son ballot sur la tête et s'en alla, le bâton à la main, au village indiqué par sa grand-mère. Mais la nuit tomba avant qu'il ait pu traverser la rivière. Au bord du chemin, il y avait des maisons : c'était un *céri*. Les gens, là-bas, en voyant ce pauvre garçon seul, lui ont offert l'hospitalité. Ils lui ont donné à manger, puis lui ont dit de passer la nuit sur leur *tinnai*. Pour remercier ses hôtes, le garçon leur donna la moitié de son millet. Le lendemain, cinq personnes de la maisonnée avaient la *mariatta*. On a fait venir le blanchisseur pour qu'il invoque les dieux avec son tambour. Au bout d'un moment, Subramanian est descendu sur quelqu'un, et a parlé : « *Dè* ! Une vieille a envoyé de la farine de millet par un jeune garçon... Mariatta s'est cachée dans le millet... Elle a quitté leur *céri* pour venir s'installer ici... Govinda ! Ô Govinda ! » Le dialogue s'est engagé avec le possédé, pour savoir ce qu'il fallait faire, et, finalement, Mère a accepté de partir sans faire de mal à personne, si on lui offrait sept pannelles de bouillie. Et comme elle l'avait promis, elle est partie du *céri* sans faire souffrir les cinq malades...

Ce n'est pas tout, Sinnamma ! Il y a une autre histoire, celle d'une femme qui avait fait la même chose que la vieille. Elle n'avait qu'un fils, elle aussi, et elle ne voulait pas que Mariatta l'emporte. Elle lui dit alors : « Mon fils, Mère joue dans notre *céri*. Va te cacher chez ta grand-mère. Là-bas, dans l'autre *céri*, Mère ne te touchera pas ! » Et l'enfant prit la route. Mais avant qu'il arrive chez sa grand-mère, quelqu'un l'attendait, sous un banian. Oui ! Mariatta, sous un banian ! C'est une histoire vraie, Sinnamma, tu peux le demander, tout le monde la connaît ici... C'est qu'elle a connu mille avatars, Mariatta ! Ce n'est pas n'importe qui. En voyant venir ce garçon, elle a pris la forme d'une vieille femme toute tremblante. Quand l'enfant passa devant elle, elle l'appela : « Qui passe par ici ? Arrête-toi un peu ! Viens donc ! Je suis une pauvre vieille. Dans quelle ville vas-tu, Sami ? J'ai la tête qui me gratte très fort : veux-tu m'enlever les poux ? Sois gentil, petit frère, enlève-moi toutes ces bêtes et gratte-moi fort, je te donnerai une grâce, une bonne grâce ! » L'enfant accepta de lui enlever les poux. Il posa son ballot, commença à dénouer les cheveux de la vieille, et là, il ne vit que des yeux, des yeux, des yeux innombrables comme les trous d'un tamis à farine. L'enfant prit peur et dit : « Grand-mère, je ne vois que des yeux sur ta tête, des yeux partout ! J'ai peur !

— N'aie pas peur, lui dit la vieille, je ne suis personne d'autre que Mariatta. Tu as voulu me fuir, mais je peux te devancer où que tu ailles ! Je suis partout et je vois tout ! » Et prenant une touffe de cheveux dans ses mains, elle lui dit en secouant la tête : « Toi, je t'ai promis une grâce, la voici : tu n'auras que cinq perles sur le front, pas plus, et tu ne souffriras pas ! » Et elle disparut. Le garçon arriva avec une forte fièvre au *céri* de sa grand-mère et n'eut que cinq pustules sur le front. C'est pour ça, Sinnamma, que ces cinq pustules, on les appelle « les perles du devoir »...

Même aujourd'hui, quand Mère Mariatta entre dans une maison et veut y rester, elle choisit ses victimes en leur secouant la tête par les cheveux. Si les cheveux s'arrachent et lui restent dans la main, c'est elle qui s'en va. Sinon, elle donne les boutons d'usage, bien répartis sur le corps et brillant avec éclat. Si on ne la contrarie pas, Sinnamma, elle donnera juste ce qu'il faut, et ça sera joli à voir. Tout se passera normalement : quelques jours plus tard, les boutons bourgeonneront ; même les plus minces deviendront énormes. Vers le cinquième jour, les perles du front éclateront, et les autres suivront vite. Le neuvième jour, Mariatta descendra du corps, et il ne restera plus que les cicatrices.

Jamais on ne sort, quand on a la *mariatta*. Même les enfants restent enfermés jusqu'au bain final : il faut attendre que la Mère soit partie pour pouvoir mettre la tête dehors. Sinon le mauvais œil ou la rencontre d'une personne impure pourraient mettre Mariatta en colère, et alors, elle nous marquerait pour la vie ! Dans le village, il y a un garçon qui a été paralysé comme ça, à cause de Mariatta. Il habite derrière la grand-rue. Sa mère est une vraie pute, une femme de mauvaise conduite. Et on dit que ce garçon aurait eu des rapports avant le bain du neuvième jour : c'est pour ça que Mariatta, de colère, lui aurait plié les pieds et les doigts. Il se déplace en se traînant par terre, mais malgré ça, Sinnamma, bien qu'il soit dans cet état, il pourrait t'acheter le monde entier, tu ne le croirais pas ! Si tu voyais le travail qu'il abat ! Il peut te rapporter du bois pour le feu, des bouses de vache. Il peut faire les courses à Tirulagam. Il est au courant des nouvelles : il suffit de lui demander pour être renseigné ! Je te le montrerai, un jour !

Donc, si on ne veut pas subir la vengeance de Mariatta, il ne faut pas s'approcher de quelqu'un qui a eu des relations, ni même de l'endroit où un homme et une femme se sont unis. La nourriture souillée ou les autres impuretés ne la dérangent pas. Mais le plaisir de la natte, ça, elle ne le tolère pas ! Tu sais bien pourquoi, Sinnamma ! On raconte son histoire lors des fêtes de Mariamman : cette Mère n'a pas connu le bonheur avec son mari. Elle était innocente, mais c'est à cause de la malédiction de son mari qu'elle erre comme ça : « Tu iras de pays en pays, tu vivras de la bouillie des pauvres ! » lui a dit Paramasiva*. La malheureuse ! C'est son destin... Lorsqu'elle est venue sur terre, chassée par Paramasiva, les premières personnes qu'elle a rencontrées, c'étaient des blanchisseurs. Ils ont été les premiers à lui offrir de la bouillie et ils lui ont donné des vêtements propres pour se couvrir. Puis elle a vu des cordonniers. Ils se sont prosternés à ses pieds et ils lui ont offert une paire de sandales pour qu'elle puisse faire le tour du monde sans se blesser les pieds. C'est pour ça, Sinnamma, que lorsqu'on a la *mariatta*, on va chercher de la bouillie chez le blanchisseur et du riz cuit chez le cordonnier. En temps ordinaire, on ne toucherait pas à de la nourriture cuite par eux ; ils sont plus bas que nous. Quant aux blanchisseurs, ils lavent nos vêtements souillés. Ils travaillent pour nous, quoi ! Et en échange, on leur donne le repas du soir. Mariamman est une déesse très importante pour eux. Elle leur a donné le pouvoir du tambour. C'est eux qui viennent jouer devant les maisons et chanter les invocations à Mariatta, pour qu'elle parte vite...

L'aumône pour Mariatta !

Quand Mariatta est venue sur mon bébé, elle s'est aussi installée sur moi. La pauvre petite était couverte de boutons et collante comme de la glu, à cause du lait qui sortait de toutes ses pustules. Ce « lait de Mariatta », ça ressemble au lait d'anacardier[4]. Je ne pouvais pas prendre la petite dans mes bras, tellement on était collantes toutes les deux ! Pour les tétées, ma belle-mère me tendait le bébé enroulé dans une feuille de bananier. À côté de moi, j'avais un pot d'urine de vache mélangée à du curcuma : j'aspergeais la petite avec ça pour calmer ses irritations. J'avais imploré Mariamman ; je lui avais promis de verser une pannelle de bouillie un vendredi dans son temple si elle partait en douceur. Je chantonnais moi-même les invocations du *kumbam*[5]. Kalimuttu, notre blanchisseur, devait normalement passer trois fois par jour pour chanter les louanges à la déesse, mais il n'avait pas beaucoup de temps. À cause de Mariatta, il accompagnait les suppliants au temple de Mariamman pour leur offrande de bouillie, et il courait chez l'un et chez l'autre avec son tambour. Il passait une fois, le matin, à la maison. C'est ici qu'il commençait sa tournée, et il disait à ma belle-mère : « Sœur, tu sais chanter, tu as de la voix ; ta bru aussi. Chantez vous-mêmes des berceuses à Mariatta : elle vous entendra sûrement. Moi, je viendrai tous les matins avec mon tambour. Je ne sais plus où donner de la tête, tant elle s'est installée partout, cette Mère ! »

Et ma belle-mère lui disait : « Va ! Va ! C'est maintenant que tu peux en profiter ! »

Le cinquième jour arriva, mais Mariatta ne semblait toujours pas vouloir descendre. Je dis à ma belle-mère : « *Ayo* ! Cette entêtée est encore là, à manger la bouillie du blanchisseur et le riz cuit du cordonnier ! »

Quand elle entend ça, Mariatta, elle a honte et elle s'en va. Ma belle-mère, elle, après avoir fait dix fois hommage et pénitence[6] devant le *kumbam*, implora la déesse : « *Ayo*, Mère ! Tu nous fais souffrir, tu t'entêtes à rester chez nous, tu nous mets à l'épreuve, Mère ! Nous avons confiance en toi, nous avons de l'amour pour toi. Tu es venue chez moi : c'est assez, maintenant. Pars d'ici, va-t'en ailleurs ! »

Et moi, pendant ce temps, je continuais de protester : « *Ayo* ! J'ai un si jeune bébé, et cette veuve-là est venue s'installer sur nous ! Comment je vais me remplir le ventre ? Je suis pauvre, moi ! Comment supporter son obstination ? »

Je la maudissais. Pendant qu'elle était là, on n'allumait pas le camphre, le soir. On ne dessinait pas de *kolam* devant la porte. On ne préparait pas de choses sucrées, comme du riz à la mélasse. La lampe restait éteinte, et la maison était dans l'obscurité.

Alors, vers le neuvième jour, Mariatta s'est dit : « *Ayo* ! Je suis venue chez cette maudite femme qui ne me fait même pas brûler trois *paice* de camphre ! Ça ne sert à rien de rester ici. Partons ! » Oui, Sinnamma, si dans chaque maison on la traite ainsi, elle finit par quitter le *céri*.

Le neuvième jour, enfin, les perles du front avaient éclaté. Petit à petit, les autres aussi. Vers le onzième jour, la *mariatta* avait complètement disparu, mais il restait, bien sûr, les cicatrices. On avait préparé le bain. Ma belle-mère était allée acheter une pannelle neuve chez le potier. Elle l'a décorée de curcuma et de points rouges, puis l'a remplie d'eau qu'elle a laissée chauffer au soleil. Elle est allée cueillir des feuilles de margosier et des racines de chiendent. Les margosiers sont mis à nu dans ces moments-là, Sinnamma ! Tout le monde cueille leurs feuilles pour en manger — ça nettoie les intestins —, pour le bain — ça cicatrise bien, ça combat les démangeaisons —, et pour purifier les maisons après le passage de Mariatta. Ma belle-mère a donc fait une grosse motte de pâte de curcuma, de margosier et de chiendent. Elle en a pris un petit morceau, l'a mélangé à l'eau chauffée au soleil, et avec ça, elle a purifié toute la maison. On a donné ensuite le bain, d'abord au bébé. Puis ç'a été mon tour. On m'a abondamment enduite d'huile et on m'a lavée avec la pâte. On m'a rincée soigneusement avec l'eau tiède de la pannelle. On m'a enfin entourée d'un tissu blanc. Toute humide, une branche de margosier à la main, je suis partie faire la quête. Devant chaque maison, je me suis arrêtée en demandant : « L'aumône pour Mariatta ! L'aumône pour Mariatta ! » J'ai fait comme ça le tour du *céri*, en collectant de la bouillie dans chaque maison. Les gens donnaient dc la bouillie très épaisse — personne ne refuse. De retour ici, j'ai tout versé dans une grande pannelle à riz et j'ai rajouté de l'eau pour retrouver la consistance d'une bouillie normale. Pendant ce temps, ma belle-mère avait préparé la « farine de Mariatta ».

Quand c'est un enfant qui a eu la *mariatta*, on offre de la farine. Quand c'est un adulte, on offre de la bouillie. Nous, on a donné les deux, puisque mon bébé et moi on avait eu la *mariatta*. Kalimuttu est venu avec son tambour pour nous accompagner au temple de Mariamman. On a chanté quelques prières, et on a dédié nos offrandes à Mariamman. On a fait manger un peu de farine et une gorgée de bouillie au bébé, en lui disant : « Mariatta ! Mange cette farine et bois cette bouillie, *Ma* ! » Puis on a montré aux enfants qui étaient là la coque de noix de coco bien lisse où l'on avait mis la farine, et on leur a dit : « Venez prendre la farine de Mariatta ! » Les gamins se sont précipités pour en avoir, et on a mis un peu de farine dans leurs petites mains tendues. Pour la distribution de la bouillie, ma belle-mère avait prévenu les vieux, les veuves et les femmes stériles. Ils étaient là, assis en rang. Avec une coque de noix de coco, on a versé un peu de bouillie dans leurs mains, puis un peu d'eau, puis du riz sucré spécialement préparé, et enfin un peu de farine. Quand les enfants, les vieux et les veuves ont été servis, on a pu distribuer de la bouillie aux autres. Moi, j'ai eu droit à un bon repas : du riz blanc, une sauce de poisson, avec des aubergines et des moringes.

Sinnamma, une année, Mariatta a joué très longtemps dans notre *céri*. On avait effeuillé je ne sais combien de branches de margosiers pour en recouvrir toute la cour du temple de Mariamman, un vrai matelas, une épaisseur comme ça ! On y a conduit les adultes qui avaient des pustules, en rangs serrés. Ils étaient tout nus. Les hommes n'avaient plus leur talisman, les femmes avaient retiré leurs bijoux. Chacun avait une coque de noix de coco pour manger sa bouillie. Un *kumbam* était placé à l'entrée du temple. Kalimuttu, oncle Murti et grand-père Vellai se sont mis à décrire Mariamman, à chanter son histoire. Tous les trois ont appris à lire, et ils peuvent chanter directement à partir des petits livres[7]. Oh ! Ces vieux-là ne sont jamais allés à l'école, mais ils aimaient les histoires des dieux, et ils voulaient les lire eux-mêmes. Ils ont demandé à ceux qui savaient de leur montrer les lettres, et comment les ajouter les unes aux autres. C'est comme ça qu'ils ont appris à lire. Nuit et jour, tous les trois, ils chantaient les louanges de Mariamman. Mais Mariamman avait dans ses listes quelques enfants et deux adultes, un chez Naliveliya, et un rue du temple de Pérumal. Les autres, elle n'en a pas voulu : elle leur a donné un coup de pied, et elle est partie...

Pour ceux qui sont allés au *vaïkundam*[8], on n'a rien fait. Il ne faut rien faire d'ailleurs, pour ces morts-là : ni pleurs, ni chants, ni musique, ni fleurs. On les a simplement enroulés dans un tissu jaune et on les a remis aux fossoyeurs. La propre mère d'un enfant qui meurt de *mariatta* ne doit pas verser de larmes, Sinnamma. Tu peux le demander à n'importe qui. Non, non ! Jamais il ne faut pleurer ces morts-là, ça ne ferait qu'augmenter la colère de Mariatta, et elle ferait encore plus de dégâts.

Des *mariatta*, il y en a de plusieurs sortes : avec des petites pustules, qu'on appelle des grains de coriandre ; des toutes noires comme des fruits de rônier ; des *mariatta* en tresse, où on peut très bien voir trois pattes qui s'entremêlent ; d'autres encore, toutes plates comme mes boucles d'oreilles. La *mariatta* de la gorge est très douloureuse : la déesse et son époux viennent s'asseoir de chaque côté de l'oreille. Ça enfle gros comme ça, et on ne peut ni bouger la tête, ni rien avaler — pas même sa salive [9]. On ne peut rien faire pour guérir ça, il faut attendre. On met simplement des cataplasmes de pâte de margosier, de curcuma et de chiendent, pour soulager un peu, c'est tout.

À dire vrai, Mariatta ne vient que parce qu'elle désire ça *(Viramma montre son tali)*. C'est cet or qui la fait venir, Sinnamma. Tu sais bien qu'elle, elle n'a pas joui de son *tali*. Paramasiva l'a chassée. Il lui a même fait couper la tête et il l'a maudite. « Tous tes désirs seront comblés par les gens de la terre, jusqu'à ce que ton heure arrive », voilà ce qu'il lui a dit. Et c'est pourquoi elle vient comme ça, sous toutes ses formes, nous demander ce qui lui fait envie. Pour la satisfaire, on prend un cordon blanc, qu'on teint en jaune avec de l'eau de curcuma. On y enfile un nouveau *tali* décoré d'un point rouge, et après l'avoir dédié à Mariamman, on le noue autour du cou de la Mariatta [10]. Comblée, elle s'en va aussitôt. Mais il faut être très prudent, et surtout ne pas aller là où un couple s'est uni, sinon cette Mère prendra sa forme redoutable et pourra nous étouffer d'un seul coup. Ce qu'il faut, c'est attendre pieusement, sans la mettre en colère. Alors elle partira comme elle est venue, en douceur...

Aujourd'hui, tout a changé. Les médecins passent dans les villages avec la piqûre de *mariatta*. Ils attrapent surtout les petits pour les piquer, même ceux qui n'ont pas plus d'une coudée. On dit que, comme le fil qu'on se met au poignet, cette piqûre est une protection contre Mariatta. Mais les médecins ne font aucune offrande : ils nous attrapent comme des veaux, font la piqûre, et s'en vont ! Bien que Mariatta, personne ne peut l'empêcher de venir, on dirait qu'elle ne joue plus comme avant dans les *céri*. Au début, on se cachait quand les docteurs venaient au *céri*. On avait peur que leurs histoires contrarient Mariatta et qu'elle ne se retourne contre nous. Mais avec le temps, le monde change... Pourtant, même maintenant, il y a toujours des gens qui fuient les médecins.

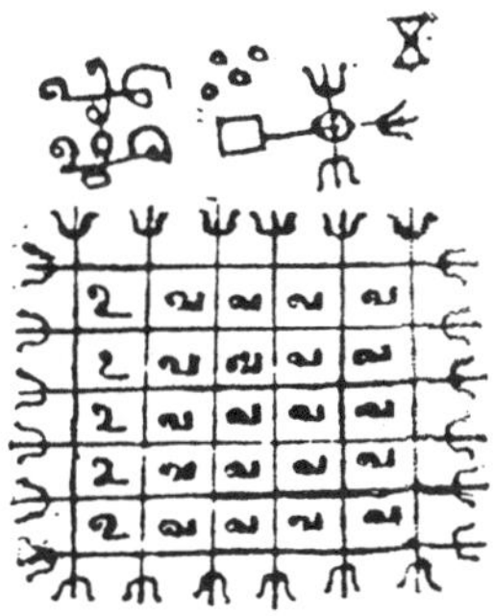

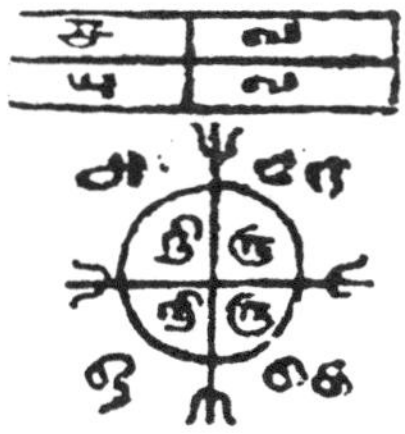

Pour combattre la variole.
À gauche : traitement préventif.
À droite : traitement curatif.

Moi, autrefois, j'avais caché Anbin au moment de la *mariatta*, et quand le docteur a fait sa tournée, je lui ai dit : « Personne n'a la *mariatta* chez moi, monsieur ! » Je ne voulais pas qu'on emmène mon garçon à l'hôpital, Sinnamma ! Tu crois que nous les pauvres, on a le temps d'accompagner quelqu'un à l'hôpital et de rester assis, comme ça, à côté de lui ? Et qui fera le travail ici ? Il y a bien d'autres maladies qui sont plus graves que ça. Là, on peut comprendre qu'on emmène les gens à l'hôpital. Il y a quelques années, il y a eu au *céri* ce qu'on appelle « la fièvre du pays ». C'est effroyable, ça. Quand on l'attrape, on meurt toujours. La dernière fois, au moins cinq personnes sont mortes, rien qu'ici. Mariatta, ce n'est rien à côté de toutes ces maladies. Elle, elle arrive, elle fait son devoir, elle donne ce qu'il faut donner, et elle s'en va. Ce n'est pas comme le choléra, qui tue sans compter.

Mère Kali

Govinda ! Ô Govinda ! Sinnamma, je ne pense pas que tu aies connu ça dans ton existence. Tu es beaucoup trop jeune pour avoir connu le choléra. J'étais encore à Velpakkam quand il a frappé. Sinnamma, j'en ai vu mourir, de mes propres yeux, cinq ou six par jour ! Tout a commencé avec le fils de Nayagam, là-bas, à Velpakkam. Ça l'a pris très tôt le matin. Il vomissait, il avait la diarrhée. Il vomissait, il avait la diarrhée. Il vomissait, il avait la diarrhée. Il n'en pouvait plus, le pauvre garçon — lui qui était presque un homme à marier ! Sa mère avait appelé la famille et lui montrait son fils, quand on entendit : « Govinda ! Ô Govinda ! Govinda ! Ô Govinda ! » Je me souviens, c'était au mois de *Markaji*, notre *Iyer* avait été jouer du gong au village. Tout le monde s'était précipité dehors pour voir ce qui se passait. C'était le vieux de Pombur qui était en transe. Il cria : « *Dè* ! Réveillez-vous. Faites le feu qui chasse les esprits ! Le choléra est arrivé chez nous ! Faites le feu qui chasse les esprits ! Brûlez tout ! Govinda ! Ô Govinda ! » C'était Éjeumalaiyan qui était descendu sur ce vieux pour nous prévenir.

Le choléra, c'est Mère Kali. On dit qu'elle descend sur la terre avec une pannelle placée dans un panier tressé, et remplie d'une huile bleu foncé. Elle entre dans toutes les maisons, et cherche ceux qu'elle veut enlever, homme, femme, enfant ou bête. Elle leur verse une cuillerée d'huile dans la bouche, et elle s'en va. C'était donc le vieux de Pombur qui nous avait appris que le choléra était là. Parce qu'il était en transe, sinon comment veux-tu qu'on devine ça, nous ?

En entendant les paroles du vieux, on s'est aussitôt dispersés en criant : « Govinda ! Ô Govinda ! » On s'est rués sur les margosiers. Chacun avait une branche à la main, et criait « Govinda ! ». Dans chaque rue, à chaque carrefour, on s'est rassemblés pour faire des feux, avec tout ce qu'on pouvait trouver : des palmes, des brindilles, n'importe quoi. On courait dans tous les sens en se bousculant, et en criant : « Elle est là-bas ! — Non ! Elle est ici, cette veuve ! » On aurait dit qu'un incendie avait éclaté au *céri*. Ça brûlait dans tous les coins. Il paraît que lorsqu'on fait des feux comme ça, Mère prend peur et s'enfuit dans un autre village. Si partout on faisait des feux, elle quitterait cette terre !

Mais à Velpakkam, ça s'est passé autrement. Le *céri*, écoute-moi bien, le *céri* est au nord là-bas, c'est-à-dire en haut, et l'*ur* en bas. Je ne sais pas quel est l'enculé qui a construit ça comme ça, en tout cas, l'*ur*, il l'a mis au sud. Aussi, quand il y a une épidémie de *mariatta* ou de choléra, de quel côté veux-tu que la Mère s'enfuie, hein ? Eh bien, quand on allume les feux au *céri*, Kali ne peut s'enfuir que... dans l'*ur* ! C'est exactement ce qui s'est passé ! À l'*ur*, il commençait à y avoir le choléra. Eux aussi faisaient des feux pour chasser la Mère, mais elle s'était cachée près d'un moringuier. Les gens ont fait chercher le vieux de Pombur. Il est entré en transe et, accompagné des musiciens et de dizaines de personnes, il est allé déterrer la pannelle d'huile, et le panier, et la cuillère. Bien sûr, Draupadi, la déesse du village, l'a aidé à chasser

Kali. Elle chasse aussi Mariatta et d'autres esprits mauvais ; elle protège notre village.

La pannelle d'huile, seul un possédé peut s'en approcher. Personne d'autre, car Kali les giflerait, et ça serait fini après ça, on pourrait tous prendre le chemin du *vaïkundam*. Quand il l'a eu déterrée, le vieux de Pombur a emporté la pannelle très loin, près de l'étang, sous un tamarinier. Là, il l'a brisée et brûlée : le feu a duré jusqu'au coucher du soleil. Depuis, j'ai eu des enfants, deux gendres, des petits-enfants, mais grâce à Dieu, le choléra n'est plus revenu dans le pays.

Sinnamma, tout ce que je t'ai dit là, je l'ai vu de mes propres yeux. J'étais à Velpakkam en ce temps-là ; c'était après la cérémonie du septième mois, pendant ma première grossesse. On était en train de décortiquer le coton à la maison quand on a appris la nouvelle. Mon père s'est précipité vers les coques de coton et les a jetées dans la rue pour les brûler, avec tout ce qu'il pouvait trouver. On est tous rentrés dans nos maisons, et on a fermé les portes. Seuls ceux qui avaient le choléra étaient dans la cour du temple, sans talisman, complètement nus. On leur avait frotté tout le corps avec de la cendre blanche. Les pauvres se vidaient par la bouche et par le cul. Ils dépérissaient de jour en jour. On voyait bien que c'était le travail de cette Mère : ce qu'ils perdaient, c'était une diarrhée huileuse, c'était de l'huile tout simplement, l'huile qu'avait versée la Mère. C'est pour ça qu'on doit toujours, dans ces moments-là, se coucher sur le ventre, pour tromper Kali. Si elle entre, elle nous prend alors pour une branche d'arbre et nous repousse d'un coup de pied en se disant : « Pah ! Ce n'est qu'un morceau de bois ! » Mais si on dort sur le dos, elle reconnaît facilement qu'elle a affaire à des humains : elle verse son huile dans la bouche, et elle s'enfuit. Voilà comment on attrape le choléra...

Mais tout ça est écrit, Sinnamma ! Vois nos *céri* comme ils sont peuplés ! Moi, j'ai eu douze enfants : comment j'aurais fait pour les nourrir, pour les élever tous ? Et c'est pareil dans chaque famille ! Combien il y aurait de gens dans ce *céri* si tout le monde était resté en vie ? Est-ce qu'il y aurait eu du travail pour tout le monde ? Voilà pourquoi Mère entre chaque année dans les *céri*. Elle donne le choléra aux uns, des *mariatta* aux autres. Elle enlève cinq ou dix personnes dans chaque *céri*, elle en prend encore une dizaine dans l'*ur*. Elle fait ça dans tous les *céri* et dans tous les *ur* du monde, et ça fait déjà ça de moins à nourrir !

XI

LA BOUILLIE DE MARIAMMAN

Tous les ans, Sinnamma, on donne une fête pour Mariatta. Pas seulement nous, d'ailleurs, le monde entier, les cinquante-huit pays. Tu as vu combien il y a de temples de Mariamman dans les villages ?

Celui d'ici existait déjà du temps des grands-parents de mon mari. On dit que c'est le gouvernement qui l'a construit. Moi, je n'en sais rien. Mais après mon mariage, deux *Adi* après, les aînés du *céri* se sont réunis. Le père de Chetti était le chef en ce temps-là. Les anciens ont décidé d'agrandir le temple. On était une centaine de maisons, alors. Chaque foyer a donné dix roupies. On a aussi collecté de l'argent dans les villages voisins, et dans les *céri* où on avait de la famille. On a finalement réuni une grosse somme, et le comité du *céri* a décidé d'engager un entrepreneur connaissant l'art de construire les temples. C'est que n'importe qui ne peut pas faire ça : il y a des règles et des rites que, nous, on ne connaît pas. L'entrepreneur a dit : « Donnez-moi deux mille roupies, et je ferai monter les murs du temple dans les règles par mes maçons, mais la main-d'œuvre, les briques et le mortier sont à vos frais. » C'est en comptant vingt roupies pour un homme entier, quinze pour un demi et dix pour un quart qu'il est arrivé à cette somme si élevée [1]. On a accepté sans histoires.

Nous, les gens du *céri*, on est allés travailler à tour de rôle sur le chantier jusqu'à la fin de la construction : chaque jour, une personne par foyer. Six femmes pilaient la chaux, trois face à trois, et les pilons tombaient en cadence, au rythme des chants. Les hommes, eux, portaient le mortier aux maçons. La construction a duré longtemps !

Notre temple n'avait qu'une petite pièce au départ. C'est notre génération qui l'a agrandi, en construisant une tour et les murs extérieurs.

Alors, beaucoup de ceux qui avaient fait des vœux sont venus offrir des bébés de terre cuite, mais aussi des saris, des bijoux d'argent, des *tali* d'or. Avec tout ça, l'année suivante, on a pu faire fabriquer une statue de Mariamman en cuivre par les artisans de Thanjavur[2]. Un brahmane est venu pour la cérémonie de consécration[3]. On a de nouveau collecté beaucoup d'argent et engagé une troupe d'acteurs pour sept jours : tu sais bien, Sinnamma, qu'une fête de la déesse ne peut se passer de théâtre. La troupe de Pombur est très connue : elle est invitée très loin pendant tout ce mois d'*Adi*, le mois de la fête de Mariamman. Mais nos gens l'avaient réservée plusieurs mois auparavant, en lui apportant du bétel et en lui donnant une avance. Ils ont tout arrangé avec l'aide de Somin-Blanc, le maître de la troupe de l'*ur*. Les acteurs de Pombur sont des Vanniyar, ils ne peuvent ni manger ni dormir au *céri*, alors on a donné tout l'argent nécessaire pour qu'ils mangent et dorment chez Somin-Blanc. Entre maîtres de troupe, ils savent se recevoir. Et on a fait venir aussi un prêtre de Mariamman pour chanter tous les soirs, avant la représentation, une berceuse pour la déesse. Ça, on l'a bien inauguré, notre temple de Mariamman !

Par la suite, chacun a fait ce qu'il a pu pour apporter au temple ce qui manquait. Une année, Kaliyan, à lui tout seul, a offert la statue de bois qui sert pour les processions. Darasuram et Manivélu ont offert la

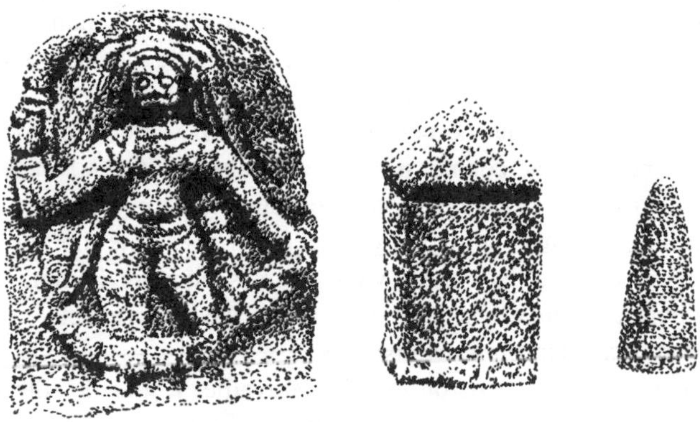

Au céri, *face au temple de Mariamman, la stèle de Kattavarayan, et les pals de son supplice.*

statue de Kattavarayan*. Une autre année, on s'est tous cotisés pour faire sculpter la statue de Munnadiyan*. À la naissance d'Anbin, j'ai offert une cloche à main. Et un soir, en rentrant de la foire de

Karikkimedu, j'ai vu une ampoule qui brillait au sommet du temple. Je me suis étonnée, et j'ai demandé aux gamins qui jouaient là : « Hé ! petits ! Comment ça se fait que la lumière électrique brille sur le temple ? » Mon mari, qui venait à ma rencontre, m'a répondu : « C'est Murugaiya Gounder qui l'a fait mettre. Il nous a dit : "*Deï* ! Vous autres du *céri* ! Ne vous en faites pas ! Je ferai poser l'électricité à mes frais !" Grâce à lui, il y a la lumière maintenant. Notre temple de Mariamman est complet ! »

Tous les ans, au *céri*, on célèbre en grande pompe la fête de Mariamman : son temple est le seul qui ait une fête comme ça, avec la déesse qui sort en procession, et une grande distribution de bouillie pendant la récolte de l'arachide. On a d'autres temples qu'on a construits à nos frais. Celui de Pillaiyar, c'est Mani Iyer qui s'en est occupé, en faisant venir des tailleurs de pierre de Tiruvannamalai. Pour celui de Pérumal, on n'avait pas de prêtre à *namam* ; on en a fait venir un de Kokkur. Il s'est installé ici, et c'est lui qui met la lumière dans le temple, le soir. Quant au Gardien, lui, il est sorti de terre tout seul, personne n'a rien construit. Tu vois bien à l'hôpital de Pondy les pierres qui sont sorties toutes seules, Sinnamma ? Eh bien ! c'est pareil ici, dans notre *céri*. En tout cas, aucun de ces trois temples n'a de grandes fêtes annuelles. C'est seulement Mariamman, parmi les dieux de nos temples, qui a droit à ça !

Une fois l'an, on fait donc la distribution de la bouillie de Mariamman. Pour collecter la part de chacun, on déguise quatre jeunes garçons en filles. On leur met un jupon, un bustier, des bijoux au nez, un *tali* au cou, des colliers de perles, comme les femmes des tribus. À la main, ils ont une belle branche de margosier, et ils attaquent la danse de la Mère Gange*, accompagnés d'un tambour et de cymbales. Puis vient le couple de Koravin : toujours deux hommes du *céri*. Virappin est déguisé en Koravin, Ranga en Koratti. Ils ont des grelots aux pieds, et dansent sans s'arrêter ; ils sont infatigables, ces deux-là ! Et ils chantent :

Ce collier de perles de verre, n'achetez-vous pas, a, a, a... ?
Si vous l'achetez et le portez, ça sera très beau, o, o, o... !
Ayoyo, ayoyo, o, o, o... !
Après avoir lancé le filet dans l'étang, nous autres
restons cachés, é, é, é...
Pendant ce temps, ne veux-tu pas que l'on s'unisse,
Narikara, a, a, a[4]... ?
Tante, écoute ce qu'elle dit : ma femme est enceinte de six mois.

Ô Mère ! Que faire si elle accouche en route ? Ô Mère, donne-nous de l'argent pour acheter quelques médicaments !

Oui, c'est comme ça que font les Narikara ; tout en chantant, ils mendient en passant devant les maisons. Et puis, Ranga et Virappin changent de rythme tout à coup. Ils se mettent à sauter en dansant, et chantent :

Au marché de Narikuri, Narikara,
Je suis allée, bien vêtue, vendre des dents de renard.
Là-bas un nain Narikara m'a fait signe...

Quand ils chantent comme ça, tu l'as bien vu, Sinnamma, c'est le délire, on laisse ce qu'on a sur le feu pour venir les regarder. Arrive alors Pied-d'Éléphant, le chiromancien. Avec son petit tambour à la main, il chante :

Dans cette maison le bonheur va naître !
Donnez ce que vous devez à Mariatta !
On va faire la bouillie pour Mariatta.
Les mesures de grains planquées,
Vous devez nous les donner !
Koudoukkoudoukkoudoukoudoukka...

Puis, c'est Sankarin qui vient. Lui fait le sorcier. Il s'est très bien déguisé cette année : le visage rouge sang, avec une couronne de carton décorée de plumes de corbeau et de plumes de coq, et tenant à la main une grosse mèche de faux cheveux. Et malgré ses danses vertigineuses, sa couronne tient bien !

Il y a aussi le couple de chasseurs, au visage tout noir. C'est Krishnan et Kuppin qui le font tous les ans : je ne sais pas combien de mesures de charbon de bois ils se sont mis sur la figure ! La foule les suit, et tout le monde rit en les voyant — toi aussi tu as ri, Sinnamma ! Ils chantent en frappant très fort leur tambour, le rythme est rapide, la danse se déchaîne. Quel spectacle, Sinnamma ! À côté d'eux, le couple de bergers est beaucoup plus silencieux : eux ne disent presque rien. Il faut qu'ils soient là, c'est tout, juste une présence, comme le blanchisseur. Ils sont là pour rappeler la *mariatta* à tous ceux que Mariamman a rencontrés sur cette terre, dans les champs et dans les villages...

La mascarade fait le tour de Karani et des villages voisins. Il faut compter deux jours pleins, rien que pour quêter dans notre *ur.* C'est pareil d'ailleurs pour les Kudiyanar : eux aussi prennent deux jours pour quêter quand ils font leur fête de Mariamman. Au mois d'*Adi*, on entend partout le bruit des tambours et les cris : « Mère Gange ! Mère Gange ! » Tout le monde fait la collecte pour célébrer la fête des déesses. C'est que dans tous nos villages on trouve un temple de Draupadi et un, deux ou trois temples de Mariamman.

L'orchestre paria de service cette année-là — oui, les hommes changent tous les ans, après la fête de Mariamman justement — accompagne les danseurs pour les collectes. Ils doivent d'abord aller avec les danseurs de l'*ur* : ce sont eux qui quêtent les premiers. Bien sûr, ces danseurs ne viennent pas ici, au *céri*, mais ils passent chez tous les Kudiyanar des villages voisins. Quinze jours après, ce sont les Parias qui font leur collecte. Deux hommes portent un grand panier d'osier pour quêter les céréales. Un autre — c'est toujours Chetti — porte un grand plateau de cuivre pour ramasser l'argent : les pièces ou les billets. Ils passent d'abord devant les maisons du *céri*. Tout le monde doit donner une petite ou une grande mesure, chacun selon ses moyens. Le chef du *céri* est là aussi, avec les danseurs. Il note sur son grand livre ceux qui ont donné ; combien ils ont donné ; ceux qui n'ont pas encore donné, parce que tout le monde n'a pas sous la main de quoi donner. Ceux-là demandent alors un délai : « Attendez un peu, revenez dans un moment, j'ai fait demander du grain au Reddiar... » Le chef note sur son livre qu'il faudra repasser chez celui-ci, chez celui-là... Mais il y a des gens prévoyants, comme moi, qui pendant la récolte de l'arachide mettent de côté une mesure ou deux pour Mariamman. On peut mettre de l'éleusine ou d'autres grains dans le panier et, bien sûr, on peut très bien mettre de l'argent sur le plateau. Dans l'*ur*, les gens sont généreux, surtout ceux qui sont aisés : ils donnent à la fois des céréales et de l'argent. Le grand panier s'alourdit vite et se remplit. Les musiciens ne sont pas payés pendant les jours de collecte, ou très peu, mais ils se font servir à boire et à manger à souhait : « Versez un peu de bouillie, Sinnamma ! »

Et un peu plus loin : « Versez un peu de bouillie, la dame de chez le Reddiar ! »

Ou bien, à une Kudiyanar : « Ô dame de chez le petit seigneur, versez un peu de bouillie pour boire ! »

Et tout le monde apporte la bouillie sans se faire prier. Oui, la fête de Mariamman, c'est la fête des musiciens, notre fête à nous...

On fait aussi la collecte dans tous les villages voisins de Karani où on va travailler. Les notables de Nalivéli et de Mangappakkam nous entendent venir de loin et nous reconnaissent, car nos hommes sont de bons chanteurs, et nos danseurs sont fameux. Quand toute la troupe arrive, les *kambattam* donnent l'ordre de distribuer de la bouillie à tout le monde, puis les musiciens et les danseurs reçoivent chacun deux mesures d'éleusine et deux roupies. Celui de Mangappakkam donne même trois roupies à chacun, plus l'éleusine. Et pour notre Mariatta, les *kambattam* donnent douze grandes mesures d'éleusine et, en argent, ils donnent ce que leur cœur leur dicte à ce moment-là : cinquante roupies, ou cent roupies. Ces notables-là, ils possèdent la moitié des champs de Karani, presque tout le *céri* travaille pour eux. Alors, à notre fête annuelle, ils nous traitent bien. Il est vrai, Sinnamma, que notre Mariatta est bonne, et qu'elle les protège tous bien. « Allez fêter grandement Mariatta ! Engagez une bonne troupe, et si l'argent vous manque, venez m'en demander ! » : voilà ce qu'il nous dit, le *kambattam* de Mangappakkam, et le jour de la distribution de la bouillie il se met sur sa terrasse et suit la fête de là-haut. L'année dernière, il est même venu à l'entrée du *céri* le jour de la fête, et maintenant, on voit des Kudiyanar et des Reddiar qui viennent demander l'autorisation d'aller honorer notre Mariamman dans son temple du *céri*[5]. Ceux qui ont quitté Karani, qu'ils soient de l'*ur* ou du *céri*, ils font aussi envoyer des céréales ou de l'argent, ou les deux, pour célébrer la distribution de la bouillie de Mariamman...

Quand la collecte est terminée, on compte l'argent et on met les céréales en sacs. Tout ça est déposé chez le chef du *céri*. On garde un sac d'éleusine ; c'est assez pour préparer la distribution de bouillie. Le chef, le comptable et Six-Doigts vont vendre le reste au marché de Tirulagam. L'année dernière, ils ont pu rapporter sept cent cinquante roupies. Ça, il faut beaucoup d'argent pour la bouillie de Mariamman ! Les dépenses ne manquent pas : mettre des lampes et des néons ; faire venir une troupe de danseurs pour trois nuits, les disques, les haut-parleurs... Cette année, ces petits cons, au lieu de faire jouer la troupe du *céri* le dernier jour, ils veulent passer un film vidéo, ici même, au *céri*, là où devrait avoir lieu la danse ! C'est qu'ils ont honte, ils ne savent plus rien faire, maintenant, ces jeunes cons ! Mon Anbin, avant son mariage, savait encore jouer le rôle de Lakshmanan*. Il dit maintenant qu'il ne veut plus faire ça, qu'il a tout oublié. C'est vrai d'ailleurs. Tu as pu le constater toi-même, Sinnamma, quand tu lui as demandé de chanter pour toi, pour enregistrer. Y en a pas eu un qui ait su une chanson jusqu'au bout, et moi, le vieux beignet, j'ai dû leur souffler les paroles ! Ça ne les intéresse plus tout ça. Ce qu'ils veulent, c'est se plaquer les cheveux avec beaucoup d'huile, se mettre de beaux habits, et aller dans les salles de cinéma (ce n'est même plus en plein air comme autrefois ; même dans nos campagnes on peut trouver de grandes salles de cinéma, il y en a trois à Tirulagam). Le théâtre ne les attire plus comme nous autres. Oncle Râpe-Coco, le vieux de Kanur et grand-père Canard ont tous appris à lire grâce aux livres de théâtre, là, par terre, sur la place. C'est le beau-père de Six-Doigts qui leur dessinait les lettres dans le sable. Ils ont compris : en additionnant les lettres, petit à petit ils se sont mis à lire, et un beau jour ils ont su lire couramment. C'est eux qui ont formé la troupe du *céri*. Oui, Sinnamma ! Autrefois, on avait une troupe de théâtre ici, au *céri*. Mon mari a joué longtemps, mais maintenant il est trop vieux pour ça. Il faisait Karna*, le mari d'Anjalai jouait Bhima*, l'oncle de Chetti faisait Arjuna*, et Manivélu faisait Draupadi[6]. Mon mari avait une voix qui portait et il avait de la résistance ! Il pouvait jouer toute la nuit et aller travailler le lendemain. En ce temps-là, je me mettais dans un coin, et je l'admirais, mon homme ! Il n'y avait pas que l'histoire des cinq frères Pandava qu'il jouait. Il pouvait faire aussi Kattavarayan, Vira Pandya* et bien d'autres... Il savait toutes les histoires, mon mari ! Il buvait une bonne calebasse de vin de palme, et il était prêt ! Il sautait, il dansait. Les paroles coulaient comme de l'eau. Jamais il ne bafouillait, jamais il ne se trompait, jamais il ne s'arrêtait pour demander la suite. Parfois, il accompagnait le père de Six-Doigts pour aller jouer dans d'autres *céri*. Et, à leur tour, ils ont formé nos jeunes, mais aujourd'hui c'est fini, la troupe s'est petit à petit dispersée. Quatre garçons travaillent à Pondy ; deux sont partis à Madras, et voilà ! Ceux qui sont restés ne sont plus intéressés. Ils préfèrent les films vidéo. Ils disent même que ça coûte moins cher que la troupe de Kodukkur, formée de Kudiyanar qu'il faut bien traiter. Cette année, la troupe de Pombur était déjà réservée quand on l'a contactée. Alors on est allé porter le bétel à ceux de Kodukkur. Ils sont venus, mais avec leurs cuisiniers. Ils se sont installés dans la cour du temple. Le *kambattam* leur a prêté quelques ustensiles, et ils se sont fait leurs repas, avec de la viande d'agneau. Pour l'alcool, c'est nous qui leur fournissons. Ils dorment le jour, boivent le soir, et sont prêts à danser toute la nuit. Dans la troupe de Pombur, on sait qui sont les meilleurs acteurs, alors on leur offre à boire séparément. Moi je trouve que c'est celui qui joue Kattavarayan qui est le meilleur. Je lui achète toujours pour une ou deux roupies de vin de palme. Dès qu'il a fini de boire, il descend de scène et commence :

Suivez bien ces pas de danse de Kattavarayan !
Regardez bien notre frère. Hé ! là ! Dansez !
Munnadiyan est en train de voler une montagne...
Dang dang dang dang dang...

Et il saute, il danse, il danse, il tourne comme une toupie...

Avant que la pièce commence, chacun apporte à boire comme ça à l'acteur qu'il préfère et le fait danser pour lui tout seul dans un coin... Tu ne trouves pas que c'est gai tout ça, Sinnamma ? Tu as été bousculée par la foule, mais tu as aimé, pas vrai ? Et on me dit maintenant qu'avec la vidéo, on n'aurait plus qu'à dépenser cent cinquante roupies ! Qu'ils fassent ce qu'ils veulent, ces connards, mais il faut bien qu'on ait du théâtre au moins le premier jour de la distribution de la bouillie.

Pour préparer cette bouillie, six femmes doivent moudre l'éleusine. Moi, je suis engagée tous les ans, parce que j'entraîne les autres avec mes chants. Les pilons tombent vite, et le travail avance ! On nettoie, on pile, on moud, on tamise : on s'installe sur le sol cimenté du temple, et on travaille tout en chantant. On nous donne à chacune une petite mesure d'éleusine comme salaire, et personne n'irait chaparder un grain dans son sari : ce sont les grains de Mariatta, et elle pourrait nous rendre gravement malades, ou aveugles. Chez le Reddi, c'est différent : on est même douées pour ça... Chez lui, quand on me demande de vanner quelque chose, je fais tomber quelques grains avec le son et les grains noirs, et je les récupère après en balayant. Ou bien, pendant la cueillette des piments, des oranges amères ou des fruits du rônier, je tire ce qui a été grignoté par les insectes ou par les rats, je le mets à part, et quand mon fils passe par là, je lui donne ça pour qu'il le rapporte à la maison. Voilà, c'est tout ! Ce n'est pas grand-chose. Je ne rentre pas dans les maisons pour voler ! *Ayoyo*, Sinnamma ! En tout cas, on ne dérobe pas un seul des grains de Mariatta : on rend le compte ex-ac-te-ment.

Les aînés viennent mesurer la farine, et font apporter onze pannelles de contenance différente, qu'ils remplissent à ras, certaines d'unc, ccrtaines de deux, d'autres de trois mesures, et ils les laissent dans la première pièce du temple jusqu'au jeudi, veille de la distribution. Le reste de la farine est réparti entre toutes les familles du *céri*. Le vendredi, les dix femmes pures [7] qu'on a choisies au début des cérémonies vont cuire la bouillie qu'elles ont fait fermenter la veille. Pendant ce temps, chaque famille prépare chez soi sa propre bouillie. Vers midi, on la met au milieu de la maison, avec des lampes à huile et du camphre. Mon mari, mon fils, ma bru et moi on se prosterne alors devant notre pannelle, et on la dédie à la déesse. Anbin va chercher la blanchisseuse, à qui je verse une part de bouillie. On boit le reste après. Les blanchisseurs, ce sont eux qui ont droit aux premières gorgées de bouillie, que ce soit celle du temple ou celle des familles, car ce sont eux les favoris de Mariamman, ce sont eux qui l'ont vue les premiers. Ils nous servent toute l'année, ils lavent notre linge sale, ils vont porter l'annonce des premières règles des filles chez la famille maternelle. On leur doit des repas à chaque fête et à chaque grande *puja* aux dieux.

Cette année, il s'est passé quelque chose...

Mais cette année, Sinnamma, quand tu n'étais pas là, il s'est passé quelque chose. Je vais te raconter. Oh ! rien de très grave, il n'y a pas eu de grandes bagarres, mais seulement...

Cette année, donc, nos musiciens qui devaient jouer pendant dix-huit jours pour la fête de Draupadi ont demandé un salaire.

« *Sami*, ils ont dit au Gounder, pendant dix-huit jours on veille, et on se lève tôt pour jouer. Vous ne nous donnez que dix roupies en tout et pour tout. Cette année, on vous demande dix roupies chacun, *Sami*, pour les dix-huit jours, rien de plus !

— Dix roupies chacun ! Vous oubliez votre devoir de Paria ou quoi ? Comment osez-vous demander une telle somme ?

— *Sami*, Draupadi est notre Mère, on doit jouer pour elle, c'est vrai, c'est notre devoir. Mais aujourd'hui la vie coûte cher. Comme on joue jour et nuit pendant toute la fête, on ne peut plus aller travailler aux champs pendant ces dix-huit jours, *Sami*, alors que là-bas on gagne dix roupies par jour !

— Ingrats de Parias ! Est-ce que vous n'êtes pas nourris pendant ces dix-huit jours ? Les céréales, ça ne compte pas, peut-être ?

— Ne vous fâchez pas, *Sami*, mais si moi je suis nourri, qui va nourrir les miens pendant ces dix-huit jours ?

— Ah ! Salopards ! C'est le type de Pondy qui vous donne ce culot de venir discuter comme ça [8] ! On n'en veut pas de votre musique ! Et si l'un de vous vient mettre le pied ici pendant la fête, je le briserai, je le couperai en morceaux ! Méfiez-vous, bande de salauds ! Et pour vos fêtes, allez demander à celui qui vous soutient de vous aider ! Ne mettez plus les pieds ici... Foutez-moi le camp, sales cons ! »

Voilà ce qui s'est passé, Sinnamma, cette année. Après ça, on s'est réunis, au *céri*. Les jeunes ont dit : « Voilà une bonne chose de faite ! » Mais moi je me suis levée, et je leur ai posé mille questions, à ces jeunes crétins : « Alors quoi ? Gueules de cons ! Fils de putes ! Voilà qu'on n'a plus le droit d'assister à la fête de Draupadi, notre déesse, la déesse du village ! Vous trouvez ça bien, vous ? Buveurs de mouille ! »

Et beaucoup de gens m'ont soutenue : « Elle a raison, Velpakkatta ! »

Mais le groupe de jeunes m'a répondu tranquillement : « Assieds-toi, tante ! On construira un autre temple à Draupadi, et on fera la fête nous aussi !

— Ah ! Baiseurs d'ânes, je leur ai dit, vous écoutez trop tous ces politiciens ! Ils vous montent la tête, et ce qu'on dit ne compte plus maintenant ! »

Mon fils s'est levé : « Pourquoi tu cries comme ça, toi ? Tu crois encore qu'on est de l'ancien temps, qu'on doit toujours se soumettre comme autrefois ? Reste tranquille ! C'est notre tour d'être musiciens cette année, mais on ne sait pas jouer. Qu'est-ce que tu veux qu'on aille foutre là-bas ?

— Arrachez-vous les poils, fils de putes ! »

Cette année, donc, la fête de Draupadi s'est passée sans Parias, et celle de Mariamman aussi. On n'a rien pu collecter ni à l'*ur*, ni dans les villages voisins. Pendant trois mois, personne n'est allé travailler dans l'*ur*. On a tous cherché du travail dans d'autres villages. Les Kudiyanar cultivaient eux-mêmes leurs champs, et nous ont remplacés chez les Reddi. Notre fête de Mariamman, notre fête à nous, a été moins belle, puisqu'on n'a pas pu quêter les céréales qu'on recevait d'habitude... K.S. a donné de l'argent pour faire venir une troupe de danseurs le premier jour, et, le lendemain, on a passé un film vidéo...

Voilà ce que je voulais te dire, Sinnamma. J'avais mis ça de côté dans un coin de mon cœur pour te le raconter, toi qui écris l'histoire des Parias. C'est vrai aussi qu'ils auraient bien pu balancer ces quatre-vingts roupies aux huit *totti*, et tout se serait bien passé ! Mais des deux côtés ils sont obstinés ! Voilà ce qui se passe entre le *céri* et l'*ur*, aujourd'hui que j'ai les yeux ouverts, et qu'est-ce qui arrivera après ma mort ? Je dis toujours à Anbin et à tous les jeunes du *céri* de ne pas aller contre la volonté des déesses. Elles nous gardent bien, elles nous protègent. Grâce à elles, on travaille, et on mange à sa faim. Pourquoi vouloir casser cette tradition ?

XII

LES SEPT VIERGES

Cette dispute à propos de la fête de Draupadi nous a tous plongés dans une grande tristesse, nous les aînés, nous les vieux. Les jeunes s'en moquent, ça ne les touche pas beaucoup !

Si tu savais le changement qu'on voit aujourd'hui dans notre campagne, Sinnamma, tu en serais bien étonnée ! Le gouvernement est tout à fait pour nous les pauvres, et surtout nous les Parias. On a beaucoup de facilités, maintenant ! Tous les partis politiques luttent pour nous, et le parti de K.S. dit même qu'il n'y a plus de castes, plus de Parias, et qu'il faut se mélanger pour vivre comme à Pondy. Non seulement ils le disent, mais même ils le font. Quand un Kudiyanar pauvre demande au gouvernement un terrain pour construire sa maison, il en reçoit un gratuitement, au *céri*. Mais quel est le Kudiyanar qui viendra habiter ici, hein ? Dis-le-moi, toi ! Et as-tu remarqué les changements à l'école ? Il y a trois ou quatre nouveaux instituteurs, maintenant. On dit que deux d'entre eux sont des *(Viramma baisse la voix)* Harijans. Bien sûr, ce ne sont pas des Parias de Karani, mais ils habitent à côté de l'école, dans l'*ur*. Et les deux familles d'éleveurs de cochons, est-ce que tu sais où on leur a donné un endroit pour se loger ? Tu ne le croiras jamais, Sinnamma : derrière l'étang aux lotus, près de chez le potier ! Tu te souviens de ce terrain vide, derrière le quartier des Reddi ? Eh bien, c'est là-bas même, en plein *ur* ! C'est le gouvernement qui l'a ordonné, et personne à l'*ur* n'a protesté. L'un des porchers n'élève plus de bêtes, il est ouvrier agricole comme nous. L'autre a gardé sa porcherie au milieu des rizières, en face du temple d'Aiyanar. Ces gars-là sont les plus bas de l'*ur*. On les a acceptés parce que c'était l'ordre du gouvernement, l'ordre du parti de K.S. [1]. Ça a été pareil avec les instituteurs. Les autorités ont répété : « Si vous voulez envoyer vos enfants à l'école, vous devez accepter l'instituteur qu'on nomme, sinon gardez vos gamins chez vous ! » Et les instituteurs disent à qui veut les entendre que l'éducation ne pollue pas. Tout change ainsi dans ce *kaliyugam* !

À l'*ur*, en tout cas, les gens gardent tout ça sur le cœur, et c'est pour ça qu'ils se sont vengés quand nos hommes sont venus demander un salaire plus élevé. C'est pour ça qu'ils nous ont chassés de la fête de Draupadi, nous tous, et pas seulement les musiciens. Mais ce n'est pas juste de nous exclure de la fête de la déesse pour quelques dizaines de roupies : mère Draupadi l'a déjà fait savoir en rêve à plusieurs des gens de l'*ur*. On dit que c'est le *samiar* qui tient bon et qui ne veut plus nous voir.

Après la dispute sur les salaires, les responsables de l'*ur* ont décidé de ne plus faire appel aux Parias pour tout ce qui est tâche traditionnelle. Depuis, il y a eu deux morts à l'*ur* : une vache et le père de Ramassami Gounder. Eh bien, aucun de nos sept *totti* n'a été convoqué, ni pour faire l'équarrisseur, ni pour faire le fossoyeur, ni pour faire le musicien ! Ce sont les chasseurs qui ont remplacé nos *totti*. Pas les chasseurs que tu connais, Sinnamma, mais des parents à eux qui habitent en plein champ, sur un chemin au sud du temple de Poraiyatta*. Ils sont cinq ou six foyers là-bas. Les deux familles qui avaient leur hutte derrière le champ d'Aravin*, ceux chez qui tu as enregistré des chansons, eux, ils sont partis.

Tu te souviens du vieil exorciste, celui qui chassait les démons tous les soirs avec son grand tambour bourré de dessins d'animaux ? Moi je me le rappelle bien ce vieux chasseur ! J'étais malade. J'avais été effrayée par quelque chose. Je voulais savoir de quoi il s'agissait, et toi tu voulais le voir pour enregistrer les chansons sur les Sept Vierges* : tu as pu le faire quand il m'a exorcisée. On marchait toutes les deux l'une derrière l'autre, sous le soleil qui brûlait, bien chargées, toi avec ta radio[2], ton cahier et tes crayons dans un sac, et moi avec le ballot d'offrandes : du jagre, une noix de coco, du riz non étuvé, des pois chiches, des bananes, des fleurs, des bâtons d'encens... Le vieux m'a exorcisée en chantant :

Din da deï Mère Gange, din da deï la Vierge,
Notre déesse sous sa vraie forme va descendre !
Din da deï Mère Gange, din da deï la Vierge,
Notre déesse sous sa vraie forme va descendre !

Elle va descendre sur une aiguille, sur une guirlande de fleurs,
Nilamba* va descendre, la Vierge va descendre !

Après avoir regardé à travers la flamme d'une lampe à huile, il a vu mon mal, et il m'a dit : « As-tu été faire paître tes vaches près du canal de Poraiyatta ?

— Oui !

— Est-ce que le soleil était au zénith ?

— Oui !

— Eh bien, c'est là que tout s'est passé. Tu as été effrayée, mais ce ne sont pas les Vierges, c'est une ombre qui t'a frôlée. Il faut porter une amulette pour te protéger ! »

Sur une feuille de cuivre il a dessiné quelque chose, puis il a continué à chanter en jouant de son grand tambour. À la fin, il m'a donné de la cendre à appliquer sur le front pendant trois jours, et des grains de poivre noir chargés de formules magiques qu'il fallait tourner autour de la tête, avant de les lancer vers les huit points cardinaux [3].

Les chasseurs ont beaucoup changé aujourd'hui [4]. Ils sont plus civilisés. Ils écoutent la radio en surveillant les récoltes. Ils vont à vélo. Ils s'habillent mieux. Jamais on ne dirait que ce sont des chasseurs. Autrefois, Sinnamma, ils étaient toute la journée dans les champs et dans les bois, les hommes en cache-sexe, les femmes en jupon court tombant

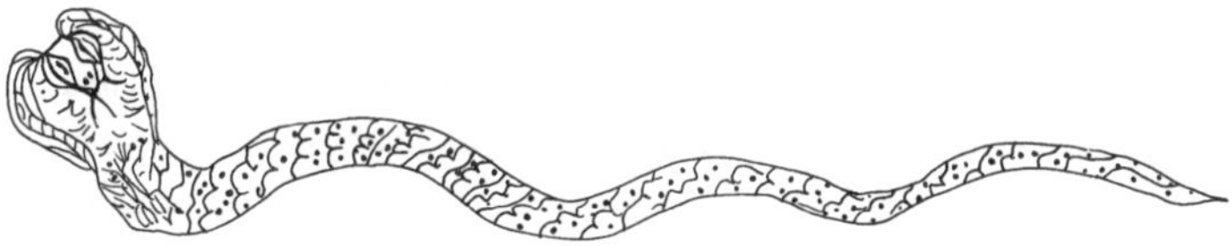

Le serpent.

jusqu'au genou. Ils attrapaient des rats, toutes sortes de serpents, de très gros lézards. Ils ne vivaient que de ça, et vendaient leurs prises très cher : les peaux valaient tant, à Pondy ou à Madras. On les voyait rarement au village. Pour la fête de Draupadi, à l'*ur*, ils allumaient du camphre et cassaient des noix de coco. On allait les chercher quand on était mordu par un rat, par un scorpion ou par un serpent. Ils guérissaient bien les morsures, en donnant des feuilles et en exorcisant. Ils ont ce pouvoir, car les Sept Vierges sont toujours avec eux et les protègent dans la forêt. On allait aussi les chercher quand un serpent avait fait son trou près d'une maison, ou jouait autour. Eux, ils répandaient un produit autour du trou pour endormir le serpent, qu'ils attrapaient ensuite facilement en le sortant de là. Le vieux chasseur, lui, jouait du *magudi* pour les charmer. Les autres, non.

C'étaient les seules occasions où l'on avait des contacts avec les chasseurs. Quand on travaillait aux champs, on les apercevait au loin, marchant en groupe. C'est que le chasseur ne se déplace jamais sans sa femme, tout le monde sait ça. Il l'emmène toujours avec lui, où qu'il aille, dans n'importe quel royaume. Car dès qu'elles se trouvent seules, les femmes des chasseurs couchent avec tous les hommes de la terre ! Elles sont réputées pour avoir trente-huit hommes par jour ; elles ont un vrai pouvoir de séduction, sur tout le monde, sans différence de caste, depuis le Koravin jusqu'au Reddi en passant par le Paria, le Komutti et le Gounder. Et elles font ça vite : le temps que leur mari ferme les yeux et les rouvre, tant elles sont douées, tant elles connaissent tous les recoins de la campagne ! Ça, tu peux le demander à n'importe qui, Sinnamma, on ne te dira pas le contraire ! Si les Sept Vierges ont donné aux maris le pouvoir de charmer les serpents, elles ont donné à leurs femmes le pouvoir de charmer tous les hommes de la terre ! *(Rires...)*

Veuves ! Sales veuves !

Aujourd'hui les chasseurs aussi ont abandonné leur métier d'autrefois. Ils sont ouvriers agricoles, comme nous. On leur a construit des maisons, et ils habitent là. Ils ne courent plus les bois et ils touchent un salaire comme nous, à la fin de la journée. Mais alors que nous on lutte pour avoir une meilleure paie, eux se contentent de ce qu'on leur donne. Ils sont prêts à faire n'importe quoi maintenant, même nos tâches traditionnelles. Regarde, cette année, les gens de l'*ur* ont fait appel à eux pour enterrer les morts ! Nos anciens ont été très fâchés, parce que c'était pour eux, normalement, une occasion de gagner des céréales, un peu d'argent et d'être liés à ceux de l'*ur*. Mais les jeunes ne voient pas les choses comme ça. Eux ont l'impression d'être délivrés d'une humiliation : « Autant on est prêts à être ouvrier agricole chez le Reddiar — on fait le travail, il nous paie, on n'en parle plus —, autant on n'acceptera pas de jouer du tambour pour quelques mesures de grains toute la vie. C'est fini maintenant cette tradition d'être comme des sandales aux pieds des gens de l'*ur*. S'ils veulent qu'on joue, qu'ils nous donnent un vrai salaire ! » Voilà comment raisonnent mon fils Anbin et le groupe des jeunes du *céri*. Pendant ce temps, les chasseurs ont une deuxième paie. Qu'ils en profitent, car eux non plus n'ont pas beaucoup d'argent ! L'autre jour, la femme d'un des chasseurs me disait : « Écoute, Velpakkatta ! Autrefois, on était nombreux, la collecte dans le cousinage rapportait assez d'argent pour faire la *puja* aux Sept Vierges. On est moins, aujourd'hui, et depuis quelque temps, la *puja* ne se fait plus que chez nos parents de Kanniyur, près de Tiruvannamalai. Nous, on voudrait comme autrefois faire la *puja* aux Vierges ici même. Regarde, les enfants ont bien grandi, mais on ne leur a pas encore percé les oreilles ; on n'a pas encore offert leurs premiers cheveux aux Vierges. Si on fait quelques travaux ici ou là, on peut gagner un peu plus d'argent chez les Reddi ou chez les Gounder : c'est pour ça que nos hommes ont accepté ces travaux à l'*ur*. Tu sais, Velpakkatta, la statue de bois des Sept Vierges qui servait aux processions est maintenant déposée dans l'abri d'une pompe d'irrigation, dans les champs. Elle pourrit, là-bas... »

Quand le vieux était encore là, les chasseurs emmenaient les Sept Vierges en procession uniquement dans l'*ur*, pas au *céri*. Un homme était devant, avec un *karagam* sur la tête, et c'étaient des femmes qui portaient la statue des Vierges sur leurs épaules. Elles chantaient :

Din da deï, un *pandal* en fleur pour les Vierges,
Avec une grosse guirlande de jasmin,
Avec une grosse guirlande de fleurs de porcher,
Descendent les Vierges, descendent les Vierges...

Deï din din, avec une grosse guirlande de fleurs d'herbe-hirondelle,
Deï din din, avec une grosse guirlande de fleurs de porcher,
Entrent et sortent nos Vierges, nos Vierges,
Le bébé du frère aîné pleure, ô Nilamba !
Endors-le après lui avoir donné du lait...
Le bébé du frère cadet pleure, ô Vierge !
Endors-le après lui avoir donné du lait...

Alors, une femme entrait en transe, et chantait :

Deï din din, je suis là avec une guirlande de jasmin,
Deï din din, je suis là avec une guirlande de fleurs d'herbe-hirondelle,
Vous m'aviez promis d'offrir un jupon, vous ne l'avez pas fait !

Vous m'aviez promis d'offrir des racines de sphoeranthe
et de vomiquier,
Et vous ne l'avez pas fait, sales veuves ! Sales veuves !
(Viramma rit.)

Deux hommes accompagnaient les chanteuses d'un tambour qu'ils frappaient très sourdement. Oh ! C'est là une façon très particulière de battre : dans aucune autre occasion, pour aucun autre dieu, on ne joue ainsi. En entendant ça, nous, on accourait pour les voir. Il y avait toujours un chasseur avec un fouet tressé qui flagellait les femmes en transe. Le sang coulait, mais elles ne sentaient rien, c'étaient les Vierges qui prenaient les coups. Les cheveux des femmes étaient dénoués, elles titubaient en soufflant comme des bœufs. C'était effrayant ! À ce moment-là, il y avait toujours une des femmes en transe qui se remettait à chanter : « *Deï* ! À un demi-arpent d'ici, ça sent le vent qui sent le Paria ! Oh ! Enfuyez-vous ! » Dès qu'ils entendaient ça, les premiers arrivés rebroussaient chemin, et ceux qui étaient derrière faisaient vite demi-tour aussi. On avait peur que notre présence et notre impureté dérangent les Vierges, et on avait peur, surtout, d'être flagellées. Car les coups de fouet, ça ne serait pas les Vierges qui les prendraient pour nous ! On aurait la chair arrachée !

Tout ça, c'est fini aujourd'hui. À Tirulagam, il reste quelques familles de chasseurs qui célèbrent régulièrement la fête des Vierges, mais aujourd'hui les campagnes se sont tellement civilisées qu'on se laisse moins aller qu'avant[5]. Les femmes de chasseurs portent de jolis saris en nylon, jusqu'au bas des jambes comme toi, Sinnamma, et elles ont un gros *potteu* sur le front. Pour la procession, elles portent toujours les Vierges sur leurs épaules, mais elles vont désormais de village en village, là où les familles s'emploient comme ouvriers agricoles, près de chez eux ; c'est qu'ils sont sédentaires maintenant ! La procession ne vient toujours pas dans les *céri*, mais nous, on s'approche de plus près, et les femmes ne disent plus rien. Elles célèbrent les Sept Vierges en chantant et implorent leurs grâces. Certaines en profitent pour faire la première tonsure des enfants, leur percer les oreilles ou leur donner leur nom. En demandant l'aumône pendant la procession, les femmes collectent beaucoup d'argent et de grains, avant d'offrir aux Vierges la bouillie qui sera après distribuée à tout le monde. Ce jour-là, tous les malades accourent pour recevoir une part des offrandes qui les guérit immédiatement.

Ça, les chasseurs font très pieusement leur *puja* aux Vierges ! C'est qu'ils sont en relation quotidienne avec elles. Tous les jours, ils se lavent et, tous les soirs, à la tombée de la nuit, ils invoquent les Vierges avec leurs tambours. C'est pour ça qu'ils vont sans crainte dans les bois, les forêts, les champs, les montagnes, à l'heure chaude comme à la nuit : ce sont là les espaces des Sept Vierges, qui sont les déesses de leur lignée, et qui les aiment, qui les protègent. Tous, les hommes, les femmes, les enfants, portent un talisman avec les Sept Vierges dessinées sur une feuille de cuivre. Ils portent ça autour des reins, même quand ils font l'amour ! *(Rires...)* Côté castes, ils sont plus bas que nous, et d'ailleurs, comme je te l'ai dit, quand on fait la collecte pour la bouillie de Mariamman, il y a toujours deux de nos hommes qui se déguisent en couple de chasseurs, et ils font rire tout le monde en imitant leur accent traînant comme celui des Koravin :

« Feemme ! Oùù tuu aas miis la baarre àà miine ? » Mais côté dieux, les Sept Vierges sont plus terribles, et plus exigeantes sur la pureté que notre Périyandavin* qui, lui, est plus tolérant, plus généreux.

Les Sept Vierges sont toutes de même taille, toutes de même âge : tu ne pourras pas trouver une seule vieille parmi elles. Et de même, quand elles veulent posséder quelqu'un, jamais elles ne choisiront une vieille, elles prendront quelqu'un comme ma fille ou comme toi. Elles appartiennent au Royaume des Dieux, mais elles sont nées sur terre. Ce sont

Les vierges au bain.

des sortes de nymphes. Elles adorent l'eau, elles adorent se baigner. On dit que la colline qui se trouve tout près de Velpakkam était très haute autrefois, mais que les Sept Vierges l'ont usée, à force de frotter dessus des racines de curcuma pour s'en enduire le corps. Et aujourd'hui, Sinnamma, les pierres de cette colline sont lisses comme ta joue ! Le grand fossé qui se trouve près du bois, c'est là qu'elles ont pilé le paddy pour leurs festins ; elles ont tant et tant pilé que la terre s'est enfoncée. On voit aussi les empreintes des vaches qu'elles ont traites quand elles sont redescendues sur terre. Tout ça, Sinnamma, c'est du côté de chez moi, sur l'autre rive de la rivière. D'ailleurs les chasseurs vont jusque là-bas quand ils font leurs cérémonies de délimitation du territoire. Quand ils font ça, ils emmènent avec eux des prêtres kudiyanar : eux savent faire ce genre de cérémonie qui apaise les Vierges. *Ayoyo !* Sinon la fête ne pourrait pas avoir lieu. Les Vierges seraient déchaînées et nous abattraient toutes d'un coup ! Si elles ne sont pas bâillonnées, elles s'attaquent surtout aux femmes, et nous maltraitent en nous faisant souffrir avec des règles douloureuses et abondantes, ou en nous faisant fondre comme jagre. On devient toutes racornies comme du poisson sec. Quant aux femmes enceintes, c'est pire, elles risquent d'être coupées en sept morceaux ! Nous, les Vierges on les entend quand elles vont à la chasse en dansant et en chantant, bien maquillées, enduites de curcuma, un gros *potteu* sur le front, une torche à la main. C'est qu'on est souvent dans les parages, quand le soleil est au zénith, à ramasser du bois ou à faire paître les vaches. Si leur ombre nous touche en chemin, on a des chances de rester en vie. Mais si on les croise face à face, c'est fini, elles nous envoient immédiatement au séjour de Vishnu ! Là, tout dépend du dieu de notre lignée. S'il nous protège, il peut les combattre. Mais s'il s'allie avec elles, rien à faire ! Une fois, comme ça, au *céri*, les Vierges ont giflé une dizaine de femmes. Personne n'a pu être sauvé. Les femmes étaient jaunes comme le tournesol, en mourant : c'est à ça qu'on a su que les Sept Vierges les avaient giflées !

Il n'y a pas que les femmes qu'elles attaquent, Sinnamma. Elles peuvent aussi se tourner contre les hommes. Les hommes, elles préfèrent les posséder : elles les pénètrent, elles les habitent, mais elles ne se montrent pas avant trois mois. Le fils d'Anjalai a été possédé comme ça, une fois. Il était avec un autre garçon à surveiller la pompe pendant l'irrigation d'un champ du Grand Reddi. À midi, ils ont tous deux entendu des chants et des danses, et ils ont senti des parfums enivrants de jasmin, de rose soyeuse et surtout de curcuma. Kichtin a même vu la lueur de leurs torches, et il s'est dit : « Ça, ce sont les déesses qui vont à la chasse ! » Le fils d'Anjalai, lui, s'est évanoui ; il est aussi peureux que Kichtin. Plus tard, tous deux sont rentrés normalement. Ils n'ont pas eu de fièvre le lendemain, comme c'est le cas d'ordinaire quand un simple démon vous possède. Mais, ensuite, ce garçon qui était si fort, si actif, n'a fait que dépérir. Au bout de trois mois, on a vu qu'il

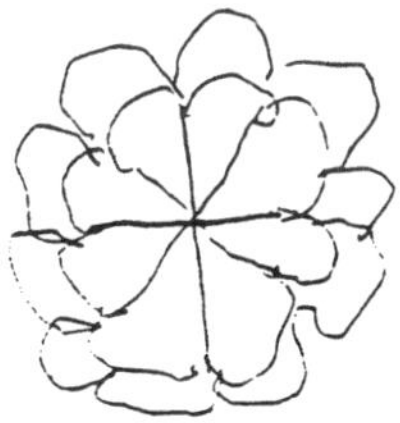

Une rose. (Dessin de Viramma.)

devenait jaune : les mains, les ongles, les orteils, on aurait dit une statue peinte en jaune ! Anjalai, son mari et quelques-uns de leur cousinage ont couru chez les chasseurs. En exorcisant le garçon, les chasseurs ont compris qu'il s'agissait des Vierges, mais que le garçon avait une chance de s'en sortir. C'est surtout ça qu'on demande aux chasseurs : de dire ce qu'il en est et de nous assurer que la *puja* aux Vierges peut être faite. Quand on sait ça, on peut la faire nous-mêmes, cette *puja*. Mais il faut pour la conduire un adolescent célibataire. Au *céri*, on envoie toujours Bommaikkanneu. Ce n'est plus un adolescent, mais il est resté célibataire, et on l'a gardé, car il est très courageux et n'a pas peur d'aller dans ces endroits où sont les Vierges.

Anjalai a soigneusement préparé le panier pour la *puja*, avec sept briques toutes neuves, sept feuilles de bétel, sept noix d'arec, sept coudées de fleurs, sept noix de coco, sept bananes, sept belles grosses racines de curcuma — elles adorent ça, les Vierges ! —, sept pièces de monnaie, sept morceaux de jagre, sept coloquintes, sept daturas, sept mesures de pois chiches concassés, sept mesures de pétales de riz et une grosse pannelle d'infusion d'oignons sucrés au jagre. Bommaikkanneu a emporté le panier, sur la tête, dans un bois très loin, derrière la rivière, là où personne ne va. Et là-bas, il a fait comme chaque fois : il a déposé son panier sous un arbre et il s'est mis nu, complètement nu, sans même un talisman aux reins. Puis il a placé les sept briques et les a lavées à grande eau. Il a fait une pâte des racines de curcuma, et il en a enduit les briques. Il leur a mis alors un gros point rouge, les a entourées de fleurs. Devant, il a déposé toutes les offrandes, et il s'est prosterné. Quand la *puja* a été finie, il s'est relevé, et s'est rhabillé. Il a pris de la cendre, qu'il a nouée dans son *somin*, et il est reparti, la pannelle d'infusion sur la tête, en laissant là-bas toutes les autres offrandes. Pendant ce temps-là, le fils d'Anjalai était allé s'asseoir à l'entrée du village, au bord d'un champ du côté de la rivière, de façon que Bommaikkanneu le voie avant quiconque. Quand il est arrivé auprès de lui, Bommaikkanneu lui a appliqué de la cendre sur le front et lui a versé quelques gorgées de l'infusion offerte aux Vierges. Le reste de l'infusion, il l'a versé dans une petite pannelle qu'avait apportée le fils d'Anjalai. Le garçon et toute sa famille avec lui ont bu de cette infusion pendant sept jours, quand le soleil était au zénith. Et c'est comme ça que les Vierges ont quitté le fils d'Anjalai, et qu'il a guéri. Si on avait négligé de faire tout ça, il serait mort jeune, emporté par les Sept Vierges... *(Pause bétel.)*

Sinnamma, on peut avoir confiance en tous les dieux qui existent en ce monde, mais les Sept Vierges, Kattéri, Mannarsami* et Viran*, eux, sont imprévisibles, terribles, dangereux. Tu as dû voir la statue de Viran sur la route en venant ici ? Ne le regarde pas de trop près, sinon tu risques d'avoir des ennuis et d'avorter. Il est immense, avec sa bouteille d'alcool à la main et ses grands yeux rouges ! *(Viramma écarquille les yeux en souriant, puis dit : « Ayoyo* Sinnamma ! Je ne devrais pas faire ça, il pourrait me rendre aveugle ! »)

Il y a toujours une femme à côté de lui : ils sont mari et femme. Tu n'as pas remarqué ? Ils sont cuisse contre cuisse... Sinnamma, quand je repense à ses yeux, des yeux rouges comme le sang ! Ça me donne des frissons ! Moi, chaque fois que je passe devant cette statue, j'incline la tête et je joins les mains !

À Karani, il y a des gens qui adorent Viran : c'est le dieu de leur lignée. Le jour de la *puja* à Viran, ils lui offrent des dizaines de bouteilles d'alcool : c'est un dieu qui aime beaucoup boire ! Ils tuent aussi un bouc, un coq, et fabriquent du pain d'éleusine.

Comme les Sept Vierges, Viran est très regardant sur l'impureté. Si une femme qui a ses règles entre chez quelqu'un qui a Viran comme dieu de sa lignée, c'est fini, Viran la fera fondre comme jagre, et ses règles couleront comme un robinet ! Et si c'est une femme enceinte qui entre, il la fera avorter immédiatement ! Périyandavin, lui, n'est pas comme ça. Si une femme qui a ses règles ou qui est enceinte entre chez nous, il ne fera rien. Bien mieux, il favorise la montée du lait chez les mères. Combien de fois des femmes de l'*ur*, ou des femmes du *céri* qui n'ont pas Périyandavin pour dieu de lignée, combien de fois elles sont venues me demander de faire une *puja* à Périyandavin, qui habite dans le moringuier en face de chez moi ! Aussitôt que je mets de la cendre sur leurs seins, le lait se met à couler...

L'autre dieu terrible que je connais, c'est Mannarsami. Lui, il est à Velpakkam, au milieu d'un bois de bassies, sur une colline. C'est un endroit isolé, d'où l'on n'entend ni bruits de pilon, ni bruits de meule : le village commence beaucoup plus loin. Lui est seul, là-bas, dans le bois. C'est le plus jeune des sept *muni*. Il a été nourri par ses six frères, et il est devenu plus grand qu'eux. Lui, il a un temple, alors que ni les Sept Vierges, ni Viran, ni Périyandavin n'en ont. Mais comme il est *muni*, son temple se trouve dans les bois. Il est seul là-bas, isolé du monde des hommes... C'est en *Citterai* qu'a lieu sa fête, à Velpakkam. Il est le dieu du village, comme ici Draupadi est la déesse de Karani. Mais lui, il est terrible ! Rien qu'en le voyant, une femme enceinte accoucherait tout de suite ! Oui, son bébé tomberait à terre, comme ça, d'un coup ! Le *totti* annonce sa fête en passant dans tout le village, *ur* comme *céri*, avec le tambour. Il dit qu'on fêtera Mannarsami tel jour et demande à toutes les femmes enceintes de leur premier enfant de partir dans leur village natal, car il est effroyable, Mannarsami ! Nous, les Parias, on assiste à la fête de très loin, car notre présence n'est pas admise. On reste à distance de son temple, et on fait notre *pongal* séparément. On ne prépare pas de fleurs pour Mannarsami, mais comme il est très gourmand, ce sont des guirlandes de beignets qu'on lui offre, des guirlandes immenses de beignets de pois chiches et de lentilles noires. C'est ça qu'il porte au cou ! Et pour lui, comme pour notre déesse Draupadi, on marche sur le feu. On, je veux dire les Vanniyar, pas nous, bien sûr. Car tu peux aller dans le monde entier, Sinnamma, jamais tu n'entendras parler de Parias qui marchent sur le feu ! Non, non, jamais tu ne verras ça ! Regarde, le gouvernement fait des tas de choses pour les Harijans. Dans l'*ur*, comme je t'ai dit, il y a maintenant des Parias, et même des gardiens de cochons, mais ce n'est pas pour autant qu'on les laissera marcher sur le feu !

Marcher sur le feu, Sinnamma, nous, on n'y pense même pas en rêve ! On sait bien que c'est impossible. On n'est pas assez purs pour ça ! Des Parias marcher sur le feu, non, je ne crois pas du tout qu'on puisse jamais voir une telle chose dans ce *kaliyugam* !

XIII

LES TAMBOURS DE LA MORT

La dernière fois que je suis allée à la fête de Mannarsami, à Velpakkam, c'était au moment de la mort de ma mère. À dire vrai, elle est morte juste avant et moi, après les cérémonies de deuil, je suis restée pour assister à la fête, car je savais que je ne retournerais pas à Velpakkam avant longtemps. Après la mort d'une mère, ce n'est plus pareil, on n'est plus reçu de la même façon. Le village où j'ai grandi m'est devenu presque étranger aujourd'hui, même si mon frère y habite toujours. Tu dois le savoir, Sinnamma, une mère, c'est irremplaçable, pour nous les femmes, même si on quitte le foyer maternel pour appartenir à une nouvelle famille. On dit toujours qu'une femme ne doit plus venir chez sa mère qu'en invitée après son mariage, mais quelle est la mère qui le ferait sentir à sa fille ? Les règles et les devoirs sont une chose, les sentiments en sont une autre ! J'aurais donné toute ma vie s'il l'avait fallu pour sauver ma mère, Sinnamma, mais la mort l'a emportée en bon état [1] !

J'étais malade depuis quelque temps. Ma mère était venue me voir, en m'apportant des oranges amères confites, du riz brun et des sucreries pour les enfants. J'avais planté du manioc, cette année-là, et ma mère avait voulu aller surveiller le champ, qui se trouvait au bord de la grand-route, pendant que je faisais le marché à Tirulagam. En rentrant du marché, j'ai rencontré Anjalai qui m'a dit : « Viramma, dépêche-toi ! Ta mère est tombée dans un canal en rentrant des champs. Elle ne pouvait plus se relever ni faire un pas ! Kannan l'a transportée sur ses épaules jusque chez toi ! » Mon frère est venu ensuite la chercher. On lui a fait des cataplasmes. On l'a emmenée chez le rebouteux d'Ottérippalaiyam, mais même lui n'a rien pu faire et elle est morte peu de temps après.

Voilà tout ce qu'elle avait en guise de mal ! Elle voyait bien, elle marchait bien, elle avait toutes ses dents. Pas d'autre maladie. Jusqu'à cette maudite chute, elle n'avait besoin de l'aide de personne. Voilà ! Sa fin était venue : il fallait partir, et elle est partie en bon état !

Elle était très lucide avant de mourir. Elle a demandé à mon frère d'envoyer un messager me dire qu'elle ne durerait plus longtemps. Un homme de Velpakkam est venu m'apporter la nouvelle. « Viens, grande sœur ! Ta mère n'a qu'un mot à la bouche : “Ma fille aînée ! Ma fille aînée !” Elle te réclame : son dernier désir est de te voir, toi, sa fille aînée. Dépêche-toi ! Viens combler le désir de ta mère ! » J'ai aussitôt préparé quelques *idli* et quelques *dosai* pour ne pas arriver les mains vides, et je suis partie pour Velpakkam avec le messager. Quand elle m'a vue, ma mère m'a pris la main, et elle m'a dit : « Viramma ! Tu es là enfin ? Tu as donc pu venir me voir ? Est-ce que les enfants vont bien ? Anbin est en bonne santé ? Et Sundari ? Mon gendre, ça va ? » Elle m'a posé toutes ces questions, puis je lui ai fait manger une bouillie très légère. C'est une bouillie qu'on fait avec de la farine de riz qu'on tamise plusieurs fois, une bouillie fluide, blanche comme un nuage. Ça facilite la digestion, ça évite les diarrhées. C'est une nourriture de mourant, cette bouillie. Ça les fortifie un peu, ça les fait durer plus longtemps. Après ça, je lui ai fait sa toilette, et j'ai préparé avec ma belle-sœur le repas du soir. Puis on s'est assises toutes les deux auprès de ma mère, et on est restées là, sans la quitter.

Elle est morte deux jours et deux nuits après mon arrivée. J'ai vu tout à coup qu'elle respirait mal. Elle m'a fait signe d'approcher : « Viramma ! Tu as donc pu venir ainsi à mes côtés ?

— Oui, *ma* !

— Viramma, débrouille-toi intelligemment dans la vie ! Occupe-toi bien de ta famille... De mon vivant, mon gendre n'a rien voulu accepter de mes mains... Alors, c'est à toi de te débrouiller toute seule, n'attends rien de ton frère... Moi je n'en ai plus pour longtemps... Je ne verrai pas le mariage de Sundari, ni celui d'Anbin... Et mon gendre n'est même pas venu me voir une dernière fois... Viramma ! Viramma !... »

Voilà : ça a été ses dernières paroles. Je lui ai donné une goutte de lait, et elle est morte doucement.

Aussitôt des messagers sont partis à Karani, d'abord, pour prévenir mon mari et ma belle-famille, et partout où l'on a des parents au deuxième ou au troisième degré. On a respecté les deux volontés de ma mère : ne pas prévenir sa belle-famille, et recevoir son dernier vêtement de son gendre plutôt que de son fils. Ça, elle l'avait dit et répété à tous les anciens des *céri* de Velpakkam et de Karani : « Je vous le dis à tous, même si je dois mourir cette nuit, je ne veux pas le sari de mon fils, mais celui de mon gendre aîné [2] ! »

Chez nous, comme ailleurs, les plateaux d'offrandes doivent venir du côté maternel, c'est-à-dire de chez les filles de la maison qui ont été données en mariage dehors. Par exemple, si mon mari mourait, les plateaux devraient venir de chez ma mère et de chez mes filles. C'est pareil pour mon gendre : ça serait à moi d'envoyer le plateau avec le *somin*. Et quand ma belle-sœur est morte en laissant deux garçons, c'est nous qui avons apporté les plateaux et les vêtements aux enfants. S'il y a dix filles dans la famille, il faut que chacune apporte un plateau en l'honneur du mort. Tu comprends pourquoi on craint d'avoir des filles, Sinnamma. Ça occasionne beaucoup de dépenses, tu dois le savoir !

À la mort de ma mère, on lui a donc apporté chacune, ma sœur et moi, un sari, avec aussi, pour mon frère, un *somin* et une écharpe. Mais comme elle l'avait souhaité, c'est le sari que lui a apporté mon mari qu'on lui a mis. C'est un beau sari qu'il avait acheté pour sa belle-mère, mon mari, un sari de vingt-cinq roupies. Et pour accompagner le plateau d'offrandes, il a aussi engagé un orchestre *naiyandi*, en plus de l'orchestre funèbre des *totti* [3]. Beaucoup de monde est venu de Karani. Le chef et les notables du *céri* de Velpakkam sont venus déposer des guirlandes de fleurs. Une foule s'est rassemblée devant la maison. Oui, Sinnamma, ma mère était douce, généreuse, discrète, serviable, très aimable. Tout le monde connaissait son histoire de femme maltraitée par son mari, tout le monde connaissait son courage et savait comment elle abattait du travail sans grogner. Elle était très respectueuse. Jamais elle ne venait se mêler d'une conversation devant son gendre. Elle ne se tenait même pas debout devant lui, et si mon mari m'insultait devant elle, elle n'ouvrait pas la bouche. À l'heure du repas, je disais à Sundari : « Va chercher grand-mère pour manger, le dîner est prêt. » Et elle venait timidement s'asseoir sur le *tinnai*, très inconfortablement, toute recroquevillée dans un coin, à côté de la chèvre. Et c'est une personne pareille que mon mari insultait comme c'est pas permis quand il avait un ou deux verres de vin de palme dans le ventre ! Il ne s'adressait pas directement à elle en fait. C'était en me traitant de tous les noms qu'il l'insultait : « Fille de pute ! Fille de conasse ! Fille de mamelons à l'air ! » Voilà ce qu'il me disait alors, Sinnamma. Je ne t'en dis pas plus, c'est comme ça qu'on parle dans notre caste, dans les moments de colère...

Pour en revenir à la mort de ma mère, pendant que les messagers étaient partis porter la nouvelle, mon frère a fait le nécessaire avec les *totti* pour construire un *pandal* au plus vite, pour couper les bambous, fabriquer la couche mortuaire[4], tresser les cordes, creuser le trou. Moi, je me suis chargée de sa toilette. Ma belle-sœur, ses filles et ma sœur étaient toutes jeunes, les pauvres : ça leur faisait un peu peur. Je ne voulais pas que d'autres touchent le corps. Après tout, j'étais la fille aînée, et c'était à moi de le faire. Normalement, on ne lave pas le corps tout de suite après le décès, on le lave juste avant de le mettre sur la couche, au moment où arrivent les offrandes apportées par la famille maternelle. Si c'est un époux qui meurt, c'est à ce moment-là qu'on fait la cérémonie de l'échange du bétel : la veuve met du bétel dans la main de son mari défunt, et un aîné prend le bétel et le lui rend ; c'est pour montrer que la vie conjugale est terminée, que la gaieté, les joies et les jeux d'amour sont finis. Le beau-frère pose alors un sari neuf sur les épaules de la veuve, tout le monde crie : « Govinda ! Govinda ! », et on lève le corps.

C'est quand on lève le corps que tous les musiciens se mettent à jouer : l'orchestre *naiyandi*, l'orchestre funèbre, le souffleur de corne. Ils jouent tous ensemble, sur un rythme très rapide. On reconnaît bien ce battement des tambours : « Para, para, para, para... » C'est surtout l'*arabchatti* qui fait ce bruit-là...

Comme ma mère était veuve, il n'y avait pas d'échange de bétel, et on pouvait la laver tout de suite. Le bain terminé, je lui ai fermé le vagin avec de la bouse de vache — si elle avait eu encore son mari, on lui aurait mis de longues racines de curcuma. En attendant le sari que devait apporter mon mari, je lui ai passé un sari blanc, et je lui ai dessiné un *namam* sur le front. Je lui ai largement enduit les cheveux d'huile de coco pour bien la coiffer. Ensuite, on l'a portée pour l'étendre sous le *pandal*, sur une banquette couverte d'un sari. J'ai aussitôt cassé une noix de coco, et j'ai préparé un plateau avec du camphre allumé. On a posé le plateau sur sa poitrine, et on a mis les morceaux de coco à ses pieds. Toutes les femmes se sont alors prosternées, avant de s'asseoir autour du corps, enlacées. Et on a pleuré en parlant de ma mère, de sa vie...

Soudain, j'ai entendu des « djing, djing, djing, djing... » et j'ai vu de tout petits enfants se mettre à danser au rythme des tambours. Mon cœur s'est mis à battre très fort, et mes larmes à couler. Les musiciens du *céri* avaient séché leurs tambours. C'est l'inconvénient de ces tambours : leur peau se ramollit vite avec l'humidité, et on n'entend plus que des « nam, nam, nam, nam... ». C'est pourquoi les joueurs s'arrêtent de temps en temps et ramassent tout ce qu'ils trouvent, des brins d'éclipta, des feuilles de cocotier, de la paille, et ils en font un feu qui sèche les peaux. Quand les tambours redeviennent bien secs, un simple petit battement vibre très fort et résonne dans tout le village. C'est ce bruit-là que j'avais entendu, et qui m'avait rendue si triste. Un peu plus tard, il y eut d'autres cris, d'autres roulements de tambours dans le lointain. C'étaient les offrandes de Karani qui arrivaient, avec nos musiciens de Velpakkam que mon frère avait envoyés à la rencontre de ma famille, pour l'accueillir à l'entrée du village.

J'étais inquiète. Je me demandais si les offrandes allaient convenir. Car j'étais la fille aînée, et les gens regardent particulièrement les offrandes de la fille aînée. J'avais peur qu'on trouve à redire sur ce que mon mari avait apporté et sur sa famille. Le cortège mit du temps à arriver jusqu'à nous. C'est que les musiciens, quand ils approchent de la maison mortuaire, s'arrêtent, chantent deux vers, dansent, et reprennent leur marche. Au bout d'un moment, j'ai entendu distinctement la voix de Ranga qui chantait. C'était le plateau de mon mari qui arrivait. Je suis sortie la première, suivie des autres femmes, en me frappant la poitrine pour les accueillir. Il y avait beaucoup de monde. Ma belle-sœur aînée portait le sari. La cadette portait de très grosses guirlandes de fleurs, sans doute tressées par le marchand de Tirulagam : je connaissais sa façon d'intercaler les roses et les fleurs d'absinthe. Une dizaine de femmes portait le reste des offrandes : les légumes, le riz, les sept pannelles neuves. Tout, quoi, sauf le sel et l'eau du repas du soir qui allait suivre l'enterrement, le lendemain seulement, car on attendait encore les gens qui devaient venir de Ranganam. Derrière les femmes, j'apercevais mon mari, avec une vingtaine d'anciens du *céri*. Finalement, ils étaient venus vite, puisqu'il n'y a pas d'autocar direct entre Karani et Velpakkam ; ils avaient dû faire plusieurs kilomètres à pied, en traversant la rivière. Derrière moi, j'entendais des commentaires : « Venez voir ! Les offrandes de la fille aînée arrivent en musique ! » Ça me faisait plaisir de voir qu'on appréciait.

Bientôt les femmes quittèrent le cortège et vinrent déposer les plateaux aux pieds de ma mère. De nouveau, j'ai pris une noix de coco qui était sur un des plateaux et je l'ai brisée. J'ai déposé les deux morceaux, avec un peu de camphre, sur le plateau placé sur la poitrine de ma mère, et j'ai sangloté : « *Ayo*, maman ! Tu t'en vas dans un bon endroit en me laissant seule sur cette terre ! Protège-moi ! Garde-moi bien ! » Aussitôt, mes belles-sœurs et les autres femmes m'ont prise dans leurs bras, et on a commencé les chants de lamentation. Ils ont débuté comme toujours avec l'histoire du corbeau :

Ayo, pour moi le corbeau n'a pas volé !
Ceux qui l'ont vu ne m'en ont rien dit !
Ayo, pour moi l'aigle n'a pas volé !
Ceux qui l'ont vu ne m'en ont rien dit !

C'est que les corbeaux annoncent toujours une mauvaise nouvelle. Quand un corbeau court plusieurs fois devant chez toi, c'est qu'un visiteur va arriver. Mais si un corbeau vient croasser sur ton toit, ou si tu vois deux corbeaux se bécoter, c'est mauvais signe. Ça veut dire que les femmes de la maison vont pleurer en s'enlaçant, et donc que quelqu'un mourra bientôt. C'est pour ça qu'on évoque toujours les corbeaux porteurs de mauvaises nouvelles quand on commence les chants de lamentation.

Attends, Sinnamma, je vais me mettre du bétel : j'en prends pour une demi-roupie par jour. Il faut bien que je travaille, ne serait-ce que pour me le payer ! Mon mari, lui, ne pioche pas dans mon sac ! Heureusement qu'Anbin n'a pas cette habitude ; ce sont plutôt les vieux qui chiquent, aujourd'hui !

(Pause bétel, puis Viramma reprend son récit.)

Légers comme des graines de tamarin

Nous, les femmes, on avait fini nos chants de lamentation. Les musiciens de l'orchestre funèbre de Karani faisaient la pause. Ils étaient partis à la gargote. C'était maintenant l'orchestre de Velpakkam, engagé par mon frère, qui jouait et qui chantait. Il restait aussi l'orchestre *naiyandi* de Karani, que mon mari avait fait venir par fierté. Ces musiciens-là, en général, coûtent très cher : tu as bien vu combien ils ont demandé, le jour où tu as voulu qu'ils jouent pour toi. Ils sont comme ça, dès qu'ils savent que les gens peuvent payer, ils n'hésitent pas à demander gros. Ils sont habitués à ça, car on vient les chercher de loin, et ils ne marchent qu'avec un bon salaire ! Moi je ne leur avais donné que neuf roupies, neuf roupies pour eux tous. Mais tu sais, Sinnamma, avec nous ils n'insistent pas. Après tout, on est du même sang, eux et nous, tous Parias, tous l'un pour l'autre. En ce temps-là, il y avait Vinayagan et Ranga. Ils m'ont dit : « Laisse tomber, n'insiste pas, belle-sœur, donne selon tes moyens ! » Si j'avais été riche, je leur aurais donné plus : j'aime leur musique et leurs danses. Alors, je compense le peu que je donne en ajoutant au moment des récoltes quelques épis de millet ou d'éleusine. D'ailleurs, ils font la même chose pour les gens pauvres de l'*ur*, ils acceptent de jouer pour eux contre un petit salaire.

Au bout d'un moment, les musiciens de Velpakkam ont posé dans un coin leurs instruments et se sont mis à chiquer du bétel, en laissant la place aux musiciens *naiyandi* de Karani. J'ai entendu nos garçons se racler la gorge et préparer leurs tambours. Je suis sortie aussitôt pour les écouter, et les autres femmes m'ont suivie. Ranga, comme d'habitude, s'était travesti. Il portait un tout petit bustier. À la place des seins, il s'était mis des demi-coques de noix de coco, en laissant au bout une toute petite touffe, pour pointer comme des mamelons. Autour des reins, juste au-dessus des poils, il portait une jupette comme celle des petites filles, assez froncée pour qu'elle puisse bien tourner, gonfler et se soulever quand il danse. Sous sa jupette, bien sûr, il avait son cache-sexe. Son maquillage était soigné : le visage bien poudré, les yeux bien faits, du rouge aux lèvres, un beau *potteu* sur le front. Il portait des bracelets aux avant-bras et une belle tresse épaisse, terminée par des pompons de velours brodés de perles. Il était très réussi, très attirant, plus qu'une femme ordinaire, plutôt comme une femme du cinéma. Vinayagan, plus costaud, faisait son jeune amant. Il avait de grosses moustaches peintes sur le visage, leurs pointes bien relevées, et un turban rouge. Ne va pas croire que ce soient des pédés, hein ! Ce sont tous des jeunes gars de la bande à Anbin : six garçons bien assortis, de même taille, de même carrure, quatre musiciens et deux danseurs. Ils sont mariés maintenant, d'ailleurs. Ça, ils sont beaux à voir, et ils ont beaucoup voyagé !

Oh, Sinnamma, quel rythme, quel rythme, quand ils se sont mis à jouer ! Au début, ils ne chantaient pas vraiment : c'étaient des rythmes, des pas :

Hé ! salak, salakek salak, salakan,
Hé ! salak, salakan,
Hé ! salak, salak,
Hé ! atchag, atchagatan, tillagatan...

Ils sautaient, ils étaient légers comme des graines de tamarin... C'était pour chauffer l'atmosphère... Leurs yeux étaient rouges comme des fruits de bryone. La foule grossissait. Personne n'était allé travailler, au *céri*. Le garçon s'est rapproché exagérément de la femme et lui a touché les mamelons. Ils faisaient tous deux des gestes obscènes, en marquant toujours le rythme de la voix :

Hé ! alak, eh tilak,
Hé ! salak, eh salak...

Et le garçon a entamé le premier couplet :

À travers ces routes bordées d'arbres, nanna, marche, viens,
ô fille !
Traverse, et viens de Sandipet,
ô fille !
Au long des routes bordées d'arbres, nanna, marche, viens,
ô fille !
Nous nous enfuirons tous deux à Kollareu !

Après ce premier couplet, les tambours ont battu très vite. Les danseurs mimaient les amoureux, dansaient joue contre joue, bouche contre bouche. Ranga avait tout d'une femme, alors. Avec sa peau lisse, il devait faire envie à Vinayagan ! Ils se frottaient, cul contre cul, et dansaient comme en délire... Leurs clochettes aux chevilles suivaient le rythme des pas, de plus en plus rapide... Ils respiraient en haletant :

Hé ! ahoum, hé ! ahoum, hé ! ahoum, hé ! ahoum...

exactement comme un couple en train de « faire ». Nous, les femmes, on s'est mis alors le sari devant la bouche, en riant, en pouffant... Et eux, en nous voyant rire, ils en remettaient, de leurs gestes obscènes, en disant : « Atchagat, tillagat », et en faisant monter et descendre les seins. Ils sont beaux, ces deux garçons, et un peu voyous : c'est pour ça qu'ils font tout ça à l'aise. Ils ont chanté aussi un autre couplet que j'aime bien :

À côté de la gargote, hé ! ta mère,
Je suis allée désherber le champ d'avoine,
Dedans la gargote, hé ! ta mère !
Il m'a attaché un petit *tali* ;
Hé alagata, hé ! atchagata, hé ! alagata, hé ! atchagata...

Et le rythme repartait de plus belle, tous les gamins se rassemblaient, et se mettaient à danser comme eux... Tout le monde était là ! Pour tout te dire, Sinnamma, dans ces cas-là, il n'y a que le mort qui ne regarde pas ! C'est comme ça que ça se passe, dans notre campagne, que ce soit chez le *kambattam* ou chez le Paria, on chante, on danse en attendant l'arrivée des parents, et jusqu'à l'enterrement : c'est pour terminer la vie en gaieté ! C'est pas comme chez vous, ou comme chez les Brahmanes. Il n'y avait rien pour le décès de ton père, Sinnamma ! Moi, je voulais chanter au moins une lamentation en te prenant dans mes bras, mais à l'entrée on m'a dit : « Viramma ! Viramma, pas de chant de lamentations ici ! » Quand j'ai dit le soir au *céri* que père était décédé, ils ont tous voulu apporter des plateaux et venir avec un orchestre, bien sûr. Mais je les ai arrêtés, en leur disant : « Non, non ! Chez eux, c'est comme chez les Brahmanes, tout se passe en silence ! » J'ai beaucoup regretté, Sinnamma, de ne pas pouvoir chanter de lamentations pour père, car toi tu m'en as fait chanter en temps ordinaire, et là, tu n'as rien fait ! Moi, dans mon chagrin, j'aurais chanté de belles lamentations. Enfin, je te comprends : tu étais dans la peine, et chez vous, on ne fait pas comme ça... Et chez les Brahmanes ! Non seulement il n'y a rien, ni tambours, ni musique, mais en plus ils portent le mort sur leurs épaules et ils courent avec comme des voleurs ! *(Rires...)* Ils prennent leur élan en partant de chez eux et ils ne s'arrêtent qu'au champ de crémation, sans faire de bruit. Nous, on est des gens gais et on ne fait pas de funérailles sans chants, sans musique, sans lamentations.

Les enterrements sont même plus gais que les mariages. C'est une sorte d'hommage, de fête qu'on offre au mort avant qu'il nous quitte. On ne sait pas si après, dans notre prochaine vie, on sera encore ensemble... Et puis, vis-à-vis des autres, de belles funérailles, c'est un signe de fierté pour la famille du mort. Les amis, les parents, les voisins apprécieront tout ce faste. Si on ne fait pas ça, ils diront : « Pauvre âme, qui n'a ni pays, ni points cardinaux, il n'y a personne pour lui faire un enterrement honorable, personne pour engager un orchestre... »

Nous, les Parias, on est une caste qui s'exprime par le bruit. C'est chez nous que tu trouveras les meilleures pleureuses. Ce n'est pas pour me vanter, Sinnamma, mais quand tu as demandé dans l'*ur* une chanteuse de lamentations, c'est bien vers le *céri* qu'on t'a envoyée, pas vrai ? On se connaît tous dans ce village, et chaque fois que quelqu'un meurt, on va chanter et pleurer en racontant de belles histoires sur le mort. L'autre jour, c'est la mère de notre Grand Reddiar qui est décédée.

Nous, les femmes du *céri*, on a apporté des plateaux. J'ai pris dans mes bras la femme du Reddi, et on a pleuré. Nous, bien sûr, on a commencé les lamentations en tamoul, avec de grands sanglots après chaque regret. Elles, par contre, dans la famille du Reddi, elles chantent en télugu :

Emiella cellaara... Yen atteukkeu vistaara[5]*...*

et ainsi de suite. À la fin, elles poussent juste un petit soupir : « ahum ! », pas du tout de sanglots comme nous.

Tu sais, ces lamentations, on en chante aussi entre nous en temps normal, ou aux champs. Celle qui sait de belles lamentations les apprend aux autres. On en invente. Ça vient tout seul, et on pleure pour de bon, rien qu'en chantant. Il y en a aussi des drôles, d'ailleurs. Celle que je vais te raconter est une histoire vraie, qui s'est passée à Eragalam. Une femme très riche était morte. Ses deux brus avaient projeté de se partager ses bijoux, en profitant de la confusion qu'il y a toujours dans ces moments-là. L'une d'elles, au lieu de pleurer avec l'assemblée, est partie en cachette pour dissimuler un petit ballot près du puits. Ensuite elle est revenue s'asseoir comme si de rien n'était, et enlaçant sa belle-sœur, elle s'est mise à chanter en pleurant :

Puliyura, ô fille de Puliyur, va donc voir près du puits ce qu'il en est !

L'autre, en entendant ça, est allée voir le trésor près du puits, et en reprenant sa place près du corps, elle a pris sa belle-sœur dans ses bras, en lui chantant :

Karungura, ô fille de Karungur, ce n'est rien d'autre que des amandes de savonnier !

Tu vois, Sinnamma, Dieu avait entendu leur calcul et les a punies : celle de Karungur avait pris chez sa belle-mère un sac d'amandes au lieu du sac de bijoux !

On dit qu'à Madras des chanteuses professionnelles chapardent : c'est vrai que c'est le tumulte dans les maisons mortuaires. Certaines en profitent pour gagner leur vie. Dans nos campagnes, ça n'arrive jamais ces choses-là. D'abord, nous, on ne se fait jamais payer pour chanter des lamentations. Tu peux entendre des insultes ou des plaintes, lors des lamentations, mais des vols, il n'y en a pas.

À propos de plaintes, il y a une histoire qu'on chante souvent. C'est Anjalai qui nous l'a apprise. Une belle-mère avait maltraité sa bru pendant des années. Quand elle est morte, sa belle-fille a dû bien sûr pleurer pour montrer son chagrin, elle ne pouvait pas rester comme une pierre. Alors elle a chanté :

Tu ne voulais pas que j'utilise le joli van neuf,
Ô ma tante, belle-mère !
Oriri, ô ma tante, belle-mère, orara, ma tante, belle-mère !
Quand tu auras tourné le coin, le joli van sera à moi,
Ô ma tante, belle-mère !
Oriri, ô ma tante, belle-mère, orara, ma tante, belle-mère !
Quand je barattais le beurre, tu passais en roulant de gros yeux,
Ô ma tante, belle-mère !
Oriri, ô ma tante, belle-mère, orara ma tante, belle-mère !
Quand tu seras allée au bord de la rivière, tu n'auras plus envie de beurre
Ô ma tante, belle-mère !
Oriri, ô ma tante, belle-mère, orara, ma tante, belle-mère !
Quand je refroidissais le lait, tu passais en me lançant un regard noir
Ô ma tante, belle-mère !
Oriri, ô ma tante, belle-mère, orara, ma tante, belle-mère !
Maintenant que tu vas aller dans la Palar, tu n'auras plus envie de lait,
Ô ma tante, belle-mère !
Oriri, ô ma tante, orara, ma tante, belle-mère !
Ô ma tante, belle-mère !
Après avoir fait cuire le riz, te voilà partie au champ de crémation,
Ô ma tante, belle-mère !
Quand tu seras au champ de crémation, ô belle-mère,
Je serai la maîtresse de la pannelle de riz, ô belle-mère !
Je serai la maîtresse de la pannelle de riz !

Tu as compris cette chanson, Sinnamma ? Cette belle-mère affreuse, qui arrache des mains de sa bru le joli van, qui l'empêche de manger du beurre et de boire du lait à son gré, maintenant qu'elle est morte, tout va changer ! Mais le plus important, c'est la pannelle de riz. Maîtresse de la pannelle de riz, la bru devient maîtresse de la maison. Elle était toujours servie la dernière, après les enfants, les fils, la belle-mère ; elle devait attendre, avec une faim qui creuse le ventre et qui bouche les oreilles, que tout le monde ait fini de manger. Mais maintenant que la belle-mère est partie pour le champ de crémation, sur les bords de la Palar, c'est la bru qui décidera de la quantité à faire cuire, de la quantité à servir à ses enfants, c'est elle qui mangera en paix avec son mari !

Parfois, les chanteurs *naiyandi* chantent aussi des histoires comme nous. Écoute ça !

Dans le creux d'un tamarinier, ô mon oncle,
Ta bru a pris une épine dans le pied !
Elle porte un vêtement de soie ;
Dans un coin de la bordure, des pierres sont incrustées.
Sur le devant du sari, des pierres sont incrustées.
Des œils-de-chat sont incrustés sur le côté,
Des lapis-lazuli sont partout incrustés,
Des fils d'or derrière sont brodés.
Même si on la ligote, ma déesse ne bougera pas,
Mais si je lui dis : « Ô cher amour ! », ma déesse se lèvera...

Voilà la fin. C'est la morte qui chante :

Si cet allié met le feu rituel, ma mâchoire ne brûlera pas !
Si cet ennemi met le feu rituel, mon sternum ne brûlera pas !
Si mon beau-frère aîné met le feu rituel, mon genou ne brûlera pas !
Ô mère, si le jeune beau-frère mettait le feu rituel...
Ayo ! Si le jeune beau-frère mettait le feu rituel...
Janakkeu nakadi, janakkeu nakadi...

Tu vois comme ils savent raconter cette histoire d'une riche épouse qui est morte d'une épine au pied alors qu'elle était dans un bois avec son jeune beau-frère qu'elle aimait ? Morte, elle voudrait que ce soit son amant qui mette le feu à son bûcher, et pas son mari, qui est de sa famille, mais aussi son ennemi, sinon son vœu ne sera pas réalisé, et il y aura toujours une partie de son corps qui ne brûlera pas. Tu ne trouves pas que c'est beau, Sinnamma ?

En tout cas, pour ma mère, tout s'est passé comme il fallait. L'orchestre *naiyandi* et celui des *totti* ont joué tour à tour. Pendant que les jeunes allaient boire, l'orchestre funèbre reprenait après avoir récupéré des forces. Ses lamentations ont replongé tout le monde dans la tristesse. Les *totti* sont peut-être vieux, mais ils dansent eux aussi, et à un rythme qui peut valoir celui des jeunes. C'est l'ivresse qui les porte. Tout le monde boit, pour les funérailles, depuis le maître du deuil jusqu'aux musiciens. Eux, les musiciens, c'est le rythme et l'alcool qui les inspirent. Ils ont chanté :

Mère avait un rônier nain,
Un arbre où venait se loger le coucou !

Si l'on venait à couper ses jeunes rameaux,
Où irait se loger notre coucou ?

En prenant du beurre dans une casserole, ô mon oncle,
Ô Manmadan digne de Radhi*, ô Radhi belle comme le perroquet[6],
En barattant pour notre mère dans une baratte sonore,
On entend avec pompe les tambours de la mort...

Ce ne sont pas vraiment des lamentations, c'est le chant des morts. Des hommes soûls ne peuvent pas chanter des lamentations comme nous. Ils improvisent sur la vie du défunt, ou ils chantent ce qui leur passe par la tête, et l'alcool qui est en eux les guide. Chacun d'eux reçoit cinq roupies, plus le repas. Sur les cinq roupies, ils ont au moins trois roupies de vin de palme dans le ventre ! Pour l'enterrement de maman, ils ont été infatigables...

Ô tante, tu t'en vas !

Quand toute la famille est arrivée le lendemain matin, on a fait un deuxième bain avec les sept pannelles, et toutes les femmes de la famille y ont participé. Après le bain, on a revêtu le corps du beau sari apporté par mon mari. Puis le blanchisseur a étendu un *somin* blanc sur maman, et chaque membre de la famille a mis une poignée de riz sur le corps : le riz apporté par les parents et alliés. Enfin on a déposé le corps sur sa couche, et on l'a bien attaché pour qu'il ne bouge pas en route. C'est là que j'ai pleuré de tout mon cœur, Sinnamma ! C'est là que le chagrin m'a prise au ventre, là que je me suis sentie abandonnée, que mon sang se séparait de moi. Les gens qui m'ont vu pleurer ont eu aussi beaucoup de peine, car une fille qui se retrouve sans sa mère, c'est toujours triste ! Tout le monde s'est mis à gémir : « Ô tante, tu t'en vas ! Ô grande sœur, tu pars ! *Ayo*, grand-mère, tu nous abandonnes ! » Quand le corps est parti, on est restées à la porte de la maison, et on l'a suivi des yeux, en se frappant la poitrine, jusqu'à ce que le cortège tourne le coin de la rue, avec devant les musiciens tout excités.

Le cortège est allé jusqu'à la statue d'Harichandran*[7]. Le corps a tourné sept fois autour. Ensuite, les hommes ont salué des mains. Je crois qu'on lit aussi quelque chose à ce moment-là. Puis les *totti* ont demandé à Harichandran l'autorisation d'aller au champ de crémation[8].

La statue d'Harichandran, au céri.
Cette nouvelle statue n'a pas de moustaches, comme l'ancienne décrite par Viramma, mais un gros turban royal.

Oh ! Elle est très belle la statue d'Harichandran à Karani, avec ses grosses moustaches ! Ce dieu ne ment jamais, Sinnamma. On lui offre un peu de riz, un *somin*. Ceux qui passent par là font trois fois le tour de sa statue. Moi, je ne connaissais pas cette chanson d'Harichandran que le vieux Kuppussami t'a chantée l'autre jour, c'était la première fois que je l'entendais de mes propres oreilles, car nous, les femmes, on ne suit jamais le cortège.

Avant d'enterrer ma mère, les hommes ont fait trois fois le tour de la fosse, puis ils ont descendu le corps, la tête au nord, les pieds au sud. Enfin, pour marquer vraiment la fin des liens qu'il avait avec le mort, chacun lui a lancé une poignée de sable, en disant quel était son lien : « la poignée de sable du gendre ! », « la poignée de sable du neveu aîné ! »... Après, ils ont refermé le trou, en façonnant une butte de terre. Par-dessus, ils ont effeuillé des branches de margosier et de cisse, et planté une branche à la tête de la tombe. Mon frère a alors fait sept fois le tour de la tombe avec une petite pannelle remplie d'eau, et au dernier tour, il l'a lancée par terre. Ceux qui incinèrent jettent la pannelle sur le devant du bûcher, mais nous, on enterre nos morts, à l'exception des premiers-nés, parce que ça revient moins cher. On n'aurait pas les moyens d'incinérer tout le monde ! Les Pandaram qui habitent au bord de la route, près du temple de Pillaiyar, enterrent aussi leurs morts, mais ils les placent assis, en position de pénitent, les mains liées derrière le dos, la tête haute, et le gros orteil attaché au cou par une corde ; c'est leur coutume à eux. Ceux qui habitent près du temple de Pérumal ont une conque tatouée sur une épaule, et un disque sur l'autre ; eux sont enterrés couchés comme nous [9]. Quand tous les rites ont été terminés, nos hommes ont pris un bain, là-bas même, au puits du champ de crémation, parce qu'à Velpakkam il n'y a pas de rivière comme ici, à Karani.

Nous, pendant ce temps-là, on avait préparé le repas de deuil, avec le riz et les légumes apportés sur les plateaux. Pour la première fois depuis le décès de ma mère, on avait repris le balai en main, juste pour nettoyer devant la maison. Le reste du ménage, on ne devait pas encore le faire. On n'avait pas non plus rempli les pannelles d'eau, ni enduit la maison de bouse de vache. Il y avait seulement une pannelle pleine, devant le seuil, pour que les hommes puissent se laver les pieds au retour du champ de crémation. Les femmes préparaient tout, pendant que ma belle-sœur, ma sœur et moi on était là, assises en train de pleurer. Le repas était prêt, sur une grande feuille de bananier. À côté, il y avait tout ce qui appartenait à ma mère : ses vêtements, son sac à bétel, tout ce qu'elle aimait avoir sur elle. On avait allumé une lampe à huile qui allait brûler jour et nuit, pendant seize jours. Si on ne fait pas ça, l'âme deviendra un démon au lieu de se réincarner...

Les hommes arrivèrent enfin du champ de crémation. Ils se lavèrent les pieds, et se mirent de la cendre sur le front avant d'entrer dans la maison, mon beau-frère le premier. Il a déposé les bijoux de ma mère à côté de ses vêtements, et il s'est prosterné devant la lampe à huile. Les autres se sont prosternés aussi. Ceux qui ne passaient pas la nuit à la maison sont partis sans rien dire. On a servi le repas aux autres parents et au blanchisseur.

Le septième jour, ma sœur et moi on a offert un repas. On a tout payé, parce que c'était à nous d'offrir ce repas, ma mère étant morte chez mon frère. Pendant qu'on le préparait, toute la famille de mon frère a pris un bain d'huile. Avant de servir, on a offert le repas à ma mère, en le déposant sur une grande feuille de bananier, là où elle avait trépassé. On s'est tous prosternés, et on a prié. On s'est enlacées, ma belle-sœur, ma sœur et moi, et on a pleuré. En nous voyant, les autres femmes se sont jointes à nous. Puis on a servi le repas à tous, et on s'est séparés, en fixant la date de la cérémonie du lait.

La veille du jour des rites de fin de deuil, un messager est parti avertir toute la famille. Mon frère, lui, est allé prévenir les *Iyer*, pour qu'ils célèbrent la cérémonie. Les *Iyer* du *céri* célèbrent les rites de fin de deuil pour nous et jouent aussi du tambour funèbre chez certaines familles de l'*ur* : ils vont chez notre Reddiar et chez quelques Gounder très pieux qui lisent des livres de dévotion. Ici, au *céri*, personne ne prie, personne ne lit de livres comme ça [10].

Pour les rites de fin de deuil, on est donc revenu à Velpakkam avec des plateaux, du riz, des légumes, de l'huile, du camphre, des céréales, des lentilles, du cumin, du sésame, des vêtements pour mon frère, dix petites pannelles, des branches de manguiers, des brins de darba. On avait préparé aussi un grand plateau avec des boulettes de sésame et des galettes en forme de soleil et de lune. Cet après-midi-là, il y avait foule sous le *pandal* dressé devant la maison. Tout le monde parlait de maman.

Le lendemain matin, ma sœur, ma belle-sœur et moi, on s'est levées très tôt pour pleurer. Les deux *Iyer* sont arrivés.

Mon frère et quelques hommes sont partis avec eux au champ de crémation. Un *Iyer* portait un pot de lait dans lequel on avait effeuillé une branche de margosier et mis une feuille d'herbe-hirondelle. Il portait aussi un plateau de sucreries avec des statuettes de Pillaiyar faites avec du riz et de l'ammi. L'autre portait le nécessaire pour le feu sacrificiel, et un pot d'eau. Le premier *Iyer* a posé sur la tombe, du côté de la tête, le pot de lait, le plateau de sucreries et les statues de Pillaiyar. Chacun des hommes s'est alors avancé pour asperger de lait les friandises avant de se prosterner, puis de prendre un bain. Mon frère est revenu ensuite, un turban sur la tête, un *somin* sur les épaules, suivi des autres hommes.

Nous, on les attendait près de la statue d'Harichandran. Sous le banian, un carré de terre était enduit de bouse de vache, et entouré de lampes à huile avec du camphre et des baguettes d'encens. Au centre du carré, on avait versé une mesure de paddy. On a posé le pot d'eau dessus, et le second *Iyer* a commencé la cérémonie du feu. Tout le monde avait un brin de darba enroulé entre le petit doigt et l'annulaire, et un autre noué autour du poignet. On s'est avancé un à un près du feu. Chacun a dit son nom, puis a jeté dans le feu les deux brins et des céréales, avant de répandre un peu d'urine de vache autour du pot d'eau et de donner une pièce de monnaie à l'*Iyer*. À chaque personne, l'*Iyer* récitait un mantra. Quand tout le monde a eu fini, mon frère a brisé une noix de coco devant la statue d'Harichandran. Il a pris le pot d'eau, et nous sommes tous rentrés à la maison. Je te l'ai déjà dit, Sinnamma, si une femme stérile reçoit ce pot, elle sera enceinte dans l'année. Mais comme il n'y avait personne dans ce cas chez nous, mon frère a déposé le pot, pieusement, au centre de la maison, à côté de la lampe à huile. Puis on a vite étalé des feuilles de bananier par terre, et on a mis dessus toutes sortes de légumes, du riz non cuit, des lentilles, du tamarin, des piments et une pièce d'une roupie, avant de se prosterner aux pieds des *Iyer*, qui sont alors partis en emportant leur dû. Ces prêtres, ce ne sont que des Parias comme nous, Sinnamma, mais on les appelle *Iyer* parce qu'ils officient pour nous, et on les respecte car ils ont chez eux des dieux qu'ils servent. Ils mangent du poisson ou du poulet, mais pas de bœuf. Nous, on n'a pas de dieu chez nous, à part cette lance[11]...

1. Le rire de Viramma.

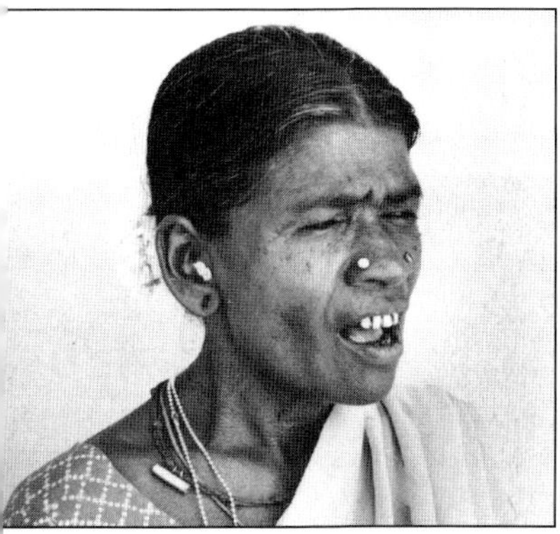

2. Viramma chante...

4. Viramma et l'une de ses petites-filles.

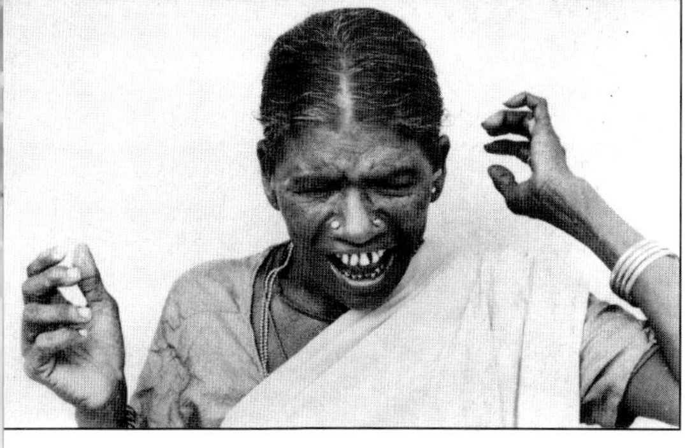

3. ...et chante encore.

5. Le sourire de Viramma.

13. Irrigation par pompe.

14. Karani. La mare à l'entrée de l'*ur*.

15. La rivière
de Gingee.

16. Karani.
La corvée
d'eau à l'*ur*.

17. Un petit temple
au bord de l'eau.

18 et 19. Viramma et Manikkam devant leur seuil.

20. Karani. La rue principale de l'*ur*.

XIV

LES SOUFFLES ET LES OMBRES

Jusqu'au seizième jour, l'âme du mort attend la décision du Royaume de Yéman. C'est pour ça que nous, les parents du défunt, on garde tout ce qui lui a appartenu à l'endroit où il a rendu le dernier soupir. On prépare les plats qu'il aimait et la lampe brûle nuit et jour. Le seizième jour, c'est la séparation. L'âme quitte le corps et la tombe et s'envole vers la nouvelle vie que lui a donnée Yéman [1]... J'ai pu le constater pour ma belle-sœur : avant de s'envoler, elle est venue voir la maison, ses vêtements, la vaisselle, nous tous, et elle est repartie sans faire de bruit. Tout était déplacé, mais rien n'avait été cassé. Mais dans le cas de mon beau-frère aîné, on a entendu le coup de fouet que lui donnait Yéman. Nous, les gens de l'enfer, on ne peut pas voir ces choses-là, mais les entendre, ça oui ! Mon mari et moi, on était jeunes en ce temps-là ; on n'avait pas encore d'enfants. On faisait la sieste sur une natte décorée de damiers qu'avait offerte mon père. Il devait être midi, quand on a entendu quelqu'un passer, en soufflant comme s'il était pressé : « Ahum ! Ahum ! Ahum ! Ahum ! » Il était dans la rue, puis il est venu derrière la maison. La vache qui était attachée là s'est libérée et s'est mise à courir dans tous les sens. Lui, il a fait le tour de la maison, puis il est passé devant le moringuier, qui s'est cassé net, comme s'il avait été scié ! On arrive plus ou moins à savoir ce que Yéman donne aux défunts, Sinnamma ! Les morts viennent toujours nous le dire dans nos rêves...

Ceux qui se suicident, c'est autre chose. Eux deviennent des démons, ça, c'est certain ! Ici, à Karani, plusieurs personnes se sont donné la mort. Toutes se sont transformées en Mohini*, en Budam*, en Minisu-prayan*, ou en Kattéri. Ensuite, elles sont venues nous déranger. C'est comme ça qu'on l'a su.

Je vais te raconter une histoire à ce propos, Sinnamma. Ça s'est passé à Pérukkarur, un village près de Velpakkam. Un jour, là-bas, les gens du *céri* se sont cotisés pour acheter un porc, comme ça, sans fête, juste pour le plaisir de manger du cochon. Un nommé Viramani, après avoir mangé son carry de porc, est naïvement parti au marché, le soleil au zénith, au lieu de rester chez lui. C'est que jamais il ne faut mettre la tête dehors après avoir mangé du porc. Ces jours-là, nos hommes ne vont pas s'occuper des récoltes ni surveiller l'irrigation : personne ne veut risquer de se faire gifler par un démon en traînant aux champs, et de tomber gravement malade. Viramani, lui, était bien allé au marché. La nuit tombée, il avait dîné et s'était couché. Mais avant l'aube, voilà qu'il entend quelqu'un qui lui dit : « Eh, Viramani, tu te lèves ? Allez, viens irriguer ! Ensuite on ira au puits. » Viramani devait ce jour-là irriguer un champ de piments. Quand il a entendu qu'on l'appelait, il s'est réveillé tout de suite en pensant qu'il était bien tard. Il a vite pris ses affaires, et il est parti vers le puits. L'homme qui l'avait réveillé marchait devant, un bâton à la main, la corde et l'outre sur l'épaule. En ce temps-là, il n'y avait pas de pompe comme aujourd'hui : c'étaient des picottes. L'homme est arrivé le premier, et sans dire un mot, il s'est installé en haut du balancier. Viramani l'a rejoint et a pris la place du bas. Et tous les deux se sont mis à actionner la picotte. Le champ de piment irrigué, l'homme continua son mouvement, sans rien dire. L'eau envahit le champ d'aubergines voisin, puis une troisième parcelle. L'homme montait et descendait si vite sur le balancier que la picotte semblait fonctionner toute seule. Viramani vit le puits se vider complètement, tandis que la fatigue le gagnait. Il commençait à se demander comment un homme pouvait pendant tant d'heures actionner le balancier sans s'essouffler, sans suer, sans s'arrêter. Lui n'en pouvait plus de guider l'outre dans la rigole. Il cria : « *Pa !* Arrête un peu, *Pa !* J'ai envie d'aller pisser. Attends-moi une minute ! » Le champ de piment n'était pas très loin du *céri*. Quand l'homme cessa d'actionner le balancier, Viramani s'enfuit à toutes jambes jusque chez lui et s'y enferma. Un petit moment plus tard, l'homme arriva à son tour en courant, et cogna à sa porte en disant : « Hé, Viramani ! Donne-moi un peu de carry de porc, *da !* Tu t'es empiffré tout seul sans penser à moi. Donne-moi un peu de carry, *da !* » *(Viramma rit.)* Viramani comprit alors à qui il avait affaire et, courageusement il répondit : « Tiens, viens prendre ton carry ! Approche-toi ! » Et quand l'autre tendit la main pour recevoir le porc, Viramani la lui trancha d'un coup de couteau bien aiguisé. Il ramassa la main, la recouvrit d'un panier d'osier, et posa sur le panier une lourde pierre à moudre. Quand le lendemain Viramani souleva le panier pour voir si la main était toujours là, il n'y avait plus à sa place qu'une patte de chat. La nuit suivante, il entendit une voix l'appeler : « *Deï !* Viramani ! Rends-moi ma main ! Rends-moi la main que tu as coupée ! » Pendant trois jours et trois nuits, Viramani le fit courir comme ça, sans rendre la main. Enfin, toujours courageux, il lui répondit en lui demandant : « Est-ce que tu recommenceras à me demander du carry de porc ?

— Non, non, répliqua l'autre, je ne t'en redemanderai plus, je m'en vais tout de suite ! C'est parce que tu sentais bon le carry de porc en allant au marché que je t'ai suivi. J'avais tellement envie de porc... Rends-moi ma main, maintenant, je m'en vais, je ne reviendrai plus... »

Viramani lui jeta la patte de chat, et il n'en entendit plus parler. C'était un homme bien portant qui s'était suicidé après s'être disputé avec sa femme, Sinnamma. Il était devenu un Mini* en attendant sa vraie mort, et il avait été attiré par cette odeur de carry de porc autour de Viramani, qui avait été bien imprudent...

Les âmes de ceux qui se suicident attendent toujours là où ils se sont tués, qu'ils se soient jetés dans un puits ou pendus à un arbre. Dans nos campagnes, on ne s'approche pas de ces endroits-là quand le soleil est au zénith ni aux heures tardives. Si c'est un arbre, on l'abat tout de suite en prenant bien soin de le déraciner complètement, pour qu'il n'en reste rien ; puis on le coupe et on en fait des bûches. On brûle la corde au pétrole. Dans l'*ur*, la fille d'un Gounder s'est pendue à la tringle du ventilateur, après une déception amoureuse. Le forgeron est allé démonter la tringle et l'a fait fondre avant d'en mettre une autre. Oui, c'est ce qu'il faut faire, Sinnamma, sinon l'âme du mort restera là où le défunt s'est tué, et embêtera toute la famille. Si ça s'est passé au-dehors, le mort traînera jusqu'à la fin de son temps en cherchant sa nourriture, et s'il n'en trouve pas il mangera comme un porc, n'importe quoi.

Une autre femme de l'*ur* s'est suicidée, il y a quelques années, en avalant des fruits d'arbre de bel. C'était une femme mariée qui avait des relations avec un type de Tirulagam, et elle s'est retrouvée enceinte. Elle qui ne sortait jamais, elle est allée près d'un champ d'éleusine où se trouvait un arbre de bel. Elle a ramassé des fruits discrètement, et s'est installée derrière un bosquet. Là, elle a réduit les fruits en poudre, et elle a avalé la poudre dans un peu d'huile de ricin qu'elle avait apportée. Elle est rentrée chez elle, et elle s'est couchée comme si de rien n'était. Une heure après, elle se tordait de douleurs, brûlante de fièvre, en salivant abondamment. Affolée, sa belle-mère a appelé toutes les voisines. Dans nos campagnes, il y en a toujours qui voient tout, qui savent tout. La vieille Kuppu s'est approchée et a raconté ce qu'elle avait vu : « Ah, grand-mère ! Tu ne sais pas où je l'ai aperçue en allant faire paître les vaches ? Elle était dans le bosquet derrière le champ d'éleusine, en train de moudre des fruits d'arbre de bel. C'est sûrement ça qu'elle a avalé ! »

Dès qu'on a su ça, personne n'a voulu garder cette femme à la maison, et la pauvre est morte à l'hôpital de Pondy, et après ça, on ne l'a même pas ramenée chez elle ! Nous, au *céri*, on lui aurait donné un verre de crotte diluée dans de l'eau pour la faire vomir tout de suite, ou un verre de jus de tamarin dans lequel trempe une pièce de cuivre. Avec ça, on recrache tout de suite ce qu'on a avalé, et ça fait contrepoison. Pauvre femme ! Elle a fauté, mais on aurait pu la sauver. La famille n'a pas voulu affronter pareille honte, et l'a laissée mourir. C'est comme ça, dans l'*ur*, quand on découvre une affaire de cœur, il n'y a pas d'autre moyen d'échapper aux affronts. En tout cas, la pauvre n'est venue embêter personne ensuite.

Ce rejeton de buffle

Ça arrive, ça, Sinnamma, que des démons ne fassent rien, qu'ils ne s'attaquent à personne. D'autres, au contraire, s'en prennent uniquement au mari, le rendent malade, le font fondre comme un balai, et viennent jouer avec sa femme. Un jour, en rentrant du repiquage — on était une dizaine de femmes, et il faisait très chaud —, on s'était arrêtées dans une cocoteraie pour prendre un peu le frais en chiquant du bétel. Tout à coup, Danamma aperçoit un homme en *somin* blanc qui s'avance vers elle et lui dit : « Allez, lève-toi, *dè*, il est l'heure, j'ai faim ! Viens me donner à manger ! » Surprise de voir son mari bien habillé alors qu'elle venait de le croiser un peu plus tôt en train de labourer en cache-sexe, elle se retourne pour lui répondre : il n'y avait plus personne ! Nous, on était en pleine discussion, et Danamma n'a pas fait cas de cette apparition. Mais voilà qu'à nouveau quelqu'un l'appelle, et cette fois, nous aussi on l'entend dire : « Danamma ! Hé, Danamma ! Tu as donné à manger aux enfants ? Allez, lève-toi, on s'en va ! Il est l'heure ! »

Danamma s'est retournée une nouvelle fois : il n'y avait toujours personne. Elle nous a dit, alors : « Hé, les filles ! Vous avez entendu ? Mon mari me parle et je ne vois personne ! » On s'est toutes levées d'un coup et on a détalé de peur. C'est en arrivant près du *céri* qu'on a pensé à Ramin, le mari d'Ambigai, qui est mort en tombant d'un cocotier, le pauvre. Il était monté cueillir des noix pour le Naïcker de la rue du Temple de la Mère, et il est tombé. Il est mort sur le coup. C'était un homme jeune, fort, et il laissait derrière lui quatre enfants et Ambigai. Tu la connais, Sinnamma, c'est elle qui sait beaucoup de chansons des champs. Ramin n'a pas pu vivre sa vie de famille, et c'est pour ça qu'il est revenu sous la forme du mari de Danamma, pour lui parler comme un père, comme un époux. Tu vois, lui, c'est un Mini gentil, qui ne fait de tort à personne.

Ce n'est pas comme la Panse. La Panse, c'est son surnom. Ses parents, en tout honneur, l'avaient appelé Sukumarin, mais nous, on l'avait surnommé la Panse à cause de son ventre énorme. Cette histoire m'est arrivée un jour où mon fils avait la dysenterie. Comme le petit ne pouvait pas aller très loin pour faire, je l'avais emmené dans le champ derrière la maison, et je m'étais assise dans l'étable à côté en l'attendant. Tout à coup, j'aperçois une tache blanche ! J'écarquille les yeux pour mieux voir : c'était un homme vêtu d'un *somin* blanc éclatant, traînant jusqu'à terre. Mon cœur se mit à battre fort, comme s'il allait tomber. J'avais reconnu la Panse, le mari d'Ammapponneu. Il était mort à l'hôpital de Pondy, après une opération du ventre ; il paraît que l'air lui est entré dedans quand on l'a ouvert, et il est mort après avoir beaucoup souffert ! C'était un bon menuisier, qui travaillait à l'*ur*. Il savait bien faire les garde-manger et les meubles où ranger les pannelles d'huile de sésame. Jamais, il n'avait eu d'enfants avec Ammapponneu. Elle, de son côté, elle avait un amant, avec qui elle vit aujourd'hui. Et le voilà, la Panse, debout en face de moi ! Il ne bougeait pas. Je n'ai pas crié, et je n'ai rien dit à mon fils, de peur de l'effrayer ; il était tout jeune et commençait juste à garder les vaches. Je craignais qu'il ne se vide le ventre d'un coup si je lui disais ce que je voyais. Mais lui, il avait vu aussi la Panse, et n'avait rien dit non plus pour ne pas m'effrayer, en pensant : « Si je le dis à maman, elle va prendre peur et se mettre à hurler ! » Moi, j'ai vite pris mon petit par la main, et on est rentrés à la maison. J'ai aussitôt allumé du camphre et une lampe à huile qu'on n'a pas éteinte de la nuit. Ce soir-là, mon mari devait justement aller surveiller des champs qu'on irriguait et il lui fallait dormir là-bas. Après le repas du soir, il est parti avec sa lanterne, et on est restés tous les trois, mes deux enfants et moi. Les soirs où mon mari est absent, les voisins rapprochent leurs nattes de chez nous et nous tiennent compagnie. On chique du bétel en racontant des histoires, on chante des chansons... Tout allait bien, mais avant de me coucher je suis allée derrière la maison jeter un coup d'œil. La Panse était toujours là, immobile ! Cette fois, j'ai hurlé en l'insultant : « Viens donc que j'te frappe avec ma savate ! Pourquoi tu viens me voir, moi, hein ? Quels liens j'ai avec toi ? » Et je me suis tournée vers les autres pour tout leur raconter : « C'est vrai, quoi ! Il n'a pas à venir me trouver, moi ! Je n'ai rien à faire avec lui : il vit du côté de chez les blanchisseurs, et moi ici, près du terrain communal ! » Quand j'ai crié, il a disparu, je ne sais comment...

Le lendemain, il est revenu, et cette fois il a effrayé tout le monde au *céri*. Alors les gens ont compris que ce que j'avais dit la veille était vrai, que c'était pas des histoires, et que j'avais bien vu la Panse le soir d'avant. Le pauvre, il était venu voir ce qu'il advenait des biens dont il n'avait pas pu profiter. Il avait gagné beaucoup d'argent de son vivant, mais il n'avait pas pu jouir de la vie, et il n'avait pas d'enfants : c'était un autre, maintenant, qui en tirait profit...

La Panse, lui, était resté immobile, sans rien faire, sans rien dire. Mais ça ne se passe pas toujours comme ça. Je me trouvais une fois à Koraiyur, chez ma fille. Juste en face de chez elle, il y a un grand puits. Je somnolais dans la maison, quand tout à coup j'ai vu un homme au bord du puits, un type noiraud, de courte taille, tandis qu'un arbre sortait du puits, un porcher aux belles branches, qui faisait de l'ombre à cet homme. Et lui, le voilà qui me montre ses dix doigts, en me disant : « Oh ! Je ne vais pas te laisser ici ! Je vais t'emmener avec moi, oui, je ne te laisserai pas ! » Moi, je me suis mise à hurler : « Ah ! Viens que j'te frappe avec le balai, avec la savate, espèce d'âne ! Qui es-tu, toi ? Et moi, tu sais qui je suis ? Je suis invitée ici chez ma fille ! Tes dix doigts, je te les tordrai si tu me touches, espèce de souillure de mes règles ! » Sinnamma, rien n'avait bougé autour de moi. La lampe était restée allumée près de ma natte, la pannelle de riz était toujours sur le foyer. À côté, la réserve, avec deux sacs de paddy, était intacte. Les autres dormaient. Ma fille, elle, s'est réveillée, et elle a compris de quoi il s'agissait. Quand le jour s'est levé, elle m'a emmenée chez un exorciste, un marchand de briques qui m'a guérie avec des branches de margosier. Enfin, guérie pour un temps.

Car je l'ai revu, ce noiraud ! J'étais allée une autre fois porter chez ma fille vingt kilos de tamarin, bien décortiqué, bien nettoyé. Là-bas, Miniyamma ne me laisse pas faire grand travail et me pousse toujours à me reposer. Cet après-midi-là, je faisais donc la sieste à la maison. Et alors, Sinnamma, je n'invente rien, je te le dis très franchement : ce buveur de mouille est revenu, noir comme une coloquinte. C'est la vérité, Sinnamma, je le dis en joignant les mains : il m'a soulevé les vêtements, et m'a mis sa queue dans le sexe ! Moi, je me suis mise à trembler de tout mon être — je te le jure sur mon *tali* ; je ne trouvais plus mes mots, je n'avais pas la force de parler. J'ai fini par appeler, d'une voix chevrotante : « Miniyamma ! Miniyamma ! Il est assis sur moi... Il a soulevé mon sari et m'a mis sa queue dans le sexe ! » Miniyamma m'a répondu : « Ce n'est personne d'autre que mon beau-frère aîné, maman ! C'était un vaurien qui n'avait peur d'aucun grand de ce village, d'aucun Reddi, d'aucun Chetti ! Un voyou qui passait son temps à boire et à jouer aux cartes. Il est mort après avoir affreusement souffert, mère ! C'est lui qui t'a agressée. Viens ! On va retourner chez le marchand de briques, il te mettra un talisman ! » Tu te rends compte, Sinnamma ? Ce type était le propre beau-frère de ma fille ! Il avait une femme et deux enfants, qui habitent maintenant la maison voisine. Mais lui, un temps, a habité la maison de Miniyamma. Cette souillure qui aimait tant les cartes est morte à la gargote en souffrant terriblement. Il paraît qu'on ne l'a même pas ramené chez lui, et qu'on l'a enterré directement là-bas. C'est cette pédale, avec sa grosse moustache, qui est revenue là où elle avait vécu, et qui m'a violée, moi ! Je me suis donc fait exorciser de nouveau. On m'a donné un talisman que je garde toujours sur moi. Et depuis, que j'aille chez ma fille avec mon mari ou sans lui, pour un événement heureux ou pour un deuil, plus jamais je ne passe la nuit là-bas. Après cette affaire, en rentrant à Karani — je te le dis à toi, Sinnamma, même mon fils ne le sait pas, et il ne faut pas qu'il le sache — j'ai creusé un trou sous le pas de la porte, et j'y ai enterré de l'ammi, pour empêcher ce type d'entrer. J'ai peur que ce buveur de mouille ne vienne encore me posséder. Ce sale veuf est mort jeune, sans avoir profité de sa femme, sans avoir eu toute sa part des plaisirs de la vie. Après sa mort, il est devenu un Mohini*, comme ceux qui meurent à un carrefour. Et les Mohini sont terribles : ils sont en furie comme ce rejeton de buffle !

Dharma, karma

Sinnamma, tous nos morts ne deviennent pas comme ça. Ce sont seulement certaines personnes qui ont mal accompli leur *dharma*[2] qui se retrouvent dans cet état. Alors, en attendant leur réincarnation, ils nous agressent, ils nous dérangent, ils font bouger des objets — le van, les savates — pour montrer qu'ils sont là. Et surtout, ils vont non pas chez leurs parents, mais chez des amis, des connaissances. C'est pour ça que nous, dans nos campagnes, on les insulte à haute voix : « Hé, pute ! Attends que je te donne un coup de balai ! Va donc chez ta mère ! Va chez toi ! Qu'est-ce que tu fais ici, à venir nous emmerder ? » Oui, Sinnamma, c'est comme ça qu'il faut leur parler. Nous, gens de l'enfer[3], on a peur de ces souffles, peur de ces ombres. Les gens qui ont eu une mort ordinaire, on ne les craint pas. Au contraire, on pense beaucoup à eux ; ils ont toujours vécu avec nous sur cette terre, et jamais on ne les oublie. Aujourd'hui encore, quand j'achète quelque chose, n'importe quoi, un vêtement neuf, du tissu, des sucreries, je le pose sitôt rentrée à l'endroit où mes petits ont poussé leur dernier soupir, j'allume un peu de camphre, je leur offre mes achats et je me prosterne. C'est après seulement que je distribue ce que j'ai rapporté aux autres, et que je me sers. Que d'enfants j'ai perdus, moi ! Comment ne pas penser à eux ? Quand ils étaient avec nous, ils avaient plaisir à manger tel fruit ou telle douceur, à porter tel vêtement. Maintenant qu'ils sont morts, qui sait comment ils sont, et où ils sont ? Bonheur ou malheur, nos morts sont pour nous comme des dieux. On les invoque dans les moments difficiles, on les prie pour qu'ils nous aident. Pour marier ma fille Sundari, par exemple, j'avais réuni presque toute la somme nécessaire, mais il me manquait cent roupies. J'ai prié ma mère, ma belle-sœur, et tous mes enfants. Je leur ai dit : « *Ayo*, vous tous qui êtes morts, vous mes enfants, entrez dans le cœur du Reddiar pour qu'il lâche encore un dernier billet de cent ! Faites que je puisse célébrer comme il faut le mariage de notre Sundari ! » Et j'ai obtenu satisfaction.

Ces morts-là ont bien fait leur *dharma*, Sinnamma, et le fruit de leur *dharma* nous protège.

Moi, c'est le *dharma* de mes parents qui me protège, et mon *dharma* sera bénéfique à mes enfants. Qu'est-ce que c'est que le *dharma* ? C'est bien se conduire dans la vie, respecter les autres, être droit, vertueux, généreux, patient, ne pas ressembler à Kali. C'est être humble, obéissant, réservé, affectueux. C'est appeler sa tante, tante ; son oncle, oncle ; les femmes, mère ; les hommes, père, monsieur ou seigneur. C'est parler avec politesse et décence, avec réserve ; c'est employer une belle langue. Moi, si je me conduis ainsi, on dira : « Voilà une femme bien ! Elle est arrivée ici gamine, elle a grandi ici, elle a mis au monde douze enfants, elle a même cajolé cinq petits-enfants, elle a mené une vie de respect et de dignité, et la voilà qui part au champ de crémation tout aussi dignement ! » Ce qu'on dira de moi, c'est le *dharma* que j'aurai accompli, et c'est ça qui protégera mon fils. Et les gens lui diront : « *Deï*, Anbin ! C'est à cause du *dharma* de ta mère que toi tu es bien à présent ! »

Pratiquer une bonne action, c'est aussi accomplir son *dharma*. C'est toi qui dois la faire envers moi, Sinnamma, parce que tu en as les moyens. Et d'ailleurs, tu l'as déjà fait ! Tiens ! Le sari que tu m'as offert, l'argent que tu m'as donné, voilà de bonnes actions que tu as accomplies envers moi. Mais moi qui ai reçu tes cadeaux, je ne peux pas t'en faire de semblables. Alors je t'adresse mes bons vœux, c'est-à-dire que je te donne une part de mon *dharma* pour qu'il te suive et te protège dans ce pays lointain où tu vas avec monsieur et tes enfants, et pour que tu sois heureuse et en bonne santé.

Chacun a son devoir dans la vie. Toi, par exemple, tu me dis : « Détends-toi ! Assieds-toi à l'aise en étendant bien tes jambes ! » *(Viramma se tapote les joues en signe de profond respect.)* Eh bien, jamais je ne l'ai fait, as-tu remarqué ? Et jamais je ne le ferai ! J'ai beau être comme une mère pour toi, j'ai beau te considérer comme ma fille au fond de mon cœur, Sinnamma, tu es née dans une caste plus élevée que la mienne. Je te dois le respect ; jamais je n'étendrai les jambes en te parlant. Ça aussi, c'est mon *dharma* ! Un jour, quand je suis venue chez toi et qu'on parlait sur la terrasse, ton père est monté t'apporter une lettre. En le voyant, j'ai tressailli. Je me suis levée, je me suis couvert le dos avec mon sari et je me suis mise dans un coin en baissant la tête. Lui, aussitôt, m'a dit : « Reste assise, Viramma ! », et il est redescendu tout de suite. Je ne me suis assise que lorsqu'il a disparu. Tu vois bien, Sinnamma, c'est du respect, ça. Quand il m'a dit : « Reste assise, Viramma ! », il a dû penser : « Voilà une femme respectueuse, humble. Ce n'est pas une effrontée. » Et cette bonne pensée pour moi, c'est du *dharma*, dont les mérites serviront à mes descendants...

Ceux qui pratiquent mal le *dharma* manquent de respect. Ils sont blessants et médisants, même dans les disputes. Or il faut garder la mesure, Sinnamma. Je te dis ça bien que dans notre caste on se dispute tant qu'on se dit n'importe quoi dans les moments de colère. Aussi, quand une femme vit mal son *dharma* et perd la mesure dans une dispute, on dira d'elle : « Ah ! Écoute comme elle parle ! Que la mort l'emporte, cette sale veuve qui lance des injures comme ça sans arrêt ! Que le serpent fasse son trou dans son sein ! Que des abcès lui poussent dans la bouche ! Qu'on lui enlève son *tali* ! Pourra-t-elle encore faire des offrandes sur une feuille de bananier ? Que son premier-né l'avale ! » Et tout ce qu'on dit de quelqu'un comme ça, tout ça pèsera sur son *karma*[4] et se fera sentir sur sa descendance. Aussi quand quelqu'un souffre d'une maladie incurable ou reste dans une misère noire malgré l'aide qu'on peut lui apporter, on dit de lui dans nos campagnes : « Qu'ont bien pu faire son père et sa mère ? C'est le poids de leur *karma* qu'il est en train d'expier maintenant ! » Et aux jeunes de plus en plus nombreux qui sont sans emploi, on leur dit aussi : « Si ta mère avait pratiqué son *dharma*, tu en profiterais maintenant. Si tu te retrouves sans travail, c'est sans doute qu'elle n'a pas fait ce qu'elle devait ! » Mais eux me rétorquent : « *Deï !* Cette vieille en est encore à l'ancien temps ! »

Ils ne croient plus à rien, ces jeunes. Mais c'est pourtant vrai qu'il faut se conduire correctement dans la vie ! Ils verront bien : ils auront des comptes à rendre à Yéman ! On peut être riche et mourir sur le trottoir à cause du poids du *karma*. Mais quand on est sur le trottoir et qu'on pratique le *dharma*, on peut aller au Royaume de Siva ! Regarde ceux qui ont de l'argent, et qui grignotent la part des pauvres ; ceux qui nous insultent quand on va travailler pour eux ; ceux qui ne nous paient pas suffisamment. Nous, les pauvres, qu'est-ce qu'on peut faire ? On les maudit : « *Ayo !* Que le tonnerre du Ciel et des Hauteurs te tombe sur le crâne ! Que tu renaisses en chien ou en lézard ! » Voilà tout ce qu'on peut dire. Mais ça, ça alourdira le poids du *karma* que leur descendance devra supporter. Et eux, au Séjour de Yéman, ils auront à répondre aux interrogations du dieu. Et selon ce qu'ils ont fait, ils renaîtront en chien, en âne, en cheval, ou, si c'est très grave, en lézard, en serpent, en caméléon, en scorpion, tandis que ceux qui ont bien pratiqué leur *dharma*, ils iront se ranger au Royaume de Siva, ils n'auront plus à renaître...

XV

LA MÈRE ET LE PRINCE

Puisqu'on parle de renaissance, Sinnamma, je suis sûre qu'Isvaran fera renaître en serpent ces buveurs de mouille qui ont tué notre mère Indira Gandhi ! Que de bien elle avait fait pour nous, les pauvres ! Dès que j'ai appris la nouvelle, je n'ai pas pu retenir mes pleurs, ni ma colère ! On était au puits en train de remplir nos pannelles quand on nous a prévenues : elle n'était pas encore morte... À la radio aussi on pleurait... Ici, on a tout de suite fait le nécessaire, en mettant des haut-parleurs pour pouvoir suivre les nouvelles [1]. On a fait un *pandal* — à l'*ur* aussi ils en ont fait un — avec une grande photo de notre Mère [2], qu'on a entourée d'une grosse guirlande de fleurs. Des baguettes d'encens brûlaient nuit et jour. Nous, les femmes, on a chanté des chants funèbres trois jours de suite. Dans l'*ur*, des voitures n'arrêtaient pas de sillonner les rues. Les gens importants s'étaient réunis chez le Reddiar, et un autre groupe s'était assemblé chez le Gounder, le frère du maître d'école [3]. Moi, je retenais mon fils à la maison, j'avais peur qu'il aille se fourrer dans des troubles à Tirulagam. Mais en fait tout est resté calme ici, malgré les va-et-vient entre Pondy et Karani. C'est à Delhi qu'il y a eu le plus de bagarres, a dit la radio [4].

Le jour de la dispersion des cendres, à l'*ur*, on a distribué des pois chiches sautés à tout le monde. Pauvre Mère ! Pauvre Indira Gandhi ! Elle qui a tant souffert pour nous ! Il paraît que ceux qui l'ont tuée faisaient partie de ses propres gardes. On a lu dans les journaux qu'ils appartenaient à une caste de bagarreurs, attends, ils ont dit la caste des Sikhs, des types qui ressemblent à Viran, avec une grosse moustache, barbus. Tu as vu leurs photos dans le journal, Sinnamma ? Moi, j'ai même vu le film des funérailles. Je n'ai fait que pleurer en regardant ça. On dit que c'est pour une histoire de caste que les types se sont vengés. Cette caste s'est soulevée contre notre Mère qui était au pouvoir à Delhi. Ces gens ne supportaient pas d'être gouvernés par une femelle, et ils l'ont tuée.

« Non, il ne s'agissait pas d'une histoire de caste, mais de culte. Leur culte était différent de celui de Mme Gandhi.

— Qu'est-ce que tu dis, Sinnamma ? *(Viramma est surprise.)*

— Le culte sikh !

— Le cul[5] ? *(Viramma rit.)*

— Non, non ! Je ne parle pas de cul, mais de culte, de religion. Il y a la religion des hindous, celle des musulmans, celle des chrétiens. Eux, c'est la religion sikh, le culte sikh.

— Han ! Je ne savais pas ça ! *(Sourire.)*

— Vous, au *céri*, vous avez bien une religion, un *védam*[6] ?

— Ah non ! moi je n'ai pas de *védam*. Nous, les Parias, on n'a pas ça. Celui qui lit les Védas à longueur de journée, c'est le brahmane, ses dieux à lui sont végétariens !

— Oui, les Védas, d'accord, c'est le brahmane. Mais toi, tu as bien un culte ?

— Han ! *(Viramma rit.)* Tu insistes encore là-dessus, Sinnamma. Mais dans quel pays ça existe, ça ? Un cul, un cul ! *(Rires.)* Moi je ne connais qu'un seul cul, et je te dirai que je ne suis plus en état de m'en servir ! Et pourquoi tu voudrais que je le sois, hein ? J'ai connu le plaisir à volonté avec mon mari : je suis comblée de ce côté-là. Le cul, ce n'est plus mon souci, tu me fais rire !

— Non ! Je veux parler du culte rendu aux dieux, des pratiques envers les dieux !

— Ah ! *(Ton sérieux.)* Je comprends mieux maintenant, bien que je ne voie pas bien ce que le cul a à voir avec Dieu. En fait, tu veux dire que, comme les brahmanes ont leur *védam*, quel est notre dieu à nous, les Parias ? C'est ça, Sinnamma ?

— Oui, c'est ça...

— Ah ! Comme ça, c'est mieux ! Nous, notre dieu c'est Périyandavin. Encore que ce ne soit pas le dieu de tout le monde au *céri*, c'est le dieu de notre lignée. C'est lui qui protège nos petits, qui a le pouvoir de leur donner la vie ou de la leur enlever. C'est lui seul notre dieu[7]. Mais si on le désire, on peut aller adorer un autre dieu dans un temple. Dans les villes, ça ne manque pas. On va aussi adorer le Grand Pérumal à Tirupati. Et des temples de Subramanian ou de Govinda, il y en a partout. À l'*ur*, il y a des temples dédiés à Isvaran, à Murugan, à Mariamman, à Draupadi, à Pillaiyar, à Aiyanar, mais là, on ne peut pas entrer. Quand c'est la fête, on cuit notre *pongal* à l'extérieur, et on demande au prêtre de faire les *puja* pour nous [8]. Au *céri* aussi on a des temples ; le plus important est celui de la Grande Déesse, la Mariatta... Cela dit, qui sont les hindous, les musulmans, les chrétiens, alors ça, je ne sais pas très bien... Les hindous, ça doit être un nom de caste. Attends, il me semble que je l'ai déjà entendu : le peuple hindou, c'est nous les pauvres qu'on appelle comme ça dans des discours. Le peuple hindou, ça doit vouloir dire les Harijans, les habitants du *céri*. Oui, c'est ça notre caste [9].

— Non, hindou, ce n'est pas un nom de caste. C'est le nom de ceux qui adorent des dieux hindous !

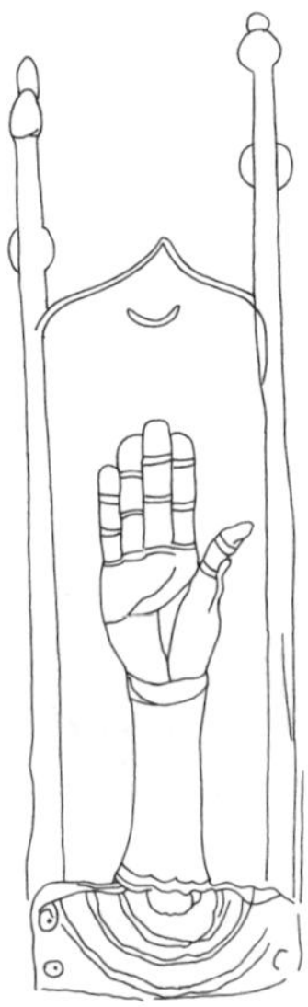

La main de Fatima, symbole de l'islam.

— Ah, attends alors ! Je pense que c'est ceux qui ont la Main pour dieu [10] !

— Non ! Ceux-là, ce sont les musulmans.

— Ah oui, tu as raison, Sinnamma ! Oui, ce sont ceux qui adorent Allah dans les mosquées ; il y en a à Tirulagam. Quant aux autres, je les connais, ils prient à genoux avec un livre à la main. Ces gens-là viennent de Pondy. Ils appellent tous les pauvres à devenir comme eux. Une fois, ils ont même dit à mon fils qu'ils célébreraient son mariage gratuitement. “Envoyez vos enfants, ils disent, on les instruira, même ceux qui ne sont jamais allés à l'école. Les jeunes, on leur fera faire un mariage, à la mairie et à l'église, et on leur trouvera du travail, pour qu'ils puissent envoyer un petit pécule à leurs parents restés au village !” Mais personne ne les a suivis : il paraît qu'ils emmènent nos jeunes dans un pays lointain [11]... » *(La discussion reprend le lendemain.)*

Sinnamma, j'ai raconté hier soir ton histoire de cul à mon mari. Tangadorai était avec lui, pour chiquer le bétel. On a tous bien ri ! Tu vois, eux non plus ne comprennent pas plus que moi ! Petit à petit tout le monde s'est joint à nous, et c'est finalement Sukumar qui nous a un peu éclairés sur tout ça : lui, il a étudié, et il est maintenant pompier à Pondy. Il nous a dit que ce mot de culte, de religion, ça indiquait les musulmans et les chrétiens, et aussi la caste des tueurs d'Indira Gandhi. Il nous a dit aussi que ces porteurs de turban adoraient un dieu dans un temple en or que les soldats d'Indira Gandhi ont démoli en leur faisant la guerre. Ces Sikhs avaient donc ça à venger au fond du cœur, et c'est pourquoi ils ont tiré sur cette pauvre mère. Moi, j'ai eu les larmes aux yeux encore une fois quand Sukumar nous a raconté ça. J'ai repensé au film que j'avais vu à Tirulagam : c'était la première fois que j'allais au cinéma, pour voir les funérailles de cette mère. Qu'elle était belle dans son sari rouge, et que de fleurs il y avait !

Toutes sortes de musiques, toutes sortes de lumières...

Ça m'a tout à fait rappelé l'enterrement de notre Gopala Gounder. Ah ! C'est dommage que tu n'aies pas pu assister à cet enterrement, Sinnamma ! Ç'a été une vraie fête ! Pendant deux jours, personne n'est allé travailler. Les orchestres arrivaient sans arrêt, il y avait des plateaux d'offrandes dans tous les coins. Ce prince était connu de tout le monde ! Il avait de la famille partout, des amis et des admirateurs dans tous les villages ! Munissami était l'*urtotti* cette année-là : il a gagné plus de vingt roupies rien qu'en annonçant le décès dans la famille ! Jamais un *urtotti* n'avait gagné autant ici !

Ce prince n'a fermé les yeux qu'après l'arrivée de sa fille et de ses petits-enfants, qui habitent au-delà de Delhi, la ville d'Indira Gandhi. C'est seulement après avoir bu trois gouttes de lait de la main de sa fille qu'il est mort [12]. Si tu avais vu le char qu'on a construit pour transporter ce raja, Sinnamma, tu en aurais été étonnée ! Il était en forme de bateau, grand comme d'ici au coin de la rue. Il paraît qu'il a coûté 4 000 roupies ! On a ensuite couché le prince non sur une simple couche, mais sur un matelas de fleurs de coton, sur lequel on avait versé trois paniers de bourgeons de jasmin parfumés de benjoin. Des fleurs ! On aurait pu en charger un bateau ! Des fleurs ! Des guirlandes grosses comme des troncs d'arbres avaient été envoyées de Pondy et de Manjapadi, le village natal de la veuve. Le plateau venu de chez elle était d'un lourd ! Des plateaux d'hommages, il en est venu de partout, même de chez nous, au *céri* : Kaliyan, qui était alors le chef ici, a acheté la guirlande à Tirulagam, et c'est moi qui ai porté le plateau. On a pleuré, et on a chanté de belles lamentations. Sinnamma, j'ai compté neuf orchestres ! C'est celui d'Anaikkollai qu'on a le plus remarqué, car il y avait là une vraie femme, et pas un travesti comme d'habitude. C'était une femme de notre caste, celle-là, mais elle était très maquillée, et paraissait blanche comme le lait, avec des cheveux coupés sur le devant. Il paraît qu'elle portait une perruque, et elle avait de grands accroche-cœurs sur les joues. Ses yeux étaient bien faits, et elle avait des lèvres rouges comme le sang. Pour faire plus de bruit, elle s'était attaché aux chevilles trois tours de clochettes. Tout le monde s'était rassemblé autour de son orchestre, et elle balançait des hanches, pointait les seins, sautait en faisant tourner sa jupe. Les cris de joie et les applaudissements accompagnaient sa danse, c'était le délire ! Mais ne va pas croire que toutes nos femmes dansent comme ça en public, Sinnamma ! Elle, c'en est une qui a tout vendu, son honneur, sa pudeur, et qui gagne sa vie de cette façon. Celles qui ont un mari ou une famille ne peuvent pas danser comme ça, même si elles aiment la danse. Bien sûr, la femme qui chante des chansons de travail avec moi, celle de Tirulagam, elle a des enfants et des petits-enfants et adore chanter et danser. Elle se joint à l'orchestre de Tirulagam et danse avec les jeunes. Elle les provoque, et eux la plaisantent, mais on ne la considère pas comme vendue, parce qu'elle est vieille, elle a fini sa vie. Elle peut se permettre de danser en public. D'ailleurs elle aussi a dansé pour l'enterrement de Gopala Gounder. Ça dansait partout, il faut dire ! Il y avait toutes sortes de musiques, toutes sortes de lumières : nos hommes portaient sur la tête deux néons de couleur, comme pour une fête. Les petits-enfants du Gounder, eux, portaient des torches de beurre fondu que le blanchisseur avait préparées. D'autres portaient sur l'épaule des pousses de bananier piquées de baguettes d'encens. Musique, lumière, odeurs de fleurs et d'encens, on aurait vraiment dit une fête de temple ! Si tu avais vu ce monde, Sinnamma ! Il y avait une longue queue de voitures à l'entrée du village, et on m'a cité beaucoup de grands noms venus de Pondy, mais moi je ne voyais pas qui ça pouvait être. Les places étaient noires de monde, celle de l'étang aux nénuphars comme celle du temple d'Aiyanar, comme un jour d'élection.

Il faut dire que Gopala Gounder a toujours été une autorité, avant qu'apparaissent tous ces types des partis. C'était un roi qui a lutté pour les pauvres, qui a souffert pour nous. Il méprisait l'argent. Il ne s'est pas enrichi comme les autres, lui ! Ce prince qui avait à faire avec les puissants, les élections, est toujours resté modeste, et a toujours tenu l'argent loin de lui. Quelle humilité dans sa démarche, Sinnamma ! Jamais hautain, jamais autoritaire, et si dans un moment de colère il nous rudoyait, il le regrettait ensuite. Il aimait bien mon mari, qui était le fils d'un homme qui avait du bien, et mes beaux-parents avaient pris l'habitude d'aller lui porter des produits de leur champ. Gopala Gounder le rappelait toujours à mon mari : « Ton grand-père avait de la terre autrefois. » Moi, quand je suis arrivée ici, mes beaux-frères avaient mis en gage leurs derniers lopins. Ces terres ont changé de mains plusieurs fois. Le dernier qui les a eues était un Chettiar de Pondy ; je ne sais pas si c'est toujours lui aujourd'hui... En tout cas, Gopala Gounder connaissait bien ma belle-famille, et c'est pour cela qu'il s'adressait toujours si délicatement à mon mari, avec précaution, comme s'il cueillait une fleur de moringuier ou des bourgeons.

On l'a enterré là, dans son propre champ, et on va bientôt y construire un monument. Notre seul regret, c'est qu'on l'ait mis en terre comme ça, directement, sans cercueil. C'est leur coutume, dans cette caste. Tu vois, Sinnamma, j'étais encore fillette quand je suis venue ici, à Karani. J'ai grandi ici, j'y ai eu des enfants, des petits-enfants. Il y est mort des gens très riches. Eh bien, je peux dire que, jusqu'à ce jour, jamais je n'ai vu d'enterrement pareil à celui de ce prince, Gopala Gounder...

XVI

LA CASTE DES VOLEURS

Maintenant que ce prince est mort, le prestige de sa famille est tombé avec sa tête [1]. Les fils ne sont pas comme le père. L'aîné, lui, vit avec une Kepmari. Il paraît qu'elle vient d'accoucher d'une petite fille. On ne sait pas encore ce qui va se passer. On dit qu'un conseil se réunira et posera des questions à la femme. En tout cas, le mariage n'aura pas lieu : lui est Gounder, elle, Kepmari ! Ce n'est pas possible !

Oui, Sinnamma, cette femme fait partie de la caste des voleurs. C'est leur métier, dans ces familles. Les femmes vont voler de ville en ville, surtout dans les très grandes villes, comme Delhi, Mayuram, Kumbakonam, Bombay, Madras [2]. Jamais elles ne volent ici, au village. Les hommes, eux, dérobent des chèques, volent les banques. Les femmes font les temples, les fêtes, les foires. Elles parlent plusieurs langues et, quand elles exercent, elles sont habillées comme des richardes : des chaînes, des tours de cou, des bracelets plein les bras. D'ailleurs, elles sont réellement riches. Les vrais riches ne sauraient les égaler !

À Karani, il y a une rue des Kepmari, un peu à l'écart. Ils ont beaucoup de rizières, et nous on travaille chez eux comme ouvriers agricoles. Les femmes ne mangent pas de viande de bœuf. Quelques jours avant d'aller voler, elles font une *puja* à Kakkappattan*, le dieu de leur lignée. Le sanctuaire est près de la rivière, dans un endroit silencieux, d'où l'on n'entend ni meule ni mortier. Kakkappattan est effrayant, effrayant au point de faire avorter ! Elles, elles se retirent là-bas, dans son sanctuaire, pendant trois jours et trois nuits, avec maris et enfants. Elles emportent toute leur vaisselle pour cuisiner sur place, en attendant que le dieu leur donne l'autorisation d'aller voler. Pendant ce temps, elles se baignent trois fois par jour dans la rivière, et conservent leurs vêtements mouillés.

C'est seulement quand Kakkappattan, sur son cheval, fait tac, tac, tac, avec sa langue qu'elles rentrent chez elles et se préparent à aller voler. Sinon elles peuvent rester là-bas un mois entier, à attendre l'autorisation de Kakkappattan...

Elles vont surtout dans les grands temples, lors des fêtes importantes. Habillées comme elles sont, et avec tant de bijoux, les gens ne se méfient pas d'elles. Il paraît qu'elles utilisent un médicament, une vapeur qu'elles aspergent sur le cou ou sur le bras des gens, puis avec une pierre à couper l'or, elles détachent les chaînes et les bracelets. Elles font ça très rapidement, le temps de fermer l'œil et de le rouvrir, et les

Pour éviter les voleurs.

gens ne sentent rien. Elles connaissent toutes les techniques, hein, c'est leur métier ! Quand les bijoux sont coupés, elles ne bougent plus. Elles sont toujours plusieurs à encercler leur victime, et elles ont avec elles des enfants, même tout jeunes comme ton fils. Ce sont ces petits qui vont porter les bijoux à un homme qui, lui, se tient un peu plus loin. Quand le butin est suffisant, l'homme qui les accompagne les ramène au village, avec quinze ou vingt mille roupies de bijoux ou de billets !

Ces femmes-là n'ont peur de rien. Elles s'attendent à tout ! Le camion de la police est venu plusieurs fois à Karani les arrêter. Nous, les femmes du *céri*, on se mettait au bord de la route pour les voir partir en prison. Parfois, on était tristes pour elles, et on pleurait : pauvres femmes, emmenées comme ça par la police, quelle honte ! On leur disait : « Vous qui êtes belles comme du sucre candi, pourquoi volez-vous ? Pourquoi faites-vous un pareil métier ? » Mais elles, ça ne les gênait pas du tout ! Elles s'installaient confortablement dans le camion, sans honte, et elles se laissaient conduire au commissariat. Il faut dire qu'elles n'y restaient pas très longtemps. Deux jours après, elles étaient de retour au village. Quelqu'un avait payé la caution pour les libérer[3].

Une année, quand même, Indira Gandhi avait fait arrêter tous les voleurs du pays, menottes aux mains[4] ! Cette fois-là, les Kepmari ont vraiment eu peur quand on a annoncé l'arrivée de la police. Vite, elles ont tout jeté dans les champs d'aubergine et d'arachide : argent, pièces d'or, bijoux, tout, tout ! Et quand la police est repartie, elles ont été tout récupérer. Enfin, presque tout, car deux personnes de chez nous ont mis la main sur de l'or. Valli, elle, n'était pas au courant de ce qui s'était passé. C'est en allant faire paître ses vaches par là qu'elle a trouvé par hasard deux pièces d'un demi-souverain qui brillaient au soleil. On est venu la menacer, mais elle a tenu bon. Elle a dit : « Je n'ai pas volé ces pièces ; je ne les ai pas prises dans le sac d'autrui. Je les ai trouvées par terre, sur mon chemin : je les garde ! » Et avec ça, elle a pu marier sa fille ! L'autre, c'est Tangavélu. En rentrant de labourer le champ de Bangareu Reddi, il a trouvé une chaîne en or. Lui aussi a résisté aux intimidations et il n'a pas rendu la chaîne. Il l'a vendue, et il s'est fait construire une maison en dur. Tu as dû la remarquer, Sinnamma. Il n'y a qu'une maison en dur au *céri* !

C'est la seule fois où les Kepmari ont eu peur. Depuis, je te dirai que la police ne vient même plus les arrêter. Il paraît que les Gounder sont intervenus en haut lieu, et se sont arrangés avec la police pour que les camions ne viennent plus constamment ici. Ça donnait mauvaise réputation au village. Cela dit, si un car de police arrivait, il y aurait une Kepmari qui s'en occuperait : une qui a sept enfants et qui est restée fraîche comme un nénuphar. Elle, elle sait s'y prendre avec les autorités, du collecteur[5] au sous-inspecteur, du gratte-papier au subalterne ! Tout le monde la connaît, je te la montrerai un jour, Sinnamma. Personne ne les dénonce, à l'*ur*. D'abord, parce qu'elles ne volent jamais à Karani. Mais aussi parce que, quand les temps sont durs, elles vont vendre un à un leurs bijoux aux Gounder qui les achètent un peu moins cher que les orfèvres, tout ça, ça reste entre les gens de l'*ur*...

Si vous me donnez deux roupies...

Tout ce que je te dis là sur leur façon de voler, on le tient de la propre bouche des Kepmari, Sinnamma. Moi, je ne vais chez elles que pour quelques travaux agricoles, mais Arayi et Karpayi sont *padiyal*[6] chez elles. Quand on se demande comment ces femmes font pour voler de l'argent ou des bijoux alors que nous, qui travaillons chez les Reddiar, on a peur de dérober un peu de paddy ou des cacahuètes, Arayi nous répond que tout dépend de la manière de s'habiller. Si on va comme ça, en haillons, les gens ont des doutes. Avant d'avoir dérobé quoi que ce soit on se fait déjà traiter de voleuses. Elles, dans les villes, elles entrent par la grande porte ! Elles frappent au seuil des belles maisons et demandent un peu à boire. Elles débitent alors leur histoire, disant qu'elles viennent de très loin et qu'elles aimeraient se reposer un moment sur le *tinnai* avant de reprendre leur route. En voyant ces femmes bien habillées et couvertes de bijoux voyager sans hommes, les gens n'osent pas les laisser se reposer dehors, et les font entrer. Elles, alors, elles y vont de leur conversation, et elles s'arrangent pour bien repérer les lieux et trouver ce qu'il y a à prendre. Une fois leurs coups faits, elles reviennent au village. Bien tranquilles chez elles, elles parlent de leurs succès, et en rigolent ! C'est comme ça que nous, au *céri*, on est au courant de leurs méthodes, Sinnamma.

Il faut voir quand elles rentrent au village, chargées de ballots et de bagages ! Elles descendent à l'arrêt du car, à l'embranchement du chemin qui mène ici, et quand nos hommes passent avec leur charrette, elles font transporter leurs fardeaux jusque chez elles et elles donnent deux roupies ! Une fois, une vieille m'a même donné trois roupies pour que je lui porte son ballot ! Sitôt revenues au village, on peut les voir, même les très vieilles, au bar de Tirulagam. Elles descendent des litres de brandy ; les bouteilles vides traînent sur les tables au milieu des curries d'œuf et de poulet. Je n'invente rien, Sinnamma, tu peux demander à n'importe qui au *céri* ! Nous, en revenant du marché, on s'attarde un peu devant le bar. Soûles comme elles sont, elles parlent fort et rient aux éclats ; on peut deviner que leur expédition a été un succès ! En nous voyant traîner devant le bar, elles nous appellent. Une fois, la patronne d'Arayi, qui me connaît aussi, m'a dit en cherchant ses mots : « Hé, Velpakkatta... Hé, Velpakkatta... Qu'est-ce que tu racontes ?... Tu me regardes boire, hein ?... Tu veux boire aussi ?... Tu as l'habitude de boire ?... Tu bois du brandy ?

— Non, mère, je lui ai répondu, non, je n'aime pas tout ça. Je suis une épouse, moi, une femme qui reste à la maison. Je n'ai pas ces habitudes-là, comme vous. Mais si vous me donnez deux roupies, je pourrai chiquer du bétel en pensant à vous ! » Et elle m'a lancé un billet de deux roupies.

Quelques jours après, les Kepmari préparent leur *puja* de remerciements à Kakkappattan. Elles font tuer des coqs et trois boucs, et elles cuisent un grand *pongal*. Ce jour-là, les Parias qui travaillent chez elles reçoivent de la viande en quantité. Elles se rasent alors le crâne devant le sanctuaire, s'enduisent de pâte de santal et rentrent avec leur vaisselle, toutes ensemble, dans une remorque de tracteur. Elles vont ensuite distribuer la viande d'offrande aux Kudiyanar ; ils acceptent de la nourriture des Kepmari. En plus de cette *puja*, les Kepmari prennent en charge un jour de frais, lors de la fête de Draupadi. Ils font ça à leur façon. C'est assez amusant.

De nos jours, la moitié d'entre eux seulement continue ce métier de voleur. Les autres restent au village, et sont devenus agriculteurs. C'est qu'avec tout ce que rapportent leurs vols, beaucoup ont acheté des rizières. Les champs derrière le temple d'Aïttalamman* leur appartiennent, aujourd'hui, ils ont plusieurs pompes pour irriguer, et ils font cultiver leurs champs. Ils sont devenus des maîtres modèles. Ils ont du bétail, ils font du lait. Pour faire avancer le travail plus rapidement, ils paient un peu plus que les Reddiar ou les Gounder. Si notre Reddiar donne six roupies pour repiquer, eux vont en donner jusqu'à huit à celles qui connaissent leur travail et qui repiquent vite. Nous, quand on nous propose un salaire comme ça, on n'hésite pas. On trouve un prétexte pour ne pas aller chez le Reddi et on court travailler pour le plus offrant. C'est bien normal, Sinnamma ! Tout ça crée des disputes entre Reddiar et Kepmari. Le Grand Reddi les convoque et leur dit : « *Innappa*[7], pourquoi tu donnes un salaire si élevé aux coolies ? Moi, mon argent, je le gagne dans mes champs, à la sueur de mon front[8], tandis que vous autres vous allez le voler ! Vous ne savez pas ce que c'est que de gagner de l'argent ! Si tu souffrais pour le trouver tu le saurais, mais toi, sans te fatiguer, tu vas voler la fortune d'un inconnu. On donne maintenant six roupies pour désherber, dix ou même douze pour labourer. Pourquoi venir augmenter les prix que tout le monde pratique, hein ? »

L'autre se gratte la tête et répond : « Ne vous fâchez pas ! C'est vrai, j'ai eu tort de donner davantage, mais j'avais un travail important à faire avant la pluie. C'est pour ça ! »

Voilà comment ils se défendent. Moi, cette année, j'ai demandé au patron d'Arayi de me laisser en métayage un quart d'hectare. Je lui ai dit : « Vous n'aurez pas à avoir peur, monsieur. J'ai dix bêtes en tout, ça peut faire dix charretées de fumier[9]. Et je cultiverai à votre choix du millet ou de l'éleusine. Je m'occuperai bien de la récolte, et vous aurez votre part à coup sûr ! »

Et lui m'a répondu : « On va voir ! Je déciderai ça après la pluie de cette année, Velpakkatta... »

XVII

PLUS HAUT, PLUS BAS...

Moi, je travaille chez le Reddiar qui habite cette grande maison à étage que je t'ai déjà montrée, Sinnamma. Ils étaient cinq frères et trois sœurs, mais l'une d'elles est morte, et son mari l'a suivie quinze jours après. Les deux autres sœurs sont mariées, l'une du côté de Villupuram, l'autre près de Sandiyur.

Toute ma famille est engagée chez le Grand Reddiar. Mon mari s'occupe des pompes. Le Reddiar en possède deux, qui irriguent tous les jours. Moi, je ramasse les bouses de vache et je nettoie l'étable. Ma fille Miniyamma m'aidait jusqu'à son mariage. Sundari a fait de même, et maintenant c'est ma bru Amsa qui travaille chez le Reddiar. Anbin, lui, a commencé par garder les vaches. Maintenant, il fait les gros travaux de culture avec mon mari. C'est que nous, on ne possède pas de terres. Dieu ne nous a laissé que ces yeux et ces mains pour gagner notre vie. C'est en travaillant dur chez le Reddiar qu'on a pu conduire notre existence comme il convient. On a pu marier Miniyamma et Panjali avec des anneaux de chevilles en argent et quelques vêtements. On a dignement participé aux frais des funérailles quand il l'a fallu. J'ai pu m'acheter ces bijoux d'oreille. Et quand on a marié Anbin, le Reddiar a offert à Amsa son *tali* d'or et son sari. Grâce au Reddiar, Sinnamma, grâce à sa fortune — et elle est lourde, surtout en terres —, on mange tous à notre faim, sans souci. C'est quelqu'un d'important, le Reddiar. Tous les jours ou presque il se rend à Pondy. Les serfs [1] qui travaillent chez les Reddiar ont leur riz assuré !

De toutes les castes qui vivent à l'*ur*, celle des Reddiar est la plus haute. Ils n'ont pas d'égaux. Les autres viennent après : les Mudaliar, les Naïcker, les Gounder. Les Reddiar, ce sont ceux qui ne vont pas travailler et qui font travailler les autres : 50, 60, 90, 200 personnes... Leurs femmes ne travaillent pas et ne sortent jamais.

Pour repiquer les rizières du Grand Reddi, j'emmène avec moi vingt des *Paratchi*, payées à la journée ; il en faut quatre pour faire trois ares. Quand on travaille pour le Reddiar, pas question de chanter. On repique bouche cousue par respect pour les Reddiar, car ils sont toujours là aux champs à nous surveiller, assis sur leur lit de cordes sous un bosquet de cocotiers, ou même plus près, sur la diguette, à l'ombre d'un parapluie. C'est leur serf — pour le Grand Reddi, c'est moi — qui dirige le travail et qui veille à ce que tout aille comme il faut : « Hé ! repique ici !... Hé, Saroja ! Ce coin n'est pas fait, là-bas ! » Mais vers midi, dès que le Reddiar rentre manger, c'est moi qui lance la première chanson. Après nos maris, ce sont les Reddiar chez qui on est serves qu'on respecte et qu'on craint le plus. Devant les autres propriétaires, c'est différent, on chante comme on veut, et d'ailleurs eux-mêmes apprécient ça. Parfois, quand on travaille pour le Naïcker, on plaisante avec lui. On peut même s'en moquer. On lui lance : « *Yennayya !* Tu n'arrêtes pas de faire des enfants à ta femme ! Chaque année elle est enceinte comme une chienne, et toi tu vas perdre tes forces, il ne t'en restera plus, même en mangeant du beurre fondu et du caillé ! Viens un peu, *ayya*, viens voir si ta force vaut celle des mangeuses de bœuf pour soulever des fardeaux ! » Ça le fait rire de nous entendre dire ça ! C'est ainsi qu'on plaisante avec lui, Sinnamma, et avec les autres propriétaires chez qui on n'est pas serfs. Les Naïcker possèdent beaucoup de terres. Ils en ont d'autres en métayage, et des pompes, et des bêtes plein les étables : des vaches et des chèvres, et ils font beaucoup de lait...

On se moque aussi des Brahmanes, Sinnamma. Quand le *pappar* vient à passer sur la digue, on lui invente vite une petite chanson comme celle-ci :

C'est le *pappan, adi-pappan*
Qui irrigue en faisant un trou,
Qui y pêche une assiette de crabes,
Qui y pêche une assiette de crabes,
En buvant la mouille d'une jeune fille,
Cette nuit-là, il n'y a pas de lune,
Et le sommeil en est troublé,
Celui au *potteu* en forme de lune,
Veut bien accueillir Virayi !
Nanna, nanna, nanana,
Nanna, nannana, nananana...

Quand il entend ça, Sinnamma, la bile lui monte à la bouche. Ça le dégoûte, il crache par terre, s'essuie les lèvres et presse le pas. Tu en as déjà vu des Brahmanes qui mangent du crabe ? Rien que d'en entendre parler, ça leur donne envie de vomir ! Eux, les Brahmanes, ils ne possèdent rien, ou presque rien, sauf les terres des temples. On ne va jamais travailler pour eux, ils emploient des Kudiyanar. C'est pour ça qu'on peut se moquer d'eux librement. Les *pappan* sont les prêtres des Reddiar pour les mariages, pour les *puja* des ancêtres, et pour tel ou tel rituel, pour les cérémonies funèbres du seizième jour aussi. Ils sont plus bas que les Reddiar et, comme les autres serviteurs, ils reçoivent d'eux la nourriture non cuite. Eux la prennent crue, car ils sont en contact avec Dieu, et ils doivent être purs ; ils font cuire la nourriture chez eux. Nous, on préfère la recevoir cuite ; ça nous fait gagner du temps et le prix de la cuisson[2].

Il parle d'une drôle de façon, le Brahmane, surtout quand il élève le feu du sacrifice. Il dit : « *Ettabuvamaam, kuttikkusamaam, am ! am ! Manjakkusam am ! am*[3] *!* » *(Viramma rit.)* Un jour, chez le Reddiar, je l'ai entendu marmonner ça. J'ai regardé par la fenêtre, mais la mère du Reddiar m'a aperçue et m'a chassée en me disant : « Eh, Velpakkatta ! Va-t'en, va-t'en ! Ne regarde pas ça ! » Et c'est vrai que, nous, on ne doit pas voir tout ça ! *(Viramma fait un geste de pénitence.)* Ce jour-là, c'était pour célébrer l'anniversaire de la mort du père que la famille faisait élever ce feu sacrificiel. « Han ! Han ! Il doit être bien ! », disait le *pappan*, dans la langue du Reddiar, en télugu. Les Reddiar et les Brahmanes parlent les deux langues, le tamoul et le télugu. Ils sont végétariens, et mangent beaucoup de beurre fondu, de yaourts et de fruits, et ils boivent du lait. Dans notre campagne, il n'y a pas d'autres castes qui puissent les égaler.

Pourtant, des castes, il y en a, à Karani ! Des Reddiar, des Mudaliar, des Gounder, des Udaiyar, des Tulukkan, des Vaniyan, des Ambattan, des Komutti, des Vannan. Au *céri*, on trouve des Koravin, des Sakkili, des Vannan aussi, des *talaiyari*. Du côté de Selvipatti et de Pakkanur, on trouve les Tombin. Ceux-là, personne ne les accepte dans les castes[4]. Ce sont des éleveurs de porcs. Ils vivent avec leurs bêtes. Il est très bas le Tombin, mais je te l'ai déjà dit, Sinnamma, il est devenu très riche. Ses porcs se multiplient vite. Lui les nourrit sur des terrains abandonnés, ça ne lui coûte rien, et il gagne beaucoup d'argent à la revente. Une année, on a eu une grosse dispute, lui et moi. C'était il y a cinq ou six *Taï*, je crois. J'avais pris en métayage chez le Reddiar un lopin de terre près du temple d'Aiyanar et j'y avais semé de l'éleusine. J'étais cet après-midi-là à ma porte en train de me huiler les cheveux, quand Sin-

Pour empêcher les cochons de dévaster les champs.

nappayya est accouru pour me dire : « Tante ! Tante ! Les porcs du Tombin saccagent ton champ d'éleusine ! Viens voir, vite ! Vite ! » J'ai relevé mes cheveux en les nouant sur le côté, et j'ai suivi Sinnappayya qui courait devant moi. Les gamins qui faisaient paître les vaches par là avaient découvert les porcs et ils avaient envoyé Sinnappayya me prévenir. « Tu sais, tante, quand les petits Tombin ont vu qu'il n'y avait personne au champ, ils ont conduit leurs porcs tout près, et ils sont allés se baigner à la rivière. Quand on est passés avec les vaches et qu'on a vu les cochons dans le champ, on t'a tout de suite prévenue, tante ! » Moi, je bouillais de colère. J'ai dit aux gamins d'attraper les cochons, mais ces sales bêtes, c'est malin ! Elles nous ont fait courir dans tous les sens et se sont sauvées. Les petits Tombin ont vu la scène de loin. Ils sont vite sortis de l'eau pour rassembler leurs cochons, mais Sinnappayya a quand même réussi à capturer un porcelet, qu'on a attaché à un piquet. Le Grand Tombin est alors arrivé et a battu ses petits porchers. Je lui ai dit : « *Innappa* ! Tes cochons sont entrés dans le champ. Ils ont saccagé une partie de mes cultures. Qu'est-ce que tu comptes faire, maintenant ?

— Ne vous fâchez pas, s'il vous plaît, il m'a répondu, je ne savais pas ce qui se passait. On ne les a pas lâchés exprès dans votre champ. Je ferai très attention la prochaine fois !

— Ah ! Tu crois ça ! Tu crois qu'on va laisser tomber. Une culture saccagée, avec de si beaux épis bien remplis ! Moi je veux une compensation. Je vais faire appeler le Reddiar : il décidera lui-même ! »

Voilà ce que je lui ai répondu, au Tombin, et Sinnappayya a couru avertir le Reddiar, mais il faisait la sieste. Sinnappayya a attendu que le Reddiar se lève pour lui raconter l'affaire, et il lui a dit qu'il viendrait après avoir bu son lait. Pendant ce temps, on a laissé le porcelet attaché et on s'est mis à l'ombre. J'ai eu le temps de me faire une chique de bétel. Quand j'ai entendu arriver le Reddiar sur sa moto, je me suis levée et j'ai craché mon bétel. Je me suis avancée vers lui et je lui ai dit : « *Innanga* ! J'ai eu du grain saccagé ! Comment voulez-vous qu'on vous paie le métayage après ça ? Qu'est-ce que vous en pensez ? »

Le Reddiar s'est tourné vers le Tombin et lui a dit : « *Innappa* ! Qu'est-ce que tu réponds à ça ? Je ne vois que deux solutions : ou tu lui laisses le porcelet, ou tu compenses en argent ce qui a été perdu. »

Le Tombin, en serrant les jambes et en se serrant les bras sur la poitrine, a supplié le Reddiar : « C'est de ma faute, mais que faire ? Je ne l'ai pas fait exprès. Je ne peux donner que dix roupies. La prochaine fois, je ferai très attention à ce que les gamins n'emmènent pas mes cochons par ici, Sami ! »

Mais moi je ne voulais rien entendre, et j'ai protesté : « Comment voulez-vous que je vous paie le métayage, Sami ? Comment je pourrais donner cinq sacs d'éleusine après ces dégâts ? Je veux trente roupies de compensation ! »

Le Reddiar a calmé les deux parties en proposant vingt-cinq roupies. Alors le Tombin a dit : « Faites détacher le cochon et donnez-le à celle qui cultive votre champ. Je ne peux pas payer cette somme-là ! »

Et c'est comme ça que je suis rentrée à la maison avec un porcelet ! J'ai donné une demi-roupie à Sinnappayya et dix *paice* à chaque gamin. Ils sont allés s'acheter des beignets chez Kannima. Quant à moi, j'ai élevé le porcelet, et il est devenu bien vite un porc grand et gros. Mon mari et Selvam le cordonnier l'ont tué, découpé, et vendu au marché de Tirulagam. On a récupéré vingt-cinq roupies — l'équivalent de l'amende du Tombin — et en plus on s'est bien régalé d'un carry de porc, et Selvam aussi, à qui on a donné une part, bien sûr. C'est qu'on aime beaucoup le porc, Sinnamma ! Et parfois on se cotise pour en acheter un les jours de fête, pour Divali, pour Pongal ou pour la fête de *Kartikkai*, et on se le partage. Il y a un petit refrain là-dessus :

> Celui qui a élevé le porc c'est le Raja Pandya,
> Celui qui en a profité, c'est le Chetti-qui-rote...

Ce sont les mangeurs de porc qui savent combien il est savoureux, et non pas ceux qui les laissent élever sur leurs terres. En tout cas, les Tombin se sont enrichis. Ils sont agriculteurs maintenant : ils font du riz, de la canne à sucre, des aubergines, des piments, et ils font appel à moi pour embaucher de la main-d'œuvre. Mais enfin, même s'ils sont riches, ils restent très bas. Les Kudiyanar acceptent de travailler pour eux, mais ils n'en reçoivent pas de nourriture cuite. Quoique tout ça change, dans ce *kaliyugam*. On voit maintenant des Tombin habiter dans l'*ur* ! Eux qui étaient juste un peu au-dessus de nous sont bien plus haut maintenant, grâce à leur argent ! Ou plutôt, nous qui sommes restés pauvres, on se retrouve encore plus bas qu'avant, et on continue d'accepter de la nourriture cuite des Tombin [5].

C'est l'argent, le maître

Sinnamma, c'est l'argent qui fait les castes, aujourd'hui. Quand je te dis qu'un Tombin emploie des Kudiyanar, tu comprends qu'il ne restera pas bas très longtemps. Dans ce *kaliyugam*, c'est l'argent, le maître, et quand on sait en gagner, on se place plus haut qu'hier. C'est la même chose en ville, d'ailleurs, partout c'est une question d'argent. Regarde les Kudiyanar. Autrefois ils ne travaillaient que chez les Reddiar. Ils faisaient les travaux de la maison, ils cuisaient la bouillie pour les serfs et pour les ouvriers agricoles, ils faisaient la vaisselle, ils aidaient à la cuisine. Toujours chez les Reddiar. Aujourd'hui ils acceptent des travaux durs aux champs, comme nous, avec nous, et même pour des Tombin. C'est qu'il faut se remplir le ventre et, pour ça, travailler chez n'importe qui, pourvu qu'il paie ! Mais une de ces familles de Kudiyanar s'est installée à Madras, et depuis quelque temps c'est une fille de notre caste qui fait le ménage chez eux. Le monde est différent loin du village natal, surtout en ville. D'ailleurs, ne va pas plus loin, Sinnamma : on dit que le locataire de chez le Gounder est un Paria. Mais il vient de Tindivanam, il est instruit, il paie un loyer élevé, alors on ne fait pas attention à sa caste.

Comme il y a de hautes castes riches, il y a de basses castes pauvres. Dieu a donné des terres aux hautes castes riches, et il a donné aux basses castes pauvres le devoir de cultiver ces terres. Le devoir des hautes castes riches, c'est de nous employer, nous, les Palli, les Parias, les Kudiyanar. Mais il y a des Kudiyanar qui possèdent des terres, parfois jusqu'à cinq hectares : ceux-là ne vont pas travailler. D'autres basses castes ont leur métier particulier. Ils sont un peu plus haut que nous, parce qu'ils ne mangent pas de viande de bœuf. Ils mangent des œufs, des légumes, des poissons, de la volaille, ils boivent du lait, comme vous. Mais la viande, c'est impur, c'est du déchet. Le lait est pur, lui. Et comme nous mangeons des déchets, nous sommes impurs. Voilà la différence entre basses castes et hautes castes.

Des basses castes plus hautes que nous, il y en a de toutes sortes à Karani. Il y a trois familles de barbiers, des frères, qui se sont installés près du temple de Pérumal. Ils font la barbe aux Reddiar et aux Gounder. Ils leur coupent les cheveux, ils leur rasent les aisselles, ils leur coupent les ongles, ils leur font des massages à l'huile. En général, ils travaillent sur les marches de l'étang aux lotus, et pour notre Reddiar ils se déplacent chez lui et ils font leur travail sur le *tinnai* de sa maison. Ces familles ne sont barbiers que pour les gens de l'*ur*, mais les Sanar et les chasseurs vont parfois en cachette leur emprunter leurs ciseaux ou leurs sabres. Nous-mêmes, ça nous arrive, quand notre barbier est absent. On emprunte discrètement le rasoir d'un barbier de l'*ur*, et on lui rend de même, car si on savait qu'un même rasoir a servi à la fois à un Paria et à un Reddiar, *ayoyo !* ça ferait une de ces disputes ! C'est pas possible de faire ça ! Mais un barbier accepte quand même, contre une pièce ou un peu de grain. Ces barbiers, ils sont aussi musiciens du temple, et ils reçoivent pour ça du grain à l'année. Ils jouent pour les cérémonies de puberté, pour les fiançailles, les mariages : uniquement pour les fêtes auspicieuses. Tout ça leur fait des revenus en plus. Ils jouent chacun d'un instrument différent : l'aîné joue de l'*otteu*, le cadet du *nadesvaram*, le benjamin du tambour, dum, dum, dum, dum...

En face des barbiers habitent deux familles de potiers. Ils ne sont ni haut ni bas, puisque tout le monde a besoin d'eux, des Reddiar jusqu'à nous. Autrefois, le potier faisait d'énormes pannelles qui contenaient trente ou quarante parts de *kanji*. Si tu savais le temps qu'il fallait pour les transporter, Sinnamma ! Celui qui portait ça sur la tête jusqu'aux champs, ça lui faisait sortir la bouse par le trou ! Aujourd'hui, on met le *kanji* dans un gros pot d'aluminium qu'on attache à un pilon. Deux hommes tirent de chaque côté, et on le transporte plus facilement. Le potier fait beaucoup moins de vaisselle qu'autrefois, il fabrique surtout des pannelles, des dînettes pour les fêtes et des poupées. C'est chez lui que j'ai fait faire toute la vaisselle pour les mariages de mes enfants. Les pannelles du mariage d'Anbin étaient très joliment décorées ! J'ai payé le potier en céréales ; il est plus haut que nous, mais il accepte notre grain.

Derrière chez lui, les menuisiers ont construit leurs maisons. Ils sont plus bas que les Gounder, et ils ne se marient qu'entre eux. À côté, il y

Pannelles de mariage décorées de perroquets et de motifs floraux.

a aussi des charpentiers. Qu'est-ce qu'il y a encore ? En sortant de chez eux, tout droit, deux forgerons se sont installés, près du quartier des Reddiar. Ils ne manquent pas de commandes, eux, et ils travaillent aussi pour nous. Avant les récoltes, on leur demande trente à quarante faucilles. Ils aiguisent les lames usagées, ils réparent les charrettes. L'un d'eux a forgé aussi le trident qui est sous le banian, et celui qui est chez nous : tu as vu comme je l'ai bien décoré ! Je n'oublie jamais de faire la *puja* à ce trident, de lui allumer du camphre... À l'*ur*, quand une maison est construite, c'est aux forgerons qu'on demande de fabriquer les barreaux des fenêtres, les gonds et les targettes des portes, les poulies du puits, toutes ces choses-là. Ils ne sont pas de basse caste, les forgerons, ils entrent librement chez les Gounder, chez les Reddiar. Il leur arrive même de manger chez le Grand Reddiar, je les y ai vus, pour un mariage. Un des fils, l'aîné, est dans l'enseignement, maintenant. Il a épousé une fille de Pondy, où il travaille, et il habite là-bas.

En face des forgerons, il y a les orfèvres. Ils étaient deux familles, autrefois : le grand et le petit orfèvre. Le premier faisait des *tali* pour les Reddiar et pour les Gounder. Le petit en faisait pour les autres castes, y compris pour nous. Mais il n'était pas très honnête, celui-là ! J'ai pu m'en rendre compte moi-même quand je lui ai donné une boucle d'oreille à réparer. Il me l'a rendue plus brillante, mais bien légère !

Danam lui avait porté son *tali*, elle l'a récupéré aussi bien allégé ! Mais on n'a pas osé se plaindre. On dit qu'il a trompé beaucoup de monde à Karani, en volant à chacun un peu de poussière d'or. Il s'est enrichi comme ça et il a préféré quitter le village pour aller étaler sa richesse ailleurs. Il paraît qu'il s'est établi dans le village de sa femme, mais sœur Virayi, qui vient de là-bas, ne l'a jamais revu. On ne sait pas dans quel pays il est, ce voleur ! Restait le grand orfèvre. Comme il avait davantage de travail qu'avant, il est allé prendre une petite boutique, sur la grand-rue de Tirulagam : il emploie trois personnes maintenant. Les orfèvres sont plus bas que les Reddiar mais, comme les forgerons, ils peuvent entrer et manger chez eux.

Je pense que c'est tout ce qu'il y a comme castes, ici. Je t'ai tout dit, Sinnamma. Non, attends ! Près de l'étang, à l'entrée de l'*ur*, il y a deux familles de commerçants, ce sont des Komutti. Cette caste-là n'a pas d'autre métier que le commerce, tu peux le voir dans n'importe quelle ville. Les Komutti parlent télugu, comme les cordonniers, comme les Reddiar. Mais ils ne se mêlent ni aux Reddiar, ni à nous. On ne va jamais chez eux, et on ne reçoit pas de nourriture d'eux. Quand ils célèbrent un mariage, ils n'offrent du bétel qu'aux cordonniers, et encore derrière leur maison ! Ils se marient discrètement, sans faire de bruit. Contrairement à toutes les autres castes, eux se marient au mois d'*Adi*. Moi je les aime bien, car leurs femmes nous parlent toujours très aimablement.

Parmi les basses castes de l'*ur*, il y a les blanchisseurs, j'ai oublié ! Ils sont trois frères, eux aussi. Tu connaissais le vieux Ramassami, qui t'a chanté des chansons d'exorcisme. Il est mort voilà deux *Pongal*... Ces blanchisseurs occupent quatre ou cinq maisons voisines, et ils possèdent un âne. Au *céri*, on a aussi des blanchisseurs. Ils sont plus bas que nous, et on leur donne à tour de rôle le repas du soir. Ils sont assez pauvres, mais ils arrivent quand même à faire leur fête annuelle. Eux adorent Mayilaru*, et leur divinité siège dans leur four à blanchir. Le jour de la fête de Mayilaru, celui de leur famille qui fait la *puja* prend un bain, porte des vêtements neufs, change le four et allume du camphre devant la pierre à battre le linge. Les familles font cuire quatre pannelles de *pongal* avec de la farine de riz et de la noix de coco. Certains égorgent un poulet, ou, plus rarement, saignent un porc. Le bétel, les bananes et les fleurs ne manquent jamais. Tout ça est ensuite distribué entre eux. On ne reçoit rien, bien qu'on contribue à leur fête, tout comme le Reddiar contribue à notre fête à nous, celle de Périyandavin. C'est pareil, d'ailleurs, les blanchisseurs travaillent pour nous, et l'on doit donner quelque chose pour leur fête. Personne ne peut refuser. Quand Arayi, la femme du blanchisseur, arrive avec son panier pour obtenir son dû — une mesure de grain, ou une coupelle d'huile — on lui donne, mais on ne se prive pas de rouspéter : « Ces gens-là, ils sont toujours à adorer Mayilaru, mais ils ne nous ont pas encore rapporté nos vêtements ! C'est pas comme les blanchisseurs de l'*ur*, qui travaillent, eux ! » Alors Arayi se met dans un coin, se gratte la tête, et trouve toujours une raison : il a plu, et le linge n'a pas séché ; ou il n'a pas plu, et il n'y a pas assez d'eau à la rivière ; ou n'importe quoi... Si nous on ne reçoit pas une part de leurs offrandes, nos gamins, eux, en reçoivent parfois. Curieux comme ils sont, s'ils sont là quand a lieu la *puja*, les blanchisseurs leur donnent un peu de *pongal*. Comme c'est sucré et que c'est bon, ces petits le mangent, naïvement, sans se rendre compte que les blanchisseurs sont plus bas que nous. Note bien, Sinnamma, que les blanchisseurs de l'*ur*, eux, sont plus haut que nous tout en étant plus bas que les Gounder. Même s'ils sont de basse caste, je parle toujours avec respect aux blanchisseurs de l'*ur*.

Les Sanar, ce sont aussi des gens de bas rang. Ils sont à peine au-dessus de nous. Un Sanar doit pratiquement faire comme nous quand le Reddiar passe : il doit se lever, et lui parler humblement. Mais entre eux, Sanar et Parias se parlent presque d'égal à égal aux champs. On s'interpelle, on se dit : « Hé, grande sœur Kuppu ! Ho, grand frère Kannan ! Oncle Viran ! » Tu la connais bien, mon amie Vanaroja, la vendeuse de jus de palmier. On s'aime bien, elle et moi. Tous les jours, l'été, elle passe au *céri* en criant : « Jus de palmier ! Jus de palmier ! » Elle m'en offre un verre, et moi, en échange je lui laisse chaque année une mesure de paddy. Parfois, si la récolte s'annonce maigre et que je sens que notre part sera petite, je chipe une ou deux mesures de paddy que je vais déposer chez elle. Vanaroja me le garde, bien caché, et me le rend le lendemain, sans se faire voir. Pour la remercier, je lui en laisse une petite part. On s'entend bien, toutes les deux, même si nos castes sont différentes !

Il y a aussi les Sakkili, les cordonniers. Ils sont beaucoup plus bas que nous. Tu connais Selvam, le joueur de trompe : lui reçoit de la nourriture cuite de chez nous. Quand il y a un mariage, on lui donne une mesure de riz et une roupie. Son devoir, c'est de jouer de la trompe pour nous chaque fois qu'il le faut. Nous, on ne va jamais boire ou manger chez lui, mais on se parle normalement, chaleureusement, quand on se rencontre. Il vient d'ailleurs souvent s'asseoir sur notre *tinnai* pour parler, pour blaguer (mais jamais d'une façon grossière), ou simplement pour chiquer. Il nous demande alors : « Donne-moi du bétel, tante », ou « oncle », ou « grande sœur », c'est comme ça qu'il s'adresse à nous. A propos, Sinnamma, je m'arrête un peu. J'ai envie de chiquer du bétel, moi aussi... Hé ! Regarde : ta petite Rajini a deux épis sur la tête. On dit qu'elle aura deux maris ! *(Viramma rit.)*

XVIII

L'OS DU CORBEAU

Hier soir, j'ai dit à mon mari et au groupe d'hommes qui prenaient le frais devant la maison : « Ce matin, j'ai parlé avec Sinnamma de toutes les castes qui habitent ce village, à l'*ur* comme au *céri*, depuis le Reddiar jusqu'au Sakkili, mais j'ai oublié de parler des Parias !

— Des Harijans ! m'a corrigé mon fils, en sortant de la maison.

— Tu peux être tranquille, garçon, ce nom n'entrera jamais dans ma bouche ! »

Et lui de me répondre : « Ah ! Tu es incorrigible, *dè !* C'est à cause de gens comme toi qu'on ne sortira jamais de notre état !

— Va-t'en, garçon, je ne t'ai rien demandé ! »

Et en me tournant vers les hommes qui étaient là j'ai continué : « C'était facile de parler des autres castes : chacune a un métier ; chacune vit selon ses habitudes, sans se mêler aux autres, sans disputes, en harmonie. Mais nous, alors ? Nous, on ne sait ni tresser des vans ou des corbeilles, ni réparer des chaussures. On n'est pas de ces castes-là. Nous, on est parias. On travaille la terre. Mais qui ne sait faire ça ? Maintenant, même les blanchisseurs et les cordonniers s'y mettent. Et pourquoi on nous appelle Parias ?

— Quoi ? m'ont dit les hommes, on n'a pas de métier, nous ? Et qu'est-ce qu'ils font alors, nos musiciens, nos fossoyeurs, nos collecteurs de taxes ?

— Oh ! N'entrez pas dans tous ces détails ! Autrefois, du temps des ancêtres, je ne sais qui nous a appelés Parias, et ce mot est resté de génération en génération. Hein, garçon ! Qu'est-ce que tu veux cacher à Sinnamma ? Elle est comme ma fille, elle est une sœur pour toi. Moi qui lui raconte ma propre vie, pourquoi veux-tu que je dise —

comment ? — Harijan au lieu de Paria, et que je ne lui parle pas franchement de ma propre caste ?

— *Ayo*, *ayo*, *Amma* ! Tu oublies qu'elle a épousé un Blanc, et lui, il n'a pas besoin de savoir tout ça !

— *Deï*, garçon, retire-toi de là, et laisse-moi parler à ton père ! »

Mais voilà que mon mari l'approuve ! « Oui, il a raison, c'est dégradant que monsieur apprenne tout ça.

— Han ! Toi aussi tu me serines ces histoires ? Je te demande pourquoi on nous appelle des Parias, et toi tu me racontes des histoires, comme ton fils ? »

Alors mon mari m'a répondu : « Tu sais bien que c'est Dieu qui fait naître le jour et tomber la nuit. C'est Dieu lui-même qui en a décidé ainsi : ce n'est pas une invention des hommes. Quand Mahakrishna*, Adisivan* et Vinayagar* qui régnaient sur cet univers l'ont quitté, ils y ont envoyé Nakulan*, Sakulan* et Arjunan*. Pour eux, ils ont partagé le monde en trois. Mais un groupe d'hommes est arrivé, qui en a volé une part, et ces hommes, ils les ont appelés Parias. Voilà ce que disaient nos aînés. »

Ce matin, Sinnamma, je suis allée voir grand-père Muniyin, le plus âgé de nous tous au *céri* : « Grand-père, on nous appelle Parias. Parias : est-ce que tu le sais, toi, pourquoi on nous appelle comme ça ? »

Il m'a répondu en secouant la tête de bas en haut : « C'est pour la Sinnamma de Pondy ?

— Oui. Laisse ça, et raconte-moi ce que tu sais.

— Écoute, Velpakkatta ! À l'origine, les êtres divins régnaient sur l'univers. Il y a plusieurs *yugam*, ce sont les hommes qui leur ont succédé. En ce temps-là, il n'y avait pas de castes. Enfin, si tu veux, il y en avait deux : les hommes et les femmes. Dès que les humains ont pris possession de l'univers, le problème du partage s'est posé. Il ne s'était pas posé avant, parce que les dieux n'ont pas besoin de partager pour régner, puisqu'ils sont partout en même temps. Quand les hommes ont voulu partager, il y a eu des disputes. L'un d'eux, voyant que ça tournait mal, a commencé à dissimuler des biens, des objets. Et au moment où il allait cacher un tambour, les autres l'ont vu et lui ont crié : "*Paraiya maraiyadè*" ! "Hé toi au tambour, ne te cache pas [1]". C'est depuis ce temps-là qu'on nous appelle Parias et qu'on nous rejette, car on serait les descendants de ce voleur de tambour. Si ce fils de pute n'avait rien volé, on aurait vécu à l'*ur* tous ensemble, hein ! Pourquoi ces baiseurs de chiens ont fait ça ? Ils auraient pu attendre qu'on leur donne leur part, non ? Tout ça pour un tambour ! Mais, Velpakkatta, c'est notre destin, et rien ne le fera changer, même pas ces hommes politiques qui disent qu'il ne faut plus de Parias ! Moi, tu vois, je vais bientôt partir. Je suis né Paria. J'ai fait mon devoir pendant le temps qui a été le mien, et je vais mourir Paria. Peut-être que je renaîtrai dans le ventre de la Reddiar chez qui j'étais serf, peut-être que je serai chien errant. Qui sait ? Ce n'est pas moi qui décide ! Et ce ne sont pas les hommes des partis qui vont changer le sort des Parias et qui vont les mêler aux autres castes. Dis à Sinnamma que ces hommes-là, ils vont détruire tout, l'harmonie, la paix qu'on a ici. Chacun fait son métier : celui qui coupe les cheveux sera de la caste des barbiers ; celui qui lave le linge restera blanchisseur ; celui qui équarrit les vaches mortes sera cordonnier ; celui qui écrase le sésame sera de la caste des presseurs d'huile, et celui qui la vendra, cette huile, ce sera un Chettiar. Et il faudra un Reddiar pour être *kambattam*, et pour faire travailler vingt personnes. C'est ainsi que les castes sont faites...

— Grand-père, je lui ai dit, ton discours ne convient plus dans ce *kaliyugam*, avec ces jeunes ! Notre Anbin ne veut même plus entendre le mot de Paria ! Tu le sais, ça ! Toi, tu as vécu au temps où on ignorait tout, où on était sans malice...

— Mon temps est fini, maintenant, Velpakkatta. C'est aux autres de conduire le monde. Moi, je me tais. C'est toi qui es venue remuer cette chose... »

Je lui ai donné deux feuilles de bétel et trois noix d'arec, et me voilà, Sinnamma. Hier soir, j'ai pensé que je n'avais pas parlé de ma caste, et je savais que tu me questionnerais, toi qui veux toujours savoir le pourquoi des choses ! J'étais sûre que tu me demanderais pourquoi on nous appelle Parias.

Je te dirai que je l'ignorais moi-même, pourquoi on nous appelle comme ça. C'est en posant la question aux uns et aux autres que je l'ai appris. Moi je pensais que c'était parce qu'on n'est pas civilisés, parce qu'on n'a pas de belles dents, parce qu'on chique du bétel, parce qu'on porte nos repas dans de la vaisselle de terre, parce que pour tout ce qui est propreté et habillement on est négligés. Aujourd'hui, nos jeunes ont rattrapé ce retard. Les filles ont des saris en nylon, les garçons des chemises en tergal, les gamelles en aluminium ont remplacé les pots de terre. Subba ne fabrique plus de malles en bois ; comme tout le monde, on achète des malles métalliques au marché. On utilise du savon pour se laver et du *sikakaï* pour les cheveux. Mais on reste toujours impurs,

Sinnamma ! Le savon n'enlève pas l'impureté. C'est ce que je fais remarquer à mon écervelé d'Anbin, qui est toujours fourré dans les réunions des partis. Ce n'est pas parce qu'on est un peu « décents [2] » maintenant qu'on nous laisse entrer dans les maisons ; et, s'il nous arrive dans les cours ou au puits de toucher des ustensiles, les femmes versent encore de l'eau dessus, plusieurs fois, avant de les reprendre en main !

Mon fils, lui, me dit qu'autrefois, du temps des anciens, il n'y avait pas de castes. Les gens vivaient tous ensemble. Un jour, les villageois sont allés à Maïlam, au temple de Murugan. Un corbeau qui voletait au-devant d'eux a laissé tomber un os dans l'enceinte du temple. L'homme qui marchait en tête s'est écarté, et a craché en s'exclamant : « *Tou*, Sanyan*, *tou*, *tou* ! » Celui qui le suivait, lui, a reconnu l'os : c'était un os de bœuf. Il l'a ramassé et l'a jeté de côté. Quand le premier homme a vu ça, il a dit au second : « Muruga ! Muruga ! Tu es paria [3] ! ! ! » Du coup, Murugan a décidé de quitter ce temple, qui est en ruine aujourd'hui.

Il a possédé l'officiant, et lui a dit : « Je ne veux plus rester dans le vieux temple qui a été souillé par des Parias mangeurs de bœuf. Je veux qu'on construise un nouveau temple, et que les Parias n'aient pas le droit d'y entrer ! » C'est depuis ce temps-là qu'on est parias. C'est autrefois, quand on ne connaissait rien de rien, que Murugan et les brahmanes se sont mis d'accord pour séparer les hommes qui, avant, étaient unis. Ça ne pourrait plus se faire, ça, aujourd'hui !

Écoute ! On ne sera plus vettiyan !

Regarde, Sinnamma : dans ce *kaliyugam*, les choses se passent différemment, car les Parias recommencent à aller à Maïlam. J'y suis allée une fois à pied, il y a longtemps. On avait pris notre repas en route. Arrivés là-bas, nos pieds étaient enflés comme des pattes d'éléphant. J'y suis retournée une deuxième fois après le mariage d'Anbin. Il y a l'autocar maintenant, il suffit de donner deux roupies, et on descend juste au bas du temple. On a vu toutes les peintures, c'était vraiment très beau !

Anbin a insisté pour que j'entre. Il m'a dit : « *Dè*, calme-toi ! On a dépensé notre argent pour venir jusqu'ici et toi, au lieu d'entrer à l'intérieur du temple, tu veux retourner à la maison ! Quel est l'idiot qui prétend qu'on ne doit pas entrer dans le temple ?

— Non, mon fils ! Ne fais pas ça ! Ce dieu nous enlèvera la vue ! Nous autres, on ne doit pas entrer dans ces endroits-là !

— *Dè, tchi* ! Anbin m'a répondu, sois tranquille ! Pourquoi dépenser tant d'argent si on ne voit pas le sanctuaire ? Tout ce que tu me racontes, c'est ta tradition, des histoires d'autrefois !... »

Mon fils ne veut rien entendre, et c'est toujours comme ça qu'il me parle quand je lui rappelle qu'on est parias, et qu'on doit vivre humblement, à l'écart des autres castes. Combien de fois je lui ai dit : « *Pa*, non, ne va pas à l'*ur* avec une si belle chemise, de la poudre sur le visage et de la cendre au front ! Ne mets pas tes bagues. Laisse tout ça à la maison. Tu pourras faire comme tu veux après le travail. On est pauvres, nous. On est des Parias. On vit au jour le jour. On ne mange que si l'on nous donne du travail. Ces gens de l'*ur* nous emploient. Il faut qu'on soit humbles, plus humbles qu'eux. Si tu vas habillé comme ça, ils diront : "Quel culot, ce Paria, de venir travailler chez nous en pantalon et en chemise !" Non, *Appa*, sois humble, et vivons comme autrefois ! »

Mais lui me répond toujours : « *Dè*, *tchi* ! Va-t'en, avec tes discours ! Si je ne porte pas de pantalon et de chemise à mon âge, si je ne me mets pas de cendre sur le front, dis-moi quand je le ferai ? Tu crois peut-être que seuls les riches ont le droit de s'habiller, de porter une montre ou des lunettes ? Pas les autres ? Pas moi ?

— Mon fils ! Mon fils ! Calme-toi ! Nous autres Parias, on doit vivre à l'écart, discrètement !

— Mais ces traditions-là ne tiennent plus dans ce monde d'aujourd'hui, petite sœur ! Réveille-toi un peu !

— *Deï*, garçon ! Oui, oui, je suis ta petite sœur et c'est à moi de t'écouter ! Je te le répète, je suis venue petite fille dans ce village. J'ai grandi. J'ai eu douze enfants. J'ai honoré mon nom. Maintenant, je suis sur le chemin du départ. C'est à ton tour de vivre ici, d'avoir des enfants, et d'avoir toi aussi bonne réputation. Écoute mes conseils. Je suis ta mère, je te veux du bien ! »

Voilà comment il se moque de moi, et comment j'essaie de le raisonner, Sinnamma !

C'est Dieu qui nous a nommés Parias, puisque l'on dit qu'avant cette visite au temple de Maïlam il n'y avait pas de castes. C'est cet os du corbeau qui a dévoilé la vraie nature de chacun. Le Brahmane, dégoûté, s'en est écarté en crachant, et le Paria, tout naturellement, l'a ramassé *(rires)*. On dit aussi que, dans le groupe, l'un des marcheurs a brisé sa sandale et s'est mis à recoudre l'anneau de cuir qui s'était détaché. Le Brahmane n'a pas pu en supporter davantage et il s'est adressé à Isvaran : « *Sami* ! Nous ne pouvons plus vivre ensemble ! Ces gens sont trop impurs ! Sépare-nous en castes, chacun selon son occupation[4] ! » Isvaran entendit sa prière et nous divisa, en répondant au Brahmane : « Toi, tu seras brahmane. Tu es végétarien. Ta tâche est de faire les *puja* et de réciter les mantra. Toi, puisque tu as touché l'os de bœuf et que tu te nourris de cette bête, tu seras paria. Tu travailleras ce sol que tu as touché, tu seras laboureur. Et toi qui as réparé cette sandale, tu seras cordonnier. » À chacun il demanda son métier, et de ceux qui partageaient le même il fit une caste. Quand les hommes sont rentrés chez eux, ils se sont installés, selon leur caste, dans des rues différentes, dans des *ur* ou dans des *céri*. Les mangeurs de bœuf se sont établis dans les *céri*, les autres, dans les *ur*.

C'est ainsi que nous, les Parias, on s'est installés au *céri*, et qu'on y a mené notre vie à part. Mais au *céri* aussi, on a besoin d'autres castes, sachant faire d'autres travaux. Sinon, qui aurait lavé notre linge ? Qui aurait tanné les peaux ? Qui aurait travaillé le cuir ? Et il nous fallait aussi un prêtre. Nous, Parias, on ne pouvait que travailler la terre, et c'est pourquoi on a nos blanchisseurs, nos barbiers, nos cordonniers, nos prêtres, notre chef.

Et puis, Sinnamma, il y a les gens comme toi, il y a ceux qui ont des terres, ceux qui vivent à l'*ur*. Ceux-là, quand il y a un décès chez eux, qu'est-ce qu'ils vont faire ? Qui va aller annoncer la nouvelle aux parents éloignés ? Qui va couper les bambous, tresser la corde, préparer la couche mortuaire ? Qui va creuser le trou ou monter le bûcher ? Qui va jouer du tambour ? Et pour les naissances ? Pour les mariages ? Et qui va garder les récoltes ? Qui va aller de porte en porte collecter les taxes ? Ce ne sont pas des gens des castes d'en haut qui vont le faire. Ce ne sont pas des Kudiyanar. Dieu nous a destinés à ça. Il ne nous distribue pas de nourriture comme ça, pour rien, quand on meurt de faim !

Mais il fallait encore savoir qui, parmi nous, allait faire tous ces travaux impurs, qui allait creuser les tombes, qui allait faire ceci ou cela. Alors, nos anciens ont décidé que ceux qui habitaient au nord de la rue du Gardien, c'est-à-dire ceux qui adorent Périyandavin et qui mangent du bœuf, feraient ces travaux impurs, car ils ne craignent pas d'être pollués. Ceux-là, ce sont les Vettiyan. Chaque année, au mois de *Citterai*, on nomme huit *totti* parmi les Vettiyan : ils sont chargés de jouer du tambour à toutes les cérémonies religieuses et de s'occuper des funérailles. L'*ur totti*, lui, est chargé d'annoncer les nouvelles. C'est à lui que les gens de l'*ur* s'adressent : « Écoute, Karuppin, va dire à ma famille à Kuttirai qu'on fera la cérémonie de l'eau de curcuma tel jour ! », ou bien : « Karuppin ! Monsieur est décédé ! préviens tes hommes pour la crémation ! », ou encore : « Karuppin ! On a fixé la fête de Draupadi à telle date. Il faut que tes hommes viennent jouer du tambour pendant dix-huit jours ! » Pour tous ces travaux, les *totti* reçoivent comme salaire quelques mesures de grain et des repas gratuits. Au bout d'un an, chaque *totti* est remplacé, par roulement, par un homme de sa lignée : tous les Vettiyan se retrouvent comme ça *totti* pendant un an. Pour le moment, c'est le tour de mon beau-frère. L'année prochaine, ce sera mon fils, mais cet âne ne veut pas. Il prétend qu'on ne doit plus faire ce travail de Vettiyan de génération en génération et me demande :

« Pourquoi nous et pas les Pannaiyar ? »

Je lui fais remarquer :

« Nous, on est des mangeurs de bœuf, et on saigne le porc pour Périyandavin. Eux ne le font pas : ils ont pour dieu Péramanar*, et ils lui font l'offrande du lait. Comment veux-tu qu'ils fassent tous ces travaux ? Eux peuvent s'asseoir dans un *panchayat* et y rester à parler [5] !

— Écoute ! Tu vas voir que tout en continuant d'adorer Périyandavin, on ne sera plus vettiyan et qu'on ne fera plus ces travaux ! S'ils veulent qu'on les fasse, qu'ils nous donnent un vrai salaire !

— *Ayo*, petit ! Non, non ! Pas ça ! On a toujours été *totti*, restons-le ! On ne gagnera rien en refusant, et au contraire on perdra tout. Les gens de l'*ur* ont de l'argent, et on dépend d'eux pour remplir ce ventre. Il faut vivre. Il faut marier ses enfants. Où ira-t-on chercher de l'argent, sinon chez nos maîtres ? Sois patient, notre vie s'améliore petit à petit. On voit des changements partout. Regarde ici même, dans notre colonie. Sinnappin, qui collecte les taxes, comme on fait dans sa famille depuis des générations, il continue son travail, mais il a quitté le *céri* maintenant. Seule la mère est restée ici. Lui et sa femme se sont installés à Pondy. Sa fille, qui est très instruite, est député à l'Assemblée [6]. Ils ont l'électricité dans leur maison. Lui perçoit un salaire du gouvernement, et on lui donne même de l'argent pour faire étudier ses enfants ! Son frère, lui, travaille à l'usine, à Pondy aussi.

« Sinnappin, il doit courir à droite et à gauche pour rappeler que les taxes sont encore impayées. Les Reddiar, eux, sont riches. Ils n'ont pas de souci à se faire, et ils paient leurs impôts à temps. Mais ceux qui n'ont qu'un peu de terre demandent toujours des délais. Sinnappin essaie d'arranger ça, et c'est le comptable qui accepte ou pas la demande, et qui peut lui répondre : "C'est quelle maison qui ne peut pas payer ? Va ! ramène-moi une vache ou une chèvre de chez eux, et attache-la devant le bureau !" Ou s'ils n'ont même pas ça comme garantie, le comptable dira : "Va ! Rapporte leur vaisselle !" Eh bien, garçon ! Sinnappin, bien qu'il soit de notre caste, il ne sait pas faire autre chose que de collecter l'argent, car il n'a fait que ça depuis toujours. Il passe dans toutes les maisons et appelle : "*Innanga* ! N'oubliez pas l'argent des taxes !" Il prévient les gens bien à l'avance, et quand il a tout collecté, il aide le comptable à nouer le grand sac, et ils vont le remettre à Pondy sous la protection de la police[7]. C'est que, dans notre village, il y a beaucoup de gens qui paient ces impôts : tous ceux qui ont des terres. Même au *céri*, il y en a qui possèdent un demi-hectare, ou un quart, ou un huitième. On dit que ça va jusqu'à deux cents roupies de taxes par hectare ! Eh bien, garçon, si je te rappelle tout ça, c'est pour te dire qu'autrefois Vengadesa, avec sa bouche édentée et son bâton à la main, parcourait inlassablement les rues de l'*ur* pour collecter l'impôt. Les temps ont changé. Son fils Sinnappin est devenu un homme de la ville. Mais ce n'est pas pour ça qu'il a abandonné sa fonction traditionnelle, car c'est depuis toujours qu'il collecte les taxes. Et il ne manque jamais non plus de participer à notre *puja* en l'honneur de Périyandavin ! »

XIX

PONGAL AU SANG

C'est que nous, les Vettiyan, on adore Périyandavin. Il est le dieu de notre lignée, et quand on fait un vœu, on lui offre un porc en offrande. Pour cela, il faut dépenser beaucoup d'argent et deux sacs de noix de coco. Quatre fois déjà, j'ai fait l'offrande du porc, Sinnamma ! La première fois, c'était après la mort de mes deux aînées. Mon mari avait décidé alors de faire un vœu. Il a acheté un porcelet qui s'est enfui au bout de cinq jours : c'était mauvais signe, et l'on se demandait avec inquiétude quel malheur nous attendait. En fait, la fuite du porcelet annonçait une fausse couche, que j'ai faite dans la quinzaine qui a suivi. La seconde fois, tout s'est bien passé. On offrait les cheveux d'Anbin et on a voulu saigner le porc en grande pompe pour l'occasion. Mon mari et moi, on est allés chez le Tombin choisir un porcelet. Il en avait un beau comme un prince. D'ailleurs, on ne l'a pas vraiment choisi, c'est lui qui est accouru vers nous et qui s'est laissé caresser. C'était bon signe. Ce porcelet-là coûtait un peu plus cher que les autres parce qu'il était tacheté de rose, mais comme c'était pour le grand dieu, on n'a pas hésité sur le prix. Mon mari a sorti fièrement du pli de son *somin* un billet de dix roupies en disant au Tombin : « Entendu ! » On est rentrés à la maison, mon mari portant le porcelet sur son cou. C'était un mercredi du mois de *Maci*, jour auspicieux. On a décidé de consacrer le porc dès le lendemain, qui était aussi un jour favorable. La coutume veut que la fête soit financée par mes *pangali* [1], même si c'est moi qui fais le vœu. J'achète le porcelet, je le nourris, je fais la *puja* jusqu'au jour du sacrifice. Toutes les autres dépenses sont à la charge des *pangali*. Ils doivent participer à la consécration du porcelet et donner de l'argent pour le sacrifice, car Périyandavin n'est pas seulement mon dieu à moi, il est celui de toute la lignée de mon mari. La décision était donc prise, le porcelet serait consacré le lendemain.

On n'avait guère de temps devant nous, et il fallait vite collecter l'argent nécessaire. Personne n'en avait assez chez lui. Chacun est donc allé chez son maître pour emprunter. On était une quinzaine de familles. Chacune, selon ses moyens, devait apporter de vingt à vingt-cinq roupies, car tout était moins cher à l'époque. Aujourd'hui, il faudrait soixante à soixante-dix roupies par famille ! Vers midi, on avait collecté l'argent nécessaire car, lorsqu'il s'agit de fêtes comme ça, les maîtres prêtent plus facilement : ils ont peur que nos dieux les fassent souffrir. Toutes les femmes sont alors parties, les corbeilles sur la tête, faire les achats à Tirulagam. Le soir était tombé quand on est rentrées, chargées comme des bœufs. Nos maris nous attendaient sur la grand-route, à la gargote, à moitié soûls. Ils se sont chargés de nos fardeaux, sans oublier les bouteilles de vin de palme et le curry de tripes, et ils ont repris le chemin de la maison, en titubant et en parlant très fort. Nous, les femmes, on marchait derrière. Une fois arrivés, on a rangé toutes les corbeilles chez moi, puisque c'était là que la consécration allait se faire. On s'est assises sur le *tinnai*, et nos maris nous ont servi un petit verre de vin de palme avec le curry de tripes et une épaisse bouillie d'éleusine. On a mangé de bon appétit en discutant de l'organisation de la fête du lendemain. Tout étant au point, chacun est rentré chez soi, les femmes devant se retrouver près du puits à quatre heures du matin. On avait deux choses à respecter : ne pas avoir de relations avec le mari pendant la nuit, et ne pas participer aux rites si l'on avait nos règles. Sinon la fête tournerait mal, il y aurait un malheur dans la famille, ou... le porcelet s'enfuirait. Le deuxième principe, Sinnamma, reste valable tout le long des cinq ans pendant lesquels le porc grandit. Quand je suis impure, c'est une autre qui vient le nourrir et le baigner, jusqu'à ce que je puisse de nouveau le faire. Les femmes doivent absolument respecter cette obligation !

Le lendemain, comme prévu, on s'est retrouvées au puits. Avant toute chose, on s'est baignées pour se purifier, puis on s'est coiffées, et on s'est mis chacune un *potteu*. Puis j'ai lavé le porcelet. Je l'ai gratté très fort. Je l'ai relavé à grande eau. Une fois propre, je l'ai enduit de curcuma. Je l'ai rincé et je lui ai passé une grosse guirlande de fleurs autour du cou. Il était resplendissant ! On s'est toutes prosternées devant lui en brûlant du camphre : il était consacré ! Il fallait maintenant le nourrir. Dans un pot de terre tout neuf on lui avait préparé une bouillie de riz et de jagre. Ça sentait bon ! Le porcelet avait l'air d'apprécier et nous lançait un regard après chaque lampée. Les enfants qui se trouvaient là criaient : « Il aime ! Il aime ! Il nous dit que c'est bon ! » J'étais très heureuse d'entendre ça. Tout se passait bien. L'atmosphère était à la fête. Les parfums de camphre et d'encens embaumaient le *céri*, et on se sentait transportés dans un monde céleste ! Dans cette ambiance de joie, de cris, de vacarme, d'autres familles profitaient de ce jour auspicieux pour accomplir un vœu : l'un offrait les cheveux de son garçon, l'autre perçait les oreilles de sa fille. Ce n'était plus seulement « ma » fête, mais celle de tous, et aujourd'hui encore j'entends des mères dire qu'elles ont fait raser leur fils le jour où j'ai consacré le porc, j'entends des filles dire : « Moi, on m'a percé les oreilles le jour où Velpakkatta a consacré le porcelet[2] ! » Quand j'entends ça, Sinnamma, je suis très fière, et je me dis que Dieu a été bon avec moi !

Après avoir adoré le porcelet, on a préparé le *pongal* pour tout le *céri*. Certaines nettoyaient le riz. D'autres râpaient les noix de coco. Un troisième groupe faisait ceci, un quatrième cela... Aux parfums de camphre et d'encens s'ajoutaient les bonnes odeurs de cardamome et de lait de coco. Le *céri* ne ressemblait plus à l'image crasseuse que s'en font les gens de l'*ur*, et ceux qui passaient par le chemin se disaient : « Hum ! C'est la fête au *céri*. Voilà que ça sent bon ! » Pour nous, c'était le bonheur. Personne n'était allé travailler. On faisait la cuisine. Les hommes et les gamins étaient là, à nous regarder faire ou à jouer, et nous, les femmes, on cuisait le *pongal* en jacassant sans arrêt, en pouffant de rire. Le soleil était haut quand tout a été prêt : *pongal*, achards, curry de légumes, car ce jour-là tout le monde est végétarien. On pouvait maintenant faire l'offrande de nourriture à Périyandavin.

On a conduit le porcelet à l'ombre du banian et on l'a attaché. Toutes les femmes *pangali* sont alors venues en procession, de chez moi à la place, avec sur la tête un panier neuf rempli de *pongal* et de nourriture. La foule les précédait, et l'agitation n'empêchait pas le respect. Bientôt le porcelet s'est trouvé entouré de tout ce qu'on avait apporté dans les paniers : nourriture, régimes de bananes, noix de coco, noix d'arec, feuilles de bétel, camphre, encens. J'ai pris une grande feuille de bananier, bien large, et j'ai mis dedans une bonne quantité de *pongal* et de condiments, trois bananes, sept noix de coco, et du camphre que j'ai allumé. J'ai offert le tout à Périyandavin. Tout le monde s'est prosterné en silence. Puis je me suis relevée, et j'ai avancé la feuille vers le porcelet, qui n'a pas hésité une seconde : il a tout avalé en un clin d'œil, y compris la feuille ; ça a fait rire les gamins ! Les gens sont aussitôt rentrés chez eux. Avec les femmes *pangali*, j'ai commencé à distribuer la nourriture, de porte en porte. Partout les feuilles de bananier étaient étalées. On est passées dans toutes les rues ; on s'est arrêtées devant toutes les maisons, sans négliger personne, ni fossoyeur ni cordonnier. Chacun avait sa part, en abondance ! Quand la distribution a été terminée, on est allées prendre le repas chez moi. L'après-midi était déjà bien avancé. La cérémonie de la consécration du porc prenait fin. Le repas terminé, on a longuement commenté la fête. Le porcelet, repu comme nous, était attaché en face de ma porte. Il était là pour cinq ans, jusqu'à ce qu'il devienne un beau porc gros et gras et que ses défenses apparaissent. Quand on voit pointer les défenses, il faut faire le sacrifice sans tarder un seul jour, sinon le porc portera malheur à la famille qui l'a élevé. Et si l'on n'a pas assez d'argent pour financer la fête, il faut s'endetter pour faire l'offrande aussitôt, sinon le porc pourrait détruire jusqu'à la racine du foyer.

Je me suis donc occupée pieusement du porcelet tous les jours. Le matin, je le grattais, je le lavais, je me prosternais devant lui, puis je le lâchais. Il allait rôder dans la campagne pendant le jour, et le soir il rentrait. Je lui donnais un deuxième bain, et je lui préparais un pot de son et d'eau de riz qu'il avalait goulûment. Je le voyais grossir assez rapidement, et la cinquième année ses défenses sont apparues. On est allés aussitôt, mon mari et moi, consulter le prêtre, celui qui s'occupe des cérémonies auspicieuses. Il nous a conseillé d'offrir le porc le premier lundi du mois de *Purattaci*.

Cette fois-ci, la préparation allait être longue, car le sacrifice n'est pas chose simple. De nombreuses personnes extérieures à la famille y participent, et tout doit être parfaitement organisé, sinon Périyandavin en serait contrarié. C'est un dieu bon, mais extrêmement susceptible et colérique, et on a tous peur de lui. Lorsqu'on ne respecte pas ses volontés, il peut se mettre dans des colères terribles. Mais le prêtre nous a affirmé que Périyandavin était d'excellente humeur, et qu'il était prêt à accepter ce lundi de *Purattaci* notre sacrifice, car il n'avait pas oublié qu'à Karani notre famille lui devait un porc. On était rassurés, et on a remercié le prêtre en lui offrant, sur un plateau, une noix de coco, une douzaine de bananes, du camphre et dix roupies. On l'a invité à venir célébrer le sacrifice le jour dit.

Le sacrifice

On avait devant nous une bonne semaine, mais ça paraissait très court, car on ne pouvait s'occuper des préparatifs qu'en dehors de nos heures de travail, ce qui faisait des journées bien longues ! La première chose à faire était de prévenir toute la famille et de collecter l'argent nécessaire. Cette fois, la somme était plus importante que pour la consécration. Mon mari a couru chez le Grand Reddiar pour lui emprunter soixante-quinze roupies. Il les a obtenues sans grande difficulté : je t'ai déjà dit pourquoi, Sinnamma ! Comme c'était nous qui avions fait le vœu, notre part était la plus grande. Mon beau-frère aîné, lui, a donné soixante roupies. Les autres, entre quarante et cinquante. C'est que les frais sont nombreux ; il faut payer les musiciens, le potier, le prêtre, l'*urtotti*, et tout le reste. Ce n'est pas facile.

Le soir même, en rentrant du travail, je me suis arrêtée chez le potier de l'*ur* pour lui commander la vaisselle en terre nécessaire : depuis les pannelles jusqu'aux foyers, en passant par les récipients de toutes tailles. Kandassami m'a assurée que ce serait prêt avant la fête, et que je pouvais compter sur lui. Je lui ai donné une avance de dix roupies pour qu'il commence son travail dès le lendemain. Chaque jour, je passais voir où il en était. Mon mari et des cousins étaient allés à Tirumangalam pour réserver les joueurs de *pambai* et d'*udukkai*. On a, au *céri*, tout ce qu'il nous faut comme musiciens, sauf ces deux-là. À l'*ur*, Pérambin le blanchisseur joue de l'*udukkai*, et Tirumala Gounder du *pambai*, mais ils sont au service de ceux d'en haut, et jamais ils ne viendraient jouer pour nous. On le comprend bien : un maître et ses serfs ne peuvent pas employer les mêmes hommes [3]. Nous, on a les nôtres, qui n'habitent pas tous ce *céri*, d'ailleurs : il suffit de les payer pour les faire venir.

Nos hommes sont donc allés à Tirumangalam pour réserver les musiciens. Ils les ont emmenés boire à la gargote pour discuter le prix, et ils se sont mis d'accord pour trente roupies. C'était une bonne chose de réglée, car pour faire accepter un sacrifice au dieu, il faut le son et le rythme : une fête sans musiciens, ce serait une indignité, ce serait comme une nourriture sans sel ! Avec l'*udukkai*, on chante les louanges de Périyandavin. Une fois qu'il est comme enivré par la musique du tambour, on peut plus facilement communiquer avec lui. C'est pour ça qu'il faut absolument des musiciens. Si ceux de Tirumangalam n'avaient pas été libres, il aurait fallu courir à Pombur, à des lieues d'ici, et ça n'aurait fait qu'augmenter la dépense. Mais Dieu est toujours là et pense à nous : il ne nous veut que du bien !

Entre femmes, au travail comme au puits, on ne parlait que de la fête. Le soir on veillait tard, et les hommes se joignaient à nous. On voulait à tout prix que tout se passe comme il faut : la fête doit plaire à Périyandavin, mais aussi à tout le *céri*. Et je peux dire que, jusqu'à présent, j'ai toujours réussi mes fêtes ! Chacun se le rappelle, et l'on dit de moi : « Quand Velpakkatta sacrifie le porc, c'est toujours grandiose ! » Bref, tout le monde au *céri* participe à la fête, tout le monde aide aux préparatifs. Mes voisines, mes amies viennent me faire des suggestions et donnent un coup de main pour la cuisine...

La veille de la fête, nous, les femmes, on est parties avec un panier sur la tête au marché de Tirulagam. On s'était lavées à la pompe. On avait mis nos saris de sortie. Les cheveux repliés en chignon, un *potteu* au front, on s'était faites belles comme pour un mariage. On avançait sous le soleil, à travers champs, l'une derrière l'autre, en bourdonnant comme des abeilles au travail. Les gens qui attendaient l'autocar ou qui traînaient près de la grand-route en étaient éblouis : des femmes en saris multicolores, sous un ciel bleu, un panier sur la tête, tout ça laissait présager un événement important au village.

Cette fois, il nous fallait acheter beaucoup de choses, et on n'a pas pu tout trouver à Tirulagam. C'était l'occasion d'aller en ville. Les cars pour Pondy ne manquaient pas. Un car d'une compagnie privée était là, sur le point de partir. Sans même penser au prix du billet, on s'est installées sur les banquettes réservées aux femmes. Le receveur nous a lancé un coup d'œil, et nous a laissées faire. Eh oui ! On était bien habillées, pareilles à des Tamoules ! Pas de haillons, pas de sueur. On n'encombrait pas le passage avec de gros paniers de gombos, d'aubergines ou de fleurs de bananiers, ou avec des pannelles de petit-lait ou de yaourt. Et pour une fois, le receveur n'a pas fait ouvrir nos bourses pour vérifier qu'on avait bien la monnaie exacte. C'est que ce n'était pas un jour ordinaire. Le receveur n'a pas posé de questions, et on ne lui en a pas posé. Je lui ai tendu treize roupies en lui demandant treize billets : on était treize, chiffre auspicieux ! Il faut toujours être un nombre impair.

Une demi-heure après, on était à Pondy. On a marché jusqu'au Grand Bazar, et on a commencé par l'épicerie. C'était une heure creuse, et le marchand n'était pas débordé. Il nous a servies calmement, sans être énervé par toutes nos questions : « Combien coûte le sucre ? Combien les dix grammes de cardamome ? » Les paniers se remplissaient : sucre, clous de girofle, cannelle, noix de cajou, cardamome, sucre candi, raisins secs, cumin, curcuma, lentilles rouges, et puis bâtons d'encens à la rose, au safran, au jasmin, et camphre, et *kungamam*, et cendre parfumée. Chez le fleuriste, on a choisi de belles guirlandes de fleurs fraîches, surtout des chrysanthèmes orangés. On a pris aussi une bonne douzaine de coudées de fleurs pour nos cheveux, en conservant le reste pour les femmes qui étaient restées à la maison. Les paniers étaient de plus en plus lourds, et l'argent diminuait bien vite. *(Viramma rit.)* Mais sous une pareille chaleur, on n'a pas résisté à la tentation de s'offrir, chez les marchands de glaces, un verre de sirop rose ou jaune bien frais. Une fois désaltérées, on a acheté aux marchandes de poisson quelques *kelti* pour le dîner, comme on fait chaque fois qu'on va à Pondy.

Les achats terminés, on est retournées à pied prendre le car, qu'on a dû cette fois attendre une bonne heure. Il faisait noir quand on est arrivées à Karani. Nos hommes nous attendaient sur la grand-route. Ils savent bien que les femmes qui vont à Pondy ne rentrent pas avant la lune. Le seul problème, comme on ne sait pas lire, c'est d'être mal renseignées et de se tromper de car, ou de le prendre dans la mauvaise direction. Enfin, tout s'était bien passé, et on était de retour à la maison. On a déposé les achats chez moi. Tout le *céri* était là, pour inspecter nos paniers. On a donné les fleurs aux amies et aux voisines. Les enfants, qui nous attendaient, ont réclamé « les bonbons de la ville », mais comme il n'y en avait pas assez pour tous, il y a eu des cris et des pleurs ! Aussitôt après, on a commencé à préparer la sauce de poisson : nos maris languissaient à l'idée de manger des *kelti*. Ça nous changeait des poissons séchés que nous vend Kumari. Tout en écrasant les piments, on se racontait notre journée. Mon mari me dit qu'un messager était venu annoncer que les musiciens de Tirumangalam viendraient jouer gratuitement. Du coup, nos hommes avaient commandé au gargotier trois bonbonnes de vin de palme en plus : la musique ne sera forte et la fête ne sera gaie que si les musiciens ont bien bu ! La sauce était prête. J'avais fait cuire du riz pour l'occasion, et tout ça sentait bon. Les enfants s'étaient endormis. Mon mari sirotait son vin de palme assis sur le *tinnai*, l'eau à la bouche... On n'entendait plus les autocars passer au loin, et la soirée était déjà avancée quand on a pu enfin savourer cette sauce forte au poisson. Moi, je n'avais même plus besoin de boire de vin, tellement je tombais de sommeil ! On a gardé un peu de sauce pour les enfants et pour nous, afin de relever le riz à l'eau du matin.

La nuit a été brève, car il fallait commencer tôt les rites à accomplir pour Périyandavin. Depuis que le prêtre avait fixé la date du sacrifice, on ne donnait plus nos restes de repas au porc, et je n'avais plus de relations avec mon mari. Aujourd'hui, tout le *céri* serait dans ce cas, et les femmes qui avaient leurs règles ne pourraient pas assister au sacrifice, sinon le porc allait devenir méchant et risquerait de s'enfuir. À dire vrai, je n'ai pas beaucoup dormi cette nuit-là ! J'étais agitée et je ne faisais que remuer dans mon coin, me tournant, me retournant. En pensée, je préparais la fête qui allait se dérouler comme une pièce de théâtre que je dirigerais. Il faisait encore nuit quand le coq s'est mis à chanter. Je suis allée au puits pour me laver. En entendant le bruit de la poulie ma belle-sœur aînée Vanamayil s'est réveillée, et elle m'a rejointe. Peu à peu les femmes *pangali* et les amies sont arrivées. Les hommes, eux, sont allés prendre un bain à la pompe, dans la rizière du Grand Reddiar.

Au lever du jour tout le monde était prêt. Je suis allée chercher le porc pour le laver. Il s'est laissé faire tranquillement, et je l'ai ramené devant la maison. J'ai mis ensuite un sari blanc tout neuf, à la façon brahmane[4], et je me suis noué les cheveux sur le cou. Je n'avais pas chiqué de bétel pour avoir la bouche propre. Je me suis dessiné un *potteu* sur le front, bien gros, bien rouge, et j'ai enfin fait signe à tous qu'on pouvait commencer. La fête allait se dérouler sous le banian, sur la place derrière le *céri*.

Mon mari et moi, on marchait en tête de la procession. Lui portait un pot de bouillie qu'il faisait renifler au porc, pour que celui-ci nous suive. Le prêtre marchait à côté. Marimuttu, mon beau-frère aîné, nous suivait en portant pieusement la lance des deux mains. Les femmes venaient derrière, avec la vaisselle en terre et les paniers neufs remplis de bétel, de noix d'arec, d'encens, de camphre et d'épices. Mon jeune beau-frère Ajakesan portait le sac de riz qu'avait prêté le Grand Reddiar, deux sacs de noix de coco, du bois pour faire le feu et des couteaux, des grands et des petits. La foule venait derrière. Le *céri* s'était vidé : tout le monde suivait la procession.

Le soleil s'élevait dans un ciel très bleu. C'était une belle journée de *Purattaci* ! Arrivés près du banian, on a déposé les paniers par terre. Et ce fut le relâchement ! Les enfants, qu'on avait tant bien que mal essayé de calmer pendant la procession, ne pouvaient plus rester en place, et les menaces n'y faisaient rien. On s'est dispersés en petits groupes. Le prêtre a commencé à préparer le lieu du sacrifice. Il a pris un pot de terre. Il a mélangé de la farine de riz et de l'eau pour obtenir une pâte ferme, avec laquelle il a modelé un grand nombre de Pillaiyar de toutes tailles. Il a soigné particulièrement le Munnadiyan, qui était le plus grand de tous, avec un ventre bien joliment arrondi qui a fait rire les enfants. Il l'a placé au centre, et a planté en face de lui la lance, dans la direction du soleil couchant. Il a orné la statue et la lance de fleurs et de *kungamam*, et il a allumé en petites gerbes des bâtons d'encens : l'air en était tout embaumé. Pendant ce temps, des hommes et des femmes, par petits groupes, s'affairaient à préparer le *pongal*, à moudre les épices pour le curry de porc, à cuire le riz blanc.

J'ai donné le dernier bain au porc, et je l'ai enduit de curcuma. Mon mari lui a tracé des marques de cendre sur tout le corps. Il était beau comme un roi et grognait de joie. Couché sous le grand banian, il regardait la foule au travail autour de lui. Il pensait sûrement qu'on allait lui passer autour du cou la guirlande de fleurs, comme à un jeune marié. Sur de larges feuilles de bananier, on a déposé des douzaines de bananes, un bon morceau de camphre, des feuilles de bétel, des noix d'arec et des noix de coco, un panier de *pongal* et du riz blanc, de l'encens et des fleurs. Les musiciens battaient l'*udukkai* et le *pambai*. Le prêtre a commencé à lire les prières.

La foule suivait la lecture d'une oreille distraite, quand le prêtre a fait un signe de la tête à mon beau-frère aîné. Habillé de neuf, il portait une guirlande de chrysanthèmes autour du cou. Il a pris la lance des deux mains et s'est avancé vers le porc qui venait d'être enchaîné. Il y eut un grand silence. C'était le moment décisif. Chacun se demandait avec angoisse si la lance allait percer le flanc du porc aussi facilement qu'elle trancherait une banane... D'un coup sec, mon beau-frère a enfoncé la lance. Le porc s'est affalé aussitôt en hurlant. Les hommes se sont empressés de recueillir le sang qui giclait, et mon mari l'a tout de suite mélangé au *pongal*. Les musiciens battaient leurs tambours de plus en plus fort, pendant que mon mari jetait ce *pongal* au sang dans les huit directions pour les messagers de Périyandavin, qui attendaient ça avec impatience : s'ils ne le recevaient pas à la minute même du sacrifice, ils nous gifleraient ! Par la grâce de Périyandavin, tout s'est passé comme il fallait. Il nous restait à terminer les rites devant Munnadiyan, le témoin du sacrifice. Mon beau-frère a creusé un grand trou devant la statue. Il y a mis le reste du *pongal* au sang, et une part de ce qui se trouvait sur les feuilles de bananier. Il a refermé le trou. Munnadiyan avait été remercié.

Les rites pour les dieux étaient terminés. Il fallait maintenant qu'on s'occupe de ceux qui avaient participé à notre fête. Les hommes ont soulevé le porc étendu sur le sol. Il était d'une belle couleur, on aurait dit une Tamoule qui sort du bain badigeonnée de curcuma. Mon beau-frère a rassemblé les *pangali*, avant de découper la poitrine du porc, qu'il m'a donnée : ce morceau revient à la famille. Puis il a continué le dépeçage pour tout le *céri*. Comme de coutume, on est passés ensuite devant toutes les portes pour offrir de la viande, du riz, du bétel et des noix de coco. Nous, les *pangali*, on avait encore un dernier rite à accomplir. Il fallait conserver dans l'eau la poitrine du porc qu'on avait mise de côté et l'adorer pendant sept jours, en respectant les règles de pureté : pas de relations sexuelles, dormir par terre, changer l'eau tous les jours, brûler du camphre. À la fin de la semaine, on collecterait un peu d'argent, et on offrirait un dernier festin à Périyandavin.

Pour l'heure, la fête se terminait. On entendait rentrer les gens de l'*ur* qui étaient allés à la séance de nuit des cinémas de Tirulagam. On était fatigués mais heureux. Mon mari et moi, on avait le cœur tranquille : Périyandavin était avec nous, et il ne nous a jamais abandonnés depuis !

XX

KALIYUGAM

Tous les jours, à la radio du *céri*, on entend : « Ne vous séparez pas ! Ne vous divisez pas ! À bas les castes ! » Tous les jours aussi, une voiture passe avec un haut-parleur qui nous dit : « Venez, le peuple des *céri* ! Venez vous instruire ! Assistez aux cours du soir, grands et petits, ceux qui ne savent pas lire, ceux qui ne savent pas écrire ! Vous verrez, quand vous serez instruits, on ne vous traitera plus comme aujourd'hui ! Vous ne serez plus une caste inférieure ! » Nous, on est là, le soir, on prend le frais en chiquant le bétel, et on les entend : « Chers aînés ! Restez unis avec les jeunes dans le combat contre la séparation des castes ! Pourquoi envoyez-vous vos enfants travailler pour une demi-roupie ou pour une roupie et demie ? Et vous, les femmes, pourquoi repiquez-vous pour trois roupies ? Demandez-en cinq ! La mesure de riz coûte aujourd'hui deux roupies et demie : il faut que ce prix baisse ! *(Viramma rit.)* Si un propriétaire emploie dix d'entre vous à trois roupies par jour, est-ce que ça permet de vivre ? Que fait-on de sa vie, de la naissance à la mort ? Que fait-on de sa famille, avec si peu d'argent ? Demandez une augmentation des salaires ! Cinq roupies pour les femmes, dix roupies pour les hommes [1] ! »

Voilà ce que viennent nous dire tous les soirs les hommes des partis, Sinnamma ! Et nous, on leur répond : « *Ayya !* Avec les charrues et les faucilles, nos parents nous ont seulement montré comment labourer la terre, comment la fumer, comment l'irriguer. C'est avec ça qu'ils nous ont appris à gagner notre vie. Et vous, aujourd'hui, subitement, vous vous mettez tous à nous dire qu'il faut lâcher la houe pour le stylo ! Comment vivre alors ? Contrairement aux vôtres, nos parents à nous ne nous ont pas fait étudier. Ils se sont soumis à l'ordre de Celui qui nous a divisés en castes, en Palli, en Paraiyan, en Komutti, en Kosavan, et ils nous ont élevés selon ces règles. Et voilà que vous, vous arrivez maintenant ! Vous voulez notre bonheur. Vous voulez effacer ces divisions pour donner plus de "justice". Mais on est trop vieux pour ça ! Ce sera pour le prochain *yugam*, s'il y en a un ! Aujourd'hui, vous qui savez écrire, vous avez encore besoin de notre travail à nous, les manuels, et on reste encore sous votre domination ! »

Oui, les partis prennent tout ça à cœur, et luttent pour nous. Regarde M.G.R. [2] : il donnerait sa vie pour nous, les pauvres. C'est lui qui envoie ses hommes jusqu'à nos portes. Il nous dit d'espérer, de lutter, de rester unis. Mais est-ce que tu crois, Sinnamma, qu'on est en âge de lutter, de combattre ? La vie est derrière nous, maintenant. On avance vers le champ de crémation, et moi je ne verrai pas cette union des castes. C'est pour ça que nous, les femmes, on dit aux partis : « Vous voulez lutter pour nous unir, pour faire disparaître les castes. Mais c'est impossible. On n'a ni champ ni terre, rien d'autre que la maison qu'on habite : comment voulez-vous qu'on vive, alors ? Si vous voulez vraiment lutter pour nous, les pauvres, donnez-nous de l'argent pour qu'on achète des terres, ou distribuez de la terre à cultiver. Donnez-nous une vache, une chèvre, une paire de bœufs, et on pourra gagner notre vie, on pourra manger à notre faim, on pourra avoir plein d'enfants. Eux pourront étudier, avoir une situation. »

Sans rien dire à personne...

De mon temps, il y avait l'école, mais mes parents n'ont pas pris la peine de m'y envoyer. Ils n'ont rien compris. Ils n'ont pas pensé à notre avenir : c'était la vie au jour le jour... S'ils nous avaient éduqués, on aurait gagné davantage d'argent, mais ils étaient ignorants ! Quant à nous, on n'a eu qu'un fils. J'ai souhaité de tout mon cœur qu'il étudie. L'école de Karani, je m'en souviens bien ! Je l'ai construite avec Anjalai, Pakkiam, Kannima, Managatti... On était jeunes en ce temps-là. On a beaucoup ri, beaucoup chanté en écrasant la chaux, en portant les briques. On a travaillé sur le chantier jusqu'à la fin de la construction. J'espérais qu'un jour je mettrais mon fils dans cette école — je n'avais pas encore Anbin, alors. Et après sa naissance, sans rien dire à personne, j'ai mis de l'argent de côté pour lui acheter des habits neufs, et pour remplacer son cordon rouge à amulette par une chaîne en argent. Le jour de sa première rentrée, je lui ai mis une chemise et un short neufs, et je lui ai donné un plateau de bonbons et un autre de sucre candi pour offrir au maître. C'était le Grand Vattiar, il venait tout juste d'être nommé. Anbin est resté trois ans avec lui, mais ensuite un nouveau maître est arrivé. Celui-là battait les enfants. Plusieurs fois Anbin a voulu arrêter, mais je l'ai toujours ramené à l'école. Une fois, il a gagné une course à pied, et il a reçu une coupe ; je l'ai vendue à notre Reddiar qui la garde dans une armoire vitrée. Quand ma fille aînée a été mariée, plus personne ne pouvait me garder les petits. J'ai dû retirer Anbin de l'école ; c'est lui qui les promenait sur ses hanches quand j'étais au travail. Anjalai avait des enfants très jeunes. Elle a compris que j'étais désolée, et elle a proposé de garder aussi les miens pour qu'Anbin puisse aller en classe. Je lui ai donné du riz pour la remercier. Mais après, j'ai dû moi aussi m'arrêter pour qu'Anbin puisse continuer. J'ai vraiment fait beaucoup de sacrifices pour l'éduquer, Sinnamma ! Mais la vraie raison de son abandon, je vais te la dire. C'était une période où on se disputait beaucoup, mon mari et moi. Sundari était encore bébé, elle s'asseyait à peine, et déjà mon mari voulait que je sois de nouveau sa femme ! Moi, j'en avais assez d'être enceinte tout le temps et je ne voulais pas me laisser faire. On a fini par se fâcher sérieusement, et je suis partie avec les enfants chez mon frère, qui était alors à Madras. Pour qu'Anbin ne manque pas l'école, je l'ai laissé à mon mari. Il s'en est bien occupé pendant quelques jours, mais après il l'a laissé chez les voisins pour partir à ma recherche. Il est allé d'abord à Velpakkam. Là on lui a dit que j'étais à Madras, et il est venu chez mon frère. Moi je n'ai pas voulu rentrer tout de suite, et il m'a attendue. Pendant ce temps-là, les voisins se sont occupés d'Anbin comme ils ont pu. Ils lui donnaient à manger le matin, avant d'aller au travail, et le soir, en rentrant des champs, en lui disant d'aller à l'école tout seul. Anbin, lui, n'avait personne pour le conduire à l'école et n'avait pas de repas le midi : il s'est mis à traîner autour du village avec d'autres gamins du *céri*. Quand je suis rentrée, c'était trop tard ; il avait manqué la classe trop longtemps et il avait à peu près tout oublié. Mais au cinéma, il comprend tout, et il retient les paroles des chansons. Il ânonne pour lire le journal. Il sait faire un peu de calcul. Pour l'écriture, il sait tout juste signer son nom. Beaucoup de garçons qui étaient avec lui à l'école ont fini leurs études. Ils ont maintenant un travail en usine ou dans les bureaux, à Pondy. Lui est resté aux champs. Regarde le frère de notre Parasuramin : est-ce qu'il n'est pas parti là-bas ? Tu le connais bien, Sinnamma ! Je n'invente rien. Il est bien de notre caste, mais il a été recruté dans la police, comme un Naïcker ou comme un Gounder. Ce sont les études qui lui ont permis d'arriver.

Quand le Reddiar de Nalivéli a été élu, il a donné du travail assis à une vingtaine de personnes de la commune[3]. Mais Anbin n'a rien pu avoir, puisqu'il ne sait pas écrire. Chandran et Kannan, eux, ont eu un poste au grand hôpital de Gorimédeu, et Saktivélu est devenu inspecteur de police. Tous les trois ont aujourd'hui des terres et des pompes d'irrigation. Saktivélu a acheté ses terres au village natal de sa grand-mère et il s'est installé là-bas, à l'*ur*. Il a acheté un terrain et il s'est fait construire une maison. Mais il paraît que depuis deux ans, à cause de la sécheresse, il a eu des pertes, bien qu'il ait fait installer une pompe. C'est que les terres sont moins bonnes par là. S'il avait acheté ici, il n'aurait pas eu ces problèmes. Mais ici, il n'aurait jamais pu s'installer à l'*ur* ; il a beau être inspecteur, on sait bien de quelle caste il est ! Son frère, lui, le Ventru, est resté avec nous au *céri*, il est ouvrier agricole. Le Reddiar de Nalivéli a aussi trouvé un travail d'enseignant pour notre *Iyer*, qui a passé son brevet à Tirulagam. Cinq ou six autres sont en usine, dont Sinnatambi, qui est électricien. Mais pour obtenir ça, il faut avoir étudié, et ça n'est pas donné à tout le monde !

C'est que, dans une famille, on a besoin du salaire de tous, enfants compris. Les garçons gardent les vaches, les fillettes ramassent les cacahuètes ou viennent repiquer avec nous. Et le soir, on raconte aux enfants des histoires éducatives, au lieu de les envoyer à l'école : l'histoire du laboureur, l'histoire du crocodile, des histoires d'animaux. Sinnamma, le monde a changé dans ce *kaliyugam*. Aujourd'hui, les jeunes ou les adultes qui ne sont pas allés en classe et qui veulent apprendre à lire et à écrire peuvent aller à l'école du soir. Un maître vient de Pondy pour donner les leçons, là, sur un *tinnai*. C'est ainsi que ma fille Sundari est allée apprendre toute seule. On ne s'en est pas occupé, et maintenant elle sait écrire son nom et lire un peu.

Il faut dire aussi qu'aujourd'hui de plus en plus de gens envoient leurs enfants à l'école, et qu'ils les y laissent plus longtemps. Le gouvernement offre plus de facilités qu'avant. Notre père vertueux M.G.R. donne gratuitement des uniformes : des shorts et des chemises pour les garçons ; des jupes et des chemisiers pour les filles ; et des cahiers, des livres, des ardoises, des crayons, tout ce qu'il faut, quoi ! Il donne même le repas de midi aux écoliers. Les parents n'ont plus à se soucier des fournitures, ils n'ont plus à préparer le repas de midi, plus à courir pour éviter d'être en retard. Aujourd'hui, le gouvernement a goudronné les rues du *céri* et a installé des néons. Les enfants vont s'asseoir dessous pour faire tranquillement leurs devoirs du soir. Alors, avec tant de facilités, pourquoi on n'enverrait pas nos enfants à l'école ? Tu les as vus quand ils vont en classe nos enfants, Sinnamma : bien propres, bien coiffés, les filles avec deux tresses. Tu les confondrais avec des enfants de l'*ur*, non ? *(Viramma rit.)* On dit qu'à l'école, qui est à l'*ur*, nos enfants sont les plus nombreux. Habillés proprement comme ils sont, il n'y a pas de mal à aller dans la même école.

Tu sais, beaucoup d'enfants autrefois s'absentaient, parce qu'il fallait garder les petits frères et les petites sœurs à la maison ; ceux-là n'arrivaient pas bien à suivre. Les maîtres qui ne comprenaient pas la situation à la maison donnaient des taloches, des coups de règle sur les doigts, ou faisaient mettre les gamins à genoux sur le sable en plein soleil. De peur d'être punis, les enfants ne voulaient plus retourner à l'école. M.G.R. a encore pensé à nous, et pour aider les femmes qui ont des enfants en bas âge, il a fait construire une crèche dans chaque village, pour les tout-petits. Les mères qui vont travailler aux champs laissent leurs bébés à la crèche, et comme ça les aînés ne manquent plus l'école. Ce sont deux femmes vanniyar qui ont été nommées par le gouvernement pour s'en occuper. L'une vient de Gorimédeu, l'autre de Pondy, et c'est Patti, la femme de Kannan, qui les aide pour la cuisine. Elles font la toilette des tout-petits, elles les coiffent, elles leur mettent un *potteu* sur le front, puis elles leur donnent le biberon. Les plus grands arrivent déjà propres : les garçons peignés, les filles avec deux nattes dans le dos. Ils jouent aux balançoires, au toboggan. À midi, ils se lavent les mains, et chacun va prendre une assiette sur la pile posée dans la cuisine. Ils s'assoient en rang, et on leur sert le repas : du riz tous les jours, avec des lentilles et des légumes. Les plus petits, on les aide à manger. Après le repas, les grands se lavent les mains et retournent jouer, pendant que les petits sont étendus sur une natte pour la sieste et personne ne doit rentrer à la maison. Avant l'heure de la sortie, les grands se lavent le visage et les bras. Ils prennent leur goûter, une poignée de pois chiches sautés, et s'en vont. Les mères viennent chercher leurs bébés. Puis les deux femmes font leur toilette pendant que les deux jeunes filles du *céri* donnent un coup de balai. Les femmes prennent enfin leur sac, leur parapluie, et s'en retournent chez elles en autocar.

On trouve aujourd'hui que la crèche est trop petite. D'autant que les femmes de l'*ur* voudraient aussi, comme celles du *céri*, pouvoir y laisser leurs enfants. Elles disent que le gouvernement donne toutes les facilités aux gens du *céri*, et rien aux autres. Pour contenter tout le monde, le gouvernement va construire une nouvelle crèche, plus grande. Elle sera dans l'*ur*, mais les enfants de l'*ur* et ceux du *céri* y seront ensemble. Les femmes de l'*ur* ont accepté. Et pourquoi elles refuseraient ? Les enfants ne sont pas impurs. Quand elles repiquent aux champs avec nous, leurs enfants jouent avec les nôtres toute la journée, en attendant leur mère. Et puis, quand on sait qu'à la crèche ils sont lavés et nourris, quelle est l'idiote qui refuserait ça, dis-moi, Sinnamma ? Chez les Kudiyanar aussi, il y a des pauvres, et c'est normal que le gouvernement les aide. Mais c'est eux qui nous repoussent parce qu'on est impurs ; c'est comme ça depuis toujours. Quand chacun vivait séparément, il n'y avait pas d'histoires. Aujourd'hui, devant toutes ces facilités qu'on offre pour sortir les pauvres de la misère, chacun doit céder un peu. Les Kudiyanar doivent nous accepter, et nous, on doit faire un effort. On était risibles, autrefois : négligées, jamais coiffées ni lavées. Aujourd'hui, on se corrige...

Au céri aussi, tout change...

C'est que le *céri* a beaucoup changé. Jadis on travaillait pour un quart de roupie par jour. On se contentait de peu. On se remplissait le ventre avec ce qu'on trouvait au bord des champs, ou tout simplement avec de l'eau, et ça nous suffisait. Ça ne se passe plus comme ça aujourd'hui. Tout vient de la ville, le pain, le thé, le pétrole, les friandises. Tout s'achète avec de l'argent. C'est ça aussi, la civilisation : l'argent ! Avec l'argent on peut tout faire, manger, s'habiller, vivre, être de caste supérieure, avoir tous les droits. C'est ce qu'ont compris nos jeunes, et c'est pour ça qu'ils veulent être instruits et gagner beaucoup d'argent. Nous, ça n'était pas ça notre but. Je me souviens qu'avant, dans les temps difficiles, quand il n'y avait pas de travail aux champs, on ne mangeait pas tous les jours. Tout ce que ma grand-mère allait acheter, c'était un peu d'huile pour la lampe, et elle nous disait : « Les petits, on n'a rien à cuire aujourd'hui. On allumera la lampe à la place du foyer, pour que vous n'ayez pas peur du noir. Couchez-vous et endormez-vous vite, vous ne sentirez pas les tiraillements de l'estomac ! » On se mettait sur le ventre, serrés les uns contre les autres. On fermait les paupières. La tête enfoncée dans les épaules, on serrait bien fort les dents pour n'entendre aucun bruit, et on s'endormait d'un seul coup. Les parents, eux, calmaient leur fatigue et leur faim en se partageant une chique de bétel. Aujourd'hui, quel enfant ferait ça ? Même pas le plus pauvre des Parias ! Il se roulerait par terre pour qu'on lui achète au moins du pain ou une galette : on en vend partout, et ça remplit le ventre sans qu'on ait besoin d'allumer le foyer. Le riz ne coûtait pourtant que quatre *anna*, mais on ne peut pas manger de riz cru, tandis qu'aujourd'hui, avec quelques pièces, on peut s'acheter quelque chose de tout prêt. Il faut dire aussi qu'il y a davantage de petites boutiques au village, et le marché de Tirulagam est plus important. On n'a plus besoin d'attendre le marché de la semaine. L'argent, on se débrouille pour en avoir : on emprunte, on met en gage la vaisselle et on rembourse quand ça va mieux. L'argent circule plus facilement, quoi ! C'est vrai qu'avant on ne gagnait que six *paice* quand on désherbait. Après, c'est passé à douze. Je me rappelle avoir acheté pour une *paiça* de sel, une *paiça* de tamarin, une *paiça* de piment, une *paiça* de poisson salé ! *(Rires.)* On n'allait pas bien loin, mais on mangeait du paspale et du petit-mil : ça nous remplissait le ventre et ça donnait des forces. Même le Komutti en achetait, parce que ça se revendait bien. Aujourd'hui c'est fini, on n'en cultive même plus. Il n'y a plus que de l'I.R. 30 et du *Ponni*[4]. Mon fils ne sait même plus quel goût ça a, le petit-mil ! Quant au paspale, on le mangeait, et on se servait du son pour se chauffer. Oui, Sinnamma, je revois encore ma grand-mère, au mois de *Kartikkai*, quand il pleuvait très fort et qu'il faisait frais. Elle avait près d'elle une sauteuse en terre remplie de paspale chaud et de petit-mil.

Mais tout change. Le climat aussi. Dans ce *kaliyugam*, on attend la pluie. Le soleil chauffe au point de griller la terre. Au *céri* aussi tout change. On se corrige, on se civilise. Mon mari me dit que c'est Gandhi qui le premier a voulu que toutes les castes changent dans le bon sens. Pour ça, il fallait éduquer tout le monde. Et tout le monde a suivi, eux aussi, nous aussi.

On comprend mieux les choses maintenant. Je te disais qu'on était sales, négligés, dégoûtants. Le savon, par exemple, c'était seulement celui qui allait au bureau qui l'utilisait. Je me souviens, le comptable, le monsieur des impôts, Narayana Gounder, il venait au puits avec quelques autres. Eux avaient du savon. Quand on allait travailler et qu'on passait par là, on regardait cette eau mousseuse avec étonnement. Aujourd'hui, mon Anbin achète chaque mois des savons de différents parfums. Et moi aussi j'en utilise. On trouve de tout à Tirulagam, ou même sur les marchés : des peignes de toutes les couleurs, de la poudre, du crayon pour les yeux et pour les lèvres, des *potteu* qui ne s'effacent pas, et on apprend petit à petit à les utiliser. Regarde, par exemple, la lame de rasoir. Pour dix *paice* on peut s'acheter une lame. Nous, autrefois, on s'épilait sous les bras et en bas avec de la cendre. Comme ça faisait très mal, on ne s'épilait pas souvent. Alors, un buveur de mouille qui nous voyait passer dans la rue disait : « Eh ! Rien que ce jardin est si velu ! Qu'est-ce que ça doit être pour la forêt ! » C'était humiliant d'entendre ça ! Aujourd'hui, nos filles se rasent avec une lame et elles portent un corsage comme vous autres.

Moi aussi, je fais comme tout le monde. À la campagne je ne porte pas de corsage. Une *paratchi* ne doit pas en porter après avoir eu un enfant, c'est impoli. Mais quand je vais en ville, chez toi, je ne vais pas rester les épaules nues ! Alors, j'ai emprunté le corsage que Kannima porte quand elle vient à Pondy. Mais j'en avais assez de lui demander son corsage chaque fois que j'allais chez toi. À la foire de Vagur, je m'en suis acheté un, le rouge à fleurs jaunes. Et j'ai bien apprécié que tu m'offres un corsage avec le sari que tu m'as donné à Divali, j'en ai un de rechange, comme ça ! Dans les champs, on ne fait pas trop attention. On est sans corsage, le sari cache la poitrine *(geste)*. Mais on se découvre forcément en travaillant, et on se retrouve comme ça devant les Reddiar et les Gounder, ou devant le maître d'école. Combien de fois la femme du Reddiar m'a dit : « Eh, Velpakkatta ! Tu es toujours là en train de montrer tes mamelons aux hommes ! Cache donc ça ! Aie un peu de pudeur ! Si tu mettais un corsage, tes seins paraîtraient moins gros, tu serais mieux ! » Mais moi je ne l'écoutais pas car de l'autre côté, au *céri*, il ne manquait pas d'oreilles trouées et de vieilles faiseuses d'histoires pour nous critiquer avec aigreur : « Regardez-moi celles-là ! Elles ont eu un boisseau d'enfants, et les voilà qui se mettent un corsage pour se pavaner chez les Reddiar en imitant leurs femmes ! » C'est pour ça que, lorsque je viens chez toi, Sinnamma, je reste les seins nus du *céri* jusqu'à Tirulagam, et là, je mets mon corsage avant de monter dans le car — c'est que les contrôleurs se moquent de nous ou nous regardent avec mépris quand on voyage sans corsage ! Au retour, c'est pareil. Je me mets sous un tamarinier, près de chez Kéva Reddi, un ami de notre Reddiar qui habite une maison à deux étages à côté de l'épicerie de

Tirulagam, j'enlève mon corsage, et je le mets dans mon sac. Une fois, le Reddiar m'a surprise et m'a dit : « Alors, femme de Manikkam, tu es bien avec un corsage, pourquoi tu l'enlèves ? » J'ai eu honte en l'entendant, mais je suis partie sans corsage, en le laissant penser ce qu'il voulait. Voilà ce que je fais quand je viens te voir, Sinnamma. Pour les cheveux, c'est pareil : quand je reviens de Pondy, je défais ce chignon que j'ai pour aller en ville et, sans peigne, avec les doigts, je me ramasse les cheveux et je les noue en chignon de côté. Eh, on doit se déguiser selon les coutumes de chaque pays ! Encore qu'au *céri*, si tu voyais aujourd'hui nos filles et nos garçons ! Quels vêtements ! Quels saris ! Quels corsages ! Quelles coiffures ! Quelles coupes de cheveux ! Je dirais même que nos filles te battent question habillement ! Toi, tu portes toujours des saris de coton et tu ne mets pas de bijoux, alors qu'au *céri*, après le travail, nos jeunes sont en sari ou en chemise de nylon. Les hommes de l'*ur* ont l'eau à la bouche quand ils voient nos filles, et on les entend dire : « Regarde ça ! Est-ce qu'on dirait une Paria ? Elle est si décente » ! Sinnamma, quand tout le monde change, pourquoi pas nous ? Autrefois j'ai toujours été propre et soignée quand je le pouvais. Maintenant que je suis mariée, pourquoi ne pas prendre un bain au curcuma ou me mettre un *potteu* sur le front, comme les autres ? Mais j'ai peur des médisances. Au *céri*, on ne se gêne pas pour dire du mal de moi, à commencer par ma propre belle-sœur, surtout depuis que je viens chez toi, en ville. L'autre jour encore, je l'ai entendue dire : « Mais où peut bien aller cette pute si propre et si bien habillée ? Regarde un peu : un sari en nylon, un beau *potteu*, des fleurs dans les cheveux... » D'autres m'ont demandé : « Alors, Velpakkatta ! Où tu vas comme ça en bus si souvent, si bien habillée ? » Et moi, je réponds, pour qu'on ne me pose pas d'autres questions : « Je vais juste chez ma fille à Kattérikkuppam ! » Danamma, Kittéri, Kuppamma te connaissent. Elles savent que je vais chez toi, et que mon mari est au courant. Un jour de dispute, elles me lanceront : « Nous, on n'est pas comme toi, à laisser le mari dépiquer et le garçon au labour pour courir en ville tous les jours ! » Oui, Sinnamma, nos femmes sont très jalouses, et elles aiment bien médire à la moindre occasion...

Avec d'autres jeunes gens, mon Anbin s'occupe maintenant de la nouvelle association qu'on vient de créer pour eux. Celle des femmes existe depuis longtemps, mais celle des jeunes gens est toute récente. On construit une salle pour qu'ils puissent se réunir, et pour célébrer les mariages. Les jeunes de l'association cotisent à une tontine. Plus d'une douzaine sont en âge de se marier, et ils donnent dix roupies par mois. Le jour où l'un d'eux se marie, l'association lui prête cet argent, sans intérêt bien sûr, et envoie en plus un cortège avec des bouteilles de soda, des bonbons, des photos d'acteurs, et une enveloppe de cinq cents roupies ! Par haut-parleur, on annonce : « Cadeau de l'association des jeunes : cinq cents roupies ! », et tout le monde applaudit. Ce sont les partis qui font ça pour les jeunes. Parfois, dans certains villages, K.S. donne lui-même le *tali* de la mariée : en or, bien sûr, avec dessus le symbole du parti, le soleil levant. C'est pour qu'on ne s'endette pas jusqu'à la fin de nos jours, et même après. Quand on a marié Anbin, on a emprunté comme d'habitude au Reddiar. Anbin ne voulait pas. Il disait qu'on pouvait se contenter de l'argent de l'association. Mais je lui ai répondu que si j'empruntais, ce serait au Reddiar, et pas ailleurs. Plusieurs mois à l'avance, j'ai demandé cinq cents roupies et quatre sacs de riz. Le Reddiar m'a dit qu'il m'avancerait trois cents roupies. Mais rien que le *tali* coûte ça, pour deux ou quatre grammes d'or, et il faut aussi le sari de la mariée, les boissons pour la famille, le repas, le *pandal*, les néons, les invitations... Je l'ai fait remarquer au Reddiar : « Si vous ne m'avancez que trois cents roupies, quelle sorte de mariage je pourrai faire avec si peu ?

— Emprunte ailleurs, à l'association !

— Mais qui me connaît, à part vous ? Je suis serve chez vous et pas ailleurs !

— Bon, bon ! On verra ! Pourtant, par les temps qui courent, c'est pour vous que tout se met en place. Vous allez bientôt nous égaler, devenir comme notre caste ! »

Et notre Reddiar s'est mis à rire. Mon mari lui a dit aussitôt : « *Ayo, Sami* ! Ce n'est pas moi qui demande ça ! C'est des gens d'ailleurs qui veulent que je devienne comme ça ! »

Ce Reddiar a bon cœur, malgré tout. Il pense au fond de lui-même que c'est une bonne chose qu'on s'occupe de nous, et qu'il faut qu'on monte et qu'on devienne *décents*. Mais des gens comme Lakhsmanan, Vira Reddi ou Bangareu Reddi n'aiment pas du tout ça, eux. Ce sont de vieux rats, et jaloux en plus ! « Le gouvernement lui-même est avec eux, et se bat pour eux ! Il donne trop de facilités à ces chiens de Parias ! » Voilà ce qu'ils disent en voyant au *céri* les rues éclairées et goudronnées. Et c'est vrai qu'autrefois il n'y avait pas d'ordre au *céri*. On construisait les maisons n'importe où. Les rues étaient pleines de bosses. Aujourd'hui, même dans les maisons, tout a changé ; il y a des timbales, des gamelles, des assiettes en aluminium, alors qu'elles étaient en terre avant. Bien que j'aie de la vaisselle en aluminium, je continue à préparer les sauces dans des jattes en terre ; je trouve qu'elles ont meilleur goût. Et le riz, je le passe encore avec l'*alavu*, une espèce de balai fait avec des palmes de cocotier, que je déplie sur la pannelle. C'est une vieille habitude, qu'on suit depuis des générations ! Regarde pour l'eau, là aussi ça change, Sinnamma ! Il y avait seulement un puits à l'*ur* et un puits au *céri*. Maintenant le gouvernement a mis des robinets ; il y en a quatre ou cinq pour le *céri*. Plus besoin d'aller loin, de faire la queue en se disputant, on tourne le robinet et l'eau coule ! Enfin, pas toujours ! Depuis que le gouvernement a mis des tuyaux partout, à l'*ur* comme au *céri*, si pendant la saison chaude on ouvre trop en bas, du côté du bassin, l'eau n'arrive plus en haut, du côté du temple d'Aiyanar, et les gens de l'*ur* ne sont pas contents. Ils disent qu'on utilise trop d'eau, et que c'est à cause de nous s'ils n'ont plus à boire. Nous, on leur répond poliment que le gouvernement a mis des robinets pour tout le monde, et que nous aussi on doit boire, et nos bêtes pareil. Ils ne sont pas seuls, alors pourquoi protester ? Certains d'entre eux viennent maintenant chercher de l'eau au *céri* en cas de besoin, et nous, si nos robinets sont en panne, on va à l'*ur* : moi, je vais chez le Reddiar, d'autres vont dans le centre. C'est qu'il n'y a plus de pollution. Le gouvernement a réglé cette histoire en installant des puits fermés [5] et des châteaux d'eau. L'eau est distribuée par des robinets, comment pourrait-on la polluer ? On ne plonge plus nos récipients dans les puits, puisqu'ils sont fermés. On tourne le robinet, et l'eau coule dans notre pannelle, ou dans celle des gens de l'*ur*. C'est pour ça que beaucoup de gens de l'*ur* viennent désormais sans hésiter chercher de l'eau au *céri* quand ils n'en ont plus. Nous, quand on les voit arriver, on se met de côté par politesse, et on les laisse se servir les premiers : « Servez-vous, *Amma*, on prendra après vous ! » Voilà ce qu'on leur dit. Mais il y a toujours des entêtées qui refusent de venir au *céri*, et qui préfèrent aller chercher de l'eau très loin, dans les puits des champs. Quand même, beaucoup se laissent tenter parce que le *céri* est plus près. Quand il y a une panne à l'*ur*, on vient même de chez notre Reddiar prendre de l'eau ici, avec une charrette remplie de gros récipients : des bassines en zinc, des pannelles de cuivre...

Il vaut mieux qu'on reste à notre place

Tout ça fait qu'on parle davantage qu'avant aux gens de l'*ur*, malgré ceux qui là-bas n'aiment pas ça. Par exemple, je m'arrête sous la véranda du Petit Gounder et je prends des nouvelles de sa mère. Ou en rentrant du travail, l'autre jour encore, des Kudiyanar m'ont parlé : « Alors, Velpakkatta, tu étais partie cette semaine ? On ne t'a pas vue chez le Reddiar, c'est ta fille qui a ramassé les bouses de vache... » Et je leur ai répondu que je m'étais bien absentée, que j'étais allée à Madras... Tu vois, Sinnamma, autrefois on n'aurait pas fait ça. On allait au travail et on rentrait au *céri* sans traîner à l'*ur*. On ne savait même pas qui habitait là-bas, à part nos maîtres. On allait à l'*ur* uniquement pour travailler. Les gens de là-bas ne peuvent pas se passer de nous. Qui irait garder leurs vaches, si ce n'est nos enfants ? Qui cultiverait leurs terres, si ce n'est nous-mêmes ? Aujourd'hui, il y a davantage de relations, à cause de l'école, de l'eau, ou comme ça, pour rien. On habite toujours au *céri*. On a nos habitudes, nos façons, notre vie à nous, on est mieux entre nous, mais on n'est plus complètement coupés de l'*ur* en dehors du travail. Il paraît que pour la prochaine élection on va unir le *céri* et l'*ur*, c'est ce qui se dit dans les réunions des hommes[6]. Moi je n'y crois pas. Je ne pense pas que les gens de l'*ur* puissent accepter ça. Mais si c'était vrai, j'aurais peur de ce qui pourrait se passer ! Si je pouvais choisir, j'irais m'installer à côté de l'étable, chez le Reddiar, puisque nous sommes ses serfs ! *(Rires.)* Tout ce que je souhaite, Sinnamma *(le ton de Viramma redevient grave)*, c'est qu'on s'entende bien. Si on décidait de nous réunir tous, il n'y aurait plus le même respect. Et j'ai peur de ça.

Prends-toi en exemple : c'est toi qui es venue vers moi. Ce n'est pas moi qui suis allée te chercher. De quel droit je l'aurais fait ? Je suis heureuse de te connaître, je t'aime comme ma propre fille. Entre nous, je te parle à cœur ouvert, je te touche en te parlant. Mais est-ce que dehors je pourrais me conduire comme ça avec toi ? Non ! Je te dois le respect, tu es d'une caste élevée ! Tout le reste est pareil. On veut nous unir, alors que Dieu a dit : « Restez chacun dans votre caste. Vivez séparément. Il n'y aura pas de dispute. Ce sera l'harmonie, et le monde tournera dans le bon sens ! »

Aujourd'hui, on pense le contraire. On veut unir tout le monde, que tous soient pareils, que tous aient les mêmes droits. Ça, c'est le *kaliyu-*

gam ! C'est bien qu'on veuille notre élévation, mais il vaut mieux qu'on reste à notre place. C'est ce que je dis toujours à mon fils, mais il ne veut rien entendre, Sinnamma ! Il pense que j'ai tort, et il me dit : « Quel est ce malheureux Dieu qui nous a faits Parias ? On est pourtant tous conçus de la même façon ! Le mari baise sa femme, et on séjourne dix mois dans le ventre ! Alors pourquoi, à la naissance, eux deviennent supérieurs et nous inférieurs ? Et il faudrait qu'on accepte ça, et travailler pour un billet de dix roupies ? Quel est ce connard de Dieu qui a fait ça ? Si un jour on le croise, on lui cassera la gueule ! Pourquoi a-t-il fait ça, ce putain de Dieu : eux riches et nous pauvres ? »

Moi je lui réponds : « *Dè*, Anbin ! Ne parle pas comme ça ! Sois humble et poli. Ne jette pas à la poubelle ceux qui nous emploient. Honore-les plutôt, ça nous sera bénéfique. C'est avec le respect qu'on gagne de l'argent. Il faut qu'on dise que le garçon né du ventre de Velpakkatta est très poli, très bien élevé, respectueux, et non que c'est un voyou, un querelleur, un arrogant. »

Mais lui est toujours irrité par mes conseils. Il me répond : « *Dè* ! Tu es vraiment de l'ancien temps ! Tu me demandes d'aller au travail habillé comme un pauvre. Chaque fois que je mets un vêtement tu trouves à redire ! Tu fais des remarques sur ma coupe de cheveux, et c'est pareil quand je me poudre le visage ! »

Moi, de colère, je lui dis : « Eh bien, gamin, va-t'en, *da !* Poudre-toi comme tu veux et va dans le monde sans estime ! Jamais tu n'auras le nom que j'ai eu dans ce village ! Moi je suis arrivée ici grande comme ça *(geste)*. J'ai eu des enfants et des petits-enfants. Ton père qui est né ici est maintenant un vieillard. Regarde l'affection qu'on lui porte. Toi, tu es tout notre contraire ! »

Je le sermonne gentiment pour qu'il soit raisonnable, Sinnamma : « Si le maître qui t'emploie veut te frapper, baisse-toi et laisse-toi faire. En voyant ton attitude, son cœur fondra, et il laissera retomber son bras[7]. Mais si tu te révoltes en disant : "Eh alors, comment peux-tu lever le bras sur moi simplement parce qu'on est de caste différente ? Comment peux-tu me frapper ?" Si tu discutes, sa colère ne fera qu'augmenter, et il te dira : "Ça, ce sont ces chiens des partis qui t'ont rendu si arrogant !"»

C'est ainsi que ça se passe au pays, Sinnamma !

Anbin est là avec sa houe et écoute en souriant. Et il ajoute : « Mère est toujours sévère avec moi, Sinnamma. Elle raisonne toujours comme autrefois. La vérité, c'est que les gens de l'*ur* ne veulent pas qu'on s'élève, et qu'on soit éduqués comme eux. Et pourquoi ? C'est que, si demain on arrive nous aussi à posséder quelques ares, ils ne seront plus respectés, ils ne trouveront plus de main-d'œuvre à bon marché, ils n'auront plus de serfs. Voilà ce qu'ils craignent ! C'est pour ça qu'ils insistent sur les règles d'autrefois : que je sois toujours devant eux à moitié nu, que je leur parle les bras croisés, que je ne porte pas mon *somin* baissé jusqu'à terre, que je ne passe pas devant eux, habillé comme eux ! Et pourquoi ça serait comme ça ? C'est pas eux qui me nourrissent, c'est pas eux qui m'habillent. Je ne leur dois rien. Je travaille, et ils paient mon travail, c'est tout ! L'autre jour, je rencontre le Grand Reddiar. J'étais en *somin* blanc, avec une chemise de nylon, les cheveux huilés, bien peignés. Il me dit : "*Deï*, fils de Manikkam ! Où vas-tu comme ça en balayant le sol avec ton *somin* ? Tu n'es pas du tout gêné de te promener ainsi ! Ça c'est du toupet !" Moi je lui réponds : "Est-ce que c'est vous qui m'habillez ? Je travaille dur, et je me fais plaisir. Je paie mes vêtements : pourquoi je n'aurais pas le droit de les porter et de marcher dans la rue ? Pourquoi me le reprocher, monsieur ?" Et lui : "Oh ! Tu ne manques pas de culot maintenant, toi, pour parler ainsi !" »

Viramma intervient :

« Va-t'en ! Va-t'en, crétin ! Tu n'as pas honte de raconter ça à Sinnamma ? » *(Anbin s'éloigne en riant toujours.)*

Sinnamma, ne va pas croire qu'il ait une pile de *somin*. Les hommes en ont deux. Lui en a quatre, dont deux avec une bordure rouge et noir [8]. Nous les femmes, on a trois ou quatre saris. Pour aller au travail, on ne se change pas tous les jours, mais on se lave, bien sûr. Par contre, quand on part en voyage, on s'habille toujours mieux. Si on n'a pas de beau sari, on peut toujours en emprunter. S'il faut aller à un mariage ou à des funérailles, et donc être bien habillée, on demandera à une parente ou à une amie : « Grande sœur, prête-moi le sari que tu as acheté à Madras ou à Pondy. Je vais à un mariage à tel endroit : je te le rendrai au retour. » Les garçons aussi font ça, mais les hommes, eux, n'empruntent guère. Anbin a une montre, un pantalon et une chemise en nylon.

C'est pour aller au cinéma qu'il s'habille comme ça. Il y va beaucoup, et même notre Sundari aime le cinéma. Il y a maintenant trois salles à Tirulagam [9]. Ils connaissent tous les acteurs : M.G.R. est imbattable, Sivaji est une pédale, Nagesh est comique, Sujata est comme ci, Rajnikant est comme ça. Tous les potins les intéressent... Ah ! Anbin a aussi un transistor pour écouter les chansons de films, bien sûr. Il l'emporte partout : pour labourer, pour mettre l'engrais, au puits, partout, partout ! Moi aussi, à force d'entendre cette radio, j'ai fini par apprendre quelques chansons. Et je suis même allée au cinéma une fois ou deux, c'était les filles qui avaient insisté. Mais je n'ai pas aimé. Les acteurs parlent vite, et c'est un langage pur, je ne comprends rien, enfin, je veux dire pas tout. Et puis je n'aime pas veiller pour ne voir que des étreintes et des danses...

XXI

UN DEMI-LANGAGE

Dans notre caste, les disputes éclatent comme dans un craquement d'allumettes, et je ne te ferai pas remarquer, Sinnamma, combien notre langage est particulier, et vert[1] : le Reddiar a bien raison de nous dire qu'on parle un demi-langage. Et ce demi-langage-là, il nous trahit partout dès qu'on ouvre la bouche, même quand on est bien habillés, même dans les marchés où tout le monde est mêlé, et dans les cars aussi où on nous écarte, quand le contrôleur fait remarquer : « Ça, ça vient du coin des Parias ! » On nous reconnaît partout, au temple, au cinéma... C'est pour ça que mon fils écoute de près les hommes politiques, les paroles des films et les pièces de théâtre qui passent à la radio. Il fait très attention à ce qu'il dit, pour parler poliment, clairement, avec distinction. Il se moque toujours de moi, et quand il vient en ville avec moi, il me demande toujours de me taire, ou il me corrige tout le temps, en me disant : « Tu parles comme autrefois ! Apprends donc à bien parler ! » Mais je ne me laisse pas faire, et je lui réponds parfois : « Mon petit garçon, tu es né hier de ce ventre-ci, et voilà que tu te mets à me corriger ? Où a-t-on vu ça ? Pendant des générations on a parlé comme ça, comment veux-tu qu'on se corrige du jour au lendemain ? C'est comme si on demandait à une femme stérile d'accoucher ! Les gens de mon âge n'y arriveront jamais ! » Quand vous dites : « Mais comment cette pannelle a pu disparaître ? Vous n'auriez pas vu une pannelle que j'avais déposée là ? », nous, spontanément, on va dire : « Eh, les putes ! Quelle est la salope qui a volé cette pannelle qui était dans la maison ? Que je baise vos maris ! Que je vous morde les mamelons ! » Et ainsi de suite... *(Viramma rit.)* Dans notre caste, on ne dit jamais le nom des gens, comme je fais avec toi quand je te raconte leurs histoires. Toujours on donne des surnoms : « Cocotier » s'il est grand ; « Courtaud » s'il est petit ; « Corbeau » ou « Noiraud » s'il est bien noir ; « Canard » s'il a les jambes arquées... Et si on veut dire des gentillesses à un enfant, on lui dira : « mon petit couillon », « ma petite règle », « mon petit buveur de mouille », alors que vous, vous allez dire : « ma petite perle », « mon perroquet », « mon brin de jasmin ». Des mots comme ceux-là, ils ne nous viennent dans la bouche que pour les chansons. Pour le reste, quand on parle normalement, ou même quand on veut être affectueux, il nous faut une « pute », une « baiseuse de mon mari », un « baiseur de sa sœur ». C'est une question de ton : ces mots-là peuvent être gentils, mais dits avec colère, ce seront des insultes.

Les disputes, je ne vais pas te dire ce que c'est : tu en vois tous les jours. S'il n'y en a pas — mais c'est rare —, les gens de l'*ur* s'inquiètent et se demandent ce qu'il se passe, s'il n'y a pas eu de malheur au *céri*. C'est qu'il n'y a pas de *céri* sans dispute, *ayoyo* ! c'est honteux ! Ne va pas chercher bien loin. Dans ma propre famille, j'ai une belle-sœur, tu l'as vue, c'est cette pute qui cherche des histoires pour un rien. Hier encore elle a excité mon mari, en lui disant qu'on ne sait pas où je vais vraiment à Pondy : est-ce que c'est bien chez toi ou ailleurs, au bord de la mer, par exemple. Tu te rends compte, Sinnamma, est-ce que j'ai l'âge d'aller me promener au bord de la mer[2] ? On s'est disputés très fort. Mon mari avait bu, et elle a profité de mon absence pour lui remplir la tête de ses histoires. Sinon, tu le sais bien, c'est quelqu'un de doux. Quand il rentre de la gargote en titubant, il me chante :

> *Ayo*, très tôt le matin, prenant ma houe, je suis parti,
> *Ayo*, très tôt le matin, ma charmante mariée, ma bouillie
> m'apportera,
> À midi, conduisant mes bœufs, je suis parti,
> *Ayo*, mon ménate apportant ma pitance, vole avec moi !

En l'écoutant, Sinnamma, les gens se plient de rire. Le vin de palme ne le rend pas méchant, au contraire, il lui fait chanter des chansons pour moi. Et autour de moi les gens me disent : « C'est pas mal ça ! Le vieux est encore amoureux de toi, Velpakkatta ! » J'en suis très fière, au fond de moi, mais je ne le montre pas, avec ces putes, on ne sait jamais quel mal peut arriver !

Jamais je ne prononce le nom de mon mari, Sinnamma — au pays, personne n'appelle son mari par son nom. Je le respecte, et je ne lui parle pas n'importe comment. De tout mon cœur je lui dis : « Ô bien-aimé, ô le gentil, le tendre ! » Je lui dis : « Ô bien-aimé ! viens, on va aller à Madras ! » ou ; « Viens, on va aller chez ta fille ! » Dans notre caste, beaucoup appelle leur mari « oncle » : « *Dè*, oncle, viens ici ! » Moi je trouve ça moche. D'autres, sans aucun respect, disent simplement : « *Dè ! Dè !* » Pour ne pas te mentir, je te dirai que ça m'arrive aussi, mais quand je suis impatiente, ou excédée. Si je lui crie de loin : « Ô bien-aimé, *dè*, viens, le Reddiar t'appelle ! », et s'il n'entend pas ou ne répond pas, je reprends notre demi-langage, et je lui dis : « *Dè*, *dè*, viens, *dè*, tu es encore assis à raconter des histoires de femmes alors que le Reddiar t'appelle depuis un bon moment ! » C'est tout : je ne dépasse pas ça, même dans les grandes disputes. Je pense qu'il faut de la dignité en tout, Sinnamma, même dans les disputes, même dans la colère. Pourtant tu as vu, toi, comment ça se passe au *céri*, c'est sans limites ! L'autre jour, quand Kannappin poursuivait sa femme avec un couteau, elle s'est agrippée à ses noyaux en faisant semblant d'attraper son *somin* ! On a tous bien vu ! Et lui, il nous prenait à témoin : « Regardez cette conne qui m'écrase les noyaux ! », et il hurlait de douleur. Quelle honte ! Un mari qui se fait battre par sa femme, jamais il ne pourra sortir la tête haute le lendemain, nulle part tu n'entendras ça ! Mais quand un connard te poursuit avec un couteau, tu ne vas pas te laisser faire. En attendant que quelqu'un l'arrête, les femmes ont trouvé ce moyen discret pour se venger. C'est très efficace, tu sais ! Ils hurlent, à cet endroit-là ! Kannima est redoutable pour ça ! Le mois dernier, une grande dispute a éclaté chez elle, et elle ne s'est pas contenue du tout. Elle le tenait comme ça, son mari, et elle lui criait à la figure : « *Deï* ! mon gars, viens chez moi, chez ma mère. On te tranchera en deux ! Pense à ma mère qui souffre en voyant ce que tu me fais, espèce de pédé, buveur de mouille ! » C'est une grave faute de dire ça à son mari, Sinnamma, mais c'est grave aussi d'entendre cet enculé la traiter tout le temps de putain ! Moi, je dis qu'il faut se contrôler, mais c'est une qualité que nous n'avons pas du tout, et on nous reconnaît aussi facilement à ça. Autant on ne va pas chercher dispute avec d'autres castes, autant quand deux femmes parias se retrouvent dans un car ou au marché elles vont s'engueuler pour un rien, pour une place. S'il n'arrive pas à les calmer, le contrôleur du car les fait descendre en route. C'est déjà arrivé, tu sais. Et à Madras, c'est pire !

C'est pour ça que, moi, je dis à nos jeunes filles d'être calmes et patientes. Dans les villages, les disputes éclatent comme des pétards dans deux endroits surtout : au puits avec les femmes, à la gargote avec les hommes. Les histoires, au puits, c'est surtout les filles qui les commencent, et là Sundari comme Amsa sont terribles. Elles arrivent chacune avec deux ou trois pannelles, elles les alignent dans la queue, et se mettent à bavarder. C'est que là-bas, on apprend tout ce qui se passe au village. Si on veut savoir quelque chose, il suffit d'aller près du puits, et on sera renseignée. Elles parlent, elles entrent dans de grandes discussions, et elles oublient leurs pannelles, et c'est quelqu'un d'autre qui remplit ses pannelles avant elles. Et ça commence :

« Toi, dis donc ! J'ai mis mes deux pannelles avant les tiennes !

— Moi aussi, je dois aller travailler ! Tu crois qu'y a que toi qui es pressée ? »

Toutes les insultes y passent, et elles s'attrapent les cheveux, et elles s'échangent des gifles... À l'*ur*, c'est encore pire. C'est même honteux pour des gens comme ça : les femmes se lancent des pannelles à la figure. En allant travailler, le matin, plusieurs fois j'ai vu des débris de pannelles cassées : c'était ce qui restait des disputes de la veille !

Moi, quand je vais au puits, je laisse passer les autres si elles sont pressées, et je ne cherche pas querelle si quelqu'un me dit : « Sœur, *ayo* ! laisse-moi passer ! J'ai pris l'argent d'avance pour le repiquage, il faut que j'y sois à l'heure ! Je ne peux pas faire la queue pour l'eau pendant des heures, comprends-moi, s'il te plaît ! » Ça nous arrive à toutes, alors il faut se comprendre. Il faut dire aussi qu'à la queue du matin, ce sont surtout des femmes qui viennent chercher l'eau, tandis que le soir ce sont plutôt les filles, et elles traînent volontiers. Aussi, quand j'y suis le soir, je leur dis : « Les filles ! Au lieu de remplir vos pannelles, pourquoi vous parlez toujours d'aller couchailler dans les bois de filaos ou dans les abris des pompes, ici ou là, hein ? Si vous le faites, n'en parlez pas ! C'est ça qui vous fait parler les unes des autres à tort et à travers ! » Elles se mettent à rire en m'entendant ! *(Viramma rit.)*

Devinettes

J'aime bien les jeunes, moi, garçons ou filles, et je les fais rire en disant les choses crûment, en chantant des chansons cochonnes ou en posant des devinettes obscènes. Ils sont toujours gênés d'entendre mes plaisanteries, et en même temps ils m'en réclament. Ça me rappelle ma jeunesse. Moi aussi, j'aimais entendre ce genre de choses dans la bouche d'un homme qui aurait pu être un oncle. Je me souviens particulièrement de cette chanson-ci :

Ayo ! Si tu vois Muttamma,
Sami, dis-lui un peu de venir ici.
Elle me donnera du bétel,
Sami, elle m'épongera la sueur !

Ô fille, où marches-tu ainsi ?
Ayo ! Avec qui fais-tu l'amour ?
Ô fille, j'irai n'importe où avec toi,
Ô fille, jusqu'au pays du fleuve Gange !

Ayo ! Si tu t'abrites là-bas,
Sami, je te révélerai un secret.
Ayo ! C'est tous les jours la dispute,
Sami, dans ce putain de *céri* de Parias !

Ayo ! Comment deviendra,
Sami, le corps de mon prince ?
Ayo ! Combien de temps dois-je irriguer,
Sami, jusqu'à la tombée du jour ?

Ayo ! Vous qui allez, toutes de même taille,
Ayo ! Vous qui allez, pour la bouse de vache,
Ayo ! En ramassant la bouse de vache
Sami, dressez bien une couche !

Ayo ! Le serpent qui se cache dans la bouse.
Sami, ne sautera-t-il pas sur elles ?
Ô fille, donne-moi un baiser !
Ô fille, mets-toi à l'abri !

Ayo ! Ô fille qui marches là-bas,
Ayo ! Donne-moi un baiser !
Ô fille, cache-moi dans ton sari !
Ô fille, donne-moi tes mamelons en premier !

Ça, c'est une chanson d'irrigation, tu l'as bien deviné, Sinnamma. Quand les hommes sur leur picotte nous voyaient passer avec deux ou trois pannelles sur la tête, le dos droit, la poitrine en avant, ils chantaient très fort cette chanson. Nous, on faisait semblant de se fâcher. On leur criait : « Espèces de poils ! Taisez-vous ! Espèces de règles ! Tout ce qui vous attire, ce sont ces mamelons ! Que l'on verse nos mouilles sur vos visages, tiens ! Venez donc nous brouter le con ! » Sinnamma, ce qui intéresse les hommes, qu'ils soient pauvres ou riches à millions, ce sont les mamelons ! Pouvoir les palper, voilà ce qui compte : le travail ne vient qu'après ! Eux, sur leur picotte, ils reprenaient le dernier couplet de plus belle, et on riait : c'était le bonheur !

Aujourd'hui encore, il m'arrive de fredonner ces chansons dans la rue, en allant au marché à Tirulagam :

Ayo ! Mets-toi des fleurs,
Ô fille, nous irons à Pitchéri !
Ayo ! Je ne mettrai pas de fleurs,
Sami, je ne veux pas aller à Pitchéri !

Ayo ! Fais-toi un chignon,
Ô fille, nous irons au temple !
Ayo ! Je ne me ferai pas de chignon,
Sami, je ne viendrai pas au temple !

Ô fille ! Va piler du riz !
On ira voir Mangalam.
Ayo ! Je ne pilerai pas de riz,
Je n'irai pas voir Mangalam !

Et les femmes qui me voient passer disent : « Regardez un peu ça. Après avoir eu tant d'enfants, Velpakkatta va dans la rue en chantant comme une toute jeune fille ! »

Quand je vois un groupe de jeunes gens assis, je bavarde toujours avec eux. Ils me racontent leurs histoires, et ils me demandent de leur poser des devinettes. Ils savent que les miennes sont souvent obscènes. Ils en restent confus, et ils se mettent à rire. L'autre jour encore, il y avait là Balu Bojakkannan et Sankar. Ils m'ont appelée : « Ô mère d'Anbin ! Pose une devinette ! Vas-y, grand-mère, pose-la, on va trouver du premier coup ! Et surtout, pas de cochonneries ! » J'ai continué à chiquer du bétel, et ils ont insisté : « Vas-y, grand-mère ! »

Alors je leur ai dit : « Je te le tends et tu me le mets. Qu'est-ce que c'est ? »

Ils se sont mis à rire.

« *Deï*, Bojakkannan ! Tu crois que c'est obscène, mais ce n'est pas du tout ça. Cherche ! »

Et ces imbéciles, au lieu de chercher, riaient tout le temps en répétant la devinette.

« Idiots ! C'est le bracelet. Chez le marchand de bracelets, on tend le bras pour essayer, et lui enfile le bracelet ! »

Ils ont été surpris que la réponse soit aussi simple. Je leur en ai posé une autre :

« Je l'ouvre et tu me le mets. Qu'est-ce que c'est ? »

Là encore, ils ont ri, sans trouver la réponse : c'est la feuille de bananier. On nous la donne pliée, et on l'ouvre pour qu'on nous serve le riz.

Après ça je leur ai demandé : « Quel est le monument sur lequel on monte avant d'y entrer ? » Ils m'ont donné plein de noms : Maïlam, Pajani, Sabarimalai... Mais je leur ai dit que c'était *Sidimalai* ! Ils ont éclaté de rire : « Regarde-moi cette vieille ! Elle nous a eus quand ça n'était pas cochon, mais elle a fini quand même par nous parler de con [3] ! »

Une autre fois, c'était un matin en allant au travail. J'étais de bonne humeur. Nous les femmes, on marchait devant. Bientôt des garçons nous ont rejointes, avec leurs charrues et leurs bœufs. On allait tous travailler le champ de Tambu Reddi, de l'autre côté de la rivière. J'en avais assez d'enjamber les canaux et les diguettes, et je me suis mise à chanter :

Le temps d'enjamber digues et canaux,
Regardez, di ! le con ouvrir la bouche !
Regardez, di ! le con rire et faire l'espiègle !

En entendant ça, les garçons se sont mis à rire, en se frappant le front et en se bousculant.

Balu dit à haute voix : « Cette vieille est vraiment en chaleur ! Elle ne fait que parler de baise ! Si le vieux la sautait tous les jours, sa furie se calmerait ! Après tant d'enfants, tu es encore en rut, hein ? »

Je lui ai répondu que même lui, fort comme il était, il aurait bien du mal à me satisfaire et, de honte, il s'est caché la bouche...

Tu vois toi-même, Sinnamma, il n'y a rien de mal à tout ça : j'aime bien taquiner les jeunes, c'est tout, et surtout Bojakkannan, parce que c'est le plus timide.

Je lui dis aussi : « Plus j'en mets, plus elle se tend. Qu'est-ce que c’est ? » En fait, c’est la balance : plus on met de choses sur le plateau, plus l’aiguille pointe.

Ou bien : « Plus on le pénètre, plus il jute. Qu’est-ce que c’est ? »

Quand il entend ça, Bojakkannan se cache la tête dans son *tundeu* et dit : « Elle est de plus en plus dégoûtante, cette femme ! Elle est vraiment en chaleur ! »

Et moi je lui réponds : « Petit gars, y a rien de sale dans tout ça, c’est le fruit du cajou ! » Tu sais bien, Sinnamma, c’est un fruit qui contient beaucoup de jus. On l’introduit bien dans la bouche pour ne pas en perdre, et plus on le suce, plus il en coule. C’est sûr que ça rappelle la chose de l’homme, et c’est pour ça que ça fait rire ces jeunes baiseurs de murs !

XXII

LE JARDIN AUX JASMINS

Je t'ai dit que je n'aimais pas trop le cinéma, Sinnamma, et c'est vrai que, mon mari et moi, on préfère veiller pour écouter les histoires chantées par les mendiants qui passent dans les villages, pendant la saison des récoltes. *Han !* Ces gens ont tout perdu, maison, travail ou même famille, et ils vont de village en village, portant sur la tête des nattes et un peu de vaisselle, pour mendier du grain : du millet, de l'éleusine, ou autre chose. Souvent, ils s'installent dans le bois de tamariniers près du village. Dans la journée, chacun part mendier dans l'*ur*. Là-bas, on les fait asseoir dans la cour des maisons, on écoute leurs chansons, et on leur donne soit du grain, soit de l'argent. Le soir, quand on est rentrés du travail, ils viennent au *céri*. Ces jours-là, on mange très tôt. On leur donne aussi un peu à manger, et après avoir fait la vaisselle, on se regroupe autour d'eux, et on leur demande de chanter. Patchamma et moi, c'est toujours l'histoire de Nallatangal qu'on préfère : elle est longue, tu le sais, et parfois elle peut durer deux jours [1]. Quand les mendiants sont là, on économise sur l'argent du bétel pour leur en donner, et pour écouter tout entière l'histoire de cette veuve :

Il paraît qu'il y a mariage, mariage,
Pour la fille du roi de Kasi [2].
En disant qu'il y a mariage,
J'ai traversé la mer pour donner le bétel...

Quand, au travail, on est lancées dans cette chanson, on ne sent ni les maux de genoux, ni les mains dans la boue, ni fatigue, rien ! Et en plus, le travail avance très vite ! Avec ces mendiants, j'ai appris beaucoup de chansons, Sinnamma. C'est pour ça que lorsque tu es venue au *céri* pour enregistrer des chansons, on m'a appelée pour que je t'en chante et c'est comme ça que je t'ai connue, ma chérie *(geste pour enlever le mauvais œil)*. Mais je voudrais que tu puisses entendre tous ces gens de tes propres oreilles ! Parfois ils passent et tu n'es pas là, ou tu es là et eux n'y sont pas. J'ai demandé à Danamma, qui est à Putrai en ce moment, de nous avertir s'ils venaient dans son village. Peut-être qu'ils ont trouvé du travail, ou qu'ils sont partis beaucoup plus loin. Ça ne fait rien, il y en aura d'autres !

Les blanchisseurs racontent aussi des histoires en s'accompagnant de l'*udukkai*. D'habitude, ils viennent pour les chants du Royaume de Siva. Tu les connais, tu as même enregistré certaines de leurs histoires. Celle de Frère Crocodile, celle des amants de Manjakkuppam. Sinnamma, mets ta cassette : on va les écouter un peu !

Frère Crocodile

Un jour, une jeune fille avec sept pannelles sur la tête s'en allait porter le repas de midi à ses sept frères, qui travaillaient aux champs, de l'autre côté de la rivière, près de la mer. Quand elle arriva sur la berge, la marée était haute, et la jeune fille ne savait pas comment traverser. Elle vit non loin de là un crocodile, et elle lui dit : « Ô frère crocodile ! Fais-moi traverser la rivière, et je te donnerai au retour le reste du riz que mes frères auront laissé pour toi ! » Le crocodile accepta sa proposition. Il porta les pannelles une à une sur l'autre rive, puis y déposa aussi la jeune fille, qui remit ses pannelles en place et se dirigea vers le champ que labouraient ses sept frères. Quand ils la virent arriver, ils plantèrent là leur charrue, et vinrent prendre leur repas. Sauf le benjamin, chacun laissa un peu de riz à l'eau. Ces restes rassemblés remplissaient une pleine pannelle. Sur le chemin du retour, la jeune fille eut faim. Elle s'assit au pied d'un arbre, et vida presque la pannelle. C'est alors qu'elle se rappela la promesse faite au crocodile. Elle prit une grosse poignée d'argile, qu'elle roula dans les quelques grains qui restaient pour faire croire que c'était une grosse boule de riz. Au bord de la rivière, le crocodile était là, qui attendait son dû. La jeune fille lui tendit la boule, qu'il avala d'un coup. Mais quelle déception quand il comprit que ce n'était qu'une boule d'argile ! De colère et pour se venger, il griffa jusqu'au sang le corps de la jeune fille, qui lava ses plaies à la rivière, remit son sari, reprit ses pannelles et s'en retourna à la maison. Quand sa mère, toute surprise, la vit dans cet état, elle lui demanda ce qui s'était passé, et d'où venait ce sang. Cette jeune pute, qui voulait se venger de son benjamin, dit à sa mère qu'il l'avait battue. Prise de compassion pour sa fille, la mère décida de punir sévèrement son jeune fils. Quand les garçons rentrèrent du champ, le soir, ils attachèrent les bêtes et se reposèrent avant de dîner. La mère leur avait préparé un curry de poisson. Mais pour le benjamin, elle avait fait autre chose : un curry de serpent ! elle avait jeté la tête dans une pannelle d'eau, jeté la queue sur la route, et coupé de belles tranches pour son fils. Le benjamin s'assit, mangea le curry, tout en en donnant un peu au chat qui s'était approché de lui, et au chien qui en voulait aussi. Les deux bêtes moururent aussitôt, et lui ne dura pas longtemps non plus. Pour venger les blessures de sa fille, la mère avait tué son fils.

Quelque temps plus tard, six ou sept partis vinrent demander la fille en mariage, cette pute ! Finalement le mariage fut conclu, le jour auspicieux choisi, et la date des épousailles fixée. Mais le jour du mariage, impossible de trouver des fleurs. On pouvait faire le tour complet de ce monde, courir les cinquante-six pays, pas de fleurs ! Comment célébrer un mariage sans fleurs ? Tout le monde au village se désolait, quand de petits vachers qui faisaient paître leurs bêtes vinrent dire à la famille affolée : « Écoutez ! Au champ de crémation, il y a un endroit où poussent des milliers de fleurs, par grappes entières, au milieu des bois : des roses, du jasmin, des *samandi*. Suivez-nous ! » Soulagés, le père et la mère allèrent donc au champ de crémation, la mère portant un panier sur la hanche. Ils virent avec joie toutes ces fleurs. Enfin, le mariage allait pouvoir se faire. La mère déposa son panier et s'approcha pour cueillir les premières fleurs. Mais dès qu'elle toucha un jasmin celui-ci se mit à chanter :

Ô Mère ! Ô Mère ! Elle a dit que son frère l'avait battue,
La garce !
Mes fleurs vont-elles ressortir sur son chignon noir ?
Mes fleurs tomberont-elles pour orner le chignon de cette
femme si « pure » ?
Mes fleurs peuvent-elles parer le chignon d'une putain ?

En entendant cela, la mère se mit à chanceler, les jambes tremblantes.

Elle reconnut l'endroit exact où l'on avait enterré son plus jeune fils, ce fils qu'elle avait empoisonné. Et aujourd'hui, alors que le monde entier était privé de fleurs, c'était là, sur cette tombe, que la terre était fleurie ! Elle disait la vérité, cette plante qui contait en chantant toute l'histoire du fils dès qu'on la touchait : « Comment ? C'est en écoutant de fausses accusations contre moi que vous m'avez empoisonné, et aujourd'hui, mes fleurs seraient pour cette pute, pour le mariage de cette pute ? » Alors, très humblement, la mère chanta à son tour :

Petit frère, petit frère,
Donne une guirlande de mariage pour petite sœur !
Il faut qu'on voie une belle guirlande,
Sur le sari de mariage !
Il faut que chacun voie la beauté de ce sari fleuri !

Cette fleur qui chantait, c'était le frère lui-même, tu l'as compris, Sinnamma. Aussi, sachant bien que tout devait se terminer ainsi, il n'a plus tenu rigueur aux siens, et lorsque la mère eut fini de chanter, il lui jeta une grosse boule de fleurs. Le père, alors, chanta à son tour :

Petit frère, petit frère,
Donne une guirlande de mariage pour petite sœur !
Il faut qu'on voie une belle guirlande
Sur le sari de mariage,
Il faut que chacun voie la beauté de ce sari fleuri !

Et la plante lui répondit :

Ô Père ! Ô Père ! Elle a dit que son frère l'avait battue,
La garce !
Mes fleurs vont-elles ressortir sur son chignon noir ?
Mes fleurs tomberont-elles pour orner le chignon de cette
femme si « pure » ?
Mes fleurs peuvent-elles parer le chignon d'une putain ?

Mais finalement il lui lança une boule de fleurs. Puis ce fut le tour des fils et de leurs femmes : chacun chanta, et chacun reçut une boule de fleurs. Quand il y en eut suffisamment, on tressa toutes ces fleurs en grandes guirlandes. Les préparatifs avançaient bien. Les parents du marié avaient bien fait les choses : orchestre, chants, lumières, repas, tout serait prêt à temps.

La veille du mariage, cependant, la promise et toute sa famille allèrent au village voisin, pour la cérémonie de conjuration du mauvais œil. Le chemin longeait le champ de crémation. Le groupe passait, en discutant, quand tout à coup un crâne apparut, face à la promise, en riant de toutes ses dents ! Elle crut reconnaître ce crâne que les autres n'avaient pas vu ! Elle s'écarta du chemin, comme pour aller se soulager. Le crâne la suivit. Elle le regarda de près, longuement, et comprit que c'était son ancien amant qui avait été emporté par la mort. Pleine d'émotion, le trouvant encore plus beau mort que vivant, elle lui chanta ceci :

Ayo ! Mon époux, mon désiré !
Ô mon beau Kamban [3] !
Ô mon colérique à la fière moustache !
Ô mon malicieux à la belle barbe !
Te voilà seul dans la forêt après m'avoir abandonnée !

Elle serra le crâne dans ses mains, et l'embrassa d'amour. C'en était fait ! Le crâne resta collé à ses lèvres. Comment aller ainsi conjurer le mauvais œil ? Comment aller se marier ainsi, devant tous ces gens assemblés ? Elle se couvrit la tête de son sari, et reprit sa marche, tête baissée. Arrivée au village, elle alla s'étendre, la tête couverte, dans un coin obscur de la maison, à l'abri des regards, de peur d'être accablée de honte. Comment se montrer ainsi ? Quel déshonneur ! Quel affront pour tous ! Dehors, la fête continuait. On conjura le mauvais œil, mais la promise était introuvable. Tout le monde la chercha, et ce furent ses parents qui la trouvèrent enfin, roulée en boule dans son coin. Ils pensèrent que c'était la tristesse de la séparation prochaine qui l'accablait, et ils lui dirent : « Viens, *Ma* ! Viens mettre l'argent pour la cérémonie. Lève-toi ! Viens ! » Elle dut s'asseoir, et montra ainsi son visage et le crâne collé à ses lèvres, en contant toute l'histoire de son ancien amant. Ce fut la colère générale. Dans quel pays accepte-t-on pour femme celle qui a eu un amant ? Qui ne se serait moqué d'elle, en lui criant : « Son amant s'est collé à ses lèvres ! Son amant s'est collé à ses lèvres ! » Tout cela n'était-il pas infamant ? On arrêta la cérémonie. On se saisit de la promise. On lui rasa la tête, que l'on couvrit de points rouges et noirs [4]. On la monta sur un âne, et on lui fit faire le tour du village, en criant : « Elle a commis un adultère ! Elle a commis un adultère ! » Et on la brûla vive.

Les amants de Manjakkuppam

Un mari et sa femme avançaient sur un chemin longeant une rizière que labourait un beau garçon. La femme eut envie d'aller se soulager. Elle laissa son mari s'éloigner un peu, et s'accroupit à l'écart, derrière une diguette. Le beau garçon, qui l'avait suivie du regard, la vit qui semblait écrire quelque chose. Il se dit que cette femme, descendue dans sa rizière, avait sûrement caché là quelque chose sans que son mari le sache. Intrigué, la femme partie, il s'approcha de l'endroit où elle s'était accroupie. Il y vit, sur la terre humide, une brique mouillée marquée de traits de curcuma. Elle avait recueilli son urine dans la main, en avait aspergé la brique, et l'avait frottée d'un morceau de curcuma tiré de son sac à bétel. Voilà pourquoi il avait cru la voir écrire... Tout étonné, il resta un petit moment à contempler cette brique, puis, d'un pas décidé, il alla dételer ses bœufs, prit sa charrue sur l'épaule et fila chez lui. Il attacha les bœufs près de l'abreuvoir et leur apporta deux brassées de paille tout en se disant : « Oh ! Elle a voulu me dire d'aller à Manjakkuppam [5] ! Et sans avertir personne, il partit. Mais une fois à Manjakkuppam, comment la retrouver ? Quelle rue habitait-elle ? Dans quelle maison ? Toutes ces questions agitant son esprit, il décida de s'asseoir sur les marches de l'étang. Peut-être viendrait-elle y puiser de l'eau ? Il s'installa sur la berge, sous un banian. Et de fait, il la vit bientôt arriver, deux pannelles sur la tête, une autre sur la hanche, avec une dizaine de femmes. Il la reconnut de loin. Son teint éclatant et ses hanches de bananiers lui sautèrent aux yeux. Comme les autres femmes, elle puisa de l'eau à l'étang. Elle emplit deux pannelles, qu'elle posa sur la berge. Mais en sortant de l'eau la troisième, elle laissa le pan de son sari tremper dans l'étang. Elle le tordit et, très vite, fit semblant de l'étendre pour le sécher. Le jeune laboureur, qui ne l'avait pas quittée du regard, comprit le message : « Elle me demande de l'attendre chez le blanchisseur », se dit-il. Il se leva, et fit le tour de l'étang, pour s'approcher des maisons des blanchisseurs. Il attendit jusqu'au soir. La nuit tombée, si noire qu'on ne voyait plus les doigts de la main, les blanchisseurs s'approchèrent et lui demandèrent : « De quel village es-tu, *Appa* ? Où vas-tu comme ça ? » Il leur dit : « Je suis de Karikam. Je marche depuis ce matin, et je suis bien fatigué. J'ai encore une longue route à faire jusqu'à Saram.

Pourriez-vous m'offrir l'hospitalité pour cette nuit, s'il vous plaît ? Je repartirai demain matin. » Une famille l'accueillit de bon cœur. Le blanchisseur lui dit de s'installer sur le *tinnai* pour la nuit. Le fils de la maison alla chercher dans le village le repas du soir[6]. La jeune femme qui offrit le repas mit dans le riz trois gros jasmins. Quand le fils fut rentré, on mit une feuille de bananier en plus, et le jeune laboureur se mit à manger. Quand il porta le riz à sa bouche, il sentit les jasmins, ce qui le troubla. Mais, encore une fois, il comprit le message : « Elle m'attend au jardin aux jasmins. » Sitôt fini le repas, il demanda la permission de sortir fumer un *bidi*, et se rendit aussitôt au jardin aux jasmins. Il bordait une belle et grande maison : des gens aisés devaient vivre là. Il sauta le mur du jardin, et se cacha derrière un bosquet de bananiers. La femme sortit bientôt de la maison et vint le rejoindre. Elle lui prit la main et l'entraîna vers une autre cachette, sous la tonnelle d'*avarai*. Là, ils s'embrassèrent, s'étreignirent. Ils se parlèrent, ils rirent, ils se prirent la main, enfin, ils firent toute leur histoire... Soudain, ils entendirent frapper à la porte du jardin et une voix cria : « *Amma !* Lève-toi, *Amma !* Où es-tu ? *Amma ! Amma !* » C'était le mari qui rentrait. Il avait frappé à la porte de devant, puis à celle du jardin. Quand il repartit vers la porte d'entrée, sa femme sortit bien vite de la tonnelle, et s'approcha de l'entrée en disant d'une voix somnolente : « Oui, voilà ! Je viens ! » Elle ouvrit la porte. À voir son allure, ses vêtements, les fleurs dans ses cheveux, il soupçonna quelque chose, mais ne dit rien. Elle lui versa de l'eau pour se laver les mains et les pieds, et lui servit à manger. Fatigué par son voyage de la journée, il se coucha aussitôt son dîner terminé. Sa femme, prenant prétexte des pleurs de son bébé, en profita pour dire qu'elle allait au jardin pour l'endormir. Elle s'y assit, les jambes allongées comme ça *(Viramma allonge les jambes et dit : « Ayo,* Sinnamma, excuse-moi, je voulais juste te montrer comment elle était[7] »), et berça le bébé en lui chantant :

Ô les *avarai* bruissants,
Ô les *avarai* bruissants,
Ô l'épousé, ô le prince,
Il est venu, il est dedans,
Araro, araro, araro, araro,
Il surveille le palais...

L'amant comprit encore une fois le message : « Reste caché dans la tonnelle, mon mari est de retour. Je te rejoindrai plus tard. » Elle alla

*La tonnelle d'*avarai. *(Dessin de Viramma.)*

coucher le bébé, et jeta un œil sur son mari, qui ronflait. Elle sortit alors de nouveau. Les étreintes et les rires reprirent sous la tonnelle toute la nuit, jusqu'aux premiers cris des corbeaux, jusqu'aux premières lueurs. Elle s'arracha des bras de son amant et retrouva sa natte près de son époux, pour très peu de temps ; il fallut bientôt se lever pour balayer devant la porte, asperger d'eau et enduire le sol de bouse de vache avant de dessiner un *kolam*, faire chauffer l'eau pour le café, préparer le bain et le petit déjeuner de son mari. Celui-ci mangea et partit au travail. Sa femme se mit alors à cuisiner mille choses pour son amant, bien sûr ! Elle prépara des *vadai*, du *payasam*. Elle fit frire de la viande et des œufs. Elle fit sauter des pommes de terre et des bananes vertes. Le mari parti, elle avait fait entrer son amant dans la cuisine. La porte était close, et son bébé ne parlerait pas ! Les préparatifs du repas allant bon train, ils s'aimèrent de nouveau, se cajolant joue contre joue, jusqu'aux choses sérieuses. Quand ils eurent fini, elle emmena son amant se laver à l'eau chaude, puis lui donna un bain d'huile, et lui lava les cheveux au *sika-kaï*. Pendant qu'il s'habillait, elle choisit pour lui une belle feuille de bananier et y déposa tous les mets qu'elle avait préparés. Ils commencèrent à manger tous les deux, se donnant la becquée en riant, quand tout à coup le mari surgit, et les prit sur le fait. Depuis la veille, il avait des soupçons et, suivant son idée, avait voulu surprendre sa femme. Sans plus attendre, il emmena les deux amants devant le conseil du village.

Là, on leur demanda comment ils s'étaient connus. Elle évoqua sa marche, la veille, le long du champ du laboureur. Lui raconta en détail toute l'histoire : comment la brique l'avait intrigué, comment il avait déchiffré les messages, comment il était venu à Manjakkuppam, comment, au bord de l'étang, il avait compris ce que signifiait le pan de sari mouillé, comment, chez le blanchisseur, il avait deviné qu'il trouverait celle qu'il cherchait dans le jardin aux jasmins. Après avoir entendu toute l'histoire, le conseil demanda à la femme si elle voulait rester avec son mari, en promettant de ne pas continuer cette affaire, ou si elle préférait faire ses ballots et partir avec son amant. Son nom étant maintenant sali, la femme déclara qu'elle souhaitait partir avec son amant.

En lui posant une telle question, le conseil avait bien sûr facilité son départ, et pris parti pour l'amant plutôt que pour le mari. C'est que l'amant ne l'avait pas séduite. Il n'avait fait que suivre la piste qu'elle-même avait tracée, alors qu'il labourait honnêtement son champ. Il ne connaissait rien d'elle, pas même son nom ni sa naissance. Il était dit qu'il comprendrait tous les messages. Il était dit que les fleurs de jasmin apportées dans le riz du fils du blanchisseur le mèneraient jusqu'à elle. C'était le destin. Nul n'y pouvait rien. Dieu avait écrit qu'il vivrait avec elle. C'était chose faite.

Des liaisons, ici ou là...

À Karani aussi, le conseil de l'*ur* se réunit quand il y a des problèmes, pour des histoires de partage de maison, de terre ou de biens, pour des affaires d'adultère, ou même pour des disputes de femmes au puits. Le *panchayat* écoute toujours Murugaiya Gounder, le *samiar.* C'est lui le *nattam* du village [8]. Tout le monde le respecte ; sa parole est d'or, et personne ne le contredit quand il a parlé. À ceux qui se querellent, il dit toujours : « Ne vous parlez pas ainsi ! Ne vous insultez pas ! Demain vous deviendrez peut-être parents. » C'est lui qui règle aussi les questions d'adultère entre castes différentes : une Kudiyanar avec un Mudaliar, une Udaiyar avec un Sanar... Il interroge les amants pour savoir comment l'homme a séduit la femme, et où, et quand. Ensuite, selon la gravité du cas, il le fait battre ou lui fait payer une amende.

— Viramma, que se passe-t-il quand on découvre une liaison entre un homme de l'*ur* et une femme du *céri* ?

— *Ayo ! Ayo ! Ayo !* Où peut-on voir une telle calamité, Sinnamma ? *(Viramma rit.)* À Karani, jamais, jamais on a vu un Reddiar ou un Gounder se marier ou se mettre en ménage avec une Paratchi au su de tous ! Nous non plus d'ailleurs, on ne voudrait pas de ça ! Tu imagines ? On nous battrait en public, on nous rendrait la vie impossible ! Le conseil se réunirait à la minute même, en disant : « Amenez-la immédiatement ! Qu'elle paraisse devant tout le monde ! Toi, une Paratchi, quel culot tu as eu de venir prendre un mari ici à l'*ur* ! » On nous traiterait de tous les noms ! Quelle honte ce serait !

Bien sûr, il peut y avoir des liaisons. Aujourd'hui nos filles vont au cinéma. Elles savent s'habiller, se maquiller, se poudrer comme des actrices. Elles n'ont plus l'air de Paratchi, et ressemblent à des Tamoules ! Elles sont attirantes, et les regards se tournent vers elles. Si un Pappan, un Gounder ou un Reddiar veut avoir une liaison avec une fille du *céri*, ça se fera toujours en cachette. Il y avait eu une histoire, ici, après mon arrivée au village. La femme s'appelait Kokilam. Elle avait des seins comme une paire de mesures de riz... Elle était la maîtresse d'un Naïcker de l'*ur.* La nuit tombée, elle mettait un *somin* sur les épaules et, vêtue de blanc, elle descendait au champ de canne à sucre avec lui [9]. De loin les gens pensaient que c'étaient deux hommes s'en allant prendre l'air en discutant. Mais un soir son mari a tout découvert. Il l'a battue comme un chien et l'a renvoyée chez sa mère. À Velpakkam, il y a eu l'histoire d'un Reddi qui s'est mis en ménage avec une Paratchi de Pérani. Quand il a voulu s'installer avec elle à l'*ur,* les autres Reddiar s'y sont opposés, et l'ont mis à l'écart de leur quartier. Ils ont dû vivre seuls, à distance de son ancienne maison. Et puis il a trouvé un jour un emploi dans une fabrique de malles à Madras. Ils sont partis là-bas. Il l'avait couverte de bijoux : il faut dire qu'elle était belle comme un citron ! Mais la pauvre n'a jamais eu d'enfants... On dit que le Reddi est mort, maintenant. Il est enterré à Madras, et elle vit toujours là-bas.

Il y a des liaisons comme ça, ici ou là. Une belle fille attire l'œil d'un Reddi ou d'un Gounder. Elle se laisse séduire et ils ont des relations en cachette, dans un champ de canne à sucre, dans des rizières ou dans des cocoteraies. Mais si quelques-unes acceptent ça, toutes ne sont pas des putes. Sinnamma, cela ne se fait que si nous le voulons. Qu'il s'agisse d'un Reddi ou d'un Naïcker, d'un Gounder ou de qui que ce soit, ça ne peut marcher qu'avec notre accord. Personne ne peut nous forcer, pas même Isan, qui nous a façonnées. On peut déverser tout l'or du monde, il faut que la femme donne son consentement : « Viens, *ya !* Je serai à tel endroit. Tu pourras me retrouver là-bas. » Comme ça, ça peut marcher. Sinon, non ! Ce sera pareil quel que soit l'homme, sans distinction de caste : pour un Reddi ou un Gounder, pour un Komutti ou pour un

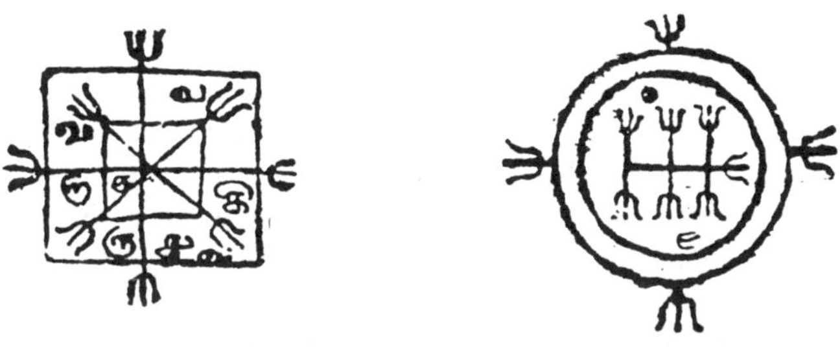

Pour séduire une femme.
À gauche : à tracer à la chaux sur une feuille de bétel qu'on offre à la personne convoitée.
À droite : à tracer sur une feuille de palmier qu'on enfouit dans une fourmilière.

Kosavan. Suppose que je passe dans la rue. Un homme me désire, et pour attirer mon attention il me lance une petite pierre. Je me retourne... Je le regarde. Je peux très bien me fâcher et lui dire : « Qu'est-ce que tu veux, espèce de règles ? Qu'est-ce que je t'ai fait ? Pourquoi tu me lances une pierre comme ça ? » Mais si je prends les choses autrement, et si je veux aller un peu plus loin, je lui dirai : « Qu'est-ce qui vous arrive ? Pourquoi vous me lancez une pierre comme ça, alors que je passe tranquillement dans la rue ? Qu'est-ce que je vous ai fait ? » Lui répondra : « Eh quoi, *Mè* ! C'est par amour pour toi que je t'ai lancé une pierre. Pourquoi faire un scandale dans la rue ? » S'il me plaît, je peux le laisser parler, pour voir ce qu'il va dire : « *Mè*, j'aimerais bien qu'on se voie demain, à tel endroit, à telle heure. Qu'est-ce que t'en dis ? Ne laisse pas tomber ton oncle ! » Là, si je ne souhaite pas avoir de liaison avec lui, je peux l'engueuler pour de bon : « Hé, âne ! Tu veux que je te bénisse avec un balai ? Tu te prends pour Manmadan, et tu m'appelles pour que je sois ta femme ? Espèce de règles ! Tu crois que tu vaux mieux que mon mari ? » Eh oui ! Rien ne se fait sans le consentement de la femme, même si c'est une Paratchi !

— Et qu'est-ce qu'il se passe quand il y a une liaison entre un homme du *céri* et une femme de l'*ur* ?

— *Ayayo ! Ayayo ! (Viramma fronce les sourcils.) Ayo !* C'est une faute, une très grave faute ! Il ne faut pas dire ça, Sinnamma ! Le monde n'accepterait pas une chose pareille ! Si un Paria avait des relations avec une Reddi ou une Gounder, on pourrait vite lui compter les os ! On les ramasserait, là, par terre, pour les mettre dans un panier ! D'ailleurs, je vais te dire, ces dames-là sont toujours chez elles, et elles ne sortent jamais seules. Ce n'est pas comme nous. Nous, on est toujours dehors. On va aux champs, au puits, on ramasse les bouses de vache. C'est facile de nous rencontrer. Elles, elles ne voient que les hommes de leur famille. Leurs liaisons, ça se passe entre eux : entre belles-sœurs et beaux-frères, entre oncles et nièces. S'il y a une intrigue, ils règlent ça entre eux, comme ils peuvent, mais ça ne vient pas jusqu'au conseil de village !

Dans les castes où on peut divorcer, c'est différent [10]. Le *panchayat* se réunit, et on doit alors tout dire : « Tu es la femme d'un autre. Où as-tu connu celui-ci ? As-tu l'habitude de le rencontrer ? Qui vous a servi d'entremetteur ? »

Quand tout est clair, le *nattam* demande au mari : « Tu sais que ta femme a été avec un autre. Est-ce que tu es prêt à te réconcilier avec elle ? Veux-tu la reprendre chez toi ou pas ? » À la femme il demandera : « Et toi, veux-tu rester avec celui qui s'est baissé pour te nouer le *tali* au cou, ou avec celui que tu t'es trouvé et avec qui tu t'es unie ? »

Et elle va répondre : « Je veux partir avec celui que je me suis trouvé. Je ne veux plus de mon mari. Je ne l'aime plus. C'est pour ça que j'ai cherché un autre homme. »

Alors le *nattam* renvoie la femme avec son amant en leur disant : « Subissez ce que vous avez choisi ! » Et au mari il dit : « Va ! Dis à ta famille de te trouver une bonne fille, et remarie-toi ! » Le *panchayat* juge alors de la somme à payer. Si c'est la femme qui décide de quitter son mari, elle doit rendre l'équivalent des frais du mariage. Si c'est le contraire, c'est le mari qui doit payer l'amende. Et comment faire pour vivre avec les enfants qui restent ? On se marie tôt, on fait des enfants, mais si le mari abandonne sa femme, comment fera-t-elle pour élever les petits ? C'est pour ça aussi que les anciens se réunissent, et discutent des amendes à payer. Parfois le mari ou la femme n'acceptent pas l'argent, en disant que l'amende, ça ne remplace pas un être perdu. Ils diront : « Prenez cet argent pour le temple ! » Alors on partagera l'amende en deux : une part sera donnée au temple, et l'autre au *nattam* et aux membres du conseil qui ont organisé la réunion. Sur un grand plateau de cuivre, les deux parties distribuent de la noix d'arec et du bétel à tous les membres du *panchayat*. Aux personnes âgées qui ont discuté de l'affaire, on ne donne pas d'argent.

Parfois, la discussion devant le *panchayat* se termine par une réconciliation : Sandanam a repris sa femme, en acceptant de passer sur l'affaire. Mais dans le cas de Rasatti, elle, elle n'a pas voulu rester chez son mari, et on l'a laissée partir. Car il faut que les deux parties soient consentantes, Sinnamma ! On ne peut forcer personne ni à rester, ni à coucher. C'est pareil pour toutes les femmes, pour toi comme pour moi. Govinda nous a dessinées pareilles toutes les deux, et on ne peut toucher une femme que si elle est d'accord. Entre homme et femme, il faut être consentants, sinon la main de l'homme ne pourra rien effleurer !

Je le vois bien avec Sundari, qui me donne du souci. Enfin, c'est plutôt Anbin qui se tracasse à cause d'elle, parce qu'elle est allée se chercher un mari toute seule. Anbin pense qu'on se moquerait de lui si on voyait sa sœur se promener avec un garçon que sa famille n'a pas choisi. En fait, il aurait voulu que sa sœur fasse comme moi. Tu le sais, Sinnamma, j'ai été mariée toute petite au Vieux. C'est après seulement que je suis devenue pubère. Lui-même, il a épousé sa nièce, ma petite-fille Amsa, qui n'était pas encore nubile. Mais aujourd'hui on marie les filles plus tard, des années après leurs premières règles ! Enfin, Sundari s'est trouvé un garçon bien. Il a été à l'école jusqu'à la classe X, il possède un quart de *kani*, et il est très sérieux [11]. Anbin pense que le mariage doit se faire vite, sinon ce serait un affront pour toute la lignée. Eux avaient promis de faire le mariage en *Avani*, et puis ils l'ont repoussé en *Panguni*. Il faut les comprendre, aussi. Ils sont deux frères à marier, et deux mariages dans la même famille, c'est une grosse dépense. Autrefois, avec cinquante roupies, on pouvait faire un mariage.

Le prétendant n'avait pas grand-chose à donner. Il offrait un sari et un *tali* en argent, c'est tout. Aujourd'hui c'est bien différent. Le *tali* est en or et ça coûte plus de trois cents roupies. Mais c'est vrai que c'est la famille de la mariée qui dépense le plus, à cause de la dot. Désormais, les parents du garçon demandent vingt et une choses avec le trousseau, entre autres, une montre, un vélo, une radio, un ventilateur, un lit, une armoire, des pantalons, des chemises[12]. Tu verras tout ça quand tu marieras ton fils et ta fille, Sinnamma ! Il faudrait que je puisse voir ça, *ayo !* Andava ! *(Viramma joint les mains en prière à Siva*[13]*.)*

XXIII

POSSÉDÉS ET PÉNITENTS

Je t'ai dit que les chanteurs mendiants sont venus au *céri* il n'y a pas très longtemps, Sinnamma. Vaïrakkanneu avait demandé au *nattam* l'autorisation, et il avait fait la quête pour eux. Ce jour-là, c'était aussi la *puja* de lait pour Périyandavin. Ces chanteurs avaient accompagné le cortège qui revenait avec la pannelle de *pongal*. Ils ont alors chanté pour Kali :

Le cadavre cru, tu l'as mangé, n'est-ce pas,
Toute dégoulinante de lait ?
Tous ces os qui traînent, tu les as croqués, n'est-ce pas,
Te disant que c'est de la canne à sucre ?
La rotule, tu l'as mangée, n'est-ce pas,
Te disant que c'est du *murukkeu* ?
En serrant le gourdin,
Tu portes cuirasse et flèche !
En serrant la lance,
Tu portes cuirasse et flèche !...

En entendant ça, Amsa est entrée en transe, et personne n'a pu la maîtriser. On l'a emmenée alors chez Murugaiya Gounder, pour qu'il lui donne une amulette.

Murugaiya Gounder n'est pas seulement le *nattam* du village, il conjure les envoûtements et c'est aussi un excellent exorciste [1]. Tu le sais bien, tu as déjà vu la queue devant chez lui. Maintenant, il faut venir prendre un numéro pour attendre son tour ! C'est qu'il sait tout faire, qu'il peut tout faire ! Tu veux un enfant ? Ou tu n'en veux pas ? Il saura comment s'y prendre... Il donne des cordelettes nouées, des

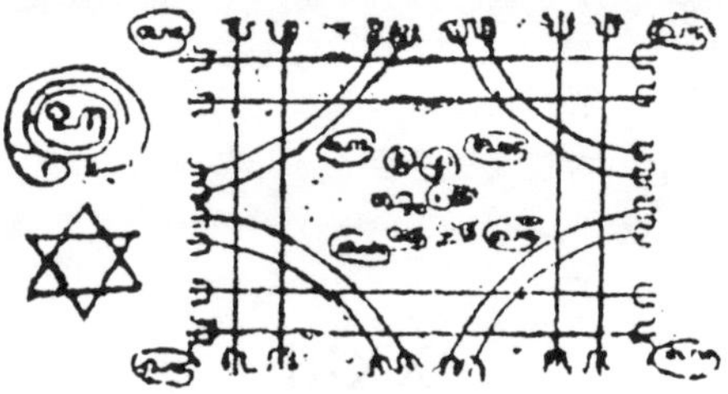

Pour faire parler un possédé.

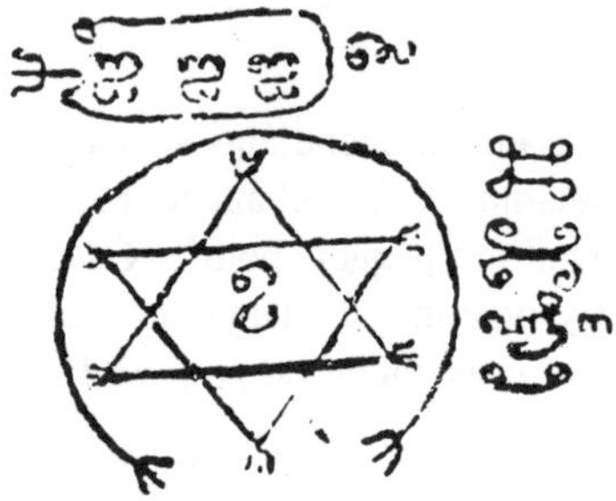

Pour écarter la possession.

talismans, des amulettes. Il exorcise avec des feuilles de margosier. Il sait déceler les sorts, mais il ne dit jamais le nom de ceux qui les ont jetés. *(À voix basse maintenant.)* Il peut aussi ensorceler quelqu'un. Par exemple, si quelqu'un veut te séduire, et que toi tu ne veux pas te laisser faire, l'homme ira voir le Gounder, qui préparera un sort et qui te le jettera. Tu oublieras tout le monde, ton père, ta mère, ton mari, ta famille, et tu suivras l'homme qui te veut. Il t'emmènera dans son village, et tu vivras jour après jour avec lui. Alors ton mari, pris de chagrin au souvenir des beaux jours passés avec toi, ira chercher un autre exorciste, pour déceler le sort qu'on t'a jeté, car ce n'est jamais celui qui jette le sort qui l'enlève. Il faut quelqu'un d'autre pour ça. On peut aussi se jeter des sorts entre époux. Si un mari n'arrive plus à se faire obéir de sa femme, il se dira : « Elle est devenue insolente, elle ne me parle plus comme il faut. Peut-être qu'elle a trouvé mieux ailleurs ? » Et il ira voir le Gounder pour régler ça.

(Viramma reprend sa voix normale.) Ma nièce Virayi a été très malade comme ça. C'était une belle fille, rieuse et naïve. Et la voilà qui

passait ses journées couchée, la tête enfouie dans son sari. Elle avait des maux de tête, des frissons, des lourdeurs aux jambes. Aucun médicament ne faisait d'effet. Pris de soupçons, ses parents l'ont emmenée voir un *pusari* à Erippatteu. Le *pusari* est entré en transe. Le dieu l'a possédée, et il a tout dit : Virayi avait été ensorcelée à la demande d'un homme de telle couleur, de telle taille, qui habite une maison orientée au sud. Le *pusari* a alors demandé qu'on lui apporte de l'huile de sésame, qu'il a fait boire à Virayi. Il lui a donné ensuite un médicament à base de plantes, et elle a dû avaler un demi-litre de *rasam*. Bien sûr, elle a eu la diarrhée toute la journée, et c'est comme ça qu'une petite boule lisse est sortie. Le *pusari* a dit que cette boulette ensorcelée avait été diluée dans de la sauce de poisson. Virayi l'avait avalée sans le savoir. Le *pusari* lui a dit de bien nettoyer cette boulette, puis d'aller la montrer à tout le monde, à toute la famille, pour que chacun sache ce qui lui était arrivé. Depuis, Virayi est redevenue rieuse et gaie.

Tout dépend aussi de l'astre de chacun. Si celui de Virayi avait été néfaste, elle aurait pu mourir ou elle n'aurait fait que des fausses couches, ou ses bébés seraient morts tout petits. Mais il y a sort et sort. Quand il est caché dans un aliment, il est assez facile à retirer. Mais c'est parfois très dangereux s'il est caché dans un arbre : un cocotier mâle ou un bananier. Et s'il est dilué dans le Gange, alors là c'est mortel. Il ne partira qu'avec la tête[2].

Mon grand-père Samikkanneu disait qu'un sorcier débutant commence toujours par s'exercer sur un chien. Un bon sorcier doit réussir à tuer le chien du premier coup, sinon il ne sera jamais bon, et si le chien reste en vie, il aboiera continuellement, nuit et jour. Si le sorcier rate son coup, c'est que son mantra n'est pas assez fort. Le farfadet ne lui obéit pas. Car c'est lui, le farfadet, qui est l'envoyé du sorcier[3]. C'est lui qui va déposer le sort là où il faut : là où l'on dort, là où l'on se lave, là où l'on ramasse la bouse de vache, là où l'on travaille, au bois... Notre *Iyer*, celui qui habite près du temple de Pillaiyar, est aussi exorciste. Il donne des amulettes et connaît bien ses mantra. Mais pour les cas graves, on va voir Murugaiya, bien qu'il soit beaucoup plus cher.

Le banian couvert de mèches

Avant que Murugaiya Gounder ne devienne exorciste, on emmenait nos ensorcelés à Kuttavaram, comme je viens de te dire. S'il y avait en plus une possession de démon, on allait à Malayanur. C'est là qu'on est allés pour la sœur de ma belle-mère. J'étais jeune mariée alors, et je n'avais pas encore d'enfants. On a emporté vaisselle et nourriture, et on s'est installés sur la berge de la Palar[4]. À midi, on a fait cuire du riz, avec une sauce d'aubergine et de poisson salé. Dans l'après-midi, vers quatre heures, on est partis à pied, le long de la rivière, en direction des champs de crémation. Des centaines de personnes marchaient comme nous, chaque famille avec son possédé. Je me souviens, devant nous il y avait une belle femme, possédée par un démon. Elle chantait à tue-tête :

Auprès du grand banian,
N'est-ce pas ?
C'est près du grand banian,
Que je t'ai rencontré,
C'est près du grand banian,
Nanna, na, nanna...
Ô démon, laissez-moi !

Elle avait une grosse corde nouée autour de la poitrine et des hanches, et cinq ou six personnes la tiraient, mais elle ne se laissait pas faire, et elle tirait du côté opposé. C'est le démon qui était en elle qui résistait comme ça, Sinnamma ! Pauvre femme ! Il paraît qu'elle était de Maruttur. Comme tous les possédés, elle allait dans toutes les directions sauf la bonne, celle du temple de Malayanur.

À côté du temple, il y a un bûcher allumé. Quand ils arrivent près du temple, les possédés s'arrachent à leur famille et se précipitent vers le bûcher. Là, ils crient, ils sautent, ils dansent, ils se roulent par terre. Il faut vraiment du courage pour regarder ça, Sinnamma ! Je ne sais pas comment j'ai fait. Et puis, il y a ce banian couvert de mèches. Si tu voyais ce tronc couvert de cheveux, tu comprendrais combien de gens vont à Malayanur ! Après l'avoir battu avec des branches de margosier, le *pusari* offre à chaque possédé un morceau de cadavre tout dégoulinant de graisse. Tu penses bien, Sinnamma, que ça n'est pas une personne normale qui mangerait ça : ce sont ces putains de démons qui se régalent quand les possédés mastiquent ça ! Déjà, sur le chemin du temple, certains démons ne vont pas plus loin, et disent : « Lâchez-moi, je retourne dans mon territoire ! » Près du bûcher, d'autres s'en vont aussi : « Je n'en veux plus, je vais la quitter. Je m'en vais. Je rentre chez moi ! » Mais les plus têtus résistent et disent : « Non ! Je ne la lâcherai pas ! Donnez-moi mon dû, sinon je ne partirai pas ! » Alors le *pusari* offre un coq ou une chèvre. Il mélange leur sang à des boulettes de riz, et il les lance à la figure des possédés. C'est seulement après ça que le démon se rend. Il prend la main du *pusari* et jure : « Je ne la posséderai plus. C'est fini. Je vais la quitter. Allez me reconduire là où il faut ! » Le *pusari* prend alors le possédé par une mèche du milieu du crâne, qu'il enroule autour d'une pointe fine. Il emmène le possédé jusqu'au grand banian, et le cloue par les cheveux au tronc de l'arbre. Puis il coupe la mèche. Il ramène la personne au temple et il lui met dans la bouche des cendres toutes chaudes, prises au bûcher. Alors le démon s'en va pour de bon. On dit qu'il part à la montagne. C'est seulement après avoir été à Malayanur que ma belle-sœur aînée a pu avoir des enfants...

Il y a un an et quatre-vingt-dix jours...

Nous, c'est Murugaiya Gounder qui nous a guéris. Mon mari a été malade, et Anbin aussi, mais c'est pour mon mari que ç'a été le plus grave. Si le Gounder n'avait pas été là, mon cou serait nu aujourd'hui [5]. Tout a commencé comme de la bourbouille, puis une petite boule s'est mise à grossir, à grossir jusqu'à ce qu'elle soit de la taille d'une pannelle de dînette d'enfant. Moi je lui faisais des cataplasmes de bétel et de datura. On avait l'impression que ça allait guérir. La grosseur éclatait. Mais quelques jours après, ça recommençait, et ça s'ouvrait, et ça se refermait... Le pauvre homme a beaucoup souffert. Et avec un tel abcès à la poitrine, comment travailler, comment aller labourer ? On perdait de l'argent. Ça n'était pas tout. Un jour, on a trouvé du jasmin dans la sauce, un autre jour, une rotule d'homme dans le feu. Ou un citron dans la bouse de vache que je venais de ramasser. Une autre fois, Anbin est accouru, affolé : il y avait du sang dans la pannelle d'eau qu'on garde pour boire.

J'en avais assez de toutes ces histoires. J'ai fait venir un exorciste d'Otteumédeu, pour qu'il me dise la vérité. Mais tous les exorcistes ne sont pas honnêtes. Il y en a qui se font payer très cher pour pas grand-chose. Lui m'a fait asseoir au milieu de la maison que j'avais nettoyée à fond, aspergée d'urine de vache, enduite de bouse. Il a dessiné par terre des cercles et des carrés. Tout autour il a placé les plateaux d'offrandes, il a chanté des mantra, mais il n'a rien trouvé. Il est parti avec cinq roupies. Selvaraj m'a alors conseillé un type de Pombur. Celui-là a demandé en offrande un repas complet avec du riz blanc, du riz jaune, de la viande et du vin de palme. Puis il nous a aspergés avec de l'eau de curcuma. Il a jeté des quartiers de citron dans tous les sens en récitant des mantra. Mais rien n'a changé.

J'étais bien malade moi aussi à ce moment-là, si malade que j'avais dû arrêter de travailler chez le Reddiar. J'ai alors décidé d'aller voir le Gounder. Puisque des gens venaient de tous les pays pour le voir, pourquoi il ne pourrait pas me guérir, moi ? Mais j'avais peur que ça coûte très cher. C'est ce que tout le monde disait. Il ne demandait rien pour lui, mais l'offrande qui devait tomber dans le tronc était lourde. Je n'en n'avais pas les moyens, et j'hésitais. Un jour, pourtant, avec courage, je suis allée prendre un numéro, et on a vu le Gounder, mon mari et moi. Je lui ai dit : « Sami ! On est malades depuis des mois, et on ne sait que faire. On s'en remet à vous. Guérissez-nous ! »

Lui a fermé les yeux. Il a marmonné quelque chose entre ses lèvres, et m'a répondu : « C'est ta propre belle-sœur, la sœur cadette de ton mari, qui vous a ensorcelés il y a un an et quatre-vingt-dix jours, avec trois œufs qu'elle a placés dans trois endroits différents. Veux-tu guérir du sort sans te venger, ou veux-tu le lui retourner ? »

C'est qu'il ne décide pas tout seul de ces choses-là : il fait ce qu'on lui demande. Je lui ai dit : « Sami, cette femme n'est qu'une ânesse ! Elle n'a pas d'intelligence, voilà pourquoi elle s'est conduite comme ça avec nous. Moi, je ne veux pas l'imiter et tomber aussi bas ! Je ne veux pas lui retourner le sort. Guérissez-nous simplement, ça suffira ! »

Il m'a demandé de lui apporter des plaquettes de cuivre que j'ai achetées chez l'orfèvre de Tirulagam. Il nous a exorcisés avec des branches de margosier. Puis il a dessiné sur les plaquettes des cercles et des carrés, et il y a écrit quelque chose. Il a roulé ces plaquettes et les a glissées dans des cylindres en argent qu'il nous a remis.

Au retour, j'ai raconté à toute la famille ce qu'avait fait cette belle-sœur. On lui a craché dessus. Mon mari avait honte d'avoir une sœur pareille. Pourquoi nous en vouloir tant ? On s'était partagé équitablement les affaires des parents. Les deux sœurs avaient été mariées comme il fallait. Alors pourquoi se conduire comme ça avec nous ? C'était par pure jalousie, Sinnamma ! C'est qu'on est serfs chez le Reddiar, et grâce à lui, on a pu acheter quelques bêtes, et on a pu marier nos enfants décemment. Et depuis quelque temps, je vais moins chez le Reddiar, et je travaille davantage à la maison. Tout ça l'a rendue jalouse. D'ailleurs, elle n'est pas venue pour le mariage d'Anbin, et nous on n'est pas allés non plus au mariage de son fils. Le *nattam* a voulu nous réconcilier : « Vous êtes les aînés, c'est à vous de remplacer les parents. Mettez la rancune de côté, et rendez hommage aux anciens [6]. » Mais ni mon mari ni Anbin n'ont accepté. Moi, j'ai dit qu'on enverrait notre dû aux mariés : un *somin*, un *tundeu* et un sari, mais qu'on ne leur ferait pas l'honneur de notre présence.

Quand je raconte tout ce qu'on a souffert, je n'arrive pas à croire qu'elle ait pu nous vouloir tant de mal. Anbin ne veut plus entendre parler de ces histoires, et il dit qu'il ne croit pas à la sorcellerie : « *Dè !* Arrête de rabâcher, *dè !* Il paraît que cette pute borgne aurait mis un citron ensorcelé chez toi, et que ça t'aurait rendue malade ? Et tu racontes tout ça comme si c'était des choses vraies ? »

Moi je lui dis : « *Ayo !* Anbin ! Ne l'insulte pas comme ça. Ce n'est pas parce qu'elle a des défauts qu'il faut en parler comme ça ! C'est une femme comme moi, après tout ! »

Et c'est vrai. Je ne m'entends pas avec elle, mais ce n'est pas une raison pour en dire du mal. Ne va pas croire qu'elle soit une pute, Sinnamma ! Non, non, non ! *(Viramma se masque la bouche de la main.)* Mais c'est quelqu'un qui ne sait pas se contrôler. Elle hurle, elle insulte pour un rien. Elle ne respecte personne. Elle appelle le Vieux « Espèce de règles ! Espèce de pédé ! Tu n'aimes que la mouille de ta femme ! Ta queue ne travaille que pour elle ! On se demande pourquoi il la met sur un piédestal, ce pédé ! » Non ! Elle n'a aucune retenue ! Laissons cette femme, Sinnamma !

En tout cas, les talismans que nous a faits Murugaiya Gounder ont éloigné les esprits et les démons, et ils nous ont tous protégés jusqu'à aujourd'hui ! Moi, je porte le mien au cou, avec mon *tali (Viramma le montre)*. Mon mari et Anbin portent le leur autour des reins. Si tu as des difficultés, ou si chez toi on est malade, n'hésite pas à aller voir le Gounder, Sinnamma, même pour les enfants ou pour monsieur. J'irai prendre un numéro pour toi. C'est un *samiar*, il a beaucoup de pouvoirs ! Les gens viennent de très loin pour le voir : de Mysore, de Bangalore, d'Hyderabad [7], et il réussit vraiment pour tout le monde !

La femme de Vijayavada

Il y a une vingtaine de jours peut-être, une femme de Vijayavada est venue au village. Elle était claire comme toi, belle comme un citron, mais sans poitrine ronde, plutôt des clous de girofle, hein ? Elle était très jeune. À la voir, on aurait dit qu'elle n'avait jamais dormi sous un homme. Elle portait beaucoup de bijoux, et elle parlait très distinctement. Elle devait être kudiyanar. Son père était chez le Gounder, en train de faire la queue, et elle, pendant ce temps, elle allait par les rues de Karani, en chantant sa propre histoire :

« *Ayayo* ! Où est mon bébé de trois mois ?... »

Et elle se mettait à hurler :

« Tu vois ! Tu vois ! Il m'appelle encore, il m'appelle encore une fois, cette espèce de musulman ! »

Tout à coup, elle a soulevé son sari, et montrant son bas [8], elle a crié :

« Allez ! Prends-le ! Arrache-les, mes poils, espèce de règles ! »

Nous, on était venus la voir. Tout le *céri* a rappliqué près de la maison du blanchisseur de l'*ur*. Quand on a vu ça, on lui a dit : « Non, non ! Ne fais pas ça ! » Et elle a répondu en chantant :

Ayayo ! Ce n'est pas moi qui montre ça !
C'est ce con qui le montre !
C'est lui qui m'a attirée pour être sa femme !
J'allais porter le *kanji* à mon bien-aimé...
C'est ce buveur de mouille !
C'est ce vendeur de bétel !

Et de rage, elle s'est remise à hurler :

Pourquoi, *Da* ? Que va devenir ma famille maintenant ?
Est-ce toi qui m'as attaché ce *tali*, ce *tali* d'un demi-souverain ?

Elle a montré son *tali*, Sinnamma, et j'ai pleuré en entendant cette femme, une femme comme moi, ensorcelée par une espèce de règles ! Et tout le *céri* pleurait aussi en l'entendant...

Elle a continué son chemin en chantant, et elle est arrivée au *céri*. Elle est allée en direction de ma maison, quand le fils du Moustachu, celui qui joue dans l'orchestre *naiyandi*, est arrivé. Il revenait du travail sans savoir ce qui se passait. Il lui a crié : « Alors, femme ! Qu'est-ce que tu fais ici ? Hé, la femme ! » Et cette dame lui a aussitôt répondu en chantant :

Tu n'es pas mon mari,
Assis sur le bord du puits !
Ce gars m'appelle, n'est-ce pas ?
Ce gars m'appelle encore !
Va-t'en donc, espèce de con !
Regardez-moi cette tête de con,
Ce sourire de voyou !
Tiens ! Regarde donc ça !

Et elle a encore une fois soulevé son sari. Elle a continué du côté de chez le cordonnier, où l'on faisait sécher des cacahuètes. Elle a demandé : « *Dè ! Dè !* Donnez-moi une cacahuète ! Grande sœur, donne-moi une cacahuète ! »

En ajoutant tout de suite après : « *Ayo* ! Ce musulman, cette espèce de règles m'a ensorcelée ! » Elle recommençait à raconter son histoire... Tout le monde s'était précipité, quand elle avait demandé une cacahuète, surtout les enfants, qui lui en donnèrent à pleines mains dans le sari qu'elle leur tendait. Mais avant de les manger, elle leur dit : « Attendez, les enfants ! Je vais d'abord les offrir à Dieu ! » Elle en prit quelques-unes, les posa devant elle, se prosterna, et elle commença à en manger seulement après. Puis de nouveau elle se mit à chanter :

Ce musulman de Minambur,
N'est-ce pas ?...

La soirée était bien avancée. Cet après-midi-là, personne n'est allé au travail. On n'a pas sorti les bêtes. On est restés là, à regarder cette pauvre femme. Mon mari n'était pas content, et il a grondé : « Si tu es là à admirer toutes ces belles scènes, tu crois que ça va faire avancer nos affaires ? » Enfin son père est venu la chercher : « Ma petite Pavunu ! Il faut y aller maintenant ! C'est notre tour... » Mais elle lui a répondu :

« Je ne viendrai pas, ô père bien-aimé qui êtes venu me chercher ! Où est mon bébé ? Où est mon bébé dont j'ai accouché voici trois mois ?... Ce musulman de Minambur, qui m'a appelée pour être sa femme... Je n'ai pas donné mon accord... Et voilà qu'il a dilué dans l'eau son sortilège[9]... »

On a tous pleuré de nouveau en entendant ça. Et puis, elle s'est décidée à partir : « Père ! Tu es venu me chercher, me chercher... Me voici... »

Et en se tournant vers nous, elle a ajouté : « À tout le monde... À tous ceux qui me regardent... À tout le monde, au revoir ! »

Je ne sais pas ce que lui aura fait Murugaiya, mais je suis sûre qu'il l'aura guérie, car c'est un homme qui a du pouvoir...

Approcher Murugan

Au village, c'est lui qui a la *bhakti*. C'est lui qui est pur. C'est lui qui a le pouvoir d'approcher Murugan. Bien sûr, il observe toutes les règles pour ça, mais ça ne suffit pas. Il peut le faire parce qu'il a la

Temple de Murugan, sur une colline.
À gauche : sa monture, le paon.
À droite : un porteur d'offrandes.

bhakti de Murugan. C'est lui qui a fait construire le temple de Murugan à Karani, et c'est lui qui fait célébrer le *Taï pusam* tous les ans. La première année où le village a fêté le *Taï pusam*, il avait fait le vœu, pour Murugan, de se casser cent noix de coco sur la tête. Mais les aînés l'ont arrêté au bout de dix. Tous les ans, pour *Taï pusam*, on fait au Gounder sept purifications : cinq de poudre de piments rouges tout juste moulus, une de lait et une de yaourt, pour le rafraîchir. Pendant ce temps, les pèlerins se font mettre des aiguilles là où ils ont mal : aux joues, aux tempes, sur la langue [10]. Cette année, des gens du *céri* sont allés voir le Gounder pour lui demander ce qu'il fallait faire pour être pénitent et pour se faire mettre les aiguilles, soit en remerciement, soit pour guérir, comme Virayi qui souffre de la poitrine depuis des mois et des mois. Il leur a dit qu'il fallait être propre, ne pas avoir de relations, dormir sur une natte neuve et cuisiner, dans des pannelles neuves, des légumes uniquement. Il a aussi indiqué les jours où il fallait jeûner. Les pénitents ont bien respecté ce qu'il avait dit, même les petits qui portent les *kavadi* [11]. Le Gounder lui-même vend de jolis *kavadi* couverts de papiers de couleur, qu'il fait fabriquer par le menuisier. Tout le monde peut porter des *kavadi*, même les vieilles.

Tu as vu comment on met les crochets dans le dos du comptable, pour le suspendre et le faire tourner avec deux autres hommes, Sinnamma. Beaucoup se précipitent alors pour leur mettre dans les bras des nouveau-nés malades. *Ayo ! Ayo ! (gestes de pénitence* [12]*).* Certains viennent de très loin pour être pénitents. Il y en a qui tirent des remorques de tracteur avec des crochets dans le dos *(Viramma fait une nouvelle fois les gestes de pénitence).* On a eu tous peur pour le fils de Kannan et pour le frère de Nettappakkatta : l'un a tiré un petit char, l'autre une meule. On ne sait jamais, Sinnamma ! Nous, on est impurs, on peut faire une faute sans même s'en apercevoir. Maduraipakkitan, lui, avait dix noix de coco suspendues à deux crochets dans le dos. On les a suivis en criant : « Govinda ! Govinda ! » Pendant ce temps-là, tout le long du parcours, leurs parents les aspergeaient d'eau de curcuma en criant : « Vel Muruga* ! Vela ! Vel Muruga ! » Grâce à Dieu, les trois tours ont été faits sans ennuis. Quand les garçons sont enfin arrivés près du temple, le *pusari* leur a retiré leurs crochets. Il a mis de la cendre sur les plaies. Il les a fait coucher sur une natte, loin de toutes les impuretés, et les a aspergés d'urine de vache et d'eau de curcuma. Il les a ensuite battus avec des branches de margosier. Il leur a fait faire plusieurs fois les gestes de pénitence, et les a enfin renvoyés chez eux. Là, ils ont dormi, et, petit à petit, ils ont retrouvé la mémoire. C'est leur *bhakti* qui les a sauvés. S'ils avaient commis une faute, leur chair aurait été arrachée, les plaies auraient été infectées, ils auraient même pu mourir d'étouffement. Il suffit que quelqu'un d'impur vienne les regarder à ce moment pour que Murugan soit contrarié et les rejette. C'est pour ça que les porteurs de *kavadi* ne viennent jamais dans le *céri*, et que, sauf les pénitents, très peu de gens des *céri* participent à cette fête. On fait simplement cuire le *pongal* près de l'étang et on regarde de loin. Seuls les enfants s'approchent pour avoir une part de l'offrande que les gens font au Gounder, quand il passe, transpercé d'une lance, en marchant sur des sandales de bois piquées de clous grands comme mon doigt ! Il avance, à la tête des pénitents, tous avec une lance qui leur traverse les joues. *Ayo*, Sinnamma ! Quelle émotion ! Quelle tension alors ! On crie : « Ô Muruga ! Muruga ! Ô Muruga ! Muruga ! Muruga ! Ô Muruga ! » Les gens sortent de leur maison avec une coupelle de *kungamam* qu'ils versent sur le passage des pénitents. Ils aspergent le Gounder de benjoin et d'eau de curcuma. Ils déposent à ses pieds de la bouille au lait, du riz au yaourt, des gâteaux de farine de riz, des pois chiches sautés.

Je n'ai jamais vu cette fête d'aussi près que cette année, Sinnamma. D'habitude, je regarde de loin un petit moment et je m'en vais, car il y a toujours à faire : les vaches, les chèvres, le *kanji* à porter. Et quand je vois les gendarmes avec leur matraque, j'ai peur de me faire prendre dans une bastonnade [13]. Et surtout, pour voir tout ça, il faut avoir beaucoup de *bhakti*. Et nous, les gens de l'enfer, malgré nos efforts, nous n'en avons pas. J'ai peur que Murugan ne se fâche. J'ai peur qu'il ne me fouette, ou qu'il ne me paralyse une jambe, ou même qu'il ne me déchire en fibres ! Moi qui ai eu tant d'enfants, moi qui ai des petits-enfants, jamais je ne suis allée du côté du temple de Murugan. J'avais trop peur. On ne sait jamais, impurs comme on est ! Mais cette année, Sinnamma, dès le matin j'ai attaché la vache, je lui ai donné à manger pour la journée et, profitant de ta présence, je suis venue avec les autres, bien proprement habillée, pour voir ces traditions des dévots de Murugan [14].

XXIV

COMME UN CHAMP D'HIBISCUS ROUGES...

Si j'ai peur de Murugan, Sinnamma, en revanche j'aime Aiyanar. Lui, c'est un dieu pour tous, grand et bon, et on l'adore souvent. Il est à l'*ur*, à l'est[1]. Jamais on ne nous laissera entrer dans son temple, même aujourd'hui. Souvent, je vais lui offrir du camphre, que je donne au prêtre, c'est lui qui va faire la *puja* dans le temple et qui me présente ensuite la cendre. En allant au travail ou en revenant — car beaucoup de champs sont de ce côté-là — on se prosterne et on salue en joignant les mains et en disant : « Père Aiyanar, garde-nous en bonne santé ici, et protège-nous là où nous devrons aller plus tard ! »

Quand mon beau-frère a été très malade, et qu'il crachait du sang tous les jours, il a fait un vœu à Aiyanar. Il a promis de lui offrir un mouton. Le jour du sacrifice, il a bien préparé le mouton, avec un *potteu* sur le front et un collier de fleurs autour du cou. On est partis en procession, avec tout ce qu'il fallait pour la *puja*. Eh bien, le mouton, ce n'était pas la peine de lui indiquer le chemin, il est allé se coucher directement devant le temple d'Aiyanar ! Du plateau de *puja*, le prêtre a rendu la moitié, et a gardé le reste pour lui. Après le sacrifice du mouton, le lendemain seulement, il a donné la viande à la famille, huit à dix kilos à peu près. Mon beau-frère l'a distribuée à tous les *pangali* avec du *pongal*. Moi, c'est pour ma vache noire que je suis allée faire une offrande à Aiyanar. Ma vache avait tout le temps des pertes jaunâtres. J'ai fait un vœu. Et quand ma vache a été guérie, j'ai apporté à Aiyanar une mesure de paddy, une noix de coco, des fleurs, des bananes, et je lui ai cuit le *pongal*. Le prêtre est allé lui offrir tout cela, et il m'a redonné le *pongal*. De retour à la maison, je l'ai distribué à toute la famille.

Le Pongal des bœufs

C'est précisément le jour de Pongal qu'on fête Aiyanar[2]. Ça se passe sur la grand-place devant son temple. Aiyanar est là, avec tous ses chevaux, prêt à chasser dans la forêt. Deux jeunes garçons gardent son temple. L'un, assis, qui joue du tambour, est un pauvre comme nous. L'autre, debout avec son bâton et son sac d'argent, est un fils de riche, c'est le gardien de l'ouest. Toutes ces statues de chevaux ou de gardiens sont des offrandes des fidèles. Le monde entier prie Aiyanar. Et comme il protège tout le monde, hommes et bétail, on amène toutes les bêtes à son temple le jour de Pongal.

Un kolam *pour la fête de Pongal, devant le seuil d'une maison de l'*ur.
L'éléphant et l'oiseau portent une pannelle contenant le pongal.
Entre les cannes à sucre et le soleil sont écrits les mots :
« Pongal. Pongal. Bienvenue. »

Le Grand Pongal, nous, on ne le fête pas. Ça, c'est le Pongal de gens comme toi ou comme le Reddiar. Chez le Reddiar, ce jour-là, ils font cuire une pleine mesure de riz nouveau dans une grande pannelle neuve, décorée de racines de gingembre et de curcuma, avec des guirlandes d'épis de riz nouées autour de son col. Dès que le riz commence à bouillir et que l'eau déborde, on crie « *Pongalo ! Pongalo ! Pongal* ! »

et on recueille tout de suite l'eau qui déborde dans une pannelle. Cette eau de *pongal*, on la mélange dans une grande pannelle où l'on a versé de l'eau prise au puits du temple d'Aiyanar et bénie par le prêtre. Très tôt, chacun doit porter cette eau sur sa terre, ou sur ses terres. Qu'on possède quelques ares ou qu'on en ait cent, il faut asperger les champs de cette eau de *pongal*, aux quatre coins, en criant : « *Pongalo, pongalo, pongal ! Pongalo, pongal !* » Puis chacun rentre, et prend un bain.

Ce qui compte pour nous, c'est le Pongal des bœufs, le jour de la viande, puis le Pongal des veaux. Une semaine avant le début du mois de *Taï*, mon mari sort avec le Reddiar tous les ornements des vaches et des bœufs : les clochettes, les *koppi*... Puis il les nettoie et les garde prêts. Il va ensuite acheter des pots de peinture à Tirulagam. C'est le Reddiar qui choisit les couleurs : rouge, vert, bleu, jaune. Certains prennent les couleurs du Congrès, d'autres celles du D.M.K. Mon mari peint les cornes de toutes les bêtes du Reddiar — il y en a au moins une trentaine — et avec ce qui peut rester de peinture, il fait les cornes de nos bêtes aussi. Ensuite, il va chercher des épis de riz et de millet, des tiges de sésame, des grappes d'achit, des jeunes mangues vertes, des fruits de nelliquier et de jamblonier, des gousses de haricot noir, toutes sortes de plantes... Il n'oublie pas non plus les fibres de coco qu'il rapporte en grande quantité, pour en faire des cordes. Avec tout ça, il tresse de longues guirlandes, qu'il va porter au Reddiar dans un grand panier, la veille du Pongal des bœufs. Le Reddiar lui donne alors deux roupies, du *sikakaï* et de l'huile pour prendre un bain. Le lendemain, dès le matin, il sort vaches et bœufs et les conduit à l'étang. Il lave toutes les bêtes, une par une, et leur donne un bain de curcuma, avant de leur mettre un *potteu* sur le front. Puis il attache les ornements et conduit les bêtes à l'étable pour leur donner à manger. Ensuite, il va se laver, prend son bain d'huile, et va chez le Reddiar, où on lui donne ce jour-là un repas complet, sur une feuille de bananier. Après son repas, il attache les guirlandes au cou des bêtes, qui sont prêtes pour le rassemblement. Lui se change, met le *somin* et le *tundeu* que le Reddiar lui a donnés au moment du repas, et il rentre au *céri*. Il finit de préparer nos propres bêtes qu'Anbin a lavées, et tous deux leur passent les guirlandes. Tous les Parias qui sont serfs font comme nous. Ils préparent les bêtes de leur maître et les leurs. Ainsi, le bétail entier du village est prêt vers quatre heures, les bêtes de l'*ur* comme celles du *céri*. C'est le moment du grand rassemblement. Chacun rejoint la foule avec son troupeau. Mon mari mène les bêtes du Reddiar, Anbin conduit les nôtres.

En tête de la procession, on entend vibrer les tambours de l'orchestre paria : *para para para para* ! *(Viramma rit.)* Puis vient l'orchestre *naiyandi*, et derrière lui les troupeaux [3]. Derrière encore, les charrettes avec les enfants, et nous les femmes, proprement habillées, avec des fleurs dans les cheveux, le *potteu* au front, le panier de *puja* sur les hanches, nous fermons la procession. On passe tous comme ça, par la rue principale qui est emplie de bêtes. Les bœufs de labour marchent très fièrement en cadence avec leurs sonnailles : *djalog djalog djalog ! (Viramma rit.)* Tu imagines, Sinnamma : toutes les bêtes du *céri* et toutes celles de l'*ur* sans exception, ça fait un grand nombre ! Les vaches, elles, sont joyeuses, et font des petits bonds avec leurs clochettes : *dim dam dim dam dim ! (Viramma rit.)* Quant aux enfants, eux aussi sont heureux et ils crient de joie. Tout le monde se dirige vers la grand-place du temple d'Aiyanar. Là, on rassemble au milieu toutes les bêtes et nous on fait cercle autour. Aucune ne peut s'échapper tant il y a de monde ! On attend alors la venue des dieux des temples d'Isvaran et de Pérumal, qui arrivent, tirés par des tracteurs, accompagnés par l'orchestre des barbiers. Les dieux s'arrêtent devant le temple d'Aiyanar. On leur brûle du camphre, les orchestres se mettent à jouer très fort, et nos *totti* crient : « *Pongalo, pongal ! Pongalo, pongal !* » C'est alors qu'on fait la *puja* pour Aiyanar, et qu'on chasse les vaches. Les enfants courent après dans toutes les rues en criant aussi « *Pongalo, pongal !* », et essaient d'arracher du cou des vaches les morceaux de canne à sucre, les jeunes mangues, les épis...

Pendant ce temps, chacun s'avance près du temple avec son panier d'offrandes : moi je donne le nôtre, mon mari donne celui du Reddiar, avec noix de coco, bananes, camphre, fleurs, farine de riz sucrée. Nous les femmes, on danse alors le *kondam*, en chantant des chansons de *kavadi*, des chansons de travail, des chansons à rire [4]... Après cela, chacun regroupe ses bêtes et rentre chez soi. Mon mari, lui, rapporte le panier d'offrandes au Reddiar, qui lui donne un peu de tout : une demi-noix de coco, des bananes, de la farine de riz. Et le Reddiar nous remplit le ventre, à nous, ses serfs, en servant un vrai repas à toute la famille, sur des feuilles de bananier. Il y a toutes sortes de légumes, des aubergines sautées, des gombos, des betteraves, des carottes, du *sambar.* Tout est préparé dans sa cuisine. C'est après ce repas que le Reddiar donne à ses serfs les vêtements de l'année ; ses autres ouvriers, eux, reçoivent de l'argent. Moi, cette année, j'ai eu, en plus du sari à fleurs, un corsage rouge. Ma fille aussi a reçu un sari et un corsage. Mon mari, je te l'ai dit, il a eu un *somin* et un *tundeu*. Mais Anbin, comme il est jeune, le Reddiar lui a donné un pantalon et une chemise...

Ce jour du Pongal des bœufs, nous aussi on cuit du *pongal* au *céri*. Chacun creuse un trou devant chez soi, on y fait du feu, et on y cuit le

Maison décorée pour Pongal.

riz dans une grande pannelle neuve. Pour l'occasion, toutes les maisons sont blanches et décorées. Tu l'as vu, Sinnamma, c'est Kapok, que tu connais, qui fait les dessins sur les murs. Moi je l'aime bien, ce garçon. Souvent il vient discuter à ma porte, et je lui donne du bétel. Sa femme l'a quitté, en disant qu'il était impuissant... Il est très méticuleux, Kapok. Avant Pongal, on le voit essayer par terre toutes sortes de plantes pour préparer ses couleurs. Il choisit celles qui tiennent longtemps ; le plus difficile, ce sont les verts. Il moud de la brique aussi, comme nous on fait pour la farine de riz. Chaque année, il me donne un grand coup de main pour les *kolam*, et il dessine sur mes murs. Il aide aussi à tout préparer pour la *puja* à notre dieu. Il faut placer les outils, la houe, la faucille, la serpe, mais aussi la charrue et les mesures à riz, tout cela bien décoré avec des noix de coco, des bananes, des fleurs, du camphre. Quand on a fait la *puja*, je lui donne une bonne part de *pongal*. Sur une autre feuille de bananier, je prélève un peu de tout, et je le donne à manger à mes vaches.

Le lendemain du Pongal des bœufs, c'est le jour de la viande. C'est un grand jour pour nous ! C'est celui qu'on attend le plus ! Au *céri*, ce jour-là, on vend du bœuf. Même à l'*ur*, on mange de la viande, mais là-bas, c'est du mouton, bien sûr ! Moi, j'achète toujours deux ou trois tas de viande de bœuf que je cuisine en sauce pour manger avec le *pongal* : j'en fais assez pour deux repas. Et ce jour-là, on est très gais, et on boit ! Le proverbe le dit : « *Karinal, vérinal* », « Jour de carry, jour de furie ! » C'est tout à fait comme ça que ça se passe au *céri* ! Le lendemain, enfin, c'est le Pongal des veaux. On cuit un nouveau *pongal* sur un petit foyer, dans une petite pannelle. On rassemble tous les petits veaux, puis on les chasse en criant : « *Pongalo pongal ! Pongalo pongal !* » C'est ce jour-là qu'on fait aussi la *puja* aux bouses de vache chez le Reddiar. On enduit l'étable de bouse de vache, et on en fait aussi un tas au milieu. Quand l'étable est prête, la femme du Reddiar arrive avec un plateau chargé de noix de coco, de farine au jagre, de *kungamam*, de fleurs et de camphre. Elle me dit alors de façonner des Pillaiyar en bouse de vache. Au fur et à mesure qu'elle me les tend, je les décore : du rouge d'abord, puis des fleurs... Ensuite, je dois me préparer. Je me lave le visage, que j'enduis de pâte de curcuma, et je me mets des fleurs dans les cheveux. La femme du Reddiar allume alors le camphre sur un plateau qu'elle me tend pour que je le présente à tous les Pillaiyar. Quand c'est fait, je mets le plateau à terre, et on se prosterne devant les Pillaiyar et devant cette montagne de bouse de vache. Je me relève enfin, et je plaque sur les murs une dizaine de galettes de bouse. Je prends ma pannelle pour recevoir du *kanji* et je tends un pan de mon sari. La femme du Reddiar y met une demi-noix de coco, une banane, un peu de farine au jagre, et avec ça, je rentre à la maison. *(Un os tombe alors du bec d'un corbeau.)* « Regarde ce corbeau, Sinnamma : il nous a lancé un os de bœuf ! » *(Viramma ramasse l'os et le jette au loin avec dégoût.)*

Les bêtes, ce sont des dieux...

Autrefois, mon premier *pongal*, c'était à la mère de ma vache noire que je le donnais. Elle, je l'avais achetée à la foire de Nagapalaiyam. Mon mari, lui, préférait toujours acheter des bœufs : ils travaillent mieux, et quand ils vieillissent, on peut les revendre pour la boucherie. Mais, une fois, j'ai vraiment insisté pour qu'on achète une vache. On l'a choisie bien belle, avec une grande tache blanche sur le front, mais mon putain de fils, un jour, l'a blessée à la jambe en la faisant paître. Au lieu de se déplacer, il lui a lancé une pierre pour la faire venir, et il lui a ouvert le pied. J'ai été vraiment triste de la voir arriver dans cet état ! Je lui ai mis de la pâte de curcuma sur la blessure, j'ai fait tout ce que chacun me conseillait, mais rien ne l'a guérie. Le Sakkili m'a dit que son oncle maternel, à Ambavaram, s'y connaissait. On est allés le chercher tous les deux, et il est venu tout de suite. Il a massé la patte, il a mis des bandages : tout ça m'a coûté plus de trente roupies, mais rien n'y a fait, et ma vache boitait toujours. Alors on s'est dit qu'il ne fallait plus la garder. Avant de la vendre à un boucher dans un village lointain, j'ai coupé un peu des poils de sa queue en souvenir. C'était une vache qui nous avait porté bonheur. On était heureux quand elle était là ! Et aujourd'hui encore, le mardi et le vendredi, je lui allume du camphre et je la prie...

Cette vache-là, après l'avoir achetée, je l'ai attachée dans l'étable du Reddiar, et jusqu'à ce qu'elle ait été grosse de nouveau, son lait, tout son lait, c'est la famille du Reddiar qui l'a bu. Je n'ai pas tendu la main pour recevoir ne serait-ce que dix *paice* pour ce lait, car pour le mariage d'Anbin, le Reddiar nous a tout donné, le sari de mariage, le riz, les noix de coco, le *tali*. Il faut dire aussi que tant qu'elle était chez lui, on n'avait pas à la nourrir. En rentrant du travail, je lui donnais une brassée de foin du Reddiar. C'est qu'à l'époque, son étable était presque vide. En tout cas, je m'occupe toujours très soigneusement des bêtes, car ce sont des dieux. Tu as vu le bœuf qui est à l'entrée du temple, il a les cornes décorées, il est tout propre, tout beau, n'est-ce pas ? Eh bien, c'est comme ça qu'il faut les garder, les bêtes. La vache, c'est sacré, c'est Lakshmi ! Tous les vendredis, j'enduis la maison de bouse de vache, parce que la vache, c'est Sridévi*. Je recueille son urine et j'en asperge la maison : c'est auspicieux. Pour chasser la Mudévi* qui nous endort en pleine journée, pendant le travail, on se baigne le visage d'urine de vache, et Mudévi s'en va. Il y a beaucoup de pouvoir dans cette urine, beaucoup de bonheur. Elle nous libère de l'impureté, et en particulier pendant les règles, il faut en boire, les aînés nous en versent un peu dans la main, comme de l'eau consacrée. Cette urine, c'est de la *bhakti* ! Une fois, la fille de la voisine d'en face était venue me demander du feu. Je lui ai dit : « Viens, entre, et prends-en ! » Le soir même, je me suis querellée avec sa mère, et j'ai été souffrante : des maux de tête sans arrêt, et des disputes à n'en plus finir avec tout le monde chez moi. J'ai soupçonné quelque chose et je suis allée voir un possédé à Mangalur. Dès que je me suis approchée de lui, il m'a dit :

« Une jeune fille ne serait pas venue chercher du feu chez toi ?

— Oui !

— Elle avait ses règles. Son sang impur — trois gouttes — est tombé devant ta porte. C'est ce *dosham* qui te frappe. C'est à cause de ça qu'il y a la discorde chez toi maintenant. Pendant trois jours, tu vas allumer une lampe avec trois huiles, de l'huile d'arachide, de sésame, et de ricin, après avoir, chaque jour, enduit ta maison de bouse et aspergé de l'urine de vache partout. Le troisième jour, tu offriras du *pongal* aux veuves et aux femmes stériles. »

J'ai fait ce qu'il m'a dit, et j'ai été délivrée de ce *dosham*.

Le vendredi, je lave à grande eau mes bœufs et mes vaches. Je frotte bien les pattes des bœufs, qui sont pleines de boue. Les vaches, je leur donne un bain de curcuma, comme pour une femme mariée, et je leur mets un *potteu* rouge au front. C'est toujours une femme mariée qui doit faire ça aux vaches, et chez nous, c'est moi. Je le fais en pensant à Lakshmi. Et je dis à ma vache : « C'est à vous, Mère Lakshmi, que nous devons de vivre bien. Mère, protégez-nous ! » Et c'est elle qui nous protège, nous les femmes, quand on est injustement soupçonnées d'avoir trompé notre mari. Tu vois bien les disputes entre mari et femme au *céri*, Sinnamma ! Le mari va dire : « Tu es allée à tel endroit cette nuit, salope ! Tu m'as trompé cette nuit ! » Et la femme répond, en attrapant une queue de vache : « Mère ! Écoute ce qu'il dit de moi ! C'est un mensonge. C'est toi qui dois lui répondre ! » Car tout le monde sait qu'on ne ment pas en jurant sur la queue d'une vache, sinon on peut devenir aveugle, ou même mourir. C'est pour ça aussi qu'il faut garder les vaches pieusement. Le soir, à l'heure où l'on allume les lampes, je leur présente un plateau de camphre... Lakshmi, c'est la richesse. C'est grâce à elle que nous avons plusieurs bêtes à la maison. Avec une paire de bœufs, calcule combien on gagne. Et avec nos vaches, combien de lait on peut vendre. Quels bénéfices, grâce à ces bêtes [5] ! Bien sûr, quand l'herbe manque, il faut acheter de la nourriture, pour les bœufs comme pour les vaches. Au marché de Tirulagam, on achète des fortifiants : du son, des tourteaux de sésame ou d'arachide. Quand il fait faire de l'huile de sésame, le Reddiar nous laisse des tourteaux, mais ceux d'arachide, c'est au marché qu'on se les procure. Avant la traite, on donne aux vaches une bouillie faite avec ces tourteaux qu'on a fait macérer dès le matin, avant d'aller au travail. La pâte gonfle et double de volume, elle devient crémeuse comme du yaourt, et je la mélange alors avec du son de riz. Quand elles mangent ça, les vaches donnent beaucoup de lait.

Deux fois par jour, je conduis mes vaches à la coopérative où on est inscrits. C'est le Petit Gounder qui est le chef de la coopérative. Il a reçu de l'argent du gouvernement pour s'occuper de ça. Le lait des vaches de l'*ur* et du *céri* va à la coopérative, et un grand camion l'emporte à Pondy. C'est du lait pur, sans une goutte d'eau. Il est vérifié sur place avec un instrument qui te dit tout de suite s'il y a un peu d'eau dans ton lait. Deux femmes du *céri* et une de l'*ur* avaient un peu mouillé leur lait : eh bien, elles ont été renvoyées chez elles avec ! C'est qu'il leur faut du lait pur pour faire du beurre, avec une machine à baratter. Ce beurre aussi est vendu à Pondy. Nous, on nous donne deux roupies et demie par litre, qu'on nous règle par quinzaine. Ça me fait soixante à quatre-vingts roupies par mois pour deux vaches. Si ce sont les gens de la coopérative qui traient eux-mêmes, ils retiennent cinq roupies par vache. Mais moi je sais traire, et Anbin aussi. On va là-bas tous les deux avec nos bêtes : moi je traie, lui mesure et verse. Si on rate l'heure de la traite à la coopérative, alors je fais du yaourt que je vends au marché. Mais, en ce moment, ma vache noire est grosse et elle donne très peu de lait ; on le garde pour la maison, puisque mon mari et les enfants boivent du thé. S'il en reste, on fait du yaourt.

J'avais fait la demande à l'hôpital des vaches pour qu'on vienne les féconder, car dans ces cas-là, les taureaux de l'étranger qu'on nous amène sont magnifiques et énormes. Nous, à la campagne, on les aime beaucoup. D'ailleurs toutes les bêtes qu'on voit maintenant à Karani sont des croisements de ces taureaux-là, et les vaches font de bonnes laitières. Les miennes me donnent trois à quatre litres par jour. C'est pour ça que je préfère faire venir les gens de l'hôpital des vaches. Ils prennent quatre ou cinq roupies par bête, mais j'aime autant payer, parce que ça n'est jamais facile quand on les laisse se faire monter naturellement. Je le vois bien quand je vais avec les petits vachers du Naïcker, de Nadana Reddiar et de Lakshmanan Reddiar. Tous ces gamins sont amis, ils emmènent leurs bêtes ensemble, et moi aussi je vais faire paître les miennes dans le même coin. Quand je vois ces gros taureaux monter si brutalement de toutes petites vaches, en les étouffant presque, je me mets en colère et je les chasse en disant : « Ces lécheurs de vaches, ça ne cherche qu'à baiser au lieu d'avancer ! Sales baiseurs ! » En entendant ça, les petits vachers éclatent de rire, et disent entre eux : « Regarde-moi cette vieille ! T'entends ce qu'elle dit des taureaux ! Cette vieille de Velpakkam ne pense qu'à ça ! » Quand on est tous assis à l'ombre, au bord de l'étang, en parlant de choses et d'autres, tout à coup je leur dis : « Eh, les gars ! regardez un peu cette queue qui descend ! » Et ça ne manque pas : ils rient tous en se mettant la main devant la bouche, et moi ça m'amuse de les voir rire comme ça de bon cœur...

La dernière fois, j'ai dû dépenser dix roupies pour faire engrosser mes vaches, mais ça peut coûter jusqu'à soixante-dix roupies. L'homme les a prises l'une après l'autre. Il les a attachées au rônier derrière les maisons, dans un endroit tranquille, et il a fait monter le taureau. Ces gens-là sont docteurs pour les vaches. Ils savent quelles précautions il faut prendre, et ce qu'il ne faut pas faire. Grâce à Dieu, pour la vache blanche ça a réussi. Mais pour la noire, le sperme a coulé par terre, et il ne s'est rien passé. La fois d'avant, déjà, ça avait été pareil, et elle avait eu des pertes jaunes sans arrêt. Le docteur l'a examinée en enfonçant sa main tout entière, pendant que je coinçais la tête de la vache entre deux barreaux. Elle, elle meuglait de douleur, et puis peu à peu elle s'est arrêtée ; il paraît qu'elle s'habitue. Alors il a injecté du sperme. C'est à ce moment-là que j'ai vu combien ils avaient de réserves de sperme ! On m'a donné des médicaments et on m'a dit de revenir un mois après. Le mois suivant, le docteur a encore introduit sa main, et il m'a dit qu'il n'y avait rien. Il a injecté du sperme une deuxième fois. Quand j'y suis retournée, cette fois, le docteur m'a dit : « Elle est grosse depuis deux mois. Il faut lui donner de la bouillie de riz non étuvé, et ne pas la mener paître. » À chaque grossesse, on nous distribue gratuitement de la nourriture et des fortifiants. C'est après cette injection que ma vache noire a donné ce veau sans corne que tu as vu. Elle est très fragile, très délicate, ma vache noire. Elle a mis bas un jour que je l'emmenais paître. Je voyais bien qu'elle n'avançait pas comme d'habitude. Après quelques pas, elle se couchait, puis elle remarchait, elle se recouchait... Ses trayons étaient raides comme des tiges, son pis gonflé, ses flancs creux, son ventre touchait à terre. Elle se dilatait, et elle avait quelques pertes visqueuses. Quand j'ai vu ça, j'ai compris qu'elle allait bientôt vêler. Ni mon mari ni Anbin n'était à Karani ce jour-là, et je m'en suis occupée seule : j'ai l'habitude des femmes, et aussi des vaches. D'ailleurs les vaches n'ont besoin de personne. La mienne a poussé toute seule. Elle s'est couchée, elle a étendu ses quatre pattes, et elle a poussé très fort. Certaines vaches font ça debout, mais pas les miennes. Le veau est sorti la tête la première, et le reste a suivi. Il ne faut surtout pas dire tout haut le sexe du veau dès qu'il touche le sol ; il faut le laisser se débattre, c'est toujours comme ça qu'on fait. Puis j'ai ramené doucement la vache et son veau au *céri*, pour la sortie du placenta. Là, il peut y avoir des problèmes, et si c'est le cas, on va chercher un homme de Kodikkuppam. Mais cette fois, ça s'est bien passé. J'ai donné à ma vache de la farine de millet mélangée à du jagre. Ça l'a bien remontée, et elle a expulsé le placenta, que je n'ai pas laissé traîner une seule seconde, je l'ai enroulé dans de la paille, et je suis allée l'accrocher en haut du banian qui est derrière le *céri*. On les attache toujours très haut, pour que les chiens ou les chats ne viennent pas les prendre, sinon ça couperait le lait à la vache. Si on peut attacher le placenta à un jacquier, c'est encore mieux. C'est un arbre qui a du lait dans ses tiges, et la vache aura alors autant de lait qu'un sein qui gicle.

Après le vêlage, pendant sept jours, je donne à la vache un bain à l'eau chaude où trempe une mesure de riz, et je lui en asperge le pis et les pattes. Les premiers jours, je recueille un lait jaunâtre et j'en fais des sucreries, une crème jaune et brillante, bonne et parfumée, que je mets au milieu de la maison pour offrir à notre dieu. Ensuite, j'emporte de la crème au temple de Mariamman pour lui en offrir aussi et j'en distribue après à tout le monde, en annonçant le sexe du veau. Chez le Reddiar, ils font pareil, et souvent je reçois comme ça de la crème de chez eux. Le vendredi qui suit le vêlage, je donne à la vache un bain au curcuma, et je lui dessine sur le front un grand *potteu*, exactement comme pour les femmes. Et enfin, comme on fait le jour du Pongal des bœufs, avec du piment sec et du sel dans une noix de coco, pour la vache et son veau, j'écarte le mauvais œil...

Les dix-huit jours du Bharatam

Je ne t'ai rien dit des buffles, Sinnamma, parce que le buffle est la monture de Yéman, celui qui nous emmène... Ces bêtes-là, on ne les fête pas comme les vaches ou les bœufs, on ne les adore pas[6]. On ne les décore pas, sauf un seul jour, lors de la fête où l'on marche sur le feu, quand on lance le riz au sang sur Pakkasuran*, la charrette est tirée par des buffles lavés au curcuma, une guirlande au cou.

Ce jour-là, pour faire la collecte du riz dans l'*ur*, un Gounder se déguise en Pakkasuran. Il se peint le visage en rouge, il porte des ailes comme Garudan, et on l'attache par six grosses cordes que tiennent trois personnes de chaque côté, car il est attiré par les démons. Il crie : « Je suis le Viran, *da* ! le Viran ! » Chaque maison offre du riz, par pannelle entière, surtout chez les Reddiar et chez ceux qui ont fait un vœu. On transporte toutes ces pannelles de riz dans la charrette de Pakkasuran, devant sa tête, posée derrière le temple de Murugan, près de l'étang, après les dernières maisons de l'*ur*, face au sud[7]. Des centaines de personnes vont attendre là-bas, pour voir lancer le riz au sang. Ce riz, on le reçoit gratuitement, mais certains dévots, surtout ceux qui n'ont pas d'enfants, paient deux ou trois roupies pour en avoir. C'est le dernier jour de la fête de Draupadi que cela se passe, et c'est après seulement qu'on marche sur le feu.

Tu l'as vu toi-même, Sinnamma, la fête de Draupadi, c'est la plus grande fête du village. Elle dure dix-huit jours, pendant lesquels on lit le *Bharatam*, et tout le monde écoute, ceux qui en comprennent le sens et le pouvoir, et nous, les illettrés, pour expier nos fautes. C'est un *Iyer* qui est invité, c'est son métier, pour lire le *Bharatam* dans les temples de Draupadi[8]. Il s'assoit le matin avec son livre, et il ne se lève que le soir, quand on allume la lumière et que la foule se disperse. Pas besoin d'être près de lui. On lui a fait une estrade et il a un micro. Il y a un haut-parleur au sommet du temple et il y en a un autre fixé près de la mare de l'*ur*, pour qu'on puisse tout entendre depuis le *céri*.

Le troisième jour après la nouvelle lune de *Panguni*, on attache un cordon jaune au poignet de tous ceux qui vont animer la fête : les musiciens, les prêtres, les *Iyer*, le *Gounder* et les danseurs qu'on va chercher à Maïlam pour jouer pendant ces dix-huit jours. On fixe ensuite la date de lever du drapeau[9]. Murugaiya Gounder fait alors chercher les *totti* et leur dit : « *Deï*, on va faire le lever du drapeau tel jour. Il faut être là avec vos instruments ! », et il envoie l'*urtotti* annoncer la nouvelle de village en village avec son tambour. Pour cette fête, nos *totti* sont présents nuit et jour. Du matin au soir ils accompagnent les processions. Car pour cette déesse, il faut les deux orchestres, celui des Parias, et celui du temple, avec le *karna*[10]. Nos musiciens sont toujours devant ; ce sont eux qui ouvrent le chemin. Leurs tambours sonnent très fort, *para para para*, et en les entendant les gens des villages voisins accourent en disant : « La déesse est sortie à Karani. Il y aura sûrement du théâtre. Allons voir ! » Grâce à ces tambours de Parias, il vient des gens de partout : de Sinnampet, de Kodukkur, de Tirulagam. Pendant la fête, il y a toujours de la musique et de la lumière, et nos *totti* ne s'absentent pas même un quart de journée. C'est que c'est notre devoir, Sinnamma, quand une divinité sort dans un village, de jouer du tambour. Les barbiers, eux, peuvent ne pas jouer, mais nous, les Vettiyan, on est obligés. On reçoit notre dû pour ça, comme les autres. On a notre part de la récolte des champs du temple, nous les Vettiyan, les barbiers, le joueur de *karna*, le blanchisseur. Murugaiya Gounder donne à chacun sa part de riz [11]. Chaque *totti* a droit à quatre mesures de riz et un peu d'argent, et c'est peu, pour toute cette fatigue ! C'est pour ça qu'il y a eu dispute. Je te l'ai dit, nos jeunes voulaient être payés comme de vrais musiciens.

Très tôt le matin, avant même qu'on aille au travail, on voit nos *totti* partir avec leur tambour sous le bras. Ils vont s'asseoir près du temple en attendant que la divinité sorte, et ils font chauffer leurs tambours, frappant dessus pour qu'ils résonnent bien : *tang tang tang tang !* L'orchestre des Parias, tout le monde doit l'entendre de loin, sinon comment savoir que la divinité est sortie, comment ne pas manquer la fête ? On ne peut pas compter sur l'orchestre des barbiers pour ça. Eux sont tous près du char, ils jouent pour le dieu. Nous, on annonce sa venue, on joue pour les autres. On leur dit : « Le char arrive ! Préparez vos plateaux ! » Les barbiers n'ont qu'un jour obligatoire, c'est celui de la marche sur le feu. Les autres jours, ils jouent pour ceux qui ont les moyens de les payer. Nos *totti*, ce n'est pas pareil, il faut que matin et soir ils soient là, quand la divinité sort pour la présentation du feu.

C'est toujours un dieu masculin qui sort, jamais une déesse [12]. Je ne me rappelle plus qui c'est, le matin. Attends... Han... C'est Pérumal. C'est Pérumal qui sort le matin, avec Garudan. Très tôt, il fait le tour de l'*ur*. Il va chercher les offrandes dans tous les coins de l'*ur*, même du côté du temple d'Aiyanar. Les prêtres sont sur le char, leur cloche à la main, et ils présentent à Pérumal chaque plateau que les gens apportent. Le char, en fait, c'est une charrette à pneus tirée par des bœufs, sauf le jour où le Reddiar paie. Lui, il fait monter le dieu sur un taxi. C'est que chacun des dix-huit jours est pris en charge par une famille, et tous les *pangali* participent.

Le premier jour, c'est la famille du comptable qui commence. C'est une fête modeste, mais les acteurs jouent. Dès que la date du lever du drapeau est fixée, le comptable va présenter le bétel à une troupe d'acteurs. Chaque année, la troupe change : elle peut venir de Maïlam, mais aussi de Nettappakkam, de Nellikkuppam, de Kolappakkam... Les acteurs viennent s'installer à l'*ur* pour dix-huit jours. Chacun leur donne ce qu'il faut pour se nourrir : du riz, des légumes. Ils se font à manger et ils dorment dans la cour du temple. Mais ils ne donnent pas une représentation tous les jours, car tout le monde ne peut pas se permettre de payer une troupe pour un épisode entier ! On ne peut pas non plus organiser une fête sans théâtre, ça serait dégradant ! Alors la troupe est engagée pour quelques danses et pour des chants isolés [13].

Le deuxième jour, c'est une famille d'Odéar qui le prend en charge. Il ne se passe pas grand-chose. La divinité sort, il y a quelques pétards et c'est tout. Le troisième jour, c'est celui de Murugaiya Gounder. Là, c'est grandiose. Tout est illuminé, il y a des pétards, des feux d'artifice. Et le Gounder nourrit tout le monde, ceux qui tirent le char, les danseurs, les *totti*. Le quatrième jour, c'est le tour des Nadar. Il y a très peu de chose, et pas de théâtre. Le lendemain, c'est aussi une petite famille, la maison d'Ambadi : il n'y a rien. Mais les sixième, septième et huitième jours, ce sont les Naïcker qui organisent. Alors là, il y a de tout ! C'est le dieu qui vole du beurre qui sort. On le voit sur son char, mangeant son beurre. C'est lui qui plus tard joue de la flûte. J'ai oublié son nom. Il a les cheveux noués en chignon sur le côté... Ah ! C'est Kishtan, oui, lui c'est Kishtan* ! La statue représente bien ses gestes, comme si c'était en vrai ! Les Naïcker lui offrent une pleine pannelle de beurre. Ces jours-là, il y a du théâtre ; la troupe raconte l'histoire de Kishtan, qui vole le beurre, qui courtise les filles, qui monte sur le cocotier [14]. Le neuvième jour, ce sont les voleurs — on les appelle « les nouvelles maisons ». Ils font ça en grand, il y a des lumières et des haut-parleurs. Le dixième jour, c'est une famille de Gounder, des gens aisés ; il y a théâtre le soir. Le onzième et le douzième jour, je ne sais plus qui c'est, des Gounder, j'en suis sûre, mais il n'y a pas de théâtre. Le treizième jour, c'est Tambu Reddiar qui le prend en charge. Là encore, c'est grandiose. Il y a de tout : pétards, feux d'artifice, lumières, théâtre le soir. Après c'est quoi ? Le quatorzième jour ? Je ne sais pas qui s'en occupe, ni le lendemain. Le seizième jour, ah ! le mariage de Draupadi, c'est le *kambattan* qui l'organise, comme un vrai mariage ! Ce jour-là, il n'y a personne au *céri*. Tout le monde est à l'*ur* pour voir ça, une fête qui doit coûter au moins deux mille roupies ! La maison des époux de Mère Draupadi est à Kodukkur. Ici, à Karani, c'est sa maison maternelle. Des femmes vont donc chercher les plateaux à Kodukkur. La déesse, elle, porte ce jour-là un sari de mariage rouge, des guirlandes autour du cou et un gros *tali* en or. Dans son sari, on noue la noix de coco, des bananes, du bétel, de la noix d'arec, du riz et de l'argent. Et on sert le repas aux *totti*, aux acteurs, à tous : puisque c'est un mariage ! Le lendemain, c'est la famille de Gopala Gounder qui se charge de la fête et le char de perles sort. Tout le monde est nourri, il y a un feu d'artifice, et bien sûr du théâtre.

Krishna. D'après une statue de bois peint du temple de Draupadi.

Marcher sur le feu

Enfin, le dernier jour, c'est celui des menuisiers et de la descente dans le feu. À côté de l'endroit où il y aura la marche sur le feu, le matin, on représente le champ de bataille. Les gens sont frappés avec des branches de margosier, et les corps sont recouverts d'un tissu blanc [15]. *Ayo ! (Viramma fait un geste de pénitence).* Le prêtre du

Bharatam continue de lire son livre, pendant que les menuisiers préparent le feu. Deux grands rectangles de quinze pas de long sont creusés près du temple de Murugan. Le premier pour le feu, l'autre pour l'eau ; c'est la Palar [16], car ceux qui marchent sur le feu descendront dans l'eau après. Dès le matin, des pèlerins apportent des objets en bois pour le brasier : des pilons, des mortiers... Même les gens du *céri* donnent les leurs. Des troncs de margosiers sont sciés et les bûches alignées. Le jeune bois aussi peut prendre. Il faut voir comment tout ça brûle en faisant *kola kola kola kola*. On dirait un champ d'hibiscus rouges... C'est la *bhakti* de cette Mère qui permet ça [17] ! L'après-midi, les braises sont étalées sur le premier rectangle. Beaucoup de nos gens du *céri*, des dévots, ceux qui ont fait un vœu, se piquent des aiguilles, ce jour-là, près des yeux, sur le cou, sur les tempes, dans le dos, partout. On va à l'*ur* très proprement habillés de tissu jaune neuf, avec à la main un pot d'eau de curcuma mélangée avec de l'urine de vache. Arrivés devant le temple, on achète de toutes petites aiguilles que les prêtres nous mettent. On se prosterne, et on fait le tour de l'*ur* en criant : « Govinda ! Govinda ! » Mais certains portent des grandes pointes, des centaines de pointes qui s'enfoncent dans le ventre. D'autres tirent des chars avec des crochets dans le dos. C'est leur *bhakti* qui les protège ! *(Geste de pénitence.)* Les broches sont enfilées dans la chair, mais ils ne sentent rien, ils marchent très lentement, à petits pas, sans mouvements brusques. Quelqu'un guide le dévot et lui fait faire trois fois le tour du temple, puis le conduit près du grand char qui est à côté des braises, près de l'étang. Là, on retire les crochets et on met de la cendre sur les plaies. Il faut voir le visage de cette Mère qui est là, sur le char, on dirait du sésame soufflé !

Dans l'après-midi, Murugaiya Gounder porte le *karagam*. Il a fait pénitence et suivi des règles de pureté depuis plusieurs jours. Les dévots aussi doivent observer toutes ces règles. Au poignet, en signe de vœu, ils portent un fil noué, qui les protégera quand ils descendront dans le feu. Avec son *karagam*, la bouche bâillonnée (parce que la déesse pourrait le bousculer ou le gifler), Murugaiya Gounder sort du temple de Mariamman avec une dizaine de dévots pieux comme lui. Il fait trois fois le tour du temple. C'est lui qui descend dans le feu le premier. Après, la foule des dévots le suit : des grands, des petits, des vieux, des jeunes, même un bébé de quelques heures, qu'on aura mis dans les bras d'un dévot. Ils marchent sur le feu, une guirlande autour du cou et des fleurs aux poignets, en criant : « Govinda ! Ô Govinda ! » Et nous aussi, en les regardant, on crie : « Govinda, Govinda, Ô Govinda ! » Puis tous descendent dans la Palar, et quand ils sortent de l'eau, un prêtre donne un coup de fouet à chacun, même au *kambattan*. Même ton grand-père a dû le recevoir ! On entend le fouet claquer, *pada, pada, pada !* La peau change de couleur et rougit. Sans ce coup de fouet, ils mourraient ! Au temple de Draupadi, ils reçoivent un deuxième coup de fouet. Et là, ils reprennent connaissance, la vie leur revient — ça, ça ne vient pas des hommes, c'est la grâce de Dieu ! On donne alors de la cendre aux dévots, et ils rentrent chez eux.

Nous, les Parias, on peut seulement regarder, mais on ne peut pas marcher sur le feu. Dès le matin, bien habillées, avec un sari propre, des fleurs dans les cheveux et un *potteu* au front, on quitte le *céri* en une longue file qui va jusqu'à l'étang. Sur la tête, on porte un panier dans lequel on a rangé des pannelles de plusieurs tailles, des louches, un plateau à offrandes, du riz, du bois pour le feu, des fleurs, de l'eau, enfin tout ce qu'il faut pour cuire du *pongal*. Chacun s'installe au bord du bassin, allume son foyer et cuit son *pongal*. En fin de matinée, on aligne toutes les pannelles à la porte du temple, et on en fait offrande. On rentre enfin au *céri* après avoir vu la marche sur le feu, tout en traînant à la foire qui s'est installée au village pour la fête. On a du mal à circuler, tellement il y a de monde. Des fois, il y a des gens qui meurent asphyxiés. C'est que tous les marchands ambulants sont là. Il y a des manèges. Les marchands du bazar de Tirulagam aussi s'installent près de l'étang, deux jours avant. On peut trouver des petites échoppes qui vendent du thé, des bananes, des bonbons, de la vaisselle en cuivre, en alu, en inox... Les marchands vendent bien, ce jour-là. Il vient des pèlerins de partout, de l'Andhra, de Madras, de Pondy, et bien sûr, en char à bœufs, de Tirulagam et des villages voisins, pour offrir le *pongal*, le dix-huitième jour, à notre Mère Draupadi...

XXV

LA PART DES ASSERVIS

Aujourd'hui, Sinnamma, notre Reddiar a envoyé chercher le Brahmane pour regarder l'almanach. Il ne fait rien sans lui demander son avis, et il va aussi à Pondy consulter d'autres brahmanes pour ses cultures, il paraît qu'ils sont mieux renseignés. Nous aussi on consulte nos prêtres. Pour les mariages, on va voir le Valluvar, qui habite à côté du temple de Pérumal. Il dira si les astres des promis sont compatibles, et si le couple est bien accordé. Pour l'agriculture, c'est chez le Pandaram qu'on va. Il a tous les almanachs qu'il faut chez lui, les anciens comme les nouveaux, et dedans il trouve les informations dont on a besoin sur les cyclones, les inondations ou les sécheresses. Lui nous renseigne sur les pluies, et il nous dit quelle sera la date favorable pour telle ou telle culture.

Pour que tout pousse comme il faut

C'est qu'on ne sème pas comme ça le jour qu'on veut, Sinnamma. Le Reddiar ne touche aux semences qu'après que le Brahmane lui a indiqué quels sont les jours auspicieux. Une fois la date fixée il vient nous voir et nous dit : « *Deï,* aujourd'hui c'est le huitième jour après la nouvelle lune — ou le neuvième jour après la pleine lune —, tu peux préparer les semis ! » N'importe qui ne peut pas toucher les semences le premier. Il faut quelqu'un qui ait un nom de bon augure, qui porte chance ou qui ait la main verte. Chez le Reddiar, c'est moi. Dans un grand pot de terre je verse sept mesures de semence de riz *samba* pour un quart de *kani* et je les couvre d'eau [1]. Généralement, c'est toujours trop, et il nous en reste. Si j'ai un champ, je sème le même jour que le Reddiar, en consultant simplement notre *Iyer* pour savoir si ma récolte sera bonne. Au bout de trois jours, les graines auront germé, et on verra des cornes. C'est joli à voir, des pousses très minces comme des aiguilles. Le troisième jour, on sèmera. Dès le cinquième jour, les pousses sortiront de terre, et on les verra de mieux en mieux le sixième, le huitième, le dixième jour. Le dixième jour, la tige sera visible avec ses feuilles : c'est comme une lumière verte qui te sauterait aux yeux...

Parmi toutes les variétés de semences, il y en a aussi qu'on sème directement, sans les faire tremper. On les appelle *vilvirai*. On les transporte comme ça, sur la tête, enveloppées dans un sac de jute, à l'heure où le premier coq chante. Il faut être au champ avant les autres, et ne rencontrer personne en chemin.

C'est toujours mon mari et Anbin qui vont semer pour le Reddiar. Il faut des hommes pour ça, jamais de femmes, et ils doivent être deux. Arrivés au champ, mon mari et Anbin vont directement dans le coin de Sani[2]. Là, Anbin dépose le panier que j'ai préparé à la maison pour la *puja*. J'y ai mis des briques et un petit tabouret, des fleurs, du chiendent, du camphre, de la pâte de curcuma, de la poudre rouge et de la bouse de vache. Mon mari prépare la *puja*. Sur le tabouret bas, il pose les briques et, devant elles, il façonne des Pillaiyar en bouse de vache. Il les enduit de pâte de curcuma et leur dessine un *potteu* rouge sur le front. Puis il arrange les fleurs et le chiendent comme nous, les femmes, on se met des fleurs dans les cheveux. Des deux mains, il prend les semences et en dépose un tas devant chaque Pillaiyar. Puis il allume le camphre et il se prosterne, avec Anbin. Ils vont alors préparer la pépinière. À l'endroit qu'ils ont choisi, ils font un carré[3]. Avant de semer, ils retournent la terre à la houe, et ils l'aplanissent bien régulièrement, pour qu'il n'y ait ni creux ni bosses. Chacun se met ensuite à une extrémité avec un van rempli de semences, et ils sèment en levant le van tout en tournant une fois sur eux-mêmes : les graines tombent comme de la pluie, sans laisser aucun vide. Ils continuent de semer comme ça jusqu'à ce qu'il n'y ait plus de semences. Ils marquent le carré en plantant à chaque coin une branche de margosier, et avec ça les rites des semailles sont finis. Ils retournent dans le coin de Sani et ils prennent les semences offertes aux Pillaiyar, car elles leur reviennent. Ils vont se laver à la pompe et ils rentrent à la maison. Là, je reçois les grains. Je les pose sur un plateau au milieu de la maison, et on se prosterne tous. Dans l'après-midi, je prends ces grains et je les étuve, puis je les pile pour en faire des flocons. Je les mélange avec du jagre et, si j'ai des graines de sésame, j'en ajoute, sinon on peut mettre des lentilles vertes, c'est très bon aussi. On offre d'abord ce mélange au dieu, en le priant pour que tout pousse comme il faut, et qu'on vive bien, sans manquer de nourriture. Puis on le distribue aux voisins et à celles qui m'ont vu piler et qui m'ont dit : « Belle-sœur, tu piles du grain de semailles. Donne-m'en un peu, *dè !* » Le reste, on le mange avec les enfants.

Chez le Reddiar, ce jour-là, on ne fait pas de flocons avec les semences qu'ils ont gardées pour offrir à leur dieu. Eux font souffler leur grain. C'est moi qui le fais, et je suis toute percluse de douleurs chaque fois, tellement c'est long, et j'ai des cloques aux mains à force de faire sauter le paddy. En éclatant, le grain fait comme des belles fleurs, et il faut le verser encore brûlant dans le mortier. Ça, c'est la femme du Reddiar qui s'en charge. On est deux à piler, et il faut le faire comme il convient, au même rythme, et vite, sans s'arrêter un seul instant, car si on est trop lente, on n'obtient pas des flocons, mais du riz grillé. Quand tout est fait, la femme du Reddiar mélange les flocons avec du sucre. Elle en met une part sur une feuille de bananier pour offrir au dieu et elle en distribue à ses parents. Nous aussi on reçoit notre part, qu'on distribue à notre tour au *céri*.

Après avoir semé, on attend quelques jours que les pousses sortent de terre. Si les pousses sortent d'un doigt au-dessus du sol, avec une ou deux feuilles bien visibles, c'est signe que la récolte sera bonne, sinon, si les semences ne sont pas de bonne qualité, les pousses sortent ici et pourrissent là, ou sont complètement brûlées. Mais quand elles sortent toutes d'un coup comme ça, comme un jet de lumière, le onzième ou le treizième jour, on se sent rassuré, et on se dit avec satisfaction : « Ça va ! Le carré que j'ai fait a réussi. Les pousses sortent bien, je pourrai toutes les repiquer ! » Quand les pousses apparaissent, on les traite pour qu'elles ne soient pas mangées par les insectes. On jette un produit qui ressemble à la cendre de bouse de vache avec laquelle on se lave les dents. Après seulement, on mettra de l'engrais chimique. On nous dit tout sur les cultures à la radio, et maintenant que tout le monde a un poste, il suffit de tourner un bouton pour écouter ça sur son *tinnai !* On dit de faire de l'IR. 8 ou de l'IR. 50, du *kannagi*, du *samba-queue-de-cheval* ou du *ponni*[4]. Les grains sont si petits *(geste de Viramma)* qu'une fois cuits on dirait des pétales de fleurs de jasmin, ou du riz de *pulao* de Madras. Et deux heures après avoir mangé, on a faim de nouveau !

La rizière. (Dessin de Viramma.) Au sein du carroyage des champs par les diguettes, les spirales représentent les puits.

Après-demain, je dois aller emprunter six mesures de *samba*. Et bien sûr, c'est avec un intérêt que je devrai les rendre : tu penses bien qu'on ne prête pas pour rien. Ici c'est comme dans les cinquante-six pays de ce monde. Partout on pratique la même chose, et chez vous ou chez les Gounder on fait pareil. La règle, pour les céréales, c'est le double. Si tu empruntes un *marakka* d'éleusine, tu devras en rendre deux après ta récolte. Et on fait de même quand on emprunte du paddy ou du millet par centaines de mesures pour un mariage [5].

Moi, par la grâce de Dieu, j'ai pu prêter un sac de paddy à ma voisine d'en face quand elle a marié son fils. Elle m'a dit : « Belle-sœur, donne-moi un sac de paddy, je te rendrai le sac et l'intérêt quand ton Anbin se mariera. » Une autre fois, Pakkiam est venue me demander : « Viramma, Viramma ! Donne-moi un peu de paddy ! Ma petite-fille est devenue nubile, et je dois préparer de l'eau de curcuma. Je te rendrai ça quand mon riz aura poussé ! » Pour un sac de paddy, on prend dix *marakka* d'intérêt, et il faut trois sacs de paddy pour obtenir deux sacs de riz. C'est qu'on a besoin de beaucoup de riz pour un mariage. Tout le monde est payé en nature. L'*Iyer*, lui, reçoit sa mesure de riz non cuit, mais il faut nourrir les musiciens et le blanchisseur. Où trouver cet argent ? Chez le Reddiar, on peut emprunter dans une certaine limite : lui se rembourse avec notre salaire, intérêts d'abord et capital après. Mais quand on doit en arriver là, on se débrouille pour gagner de l'argent autrement, en étant journalier chez d'autres propriétaires, ou en prenant une petite terre en métayage, soit des terres publiques, soit des terres de temple.

Pas un lopin de terre à soi

Nous les Vettiyan, on a droit à deux *kani* des terres du temple, comme les musiciens de l'*ur* ou comme les barbiers. Cette terre-là, c'est pour nous, et on se partage ce qu'on en tire [6]. Mais souvent on y trime pour presque rien car ce sont de mauvaises terres sèches. C'est pour ça aussi que nos jeunes ne veulent plus faire les musiciens, car on ne tire rien de ces deux *kani*, et le salaire qu'ils reçoivent en plus est vraiment très bas : deux roupies et demie pour un fossoyeur, et maintenant sept roupies pour un musicien. Mais laissons ça, je t'en ai déjà parlé... Les terres publiques sont difficiles à travailler aussi, parce que l'eau est très loin. Par contre, les temples possèdent plus de trente *kani* de bonnes terres, qu'ils donnent en métayage tous les ans. Tiens ! Celui qui se débrouille toujours pour en avoir, c'est le Gounder que tu as photographié le jour de la fête de Draupadi. Il s'appelle Mahalingam. Il y a des années, quand mon mari passait devant sa porte, il demandait toujours :

« *Innada*, Manikkam ! Quand est-ce que tu maries ton fils Anbin ? » Et mon mari répondait : « *Sami*, si vous le souhaitez tous, c'est quelque chose qui pourrait se faire... »

Jusqu'à présent, j'ai toujours obtenu un quart de *kani* de terres du temple, contre huit sacs de paddy. En dépensant deux cents roupies pour l'engrais et les insecticides, et en travaillant nous-mêmes — mon mari, Anbin, Sundari, Amsa et moi —, on peut faire trois récoltes de huit sacs chacune. Je donne donc huit sacs pour le métayage et, ce qui me reste, je le partage avec le Reddiar qui irrigue pour nous, moitié-moitié. C'est ça qui nous permet de manger, ou de rembourser ce qu'on doit, ou de faire un mariage, ou d'enterrer dignement un parent. Certains arrivent même à s'enrichir en gérant ce qu'ils gagnent très soigneusement. On en voit qui se construisent une maison en dur, ou qui remboursent tout ce qu'ils ont emprunté au Reddiar et qui se libèrent de leur servage en disant : « *Ayya !* Je me retire, je n'ai plus de force pour travailler chez vous. Je m'en vais, *Ayya !* » Mais cette année, Sinnamma, on n'a pas pu avoir de terres du temple, parce qu'ils ont monté le loyer à dix sacs. Nous, on ne peut pas risquer tant, car on n'est pas du tout sûrs de produire assez, et si on doit payer dix sacs, qu'est-ce qu'il nous restera ? Quand on prend un champ, il faut avoir tout réglé au bout de trois ans, puisqu'il y a enchère tous les trois ans. Nous on vient de terminer un bail. On s'était mis à six Parias pour prendre un *kani* et demi, mais cette fois, on n'a pas pu suivre les nouvelles enchères. En plus, cette année, ils voulaient une caution, une hypothèque. Seuls ceux qui possèdent de la terre pouvaient en donner, mais personne n'a voulu le faire pour dix sacs. Si le risque n'avait pas été aussi grand, certains Gounder auraient accepté de nous sous-louer la terre, celui de Karimangalam, par exemple, parce qu'il sait qu'on paiera, même à perte, pour ne pas perdre la confiance des propriétaires.

Pour nous, c'est de plus en plus difficile d'obtenir des terres en métayage des particuliers, car ils ont peur qu'au bout de quelque temps on leur prenne leur terre. Tu sais bien que ce n'est pas notre genre, Sinnamma, et qu'on peut nous faire confiance pour ça. Mais le gouvernement, lui, il est pour, et il encourage ceux qui travaillent la terre à se l'approprier après quelques années [7]. On dit qu'il y a eu des procès pour des affaires comme ça, et qu'un Chettiar de Pondy a perdu tous ses champs ainsi. Voilà pourquoi c'est très, très difficile d'obtenir une terre d'un propriétaire, et quand il la donne en métayage, il la morcelle et donne un quart de *kani* à l'un et un huitième à l'autre. Tu comprends pourquoi, nous les pauvres, on est serfs chez les Reddiar, c'est pour gagner leur confiance. On n'a pas de champs à nous, alors chacun essaie d'avoir un peu de terre en métayage chez eux, sans intermédiaire, sans hypothèque. Il faut qu'on nous fasse confiance, sinon, comment s'en sortir quand on n'a pas un lopin de terre à soi ?

Certaines années, quand il ne pousse rien, l'administration vient le constater, et alors on ne paie rien. Le propriétaire vient, il voit que les épis tombent, par manque d'eau. Il s'en va sans rien réclamer, et nous on reste avec notre perte. Que faire ? C'est Mahadévan* qui ne nous a pas envoyé la pluie, et mon ventre est vide ! Après, on recommence tout, en empruntant cent roupies, à 10 % d'intérêt par mois. Si on ne trouve pas à emprunter, on met en gage des pannelles en cuivre, de la vaisselle ou un bijou chez le Marwari de Tirulagam : il prête dix roupies pour un objet qui en vaut cent. Ceux qui ont des terres peuvent les hypothéquer tout en les cultivant, et ils les récupèrent après avoir remboursé.

Depuis qu'il y a des gens de Pondy qui travaillent au village, à l'école, au dispensaire et à la crèche, on peut aussi leur emprunter, car ils prêtent de l'argent contre du paddy. J'ai même arrangé un prêt cette année pour Arayi, qui voulait cultiver un peu de paddy mais qui n'avait pas d'argent pour acheter les semences. L'infirmière du dispensaire cherchait justement quelqu'un qui fasse du paddy, car elle avait cinq cents roupies à prêter. Moi j'ai servi de garantie, puisque l'infirmière a confiance en moi ; elle me connaît à cause des accouchements auxquels je participe. Après sa récolte, Arayi lui a rendu les cinq cents roupies et deux sacs de paddy. Parfois, on ne peut pas rembourser d'un coup, alors on donne les intérêts, puis petit à petit, le capital. On ne peut s'en sortir que comme ça. Quand il y a perte à une récolte, il faut essayer de la compenser la fois d'après. C'est ça, l'agriculture ! Mais quand ça marche, on en profite pour acheter une vache, ou on met de côté, quand on a l'argent en main, pour marier un enfant, ou pour refaire la maison. Si la belle-famille a fixé la date du mariage, on vendra tout, les vaches, les bœufs, les sacs de paddy, et on redémarrera sans rien, en essayant de racheter une vache, puis une autre. C'est ce qu'on a fait pour le mariage de Sundari.

Comme c'est important de pouvoir prendre un peu de terre, j'ai demandé au Petit Gounder de me louer un quart de *kani*. C'est la bonne saison pour le sésame et il ne lui faut pas beaucoup de pluie. On peut labourer, désherber, et ça poussera tout seul ; après, il n'y a plus qu'à récolter. Ça me ferait trois ou quatre sacs de sésame, et un sac coûte maintenant huit cents à neuf cents roupies, la moitié pour lui, la moitié pour moi, car il n'y a pas de part pour celui qui donne l'eau, pour le sésame, ou alors on paie juste par heure d'irrigation. J'espère que le Petit Gounder acceptera. Son père est vieux et ne s'occupe plus de rien et lui, depuis qu'il a obtenu un prêt du gouvernement pour ouvrir une boutique de location de vélos, il s'occupe un peu moins d'agriculture. D'ailleurs, il a assez d'argent et rien qu'en prêtant il peut vivre bien avec les intérêts ! La saison dernière, il a donné en métayage la moitié de ses terres, celles qui sont loin des pompes d'irrigation, en se disant : « Si quelqu'un se fatigue à les cultiver, je me contenterai d'un tiers de la récolte. » Oui, pour les terres sèches, c'est comme ça : s'il y a perte, c'est pour celui qui a pris en métayage, s'il y a gain, le propriétaire garde un tiers. Nous, on ne possède rien et on accepte ça. On travaille nous-mêmes, sans employer personne, en utilisant nos propres bœufs. Avec la saison des pluies, j'espère que le Petit Gounder va se décider ; il m'a dit de ne pas vendre l'engrais qui me reste. Sinon, pour obtenir maintenant une douzaine d'ares de bonne terre à trois récoltes, près des pompes, il faut donner deux mille cinq cents roupies de caution, et mille cinq cents pour des terres à deux récoltes. La caution est rendue à la fin du métayage, mais il faut pouvoir sortir tout cet argent, et le bloquer ensuite pendant des mois : ça n'est pas possible, pour nous les pauvres [8].

Les champs de tes ancêtres

Quelques-uns, au *céri*, possèdent des terres. Certains ont un quart de *kani*, d'autres moitié moins. Au total, ils sont bien rares, huit peut-être. On dit, en revanche, que du temps de mon beau-père et de ses ancêtres notre famille possédait des terres ici. Mais ces veufs-là ont tout perdu. Les Parias, autrefois, étaient des ignorants. Ils ont donné leurs terres en gage à des Gounder et à des Reddiar, et ils ne les ont jamais retrouvées. Les anciens du *céri* m'ont souvent dit que la famille avait une grande maison avec patio. Un buveur de mouille y a mis le feu parce qu'une fille de la maison l'avait laissé tomber pour un autre. L'incendie a été terrible, et les pannelles d'huile de sésame et d'arachide ont brûlé tout un jour et toute une nuit. Mon mari avait quatre frères et une sœur. Sa mère avait eu beaucoup d'enfants, mais il n'y a que ceux-là qui ont vécu. Mon mari était donc le fils de quelqu'un d'honorable, on l'a bien vu aussi quand son frère est venu de Pénang. Ce frère-là, quelqu'un l'a trompé alors qu'il était petit garçon. Un jour qu'il gardait les vaches, un type l'a enlevé et l'a vendu à un autre qui l'a emmené sur l'eau[9]. Mais ce garçon s'est rappelé le nom de son village et celui des siens, et longtemps après il nous a retrouvés. Il nous a envoyé sa photo : je te l'ai montrée, elle est au mur chez moi. Il a aussi envoyé un mandat, que le père du Gounder a signé pour nous, pour qu'on puisse avoir l'argent. Ce frère s'est donc marié là-bas, une première fois avec une femme de Tiruppakkam, mais elle n'a pas eu d'enfants. Il s'est marié une deuxième fois, avec une femme de Porattur, qui elle lui a donné quatre enfants. Un jour, il est venu ici, et je l'ai vu. Il était bien gros, et il avait au cou une chaîne d'or plus épaisse que la tienne, Sinnamma. Il avait aussi une bague à ce doigt, à celui-ci et à celui-là *(Viramma montre l'annulaire, le majeur et l'index).* Tout le monde à l'*ur* lui a parlé poliment ! Il est mort cette année, et on a fait la cérémonie du seizième jour avec sa photo. C'est mon mari qui a conduit le deuil, puisque c'est lui l'aîné.

Il paraît qu'autrefois, ce n'était pas difficile d'avoir de la terre. D'ailleurs même maintenant, tu vois bien que tout n'est pas cultivé. Demande à n'importe qui des terres, il y en a. Ce qui manque aujourd'hui, c'est l'eau. Tout est sec, les canaux, les étangs, les rivières, les puits, tout ! Il pleut très rarement et quand il pleut, celui qui a deux pompes se sert le premier et les autres n'ont plus rien, leur culture est perdue. Le gouvernement fait ce qu'il peut. Il met des robinets près des maisons et des pompes dans les champs, mais les moteurs tournent à vide. Autrefois, c'était différent. Il pleuvait à chaque fête. Tout était vert tout au long de l'année, paraît-il. Les rivières et les canaux étaient remplis d'eau, les rizières étaient toujours irriguées, et les gens pouvaient mettre de côté, et acheter une bête, ou un quart de *kani*, mais nos ignorants ont tout lâché aux Gounder et aux Reddiar. Et aujourd'hui, quand mon mari travaille les champs du Grand Reddiar qui sont à côté de ceux du Gounder, si le père du Grand Reddiar est là, assis sur son lit de cordes à l'ombre d'un cocotier, il l'appelle toujours de sa grosse voix, avec son accent télugu : « *Deï*, Manikkam ! *Deï*, fils de Patchayappan ! Tes aïeux ont amassé des terres, mais ils n'ont pas su les laisser à leurs enfants, et voilà que tu trimes sur le champ que possédait ta famille autrefois ! »

Sans pluie, sans eau

Oui, en ce temps-là, ce n'était pas le *kaliyugam*, et le climat n'était pas le même qu'aujourd'hui, comme me le dit toujours l'Édenté. À cette époque-là, la misère n'était pas aussi dure. Il y avait moins de monde et ils se connaissaient tous, ces gens vertueux. L'Édenté raconte aussi que c'est à cause d'une bergère chaste qui a maudit la terre que tout a changé, et qu'on souffre aujourd'hui du manque d'eau. Cette bergère portait un jour sept pannelles de *kanji* pour ses frères qui faisaient paître les vaches. La pannelle la plus haute a heurté le ciel et s'est renversée. La bergère était chaste [10], vertueuse, et de colère elle a maudit le ciel en lui criant : « Éloigne-toi de la terre, et qu'on ne puisse pas t'atteindre même en déroulant dix charretées de fil ! » Le ciel, qui était très bas, s'est éloigné de la terre, et il ne l'a plus arrosée constamment comme avant. En rentrant chez elle, la bergère avait l'habitude d'égrener des épis de riz pour les manger en chemin, car tout poussait à portée de la main. Mais à force de mastiquer le riz sans enveloppe qu'on trouvait alors, elle a souffert des mâchoires. Prise de douleurs, elle a dit : « Je sens naître le *kaliyugam* ! Je suis une chaste. Ma mère l'était aussi. Que le riz se couvre d'une enveloppe ! » Et voilà pourquoi, dans ce *kaliyugam*, on récolte du paddy, et pas du riz.

Je me souviens d'une année de sécheresse, Sinnamma ! Le ciel sans pluie. Rien ne poussait. On ne trouvait rien à manger. La mesure de riz était passée d'une roupie et demie à cinq roupies et demie. Dans une maison de dix personnes, comment faire pour se nourrir ? On mangeait comme les bêtes, des tourteaux d'arachide et des feuilles vertes. Même le petit-mil coûtait une roupie la mesure au *céri* ! À la récolte des oignons, on n'a rien jeté. On mangeait les pousses et les pelures avec le petit-mil. Le monde était devenu sec. Tout était rare : le riz, l'huile, le sel. Moi, comme à l'habitude, j'avais semé des courges et des citrouilles, et on en a mangé tout le temps.

Une autre année — j'étais toute petite —, le monde entier a grillé, sans pluie, sans eau. Les salaires étaient de quatre sous en ce temps-là. Pendant cette disette, on a vendu le riz non pas par mesure mais par coquille d'œuf ! Quand on achetait le riz dans une coquille d'œuf, on ne le faisait pas cuire directement. On commençait par l'enrouler dans un tissu qu'on plongeait dans l'eau bouillante pendant quelques minutes, et on buvait après l'eau de cuisson. On faisait sécher le riz à moitié cuit et, le lendemain, on le remettait dans un tissu, pour boire encore une fois l'eau de cuisson. C'est seulement le troisième jour qu'on mangeait le riz pour de bon.

À cette époque-là, on cultivait d'autres variétés de riz qu'aujourd'hui. Le *sirumani*, on aurait dit de vraies fleurs de jasmin. On l'appelait aussi le *samba de Garuda*, parce que ses grains ont une pointe recourbée comme un bec d'aigle. D'autres *samba*, eux, avaient des grains allongés comme des bananes. Le *vaïkundam*, le *mukkutti*, le *kammal* germaient en vingt et un jours, et on les récoltait après sept mois [11]. Tous ces riz-là remplissaient le ventre pour plusieurs heures, et le riz gardé pour le lendemain restait bien dur. Maintenant, avec les variétés qu'on a, on a faim tout de suite après, et on finit à l'hôpital de Gorimédeu ! Ces variétés-là, ça pousse en un rien de temps, et on peut faire trois récoltes par an avec tout l'engrais qu'on nous distribue. Autrefois, on ne mettait rien de tout ça. On labourait en irriguant bien. Pour les champs du Reddiar, il y a des pompes. Il suffit de les mettre en route — c'est un de ses frères qui s'en occupe — et les champs sont irrigués. Mais il faut toujours beaucoup d'ouvriers. C'est mon fils maintenant qui va chercher les laboureurs. Il demande à tout le monde au *céri* : « Grand frère, est-ce que tu veux labourer chez le Reddiar ? Et toi, oncle, est-ce que tu viens ? » Ils font plusieurs passages. Au premier tour, avec un soc verseur. Au deuxième, avec la grande charrue. Au troisième tour, on lisse la boue pour bien l'égaliser, avec unc porte de chez nous, un bœuf de chaque côté et le laboureur au milieu. La boue doit ramollir après pendant vingt et un jours. Autrefois, on effeuillait des branches de porcher, on ajoutait des tourteaux et des feuilles de citrouille, et on mélangeait tout ça à la terre : c'était ça, l'engrais, et ça faisait pousser toutes ces variétés de riz qui nous gardaient en bonne santé, même si parfois on en manquait, comme ces deux fois dont je viens de te parler. C'est vrai que maintenant on ne connaît plus de famine comme ça. On s'occupe mieux de nous, et il y a des boutiques de rationnement [12]. C'est une protection pour nous, comme le crâne pour la cervelle : le monde a changé.

Désormais, c'est presque tous les ans qu'on doit mettre un mannequin *kodumbavi* pour faire venir la pluie. Nos *totti* vont quêter du riz à l'*ur*, avec leurs tambours, après avoir apporté au potier de l'argile des rizières. Il y a avec eux un homme qui porte une torche. Le potier de l'*ur* façonne une femme d'argile, c'est la *kodumbavi*[13]. Les *totti* traînent alors le mannequin dans toutes les rues, tandis qu'un chœur de veuves chante des lamentations. Il faut émouvoir la déesse et lui montrer qu'on est affaiblis, rabougris par la sécheresse. Ensuite, on jette le mannequin dans l'étang près du temple d'Aiyanar, en regardant de quel côté il dérive. C'est de par-là que la pluie arrivera, soit tout de suite, soit quatre ou cinq jours plus tard.

On a aussi manqué d'eau à boire, une fois, à cause d'un cyclone. Il a fallu aller à l'étang et creuser le sable longtemps. On a puisé l'eau avec des demi-coques de noix de coco pour remplir nos pannelles, et une fois à la maison, il a fallu passer l'eau encore sale pour faire cuire le riz. Deux fois dans ma vie j'ai vu un grand cyclone. La première fois j'étais mariée, mais je vivais encore à Velpakkam. On a trouvé une grosse pannelle qui flottait. On l'a récupérée à plusieurs. Elle était pleine de cacahuètes qu'on s'est partagées. Il flottait aussi des bêtes, des bœufs, des vaches, des agneaux — certains vivants, d'autres morts —, des lapins, des perdrix, des corbeaux, et toutes sortes de choses : des branches, des troncs d'arbre, des malles. J'ai même trouvé un billet de cinq roupies ! Au *céri*, il y a eu moins de dégâts qu'à l'*ur*. L'eau n'est pas montée jusqu'à nous grâce au canal qui borde les terres du *céri*. Chez nous, on n'a rien perdu, mais à l'*ur* des maisons en dur ont été touchées, et toute une famille est morte sous sa maison qui s'est effondrée : on n'a rien pu faire pour eux. Depuis, j'ai fait douze enfants, j'ai eu des petits-enfants, mais personne n'a touché à cette maison en ruine, et le terrain est resté vide.

Au deuxième grand cyclone, j'avais déjà des enfants, et j'étais ici. Les maisons près de l'étang ont été emportées. Au *céri*, les toits ont été arrachés ou retournés. Les Kudiyanar sont allés rechercher les bêtes vivantes près de l'étang, mais les mortes on nous les a abandonnées. Mon mari est allé avec les autres Parias chercher les carcasses de vaches et de brebis. Il a trouvé aussi une charrue et un rouleau. C'est Vayu Bhagavan* qui envoie tout ça, qui fait tomber les arbres et les maisons et qui inonde les terres. On dit aussi que c'est à cause de deux dieux, un frère qui voulait posséder sa sœur. Elle, pour lui échapper, elle s'est cachée dans une citrouille qui a roulé, roulé, roulé jusqu'à la mer. Ils y sont encore aujourd'hui : les hautes vagues qui déferlent, c'est la sœur qui vient s'écraser la première ; le frère la poursuit derrière. Si un jour la vague mâle réussit à rattraper la vague femelle, ce sera fini. Le monde entier sera inondé. Les cinquante-six pays seront effacés. Il n'y aura plus personne.

Sinnamma, je souffre de ne pas pouvoir chiquer du bétel depuis une semaine. Le docteur me l'a interdit, parce que je tousse trop.

Serfs comme nous

Quand les champs sont prêts, c'est nous les femmes qui allons repiquer le riz. Les hommes labourent, sèment, irriguent, transplantent, mais c'est nous qui repiquons. La veille, le Grand Reddiar me dit : « Velpakkatta ! Il faut que tu m'amènes trente-deux *paratchi* demain ! Donne-leur une avance dès ce soir ! » On donne toujours un peu d'argent pour réserver les femmes, sinon elles iront chez celui qui paie le plus, car au moment du repiquage, il y a toujours des gens pour faire de la surenchère, surtout chez les Reddiar. Parfois, même en ayant reçu une avance, quelques-unes vont travailler ailleurs, mais quand c'est moi qui les réserve, elles tiennent parole. La veille c'est pareil, quand mon mari réserve des hommes pour le dépiquage. Mais pour ça, le salaire dépend du nombre de bottes dépiquées, avec le repas de midi en plus. Après sa sieste, le Reddiar vient au champ pour surveiller le comptage. Il dit : « *Deï*, Ettyan, compte ces bottes [14] ! » et mon fils compte les bottes de chacun : « Celui-ci a deux bottes, celui-là quatre, et celui-là trois. » Une botte peut compter de deux cents à quatre cents pieds. Le Reddiar tend alors l'argent, quc mon mari distribue à chacun. En même temps, il prend l'argent pour donner le soir l'avance pour le repiquage du lendemain, et il rentre à la maison.

Le jour du repiquage, on y va toutes ensemble, après avoir fini les travaux du matin. Dès le réveil, on nettoie les maisons. On asperge le sol d'eau et on l'enduit de bouse de vache, puis on nettoie l'étable, en ramassant les bouses de vache. Après, moi je dois courir chez le Reddiar pour balayer devant la maison, nettoyer l'étable, laver les pannelles. On peut aussi me demander de piler du riz ou de vanner des lentilles, puis on me donne à manger et je rentre à la maison. Là, je prépare le *kuj*, je le dilue, en ajoutant du sel, et je l'envoie à mon mari qui est aux champs. C'est après seulement que nous partons toutes, les serves et les journalières, les belles-mères et les belles-filles. En chemin, on commence à chanter. Si des femmes âgées sont avec nous, on chante pour elles un chant de lamentations :

Ayo ! Tante ! Si tu es emportée par une maladie qui n'aurait
pas dû arriver,
Si l'on t'expose sur le *tinnai*,
Pour toi, tante, j'allumerai des baguettes d'encens,
J'achèterai un pied de cocotier.

Ayo ! Tante ! Si tu es emportée par une maladie incurable,
Si l'on t'expose dans le *vaceul*,
Pour toi, tante, j'allumerai des baguettes d'encens,
J'irai te chercher le fils du blanchisseur...

Et on se met à rire, tandis qu'elles nous répondent : « *Deï* ! Pourquoi vous voulez m'envoyer le fils du blanchisseur ? J'ai des enfants, moi ! Des fils qui pourraient allumer mon bûcher [15] ! »

Arrivées au champ, on ne chante pas, car le Reddiar est là. Par respect pour lui, on travaille en silence tant qu'il reste sous son parapluie. Quand il va s'étendre dans l'abri de la pompe, sous le bosquet de cocotiers, c'est à une serve de surveiller les travaux. Pour le Reddiar, c'est moi : « Toi au sari rouge, travaille bien ! Repiquez bien serré, sinon le Reddiar va vous houspiller ! » Puis le Reddiar prend sa moto et s'en va manger. Alors là, le champ est à nous ! C'est à qui chantera le plus fort, des lamentations, des chants de repiquage, des chansons *sunnambu*. Quand on doit repiquer un *kani* ou deux, il faut supporter la douleur des jambes et des bras, et en plein soleil comme ça, la faim creuse le ventre : c'est en chantant qu'on supporte ça. Quand le Reddiar revient, il est une heure. Il vérifie tout et me dit : « Velpakkatta, viens ici ! Voilà l'argent pour les *paratchi*. » Je prends l'argent et je le distribue à tout le monde, et on rentre puisque nous, les femmes, on n'a pas le repas de midi.

Ce sont les hommes qui l'ont, mais seulement quand ils labourent. Quand ils labourent pour notre *kambattan*, on peut compter vingt charrues. En une heure ils ont fini. Ils nettoient les bœufs et les charrues, ils se lavent, et ils attendent leur bouillie qui vient de chez le Reddiar. Les vieux gardent l'habitude de l'avaler dans la main où on la leur verse directement. Anbin, lui, il emporte une coupelle, ou il s'en fait une avec des palmes de rônier. Ils se reposent un peu à l'abri de la pompe, et quand le soleil a changé de côté, ils se remettent au travail. Ils refont les diguettes, mettent de l'engrais ou de l'insecticide, égalisent la rizière. Le Reddiar revient alors sur sa moto, sa sieste finie et, depuis le bord du champ il demande : « *Deï !* Le champ là-bas, vous l'avez bien endigué ?

Un cocotier. Viramma l'a imaginé vu du dessus.
Autour du tronc géométrique, on distingue les palmes et les noix de coco.

Rehaussez un peu les diguettes là ! Et ici, vous avez mis de l'engrais ? Tout est terminé, alors ? » C'est mon mari qui répondra. Il recevra l'argent, et il le distribuera à chacun.

Nous, on termine donc bien avant les hommes. Sur le chemin de retour, on cueille des feuilles vertes, de l'amarante, de la brède, qu'on met dans nos saris. Moi, je sème aussi des légumes autour des champs du Reddiar et près de sa pompe. Autrefois, on irriguait aussi avec des picottes. Un type en bas, et l'autre sur le balancier, et la grosse outre qui déversait l'eau quand le balancier remontait. Les hommes travaillent toujours en chantant, à la picotte, pour rythmer les mouvements :

Que Pillaiyar vienne !
Que Pérumal vienne !
Que Sivan vienne !
Qu'ensemble Sivan et Pérumal viennent !
Ô Omavalli, je ne t'ai plus vue depuis bien longtemps !
Muttamma et moi, nous sommes partis à Patnam.
Donne-moi un baiser, ô femme, un baiser,
Et surtout, donne-moi tes mamelons !

(Viramma rit.) Près de ces picottes, on plantait des aubergines, des gombos, des *avarai*. On faisait des petits *pandal* pour qu'y grimpent des courges et des *pagakkai*. Le fruit de rônier que je t'ai donné ce matin, il vient d'un arbre que j'ai planté il y a deux ans, près de la pompe. Il est très haut maintenant, et il donne tant qu'on ne sait plus que faire de ses fruits. On pourrait cultiver tout ça auprès de nos maisons, on aurait les graines sans problème. Mais c'est une question d'eau : on n'en a pas, et il faudrait aller en chercher pour arroser. On préfère planter un peu au bord des champs. Une petite famille comme la nôtre, on peut semer un demi-*kuji* près des clôtures de champs de piments, et faire des gombos ou des *avarai*. On peut aussi semer des graines de ketmie. Ça pousse sans trop de soin, et quand c'est bien haut, on cueille les feuilles pour les manger. On fait macérer dans la boue les tiges et les branches. Quand elles pourrissent, on les bat bien contre une pierre, et les fibres se détachent. On les tresse avec des cordes de chanvre pour les naseaux et le front des vaches. S'il m'en reste, j'en donne aussi à ceux qui en ont besoin.

Quand j'ai une terre en métayage, après le riz il m'arrive de faire des aubergines. Il faut compter au moins trois mois pour ça, et beaucoup de soins. On attend que les pousses soient grandes comme ça *(geste)* pour désherber une première fois. On arrose bien, ça continue de pousser, alors on met de l'engrais et on désherbe une deuxième fois. Quand enfin on voit apparaître les fruits, on désherbe une troisième fois et on met des tourteaux d'arachide. Alors là ça donne bien, et après trois mois on récolte cinquante à soixante kilos d'aubergines, parfois même cent kilos. Les marchands viennent directement les acheter au champ.

Si mes aubergines ou mes piments ne prennent pas, je vais prier Mariamman : « Mère Mariamman, si mes aubergines et mes piments poussent bien cette année, je viendrai vous faire une offrande de première récolte. » Le jour de la marche sur le feu, on lance comme ça deux ou trois kilos de piments, ou des aubergines, des mangues, des moringes. Tout le monde se précipite. La dernière fois, j'ai pu ramasser trois ou quatre moringes. Moi, mon offrande, c'est au temple de Mariamman que je vais la lancer, le premier jour de *Citterai*. D'autres le font au temple de Vinayagar. On lance très haut, pour que tout le monde ait une chance d'avoir quelque chose, et grands et petits demandent : « *Dè, dè, dè !* Pour moi, pour moi, *dè, dè !* »

Le Reddiar, lui, après le riz, il fait plutôt des lentilles vertes ou de l'arachide. Il faut voir la grosseur des gousses ! On peut tirer de chacune tout ça de lentilles *(geste)*. Pour la récolte des lentilles, je n'amène que des enfants, tous à peu près du même âge, des petits plutôt que des grands, puisqu'on paie, suivant leur taille, une roupie pour les petits, deux pour les moyens, trois pour les grands. Le Reddiar surveille la récolte jusqu'à la fin, de peur que les gamins chapardent. Moi, il ne me contrôle pas, mais je ne le vole pas non plus. À la fin, on me donne une grande mesure de lentilles vertes et quelques pieds. C'est moi aussi qui vanne et qui trie les lentilles avant de les mettre en sac. À ce moment-là, je reçois une grande mesure de brisures, et deux petites mesures de belles lentilles.

Je recrute aussi la main-d'œuvre pour la récolte de l'arachide. Je passe d'abord à l'*ur*, chez les Kudiyanar : « Demain, on récolte les cacahuètes chez le Reddiar. Voulez-vous venir en ramasser ? » Puis je passe au *céri* : « *Dè*, les jeunes ! Venez ramasser les cacahuètes, on vous en donnera plein. Demain, on récolte chez le Reddiar ! » J'emmène aussi des enfants. Chacun ramasse et fait un tas sur sa rangée. Moi je surveille. Je passe entre les rangs avec ma serpe pour retourner la terre près des plants, et je dis : « Ramassez bien ! Soulevez bien le plant ! Cueillez tout ce qui est en dessous, ne laissez rien tomber par terre ! » Je vérifie aussi que rien n'est caché dans les plis des saris. C'est vrai que les cueilleuses, ce sont des pauvres comme moi. Elles peuvent chiper des cacahuètes, mais il ne faut pas abuser. Que deviendrait le propriétaire si chacun volait une mesure ? Compte toi-même ce que ça ferait pour vingt ou trente personnes ! Qu'est-ce qu'il resterait à celui qui fait pousser ça ? C'est lui qui finirait rasé ! Et c'est pour ça que moi, sa propre serve, je dois contrôler la cueillette, et dire, même à des Kudiyanar : « Remettez ce que vous avez caché dans votre sari. Prenez une poignée pour manger, et laissez le reste. Alors, vous ne voulez pas m'écouter ? Vous ne le ferez pas si c'est moi qui vous le demande ? Il faut que ce soit le Reddiar qui vienne vous piquer avec son parapluie, en vous disant : "Qu'est-ce que tu as dans ton sari ?" » C'est ainsi que je leur parle, Sinnamma, sinon c'est moi que le Reddiar viendra houspiller ou même secouer, en grondant : « Tu es là pour quoi, toi, la Paratchi ? Tu crois que ta pannelle va bouillir si eux emportent tout ? Si c'est chez moi, ton mari peut manger, ton fils peut manger, tu peux manger. Et même si je te bats, tu sais que tu peux te servir chez moi ! » Et c'est pour ça qu'aux femmes qui ramassent, je leur dis : « Soyez honnêtes. Vous êtes des Kudiyanar, moi je suis une Paratchi. Le Reddiar va se fâcher contre moi à cause de vous. Prenez quelques cacahuètes, et laissez le reste ! »

Quand le travail de la journée est fini, chacun apporte ce qu'il a ramassé dans un grand carré au milieu du champ. Le Reddiar est avec son cahier, et mon mari mesure la récolte avec un panier. Chacun s'approche du carré, tour à tour, mon mari mesure les parts, et verse les arachides dans le carré. Le Reddiar note tout ça, et paie à chacun son dû, en ajoutant une poignée d'arachides par panier ramassé. Des gens rapides peuvent faire quatre ou cinq paniers, des vieilles un et demi, des enfants trois quarts ou un demi, ou un quart si ce sont des tout petits. Après ça, je dois balayer le champ, pour récupérer toutes les arachides qui traînent. C'est le travail le plus dur. Quand c'est fait, je m'approche du carré à mon tour, toute couverte de sueur et tremblante de fatigue, et le Reddiar dit à mon mari : « Donne des arachides à Velpakkatta ! » Et lui, même s'il est mon mari, il me donnera trois ou quatre mesures, ni plus, ni moins, exactement comme pour les autres. Mais je te le dis maintenant, Sinnamma, moi je ne vais pas me contenter de ce que me donne le Reddiar pour tout ce travail. En arrivant au champ, je me remplis une petite pannelle de cacahuètes bien grosses, blanches comme du lait quand on les fait cuire. Je cache la pannelle sous un plant d'arachide. À la fin de la journée, je récupère discrètement ce que j'ai caché, je pose sur la pannelle les feuillages que j'ai cueillis pour les bœufs, et je m'en vais.

Et si le Reddiar te surprend ?

— Même s'il me voit faire, il fait semblant de ne rien remarquer, et il ne dit rien. Mais nous, est-ce qu'on n'est pas là à prendre soin de ses champs, à se faire piquer par les serpents ou les lézards, à surveiller ses récoltes, parce qu'on est ses propres serfs ? Est-ce que des Paratchi à la journée se soucieraient de tout ça comme nous ? Est-ce qu'elles en feraient autant pour lui ?

— Et les autres, justement, quand elles te voient faire ?

— Les autres ne disent rien non plus. Pourquoi elles me traiteraient de voleuse ? Elles sont journalières. Elles viennent juste à l'heure, elles partent juste à l'heure. Moi, je dois balayer trois ou quatre parcelles, en plein soleil. Quand j'ai fait mon travail, si on me paie, je le prends, mais je peux aussi partir sans être payée, puisque je suis leur propre serve. Aujourd'hui, je m'use pour la famille du Reddiar, mon mari s'use, mon fils aussi, et nos bœufs s'usent pour elle aussi. Depuis des générations, hommes et femmes, on travaille pour eux. On peut bien dissimuler quelques arachides sans gêne. Les autres n'ont pas à nous traiter de voleurs. Mais elles, elles ne peuvent pas faire ça. On chipe donc par-ci par-là, pendant les jours de récolte. Enfin, le dernier jour, quand tout est ramassé et mis en sac, le Reddiar nous donnera huit mesures : quatre pour son serf, quatre pour sa Paratchi qui ramasse les bouses de vache.

À la récolte du millet aussi, je prends mon dû de ramasseuse de bouse de vache. Là, ça me fait un plein pan de sari : on dirait une femme enceinte qui a du mal à avancer. Quand je décortique ce millet, ça me fait un demi-sac de grains, sans compter ce que j'ai pu garder dans mon panier et les deux roupies que je reçois. Jamais on ne me dira de rendre ce que j'ai pris, parce que c'est comme mon dû, puisque je suis leur propre Paratchi. Les autres, on ne les laissera pas faire, et on leur fera rendre ce qu'elles ont glissé dans leur panier. On me dira : « Velpakkatta ! Reprends les épis de toutes ces femmes. Fouille-les une à une avant de les laisser partir ! » Après la fouille, quand elles ont tout rendu, on leur donne à chacune trois épis et cinq roupies, en veillant aussi à ce qu'elles n'aient rien caché dans le champ : les propriétaires sont là, sur les diguettes, sous leur parapluie. Ils se méfient particulièrement des enfants, et ils les chassent en leur donnant à chacun un épi : « *Deï* ! Prends ça et pars à la maison ! » Comme ça, les mères ne peuvent pas confier aux enfants les épis volés...

Mon mari et mon fils reçoivent aussi leur dû à la récolte du millet ou du sorgho. Un plein panier chacun, c'est la part des asservis. On remplit bien le panier, et quelqu'un monte même dessus pour tasser le grain. Le Reddiar regarde, puis dit : « Bon ! Alors, vous l'avez bien rempli ? *Deï*, soulève ça, pour voir combien ça pèse ? » Alors quelqu'un répondra : « Quoi, il y a peut-être vingt litres... » Et le Reddiar dira : « Bon, laisse emporter. Cet âne n'a qu'à prendre ça et faire vivre sa famille ! »

Même en étant serfs comme nous, Sinnamma, on peut vouloir vivre un peu à l'aise, peut-être même acheter un peu de terre. Mais il faut se conduire avec droiture. Je ne dois pas abuser en volant mon maître. Il a confiance en nous, sa propre Paratchi, son propre Paraiyan. Il nous laisse avec les journaliers pendant les récoltes de millet ou d'éleusine, tandis qu'il va manger. Moi, je ne dois pas tromper cette confiance, et lui voler quatre grandes mesures de grains. Ça ne me rendrait pas heureuse, de toute façon, et ça serait inutile. Mais si je prends en me limitant, là, je vivrai en paix. De leur côté, ceux qui nous font travailler doivent se dire aussi : « Laissons-les ! Ces pauvres viennent pour le ventre. Je ne vais pas acheter des terres, bâtir un étage ou creuser un puits avec ça ! » À l'*ur*, il y en a qui sont très regardants, pingres, durs de cœur. D'autres, comme notre Reddiar, se disent au contraire : « Ces âmes-là vivent sous nos ordres et veillent pour nous. Laissons-les [16]... »

Sinnamma, le travail ne manque pas chez notre Reddiar ! Pendant la récolte de paddy, qui dure dix jours, cinquante à quatre-vingt-dix ouvriers travaillent pour lui. Ils reçoivent cinq sacs de paddy par *kani* pour cinquante ouvriers. À cette période-là, dès le matin, j'allume un grand feu chez le Reddiar pour cuire la bouillie des ouvriers. Tous ceux qui moissonnent ou qui mettent la paille en bottes ont le repas de midi. Moi, j'allume le feu et je l'entretiens, il n'y a pas d'impureté à ça. Mais ce sont des Kudiyanar qui font la cuisson, parce que, parmi les ouvriers, il y a aussi des Vanniyar [17]. Chez notre Reddiar, le repas est toujours le même : un *kanji* de riz bien cuit, avec des oranges amères confites, préparées l'année d'avant. D'autres donneront autre chose avec le *kanji*, des achards de mangue, par exemple. Après la cuisson, on part rejoindre les ouvriers aux champs. Là-bas, les femmes passent les épis coupés aux hommes, qui les battent une première fois pour séparer le grain. Les femmes battent une deuxième fois, pour bien faire tomber tous les grains, et font des tas de paille. Autrefois, une charrette transportait les bottes de paille à l'étable, maintenant c'est un tracteur. Le Reddiar loue une batteuse, et on est deux fois moins nombreux qu'avant pour travailler. Par ce soleil, on est vite en eau, la langue pendante. À midi juste, on nous apporte à manger. Des Kudiyanar font la distribution. Nous, on verse le *kanji* dans des pannelles, pour le laisser refroidir, mais certains, comme je t'ai dit, boivent directement dans leur main. Les femmes qui ont des enfants ne pensent pas seulement à leur ventre, elles viennent avec un récipient pour partager avec eux. Parfois le Reddiar me voit avec mes petits-enfants. Il dit alors au serveur : « *Deï !* Il y a deux enfants avec Velpakkatta. Donne-leur une louche à chacun ! » Il est toujours là pour le repas, pour être sûr qu'on distribue le *kanji* équitablement. Parfois, il appelle un serveur : « Dis à Velpakkatta d'aller prendre son repas chez nous, c'est notre Paratchi ! » En rentrant, j'en profite pour rapporter ce dont on n'a plus besoin : des outils, un panier, un van, un balai... Chez le Reddiar, on me sert alors un repas de riz et de légumes. Je rentre ensuite chez moi, après avoir demandé s'il y a quelque chose à faire. On me dira parfois :

« *Dè*, Velpakkatta, viens un peu ici ! »

Je réponds :

« *Yemma*, vous m'avez appelée ? ou *Innanga* ?

— Dis à Pérambin et à Manivélu de venir ! »

Et en rentrant au *céri* je fais la commission.

Les hommes qui font la moisson terminent leur journée en allant entasser leurs bottes de paille sur la meule. Ils prennent leur salaire et s'en vont. Ils sont payés au jour le jour, et quand la moisson est finie, chacun reçoit six mesures de paddy. Là, c'est impossible de dissimuler quoi que ce soit ! Si tu emportes une mesure de paddy, ça te fait deux jours de riz : comment laisser faire ça ? On est surveillés de près, et le Reddiar ne laisse rien emporter. À moi, il laissera les deux derniers sacs de brisures de paddy avec des pierres. Mais même si le grain n'est pas beau, le poids y est. À mon fils, il donnera une botte de paille et une mesure de paddy, parce que Anbin répond dès son premier appel, fait les diguettes, lave les vaches, leur donne à boire et à manger. Il fait tout ce qu'on lui demande, il conduit même la charrette, et c'est pour ça que le Reddiar lui donne cette part, en lui disant : « *Deï*, Ettyan ! Prends, c'est pour toi ! » À mon mari, il donne dix mesures de paddy, parce que c'est lui qui garde la récolte la nuit. Le dernier soir, quand tout est fini, le Reddiar scelle la récolte avant de rentrer chez lui. On balaie bien l'aire, on rassemble le paddy en montagne, qu'on lisse des deux côtés avec la main. Ensuite on brûle un peu de paille : la paille de riz prend vite et fait beaucoup de cendres. On mélange la cendre avec deux mesures de paddy, et avec ça on marque la récolte en faisant des lettres comme celles de ton cahier. Après ça, personne ne peut voler. Mon mari rentre vite à la maison. Il se lave, il mange, et il repart avec une lanterne et un bâton pour aller garder la récolte. C'est lui qui garde celle du Reddiar, pendant que d'autres surveillent celles d'autres propriétaires. Tous les gardiens se retrouvent, et passent la nuit à bavarder et à chanter. De temps en temps, ils frappent le sol de leurs bâtons, pour montrer qu'il y a quelqu'un et pour éloigner les rôdeurs et les bêtes. Dès le lendemain, la récolte est vendue sur place. Chaque année, ça fait une pleine remorque de tracteur pour notre Reddiar, sans compter les sacs qu'il emporte chez lui.

Pour eux, ils cultivent du *samba*, et un autre riz appelé *karai* qu'on utilise pour faire des galettes. Ces sacs de paddy-là, on les rapporte chez le Reddiar. Il faut toute une journée pour étuver ce riz. Ce jour-là, mon mari et moi on travaille à l'*ur* sans rentrer à midi à la maison. Mon mari transporte le riz étuvé dans la cour cimentée, et moi je l'éparpille avec les pieds, car à la main ça ne serait pas possible sur une telle longueur. Quand je juge que le riz a fini de sécher, j'en montre un grain en disant : « Regardez, aucun grain n'est brisé. Est-ce que je peux le tamiser et le mettre en sac ? » Après avoir jeté un coup d'œil et décortiqué un grain, on me répondra que, si le grain se brise quand on le décortique, c'est qu'il doit sécher encore. Autrefois, on faisait le décortiquage à la main, avec un pilon en fer, ou même avec un pilon à balancier. Aujourd'hui, on passe le grain à la machine. On compte les sacs devant le Reddiar. Mon mari les met dans la charrette qui appartient au Reddiar, et il attelle nos bœufs. C'est lui qui conduit, et moi je m'assois sur les sacs. Le Reddiar part devant, en moto, et on se retrouve chez le *kambattan* d'Anaikollai qui a une décortiqueuse. Au retour, quand tout est terminé, mon mari va à la réserve de paddy et prend sept ou huit mesures dans son panier. C'est ça son vrai salaire, et le Reddiar ne dira rien. Ce paddy-là, c'est pour mon mari seulement. Il ira le vendre et gardera l'argent pour lui tout seul, pour boire, pour aller chez sa fille et acheter quelque chose aux enfants, ou pour manger ce qu'il aime, un plat de viande ou de tripes, des *dosai*.

Manger

C'est que nous, on n'a pas souvent l'occasion de manger ce genre de choses. Quand on décortique des lentilles noires chez le Reddiar, je récupère tout ce qui est brisé ou mangé par les bêtes. Ça peut me faire deux petites mesures, plus une que je reçois comme salaire. Je les mélange toutes, je les fait sécher au soleil, puis je les enduis d'huile, et je les garde pour des occasions comme *Kartikkai* ou *Ammavasai*, qui sont des jours où j'aime faire des *dosai* et des *idli* pour toute la famille [18].

Sinon, autrefois, on mangeait surtout des légumes : les aubergines et les citrouilles poussaient partout, il n'y avait qu'à les cueillir. En rentrant du travail, on faisait une bonne sauce bien relevée avec beaucoup de piments, quelquefois du poisson sauté, et aussi des cacahuètes. On mangeait peu de riz, mais surtout du petit-mil et du paspale. Le Reddiar a toujours cultivé des aubergines, et on en avait aussi par lui. C'est comme le piment, il en fait toujours, et j'en reçois deux grosses poignées que je fais sécher au soleil avec du gros sel pendant une semaine. Après ça, le piment se conserve bien et prend une bonne odeur. Mon mari aime en avoir dans la bouillie que je lui envoie le matin. À midi, on boit du *kuj* de chez le Reddiar, et on a droit à une pannelle de *kanji* chacun. Mon fils et ma fille viennent en manger après avoir fait paître les bêtes. Dans le temps, on avait d'autres habitudes. On cueillait autour de nous, et on récupérait ce qu'on pouvait. On allait par exemple chercher au pressoir les tourteaux d'arachide tombés dans la boue. On les faisait tremper dans de l'eau pour les nettoyer, on effeuillait des branches de moringuier, en faisant rissoler les feuilles sans rien, et on mangeait tourteaux et feuilles avec du petit-mil. Aujourd'hui, on n'utilise plus ces tourteaux, ni pour manger ni comme engrais, et on les donne aux bœufs.

Le Reddiar fait aussi un peu de sésame, sur un quart ou un demi-*kani*, et moi aussi j'en fais parfois. C'est nous qui récoltons pour lui. On arrache les pieds et on les secoue pour faire tomber les graines. Nous les femmes, on les vanne pour enlever la terre et les pierres, et on les met en sac. Les sacs sont mis à tremper dans un grand bassin en ciment, et une eau toute noire en sort : la couleur et la saleté s'en vont. Ensuite, on éparpille les graines dans la cour, et avec quatre pilons, on les pile en les poussant du pied. L'enveloppe s'en va, et le sésame devient tout blanc. On le vanne encore deux ou trois fois pour enlever complètement les peaux et ne garder que les graines blanches. Puis on va chez le presseur d'huile de Tirulagam. Les hommes portent les bidons, et les femmes ont sur la tête un gros panier, avec aussi quatre ou cinq kilos de jagre de rônier. Le presseur nous rend l'huile dans les bidons, et les déchets dans un panier. C'est délicat, les tourteaux de sésame, et le Reddiar, après en avoir donné à ses parents, aux Vanniyar et à tous ceux qui ne font pas d'huile, laisse le reste à ses Parias. Lui garde son huile pour toute une année. On dirait de l'eau de rose ! D'autres propriétaires ne distribuent pas leurs tourteaux. Ils les vendent à des épiciers de Tirulagam qui en font des petits morceaux et en tirent un bon prix, car ce sont des produits saisonniers. Moi aussi j'en achète, des tourteaux de sésame à Tirulagam, Sinnamma ! C'est que le monde a changé : je n'achète plus de tourteaux d'arachide, parce que je trouve que c'est trop lourd et pas très fin.

Le soir, on mange du riz maintenant, une mesure et demie pour quatre. Le matin, je t'ai dit, du *kanji* avec un oignon ou un piment s'il n'y a pas d'achards. L'après-midi, quand j'ai fini de travailler chez le Reddiar, sa femme me donne parfois une galette, des *murukkeu* ou des sucreries qu'elle a préparés pour le goûter. Je les prends et je rentre à la maison. Suivant mon envie, je les garde pour les enfants et pour mon mari, ou je les mange en chemin. Après ça, je prends le panier, mes petits-enfants me suivent, et on va au marché de Tirulagam. Là, je leur achète des bonbons de toutes les couleurs, des glaces roses, ou je cherche un poisson bien frais pour le soir. Autrefois, avec ce qu'on gagnait, on ne serait pas allés là-bas, et d'ailleurs il n'y avait pas toutes ces boutiques-là...

Leur métier, c'est d'être riche

Oui, dans le temps, c'était mieux pour vous. Vous pouviez nous employer pour une roupie ou une roupie et demie par jour, et nous, on mangeait ce qui poussait au bord des champs. Aujourd'hui, dans ce *kaliyugam*, les laboureurs demandent dix ou quinze roupies. Le gouvernement intervient et fixe les salaires. Est-ce qu'autrefois on aurait vu ou connu un gouvernement qui se serait occupé de nous comme ça ? Quand on allait au marché, on ne pouvait acheter qu'au jour le jour. Maintenant, je peux me permettre de faire des réserves, d'acheter des épices pour deux ou trois jours. J'achète du riz, du poisson salé et du bétel, et il me reste encore un peu d'argent, avec lequel je cotise à une tontine ou à l'association des femmes. Si mon fils et moi on reçoit un plein sac de riz, on en garde la moitié pour la maison, et on vend le reste un bon prix. Avec ça, peu à peu, on rembourse les dettes qu'on a chez le Reddiar. Je rembourse petit à petit aussi en travaillant, et si je viens à mourir, mon fils est là pour prendre la relève. Lui aussi paie ce qu'il doit en travaillant. Et si un jour il ne veut plus être serf, il vendra les veaux, les vaches et les chèvres. Il remboursera. Il sera libre, et il se fera journalier.

C'est qu'il y en a du travail, au village ! À l'*ur*, il y a de grosses fortunes, des familles qui ont cinquante, soixante ou quatre-vingts *kani*.

Il en faut du monde pour travailler ça ! Et nous, justement, on est là pour travailler. On est là pour travailler pour ceux qui ont des terres. Eux, leur métier, c'est de posséder, c'est d'être riche. Pourquoi veux-tu qu'ils descendent dans les champs ? Leur place est à l'ombre de leur maison, ou sous leur parapluie sur les digues. Eux ne sont pas faits pour travailler les terres qu'ils possèdent. Nous les Parias, quelques Palli, des Padaiyatchi, les Kudiyanar pauvres, on est là pour être ouvriers agricoles. Les propriétaires ont besoin de nous, Sinnamma. Comment l'*ur* pourrait vivre sans nous ? Il ne suffit pas de posséder dix vaches, ce n'est pas ton fils qui ira les faire paître, c'est le mien. Ton enfant est là pour étudier et pour travailler assis à l'ombre. Alors quand un propriétaire dit à un Paria : « Je te donne huit roupies pour aller endiguer mon champ. Tu viens ? », le Paria lui répondra : « Non, ça ne peut pas aller ! J'ai des enfants, ils doivent manger et s'habiller décemment. Qu'est-ce que je peux faire avec huit roupies ? » Autrefois, on travaillait pour manger et pour se marier. Il n'y avait que le Reddiar qui était toujours propre, avec un *somin* bien blanc, une chemise, les cheveux bien coupés, des bagues aux doigts, une montre au poignet. Nos hommes du *céri* n'avaient qu'un petit *somin* enroulé autour des reins, et un autre noué en turban sur la tête : c'était une tenue qui marquait le respect envers les maîtres. Aujourd'hui, on porte les mêmes vêtements que vous, mais il faut beaucoup d'argent. Comme on n'a pas peur de travailler dur, on est prêts à faire tous les travaux qu'on nous donne. Regarde Anbin, je l'envoie travailler au loin, dans la famille du Reddiar, en Andhra Pradesh. Là-bas, il est logé, nourri et il gagne vingt roupies par jour ! Même sans avoir fait d'études, on peut aussi gagner sa vie convenablement maintenant [19].

Pour ceux qui ont étudié, ce n'est pas toujours facile, d'ailleurs. Ceux qui ont quitté Karani pour s'embaucher à l'usine de Pondy, ils sont revenus au village depuis que l'usine est fermée. Un Sanar s'est fait vendeur de glaces à Tirulagam, d'autres vendent maintenant du poisson frais ou salé. Et que faire quand on ne trouve pas de travail en ville ? C'est que là-bas, il y a beaucoup de monde qui a étudié et qui cherche aussi du travail. On n'attend pas nos garçons pour faire avancer les choses au bureau ou à l'usine, tandis qu'eux se disent : « Pourquoi travailler aux champs quand on a étudié ? » Oui, mais quand on ne trouve rien, on est bien obligé de revenir à la terre, et à ce moment-là, ceux qui sont restés apprennent aux autres à labourer, à faire les diguettes, à transplanter. Il faut bien un métier pour se nourrir ! En général, ceux qui ont étudié et qui ne trouvent pas de travail essaient plutôt d'ouvrir un petit commerce à Tirulagam.

Beau comme une bayadère

Tous les soirs je vais là-bas avec mon panier faire des courses. J'aime bien traîner au marché, il y a tellement de choses à voir ou à faire ! L'autre jour, en revenant de chez ma fille Miniyamma, un après-midi vers quatre heures, je me suis arrêtée à Tirulagam en descendant du car. J'ai acheté du poisson, de la poudre de piment, du gingembre et des feuilles de carry pour le repas du soir. Et tout à coup, dans tout ce bruit, j'entends crier : « Belle-sœur ! Belle-sœur ! Tu ne prends pas de bananes vertes ou de gombos pour ce soir ? » C'était Selvaraj, notre eunuque de Mangappakkam, qui est marchand de légumes ambulant à Tirulagam. Je me suis approchée, et il m'a dit :

« Viens, belle-sœur ! D'où tu viens, là ? Assieds-toi un peu. Tiens, chique du bétel. Il paraît que tu vas souvent à Pondy maintenant, c'est ce qu'on m'a dit de toi au *céri*. Tu vas chanter pour Sinnamma... »

J'étais heureuse de le revoir. Il était parti vendre ses légumes ailleurs depuis quelque temps. Alors je me suis assise par terre à côté de lui, et je lui ai dit, sur le même ton chantant que le sien : « *Ayo !* Viens toi aussi un jour chez Sinnamma avec moi. Je t'emmènerai une fois à Pondy. *(Viramma rit.)* On verra bien si tu peux m'égaler pour une histoire ou pour une chanson ! »

Aussitôt, il a commencé un chant de lamentations, et s'est mouché sur moi en terminant le premier couplet. *(Rires.)* Toutes les marchandes ambulantes assises près de la boutique du musulman — celles qui vendent du manioc, des patates douces, des goyaves — se sont mises à rire. D'ailleurs dès qu'on le voit au marché, on s'approche, parce qu'il raconte toujours des histoires ou chante des chansons. C'est lui qui m'a appris la « Lamentation du télégramme annonçant une mauvaise nouvelle », en me disant : « *Dè !* Va chanter ça à Sinnamma, elle sera contente ! »

Cet eunuque-là vit à Mangappakkam, mais il est de Périyambakkam. Il est beau comme une bayadère, et c'est un grand danseur ; il faut le voir à la fête de Draupadi ! Pendant les récoltes, les eunuques viennent chanter des chansons de travail, des chansons à rire ou autres [20]. J'aime beaucoup leurs chansons. Je les fais asseoir, et je donne cinquante ou soixante-quinze *paice*, pour les entendre chanter et pour apprendre leurs chansons. C'est ainsi qu'un jour j'ai mis la main dans son *somin*, à Selvaraj, et je lui ai dit :

« Alors, tu n'as pas de couilles ?

— Non, je suis une femme comme vous !

— Montre un peu, pour voir ! »

Sinnamma, il n'avait ni couilles ni rien ! Ambigai et moi on n'en croyait pas nos yeux. On l'a emmené dans une maison et on l'a déshabillé, touché, tout : il n'avait vraiment rien. Juste une grande cicatrice à la place, plate comme nous. Tout avait été enlevé ! Et quand on s'est mises à rire en voyant ça, il a dit : « *Aye, di !* Baiseuses ! Putes ! » *(Viramma rit très fort.)*

Ayo, Sinnamma ! Leur façon de parler est très drôle, très jolie. Lui, j'aime bien le provoquer pour qu'il m'insulte, rien que pour l'entendre parler. Un jour, je t'emmènerai à Nellipet pour voir Ponnuttambi. Tu le connais, je te l'ai déjà montré. À la fête de Draupadi, il vend des beignets de bananes vertes, des lentilles sucrées et des gâteaux de semoule. Avec ses gestes, ses paroles, son ton, c'est une vraie femme, plus qu'une femme même ! Il est très aimable, très gentil. Je l'ai rencontré l'autre soir, alors qu'il allait au marché de Tirulagam, avec des bidons à la main, pour acheter de l'huile. Il avait au poignet un cordon pour le protéger[21]. Quand je lui ai demandé comment il allait, il m'a dit : « *Ayo !* Mes souillures, mes pédés, mes suceurs ! Ils m'ont enlevé et ils ont abusé de moi tout leur soûl, mère d'Anbin ! »

En entendant ça, Sinnamma, j'ai eu les larmes aux yeux, et j'ai même pleuré. Il avait été kidnappé par les siens, des buveurs de mouille qui l'ont fait sucer et qui l'ont enculé. Ils l'ont déchiré, le pauvre ! Entre pédés, ils se conduisent comme des bêtes[22] ! Lui qui était si bien portant, si fort, avec ses beaux cheveux noués en chignon, de grosses boucles d'oreilles et une belle poitrine ! C'est un Chettiar, ou plutôt, il est de la caste des presseurs d'huile. D'ordinaire, il vend des *idli*, des *dosai*, des beignets, et quand il passe au *céri*, il vient s'asseoir sur la véranda de la maison en dur dans le quartier des blanchisseurs.

Dans son village, il y en a deux autres que je voudrais te montrer, Sinnamma. Ils sont arrivés il n'y a pas très longtemps. Ils sont beaux tous les deux, l'un noir, l'autre clair comme une femme du Nord. Avec des manières ! On a mal au ventre de rire, rien qu'à les voir. Ils sont venus chez moi l'autre jour, avec des barrettes dans les cheveux. Ils se sont assis sur le *tinnai*, et ils nous ont dit : « Quoi, *dè !* Alors, les beignets à trous, comment allez-vous ? » Avec eux, c'est la rigolade ! Ils étaient maquillés comme des actrices de cinéma, les yeux faits très soigneusement. Si grâce à Dieu on va toutes deux à Nellipet un de ces jours, avec ton appareil, on pourra attraper tout leur parler, et passer de bons moments en les écoutant de nouveau. Celui qui est clair ne sait pas bien chanter. Mais l'autre, oui, et il est dégourdi ! Et quel soin pour s'habiller ! Il change de sari tout le temps, toujours des voiles de coton. Et des bijoux partout, aux pieds, aux doigts, et un *tali* : Dieu l'a créé homme par erreur. Leur dieu, c'est Kuttandavar. C'est pour lui qu'ils portent le *tali*. Pour la fête annuelle de Kuttandavar, qui a lieu à Pillaiyarkkuppam, ils s'y prennent des mois à l'avance. Ils chantent dans les foires, dans les marchés, pendant les récoltes, ils vont de village en village, pour recevoir du riz, des grains, de l'argent. Avec ça, ils achètent des boucs, car ils doivent offrir du riz au sang. Des milliers d'eunuques se rassemblent pour cette fête, tous habillés élégamment, avec de faux seins. Là, ils font des offrandes de *tali*, ils jettent des bracelets à leur dieu. On verse sur eux trois pannelles de lait et sept pannelles d'eau. C'est leur *bhakti*. Il y a beaucoup de possédés ce jour-là. C'est pour ça qu'avant la fête un eunuque passe dans les villages, avec un tambour rond à deux peaux, pour annoncer que la fête va avoir lieu, et que les femmes enceintes de plus de trois mois ne doivent pas y assister. On dit même que le monde entier est averti par le *Dinatandi*[23]. Il paraît que ce jour-là, à Pillaiyarkkuppam, on remplit avec une pompe la rivière qui est à sec.

Moi, je rêve d'aller voir ça un jour. Viendras-tu avec moi, Sinnamma ? Mais tu es jeune : il faut faire attention. Ambigai, elle, elle y est allée. La belle-sœur de ma fille s'est mariée à Vandipalaiyam, pas loin de là, dans une famille assez aisée, qui possède une charrette, deux *kani* et une pompe. Pour le mariage d'Anbin, sa mère avait apporté un bon plateau, parce que mon fils épousait sa petite-fille. Cette femme nous a invités à aller voir cette fête de Kuttandavar, mais on n'a pas pu y aller, parce que Amsa était possédée par un esprit. Avant de mourir, il faut que je voie cette fête. On ira ensemble, Sinnamma !

XXVI

LE MONDE MARCHE COMME ÇA !

Quand on vend à chaque moisson une pleine remorque de paddy, on a de la fortune. Le Grand Reddiar, lui, vit dans une grande maison à étage avec sa famille : ses cinq frères mariés et deux sœurs qui te ressemblent tout à fait. Je rentre partout chez eux, sauf dans la cuisine et dans la chambre des dieux [1]. Si je touche un des enfants, la femme du Reddiar s'écrie :

« *Ayo !* Regardez Velpakkatta ! Elle n'a peur de rien ! Vraiment elle ne manque pas d'aplomb ! Elle prend le petit dans ses bras même quand on lui dit de ne pas le souiller ! » Alors je lui dis :

« *Yenga !* Est-ce qu'au *céri* on n'a pas d'enfants ? Est-ce que les enfants du *céri* ne sont pas beaux ? »

Et sans attendre qu'elle réponde, je prends le petit sur ma hanche et je l'embrasse ! Après tout, je ne dis pas de mensonges, Sinnamma ! Mentir, c'est une faute. Mais si tu dis la vérité, Dieu te montrera ton eau [2]...

Gouverner ce pays

Très souvent le Reddiar va à Pondy pour ses affaires, et aussi, je crois, pour des affaires de parti : deux fois il a gagné les élections. Ne me demande pas dans quel parti ! Je crois que c'était celui du rouet [3]. Moi, je ne comprends pas grand-chose à tout ça.

« Pépé Gandhi, pépé Gandhi, ne mange pas de *bundi*... » Voilà ce que je retiens des chansons d'écoliers, des slogans, des discussions d'hommes sur Kamaraj le traître, oncle Nehru, Indira la chaste Mère, Annadurai notre maître, Karunanidhi le poète[4]...

Il paraît qu'autrefois ce pays était gouverné par un roi blanc, le maître du Royaume de Pondy, qui a amassé beaucoup d'argent et qui l'a caché sous son cul. Tout le monde le dit ici : le père du Vattiar, les Gounder, mon beau-père le disaient aussi. Gandhi, lui, est apparu après ma naissance. On dit que c'était un vieillard tremblotant qui ressemblait à un ver de terre. Mais il avait grand cœur, et parlait bien. Parmi tous ces gens, c'est sa fille Indira Gandhi qui a surtout agi[5]. Cette chaste femme a lutté pour nous les pauvres. Quand elle est arrivée, les choses sont allées mieux pour nous. Elle a fait venir l'eau jusqu'au *céri* ; elle a fait creuser des puits, elle a dit à ceux qui avaient quarante ou cinquante *kani* d'en donner un ou un demi aux pauvres, pour qu'ils puissent manger à leur faim. À la radio et par les voitures, elle a fait dire que le gouvernement allait distribuer des terres près de l'étang et près des canaux, et qu'elle était avec nous, qu'elle luttait pour nous. Mais le parti ennemi a attaqué son gouvernement. Il paraît qu'elle est allée en prison. Les hommes étaient jaloux de voir une femme à la tête du pays. Et finalement, elle a été tuée par des buveurs de mouille, comme je t'ai dit. Pauvre Indira Gandhi ! Moi je l'aimais bien, même si je ne l'avais jamais vue. Le jour où elle est venue à Pondy, je n'ai pas pu aller la voir malgré les camions qui nous emmenaient là-bas. J'avais trop de travail ce jour-là, je devais ramasser les arachides dans les champs du Petit Reddiar. Mais beaucoup de gens sont allés la voir. Il paraît qu'elle était claire comme une Blanche, et qu'elle avait toujours la tête couverte. Elle était belle comme la lune. La chaste femme !

Parmi les hommes qui ont gouverné le pays tamoul, il y a eu le bienheureux père Annadurai. Il paraît qu'il a beaucoup lutté pour nous. Mais ceux qui travaillent pour les pauvres ne vivent pas longtemps. Un veuf du parti ennemi lui aurait jeté un sort et cette incarnation des grands dieux en est morte. Sinnamma, sur cette terre, on ne peut pas rester plus que le temps qui nous est donné. Moi, j'ai eu le cœur gâté d'entendre qu'il était parti. J'ai vite couru chez Anjalai, chez Kannima, chez Araiyakka, et on a fait une chanson de deuil qui a duré bien longtemps, pour faire l'éloge de cet homme au cœur d'or, père de milliers de pauvres gens. J'ai commencé comme ça :

Ô Bienheureux !
Vous étiez la lumière qui brillait pour les pauvres de cette terre !
Ô homme du *dharma* !
Ô généreux, est-ce vrai que vous nous quittez ?
Nous voilà orphelins aujourd'hui...

Nos lamentations étaient si tristes que les hommes venus nous écouter se sont mis à pleurer, et on a fait durer les chants bien longtemps... Plus tard, mon mari m'a emmenée à Madras, en train. Quand j'y étais allée avec mon père, lui n'aurait jamais osé dépasser d'un cheveu les limites du quartier paria. En ce temps-là, on ne visitait rien. Mais aujourd'hui, tout nous est ouvert, même si nous on sait où il faut s'arrêter ! J'en ai donc profité pour tout visiter : le collège des vivants, le collège des morts, les marchés, et on est allés voir le *samadi* d'Annadurai[6]. J'y ai déposé une coudée de jasmin. Sa tombe était couverte de fleurs et de baguettes d'encens. Il n'y a pas que des ingrats sur cette terre !

Cela dit, Indira Gandhi, Annadurai, personnellement, je n'en ai jamais rien obtenu : ni un bout de terre, ni une roupie. Ça me suffit de savoir que certaines bonnes âmes pensent à nous, les pauvres. À présent, à l'*ur* comme au *céri*, on parle de partis, de réunions, d'assemblées, et nos jeunes sont les premiers à y participer. Tout ce que je constate, c'est que ça crée des divisions, des ennemis, des rancunes, des bagarres, des vengeances et des meurtres. Et pour nous, les femmes, c'est l'angoisse, car nos hommes et nos garçons, quand ils ont bu, ils ne blaguent plus, ils ne chantonnent plus. Ils s'injurient et ils se battent pour leurs histoires de partis. Nos jeunes surtout sont de plus en plus violents : heureusement que les vieux sont là pour les calmer un peu. Anbin s'y connaît comme un maître dans ces histoires de partis, mais si je lui demandais de m'expliquer, je ne comprendrais rien, et je ne pourrais rien t'en dire. Quand il rentrera du travail, tu devrais en parler avec lui ou avec mon mari et leur demander tout ce que tu veux. Ils pourront te raconter plein de choses à ce sujet. Moi, j'écouterai avec toi.

Le lendemain, Manikkam est là avec sa femme, et vient s'asseoir :

« Alors, Sinnamma ! Après la vie de Viramma, c'est la mienne que tu veux que je te raconte ? »

Viramma :

« Oui, oui ! Tu es plus vieux que moi ! Tu as vu et tu as fait plein de choses : raconte tout ça à Sinnamma ! *(Viramma rit.)* Je t'ai bien dit de quoi on veut que tu parles : des partis, des hommes politiques. Et ne t'occupe pas de cet appareil ! » *(Viramma montre le magnétophone.)*

Manikkam, en riant :

« Bientôt, elle aura vu plus de choses que moi ! Elle sera plus civilisée que moi ! »

Viramma :

« On ne te demande pas ça ! Raconte ce que tu sais sur les partis. Allez, lâche bien ta voix ! »

Et Manikkam commence :

Au début, chez nous en Inde, il n'y avait que le Congrès. Je veux dire : du temps de la guerre entre l'Inde et les Anglais [7]. Il y avait aussi un deuxième parti, qui lui est venu de Russie, le Parti communiste. Des hommes politiques qui sont allés là-bas ont trouvé qu'on pourrait faire la même chose ici pour les travailleurs. Les élections ont commencé sous les Blancs ; on vote toute une journée, et le peuple choisit comme il lui plaît tel ou tel parti. Les deux partis luttent tous les deux pour les pauvres, mais pourtant ils n'ont rien à voir entre eux. Au Parti communiste, ce sont les pauvres qui luttent pour les pauvres, alors qu'au Congrès il y a les deux : des riches et des pauvres, des gens sincères et des malhonnêtes. Les idées du Congrès étaient bonnes, et il y a eu des grandes âmes : Indira, Kamaraj, Nehru, Gandhi... C'est Gandhi, je pense, qui a été là le premier. Il a voyagé beaucoup. Dans chaque région, dans chaque ville, dans chaque quartier, dans chaque rue, il a réuni les gens, il a fait des meetings pour leur apprendre à imaginer l'avenir [8]. Il leur disait : « C'est en effaçant l'ignorance qu'un pays peut évoluer. » Gandhi a aussi lutté contre les Anglais. Il a libéré l'Inde. Oui, les Blancs, les Anglais s'étaient installés ici en disant que le pays leur appartenait. Gandhi leur a dit : « Vous avez trompé tout le monde. Vous êtes venus en invités et vous vous êtes emparés de notre Inde. Reprenez le chemin qui vous a conduits ici ! » Et après avoir beaucoup lutté, en plantant le drapeau du Congrès dans tout le pays, il a obtenu l'Indépendance. Une fois je l'ai entendu. Il parlait avec des mots simples : « N'ayez peur de personne : ni des Reddiar, ni des Gounder qui vous font travailler. Il faut vaincre votre ignorance d'abord. Ce *kaliyugam* vous sera favorable à vous, les Harijans. C'est vous qui devez faire le plus d'efforts pour vaincre votre ignorance. Demandez aux Reddiar et aux Gounder si le progrès n'appartient qu'à eux seuls, si eux seuls doivent s'enrichir ? Voilà ce qu'il disait, et c'est lui, Gandhi qui nous a fait changer de caste, et qu'on est devenus des Harijans, plus des Intouchables. Mais malgré tout son grand cœur et sa générosité, il a été abattu. On dit que c'est un musulman, un nabab qui l'a descendu[9].

À la même époque ou un peu après, il y a eu la guerre entre les Français et les gens de l'Union. Mon père m'a souvent dit que c'était mieux du temps des Blancs. En ce temps-là, tout était à un prix raisonnable. Un *anna* ou un fanon et demi, c'était son salaire. Avec ça, toute la famille mangeait correctement. Un sou d'aubergine, un sou d'épices : ça suffisait. Tout poussait en abondance. Il y avait de l'eau partout : en creusant deux pieds on en trouvait, et on pouvait facilement irriguer des aubergines, des citrouilles, de l'éleusine, des arachides, du sésame, et les pauvres en profitaient. Aujourd'hui c'est à plus de cent pieds qu'il faut creuser pour mettre une pompe et on n'en a pas les moyens. Et puis les Blancs, ils embauchaient aussi des gens pour travailler chez eux à Pondy, et les Gounder pouvaient espérer voir leurs fils entrer dans les bureaux. Et les Blancs, ils buvaient de l'alcool, comme nous ; ils mangeaient du bœuf, comme nous. Nous, on ne voulait pas les chasser. Mais les Reddi, eux, ils n'étaient pas de cet avis-là...

Ils se sont réunis, les Reddi des différentes communes, et ils ont rassemblé des milliers d'hommes. Ils les ont armés, et ils les ont envoyés partout, pour faire peur. Leur coup était bien monté. C'était Goubert Papa et les Reddi de Nilugarai, Cinnappalayam et Naliveli qui dirigeaient l'affaire[10]. Ils avaient tout ce qu'ils voulaient : des jeeps, des camions, des hommes, et la police de Madras. Bahur est tombée la première, puis Nettappakkam, et petit à petit ils ont pris les dix-huit communes. Il ne restait plus que la nôtre. Il paraît que ça n'a pas été facile de la prendre. Karmégam et Dakshnamurti Gounder ont fait tout ce qu'ils ont pu pour résister, mais bien sûr Gundurayan Reddiar était partisan des autres Reddi. Il a payé des types qui sont venus avec des *mattai* et des barres de fer, et il a fait appel aussi à la police de Madras avec ses fusils. À Karani, à l'*ur* comme au *céri*, les hommes patrouillaient jour et nuit, mais les Gounder n'ont pas reçu l'aide qu'ils attendaient de Pondy. Une nuit où nos hommes étaient endormis, des types armés sont arrivés en camion. Ils sont entrés dans le village en tirant en l'air pour faire peur et puis, voyant que rien ne se passait, ils ont commencé à tirer n'importe où. Tout le monde a cherché à fuir, mais où aller ? Tirulagam était déjà aux mains du Congrès. Il ne restait plus que Sellipattu et Nellipet, mais on entendait aussi des coups de feu de ce côté-là. Mes beaux-parents ont pris les enfants sur le dos et sont allés se cacher avec la famille de Muttuvel dans les fourrés de pandanus, et de là, ils ont tout vu : du sang, des blessés, des incendies. Le Reddi est intervenu pour empêcher ses hommes de brûler les maisons, parce que ça porte malheur de brûler une maison qui n'est pas abandonnée. Mais en même temps, il a donné l'ordre de jeter dans un camion ceux qui avaient été capturés et de les emmener à Nettappakkam. Pendant ce temps-là, d'autres types saccageaient les récoltes. Ils ont mélangé tous les grains qu'ils ont trouvés, le paddy, l'éleusine, le petit-mil, le millet. Ils ont versé du pétrole dessus, et ils y ont mis le feu. À l'*ur*, ils ont volé de l'argent et brûlé les papiers des hypothèques. Quand tout a été fini, les Reddi ont fait venir du riz de Mangappakkam et leurs hommes ont fait bombance après avoir planté le drapeau du Congrès.

L'agitation a bien duré une semaine et puis, jour après jour, ceux qui avaient pu fuir sont rentrés. Ceux qui étaient partis au loin, chez des parents en ville, sont revenus deux ou trois mois après. Et puis ceux qui étaient allés en prison à Nettappakkam sont rentrés aussi, et ils nous ont raconté : les bastonnades à coups de crosse de fusil, l'urine qu'ils ont dû boire... Tout le monde ici parle de cette histoire comme si elle s'était passée hier, et les vieux la racontent à la nouvelle génération, en rigolant de bon cœur. Voilà ce qu'on a gagné en soutenant les Blancs...

Au village, on a maintenant tous les partis : le Parti communiste, le Congrès, le DMK, l'Anna DMK, le Parti des Vanniyar, le Janata [11]. Ils luttent tous pour les pauvres, pour les Harijans. Ils sont tous pour nous, mais nous on ne doit envoyer au pouvoir que l'un d'entre eux. Alors on choisit en fonction de celui qui fait la campagne. Par exemple, le DMK. C'est un parti récent. Ils ont rajouté un M à l'ancien parti de Périyar, le DK, le parti des Adi-Dravidar [12]. C'est Anna qui a fait le DMK. Ce parti a lutté pour les pauvres, contre la division en castes, en Palli, en Reddi, en Chetti. À l'*ur*, le grand militant du DK, c'était Ananda Gounder, et au *céri*, c'était Kaliyappa. C'était un parti fort, le DK, autrefois, et c'est pour ça que le DMK a bien pris ici, à Karani. Maintenant il n'y a plus personne au DK, c'est devenu un vieux parti. Après la mort d'Anna, Karunanidhi et MGR se sont disputés et ça a fait deux partis séparés. Chez nous Anbin est au DMK. Ces deux partis pensent pareil, ils veulent la démocratie et faire quelque chose pour les pauvres, mais une fois au pouvoir, ils ne s'occupent plus de nous. Ils sont tous malhonnêtes, sur ce point. Au début, du temps d'Anna, il y avait une conscience dans le parti. Ces gens se disaient qu'ils devaient travailler pour les pauvres qui les avaient élus. Ils avaient des programmes. Mais une fois au pouvoir, ces députés ont changé d'idées en découvrant l'argent, et ils se sont dit : « Pourquoi donner tant de facilités à ceux qui sont sous nos ordres ? Non ! Il faut se remplir les poches d'abord, en profiter pour s'enrichir ! » Et nous, nous sommes restés comment avant, sans savoir lire ni écrire. Il y a bien un bureau des Harijans à Pondy, mais nous on ne sait pas comment il faut s'y prendre pour faire une demande, pour signer. Quand vous entrez dans un bureau et que vous savez lire et écrire, vous êtes bien accueilli et vous obtenez ce que vous voulez. Nous, quand on va demander quelque chose, on nous dit : « Reviens dans vingt jours ! » ou : « Attends trois mois ! » Nous, ce qu'on comprend, c'est : « Rehausse cette diguette ! », « Sarcle ce champ ! », « Irrigue là, mets de l'engrais ici ! » Et pour ça, on nous donne quinze ou vingt roupies par jour.

Le drapeau rouge

Depuis qu'on nous a accueillis dans la société et qu'on nous a demandé de voter, j'ai toujours voté pour Gopala Gounder. C'était un travailleur lui aussi. Il connaissait nos difficultés et surtout on pouvait aller lui parler de nos ennuis, lui demander de nous obtenir quelques lopins de terre du village ou du temple. Il comprenait les choses et au moins, il donnait une réponse. Les Reddi, eux, ils vivent à l'ombre en mangeant des fruits et en buvant du lait. Ils ne nous reçoivent pas quand on va les voir. Il faut attendre des heures avant de leur parler, ou il faut revenir plusieurs fois : « Monsieur est en train de dormir », ou « Monsieur prend son bain », « Monsieur n'est pas libre »... De toute façon, ils ne comprennent pas nos soucis. On travaille chez eux, mais c'est pour le Parti communiste qu'on a de la sympathie. Le Parti communiste, c'est un parti de pauvres. Son but, c'est de se battre pour ceux qui n'ont rien, pour les faire vivre mieux. Les autres partis, ce qu'ils cherchent, c'est gagner de l'argent ou détourner des terres, favoriser les riches. Quand Anna était vivant, son parti était honnête, mais maintenant tout est pourri.

Un jour, il y a eu un grand drame à propos de ces partis. Le Grand Reddi ne savait pas que je votais pour le Parti communiste. Il croyait qu'on votait tous comme il disait. Une année, à la veille de l'élection, Gopala Gounder a rassemblé tous ses hommes, pour une manifestation. Mais Kuppussami qui était parti chez sa fille n'était pas là cette fois-ci pour prendre la tête du défilé avec le drapeau rouge, et Gopala Gounder m'a demandé de le remplacer. Moi, j'étais bien hésitant, car je savais que le Grand Reddi n'apprécierait pas ! J'ai fini par dire oui, pourtant, et le groupe a fait le tour de l'*ur* en criant :

« Vive Monsieur Subbaiah ! Vive notre parti ! »

« Votez pour le Parti communiste, le vrai parti du peuple ! »

Malheureusement, le Parti aux deux feuilles avait aussi décidé de défiler ce jour-là. Eux hurlaient :

« *Podungayya otteu irattaiyilaiyai patteu !* » « Mettez votre vote en marquant bien les deux feuilles [13] ! »

Chaque groupe essayait de crier plus fort que l'autre. Arrivé à la hauteur du temple de Draupadi, le porte-drapeau de l'Anna DMK m'a fait un croc-en-jambe. Je lui ai dit : « *Innappa !* Ne fais pas ça, sinon on va se battre ! Continue ta manifestation et nous la nôtre ! » Mais sa bande m'a arraché le drapeau des mains pour me frapper avec la hampe. Nous on a riposté, et on les a finalement dispersés. Mais la police avait été prévenue. Un des policiers s'est avancé en pointant son fusil sur moi. J'ai viré de côté, tout en m'agrippant à lui. Les Gounder qui étaient là m'ont défendu, et tout s'est calmé. Quand même, la police m'a arrêté avec quelques autres, et on m'a emmené à Pondy. Au tribunal, les Gounder ont encore parlé en ma faveur. Finalement on est rentrés au *céri* après avoir passé la nuit au poste, où on nous a un peu battus.

Après ça, quand K.S. a été élu, j'ai quitté le PC. Le soir même, je suis allé voir Gopala Gounder et je lui ai dit : « *Ayya !* Je me suis battu pour le Parti longtemps, et hier encore vous avez pu le voir. Le Parti a de bonnes idées, mais moi j'ai des enfants à nourrir. J'ai besoin de travail, mon fils aussi. Toute ma famille est asservie chez le Reddiar, et on mange le *kuj* qu'il nous donne. Je dépends entièrement de lui. C'est chez lui que je dois courir emprunter quand on n'a pas à manger, ou quand on doit célébrer un événement important. Je ne veux pas provoquer sa colère, et il faut qu'on vote pour lui. Comprenez-moi et pardonnez-moi ! » Gopala Gounder m'a dit qu'il comprenait mes raisons, en ajoutant : « Tout ce que je te demande, c'est que ta famille nous donne une voix, la tienne par exemple. Tout le reste peut aller au Reddiar. » C'est comme ça qu'on a voté, et le *céri* a fait comme nous.

Tout le monde trouve que le Congrès, c'était très bien autrefois, avec Gandhi, Nehru, Kamaraj. Mais maintenant, on ne comprend plus ce qui se passe là-bas dans le Nord. Pour les élections au Parlement, les gens votent pour le Congrès par fidélité à Gandhi, qui a beaucoup lutté pour nous. Il nous a défendus loyalement, et c'est lui qui nous a élevés au rang de Harijans. Et puis, qu'est-ce qu'on irait faire avec un parti tamoul comme le DMK au Parlement de Delhi ? Le DMK, c'est un parti pour ceux qui parlent tamoul, pour les problèmes du pays tamoul. Les gens votaient pour le *dharmaraja*, mais depuis sa mort, l'Anna DMK n'arrive plus à se relever, et c'est normal que Karunanidhi soit au pouvoir. Lui aussi est dans le parti depuis le début, et lutte pour nous [14]. Notre Reddiar votait pour l'Anna DMK ces dernières années, et les gens votaient comme lui. Un *kambattan* doit savoir qui soutenir ou pas. Depuis la mort de M.G.R., il vote DMK et les gens aussi. On se dit : « Moi, je fais comme lui. Je suis travailleur, lui est *kambattan*. Je suis son serf. S'il prospère, je gagne grâce à lui mes quatre ou cinq mesures de paddy. Bien sûr, c'est moi qui travaille dur, ma famille s'use chez lui, mais le salaire est là. » Alors on vote comme lui. Et puis, dans notre circonscription, on nous soigne : on a mis l'eau courante pour les pauvres, on a donné l'électricité à tout le *céri*, on peut ramasser les fruits des tamariniers pendant trois ans, on a une carte de rationnement, les veuves et les infirmes reçoivent du riz et des vêtements, les enfants sont nourris à l'école. Même une fille comme Shanti peut faire des études pour entrer dans la police...

Ça n'est pas suffisant pour que tout aille bien ! Les terres communales, par exemple. On nous en avait donné en métayage, mais quand le Congrès est revenu au pouvoir, il les a reprises. Le parti du Congrès lutte peut-être pour les pauvres, mais ceux qui y sont ont de l'argent. Ce sont des gens qu'on accueille dans les magasins en leur offrant du thé ou du café. Des gens qui sont assis dans des fauteuils, au frais, le soir sur les vérandas, et qui préparent leur coup, qui réfléchissent aux dessous-de-table, à quel chef de village il faut donner deux cents ou trois cents roupies, à quel comptable il faut glisser de l'argent pour avoir les registres du cadastre. Ce sont ces gens-là qui nous prennent les terres qu'on aurait dû recevoir. Et si on se bat pour avoir ces terres, ils viennent dire au comptable : « *Innappa* ! Le Reddiar ou le Gounder a besoin de ces champs. Barrez ce nom-là et celui-ci. Débrouillez-vous pour faire disparaître ça des registres : il y aura tant d'argent pour vous. » Et eux, le chef de village, le comptable et le *talaiyari*, ils se le partagent. Le lendemain, voilà un officiel avec une chaîne qui vient mesurer les terres communales et qui nous dit : « *Innappa* ! Tout ça est au Reddiar maintenant. Faut plus venir ici, sinon ça se finira en prison menottes aux mains ! » Et si on refuse et qu'on se révolte, on nous dira : « Fils de putes ! Vous en avez du culot pour vous révolter ! » et on nous fera battre. On s'est révoltés pourtant, déjà ! Tous les chefs de famille qui votent pour le PC étaient là, avec le drapeau, et on criait :

« Vive le Parti communiste ! Vive l'Inde !
Vive Subbaiah ! Vive Gopala Gounder !
Les terres communales aux pauvres !
Laissez-nous cultiver les terres communales !
À bas le gouvernement ! »

Et on a planté le drapeau rouge en terre.

Les policiers sont venus nous arrêter. Ils nous ont emmenés au poste avec nos drapeaux, et ils nous ont dit :

« *Innappa* ! Pourquoi vous manifestez comme ça ? Il fallait faire une pétition au gouverneur, au ministre en chef, à ceux qui sont au gouvernement. Vous, vous protestez avec les drapeaux du PC en disant "Subbaiah ! Subbaiah !" Est-ce que vous croyez que c'est lui qui va vous donner les terres de la commune ? — Oui ! on leur a dit. C'est lui qui lutte pour nous ! C'est le plus honnête, et on a confiance en lui. Les autres ne servent que les riches ! »

Là-dessus, les militants des autres partis sont accourus au poste, surtout ceux du DMK :

« Allons ! On va tous se réunir pour discuter de ça et prendre une décision rapide. Voyons : combien y a-t-il de foyers au *céri* : soixante, soixante-dix ? On va donner à chaque famille vingt *kuji*. Pas besoin de manifester ! Pas besoin de protester ! On s'occupe de vous. Allez : rentrez chez vous. On va vous contacter [15] ! »

On entend ça chaque fois qu'on manifeste, mais on ne voit jamais rien arriver, et les terres communales sont toujours distribuées aux gens de l'*ur*, pas à nous. Quelquefois, avant les élections, une ou deux personnes du *céri* reçoivent un peu de terre en métayage. Pour les étangs, c'est pareil. Autrefois, on mangeait des moules, des escargots, des crabes de rizières, des poissons d'eau douce. Personne d'autre ne mangeait ça. Maintenant, même les Vanniyar s'y sont mis, et ce sont eux qui obtiennent le droit de pêche. Ils pêchent avec de gros filets, et ils nous vendent leurs poissons ! Et si je dis à mon fils de demander un droit de pêche sur une part d'étang, il me répond qu'il a honte ! C'est pourtant nous les plus pauvres. On ne mange que si on a du travail, sinon le ventre reste vide. Alors pourquoi ne pas nous laisser en métayage quelques lopins ou un étang, à nous, les sans-terre ? C'est le règne des riches, qui ne se soucient pas des pauvres...

Le grand tort de naître paria

Je l'ai bien vu quand je suis allé voir le Reddiar pour le mariage d'Anbin. Je lui ai dit :

« Je dois marier mon fils. Je vais voir une fille pour lui, *Sami* !

— Han ! Tu dois marier ton fils et chercher une fille ? Han ! Combien il te faudrait pour ça ?

— Il me faudrait cinq cents roupies et cinq sacs de paddy, *Sami.* »

Lui, toujours bien assis dans son fauteuil, tout en remuant les pieds :

« Han ! Il te faut cinq cents roupies et cinq sacs de paddy. Ça fait mille roupies, ça ! Quand est-ce que tu vas me rembourser ?

— *Innanga !* Je m'use chez vous, mon fils s'use aussi, et ma femme, et ma fille aussi. Tous les quatre on s'use chez vous, et vous croyez que vous ne serez pas remboursé ?

— Bon, alors tu penses pouvoir me rembourser ! Mais de toute façon, je ne peux pas donner tant. Prends deux cents roupies et un sac de paddy. J'achèterai le sari de mariage et le *tali.* Ça sera un mariage imposant ! Ces deux cents roupies et ce sac de paddy, vous me les rembourserez plus tard en travaillant pour moi.

— Comment, *Sami* ! On a déjà tant travaillé pour vous. Vous ne nous donnerez rien pour ça ?

— *Deï !* Ton père est mort, j'ai donné cent roupies. Ta mère est morte, j'ai encore donné cent roupies. Quand ton frère est mort, j'en ai donné cinquante. Chaque fois qu'il y a un décès ou une naissance, tu me demandes quelque chose !

— C'est vrai que vous me donnez chaque fois, *Sami*, mais moi je vous rembourse toujours sans faute. Si vous me donnez maintenant ce que je demande, avec mes économies ça fera mille cinq cents roupies. Avec ça, je pourrai faire un mariage honorable pour mon fils !

— Ah non ! je ne peux pas te donner ça : seulement deux cents roupies et un sac de paddy. Va demander ailleurs !

— Comment j'irais demander ailleurs, *Sami* ? C'est chez vous que je suis serf. Mes bœufs et ma famille travaillent pour vous, et avec tout ça vous ne faites rien ?

— Mais je te donne un salaire !

— Oui, mais la grande mesure de riz coûte trois roupies vingt. Comment je peux vivre avec ça ? Si vous me laissiez un quart de *kani* à cultiver, je pourrais m'en sortir. J'obtiendrais trois ou quatre sacs, je pourrais économiser après avoir mangé, et je vous rembourserais... »

Mais ça ne se passe pas comme ça, parce que justement les Reddiar ne veulent pas qu'on s'en sorte. Ils se disent que si, avec un quart de *kani*, j'arrive à mettre deux sacs de côté, je ne les respecterai plus : « Celui-là, après ça, il va se couper les cheveux comme nous, il va mettre un *somin* et une chemise, il allumera une cigarette... mais si on le prive de ce quart de *kani*, on pourra le maintenir en servage, avec son cache-sexe et son turban... »

C'est qu'ici, dans nos campagnes, on ne souhaite pas que les travailleurs soient respectables et civilisés, Sinnamma. Ce que les autres veulent, c'est qu'on reste arriérés, et eux avancés. Nous, les Parias, on est davantage solidaires, on veut le bien d'autrui, on s'entraide. Si l'un de nous meurt de faim, un frère, un *pangali* lui donnera à manger. Si une femme vient dire à Viramma : « Belle-sœur, je n'ai rien à manger ce soir. Est-ce que tu peux me prêter une mesure de riz ? Demain je te la rendrai quand mon fils aura rapporté l'argent du labour », on va lui prêter tout de suite. Si quelqu'un arrive chez nous à l'improviste, on court chez le voisin pour lui emprunter de l'argent qu'on rendra le lendemain. On se soutient au *céri* : on ne peut pas laisser des hommes mourir de faim !

Mais dans vos castes, on souhaite abattre les Parias. Vous, quand vous suez, c'est de l'eau. Nous, c'est du sang ! Être debout sous un parapluie à nous faire travailler, ça n'est pas fatigant, et à l'heure dite, vous allez prendre votre repas, boire votre café. Mais moi, de bon matin, je cours au champ sans rien manger. C'est vers huit heures seulement qu'on m'apporte mon premier repas. Le Reddiar, à midi, il mange du riz et plusieurs sortes de légumes sur une belle feuille de bananier, et à moi, on dit : « *Deï* ! Va te laver les mains ! » et on me verse dedans de la bouillie. Le soir j'enlève mon cache-sexe, je le lave, je me noue un *somin*, je croise poliment les bras et je viens recevoir mon salaire. C'est seulement après que je peux vraiment me reposer. Je m'achète un peu de lentilles, des aubergines ou du poisson salé.

« Et tu n'oublies pas du vin de palme pour deux roupies *(dit Viramma en riant)* !

— Ça, c'est mon seul plaisir de la journée...

40. Kapok décore un mur.

47. Au marché de Tirulagam : une gargote.

48. Au marché de Tirulagam : bananes et canne à sucre.

49. Au *céri* de Karani : les pierres du Gardien.

51. A l'*ur* :
la stèle de Potteuraja.

50.
Au *céri* :
le temple
de Mariamman.

52. Almanachs et calendriers : panthéon hindou
et vedettes de cinéma.

53. Propagande électorale pour le DMK, à Karani.

56. Au sol : un *kolam* pour Pongal.

57. Le Pongal des bœufs : les cornes peintes.

DES CAMPAGNES POLITISÉES

54. Chez Viramma, en 1985.
Un calendrier orné de
portraits d'Indira Gandhi,
M. G. Ramachandran
et Rajiv Gandhi.

55. Compétition électorale : des partis multiples...

58. A l'*ur* : temple d'Isvaran.

59. A l'*ur* : temple de Mariamman.

60, 61 et 62. Les processions de pénitents.

63 et 64. Célébration de Taï pusam.

65. Fête de Draupadi : la guerre.

66. Au *céri* : Harichandra.

72. Viramma et sa fille, avec Josiane et Jean-Luc Racine.

73. Viramma, entre Josiane Racine et Jean Malaurie.

— Bon, bon, continue » *(dit Viramma).*

Si le Reddiar me lâchait plus tôt, moi aussi je pourrais manger et me coucher de bonne heure, mais au lieu de ça, je me couche tard et je me lève tôt. Et si j'arrive un peu en retard au travail, le Reddiar l'apprend et gronde : « *Deï !* Ta femme ne t'a pas lâché ? Elle t'a bien serré dans ses bras ? Vous étiez bien emmêlés ? »

Pourquoi ça serait seulement eux qui pourraient coucher avec leur femme, lui parler ? Est-ce qu'ils ont le droit de faire des enfants et nous pas ? Nous aussi on est des hommes et des femmes. Nous aussi on a des envies, et ça nous mène jusqu'à minuit. Tandis qu'eux, dès six heures du soir ils se lavent les mains, leur femme leur apporte à manger, et puis ils vont au lit se détendre, ou jouer avec leur femme : ils ne sentent pas la fatigue. Nous, après avoir travaillé avec la houe toute la journée, on mange à la hâte, et c'est seulement après qu'on parle, qu'on joue, qu'on se caresse, qu'on est homme et femme. C'est ça notre bonheur.

On travaille comme ça toute notre vie pour un Reddiar, et voilà que lorsqu'on a besoin d'argent pour une affaire très importante, pour allumer une lampe dans un nouveau foyer, il nous donne deux cents roupies et un sac de riz. Comment faire avec ça ? Et le lendemain du mariage, si on ne va pas immédiatement travailler comme d'habitude, il dira : « J'ai donné de l'argent à ce Paria pour ce mariage, et voilà qu'il n'est pas revenu travailler. Il en a du culot maintenant ! »

Alors voilà : vous êtes Reddiar, vous avez le droit au repos. Vous êtes de la caste d'en haut, vous pouvez dire : « Ce veuf de Paria n'est pas encore venu ! » Mais qui est donc ce veuf qui nous a appelés comme ça : Parias, Parias ? Et tous les autres veufs qui nous appellent Parias aussi ! Non seulement on est pauvres, mais en plus, on a eu le grand tort de naître Paria...

« *Deï !* Dépêche-toi de rentrer les vaches, sinon tu auras du bâton ! » Voilà comment le Reddiar me menaçait quand j'étais petit. Maintenant, il n'oserait plus lever la main sur moi, je suis du même âge que lui. Et si jamais il ne se contrôlait pas, s'il me frappait, il y aurait toujours quelqu'un autour, un Gounder, un Naïcker ou même un Paria pour lui dire : « *Innayya* ! Même s'il est serf chez vous, ce n'est pas bien de frapper un homme de votre âge ! Vous le frappez comme ça, sans réfléchir, alors que ses parents qui l'ont mis au monde, qui l'ont bercé et cajolé, qui l'ont soigné et protégé, n'oseraient même pas le faire... » Le Reddiar me respecte maintenant, parce que je suis un homme raisonnable, juste, qui ne fait pas d'excès. Je sais rester à ma place. Mais si on me cherche querelle, je sais me défendre, je sais parler !

Vous l'avez battu, ce voyou ?

Il y a six mois, on a frappé mon fils Anbin. Je me suis fâché ! Ça m'a rappelé la première fois qu'on m'a battu très fort, quand j'étais petit. J'avais douze ans peut-être, et je m'en souviens très bien. Je devais faire paître un troupeau d'une vingtaine de bêtes, dont deux bœufs tout excités et deux vaches filant toujours dans les récoltes. Impossible de les faire paître tranquillement. À peine sorties de l'étable, ces voleuses de vaches sont allées brouter la rizière du Gounder. Il est arrivé furieux, en me disant :

« *Innada !* Tu crois peut-être que parce que tu travailles chez un Reddiar, chez un *kambattan*, tout est permis ? Est-ce que ton Reddiar croit qu'il peut faire paître ses vaches dans ma rizière ? Attends que j'aille lui poser la question !

— *Innanga !* C'est moi son vacher, mais je n'arrive pas à faire paître toutes ces bêtes en paix, avec ces vaches qui filent tout le temps !

— Eh bien ! Il fallait leur lier une patte au cou ! »

Je lui ai fait remarquer que j'avais bien lié une patte à ces deux vaches, mais que malgré ça elles couraient vite et s'étaient échappées. Mais lui n'a rien voulu savoir, et il s'est mis à m'engueuler :

« *Innada* ! Fils de pute ! Baiseur de ta mère ! Si tu étais d'une bonne caste, tu ne te conduirais pas comme ça ! Tu es bien un vrai Paria, espèce de veuf ! » Et il m'a frappé avec son bâton sur la cuisse. Ça m'a fait très mal, et du coup, je l'ai insulté moi aussi :

« Sale Palli qui est devenu Gounder ! Fils de pute ! Tu oses venir me battre alors que mes parents n'oseraient pas me toucher ! »

Il a aussitôt couru chez le Reddi et lui a dit :

« *Innayya !* Votre garçon paria m'insulte sans même tenir compte de ma caste, comme s'il n'y avait plus de différence entre les castes d'en haut et celles d'en bas ! Je suis un Gounder, lui un Paria, et il vient me dire que je suis un fils de pute, un baiseur de ma sœur ! Est-ce que c'est des façons de parler ? »

À midi, je ne suis pas rentré. J'ai envoyé d'autres vachers chercher mon *kanji* chez le Reddiar pendant que je surveillais leurs bêtes. Quand ils sont arrivés chez lui, le Reddiar leur a demandé :

« *Deï !* Où est mon Paria ?

— *Innanga* ! Il garde toutes les vaches. Il est capable de surveiller toutes ces bêtes à la fois, et de les empêcher de se sauver. Il a préféré rester là-bas, et il nous a demandé de lui prendre son repas.

— Bon, bon ! Il y aura de la bastonnade pour lui ce soir ! Allez ! »

Quand les garçons m'ont raconté ça, je me suis dit en moi-même : « Pourquoi il veut me battre, alors que l'autre l'a déjà fait ? » Le soir, j'ai ramené les bêtes à l'étable, je les ai attachées. J'ai donné à manger aux vaches, aux bœufs de labour et aux veaux, puis je me suis approché de la femme du Reddiar et je lui ai demandé une demi-mesure de riz. Pendant que je recevais le riz dans mon *tundeu*, le Reddiar s'est approché par-derrière, sans que je le voie, et il m'a donné un grand coup de rotin. J'ai crié :

« *Ayayo ! Ayayo !* pourquoi vous me frappez ?

— *Deï !* qu'est-ce que tu as dit au Palli, au Padaiyatchi, hein ?

— *Ayo, Sami !* C'est lui qui m'a dit que j'étais un fils de pute, le baiseur de ma mère ! C'est pour ça que je l'ai insulté ! »

Mon père qui travaillait là est venu me défendre :

« *Sami !* Si cette vache a piétiné la récolte du Palli, il aurait dû simplement confisquer la vache, ou se plaindre à vous, demander une amende. Mais avec ces bêtes intenables, comment voulez-vous que mon garçon s'en sorte correctement ? Et combien vous le payez ? Six petites mesures de riz par mois, parce que nous sommes vos serfs, qu'on fait tous les travaux pour vous et qu'on vous amène nos enfants [16]... »

C'était la première fois que le Reddi me battait. Une autre fois, il a recommencé. C'était juste avant mon mariage. Il surveillait sur le bord du champ le ramassage des arachides ; une cinquantaine de personnes y travaillaient. Moi, je faisais paître une vache pas loin de là. Le Reddiar m'a appelé : « Manikkam ! Manikkam ! » Mais je n'ai rien entendu, à cause du vent qui venait du sud et du bruit des gens, et je suis resté assis à côté de la vache sans répondre. Lui a ramassé une branche de tamarinier qui était là, et, par-derrière, il m'a donné un grand coup sur la tête, et je suis tombé sans connaissance, évanoui. Tout le monde s'est rassemblé, et a commencé à dire : « Qu'est-ce que c'est que ça, un *kambattam* qui frappe un garçon ! Un gars si fort, jamais il n'aurait pu l'assommer : il l'a pris par-derrière ! » Tout le monde a arrêté le travail, en laissant sur place les outils et les corbeilles — des femmes en ont profité pour remplir leur pan de sari d'arachides. Ils sont partis, en m'emmenant avec eux, et on m'a conduit ensuite à l'hôpital. Le Reddiar, lui, était rentré chez lui, et il a raconté ce qui s'était passé :

« J'ai frappé Manikkam avec une branche de tamarinier. Les gens se sont rassemblés et ils l'ont emmené à l'hôpital. Il paraît qu'il est dans un état grave... »

Alors sa mère l'a engueulé en *télugu* :

« Comment peux-tu frapper ce garçon, qu'on a élevé comme un fils ? S'il se remet, il se vengera sûrement. Il te rendra ce que tu lui as fait ! Tu crois peut-être qu'il aura peur de ton argent ? »

À l'hôpital, on m'a demandé ce qui m'était arrivé. Je n'ai pas dit la vérité, parce que je ne voulais pas que ça remonte jusqu'à la police et qu'on me dise de porter plainte contre le Reddiar : moi, je dois travailler chez lui pour vivre ! Et il faudrait aussi se présenter chaque fois que le tribunal le demanderait. Je ne suis pas riche pour me lancer là-dedans. Je préférerais mourir que d'avoir tous ces tracas. Alors j'ai dit au docteur que c'était une malle qui m'était tombée sur la tête. Mais lui a bien compris que ça n'était pas vrai. Il m'a dit : « Ne me cache rien. N'aie pas peur. Tu peux me dire la vérité. Est-ce que quelqu'un t'a battu ? » Je lui ai répété que j'avais reçu une malle sur la tête. Le père du Reddiar est arrivé pour me voir à l'hôpital, et il a confirmé au docteur ce que j'avais dit. Mais dehors les gens qui m'attendaient se sont approchés de lui, et ils se sont plaints de la conduite de son fils. Lui, il leur a répondu :

« *Yeppa !* Ce n'est pas moi qui lui ai dit d'agir comme ça ! Le mal est fait maintenant. Dites à Manikkam de ne pas se fâcher. » Il a tendu vingt-cinq roupies, pour qu'on me donne de bons repas à l'hôpital et qu'on m'achète un peu de brandy ou de la bière. Mais mon père lui a dit :

« Moi je vous considérais comme un père, et vous ne vous seriez pas comporté comme ça. Mais là, comment réparer avec de l'argent ce qui a été fait ? »

Moi, pendant ce temps, je me disais : « Je ne vais pas laisser passer ça, même si je dois y rester. Ma main le touchera ! Je me vengerai. » Une fois guéri, je ne voulais plus travailler pour ce Reddiar, mais mon père m'y a obligé.

À la saison suivante, un jour que je ramassais des arachides avec ma mère, le Grand Reddi l'a appelée :

« *Adi*, Muniyamma ! *Adi*, Muniyamma ! Viens ici, *di !* »

Moi j'ai dit :

« Mère, Mère, il t'appelle ! Au lieu de dire "Muniyamma, viens ici !", il te dit : "*Adi ! adi !* Viens ici, *di*, *vadi-podi* [17] !" »

En entendant ça, lui m'a lancé :

« *Aye !* Fils de pute paria ! Que je baise ta femme, baiseur de ta sœur ! »

Son fils qui était là est venu me battre avec son parapluie. J'ai saisi l'occasion, et aussitôt, je lui ai donné un coup de houe dans le dos et sur la cuisse. Il est parti directement appeler la police, en leur disant qu'un garçon paria qui travaille chez lui l'avait frappé, tandis qu'au champ les journaliers ont pris peur et se sont tout de suite sauvés. Moi aussi je suis rentré. Tout le monde craignait qu'on ne m'emmène au poste pour me battre. J'ai eu à peine le temps de me laver qu'un inspecteur et un agent sont arrivés en moto. L'inspecteur m'a appelé :

« *Deï !* Viens ici ! »

Les gens se sont rassemblés aussitôt. Moi j'ai répondu :

« Comment voulez-vous que je vienne sans vêtement ? Je suis en train de me laver !

— *Deï*, alors ! Tu en as du culot ! Viens tout de suite ou je te compte les os !

— Allez voir ailleurs ! J'en ai déjà vu des policiers comme vous. C'est pas vous qui allez m'intimider !

— *Deï !* Tu as frappé le Reddi, et tu viens encore discuter ? On va te foutre en tôle et de battre, garçon !

— *Ayo !* Faites-vous respecter, et respectez la loi ! Ne dépassez pas votre rôle de policier, et n'en faites pas trop avec moi ! Vous pensez que je suis un homme de la colonie [18], un Paria qu'on peut insulter, et qui aura peur ? Je n'irai pas au poste avec vous ! Vous dites que j'ai frappé le Reddi ? Eh bien, conduisez-moi au grand commissariat de Pondy. Quand le magistrat me convoquera, je me présenterai.

— Ah, tu ne viendras pas ! Tu veux que j'envoie les gens de Pondy ! Toi, on ne va pas te lâcher sans te compter les os !

— Allez, *ya !* Des gens comme vous, j'en ai déjà vu des tas, qui voulaient me compter les os eux aussi ! Essayez un peu de me toucher et vous verrez. Allez, partez, au lieu de me demander cinq ou six roupies parce que je suis pauvre, et d'en demander cinquante ou soixante de l'autre côté. Vous discutez pour rien, là !

— Et pourquoi ? Tu es un garçon paria, et au lieu de faire ton travail tu frappes un Reddiar !

— Eux nous disent : "Viens ici", on vient ; "Va là-bas", on y va ;

“Assieds-toi ici”, on s’assied. Ils pourraient nous frapper, mais si en retour on leur rend, ils envoient la police, on nous mène au poste et on nous bat.

— Qu’est-ce que tu veux, *ya !* Le monde marche comme ça ! Tous vos gars parias s’usent au travail, et s’ils ripostent, ils doivent aussi recevoir des coups !

— Oui, vous prenez un dessous-de-table avec les riches, et après vous nous battez, nous les gars parias ! »

Sinnamma, si on leur parle avec vigueur, en leur disant ce qui est, et en leur glissant quelques billets, ils iront voir le Reddiar en lui parlant autrement :

« *Innayya !* Vous les faites travailler comme bon vous semble, sans devoir suivre aucun règlement ni rien, et en plus vous les battez. Même si vous avez toute la police avec vous, ce n’est pas une raison pour les battre. Ce garçon veut porter plainte. Il veut aller au-dessus de nous. Et si on le bat trop fort, nous aussi, on sera suspendus. Si vous voulez, vous aussi vous pouvez porter plainte ! »

Ils m’ont finalement emmené au poste, et là je me suis débrouillé pour pouvoir donner dix roupies à chacun : on donne selon ses moyens. Après ça, ils m’ont relâché, et ils sont allés dire au Reddiar :

« *Innanga !* Il n’était pas chez lui. Il s’est caché quelque part. Attendez un peu qu’on le retrouve : on va le mettre au trou, et on en comptera les morceaux ! »

Deux jours après, le Reddiar est retourné les voir :

« Alors, vous l’avez retrouvé ? Vous l’avez battu, ce voyou ?

— *Innanga !* Il est allé porter plainte contre vous. Vous allez être convoqué après-demain pour une confrontation !

— Ah ! Il ne manque pas de culot, ce Paria, pour aller aussi loin ! Il n’a pas dû avoir l’idée tout seul. Quelqu’un a dû lui monter la tête. Je vais voir un peu jusqu’où ce monsieur va aller ! Monsieur se croit riche ! Il ne peut mettre en gage que sa paillote : où ira-t-il chercher l’argent ? »

Et il est allé se plaindre à tout le monde :

« Ce Paria a déposé plainte contre moi, et il est prêt à supporter l’affaire ! »

Et les autres, un voisin, un ami, ou même un Intouchable comme moi lui ont dit :

« *Innanga !* Un Paria a osé se disputer avec vous. Vous l’avez frappé pour le punir, et lui vous l’a rendu. Où va-t-on si tout le monde se bat

La fenêtre grillagée. (Dessin de Viramma.)
Toutes les fenêtres, et pas seulement celles du poste de police, sont normalement munies de grilles.

ainsi ? L'affaire est terminée maintenant, alors, où est le Reddiar, où est le Paria dans tout ça ? »

Mais ceux qui soutiennent les Parias ont dit :

« Qu'est-ce que ça change s'il est paria ? Est-ce que c'est seulement dans les veines des Reddiar que le sang coule, pas dans celles des Parias ? Quand on parle de Paria, ça les fait rire. Mais est-ce que les Parias n'ont pas des femmes et des enfants comme tout le monde ? Il n'y a pas que les Reddiar qui ont des enfants. Eux, quand il s'agit des leurs, ils en prennent grand soin. Mais le fils du Paria se contente de très peu : pour se laver, un peu d'huile, un peu de *sikakaï*. Le fils du Reddiar, lui, il a ce savon qui sent bon, comment ça s'appelle ? Et il a des repas avec des tas de choses. Le Paria, lui, il ne peut pas offrir ça à ses fils. C'est pour ça qu'il les envoie chez les Reddiar pour garder les vaches, pour être serfs, et pour se faire rosser ! »

Et puis, il y en a encore d'autres, qui vont dire au Reddiar : « Non, non ! Il ne faut pas le lâcher. Il faut le battre un bon coup, pour le mater ! »

Pause bétel.

Après cette affaire, j'ai arrêté de travailler pour le Reddiar, et toute ma famille avec moi. L'étable n'était pas nettoyée, la bouse de vache n'était pas ramassée, les vaches ne sortaient pas. Le Reddiar a embauché d'autres personnes, mais le travail n'était pas bien fait. Moi, je connaissais les habitudes de la maison. Les autres ne pouvaient pas faire mon travail de la même façon, et le Reddiar n'avait pas la patience de leur apprendre à faire ce qu'il voulait. On pouvait aussi me confier mille roupies à porter à un autre *kambattam* d'un village voisin, et je faisais des tas de choses comme ça, en dehors des travaux agricoles. On ne pouvait pas demander ça à un nouveau.

Pendant six mois, j'ai tenu tête, et j'ai voulu que personne de ma famille ne travaille chez ce Reddiar. Je me suis fait journalier, et ma mère aussi. J'ai taillé des arbres, j'ai labouré, j'ai fait le picottier. Et au bout de six mois, le Reddiar s'est dit : sans ces Parias, ça ne va pas du tout. J'ai essayé d'autres gens, mais ils ne travaillent pas comme il faut. Il a donc dit au Reddiar chez qui travaille Ambigai de me faire chercher. Lui l'a dit à Pajani Gounder : « Le Paria de chez le Grand Reddi a fait ci et a fait ça. Il l'a frappé, et depuis il ne vient plus travailler. Dites-lui de revenir ! » Et Murugaiya Gounder aussi m'a appelé :

« *Innappa !* Il paraît que tu ne vas plus là-bas chez le Reddiar. Qu'est-ce qu'il se passe ?

— Oui, *Sami*, je ne veux plus travailler chez lui. Il ne me paie pas bien. Il ne me laisse pas un lopin de terre à cultiver, et il me bat. Pourquoi je devrais travailler chez lui dans ces conditions ?

— Bon, bon ! Ce n'est pas bien tout ça ! Lui doit te garder comme une mère garde son enfant, et toi, tu dois terminer tes jours chez ce Reddiar. Tu ne dois pas aller ailleurs.

— Non, *Ayya !* je n'irai pas de moi-même chez lui. Qu'il vienne me chercher lui-même s'il me veut. Sinon il se dira : "Oh, il a bien souffert ! C'est pour ça qu'il revient maintenant !" Que le Reddiar vienne m'appeler : "Viens, *da !* Viens, Manikkam !" Alors, j'irai. Mais je n'y retournerai pas de moi-même ! »

Et le Reddiar est venu m'appeler. Les gens étaient autour de nous. Moi, je leur ai dit : « J'ai eu peu de chose pour le mariage de mon fils. J'ai été battu, blessé. La police m'a arrêté. Est-ce que tout ça c'est honorable pour un *kambattam* ? Il fait bonne figure en venant m'appeler aujourd'hui ? Qu'est-ce qu'il fait de sa réputation ? »

Un aîné du *céri* a ajouté :

« Oui ! Il croit toujours que les Parias ont peur des Reddiar, et qu'il suffit de les appeler pour qu'ils viennent. Il ne faut pas qu'il pense ça... »

Sadayan, lui, a dit :

« *Deï !* Qu'il aille voir ailleurs. Pendant six mois, il t'a laissé tomber ! Il t'a battu, il t'a remis à la police, il a porté plainte contre toi, et maintenant il vient dire : "Viens, *da*, Manikkam !" avec un air de prince... »

En entendant tout ça, le Reddiar a compris qu'il avait vraiment tort, que tous les Parias s'en étaient bien rendu compte, et qu'ils le disaient même tout haut. Alors il a dit :

« Bon, bon ! Viens ! Je ne te ferai plus rien désormais ! Tu travailleras honnêtement et dignement, et tu mangeras dignement ce que je te donnerai. Tu auras un peu de terre à cultiver. Mais je veux que mon domaine soit bien tenu ! » Alors quelqu'un d'autre a répondu :

« Est-ce que vous frapperiez votre fils comme ça ? Lui, c'est un enfant de riche : il a droit à un autre traitement. Nous, on est sans ressources. On se fait battre. On se fait envoyer en justice. Vous, vous avez de l'argent et vous savez lire ! Nous, on est intouchables, on est pauvres, et on ne peut vivre qu'auprès de vous !

— Bon, bon ! a répondu le Reddiar, vous pouvez demander ce que vous voulez, mais Manikkam doit venir faire son travail ! »

Quand tous les aînés du *céri* ont eu fini de parler, Murugaiya Gounder a pris la parole :

« Bon ! Vous avez dit ce que vous aviez à dire. Mais quand un *kambattam* lui-même vient chercher son ouvrier, il faut y aller. Tu connais les habitudes de la famille, leurs histoires, leurs façons de vivre. C'est toi qu'il leur faut. Vas-y ! »

Et je suis reparti faire le serf à nouveau...

Sinnamma, je m'en vais : je t'ai tout raconté et j'ai soif. Si tu me donnes cinq roupies, j'irai boire en pensant à toi...

(Et Viramma reprend le fil de son récit...)

Voter pour son maître

Cette année, pour les élections, on a reçu les papiers très tôt. Mon fils et mon neveu aussi en ont reçu. Il y avait beaucoup de monde chez le Reddiar, et le *kambattam* d'Ariyanallur est venu s'installer chez lui avec sa femme. Nuit et jour il y avait des visites. Il y a eu une grande fête, un repas pour tous les électeurs, de la musique avec des haut-parleurs. On se serait cru à un mariage ! Le Reddiar nous a appelées, les Paratchi, pour vanner le riz ; il y en avait quatre sacs, pour nourrir tout ce monde ! Chez nous, tout ce temps-là, on ne s'est pas fait à manger, puisqu'on nous donnait tous les restes. Dans la rue, il y avait un grand *pandal*, avec des nattes étroites sur plusieurs rangées et, devant, des feuilles de bananiers : ça, c'était pour les Kudiyanar, pour les castes de service et pour les Parias. Personne n'a manqué le repas, même s'il n'y avait pas de viande. Les occasions sont rares de manger aussi bien ! Les personnes importantes, comme les Gounder, les Naïcker ou les Odéar, sont venues sans leur famille. Pour eux, le repas était servi au premier étage de la maison. Il paraît qu'il y avait du brandy, et du poulet venu d'un grand restaurant de Pondy. C'est Pakkiri, la femme du cordonnier, qui me l'a dit ; elle, elle a ramassé les feuilles sales à la fin du repas. *(Grimace de Viramma.)* Il y en avait une quantité ! La femme du Reddiar a été très généreuse, elle lui a donné un très joli sari, un jupon et un corsage. Mais comme Pakkiri ne porte pas de corsage, elle a donné celui qu'elle a reçu à sa belle-fille. Nous, pour vanner le riz, on n'a eu que cinq roupies chacune, mais j'ai préféré gagner moins plutôt que de faire un travail dégradant.

Pour cette élection, chacun a distribué des papiers pour son parti : les Reddi de leur côté, les Gounder du leur. Nous, on vote comme on veut : moi je vote pour le Reddiar chez qui je travaille, une autre votera pour son maître, ou on peut aussi voter pour celui qui nous plaît. Après, on peut raconter des histoires, et dire aux autres qu'on a voté pour eux. *(Rire.)* Mais on prend l'argent de tout le monde ! Car ils ont tous de l'argent. On en a eu une fois de cinq partis. Le parti des laboureurs a donné vingt roupies et une bouteille de brandy ; le parti des deux feuilles, vingt-cinq roupies et un sari d'usine très coloré ; le parti de la vache et du veau, vingt-cinq roupies et de l'huile d'arachide ; le parti du rouet, quinze roupies, et un autre encore, quinze roupies aussi [19]. Nous, on dit à chacun qu'on votera pour lui, et on prend l'argent. Mais de toute façon, il n'y a qu'une voix par personne, et il faut voter pour une seule personne. Tout le monde donne, mais on ne peut pas voter pour tous ceux qui ont donné ! Tu ne peux pas voter deux fois parce que tu as deux mains ! *(Viramma rit.)*

Ayo, Sinnamma ! Il y a beaucoup de monde là où on va voter : un peu comme quand on fait la queue pour le cinéma. *(Viramma rit.)* Il y a deux camions de policiers, des agents, des inspecteurs, des infirmiers. Les agents sont debout avec leur bâton à la main et disent : « Allez ! Un par un ! Par ce portail, et allez dans cette pièce-ci ! » On prend ce qu'on nous donne et on arrive enfin devant celui qui a la liste, et qui appelle en suivant sa liste : « Manikkam », puis « Femme de Manikkam : Viramma », et puis « Anbin »... Quand je suis arrivée, on m'a dit : « Comment s'appelle ton mari ? Montre ta carte ! » C'est une personne âgée qui inscrit et qui vérifie tout : « Regardez s'il y a son nom. Celui de son mari. Où est le bulletin ? » On fait deux queues : une pour les hommes, une pour les femmes. Les bulletins qu'on reçoit à la maison ne sont pas valables. il faut en prendre un sur place. Quand on arrive devant la boîte, on prend le tampon, et on met une marque devant le signe qu'on veut, et puis tous les bulletins sont mis dans une seule boîte...

Une fois, je me suis trompée : je devais mettre le tampon sur le soleil levant, et je l'ai mis sur la main. Quand je suis sortie, mon mari m'a engueulée : « Tu ne sais pas distinguer un soleil levant d'une main [20] ? » Bien sûr que je sais, mais quand tout ça est dessiné sur un papier, c'est embrouillé et je n'y vois plus rien. Il était en colère, et les autres aussi.

Je leur ai dit : « Fichez-moi la paix ! Je tremble de tous mes membres devant tous ces hommes. Comment voulez-vous que je distingue quelque chose ? On verra aux prochaines élections ! »

Maintenant, un peu avant chaque élection, on fait de nouveaux travaux au *céri*. Regarde : dans le nouveau *céri*, les rues sont bien tracées, goudronnées. À chaque coin, il y a un robinet, et c'est éclairé. C'est vraiment agréable, et la nuit, on n'a plus peur pour rentrer chez soi, alors qu'avant, dans l'obscurité, des types se cachaient dans les champs de canne à sucre pour venir nous embêter. Tout ce qui était à l'étroit dans le vieux *céri* est maintenant au large, dans un terrain plus grand : tout dépend de la taille de la famille. Nous on n'a rien eu, puisqu'on possède déjà notre maison, et qu'on n'a qu'un enfant qui vit avec nous. On a dit à mon mari : « Tu peux rester là où tu es. Ta maison familiale est assez grande pour toi. Mais ton frère aura droit à un terrain dans la nouvelle colonie. » C'est comme ça qu'ils font. Si des frères vivent ensemble, un sur deux ou deux sur quatre reçoivent un nouveau terrain. Et sur ce terrain que le gouvernement a donné, chacun construit sa maison comme il peut. Tout le monde au *céri* est propriétaire de sa maison maintenant. Moi, il faut que je refasse mon toit. J'attends qu'on coupe la canne à sucre pour louer une charrette et aller chercher les feuilles. Il faudra compter deux jours pleins de travail. On profite de la récolte de *Citterai* pour refaire son toit. Autrefois, on mettait aussi du chaume de *karudai samba*, et ça tenait plus de deux ans. Mais avec les nouveaux riz qu'on a maintenant, le chaume ne tient pas comme ça. J'ai vu hier qu'on refaisait le toit de la maison de Sinnappin, le *talaiyari*, qui vit maintenant à Pondy. Il vient en famille passer un mois chaque année pour la fête de Draupadi. Tous ceux qui ont quitté le village gardent comme ça une maison pour revenir de temps en temps. Le gouvernement a reconnu son travail. Il n'y a plus que moi qui travaille pour rien ou presque, comme sage-femme. La femme de Sinnappin préside l'association des femmes ici. Elle te ressemble, Sinnamma. On dirait une femme de l'*ur*, pas du tout une Paratchi. L'association a maintenant une salle dans la nouvelle colonie, et la femme de Sinnappin vient y parler, avec d'autres femmes de Pondy. Je lui ai demandé qu'on me donne un salaire pour mon travail de sage-femme, et je l'ai demandé aussi à Kaliyan, le *nattam*. Mais aucun de ces fils de veuve ne s'en est occupé. Personne ne veut faire une demande pour moi.

J'en ai parlé aussi à Murali, un garçon du *céri*, bien instruit. Il a passé tous ses examens, et il travaille maintenant dans un bureau du gouvernement à Pondy. Il est au parti du soleil levant. Il pourrait dire un mot aux gens de son parti, mais il me répond toujours : « Attends, tante. Ne te presse pas : tu recevras une convocation ! — Oui, oui ! je lui dis. Je la recevrai quand je serai au champ de crémation ! » *(Viramma rit.)* Ce garçon est très serviable, quand même. Il fait pour nous des demandes au Bureau des Harijans. C'est par lui que j'ai pu avoir un prêt pour acheter une paire de bœufs. Je lui ai donné vingt-cinq roupies, et au *nattam* aussi. Ils vont tous les deux dans les bureaux pour toutes ces demandes, et là-bas, ils glissent de l'argent à deux ou trois personnes avant d'avoir la signature qu'il faut. Si on ne paie pas, on n'obtient jamais rien !

C'est Murali qui met nos jeunes au courant de ce qui se passe dans les partis. Il les excite, et ça se termine par des bagarres. « Le Reddi ne nous paie pas assez : il faut se révolter ! » « Celui-ci est un traître, celui-là un vrai voleur ! » Voilà de quoi ils parlent, nos jeunes ! Il n'y a que ça qui les intéresse. Nos maîtres ne peuvent plus les houspiller, aussitôt ils réagissent. C'est justement ça que prêchent les partis politiques. Le cinéma aussi leur tourne la tête et leur donne des idées. J'ai vu un jour le fils de Kannima aller à l'échoppe de thé de Kuppussami, et lui demander à être servi. Kuppussami lui a poliment demandé d'apporter son verre, mais ce garçon a exigé de boire dans un verre de l'échoppe, et s'est mis à insulter Kuppussami. Ça, c'est vraiment du culot ! C'est pas parce que au cinéma on voit ces messieurs boire dans les verres de tout le monde qu'il faut faire comme eux ! Que deviendra le commerce de Kuppussami si les Parias se mettent à boire dans ses verres ? Plus personne de l'*ur* n'ira chez lui [21] !

C'est d'écouter tous ces politiciens qui donne à nos jeunes tant de culot. Bien sûr, pour le moment, ils n'ont pas de souci à se faire. Par la grâce de Dieu, nous, les parents, on peut encore travailler. Mais il viendra un temps où on ne pourra plus. Il faudra bien alors qu'ils aillent demander de l'aide à nos maîtres. Le ventre n'attend pas. Ce n'est ni leur parti, ni les hommes au gouvernement qui vont les nourrir. Les voleurs ne peuvent pas vivre de leurs vols éternellement. Un jour, il faut reprendre la vie normale. Eh bien, nos jeunes ne peuvent pas non plus vivre toujours de la politique ! Ce sont des oiseaux sans cervelle. Ça siffle bruyamment, et ça finit par se noyer dans l'abreuvoir. Il faut bien trouver à se nourrir quelque part. Est-ce qu'on peut mettre quelque chose en gage pour emprunter de l'argent au Marwari de Tirulagam ? Les seules choses qu'on a, ce sont nos mains. Le jour où on manque de *kuj*, on peut courir chez le Reddiar, et il finit toujours par prêter quelques mesures de paddy ou quelques roupies. C'est pour ça que j'enseigne toujours le respect et l'obéissance envers nos maîtres. Et c'est pour ça aussi que moi je vote pour le Reddiar. Ma conscience me dira toujours de voter pour lui. Je travaille chez lui. Il me protège, et moi aussi je dois lui donner ma protection. Tout le monde raisonnera comme moi : on n'est pas malhonnête envers celui qui vous nourrit ! Pour avoir nos voix, les Gounder distribuent beaucoup plus d'argent que le Reddiar. Ils nous disent à tous : « Ne vote pas pour ton Reddiar ! Vote pour nous ! » Mais le Reddiar, lui, il a marié tous nos enfants ! Les Gounder, eux, même si je vote pour eux, ils ne feront rien pour nous. Ils pensent à nous avant les élections, mais après ils ne savent plus où on habite !

Il y a trois élections de cela, Sinnamma, il y a eu de la bagarre ici. Nos jeunes avaient décidé de ne plus voter pour le parti de Pérumal Gounder, mais pour le nouveau parti de M.G.R. Pendant des jours il y a eu des querelles entre les hommes des deux partis. Et un soir, les hommes de Pérumal Gounder sont venus avec des bâtons. Parmi eux, il y avait surtout un Gounder qui s'appelle Vadivélu, et qui vient toujours faire le malin autour du *céri*. Cette fois-là, il a dit :

« *Deï !* baiseurs de vos sœurs ! Qui vous a donné tant de facilités ici ? C'est bien celui qui gouverne à Pondy, non ? »

Tous les soirs, ils venaient comme ça en bande, après avoir bien bu, et ce Vadivélu nous lançait :

« *Deï !* Espèces de fentes, il paraît que vous êtes bien arrogants, et que vous avez dit que vous n'alliez pas voter pour nous ? Eh ! Personne ne vous force, hein ? Votez pour nous si vous voulez, sinon gardez vos voix ! »

On les écoutait sans rien dire, mais il y avait toujours des jeunes pour répliquer :

« C'est fini le temps où vous faisiez le malin ! Maintenant vous ne pouvez plus remuer la queue comme avant, ni nous mettre le bonnet[22] ! Vous avez pu nous tromper, mais ça ne marche plus aujourd'hui ! »

Heureusement, les aînés les ont calmés. Le lendemain, on est allés voir le Reddiar et les aînés de l'*ur* :

« *Sami*, nos aînés ! On n'a rien fait, et hier soir Vadivélu le Gounder est venu au *céri*. Il a menacé de nous battre. Il nous a insultés vertement. On a eu du mal à retenir nos garçons ! »

Le Reddiar a aussitôt fait appeler le Gounder, et il l'a sévèrement houspillé :

« *Innada !* Tu as bu hier, et tu as voulu battre ces gens-là : des pauvres apeurés, tapis comme des bêtes dans la forêt ! »

Et le Gounder a répondu :

« *Innanga !* C'est qu'ils n'ont pas voulu voter pour moi, après avoir pris l'argent. C'est pour ça que je suis allé chez eux ! »

Nous, on est partis satisfaits de voir que le Reddiar était intervenu. Ce Vadivélu, c'est vraiment le seul qui vienne remuer la queue au *céri* !

Une autre fois, il y a longtemps, ça a été bien plus sérieux. J'avais encore ma cinquième fille dans les bras en ce temps-là, et il n'y avait pas d'eau. Notre réserve de paddy était épuisée, et il fallait bien en acheter au marché. Tous les jours, j'allais à Nalivéli, à Mangappakkam ou à Nellipet pour ramasser des arachides. Je ne pouvais pas travailler à la journée, car j'avais le bébé à allaiter, et les propriétaires n'auraient pas accepté que je m'arrête comme ça plusieurs fois par jour. J'emmenais le bébé avec moi, et j'allais simplement ramasser ce que les journalières avaient laissé : les coques dures à cueillir, ou petites. Ça me faisait entre une et trois mesures en fin de journée que j'allais vendre pour trois ou quatre roupies. Il n'avait pas plu depuis des mois, tout était grillé, on crevait de faim. Mon père travaillait à Madras alors, et on a décidé d'aller chez lui, pour essayer de trouver du travail. Mon mari nous a laissés là-bas, et lui s'est mis dans une équipe qui faisait de la contrebande pour un nabab de Cuddalore. On faisait de l'alcool clandestin dans les villages, avec du jagre, des écorces, des épices, des zestes de mandarines. Mon mari transportait ça. Pour le nabab de Cuddalore, il a aussi passé des cigarettes, de l'or[23]. C'était payé vingt-cinq roupies par jour, plus à boire et les repas. Comment s'en sortir, sinon ? Il fallait bien trouver quelque chose : la mesure de riz coûtait si cher ! Mais une fois il s'est fait prendre, et il est allé en prison. C'est après notre retour à Karani qu'il y a eu cette histoire du Reddi de Nalivéli.

C'était donc avant une élection, et tous les jours une voiture avec un haut-parleur venait à Karani nous dire de voter pour le Reddi de Nalivéli, qui s'était présenté contre notre Reddiar. Personne ne s'arrêtait pour écouter cette voiture, ni au *céri* ni à l'*ur*. Le Reddi de Nalivéli a compris qu'il ne pouvait pas compter sur nos voix, et un jour la voiture est venue nous menacer en exigeant qu'on vote pour ce Reddi. Personne n'a pris ça au sérieux, personne n'y a cru, ni au *céri* ni à l'*ur*. On s'est dit : « Qu'est-ce qu'ils peuvent bien faire à notre village, et qui pourrait bien voter pour cette face de singe-là ? » Les élections ont eu lieu calmement, et on n'a revu personne pendant deux jours. Et puis, un matin de malheur, le troisième jour, alors que tout le monde était encore à la maison, on a vu arriver un camion chargé de *mattai* bien taillés. *(Viramma rit.)* Le camion s'est arrêté entre le *céri* et l'*ur*. Il y avait seulement deux types dedans. Un peu plus tard, deux autres camions, pleins d'hommes ceux-là, sont arrivés. On venait de se lever, on ne s'est pas bien rendu compte de ce qui se passait. Et tout à coup, tous ces types ont sauté de leurs camions, ont pris les *mattai*, et se sont répandus dans tous les sens.

Ils sont entrés dans toutes les maisons *(Viramma rit)*, et ils ont commencé à battre tous ceux qu'ils rencontraient, à briser la vaisselle, à piller. On a cherché à fuir. Le Grand Reddiar et sa famille sont partis en voiture, par le chemin qui passe derrière le village. Certains, comme les parents du Vattiyar, ont réussi à prendre un car et sont partis à Pondy. D'autres se sont cachés dans l'étang, dans des arbres. On aurait dit une fourmilière écrasée. Tout le monde se sauvait. À l'*ur*, il y a eu beaucoup de bijoux volés ! Deux pleins camions d'hommes, pour nous battre ou pour nous tuer ! Ils nous sortaient des maisons : « *Deï !* Vous n'avez pas voulu voter pour nous, voilà pour vous ! » *(Viramma rit.)* Heureusement que mon mari n'était pas là, je t'ai dit pourquoi, Sinnamma, sinon lui aussi aurait été battu. Moi, j'avais ma fille dans les bras. J'étais assise au soleil avec le vieux cordonnier, celui qui t'a chanté des chansons. Trois types sont arrivés, gros comme Bhima, et ils ont dit au vieux :

« *Deï*, vieux ! Lève-toi ! »

Mais lui leur a dit :

« Comment voulez-vous que je me lève, *Sami* ? Je tremble, j'ai des vieilles jambes, moi ! »

D'un coup de pied ils l'ont renversé, et ils sont partis chez Pakkiam, et ils lui ont dit :

« *Aye !* Sors de là avec ton gosse, espèce de pute ! Tu n'as pas voulu voter pour nous, hein ! »

Quant à moi, je ne sais pas comment j'ai fait. Leurs coups m'avaient complètement abrutie. Je me suis retrouvée sur la route de Velpakkam sans bien m'en rendre compte, tellement j'avais eu peur. Eux ont tout détruit, tout saccagé, et ils ont mis le feu au bureau de l'état civil près de chez le Reddiar. Il n'y avait plus personne au village : pas une âme, pas une poussière. Ils ont pu tout piller tranquillement. Seul Rayappan avait été sérieusement blessé. On l'a emmené à l'hôpital de Pondy sur un brancard. Il est resté des jours là-bas. Quand il est revenu, on aurait dit un cadavre musulman, avec des bandages partout ! *(Viramma rit.)*

On est rentrés le lendemain, petit à petit. Le bureau de l'état civil brûlait encore. Des bêtes s'étaient sauvées, les autres étaient mortes. Des tas de choses étaient détruites ou volées. Au *céri*, toute la vaisselle était cassée, la nourriture piétinée, les réserves de grain percées ou pillées. La vie a été dure, car il a fallu recommencer avec presque rien.

Mais, Sinnamma, ce Reddi de Nalivéli est vite parti !

— Où ça ?

— Au *vaïkundam ! (Viramma rit.)*

Pendant deux nuits et trois jours, on n'entendait que des malédictions de tous les pauvres contre ce chien :

« Que ce buveur de mouille soit emporté ! »

« Que ce baiseur de démone crève la bouche ouverte ! »

« Que sa descendance disparaisse ! »

« Qu'on enlève le *tali* à sa femme ! »

Et on se disait :

« *Innanga !* Est-ce qu'il n'y a que des putes ici, dans ce *céri* et dans cet *ur* ? Est-ce qu'il n'y a pas une seule femme chaste, pour que sa malédiction au moins soit entendue ? »

Quelque temps après, on travaillait dans le champ du Petit Reddiar, et voilà qu'on apprend que ce chien de Nalivéli venait d'être emporté par un coup au cœur ! On a tout laissé, et on est partis avec nos enfants, les femmes les premières. Les hommes sont arrivés après. On voulait qu'une fois mort ce baiseur de Yéman nous entende encore et que les malédictions lui tombent dessus sans arrêt. On a essayé de nous repousser, mais on était trop nombreux à vouloir régler nos comptes avec lui :

« Con putréfié ! Tu as envoyé tes hommes pour nous battre, mais Dieu s'est occupé de toi plus tôt que prévu ! Fais ton voyage, personne ne te regrettera sur cette terre ! »

Hum ! L'homme généreux ! Quand il payait ses ouvriers, il n'avait pas son argent dans un sac ou dans un pli de son *somin* : il le mettait dans une pelle et il le jetait à terre pour voir les journaliers se bousculer pour le ramasser ! Quand il voyait des Paratchi passer dans la rue, il leur lançait : « *Aye !* Baiseuse de ta sœur ! Qu'est-ce que tu viens traîner ici ? » Toujours des mots comme ça... Son argent lui a permis de partir sur une couche mortuaire couverte de fleurs, mais ces fleurs se sont fanées sous nos malédictions ! En voyant notre colère et tout ce désordre, la famille et les politiciens ont décidé de ne pas garder le corps très longtemps. Ils ont avancé l'heure de la crémation. Tout a été précipité, les rites bâclés. Il devra attendre longtemps dans ce champ de crémation avant de renaître sept fois et de finir empalé : voilà ce qu'Isvaran peut donner à des êtres pareils !

Une histoire comme ça, ça ne serait plus possible dans ce *kaliyugam*, Sinnamma. On vient nous chercher et on nous paie pour voter, et nos jeunes sont maintenant sortis de l'ignorance. Le gouvernement lui-même travaille pour nous. Autrefois, ceux qui possédaient faisaient travailler les pauvres, et leur donnaient à manger. Ils faisaient la loi. Personne ne venait nous demander ce qu'on voulait. Et puis on a voulu qu'on vote, et aujourd'hui, nous les Parias, on se civilise. Il y a aussi plus de monde qu'avant, plus de pauvres, et ce monde et ces pauvres réclament, maintenant. Moi, de mon côté, je travaille pour une maison qui pèse lourd, et où tout le monde se porte bien. Grâce à leur *dharma*, moi aussi je vis bien. Mes enfants sont mariés. J'ai des petits-enfants. Je vis sans manquer de rien. Je vis sans mourir de faim, Sinnamma.

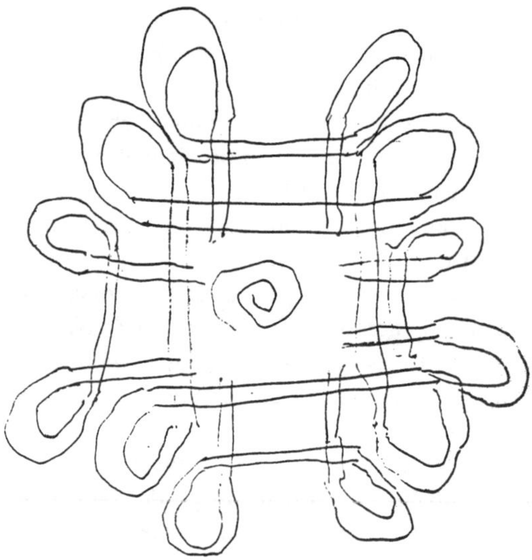

Un kolam. *(Dessin de Viramma.)*

NOTES

Chapitre premier

1. Les règles d'adresse dans les rapports sociaux — en milieu homogène particulièrement — font appel aux termes de parenté dont le sens glisse lorsqu'ils ne s'appliquent pas à des parents vrais. La relation de parenté fictive traduit alors la position respective de celui qui parle et de celui ou celle dont il ou elle parle ou auquel (à laquelle) on s'adresse, dans une échelle de générations, et donc aussi de respect. On trouvera ci-dessous quelques usages courants.

- Tante *(attai)* ; oncle *(mama)* : pour une aînée ou un aîné d'une génération à laquelle est dû un respect particulier. Viramma appellera sa belle-mère « tante ».
- Grande sœur *(akka)* ; grand frère *(annin)* : pour une aînée ou un aîné de même génération ou de génération proche.
- Grand-mère *(patti)* ; grand-père *(tata)* : pour des aînés de génération notablement antérieure, sans impliquer un respect autre que celui dû à l'âge, ou pour marquer l'affection.
- Belle-sœur *(anni)* : pour s'adresser à une femme plus âgée que soi de quelques années, dans une tranche d'âge moyen.
- Beau-frère *(macchan)* : terme d'adresse entre des jeunes gens de même classe d'âge.

Pour s'adresser à plus jeune que soi :

- *Ma* (contraction de *Amma*, mère, madame) : terme empreint de respect dont use un homme ou une femme pour s'adresser à une jeune fille aussi bien qu'à une jeune femme ou à une femme d'âge mûr.
- Fille *(ponneu)* : terme empreint de respect, dont use un homme ou une femme envers une jeune fille, voire une jeune femme.
- Petite fille *(kutti)* : terme empreint de respect quand un homme ou une femme s'adresse à une fillette. Le même mot sera méprisant si l'on s'adresse à une jeune fille.
- Petite fille *(tangaitchi)* : terme de raillerie à l'adresse de toute femme ou fillette.
- *Pa* (contraction de *Appa*, père, monsieur) : terme empreint de respect dont use un homme ou une femme pour s'adresser à un jeune homme, à un homme d'âge mûr, à un homme âgé moins vieux que soi ou d'âge comparable.
- Garçon *(payin)* : terme plutôt méprisant dont use un homme ou une femme pour s'adresser à un jeune garçon. Cette forme, quand elle ne fait que souligner une hiérarchie, n'exclut pas l'affection. Le terme devient franchement méprisant quand on en use à l'égard d'un jeune homme.
- Petit frère *(tambi)* : terme plutôt respectueux dont on use à l'adresse d'un jeune garçon, d'un jeune homme, ou d'un homme mûr, quand on est plus âgé que lui.

Pour un schéma classificatoire de la terminologie de parenté en pays tamoul, voir Louis Dumont, *Une sous-caste de l'Inde du Sud. Organisation sociale et religion des Pramalai Kallar*, Mouton, Paris-La Haye, 1957, p. 274-281.

2. Le *céri* est le quartier des Intouchables (on dit aussi Harijans), distinct du corps principal du village, l'*ur*, où vivent Brahmanes, hautes castes et tous ceux qui ne sont pas intouchables. La coupure entre les deux éléments de l'ensemble villageois est sociale, idéologique, et s'inscrit aussi dans l'espace : le *céri* est établi à l'écart de l'*ur*. On dit aussi « colonie », terme se voulant moins connoté (voir note 9, chapitre IV).

3. Viramma, comme Virayi, est un nom féminin dérivé du dieu Viran. Les formes masculines sont Virappin, Virassami, Viramani.

4. *Sinnamma*. Titre donné par Viramma à son interlocutrice, qui traduit à la fois chez celle-ci plus jeune âge et meilleure caste. On verra qu'au fil des entretiens, Viramma passera peu à peu du vouvoiement au tutoiement, particulièrement dans les épisodes portant sur le statut de la femme et sur la maternité. Le mot lui-même, qu'on pourrait traduire étymologiquement par Petite mère ou Petite madame, est utilisé habituellement pour désigner soit la tante cadette, soit l'épouse du fils de la maison. C'est aussi le titre donné aux jeunes femmes mariées de meilleure caste par les membres des castes de service travaillant pour leur famille, lorsqu'ils les connaissent bien.

5. Les Harijans ont coutume d'appeler les gens de l'*ur* des Tamouls : marque de respect, et pratique purement idéologique puisque ethniquement ils sont tout autant tamouls qu'eux (la pratique gouvernementale qui consiste à appeler parfois les Harijans des *Adi-Dravida* [les premiers Dravidiens] est fort ambiguë, car hormis les cas minoritaires de castes arrivées du nord au fil de l'histoire, rien n'indique sérieusement que la masse des Harijans soit historiquement, ethniquement ou anthropologiquement distincte de la masse des castes de meilleurs rangs qui constitue avec elle l'armature de la société tamoule). L'usage relevé ici marque combien l'exclusion sociale de l'intouchabilité est l'objet d'un consensus traditionnel englobant les Intouchables eux-mêmes : l'aliénation est ici totale, puisqu'elle porte sur le nom même par lequel on renonce à se définir.

L'expression « claire comme une Tamoule » ajoute à la distinction faite un paramètre physique : souvent (au moins dans la norme mentale), les habitants de l'*ur* sont de peau moins sombre que les Harijans. Il serait plus juste de dire en fait que c'est à l'*ur* qu'on rencontre les sujets les plus clairs, ce qui ne signifie pas, loin de là, que tous les résidents de l'*ur* soient clairs. La clarté du teint est perçue comme une qualité éminente dans toute la société indienne.

6. La coutume indienne veut au contraire que l'enfant naisse chez ses grands-parents maternels, la future mère retournant chez ses parents pour accoucher. Viramma elle-même renouera avec cette pratique.

7. Pannelle : le mot est la transcription d'usage, en français pondichérien, du

tamoul *panai*, pot d'argile ventru, sans anse, un des objets les plus communs de la vie quotidienne. Certaines pannelles servent à transporter l'eau (on en trouve en cuivre), d'autres servent à la cuisson à l'eau (du riz, en particulier).

8. Il s'agit des *taritram pey*, esprits n'intervenant que dans l'ordre des choses matérielles, à l'inverse de ceux qui, par exemple, apporteront maladie ou possession.

9. Kudiyanar, ou Kudiyanavar, ou Kudittinakkarar : ce sont, semble-t-il, les familles les plus anciennement installées dans l'*ur* de Velpakkam (étymologiquement, le mot signifie « ceux du foyer », c'est-à-dire ceux venus d'ailleurs et qui, les premiers, ont établi leur foyer en ce lieu. Le mot veut dire aussi cultivateur). Le groupe, qui fait partie des Vanniyar, compte aujourd'hui en son sein de pauvres ouvriers agricoles. Ceux qui ont réussi ont adopté des titres de meilleur statut, tel Gounder, Padaiyatchi.

10. Il s'agit de l'écureuil d'Asie ou xérus, qu'on appelle aussi rat palmiste. Il porte sur le dos trois raies blanches qui évoquent celles que portent les Brahmanes sivaïtes sur le front (ce signe sectaire n'étant pas, du reste, l'apanage des Brahmanes).

11. « *Vadai* à trou » désigne, parmi les types de galettes qu'on nomme *vadai*, celle en couronne. L'expression est employée vulgairement pour désigner fillettes ou jeunes filles.

12. Dans l'ancienne comptabilité tamoule, l'*anna* était un seizième de la roupie, selon le principe suivant (terminologie franco-pondichérienne) :

Une roupie ou 8 fanons ou 16 *anna*.
Un fanon ou 24 caches.
Un *anna* ou 12 *paice* (singulier : *paiça*).

Avec l'introduction du système décimal après l'Indépendance, une roupie compte 100 *paice*.

Fanons et caches sont tombés en désuétude, mais on compte encore 4 *anna* pour dire un quart de roupie, c'est-à-dire désormais 25 *paice*.

13. Onomatopées rythmiques, sans signification.

14. Les souraires (franco-pondichérien) collectent les noix de coco et le vin de palme. Leur caste porte le nom de Sanar.

15. Grand frère Mani chante les louanges adressées à l'esprit qui possède la malade. En fait, le verbe tamoul utilisé est « décrire », et non chanter les louanges. Par description de l'esprit — ou, en d'autres cas, de telle ou telle divinité — il faut comprendre l'énumération de ses qualités, de ses pouvoirs, de ses bontés qu'on invoque.

16. « Les castes qui sont au-dessus » : traduction littérale de *meljatiar*. L'expression, pour une Paria, peut désigner en principe des castes moyennes aussi bien que les plus hautes castes. En fait, Viramma n'emploie jamais le

superlatif, bien que dans son esprit « les castes qui sont au-dessus » correspondent bien davantage aux hautes castes *(uyarndajatiar)* qu'à toutes celles, indistinctement, qui sont au-dessus des Harijans (puisqu'une basse caste non intouchable est au-dessus des Harijans, sans être haute pour autant).

Chapitre II

1. *Iyer* : titre des Brahmanes sivaïtes au Tamilnad. Par un abus de langage significatif, les prêtres du *céri*, Intouchables de caste Valluvar, se donnent le même titre prestigieux, et sont appelés ainsi dans leur quartier.

2. Le demi-sari est un vêtement de jeune fille, composé d'un drapé porté sur le buste et l'épaule, et pris dans une jupe longue.

3. *Dipavali*, ou *Divali* : l'une des grandes fêtes de l'hindouisme populaire avec *Pongal*. À l'inverse de celle-ci, fête tamoule par excellence, Divali est une fête pan-indienne célébrant la victoire de Krishna sur Narakasura, un démon opprimant le monde. Les pétards de règle en la circonstance évoquent à leur façon ce combat. La fête est célébrée la veille de la nouvelle lune d'*Aïppaci* (octobre-novembre). On s'y vêt de neuf.

4. Cette pâte s'appelle *maï*. On peut l'obtenir de plusieurs façons. L'une d'entre elles consiste à tremper un petit morceau de coton dans de l'huile de ricin, puis à le brûler. On conserve le résidu dans une demi-coque de noix de coco. On humecte cette poudre d'un peu d'eau ou d'un peu d'huile de coco pour en faire une pâte, juste avant de l'appliquer. Un substitut de moins bonne qualité s'obtient en grillant du tapioca. La pâte ainsi obtenue est de couleur noire. Le *potteu* est le point auspicieux porté au front. Les femmes mariées le portent rouge. Il est alors préparé avec une poudre dite *kungamam*, à base de curcuma et de chaux. Les fillettes et les adolescentes le portent traditionnellement noir. Mais on trouve aujourd'hui des *potteu* de toute couleur et de toute composition. Les hommes peuvent aussi le porter, lors des rites publics ou privés. Le *potteu* retrouve alors tout son sens symbolique : c'est l'« œil de Sakti », œil de la destruction, qu'elle donnera ensuite à Siva. Sakti est le principe divin féminin, principe d'énergie divine. Les déesses sont considérées comme diverses formes de Sakti. Quand on dit la *sakti*, on fait référence au principe plus qu'à une forme particulière de la déesse.

5. La préparation du bétel pour les invités est une épreuve qui permettra de juger du caractère et des bonnes manières de la fillette. En témoigneront les proportions qu'elle choisit, et la façon dont elle offre la feuille préparée.

6. Le trident *(sulam)* est un attribut de Siva.

7. La promesse de mariage *(nitchayam)* se distingue des fiançailles *(pariyam)*, en ce que la première ne met en cause que les deux familles, alors que les

secondes sont publiques : y sont invités non seulement les parents, mais aussi amis et voisins. La troisième cérémonie sera celle de la conjuration du mauvais œil *(nalungeu)*, et la quatrième, le lendemain, le mariage lui-même.

8. Chaque jour compte des heures fastes et des heures néfastes, qu'indiquent précisément les almanachs et les calendriers à feuilles quotidiennes (ces éphémérides sont très courantes pour cette raison). Beaucoup attachent à cette distinction une importance extrême, et ne commenceront pas une tâche, une entreprise, un déplacement pendant la période déclarée néfaste. Cela dit, on peut, comme souvent, ruser avec les contraintes, en recourant à un formalisme prudent : par exemple un faux départ symbolique avant l'heure néfaste, pour partir vraiment ensuite, à une heure dont la charge néfaste aura été contournée par les premiers pas accomplis auparavant.

9. Le mot tamoul est *sippeu* (peigne). Un « peigne de bananes », formule imagée, c'est l'ensemble de fruits liés l'un à l'autre et qu'on peut détacher d'un coup du régime. C'est l'équivalent de la « main » de bananes des botanistes.

10. L'*alam* ou *aratti*, c'est l'eau de curcuma mélangée à de la chaux. Faire l'*alam*, c'est présenter cette eau sur un plateau de cuivre où l'on trouve aussi du camphre allumé et du bétel, en faisant tourner ce plateau auprès ou autour du visage de la personne qu'on honore : personnages importants ou nouveaux mariés. Faire le *tiparatanai* consiste selon le même principe à présenter devant la statue d'une divinité un plateau portant du camphre allumé et de la cendre appelée *tirnur*. Faire l'*alam* a pour but d'éloigner le mauvais œil. Faire le *tiparatanai* attire sur l'assistance la bénédiction du dieu auquel ce rite est dédié.

11. Viramma désigne par ce terme, le plus souvent et de façon restrictive, le temps présent, où les règles qu'elle a connues autrefois ne sont plus rigoureusement respectées. Dans la mythologie, le *kaliyugam* est l'âge *(yugam)* noir, l'âge mauvais, la fin d'un cycle de douze mille années humaines divisé en quatre âges dont chacun marque un déclin des valeurs et un écart accru vis-à-vis des lois régissant le bon ordre du monde. Louis Renou, dans *L'Inde classique*, en dresse le tableau suivant : « Les saisons sont renversées, aucune chose n'a plus son goût naturel. Les fléaux surviennent, notamment la sécheresse avec son corollaire la famine. Les villes se dépeuplent, les hommes, devenus malingres, sont menacés de mort précoce. La religion se perd, les castes se confondent, les vices l'emportent sur les vertus. Enfin le monde disparaît dans un incendie que suit un déluge. » (Tome I, p. 550.)

12. Les cinq bijoux d'oreille sont les suivants :
Le *koppeu* : au haut du lobe ;
L'*aïkkodutattai* : sur la conque qui protège l'entrée du conduit auditif ;
Le *kurudeu* : au milieu du lobe ;
Le *kammal* : boucle d'oreille, au bas du lobe ;
Le *mattal* : chaîne remontant du lobe à la raie des cheveux.

13. Les troncs de bananier portant leurs fruits sont de règle à l'entrée de tout édifice où se déroule un mariage. Ils symbolisent la fécondité espérée de l'épouse, le bananier donnant des pousses et des fruits en abondance.

14. Le figuier de pagode (franco-pondichérien) ou *pipal* : c'est le *ficus religiosa (arasseumaram* en tamoul ; étymologiquement, l'arbre de la royauté), l'arbre sous lequel symboliquement siège le roi. Le rameau fiché en terre lors du mariage *(arassanikkal)* représente l'arbre entier, et par extension le roi.

15. Le rouleau de la meule, enveloppé dans un pan du sari, symbolise l'enfant à naître.

CHAPITRE III

1. L'oncle maternel (frère cadet de la mère) est un personnage clé des structures familiales : héritage probable d'une société anciennement matrilinéaire. Traditionnellement, son accord est indispensable pour marier sa nièce, car il a sur elle une manière de droit de préemption. N'en déplaise aux détracteurs de la consanguinité, les mariages oncle maternel-nièce demeurent fréquents aujourd'hui. Le fils de Viramma, du reste, a épousé sa nièce (voir arbre généalogique en annexe). Il revient à l'oncle de construire l'abri de réclusion de la jeune pubère, en tant qu'époux potentiel. L'oncle maternel partage, entre autres avec le frère aîné, une obligation de soutien vis-à-vis de sa nièce, si besoin est.

CHAPITRE IV

1. Le porcher, en français pondichérien, est un arbre commun du bord des routes, appelé en tamoul *puvarasseumaram*, *thespesia populnea*.

2. *L'ojakkeu* (en tamoul standard *ujakkeu)* est la plus petite mesure de grain, au sens propre, et, au sens figuré, une petite personne.

3. La formule usitée se traduirait littéralement par : « arrête de verser des larmes quand la lampe est allumée », façon de dire « ne pleure pas une fois la nuit tombée ». La pièce étant ici obscure, on ne pouvait sans confusion s'en tenir à une traduction littérale. On a préféré exprimer l'idée de la formule en usage.

4. C'est-à-dire des familles de haute caste.

5. Contre l'avis de son mari, Nallatangal a fui la famine pour se réfugier chez son frère Nallatambi avec ses sept enfants. Sa cruelle belle-sœur leur refuse eau et nourriture. Pleine de remords et de colère, Nallatangal jette ses sept enfants dans un puits où elle se suicide. Nallatambi, quand il apprend cela, fait raser sa femme, qu'on monte sur un âne, la tête peinte de points rouges et noirs, et lui

fait faire pour l'humilier le tour de la ville, avant de la conduire à la mort dans un four à chaux.

L'histoire, connue de tous et publiée en petit livre populaire, est aussi chantée par les mendiants itinérants. Les jeunes mères villageoises qui mettent fin à leurs jours recourent aujourd'hui encore fréquemment au type de suicide précédé d'infanticide choisi par Nallatangal.

6. La pannelle à riz, c'est l'*olai*, le récipient où cuit le riz. C'est par excellence le symbole de l'autonomie du foyer, qui marque elle-même ici l'affirmation de l'autorité du mari sur sa jeune épouse. Marimuttu est le frère aîné de Manikkam. Conformément à la tradition, les fils mariés vivent sous le même toit que leurs parents, même s'il faut, comme ici, diviser la maison, les jeunes épouses quittant, elles, le foyer maternel.

7. Velpakkatta : celle de Velpakkam (le suffixe dépend de la relation entre la personne qui parle et la personne désignée : il témoigne ici de l'abaissement de Viramma). Il est de pratique courante d'appeler une femme du nom de son village d'origine.

8. Les Koratti sont les femmes de la tribu semi-nomade des Korava (ou Koravin, en parler paria), dont le nom exact est Nari Korava (Korava des renards).

9. Le mot d'usage moderne en ce sens est un euphémisme courant pour désigner le *céri*, le quartier intouchable. Le mot désigne parfois aussi, en milieu urbain, les nouveaux quartiers en lotissement (qu'on préfère aujourd'hui appeler *nagar*, ville). Il se peut, dans les villages, que *colony* ait d'abord été utilisé pour désigner les extensions récentes des *céri*. Sa charge neutre au départ, sans référence stricte à l'intouchabilité, l'a fait adopter très largement, en particulier lorsque l'on veut oublier ou faire oublier (?) la qualité de Harijans des résidents.

10. L'interjection s'emploie pour appeler des inférieurs.

11. À quelque 60 km de Karani, Tiruvannamalai est un lieu de pèlerinage célèbre. Pour la fête de Kartikkai Dipam, en novembre-décembre, les prêtres du grand temple d'Arunachala allument sur le sommet de la colline qui domine la ville un gigantesque feu, en enflammant une mèche trempée dans un chaudron d'huile.

12. Traduction littérale de l'expression *mattai uri*. *Mattai*, c'est la noix de coco fermée ayant encore ses fibres, qu'on arrache assis, en enserrant la noix entre les pieds. L'expression désigne la position où l'un des partenaires est assis sur l'autre et l'enserre entre ses jambes.

CHAPITRE V

1. Cette cordelette, c'est l'*annakkayireu*, le cordon noué autour des reins de l'enfant lors de sa première maladie, voire dès sa naissance. Une amulette y est

attachée (ou parfois le cordon porte des nœuds) pour protéger contre mauvais esprits et maladies. L'adulte gardera toute sa vie l'amulette nouée autour de la taille.

2. Ce qu'on traduit par serf, sans vouloir évoquer quelque parallélisme avec le monde féodal européen, c'est l'ouvrier agricole dont la famille est attachée depuis quelques générations à celle d'un possédant. Dans ces relations de clientélisme qui sont l'une des bases de la société rurale traditionnelle aujourd'hui en rapide évolution, cet état de dépendance implique disponibilité et bas salaire, mais vaut aussi certaines assurances : l'emploi — fût-ce par une très dure exploitation — et une protection relative sous forme de prêts chaque fois qu'une circonstance familiale importante l'exige (cérémonies rituelles, mariages, décès) ; cet endettement, transmissible de père en fils, a pu créer des générations de débiteurs travaillant, dans ce système inégal mais jadis stable, pour des générations de créanciers. Ce dépendant s'appelait *adimaï*, il est en principe aujourd'hui réhabilité. Le système, en fait, connaît toutes sortes de degrés de dépendance. Celle-ci tend à s'amenuiser. Mais pour ceux de la génération de Viramma, l'intériorisation des rapports sociaux traditionnels reste très forte : compte surtout le sentiment de respect dû au Reddiar, le propriétaire puissant, dispensateur du travail, du riz, des prêts. Voir chapitre XVII, note 1 et chapitre XVIII, note 5.

3. Le « Parti pour l'émancipation des Dravidiens » (qu'on peut traduire aussi, et l'ambiguïté est délibérée : « Parti progressiste dravidien »), le *Dravida Munnetra Kajagam* (DMK) est un parti régionaliste et populiste qui fut au pouvoir au Tamilnad de 1966 à 1976. De 1977 à 1988, c'est un parti qui s'est détaché du DMK qui lui a succédé, l'Anna-DMK ou ADMK, de même idéologie. De 1989 à 1991, le DMK est revenu au pouvoir au Tamilnad. L'ADMK lui a succédé de nouveau à cette date. Le Tamilnad se trouve donc être, sentiment d'identité tamoule aidant, le seul État où le Congrès n'a pu gouverner depuis près de trente ans. Dans le Territoire de Pondichéry, dont fait partie Karani, l'alternance entre DMK et Congrès a été la règle.

4. L'expression, on l'a dit, est en usage chez les Harijans pour désigner un membre des castes supérieures. L'ambiguïté découle ici de ce qu'il s'agit, Viramma nous l'apprend un peu plus loin, d'un musulman. Les musulmans indiens, quoi qu'ils en disent, ont aussi, d'une certaine façon, leur hiérarchie de castes. Plus simplement, le « type d'en haut » est perçu ici comme tenant son statut de son état de fonctionnaire responsable d'un bureau. Qu'il soit de bonne caste va de soi, statut de caste et pouvoir se confortant dans l'esprit de Viramma.

5. Au sens premier du mot, le *kambattam* est un propriétaire foncier. S'y ajoute l'idée de splendeur, qu'exprime le terme voisin de *kambatteu*. Plus concrètement, le mot désigne celui qui, au village, est le plus gros propriétaire, le chef le plus nanti des vieilles familles dominantes, disposant d'une autorité et d'un pouvoir dus à sa fortune, certes, mais aussi à sa caste et au rôle multiforme

qu'il joue dans la vie du village. C'est en deux mots le premier des notables (qui peut ou non doubler cet état d'une fonction officielle élective). Dans les villages de la région comme à Karani, c'est généralement un Reddiar qui est *kambattam*. Le mélange de richesse, de pouvoir et d'éclat qui le caractérise lui vaut le respect (parfois craintif) du plus grand nombre. Viramma tend, d'une façon plus générale, à définir tout riche propriétaire Reddiar, à commencer par son maître, comme étant un *kambattam*.

6. Préjugé symptomatique. Les relations entre hindous et musulmans sont pacifiques en Inde du Sud, mais les hindous (et les chrétiens tout autant) entretiennent nombre d'idées reçues à l'égard des musulmans, auxquels ils prêtent en particulier un savoir inquiétant en matière de sorcellerie.

7. La « mauvaise eau », c'est la maladie dite *kettanir* (étymologiquement, mauvaise eau), marquée par des œdèmes qu'on croit dus à un sang appauvri et devenant aqueux. L'expression « c'est avec sa tête que ça partira » signifie que le mal est incurable.

8. Cette « grande maladie », c'est la lèpre. Une (fausse !) croyance populaire y voit une étape de certaines maladies vénériennes.

9. Viramma dit textuellement : « T'as pas peur d'attraper le *madajani* », une des formes du délire qui, croit-on, frappe les hommes qui ont des relations sexuelles avec des femmes ayant ou venant d'avoir leurs règles. Ce désordre mental, en pareil cas, s'accompagne de douleurs physiques (tête, cou, pieds) et de suées.

10. Viramma dit *sukkumattadi*. Le mot désigne soit le bâton des mendiants renonçants, qui enferme une part d'énergie divine, soit la massue armant les petits guerriers, dans les temples villageois. L'expression traduit donc l'idée d'une puissance quasi surhumaine. Le mot désigne aussi une baguette magique : l'image y gagne un poids supplémentaire...

11. Une seule expression signifie à la fois planification des naissances et stérilisation : *kudumbam katteu padeu* (arrêter, contenir la famille). L'essentiel de la politique de planning familial en milieu rural est le recours à la stérilisation (masculine ou féminine), rapidement exécutée dans les camions des services de santé lors de campagnes itinérantes, ou dans les dispensaires. Après avoir, pendant des décennies, tenté de propager le modèle du couple idéal comme étant celui ayant deux enfants, le gouvernement de New Delhi tente aujourd'hui — tâche encore plus incertaine — de préconiser l'enfant unique. Viramma parle ensuite de *janai togai*, taux de population : une expression empruntée bien sûr à l'intense propagande gouvernementale en faveur de la limitation des naissances. Il faut évidemment comprendre ici « baisse du taux de croissance de la population », et non pas, comme le dit Viramma, « baisse du taux de population ».

CHAPITRE VI

1. Expression d'usage pour demander : « As-tu eu tes règles ce mois-ci ? »

2. On compte généralement en Inde qu'une grossesse dure dix mois, puisqu'on la fait démarrer à la fin des dernières règles. Le riz de la mi-grossesse, évoqué un peu plus loin, c'est l'*arassor*, le « riz de la moitié », c'est-à-dire celui du cinquième mois. « Apporter les plateaux » en cette occasion, c'est accomplir la cérémonie du *variçai* : les femmes de la maison maternelle apportent en ligne *(variçai)* des plateaux chargés de nourriture lors des grands événements de la vie féminine (mariage, grossesse...).

3. C'est la cérémonie dite *mudugunir* (littéralement : l'eau du dos). Là où Viramma décrit une aspersion de lait, le dictionnaire tamoul-français de Mousset-Dupuis parle d'aspersion d'eau sur le dos de la femme enceinte pour la première fois, cérémonie accomplie au sixième ou au huitième mois, « pour lui procurer un heureux accouchement ».

4. « Aller au jardin », c'est aller déféquer.

5. On pourrait dire : « ô Seigneur ! » ou « ô mon Dieu ! ».

6. *Sitalam* : le nom couvre de multiples maladies marquées par la fièvre et les frissons. Dans ce cas précis, Viramma énumère les manifestations de la maladie. Ses causes supposées renvoient à la théorie dite *trishoda*, fondement des médecines traditionnelles indiennes, qu'elles soient savantes ou populaires. Selon cette théorie, la santé résulte de l'équilibre entre trois éléments corporels : l'air, le chaud et le froid. Les aliments se divisent en deux catégories, les échauffants et les rafraîchissants (ces concepts sont tout à fait indépendants de l'impression que ces aliments font au palais : un liquide jugé rafraîchissant au palais peut être classé comme échauffant pour l'organisme). Nombre de maladies dépendent de l'ingestion excessive d'éléments échauffants, ou rafraîchissants. On trouvera plus bas des exemples d'aliments classés dans chacune des deux catégories. Voir sur cette question C.M.E. Matthews, *Health and Culture in a South Indian Village*, Sterling Publishers, New Delhi, 1979, p. 127-130 et 427.

7. Ce récipient est le *satti*, sorte de poêlon sans manche.

8. Son sac entre les genoux : son utérus.

9. *Dosham* : diarrhée infantile avec déshydratation. C.M.E. Matthews souligne que la médecine *siddha* en recense quatorze types. Certains sont attribués aux chemins sombres, d'autres à la déesse, d'autres au passage près de tombes ou de bûchers, d'autres encore aux femmes ayant leurs règles et portant le bébé affecté dans leurs bras, d'autres encore à la vue d'une femme ayant récemment avorté (Matthews, *op. cit.*, p. 359-361). Le *kujidosham* dont il est question quel-

ques lignes plus bas est un des *dosham* particulièrement graves, marqué par une diarrhée avec déshydratation, affaissement de la fontanelle, yeux clos ou mi-clos. On croit qu'il est dû à la proximité des cadavres : le bébé pourra être atteint si sa mère passe près d'une tombe avant de l'allaiter, ou s'il est caressé par un vent porteur des miasmes d'un fœtus mort par avortement, ou de ceux d'un enfant décédé... (Matthews, *op. cit.*, p. 384-385).

10. Sur les concepts d'aliments échauffants ou rafraîchissants, voir note 6.

11. C'est-à-dire qui sont enceintes, qui n'ont pas eu leurs règles (voir note 1 de ce chapitre).

12. Viramma fait ici allusion aux pratiques complexes d'un métayage octroyé par la faveur du Reddiar à ses ouvriers agricoles. Mais ceux-ci disposent de si peu de moyens qu'ils se mettent à plusieurs pour cultiver cette terre. Dans le cas évoqué, l'un s'occupe des labours, l'autre des semences, etc. Viramma, elle, achète l'eau d'irrigation à un exploitant voisin, sans être responsable des autres opérations culturales.

13. Les esprits évoqués ici sont les *pey*, esprits maléfiques des suicidés ou des morts par accident. Ils sont particulièrement redoutés car, à l'inverse des *taritram pey*, ils ne s'attaquent pas qu'aux choses matérielles, mais apportent possession maléfique, maladie, mort. Il faut aussi les distinguer des *piçaceu*, esprits créés par Kali pour combattre des *asura* et boire leur sang, et non pour s'attaquer aux hommes.

14. Le mot *sister*, passé en tamoul populaire, désigne toute infirmière, et n'implique nullement que le centre de soins soit un établissement chrétien.

15. Viramma dit ici *mantirikkiravar* : c'est le diseur de mantra qui pratique la magie blanche. Il guérit les malades affectés par la « peur », c'est-à-dire victimes des *pey* ou des dieux des limites *(ellai teïvam)*, gardiens des territoires surveillés lors de leurs heures de garde, soit lors du passage du soleil au zénith, soit en pleine nuit. Selon la gravité du cas, la victime peut-être simplement « effrayée » ou, plus grave, possédée, ou, plus grave encore car on risque alors la mort, « giflée ». Les symptômes vont de la simple fièvre avec migraine, en passant par l'anémie et l'amaigrissement jusqu'à la mort subite par étouffement. Le *mantirikkiravar* s'attache à guérir la victime en récitant des mantra appropriés et en nouant à son cou des cordelettes chargées de pouvoirs. En parallèle, intervient l'exorciste, qu'on appelle le *pusari* bien qu'il ne soit pas toujours prêtre, et qui tente de chasser l'esprit par le chant. Il convient de distinguer le *mantirikkiravar* du *mantiravadi* et du *mantirakkaran*. Le *mantiravadi* pratique différents types de magie noire *(billi, suniyam, yeval, vaciyam)*, cherchant à utiliser les esprits dans des buts homicides. Le *mantirakkaran* est souvent un vagabond, un mendiant, montrant des tours de magie relevant de la prestidigitation.

16. Façon de dire que tel était leur destin.

17. Ettiyan est un être de l'enfer *(naragan)*, chef des gardiens des champs de crémation. Les « hommes à grosses moustaches » avec des massues sont ses assistants. Les Vettiyan, sous-caste de Parias à laquelle appartient Viramma, se disent descendants d'Ettiyan. Par rotation, ils doivent accomplir pour le village diverses fonctions liées à la mort (fossoyeurs, chargés de la crémation).

18. Il faut comprendre ici les accoucheuses expérimentées. Viramma emploie le mot *kattani*.

19. Yéman (ou Yama) est le dieu de la mort. Les seize portes auxquelles Viramma fait allusion sont celles par lesquelles peut passer l'âme du défunt. Elles sont classées en trois groupes. Quand l'âme s'échappe par les voies 11 à 16 (yeux, oreilles, nez, bouche, anus, sommet du crâne chez les yogis), elle peut pénétrer dans les voies 1 à 10. S'il s'agit des portes 6 à 10 (fumée, nuit, quinzaine noire de la pleine à la nouvelle lune, semestre de la marche du soleil vers le sud, lumière de la lune), le défunt renaîtra. S'il s'agit des portes 1 à 5 (feu, lumière du soleil, jour, quinzaine blanche de la nouvelle à la pleine lune, semestre de la marche du soleil vers le nord), le défunt échappera à la réincarnation. Viramma parle des seize portes sans en connaître la signification précise, qu'on doit à la courtoisie de N.R. Bhatt. Pour elle, l'allusion signifie plus simplement que le dieu de la mort lui ouvrira la voie de la libération et lui épargnera la réincarnation.

CHAPITRE VII

1. C'est-à-dire laisser passer une menstruation.

2. Le non-échange de l'eau est une des marques de l'inégalité du statut rituel (par souci de pureté rituelle, on acceptera de l'eau d'un membre d'une caste supérieure, mais on la refusera d'un membre d'une caste inférieure à la sienne, lorsque la différence de statut en matière de pureté rituelle est nette). Il est ici, de façon plus aiguë, une des pratiques de l'intouchabilité. Le jeune Reddiar hésite à donner de l'eau dans un récipient venu de chez lui, parce que ce gobelet pourrait ainsi être souillé par une Paria, qui boira pourtant sans porter la timbale à ses lèvres : la pollution est rituelle, pas physique ou microbienne.

Dans les échoppes à thé établies dans les villages, et donc fréquentées par une clientèle d'habitués qui se connaissent, le tenancier qui souhaite respecter les pratiques d'intouchabilité n'osera plus refuser de servir des Parias, ce qui constituerait aujourd'hui un délit. Plus discrètement — et la pratique est très courante —, il disposera d'un lot de verres pour ses clients intouchables, et d'un autre lot pour les autres.

3. On note ici le premier tutoiement de Viramma envers son interlocutrice : la familiarité a brisé les distinctions de caste et de statut social, à l'occasion d'ailleurs d'une complicité partagée dans la féminité : « Ça, c'est vrai pour

toutes les femmes, Sinnamma ! » Viramma alternera ensuite tutoiement et vouvoiement, le manque de retenue du tutoiement traduisant soit une excitation du discours, soit un laisser-aller familier.

4. Sont enterrés assis les initiés de certaines sectes vishnuites qui ont été marqués au fer des signes de Vishnu (la conque et le disque) sur chaque épaule, lors d'une cérémonie dite *mutiradanam* (littéralement : don du signe).

5. Kattéri est un déesse menaçante, forme de Sakti qui erre dans la forêt à la suite d'une malédiction de Siva. Mais on peut l'adorer, et on lui rend un culte pour obtenir ou protéger un enfant. Le même mot désigne des esprits féminins maléfiques. Le chapitre suivant éclairera cette complexité ambiguë.

6. Les enfants ne reçoivent leur nom définitif qu'au moment de la cérémonie de la première tonsure, qui marque leur consécration au dieu de la lignée. Cette cérémonie est très tardive chez les Parias : vers quatre ou cinq ans, voire plus tard, principalement pour des raisons financières. Dans les castes aisées, on fait cette cérémonie plus tôt, et l'on donne le prénom définitif dès la première mise au berceau, vers six mois (le bébé dormant auparavant avec sa mère). La fréquence des accouchements dans les dispensaires ou dans les hôpitaux, et la multiplication des crèches publiques dans les villages poussent les Parias à donner plus tôt un nom, d'autant que la pratique traditionnelle qui consiste à nommer un Paria par un terme de rang et d'âge, par un sobriquet ou par un nom de village s'estompe aujourd'hui, au profit de noms véhiculés par le cinéma, les célébrités, voire l'amour de la langue tamoule. Les noms déclarés à l'état civil, pour leur part, ne sont pas nécessairement les noms définitifs.

7. *Mudal* signifie premier. *Iru* est le radical de second. *Anji*, cinq, donnera Anjalai. *Are*, six, donnera Arayi. On notera la totale confusion dans laquelle s'enferme Viramma qui se perd dans les noms et les sexes de ses enfants morts, le deuxième comme le troisième, par exemple, étant tour à tour présentés comme garçons ou filles.

8. Viramma énumère ici quelques éléments de l'accomplissement promis par l'horoscope d'Anbin. Lakshmi, déesse de la prospérité, vivra avec lui : c'est-à-dire qu'il connaîtra la richesse. Il régnera par le sabre : c'est-à-dire, fût-ce au sens figuré, qu'il sera un homme de pouvoir. Richesse et/ou pouvoir le conduiront à poser les stèles portant, s'il s'agit comme pour un temple d'une fondation financée par ses soins, le nom du donateur ou, s'il s'agit d'un bâtiment public, le nom de la personnalité (politique ou administrative) l'ayant inauguré. Depuis l'antiquité, la coutume de poser des stèles inaugurales sur tout bâtiment public, religieux ou non, s'est continûment perpétuée et persiste encore aujourd'hui.

9. Sundari est l'un des noms de Draupadi, l'héroïne divinisée de l'épopée du *Mahabharata*, que Viramma appelle *Bharatam*. Des troupes ambulantes professionnelles assurent des représentations d'épisodes clés de l'épopée dans les villages, lors des périodes de fêtes. Au *céri* même, des acteurs amateurs peuvent aussi

jouer des passages de l'épopée. En outre, les Parias peuvent entendre (grâce aux haut-parleurs) les récits racontés dans les temples de l'*ur*, où ils ne peuvent entrer. Existent aussi les petits livres populaires, et les adaptations cinématographiques ou télévisées... *Mahabharata* et *Ramayana* imprègnent la vie de tous, bien au-delà des rites, car les personnages, les scènes et la philosophie des épopées font partie du bagage culturel de tout le village. Cela n'exclut pas pour autant nombre de confusions quant aux détails de la mythologie. Les propos de Viramma en fournissent ici un exemple. L'allusion au feu, en particulier (Draupadi descendrait sur le feu), résulte d'une confusion courante entre plusieurs mythes, l'un issu du *Mahabharata* et l'autre, postérieur, illustrant le passage de Draupadi, héroïne divinisée de l'épopée, à Draupadi la déesse populaire, l'une des plus importantes formes, en pays tamoul, de Sakti considérée en fait comme la Sakti du *dvaparayugam*, le troisième *yugam* ayant précédé le *kaliyugam* actuel.

Dans le *Mahabharata*, la belle Draupadi, dite aussi la Noire, naît comme son frère Dhrishtadyumna des flammes du feu sacrificiel allumé à la demande de leur père Drupada, roi de Panchala. Elle deviendra l'épouse commune des cinq frères Pandava, finalement victorieux (victoire ambiguë) du long combat mené contre leurs cent cousins, les Kaurava. Autre référence au feu : la marche sur les braises que s'impose Draupadi chaque fois qu'elle rejoint l'un de ses époux.

Mais il est un autre volet de la mythologie de Draupadi, que raconte (avec bien plus de détails que ci-dessous), le « diseur de *Mahabharata* » de Karani, celui que Viramma appelle l'« *Iyer* qui lit le *Bharatam* ». Celui qui officie à Karani n'est d'ailleurs pas un Brahmane, mais un Reddiar réputé pour son talent et qui va de village en village, contant l'épopée : c'est le *Bharatam pusari*, ou « officiant du *Mahabharata* ». Viramma ignore cette appartenance de caste, et appelle le récitant *Iyer*, car il a tout de l'apparence des prêtres brahmanes : chignon, torse nu, cordon des deux-fois nés, boucles d'oreilles, colliers. C'est de lui qu'on tient le récit qui suit :

Six générations après les grands combats du *Mahabharata*, alors que le monde est entré dans le *kaliyugam*, l'*asura* Asurapputiran veut venger le sang répandu par l'un des Pandava ayant tué l'ancêtre qui cherchait à s'emparer de Draupadi. L'*asura* retrouve la trace du roi Sunidan, descendant des Pandava. Au terme de dix ans de pénitence, Asurapputtiran obtient de Brahma la grâce de ne mourir que de la main d'une femme : une grâce qui, dans son esprit, équivaut à l'éternité. Pour échapper à la vengeance de l'*asura*, Sunidan en appelle à Draupadi, maintenant au séjour des dieux. Il allume un feu sacrificiel, dont sort Draupadi qui, avec l'aide de Potteuraja, ministre de Sunidan, tranche au terme de douze jours de combat les mille têtes d'Asurapputtiran sans que la dernière tête touche le sol. Après sa victoire, Sunidan et Potteuraja demandent à Draupadi de demeurer sur terre pour protéger le royaume. Elle refuse, en leur disant toutefois qu'elle accordera sa protection si l'on construit des temples qui lui soient dédiés. Dans ses temples, on ne devra trouver que des statues d'elle-même, de Krishna, des Pandava, et de Potteuraja. Il conviendra aussi d'organiser lors des fortes chaleurs du mois de *Citterai* une grande célébration en son honneur : célébration qui durera dix-huit jours, en mémoire de la guerre de dix-huit jours qui opposa Pandava et Kaurava. Le dix-huitième jour, il faudra porter le *karagam* dans lequel elle descendra sous forme de Sakti, et marcher dans le feu pour obtenir sa protection. Après avoir ainsi défini les voies que devront suivre ses dévots pendant les six mille années du présent *kaliyugam*, Draupadi disparaît.

Le temple de Draupadi, est un des hauts lieux de Karani. La fête de la déesse est célébrée chaque année en *Citterai* (avril-mai), le dix-huitième et dernier jour des célébrations attirant un grand nombre de dévots venus marcher dans le feu. Le même jour, en l'honneur de Sengajuniramman*, les pèlerins se livrent à de sévères mortifications (percement par lances, crochets, etc.).

10. *Pattini Sundari Dévi, Bharatatai mudikka porin* : « Ô vertueuse déesse Sundari, je vais finir le *Bharatam*... »

11. Le bassin *(kulam)* de Karani se trouve à proximité du temple de Draupadi où l'on récite le *Mahabharata* pour un auditoire de l'*ur*. L'entrée de tous les temples de l'*ur* étant interdite aux Intouchables, Viramma, comme d'autres Parias, écoute le récit, amplifié par haut-parleurs.

12. L'épisode du palais de cire (ou de laque, selon les versions) est l'un des plus célèbres du *Mahabharata* (livre I, 143-148). Pour écarter les Pandava ses neveux, après avoir fait de leur aîné son prince-héritier, le roi Dhritarashtra leur suggère de passer quelque temps dans la ville de Varanavata, où doit se dérouler la fête de Siva. Le fils aîné de Dhritarashtra, Duryodhana, fait bâtir pour ses cousins, à Varanavata, un magnifique palais, construit, à la surprise des Pandava, en cire. Yudhisthira, instruit du piège qui leur est tendu, fait creuser un tunnel par lequel lui et ses frères s'échapperont après avoir mis le feu au palais, pour faire croire à la mort qu'avait planifiée à leur encontre leur cousin Duryodhana.

13. Ayodhya est la brillante capitale du roi Dasaratha, père de Rama, dans l'épopée du *Ramayana*. Ville sainte de l'hindouisme, elle fut aussi l'objet de la campagne du mouvement nationaliste hindou souhaitant y détruire la mosquée de Babur, et ériger à cet emplacement, qu'on dit être celui de la naissance de Rama, un temple qui lui soit consacré. La destruction de la mosquée, le 6 décembre 1992, déclencha une série d'émeutes meurtrières.

14. Les cinq éléments sont, dans la cosmogonie védique, les constituants de l'œuf cosmique d'où éclôt le *brahman* à l'origine de la création. Ce sont l'éther (au sens de vide), l'air, le feu, l'eau, la terre : principes, dit Louis Renou, « de vacuité, d'aéralité, de formativité, de liquidité, de solidité » *(L'Inde classique, op. cit.*, t. I, p. 546). Dans le langage populaire, les cinq éléments sont plus simplement considérés comme les fondements du monde ou comme ici, par extension, comme le monde entier.

15. C'est-à-dire la neuvième vierge.

16. Le mot qu'on traduit par épi est *suji*, qui au sens propre signifie spirale :

celle que dessine sur le crâne le vide laissé par les cheveux en épi. Le nœud fait derrière le cou est celui du *tali*, le cordon attaché par le mari au cou de sa femme au moment du mariage.

17. Ettiyamma, la huitième, du radical *etteu*, huit. Palayi : la première syllabe est sans doute un résidu de *patteu*, dix.

18. Le *dharma* est un concept clé de l'hindouisme, que Louis Renou a défini ainsi : « Il embrasse le comportement public et privé, les rapports sociaux dans la mesure où ils expriment la fidélité à la norme civique et religieuse. À notre notion de "loi", il joint celle de "coutume", "morale", "mérite religieux" et même approximativement "religion" : en bref il n'exprime rien d'autre que "le sacré en tant que le Véda en a codifié l'expression". » Renou précise encore que le terme « concerne les manifestations mêmes par où la norme prend effet, la réalité en tant que régie par les lois naturelles. Cette double connotation a été rendue possible par le fait que l'ordre naturel pour l'esprit indien s'est confondu de tout temps avec l'ordre moral, que la réalité porte avec elle sa norme, comme l'histoire son jugement... Comme manifestation de la loi, le *dharma* a pu ainsi rejoindre le *karman* dans ses acceptions de destin et de tendance éthique : il est tantôt le *karman* même, tantôt sa source, il a le *karman* pour sanction. » (Louis Renou, *L'Inde classique*, *op. cit.*, p. 561).

Le *karman* ou *karma*, lui, « est devenu le dogme central de la religion... Le terme englobe "l'acte" ("né de la pensée, de la parole ou du corps"), l'effet de l'acte, enfin la loi qui régit cet effet, loi nécessaire à la manière d'un phénomène astronomique... Pratiquement tout acte suscite un effet qui se réalisera un jour proche ou lointain, déterminant une récompense ou une punition, une joie ou une souffrance, une élévation ou un abaissement de condition. La mort ne change rien à cette loi : "les actes demeurent", tel est l'un des motifs majeurs de la pensée indienne... » (Louis Renou, *op. cit.*, p. 555-556).

En d'autres termes, le *dharma* est le devoir propre à chacun, dans le respect de son statut et pour la préservation de l'ordre du monde, son destin ; le *karma* étant le fruit de la chaîne de ses actes, plus ou moins respectueuse de son *dharma*.

19. On regroupera ici l'ensemble des notes portant sur la « chanson de celle qui n'avait pas d'enfant ».

- *Yelam yelama yelam* : onomatopée rythmique, sans signification.
- Kaliyamma : Kali la Mère, la déesse redoutable, destructrice, dont on a modelé la statue d'argile.
- Malgré ça... sous-entendu : malgré mon offrande, mon vœu n'a pas été exaucé et je n'ai pas eu d'enfants.
- Les Pandava, les cinq frères, fils du roi Pandu. Dans l'épopée, c'est Pandu qui ne pouvait avoir d'enfants, après avoir été maudit par une gazelle qu'il avait tuée pendant l'accouplement. Par le pouvoir d'un mantra reçu d'un ermite, les deux épouses de Pandu auront des enfants de paternité divine. Kunti aura un fils de chacun des dieux Dharma, Vayu et Indra : ce seront Yudhisthira, Bhima et

Arjuna. Madri, des dieux jumeaux Asvin, aura les jumeaux Nakula et Sahadeva. Les Pandava auront, eux, une descendance. Mais tous leurs fils mourront lors de la guerre opposant Pandava et Kaurava, soit tués au combat, soit massacrés. C'est en ce sens qu'on peut répéter : « Ils n'avaient pas d'enfants, les Pandava... » Leur lignée ne survivra en fait que grâce à l'intervention de Krishna, qui ramènera à la vie le petit-fils d'Arjuna, tué dans le ventre de sa mère.

• Puttupputtan : une des formes d'Aiyanar.

• Selliyamma : l'aînée des sept vierges descendues des cheveux de Siva, restée célibataire. Son sanctuaire est normalement voisin des limites du finage villageois. Ces sept vierges se distinguent des sept vierges qu'adorent les chasseurs (chapitre XII) et des sept vierges d'Aiyanar.

• Patchaiyamma : une forme de Sakti en méditation sous un *pandal* de palmes vertes *(patchai* : vert) après la seconde malédiction lancée contre elle par Siva.

• Chidambaram : à une soixantaine de kilomètres de Karani, l'un des hauts lieux de l'hindouisme, où l'on vénère Siva sous sa forme éthérée. C'est dans la forêt de Tillai, aux abords de ce qui deviendra Chidambaram, que Siva apparut comme Nataraja, le divin danseur dont la danse symbolise le mouvement cosmique dans lequel l'ordre et le changement se fondent.

• *Nana* : onomatopée sans signification.

• Mayavaram ou Mayuram : à une vingtaine de kilomètres au sud de Chidambaram, c'est la ville de Mayan, c'est-à-dire de Vishnu, dieu de l'illusion. La ville est établie sur la berge de la Kavéri, la plus sainte des rivières du pays tamoul. On l'appelle aussi Mayiladuturai.

• Le pouvoir du curcuma, c'est celui d'indiquer si une prière sera exaucée ou non. La femme écrase du curcuma dans un mortier. Si un morceau de curcuma saute sur son sari avant d'être réduit en poudre, la prière sera exaucée. Un autre procédé consiste à mettre dans une pannelle de cuivre du *kungamam* (à base de poudre de curcuma) et du *tirnur* (mélange de cendre et de chaux avec lequel on inscrit sur le front les marques sectaires), chaque préparation étant enroulée séparément dans un morceau de papier. Si l'on tire de la pannelle le *kungamam*, la prière sera exaucée.

• *Arigari* : onomatopée sans signification particulière.

20. Le *samiar* est au premier chef un renonçant, ou un responsable de monastère. Le mot désigne aussi un saint homme, dont la relation intense au divin lui permet de disposer de pouvoirs d'ordre spirituel mais aussi pratiques. Murugaiya Gounder, le *samiar* de Karani, est voyant, guérisseur, exorciste. Il est la personnalité religieuse majeure du village (et bien au-delà), beaucoup plus considérée que les simples brahmanes qui officient aux temples et dans les familles de l'*ur*. Le radical du mot est *Sami* : Seigneur, Dieu. Le mot s'emploie aussi pour désigner le dévot d'une secte.

Le mot *Sami*, lui, employé comme terme honorifique ou simplement respectueux, est usité communément sur le mode mineur, sans qualifier la sainteté, pour s'adresser à un brahmane, ou même, par extension, à l'adresse de tout homme auquel une personne d'humble condition veut manifester sa déférence.

21. C'est-à-dire qu'elle est à Karani depuis cinq ans, *Pongal* étant la grande fête des moissons qui se déroule au mois de *Taï* (janvier-février) dans tout le pays tamoul. Le mot vient de *pongal* ; le riz bouilli avec lait et sucre qu'on prépare à cette occasion. On appelle aussi cette fête *Sankranti* (le mot est sanskrit) en l'honneur de Sankaran, le Soleil, qui est aussi l'un des noms de Siva : le soleil va entrer dans le Capricorne et commencer sa course apparente vers le nord. Ce mois de *Taï* est particulièrement auspicieux.

22. Seize jours après le décès ont lieu les derniers rites marquant la fin des cérémonies funèbres.

23. Ceux qui sont en haut : comprendre ici les défunts.

CHAPITRE VIII

1. « On est effrayées » : l'expression tamoule se distingue ici de ce qu'on aurait pu traduire, de façon moins précise, par « on a peur », l'auxiliaire être étant en la circonstance plus fort qu'avoir. « Être effrayé » est la première étape du processus de possession (l'esprit n'est pas encore entré dans le corps de sa victime). Voir sur ce point le chapitre VI, note 15.

2. La conque est un attribut de Vishnu, le trident un attribut de Siva.

3. Les grands « arbres dormeurs » sont les *tungumunjimaram*, littéralement « arbres au visage qui dort », *Samanea saman*, un arbre de belle taille qui borde fréquemment les avenues.

4. On considère que ceux qui meurent à l'abandon connaissent comme les suicidés une mort prématurée, non suivie des rites funéraires qui permettent, après le seizième jour, la réincarnation. Ils deviennent donc des *pey* attendant leur nouvelle naissance qui renouera la chaîne des existences interrompue par cette mort hors les règles. Ce que Viramma nomme ici « la vraie mort », c'est précisément le moment qui va précéder la rentrée dans le cycle des renaissances. La « vraie mort » coïncide, dans ce cas, avec le retour à une nouvelle existence.

5. Enterrement plutôt que crémation, car le premier est moins onéreux.

6. Quartier des blanchisseurs, à Madras, sur la rivière Adyar.

7. Telles des pierres dressées, les trois briques symbolisent des divinités.

8. La *bhakti* est un élément fondamental de l'hindouisme populaire. C'est l'intense amour, la très profonde dévotion du fidèle envers son dieu, un dieu en qui il met toute sa confiance, un dieu proche auquel on se donne, et qui se donne lui aussi au fidèle. La *bhakti* manifeste une dévotion dans laquelle adoration et partage sont indissociés.

9. Viramma entend par là que ces enfants sont morts sans s'être longuement

affaiblis, sans avoir été grabataires. « Mourir en bon état », c'est avoir été ingambe et actif jusqu'aux approches de la mort.

10. Le mot tamoul est *kuttiçattan* (étymologiquement petit diable, le mot Satan étant passé au tamoul *via* l'urdu *shaïtan).* Il désigne un farfadet, un esprit follet, lutin farceur à l'occasion. Un individu initié à la sorcellerie par accroc, tel le grand-père de Viramma, n'est pas en mesure de contrôler un esprit de plus haut rang : ces petits esprits malins se distinguent des démons, plus puissants qu'eux.

11. Le Kérala, État voisin du Tamilnad : on y parle le *malayalam*, une langue dravidienne qui s'est différenciée du tamoul entre le IVe et le XIIIe siècle apr. J.-C. Le substantif « Malayali » désigne ceux dont le *malayalam* est la langue maternelle. L'adjectif *malayali* qualifie ce qui est propre au pays où l'on parle le *malayalam*.

12. Le *magudi* est l'instrument des charmeurs de serpent : instrument à vent fabriqué à partir d'une petite calebasse au renflement caractéristique. Le cobra « prend la photo » : traduction littérale de l'expression populaire pour dire qu'il se dresse et ouvre son capuchon.

13. Les sacrifices d'enfants existent encore, très exceptionnellement : chaque année, la presse nationale indienne rend compte de quelques drames. Célèbre en pays tamoul est le mythe du saint sivaïte Sirutondai Nayanar qui sacrifia son fils unique pour satisfaire un renonçant demandant comme repas un curry de premier-né. (Le renonçant était Siva lui-même, venu éprouver sa dévotion ; le sacrifiant exemplaire est celui qui se sacrifie lui-même, ou qui sacrifie son fils.) D'une façon générale, la hantise la plus commune et la plus forte est la crainte des enlèvements d'enfants, pour alimenter les réseaux de mendicité ou de prostitution ou, cas extrêmes, pour être sacrifiés. L'antique souvenir des sacrifices humains *(narabali)* liés à des rites de construction d'édifices posant des problèmes (les ponts en particulier) est encore vif, et nourrit l'imaginaire collectif. L'autre cas de figure est celui des *mantiravadi* qui, pour leurs actes de magie noire, ont besoin d'un crâne de premier-né. On les soupçonne, s'ils n'en trouvent pas dans les cimetières, de procéder à des enlèvements de très jeunes enfants. Les cas mentionnés de temps à autre dans la presse illustrent plutôt le type le plus classique, de faibles gens crédules offrant sur les conseils d'un *pusari* une victime propitiatoire à la divinité (de bas rang) qui les accable ou qui ignore leurs prières. Cas extrêmes que ceux-là, puisque la pratique courante de longue date, en matière de sacrifice sanglant, consiste à sacrifier un animal, comme dans l'épisode que conte Viramma. Les sacrifices d'animaux — dont le plus spectaculaire est le sacrifice du buffle en pays télugu — sont aujourd'hui en principe interdits par la loi, tout en étant encore pratiqués. Mais il est toujours possible — substitution au second degré — de remplacer l'animal par un fruit (une citrouille en guise de bœuf, un citron en guise de coq) ou d'acquitter un paiement égal au prix de l'animal.

Les chanteurs itinérants qui vont de village en village ont toujours dans leur répertoire des « ballades de meurtre » *(kolaiçindeu)*, parfois inspirées par l'actualité. Certaines existent sous forme imprimée dans de petites brochures à bas prix.

14. Le seizième jour après la mort d'un défunt ont lieu les derniers rites funéraires *(karumati)*, normalement conduits par le fils aîné si le défunt est le père, par le fils cadet si la défunte est la mère, par le mari s'il s'agit de sa femme. Dans le cas évoqué, le frère de Viramma n'avait personne pour partager les frais liés aux derniers rites, la contribution des proches se bornant normalement aux funérailles proprement dites. Voir sur les rites funéraires chapitre XIII.

15. Écho d'une croyance selon laquelle l'haleine du rat serait anesthésique.

16. Karani compte quelques familles, marginales au village, membres d'une caste dite des chasseurs (Vettaikkarar), probablement issus de la tribu semi-nomade des Irula, aujourd'hui sédentarisés. Sur ces adorateurs des Sept Vierges, voir le chapitre XII.

17. Le nom même, dont la forme écrite exacte serait *kuppan*, signifie « qui est fait d'ordure ».

18. Le *céri* compte deux prêtres, de la caste des Valluvar, l'un sivaïte *(pandaram)*, l'autre vishnuite *(dasari)*.

19. La « fièvre empoisonnée », c'est la typhoïde.

20. K. S. : député à l'Assemblée du Territoire de Pondichéry. Karani se trouve dans sa circonscription. Il est courant d'appeler un homme politique par ses initiales.

CHAPITRE IX

1. Tirupati, au sud de l'État d'Andhra Pradesh, ville aux sept collines, est le lieu de pèlerinage le plus important de toute l'Inde du Sud. Le sanctuaire majeur est dédié à Pérumal, c'est-à-dire à Vishnu, nommé ici Venkatesvara ou Venkatapati, le « Seigneur de la montagne », qu'on appelle aussi Tirumal.

La remarque de Viramma (on est impur, mais...) s'explique par le fait que les Parias sont plutôt portés, par culture et par statut socio-rituel, à adorer des divinités secondaires, ou du moins les formes secondaires de divinités majeures, les temples de ces grandes divinités leur étant, dans l'*ur*, interdits. Les temples imposants des grands lieux de pèlerinage, avec à leur tête celui de Tirupati, sont plus ouverts, grâce à l'anonymat.

2. Le Gardien *(kavalkaran)* est une divinité mineure dont le sanctuaire, très proche de la maison de Viramma, consiste en cinq pierres grossièrement triangulaires, d'une trentaine de centimètres de hauteur.

3. Quand on offre une vache ou un veau à une divinité, on ne conduit pas

l'animal au temple. On peut l'abandonner, à la campagne comme en ville. La bête porte alors les marques du vœu qui feront que personne ne se l'appropriera. Elle sera, en ville, nourrie d'aumônes. On peut aussi remettre la vache (souvent, au demeurant, un petit bœuf à bosse couvert de tissus multicolores) à un *bumadeukkaran*, montreur d'animal savant.

4. Le basilic *(Ocimum sanctum)* est la plante associée à Vishnu. Alors que la marque sivaïte consiste en trois barres blanches parallèles, celle des vishnuites consiste en un trait rouge (le *namam)* partant de l'attache du nez, trait qu'encadrent deux barres blanches disposées en V.

5. Ceux qui ont fait un vœu sont les *prattanaikkar*. Eux seuls ont au cou la guirlande de basilic qui les distingue des pèlerins ordinaires qui, eux, n'ont pas fait de vœu particulier. Le plus souvent le vœu, en pareil cas, consiste à promettre à la divinité de se rendre en pèlerinage à son sanctuaire en remerciement d'une demande satisfaite et fort importante (guérison, descendance...).

6. Il faut comprendre dans un temple monumental fréquenté par les hautes castes et desservi par des brahmanes. Au *céri*, le temple de Mariamman, le plus vaste, n'est qu'une petite construction : les dévots ne peuvent trouver place que dans l'enclos, faute d'espace dans le corps principal.

7. Les grands temples sont connus sous le nom de leur divinité majeure, mais ils comptent aussi nombre de sanctuaires dédiés à d'autres divinités. On notera ici que Viramma, de façon très significative, ne retient de son pèlerinage à Tirupati que deux épisodes : en route, la *puja* faite à Mangavarttamma, une forme mineure de Sakti, et, à Tirupati même, la découverte des statues de Kali, qui l'impressionnent tant. De la divinité majeure, l'inaccessible Seigneur de la montagne, Venkatesvara, Vishnu lui-même, Viramma ne dit mot.

8. Tout produit d'une vache (vivante) est riche d'une valeur purificatrice d'ordre religieux. Remarquons — dans l'ordre de la propreté, distinct de celui de la pureté — que la bouse de vache mêlée à de la poussière forme effectivement un excellent enduit contre les insectes.

9. Un *dharmakarta* est un membre laïc éminent du conseil exécutif régissant un temple : le conseil en gère les biens, organise les fêtes et se prononce d'une façon générale sur tout ce qui concerne la vie du temple. Comme son nom l'indique, le *dharmakarta*, qui, en milieu villageois, est souvent un notable connu pour sa piété et sa générosité, est en principe un homme respectueux du *dharma*. Le mot est employé ici par antithèse, Bangareu Reddi se donnant l'apparence de la piété, mais étant en réalité un homme sans générosité.

10. Viramma manifeste ici la croyance en la réincarnation selon les mérites acquis dans une existence antérieure (les mérites des parents, ou leurs torts, rejaillissant sur leurs enfants, dont le sort dépend aussi des mérites acquis lors de leurs propres existences antérieures). Le sort qu'on connaît en cette vie est une rétribution liée au respect plus ou moins vif qu'on a porté à son devoir, à

son *dharma*. (Voir sur ce concept ce que Viramma en dit, en fin de chapitre XIV, et les notes afférentes.)

Chapitre X

1. La *mariatta* désigne l'ensemble des maladies qu'on attribue à la déesse Mariamman, qui peut alors porter ce nom, la Mariatta. On appelle aussi ces maladies Ammai, la Mère. Il s'agit essentiellement de la varicelle et de la variole, mais aussi d'un certain nombre de maladies répertoriées par C.M.E. Matthews. Toutes n'ont pas d'équivalent dans le vocabulaire médical occidental.

2. Mariamman est l'une des déesses les plus importantes du pays tamoul, particulièrement chez les Harijans. Étymologiquement, c'est la Mère de la variole *(mari-amman)*, que l'anthropologue Louis Dumont a préféré appeler la Dame plutôt que la Mère *(cf. Une sous-caste de l'Inde du Sud..., op. cit.*, p. 389). Elle est, dit Dumont, « la déesse universelle du village », ayant à Karani un temple à l'*ur*, et un autre au *céri* (le temple de l'*ur* dédié à Sengajuniramman est en fait communément appelé temple de Mariamman). Il s'agit de toute évidence d'une vieille divinité populaire qui a été intégrée au panthéon hindou par le biais d'un mythe que, pour une part, nous raconte Viramma. Le mythe est le suivant (nous abrégeons la version qu'en donne Michael Moffatt dans *An Untouchable Community in South India*, Princeton, 1979, p. 248-249) :

Siva avait pris la forme d'un sage, et Parvati celle de l'épouse de ce sage, appelée Renukka. Puisant de l'eau quotidiennement pour son époux, Renukka admira un matin le reflet d'un messager divin. Cette seule pensée rompit le charme qui lui permettait chaque jour de tirer de l'étang un pot rempli d'eau et les fleurs requises pour la *puja*. Elle dit à Siva ce qui était advenu. Celui-ci lui fit trancher la tête par un de ses fils, qui la décapita alors qu'elle se réfugiait dans les bras d'une femme de cordonnier, appartenant donc à la plus basse caste d'Intouchables. Le fils demanda à Siva de redonner vie à sa mère, mais, dans la confusion du moment, il plaça sur le corps de sa mère la tête de l'Intouchable qu'il avait décapitée avec elle, et en conséquence inverse, la tête de sa mère sur le corps intouchable. C'est alors que Siva (ou son fils, selon la version de Moffatt) condamna cet être ambigu, mi-Brahmane, mi-Intouchable, à semer la variole alentour, et à recevoir à la fois des offrandes végétariennes et non végétariennes. On voit comment un tel mythe associe la plus haute et la plus basse des castes, et offre à la dévotion des Intouchables une divinité qui a leur corps, tout en émanant aussi de la brahmanité la plus haute.

3. Le *karagam* est une pannelle emplie d'eau, couverte de feuilles de margosier. Il représente la Sakti.

4. La noix de cajou, fruit de l'anacardier, est entourée d'une coque d'où s'écoule, à l'ouverture du fruit, une résine blanchâtre dite baume de cajou. C'est cette résine que Viramma appelle « lait d'anacardier ».

5. Le *kumbam* est identique au *karagam*, mais alors que ce dernier est utilisé lors des processions, le *kumbam* reste dans la maison, où il symbolise Mariamman.

6. Il s'agit de l'attitude qu'on appelle *toppikkaranam*, adoptée en signe d'humilité envers la divinité. Chaque main tient l'oreille qui lui est opposée, les poignets se croisant sous le menton, tandis que le fidèle accomplit des génuflexions rapides et profondes. Un mythe rend compte de l'origine de ces gestes : un *asura* qui avait réussi à emprisonner un grand nombre de *déva* leur imposa de se prosterner chaque jour devant lui dans cette attitude. Les *déva* demandèrent à Vinayagar (Pillaiyar) de tuer cet *asura*, ce qu'il fit. En hommage à leur libérateur, les *déva* firent pour lui, avec joie et humilité, les gestes qu'ils avaient dû faire à contrecœur devant l'*asura*. C'est principalement mais non exclusivement devant Vinayagar que les dévots font aujourd'hui ces gestes d'hommage.

7. « Décrire » une divinité, en tamoul, c'est en chanter les louanges. Certains de ces chants de louange sont publiés en minces brochures populaires, que Viramma appelle « les petits livres ».

8. Le *vaïkundam* est, dans la mythologie vishnuite, le lieu de séjour de Vishnu, qu'on situe à l'est du mont Méru ou dans l'océan Septentrional. « Aller au *vaïkundam* » est une expression courante qui signifie mourir.

9. Il s'agit en fait des oreillons.

10. Entendons ici qu'on noue ce simulacre de *tali* autour du cou de la malade qui a la *mariatta*, et donc qui est, comme un double d'elle-même, Mariatta, la déesse étant présente en elle tout au long de la maladie. Dans certaines castes on emprunte un collier d'or pour l'occasion. On voit même des femmes passer leur propre *tali* autour du cou de la malade.

Chapitre XI

1. C'est-à-dire vingt roupies pour un homme, quinze pour une femme et dix pour un enfant : prix élevés par rapport aux prix moyens payés alors pour les opérations agricoles.

2. Il s'agit des maîtres artisans du village de Swamimalai, voisin de la ville de Thanjavur. Depuis des siècles, on y fabrique des statues de divinités en bronze (ou en cuivre), selon le procédé de la cire perdue.

3. Si un prêtre non brahmane peut assurer le rituel d'un temple de second rang — *a fortiori* au *céri* bien sûr, où les prêtres sont des Harijans de caste Valluvar —, seul un brahmane (Viramma dit explicitement *artchagar*, brahmane de second rang qui est prêtre professionnel) peut procéder au mieux à sa consécration (rites complexes de *kumbabishekam*). C'est la seule circonstance où un prêtre brahmane acceptera éventuellement d'entrer dans un *céri*, sous réserve

que le temple à consacrer soit dédié à une divinité de haut rang. Mariamman, divinité de rang intermédiaire, sera perçue ici comme une forme de Sakti, principe divin féminin.

4. Narikara : le mot est une contraction de Nari Korava, les « Korava des renards », la plus importante des tribus Korava. Ils vendent, entre autres, des colliers de pacotille.

5. Demander l'autorisation *(uttaravu kekkaradeu)* : les visiteurs ne demandent pas la bénédiction ou la protection de la déesse mais bien son autorisation préalable à l'entreprise qu'ils ont en tête, et qui peut être de toute nature (vie familiale, activité économique ou autre). Le prêtre du temple de Mariamman leur présente un plateau sur lequel se trouvent des petits sachets. Si le sachet choisi contient du *kungamam*, c'est que la déesse donne son accord au projet, qui peut alors être entrepris. Si le sachet est vide, le projet, faute de l'autorisation de Mariamman, sera abandonné ou reporté.

6. Viramma donne ici une idée du répertoire du *kutteu*, ce théâtre populaire joué par des troupes semi-professionnelles le plus souvent, ou par des amateurs, lors des fêtes religieuses. Lakshmanan est l'un des héros de l'épopée du *Ramayana*. Bhima et Arjuna sont deux des cinq Pandava. Karna, leur ennemi acharné, est leur demi-frère (sans le savoir). Ils sont, comme Draupadi, des héros du *Mahabharata*. Les troupes de *terrukkutteu* (« danseurs de rue ») se spécialisent dans le répertoire des épopées, plus particulièrement du *Mahabharata*. Mais il existe aussi un autre répertoire, celui des troupes dites de *nadakan* (« pièce dansée »), qui s'inspire des Puranas, récits mythologiques de la tradition hindoue, et des mythes issus directement de la tradition tamoule, telle l'histoire de Kattavarayan ou de Madurai Viran.

7. Avant la fête de Mariamman, chaque année, un certain nombre de femmes font vœu de servir la déesse. Celles qui sont choisies pour faire cuire la bouillie portent avant la fête un cordon au poignet qui témoigne de leur pureté rituelle : entendons ici qu'elles n'ont pas leurs règles et qu'elles s'abstiennent de toute relation sexuelle pendant la semaine qui précède la fête et pendant la fête elle-même, qui peut également durer une semaine.

8. Le « type de Pondy » est un militant du parti DMK, *Dravida Munnetra Kajagam*, cherchant à gagner la confiance et les voix des jeunes Harijans en les encourageant à s'émanciper des obligations traditionnelles.

Chapitre XII

1. Les éleveurs de porc auxquels Viramma fait allusion sont des Tombin, très basse caste, mais non intouchables, et ne vivant donc pas au *céri*. Leur statut vaut aux Tombin d'habiter en général aux marges de l'*ur*. Ce que Viramma nous décrit ici, c'est en fait une géographie sociale en mouvement. Le gouvernement

(en particulier celui du DMK en place au moment de ce récit) opère en douceur des transferts d'habitat qui ne concernent certes que quelques individus, mais qui enfoncent néanmoins un coin dans l'ordre établi des règles traditionnelles d'occupation de l'espace villageois. Loger des instituteurs intouchables près de l'école de l'*ur* parce qu'ils sont instituteurs, c'est lutter contre l'une des manifestations de l'intouchabilité, celle de la ségrégation de l'espace. Inversement, offrir des lopins de terre dans le *céri* à des Kudiyanar, sous-caste de bas rang des Vanniyar vivant traditionnellement dans l'*ur*, c'est pousser à la mixité dans l'autre sens. Mais si des Harijans sont prêts à habiter l'*ur* (ils y sont tolérés parce que instituteurs extérieurs au village), des villageois de basse caste n'accepteront pas de vivre au cœur du *céri*. En revanche, les nouveaux quartiers du *céri* de Karani longeant la route d'accès au village peuvent compter quelques non-Harijans ayant établi leur maison au bord de la route, donc en un lieu où passent les hautes castes. Le bord de la route devient ainsi comme extérieur au *céri* (ce qu'il était jadis, avant l'extension de celui-ci) si ce n'est pas une famille harijan qui y demeure.

2. Il faut comprendre ici : ton magnétophone.

3. Nord, nord-est, est, sud-est, sud, sud-ouest, ouest, nord-ouest : les huit points de la rose des vents.

4. Les chasseurs que décrit ici Viramma sont à l'évidence des membres d'une tribu, les Irular, vivant autrefois dans les forêts de la région de Gingee et de Tiruvannamalai. W. Francis, dans le *Gazetteer of the South Arcot District* publié en 1906, notait que ces Irular, appelés aussi alors les archers *(villiyar)*, avaient quitté leurs forêts depuis longtemps et qu'ils s'étaient stabilisés dans les campagnes, en marge des villages, vivant de chasse, de cueillette et de gardiennage. Deux de leurs caractéristiques étaient précisément d'être des fidèles des Sept Vierges, et d'être consultés par les villageois pour leurs oracles et autres pouvoirs particuliers. Le récit de Viramma montre que deux ou trois générations plus tard le processus d'assimilation de la tribu à la société et à l'économie dominantes se poursuit.

5. « Être civilisé », pour Viramma comme pour beaucoup d'autres, c'est en fait adopter les mœurs d'une certaine modernité, d'une part, et, dans un ordre différent, abandonner des pratiques tout à fait distinctes du modèle que représentent les bonnes castes. Viramma a considéré un peu plus haut que les chasseurs se sont civilisés puisqu'ils usent aujourd'hui de transistors et de bicyclettes (civilisation signifie modernité), tout en notant que les hommes portent désormais le *somin* plutôt qu'un simple cache-sexe, tandis que les femmes préfèrent maintenant les saris drapés aux jupons courts (civilisation signifie mœurs copiées sur celles des bonnes castes). De la même façon, nombre de citadins diront que les campagnes se civilisent s'ils y constatent la double diffusion d'objets et de techniques modernes d'une part et de modèles socioculturels urbains d'autre part (comportements, attitudes, éducation...). Tout cela, bien sûr, n'est qu'épiphéno-

mène, et ne doit pas masquer le fait fondamental que tous, en réalité, sont les enfants d'une vieille et vivante civilisation de haute culture. Les distinctions faites dans les têtes traduisent simplement l'idée d'une hiérarchie socioculturelle fondée sur une conformité plus ou moins grande envers les modèles les plus honorés, parce qu'ils sont considérés comme les plus achevés d'une civilisation reposant pour une grande part sur le principe de hiérarchie (que le fondement de ce principe soit la pureté rituelle n'implique évidemment pas que ne soient prises en compte que les manifestations d'ordre rituel). « Se civiliser », dit Viramma à sa façon, c'est « se laisser moins aller qu'avant », c'est-à-dire en fait se rapprocher des comportements des modèles dominants. Bien que, pour une femme de l'âge de Viramma, chacun doive rester à sa place, l'acceptation de l'ordre établi n'exclut pas une modeste avancée, manifeste dans le comportement. L'idée de consensus chère à Moffatt est ainsi doublement validée : parce que Viramma fait siens le modèle dominant et la hiérarchie qui le fonde, et qui la place, elle, au bas de l'échelle. Mais aussi parce que, quand évolution il y a, elle est perçue comme positive si elle est conforme au modèle dominant qui méprise, précisément, le laisser-aller. Les jeunes Harijans, tel le fils de Viramma, récusent, eux, le principe hiérarchique et les obligations de caste qu'il leur impose traditionnellement. Mais l'évolution positive qu'ils appellent de leurs vœux suppose aussi pour eux la possibilité d'adopter des comportements ou des signes propres aux castes plus élevées que la leur : pantalon, lunettes noires, talc... On est certes bien loin, à ce niveau, du processus de « sanscritisation » formulé par M.N. Srinivas pour caractériser l'adoption par des castes hautes ou moyennes de comportements de type brahmanique. Il s'agit plutôt, phénomène commun à toutes les castes, d'un vernis d'« occidentalisation », que manifestent le vêtement masculin et, jusqu'à un certain point, le cinéma commercial, influençant considérablement la culture populaire. Mais il faut comprendre que les signes apparemment futiles d'une modernité superficielle s'inscrivent aussi dans l'histoire d'une lutte contre la discrimination vestimentaire. Longtemps, il fut interdit aux Intouchables de porter des sandales, et Viramma s'abstient toujours, au village, de mettre un corsage. Le vêtement et ses accessoires sont ainsi des signes d'intouchabilité ou, comme en toute société, de statut social, au même titre que le langage.

CHAPITRE XIII

1. « Mourir en bon état », c'est mourir en quelques heures ou en quelques jours, sans avoir été grabataire (voir chapitre VIII, note 9).

2. Il s'agit du *kodi*, c'est-à-dire du vêtement neuf (ici un sari) que l'on offre lors de cérémonies familiales décisives : mariages ou funérailles.

3. Voilà les deux types d'orchestre des Paraiyar, cette caste de Harijans joueurs de tambour *(parai)* dont le nom tamoul s'est universalisé en Paria.

L'orchestre des *totti*, appelé *paraimélam*, se compose, on le sait (chapitre VIII), de sept musiciens désignés par roulement pour un an. C'est l'orchestre rituel, chargé des funérailles de toutes castes (sauf celles des brahmanes) : orchestre funèbre, enterrement ou incinération. L'orchestre des *totti* participe aussi aux fêtes de l'*ur*, particulièrement aux processions. Il y précède à bonne distance, pour annoncer l'arrivée du char processionnel, l'orchestre des musiciens de l'*ur*, constitué principalement de barbiers. Ceux-ci jouent, eux, juste devant le char sur lequel le prêtre sert la divinité, un répertoire nourri de la musique classique dévotionnelle.

L'orchestre *naiyandi*, au contraire, est un orchestre de volontaires, spécialisé dans les chansons légères, les chansons d'amour, les chansons caustiques. L'orchestre des *totti* est le fruit d'une obligation de caste, d'une fonction rituelle que les Paraiyar (en fait une de leurs sous-castes, les Vettiyan) ont à remplir envers la communauté villageoise. L'orchestre *naiyandi*, lui, exprime avec plus de liberté la culture *paraiyar*.

4. La civière, ou couche mortuaire *(padai)*, est constituée d'un cadre de bambou sur lequel est fixé un croisillon de corde où l'on pose un tissu couvert de feuilles de margosier avant d'y étendre le corps. La couche, que portent quatre personnes, peut ou non être surmontée d'une structure de bambou léger couverte de fleurs. La couche elle-même et le corps sont fleuris.

5. Les Reddiar du Tamilnad sont venus du pays télugu, l'Andhra Pradesh aujourd'hui, depuis plusieurs générations, mais ils conservent en famille la pratique de leur langue d'origine, comme il est d'usage dans toute l'Inde. La phrase que cite Viramma n'est qu'une approximation, qui signifie : « Si je fais tout cela, qu'aurai-je en retour ? ».

6. Une longue méditation de Siva entraînant la paralysie du monde et la fin des actes de procréation, les dieux demandèrent à Manmadan (qu'on appelle aussi Kama) d'intervenir. Manmadan, dieu de l'amour, armé de son arc de canne à sucre, décocha ses flèches de fleurs vers Siva. Celui-ci ouvrit son œil frontal, dont le feu réduisit en cendres celui qui avait osé troubler sa méditation. L'épouse de Manmadan, Radhi, implora Siva de ramener son époux à la vie. Siva accepta, sous réserve que Manmadan soit désormais invisible à tout autre que Radhi. Dans de très nombreux chants populaires, Radhi et Manmadan sont célébrés comme l'image idéale de la beauté et de l'amour d'un couple. Monture de Manmadan, le perroquet leur est toujours associé.

7. Voici l'une des versions du mythe d'Harichandran. Roi d'Ayodhya, il rompit un jour de chasse la méditation du sage Vishvamitra, qui décida de détruire son royaume. Pour sauver ses sujets, Harichandran promit de satisfaire tout vœu qu'énoncerait le sage. Commence alors le temps des épreuves. Vishvamitra vient un jour à la cour réclamer le royaume d'Harichandran. Fidèle à la parole donnée, Harichandran abdique et quitte sa capitale avec sa femme et son fils, en ayant abandonné tous ses biens. C'est alors que, selon la coutume, Vishvamitra

réclame en sus de ce que Harichandran lui a donné une libéralité supplémentaire, signe de bonne grâce. Harichandran le lui promet, sans être en mesure d'obtenir quoi que ce soit à offrir au sage. N'ayant su se vendre comme esclave au marché de Bénarès, il est réduit à vendre sa femme et son fils à un riche Brahmane en quête de domestiques. Le produit de cette vente ne satisfait pas Vishvamitra. Le roi détrôné doit, pour offrir la somme voulue par le sage, accepter la dernière déchéance : se vendre comme aide à un Intouchable chargé des crémations. Il vit alors près des bûchers, touchant pour son maître les frais d'incinération dus par les familles apportant leur mort. Ultime épreuve : vient une femme sans ressources tenant un enfant mort dans ses bras. Harichandran reconnaît son épouse et son fils, mais fidèle jusqu'au bout au devoir de son état vis-à-vis de son maître, comme il avait été fidèle jusqu'au bout à la parole donnée au sage, Harichandran demande à sa femme de régler le prix de la crémation en donnant, toute honte bue, la moitié de son sari. C'est alors que la vérité apparaît : son maître intouchable n'était autre que Yéman, dieu de la mort et juge des vertus. Les dieux se manifestent, rendant vie au fils mort. Au terme de cette succession d'épreuves au cours desquelles Harichandran a montré son absolu respect du devoir, Vishvamitra lui rend son royaume, le roi ayant refusé d'aller au séjour des dieux sans y être accompagné de ses sujets.

8. Les enterrements des Harijans de Karani ont lieu sur le même terrain que les crémations. L'endroit porte le nom de champ de crémation, même s'il est aussi cimetière.

9. Viramma fait allusion à d'autres castes de Harijans présentes au *céri* de Karani. Les Pandaram sont une sous-caste des Valluvar, prêtres intouchables, et sont sivaïtes. L'autre groupe évoqué ici est composé de vishnuites portant les tatouages symboliques des attributs de Vishnu que sont la conque et le disque. Dans les deux cas, il s'agit des familles des prêtres intouchables de Karani, que Viramma appelle les *Iyer*, l'un étant sivaïte, l'autre vishnuite.

10. Viramma opère ici une distinction entre ceux qui savent prier selon les règles (quelles qu'elles soient), en récitant ou en lisant les formules requises, et ceux qui prient spontanément, sans référence à des textes, à des règles ou à des savoirs reconnus par les prêtres. C'est parce qu'elle considère que seule la première façon de faire est la bonne, car la plus élevée, que Viramma déclare — bien sûr à tort — que personne ne prie, hormis les prêtres, au *céri*. Il faut entendre ici en fait que personne ne prie dans les règles, et qu'à l'exception des Pandaram, personne ne lit de livre de dévotion (ceux-ci étant alors définis comme une catégorie particulière de livres d'inspiration religieuse, au rang desquels on peut compter, par exemple, les épopées ou les récits mythologiques, mais aussi la grande poésie dévotionnelle).

11. La lance est l'attribut de Murugan, fils de Siva. Quand Viramma déclare : « On n'a pas de dieu chez nous », elle veut dire qu'on ne trouve pas sous son toit de statue consacrée. Mais dans toutes les maisons du *céri* on trouve des

chromos pieux, de petites lampes portant l'image de Kamatchi et, peints sur les murs, les signes de Siva ou de Vishnu. Soulignons simplement ici que Viramma, comme lorsqu'elle parle de prière (note 10), tend à nier les pratiques religieuses des Harijans, tant elles sont dévalorisées par rapport à celles des hautes castes, ou même par rapport à celles des prêtres Harijans qui s'inspirent des modèles de pratiques issus des hautes castes : claire intégration des valeurs dominantes, claire acceptation d'un abaissement décidé hors du groupe, mais dont les critères sont assimilés au point d'être acceptés par tous. L'aliénation des Intouchables trouve, en ce consensus qui nie leur vie spirituelle, une de ses plus nettes manifestations.

Chapitre XIV

1. Rappelons que Yéman (ou Yama) est le dieu de la mort : il intervient le jour fixé par le destin pour mettre un terme à l'existence de chacun (du moins à sa présente incarnation), hormis le cas des morts violentes (suicide, accident). De la conception populaire du jugement des morts, *L'Inde classique* dit ceci : « La conception dominante est que l'âme se présente devant Yama pour être jugée... Yama dresse la balance ou la fait dresser par son greffier Citragupta, fixe la peine ou la récompense... Plus souvent ce sont les méchants seuls qui passent devant Yama. Si la balance est à son crédit, l'âme va au paradis... si le compte est passif, elle va aux enfers. En l'un et l'autre cas, le séjour est temporaire : tôt ou tard l'âme est destinée à renaître. Mais si les offrandes funéraires ont fait défaut, que le mort ait été oublié, qu'il n'ait eu ni fils ni parent qualifié [pour accomplir les rites funèbres], ait disparu au loin ou de mort violente, l'âme devient un "trépassé" errant de par le monde à l'entour des demeures humaines, sujette à mal faire, à s'insinuer par exemple dans un cadavre, dans le corps même du vivant pour le posséder... » (p. 553-554).

Viramma, pour sa part, considère que le jugement de Yama, rendu dès que l'âme quitte le corps le seizième jour après le décès, conduit aussitôt à une nouvelle incarnation (quelle qu'en soit la forme) sous réserve que la mort ait été « normale » et les rites accomplis. Sinon le défunt, devenu esprit, ne manquera pas de venir tourmenter les vivants, particulièrement s'il n'a pu mener une vie pleine (mort trop jeune ou sans enfants), comme le montreront plus loin plusieurs exemples.

2. Voir chapitre VII, note 18, pour un développement sur *dharma* et *karma*. Rappelons brièvement ici que le *dharma* est le devoir propre à chacun, dans le respect de son statut, pour la préservation de l'ordre du monde.

3. Gens de l'enfer : Viramma dit « gens du *Naragam* », que le *Tamil Lexicon* traduit par enfer. M. et J. Stutley précisent que ces enfers, ou lieux de tourment, de six à vingt-huit selon divers *Purana*, « sont superposés, chacun ayant 144 subdivisions », et ajoutent que « les "enfers" hindous ne sont pas des lieux

d'éternel tourment, car au terme du séjour qu'ils doivent y accomplir, leurs habitants renaissent sous la forme d'êtres de statut plus ou moins élevé, en fonction de ce que fut leur *karma.* » (M. et J. Stutley, *A Dictionary of Hinduism*, Allied, Bombay, 1977, p. 205, sous la forme sanscrite du mot, *naraka.*) Plus simplement, la formule peut traduire chez Viramma l'opposition entre le monde des dieux *(Devalogam)* et le monde des hommes, en particulier celui des plus bas d'entre eux, les Harijans.

4. Voir chapitre VII, note 18. Le *karma* est, pour l'essentiel, l'ensemble des actes antérieurs, conformes ou non au *dharma*, et leurs effets sur l'existence présente. On remarquera que Viramma expose deux chaînes de causalité gouvernant la réincarnation selon les mérites : l'une liée aux mérites propres ou aux fautes de l'individu considéré, l'autre liée aux mérites propres ou aux fautes de ses aïeux, et particulièrement de ses parents.

CHAPITRE XV

1. Cinq mois après que les troupes indiennes eurent pris d'assaut le Temple d'Or d'Amritsar où les séparatistes et les fondamentalistes sikhs avaient établi leur quartier général, Indira Gandhi tombait sous les balles de deux gardes sikhs affectés à sa résidence, le 31 octobre 1984. Pendant plusieurs heures, y compris après le décès, la radio indienne laissa ses auditeurs dans l'incertitude quant à l'état de la victime, annoncé d'emblée comme très grave. Il s'agissait probablement d'éviter la moindre vacance du pouvoir. Rappelé du Bengale où il était en tournée, Rajiv Gandhi était proclamé le soir même Premier ministre par le président de la République.

2. Notre Mère : titre où le respect se mêle à l'affection. S'y ajoute, dans ce contexte populaire, une touche de religiosité, le destin et la personne d'Indira Gandhi, première femme à diriger une si grande nation, étant quasiment surhumains. Par sa filiation d'une part : trois générations de leaders, avec son grand-père Motilal Nehru, un des grands noms du mouvement national entre les deux guerres mondiales, et avec son père, Jawaharlal Nehru, qui proclama l'indépendance de l'Inde du haut des remparts du Fort-Rouge, à Delhi, le 15 août 1947, avant d'être le premier des Premiers ministres de l'Inde nouvelle, jusqu'à sa mort en 1964. Par son tempérament et sa personnalité, d'autre part, Indira Gandhi illustre pour beaucoup de gens du peuple les caractères de la Sakti, la déesse-mère de l'hindouisme, qui mêle féminité et force créatrice.

3. Ce qui correspond aux deux forces politiques majeures du village : la mouvance congressiste alliée à l'ADMK d'une part, autour du grand propriétaire, et celle du parti régionaliste populiste, le DMK.

4. Viramma fait ici écho aux très graves troubles qui ont éclaté en Inde du Nord, principalement à Delhi, après la mort d'Indira Gandhi, troubles au cours

desquels des milliers de Sikhs ont été tués ou blessés, les premiers jours de novembre 1984.

5. On est ici en présence d'un quiproquo intraduisible. Le propos, en tamoul, était celui-ci : « il ne s'agissait pas d'une histoire de caste, mais de religion ». Or le mot utilisé pour religion, *matam*, a de très nombreux sens, dont l'un est lascivité. On a choisi de rendre ce quiproquo en recourant à l'assonance entre culte et cul : jeu de mots certes approximatif, mais qui nous semble avoir le mérite de conserver l'essentiel du quiproquo entre dimension religieuse et dimension sexuelle (ce serait un profond contresens d'évoquer ici, dans l'esprit de Viramma, toute référence à ce courant de l'hindouisme, essentiellement tantrique, qui voit dans l'union sexuelle une pratique d'essence spirituelle visant à l'union des contraires).

Par-delà le quiproquo, il importe surtout de comprendre que, pour Viramma comme pour les Parias non instruits, le concept de religion est extrêmement flou, voire absent. On en veut pour première preuve le fait qu'entre tous les sens du mot *matam*, Viramma occulte spontanément celui de religion. On en trouvera confirmation un peu plus loin, quand à l'incompréhension du mot *matam* succédera l'incompréhension du mot *védam* (voir note 6). Le flou ou l'absence du concept, soulignons-le, manifeste bien davantage l'omniprésence du sentiment religieux que son absence : c'est parce que le religieux est partout qu'on peut ne pas le conceptualiser comme étant une catégorie particulière.

6. Le mot *védam* a trois sens. Il désigne d'abord les Védas, livres saints du brahmanisme. Par extension, il désigne aussi le code religieux de toute secte, de toute foi. A partir de ce second sens, il désigne aussi, plus populairement, toute religion (c'est le sens retenu dans la question posée). Encore une fois, comme pour *matam*, le mot n'évoque pas pour Viramma l'idée de religion, mais seulement les Védas, que lisent les prêtres brahmanes du village. Le sens de la question posée à Viramma ne lui devient clair que lorsqu'au concept abstrait de religion succède celui des « pratiques envers les dieux ». On verra à la note 9 que la même confusion régit les idées de Viramma quand on lui parle de l'hindouisme, c'est-à-dire de la religion hindoue.

7. Quand Viramma déclare que Périyandavin est le seul dieu des gens de sa lignée, elle ne fait évidemment pas profession de foi monothéiste. Elle veut dire que les gens de sa lignée vénèrent en propre un dieu, qui est Périyandavin. Cela n'exclut pas que Périyandavin puisse être le dieu d'autres lignées, en d'autres lieux et, plus important, cela n'empêche pas qu'on croie en d'autres divinités — Viramma en cite plusieurs. Simplement, ces autres divinités (ou, dans une autre perspective de l'hindouisme, ces autres manifestations de la divinité) ne sont pas les dieux de sa lignée.

8. Viramma fait ici référence aux prêtres non brahmanes des temples de l'*ur* dédiés à Draupadi, à Mariamman et à Aiyanar.

9. On constate combien Viramma a de peine à conceptualiser ce que peut être

une religion, et à penser l'hindouisme comme une religion. D'où sa méprise entre « peuple hindou » et « Harijans » : elle a dû entendre les deux expressions associées l'une à l'autre dans des discours électoraux, et croit à tort qu'ils sont équivalents, d'où la confusion supplémentaire entre une religion, l'hindouisme, et une caste, ou plutôt un ensemble de castes marquées du sceau ancien de l'intouchabilité, ensemble désigné depuis Gandhi par le néologisme « Harijans ».

Cette difficulté à concevoir ce qu'est une religion provient d'une conjonction de facteurs. Au fait que l'hindouisme, en un sens, est moins une religion qu'une façon englobante de voir le monde et d'être au monde, à quoi s'ajoute que les Intouchables ne reçoivent traditionnellement aucune formation religieuse, et qu'ils vivent leur foi sans avoir à la conceptualiser, sans avoir, en fait, à la saisir de l'extérieur. L'exemple de Sukumar, Paria éduqué, montre à l'inverse un peu plus loin qu'alphabétisation, instruction et vie quotidienne menée dans un contexte pluri-religieux (ce qui n'est pas le cas de Viramma) aident à voir les choses de plus haut, et à définir comme religions distinctes — et pas seulement comme pratiques distinctes — hindouisme, islam, christianisme et sikhisme.

Ces remarques faites, il importe absolument de noter que, si Viramma est incapable de conceptualiser l'hindouisme, elle est pénétrée d'une part essentielle de la philosophie hindoue. On ne peut dire si les plus abstraites conceptions lui sont familières (fusion en l'un, en particulier). En revanche, on l'a vu dans des chapitres antérieurs, Viramma a tout à fait assimilé, comme tout hindou, les conceptions du *karma* et du *dharma* gouvernant le cycle des renaissances et la rétribution selon les mérites jusqu'à la libération finale qu'est la non-renaissance.

10. Ceux qui ont la main pour dieu : allusion à la main de Fatima, symbole de l'islam.

11. Les Églises chrétiennes ont en Inde, comme en beaucoup d'autres terres, poursuivi une active politique de scolarisation, de tous niveaux (éducation de masse comme voie éventuelle à la conversion avec quelque emploi à la clé ou, à l'inverse, formation d'élites dont on n'attend pas la conversion, dans des établissements primaires et secondaires et dans des collèges très recherchés par la bourgeoisie et les classes moyennes). L'effort éducatif se poursuit aujourd'hui alors que le zèle missionnaire — excepté sans doute quelques groupes protestants — s'est considérablement amoindri, pour deux raisons : la sincérité des conversions de masse est mise en doute par de nombreux prêtres, et ces conversions de masse sont porteuses de risques politico-religieux que l'Église, les Églises, minoritaires, veulent éviter. La conversion massive d'Harijans à l'islam dans un village du Tamilnad, voici quelques années, a manifesté la réalité de ces deux risques. Rappelons qu'une bonne part des convertis au christianisme ou à l'islam vient, en Inde, des castes Intouchables.

L'évocation des pays lointains est une allusion à « l'exportation » de jeunes nonnes du Kérala, un des bastions du catholicisme indien, vers l'Italie. La presse a rendu compte de quelques scandales à cet égard, des jeunes filles bernées se retrouvant de fait domestiques dans des couvents romains. Que Viramma évoque, fût-ce de façon floue, de telles dérives montre que la communauté hindoue sait mettre le doigt sur quelques points faibles des « concurrents » chrétiens : l'Inde voit s'amorcer aujourd'hui un certain renouveau hindou dénonçant les trop grandes concessions que le pouvoir laïque en place à New Delhi aurait accordées aux minorités religieuses.

12. Gopala Gounder était le responsable du Parti communiste à Karani. Si le Parti est très minoritaire, il a cependant ses lettres de noblesse dans le Pondichéry contemporain, son leader historique local, V. Subbiah, ayant participé à plusieurs gouvernements, après avoir joué un rôle important dans le combat pour le rattachement des comptoirs français à l'Inde. Le Parti communiste bénéficie aussi du prestige de ses syndicats, plus actifs toutefois dans le monde des filatures urbaines que dans celui des ouvriers agricoles ou des petits exploitants marginaux.

On le comprend à écouter Viramma, le prestige de Gopala Gounder était plus encore le fruit de sa personnalité. Sa droiture, sa grandeur d'âme, sa générosité envers les pauvres — entendons l'attention qu'il manifestait à les écouter et à tenter de satisfaire leurs besoins — sont autant de qualités qui, dans la tradition indienne, sont d'essence royale : d'où le titre de prince qui lui est attribué, en signe de reconnaissance et d'hommage à son active vertu. On notera qu'entre la Mère et le prince, le premier titre, on l'a dit, possède une connotation éventuellement religieuse (surhumaine ?), le second, non, tout en impliquant toutefois un comportement conforme au devoir, au *dharma* de l'homme public. Mais la frontière entre ce qui est religieux et ce qui ne l'est pas est très ténue en Inde.

Chapitre XVI

1. C'est-à-dire que le prestige familial n'a pas survécu au chef de famille décédé.

2. La géographie mentale de Viramma est tout à fait imprécise : Mayuram et Kumbakonam, dans le district de Thanjavur, à une bonne centaine de kilomètres de Karani, sont des villes moyennes (70 000 et 150 000 habitants), en rien comparables à Bombay, Delhi ou Madras. Notons que toutes deux sont de vieilles villes fortement marquées par l'hindouisme. C'est à ce titre que, riches de leur poids mythologique régional, ces villes figurent en si grande compagnie dans l'esprit de Viramma.

3. La justice indienne est très tolérante en matière de caution. Verser la caution fixée par le juge permet aux personnes arrêtées de quitter la prison dans l'attente du jugement. Pareil système ne couvre pas les crimes présumés les plus graves, mais se prête à nombre d'abus dont profitent les puissants, ou ceux qui agissent dans le cadre de réseaux organisés.

4. Pendant l'état d'urgence décrété par le gouvernement d'Indira Gandhi de

juin 1975 à mars 1977, la lutte contre le banditisme et la corruption tentait de faire contrepoids aux limitations apportées à la vie démocratique et aux arrestations politiques. La période fut effectivement marquée par nombre d'opérations conduites contre le gangstérisme de grande envergure, contrôlé par des parrains connus de tous et disposant jusque-là de maintes protections politiques. Si l'on ne peut dire qu'Indira Gandhi « fit arrêter tous les voleurs dans le pays », il est vrai que tous les voleurs du pays furent alors inquiets, sinon inquiétés.

5. Le collecteur est la plus haute autorité administrative du district, qui dispose aussi de certains pouvoirs judiciaires limités. Le mot rappelle que, dans les temps britanniques, l'une de ses fonctions essentielles était la collecte des impôts. Viramma fait peut-être ici allusion au collecteur du district du South Arcot dans lequel, comme nombre de villages pondichériens, Karani est enclavé. Dans le Territoire de Pondichéry, le collecteur est un fonctionnaire de moindre poids, de création plus récente. Plus probablement, le collecteur, quel qu'il soit, symbolise pour Viramma le haut fonctionnaire par excellence, détenteur de grands pouvoirs.

6. Les *padiyal* sont des ouvriers agricoles attachés à un propriétaire pour une durée déterminée, par contrat oral. Ils accomplissent pour lui toutes sortes de travaux, agricoles ou autres. Ils reçoivent un salaire fixe, en nature, traditionnellement calculé en mesures de riz, appelées *padi*.

7. L'expression est à la fois très polie, et témoigne d'une affection un peu condescendante, sans doute, de la part du principal notable du village. L'usage de la formule témoigne de ce que les Kepmari sont reconnus comme des propriétaires dignes d'un certain respect, même si on rappelle peu après l'origine douteuse de leur aisance.

8. L'expression tamoule usitée se traduit très exactement par « à la sueur de mon front ». Mais la formule n'implique nullement que son auteur travaille la terre de ses mains, ce qui serait, dans son cas, tout à fait déroger. Il est vrai que, selon la saison, il n'est pas nécessaire de manier la charrue ou la houe pour suer : une simple visite de contrôle aux champs suffit...

9. Viramma surestime ici son troupeau pour tenter de convaincre le propriétaire.

CHAPITRE XVII

1. On traduit par serf le mot *adimai*. Originellement, l'*adimai* était celui ou celle héréditairement attaché à la terre, et transférable seulement avec celle-ci. Les auteurs britanniques du XIXe siècle, comme le *Tamil Lexicon* d'aujourd'hui, traduisaient le mot par esclave. En fait, c'est bien davantage serf qui convient. Un tel mot est certes fortement connoté dans l'espace et dans le temps. On ne veut pas dire ici que la société indienne soit ou ait été féodale (encore qu'un des

grands débats agitant les sciences sociales indiennes porte précisément sur la pertinence du concept de semi-féodalisme pour définir les structures traditionnelles qui gouvernaient — et pour une part gouvernent encore — la distribution des pouvoirs ruraux et les relations de dépendance). Entendons simplement que la situation de l'*adimai* tamoul présente quelque similitude avec celle du serf européen : une dépendance héréditaire de famille à famille, qui n'exclut pas — et Duby fait de ce critère une ligne de partage entre esclave et serf — la reconnaissance de ses droits familiaux et une part d'autonomie économique. L'entrée dans l'église était refusée au serf. L'entrée au temple est refusée à l'*adimai*, mais dans la mesure où il est intouchable. En revanche, distinction décisive, l'*adimai* n'est pas la propriété de son maître. Le mot est parfois donné pour synonyme de *pannaiyal*, défini comme ouvrier agricole asservi. Les modestes réformes agraires d'après l'Indépendance ont retenu ce terme dans l'énoncé d'une loi de 1952 cherchant à protéger les ouvriers agricoles des abus des maîtres. Il semble bien en fait que cet usage ait simplement généralisé un mot qui au départ désignait une sous-caste de Parias, les Pannaiyar (Viramma, dans le chapitre XVIII, expose ce qui distingue les Pannaiyar des Vettiyan). Un troisième terme, *padiyal*, est aussi utilisé, pour désigner en principe l'ouvrier agricole payé en nature (le *padi* est une mesure de grains), ouvrier employé de façon permanente par un maître qui peut lui demander aussi d'accomplir des tâches domestiques, et lui interdire de travailler ailleurs.

La terminologie, en définitive, est assez confuse, dans sa multiplicité comme dans ses usages, les glissements de sens se remarquant d'un auteur à l'autre. L'important demeure la dépendance dans laquelle est assujettie une part des ouvriers agricoles. La situation évolue rapidement aujourd'hui, sous la pression des mutations économiques. La lente émancipation des Harijans et la politisation des campagnes confortent cette évolution. Les gros exploitants tendent désormais à réduire au minimum (c'est-à-dire à deux ou trois) le nombre de leurs *adimai*, pour jouer le jeu du marché de l'emploi, payant à la tâche des journaliers. Quand Viramma se définit aujourd'hui comme *adimai*, elle souligne d'abord l'ancienneté des liens de dépendance qui ont uni la famille de son mari à celle du Grand Reddiar de Karani, et exprime en un mot son statut de dépendance extrême envers l'employeur, compensée à ses yeux par les garanties en retour offertes par le maître : sécurité du minimum vital (au sens classique de la loi d'airain des salaires de Marx), prêts répétés lors des grandes circonstances. Qu'on se rappelle, au titre des attaches imposées, le départ du père de Viramma, cherchant un emploi à Madras (chapitre I), départ travesti aux yeux du maître, et, tout au long du récit, les emprunts obtenus du Reddiar de Karani.

2. Notons comment se croisent ici deux systèmes hiérarchiques. Viramma place clairement les Brahmanes sous les Reddiar, parce qu'elle donne une priorité incontestée aux hiérarchies fondées sur la richesse et le pouvoir. Elle inverse ainsi la hiérarchie des statuts rituels qui place les Brahmanes au plus haut. Façon pour Viramma, qui dépend pour vivre des Reddiar, mais pas des Brahmanes, d'entériner la prééminence bien réelle des gros propriétaires sur le village. Pour

autant, elle ne manque pas d'être sensible à ce qu'expriment les règles de distribution de nourriture qui manifestent pour leur part la hiérarchie des statuts rituels fondée sur l'échelle de pureté. Les Brahmanes, supérieurs aux Reddiar à cet égard, n'acceptent de ceux-ci qu'une nourriture non cuite (voir *infra* sur cette même question la note 4). Signalons aussi au passage comment Viramma rationalise de façon fort matérialiste (mais sans être tout à fait dupe !) le principe d'acceptation de nourriture cuite, qui traduit certes l'infériorité du receveur (ou au mieux l'égalité de rang), mais qui est aussi, nous dit-elle, économiquement avantageux.

3. Invention parodique.

4. L'énumération de Viramma est loin d'être exhaustive et surtout demande à être interprétée. On sait qui sont les Reddiar et les Gounder. Les Udaiyar forment aussi une caste d'agriculteurs, de statut intermédiaire entre Reddiar, caste dominante par son pouvoir, et Gounder, caste majoritaire par son nombre. Les Vaniyan sont traditionnellement des presseurs d'huile, le plus souvent agriculteurs aujourd'hui. Les Komutti sont des commerçants, les Ambattan des barbiers (et musiciens de l'orchestre rituel de l'*ur*), les Vannan sont des blanchisseurs. Le mot Tulukkan désigne d'une façon générale les musulmans. Il n'y en a pas à Karani et sans doute Viramma pense-t-elle ici soit à des fonctionnaires qui ont pu être nommés pour quelque temps à Karani (sans toujours y résider), soit aux commerçants de Tirulagam où elle fait régulièrement ses achats. La liste de castes donnée pour le *céri* est particulièrement confuse. La grande caste des Paraiyar n'est pas nommée, sans doute parce qu'elle va de soi (Viramma éclairera plus tard, au chapitre XVIII, les distinctions entre les deux grandes sous-castes de Paraiyar que sont les Vettiyan et les Pannaiyar). Les Vaniyan ici évoqués sont les blanchisseurs harijans propres au *céri*, et les Sakkili, la très basse caste des cordonniers. *Talaiyari* est plus une fonction qu'une caste, à moins qu'on ne considère l'adjoint du comptable villageois comme appartenant à une caste en soi, dans la mesure où ses liens avec l'administration villageoise et ses fonctions élèvent son statut par rapport aux autres Harijans. Quant aux Koravin (Koravar), il y a ambiguïté : il n'y a pas, au *céri*, de « vrais » Koravar (la tribu des Nari Koravar), mais il en passe parfois. Peut-être Viramma fait-elle encore une fois allusion aux Sakkili, parfois rattachés, dans les classifications populaires, à des groupes partageant des traits communs avec les Koravar.

Il est intéressant de noter ce que Viramma dit des Tombin, traités ici avec un certain mépris. Viramma en parle comme si ceux-ci se trouvaient hors du système des castes. Leur position est certes floue, et basse, mais ils ne sont pas intouchables, et ne vivent pas au *céri*. Le mot est une déformation de Dommara, une tribu d'acrobates itinérants, dont beaucoup se sont sédentarisés comme ouvriers agricoles et éleveurs de porcs. Ils sont donc, si l'on peut dire, entre deux mondes, et vivent (ou vivaient) comme tels à Karani, à l'écart de l'*ur*. De très bas statut, ils sont pourtant au-dessus des Harijans. Peut-être les propos de Viramma traduisent-ils là une certaine rancœur envers une très basse caste en relative ascension sociale, comme elle le dit par ailleurs. Ou n'est-ce là qu'un écho du conflit qui l'a opposée à un Tombin ?

5. L'échange de nourriture est un code essentiel de la pratique sociale dans le système des castes. Les orthodoxes n'acceptent de nourriture cuite que d'un égal ou d'un membre d'une caste jugée supérieure à la leur. Les Kudiyanar acceptent de travailler la terre des Tombin, mais, n'étant pas intouchables, refusent d'en accepter de la nourriture cuite. Façon de dire que la dépendance économique n'efface pas la hiérarchie des castes qui joue dans ce cas précis en faveur des ouvriers agricoles, au détriment de leurs employeurs de plus bas statut. La nourriture crue ou les produits alimentaires bruts s'échangent plus librement : le potier, dit Viramma un peu plus loin, accepte son grain. Toutefois, dans le présent contexte de mobilité sociale grandissante, le pouvoir de l'argent finit par affecter les hiérarchies traditionnelles, qui d'ailleurs ont toujours toléré une relative mobilité : Viramma souligne cette évolution aussitôt après.

Chapitre XVIII

1. *Paraiya maraiyadè* : « Hé toi au tambour ! Ne [te] cache pas ! » Voici l'interjection *Paraiya* (Hé toi au tambour !) qui révèle l'origine mythique du mot paria, construit, sous cette forme exclamative, sur le radical *parai*. Le *parai* est le tambour simple, circulaire, cuir de bœuf tendu sur un cercle de bois, caractéristique des Paraiyar, caste intouchable la plus nombreuse du Tamilnad. C'est cette caste qui fournit les tambourinaires du *paraimelam*. En fait, on va le voir, ces tambourinaires proviennent exclusivement d'une sous-caste de Paraiyar, les Vettiyan. C'est ce nom de caste qui, européanisé, a donné au mot *paria* son sens universel.

Michael Moffatt interprète différemment l'expression « *Paraiya maraiyadè* », qu'il a lui aussi relevée dans l'un des nombreux mythes originels des Paraiyar, et qu'il traduit par : « Paraiyan, ne cache pas [cela] ! », « cela » (sous-entendu) étant un morceau de viande de bœuf que devaient se partager les quatre fils issus de Siva et d'Adi, la femme originelle. Mais cette interprétation, qu'adopte aussi Robert Deliège, n'explique pas pourquoi les cadets appellent leur aîné Paraiyan. (Moffatt, *An Untouchable Community in South India. Structure and Consensus*. Princeton University Press, 1979, p. 121. Deliège, *Les Paraiyars du Tamil Nadu. L'organisation d'un village d'Intouchables de l'Inde du Sud*. Université catholique de Louvain, 1986, p. 169.)

2. « Décent ». On met ce mot entre guillemets pour indiquer que Viramma utilise le mot anglais *decent*, passé dans le vocabulaire tamoul, pour traduire précisément cet état qu'elle nomme aussi « civilisé », et que marque l'adoption de pratiques et de signes empruntés aux castes de plus hauts rangs et à l'image que renvoie de cette évolution le cinéma populaire.

3. Muruga ! (sans *n* final) est une forme invocative. Il faut comprendre que le premier homme invoque Murugan avant de dire au second : « Tu es paria ! »

4. Le travail du cuir est l'un des plus impurs qui soient, puisqu'il suppose l'équarrissage des vaches, et la caste des cordonniers est au plus bas degré de l'échelle de l'intouchabilité.

5. On a donné en note 1 du chapitre XVII l'un des sens du mot *pannaiyal*. Il apparaît ici en tant que nom propre, Pannaiyar désignant une sous-caste de Harijans du Tamilnad, supérieure à celle de Viramma. Ce statut relativement plus élevé se marque à la fois sur le plan rituel (dieu de lignée auquel on fait le sacrifice du lait et non un sacrifice sanglant) et social (« eux peuvent s'asseoir dans un *panchayat* » : dans les conseils de village élus, un siège est réservé à un Harijan, mais apparemment pas à un élu Harijan de n'importe quelle caste ou sous-caste).

6. Il s'agit de l'Assemblée législative du Territoire de Pondichéry qui, comme toutes les Assemblées des États de l'Union indienne, est élue au suffrage universel. Mais le suffrage est pondéré par le principe de réservation : un certain nombre de circonscriptions sont réservées pour les Harijans afin de garantir à cette communauté défavorisée des élus. Dans ces circonscriptions réservées, les partis ne peuvent présenter que des candidats harijans. L'Assemblée du territoire compte 30 sièges, dont 5 réservés.

7. La fonction que décrit Viramma est celle du *talaiyari*, adjoint harijan du comptable de village ou *karnam*. Le *karnam*, qui occupait cette fonction jadis héréditaire, tenait les registres du cadastre, des cultures et de l'impôt foncier. Il est aujourd'hui remplacé par un administrateur villageois *(village administrative officer)* recruté sur diplôme et régulièrement muté. C'est au *talaiyari* que revient la tâche ingrate de courir les champs pour permettre au *karnam* de remplir ses registres et de courir les rues pour collecter les taxes.

Chapitre XIX

1. Le mot *pangali* est intraduisible. Étymologiquement il désigne « ceux qui ont part ». Louis Dumont, dans son tableau de la terminologie de la parenté au pays tamoul, le définit comme suit : « terme général pour les parents "parallèles" ou consanguins opposés aux "croisés" ou alliés. S'applique particulièrement au groupe agnatique local (lignée, village, etc.) par rapport à un groupe semblable d'alliés. Mais des parents parallèles en ligne féminine sont reconnus individuellement comme tels, et en général les alliés d'alliés sont frères par convention ou classification » (L. Dumont, *Une sous-caste de l'Inde du Sud*, *op. cit.*, p. 277). En droit hindou, seuls les consanguins mâles (et leurs épouses) ont droit à la succession après un décès. Pour l'essentiel, les *pangali* de Viramma sont les hommes de la lignée de son mari, leurs épouses, et par extension leurs sœurs.

Bien que ces dernières n'aient droit à aucune part en cas de succession, leur consanguinité au sein de la lignée du mari leur vaut d'être considérées comme *pangali* et, à ce titre, d'être partie prenante dans les cérémonies lignagères.

2. On rase le crâne des jeunes enfants, la première fois, lors de la cérémonie au cours de laquelle on leur donne un nom. Chez ceux, comme Viramma, dont Périyandavin est le dieu de lignée, la première tonsure se fait lorsqu'une famille du *céri* offrira un sacrifice au dieu. Les noms donnés alors, tels Pérambin ou Pérambata, porteront témoignage de la consécration des enfants à Périyandavin. Le jour où l'on perce les oreilles des filles — et toutes les filles ont les oreilles percées —, il convient d'organiser une cérémonie à laquelle on invite parents et amis. Par souci d'économie, les parents démunis choisiront de le faire un jour où tout le *céri* est en fête.

3. Les mêmes hommes : Viramma dit en réalité *velaikkarar*, c'est-à-dire travailleurs. Elle entend par là ceux qu'en littérature anthropologique on appelle les membres des castes de service, tels que barbiers et blanchisseurs, auxquels recourent traditionnellement les autres castes (le mot est parfois employé, dans un sens tout différent, pour désigner les ouvriers agricoles non harijans plus ou moins asservis à un maître). Viramma souligne ici que « ceux d'en haut », c'est-à-dire les gens de l'*ur*, et ceux du *céri* ne peuvent recourir au service des mêmes barbiers ou des mêmes blanchisseurs, car leur travail les met en contact direct ou indirect avec le corps et ses impuretés. Ceux qui servent les castes de l'*ur* ne peuvent donc, dans la logique d'un système social fondé sur la hiérarchie des degrés de pureté, servir aussi les Intouchables, qui disposent de leurs propres barbiers et de leurs blanchisseurs. Pour les mêmes raisons de pureté, les officiants de l'*ur*, brahmanes ou pas, ne servent pas les Intouchables. À l'inverse, les castes travaillant des matières nobles ou neutres (l'or, le fer, l'argile), et non le corps, peuvent servir les Harijans : Viramma fait appel au potier de l'*ur* quand besoin est, quoique la caste des potiers soit supérieure à celle des barbiers, puisque le travail du potier ne pollue pas.

4. Le sari des brahmanes est plus long que le sari commun (sept mètres au lieu de cinq). Les traditionalistes le portent de façon spécifique, en faisant passer un pan devant, puis entre les jambes, avant de le coincer ensuite à hauteur des reins.

Chapitre XX

1. Les salaires évoqués ici par Viramma sont minimisés. Cet entretien précis date de 1983. Une publication du gouvernement du Tamilnad estimait comme suit les salaires versés en 1985, dans les environs de Karani : labour (quand les bœufs n'appartiennent pas au laboureur) : 6,5 roupies par jour pour un homme ; repiquage du riz : 4,5 roupies par jour pour une femme. Début 1990, on relevait, dans les environs de Karani, les salaires suivants : 20 à 25 roupies pour un

laboureur qui amène ses propres bœufs ; 8 à 10 roupies par jour pour une femme qui désherbe les rizières ; 10 roupies par jour pour une femme qui repique le riz. Les moissonneurs, hommes ou femmes, sont pour l'essentiel payés en grains. Un petit bouvier gagne 2 roupies par vache par mois, plus un repas par jour. Dans la région de Karani, relativement riche en terres irriguées porteuses de plusieurs récoltes par an, les salaires ont notablement augmenté depuis une dizaine d'années... mais le prix du riz aussi !

2. M.G. Ramachandran. Acteur de cinéma célébrissime. Trésorier du DMK, il le quitta en 1972 pour créer l'Anna DMK, de même idéologie, mais tout entier dévoué à sa personne charismatique. Il fut « ministre en chef » du Tamilnad (c'est-à-dire chef du gouvernement de l'État tamoul) de 1977 à sa mort en 1987. Dans les pages suivantes, Viramma lui impute nombre de progrès observés dans son village, alors que celui-ci appartient à l'État de Pondichéry, qui fut gouverné tour à tour par le Congrès et par le DMK. Le gouvernement de Pondichéry a lui aussi instauré la gratuité des repas de midi offerts aux écoliers et des crèches villageoises. Mais si le Territoire de Pondichéry est administrativement distinct du Tamilnad, il en est un appendice idéologique : la propagande des partis dravidiens du Tamilnad (DMK et Anna DMK) s'exerce tout autant à Pondichéry. D'où l'interprétation erronée de Viramma.

3. Du travail assis : c'est-à-dire un emploi de bureau.

4. Variétés de riz à hauts rendements, caractéristiques de la « révolution verte ».

5. Les « puits fermés » sont en fait des forages alimentant des pompes à main pour l'eau potable. On en trouve aussi, dans les champs, alimentant des pompes à moteur pour l'irrigation. Soulignons qu'ici Viramma parle de pollution rituelle : celle qu'est supposé provoquer un récipient appartenant à des Intouchables et plongé dans un puits.

6. « Unir l'*ur* et le *céri* », ce serait officiellement permettre aux Harijans de s'établir dans l'*ur*, et mettre ainsi fin à une ségrégation spatiale divisant le village tamoul depuis des siècles. Aucun texte ne légalise cette pratique discriminatoire, mais aucun texte de loi n'appelle non plus à mettre effectivement fin à cette tradition d'organisation de l'espace villageois. Au mieux, dans les faits, quelques exceptions à la règle sont tolérées, dont Viramma nous donne des exemples dans son récit.

7. Ce que dit Viramma pourrait être tiré, à la lettre comme dans l'esprit, d'un recueil de préceptes gandhiens : c'est l'essence même du *satyagrahi* gandhien, ou « combattant de la vérité », que de penser convaincre l'adversaire par l'effet conjugué de la force d'âme et de la non-violence.

8. Le *somin* à bandes rouge et noire est porté par les militants du DMK. Ceux des militants de l'Anna DMK, frères ennemis des précédents, portent une bande tricolore, un liséré blanc courant entre le rouge et le noir.

9. Trois cinémas, dans cette bourgade de 2 500 habitants : le cinéma indien n'est pas en crise !

Chapitre XXI

1. En tamoul comme en français, vert signifie aussi cru, et un langage grossier ou cru sera également qualifié de vert.

2. Se promener au bord de la mer à Pondichéry est une expression lourde de sous-entendus, le bord de mer y étant considéré, la nuit tombée, comme un lieu de rendez-vous.

3. Le jeu de mots porte sur *malai*, le mont. Les lieux de pèlerinage évoqués, Maïlam, Pajani, Sabarimalai, sont tous des temples perchés sur une colline. *Sidi* étant le mot vulgaire pour désigner le sexe féminin, Sidimalai pourrait se traduire par mont de Vénus, bien que l'expression française soit plus poétiquement allusive que vulgaire.

Chapitre XXII

1. On a résumé l'histoire de Nallatangal, déjà évoquée par Viramma en note 6 du chapitre IV.

2. Kasi est l'un des noms traditionnels de Bénarès.

3. Mon beau Kamban. Ce nom est celui de l'auteur de la version tamoule du *Ramayana* (vers le XIIe siècle ?). Est-ce à dire que le bien-aimé combinait des qualités de beau parleur à celle de la virilité suggérée par le vers suivant ?

4. On notera comment l'histoire se termine de façon abrupte. C'est une pratique courante chez les conteurs. L'auditoire attend force détails dans le récit lui-même plutôt que dans sa conclusion. La fin ici très conventionnelle importe moins par sa forme que par la leçon donnée. Faire le tour du village juchée sur un âne, le crâne rasé couvert de points rouges et noirs, avant d'être brûlée par la chaux vive est le sort commun des femmes adultères dans bien des histoires. Par contraste frappant, l'histoire qui suit aboutit à une morale inverse. Pour pardonner à l'épouse adultère, on invoquera cette fois le destin et la volonté de Dieu, la frivole pouvant alors quitter son mari pour refaire sa vie avec son amant.

5. L'étymologie donne la clé initiale du jeu de piste qui commence. *Manjal* est le curcuma (le mot signifie aussi jaune). *Kuppam* est le suffixe désignant les villages du bord de mer. Le curcuma humide de la brique évoque ainsi, dans l'esprit du laboureur astucieux, le « curcuma du bord de l'eau » qu'est le village de Manjakkuppam.

6. Les blanchisseurs reçoivent chaque soir, d'une des familles qu'ils servent, un repas fourni en rétribution du service accompli.

7. Viramma a déjà dit qu'il est impoli d'étendre les jambes face à quelqu'un.

8. À Karani, Murugaiya Gounder est *nattam*, c'est-à-dire chef de village. La fonction, héréditaire, était traditionnellement dévolue à une famille honorable, mais pas nécessairement la plus riche. Le *nattam* présidait le conseil coutumier du village, ou *panchayat*. La réforme de l'administration villageoise entreprise dès avant l'Indépendance et poursuivie ensuite a modifié cela. Au Tamilnad, un *panchayat* officiel, élu au suffrage universel, et qui compte au moins un Harijan et une femme, a été mis en place dans chaque village... jusqu'à ce que les manœuvres politiciennes paralysent le système plusieurs années pendant lesquelles les élections à la base n'ont pas eu lieu. Dans le Territoire de Pondichéry auquel appartient l'enclave de Karani, un système comparable a succédé à celui hérité de l'administration française, qui avait découpé le territoire en vastes communes regroupant de nombreux villages. Aux yeux de l'administration, le chef légal du village est désormais le président élu du *panchayat*, qui appartient lui aussi, en règle générale, à une famille honorable, mais pas nécessairement la mieux nantie. Ces réformes rendent plus complexe l'équilibre des pouvoirs, particulièrement en un milieu aussi politisé. Mais elles n'altèrent que légèrement le poids des plus puissants, en particulier celui du *kambattam*. Dans certains villages, le *nattam* héréditaire a perdu une grande part de son influence, mais il reste souvent consulté. À Karani, il se trouve que le *nattam*, Murugaiya Gounder, est devenu un saint homme, un *samiar*. Il joue donc un rôle prépondérant dans le village, en raison de sa double aura, exceptionnelle, de notable héréditaire et de personnalité spirituelle dotée de pouvoirs d'essence religieuse (intercesseur entre les hommes et le divin, exorciste par le pouvoir de la méditation, guérisseur...). Le conseil de village auquel il est fait ici allusion est le conseil traditionnel, regroupant autour du *nattam* les anciens respectés. Il existe un autre *nattam* au village : celui du *céri*, qui joue un rôle similaire de chef héréditaire de la communauté des Harijans.

9. La tenue habituelle des hommes est blanche, tant pour la chemise que pour le *somin*. Le châle de coton léger, le *tundeu*, est blanc lui aussi. À l'inverse, les femmes portent ordinairement des saris de couleur.

10. Le modèle de comportement des hautes castes ne valorise pas le divorce, pourtant parfois pratiqué. Les basses castes, et en particulier les Harijans, y ont recours avec moins de réserve et divorcent par consentement mutuel prononcé devant le conseil de village traditionnel, puis entériné officiellement. La séparation de corps sans divorce est pratique courante chez les basses castes. La polygamie de fait n'est pas rare, mais n'implique pas toujours la cohabitation qui fut, par exemple, le lot des épouses de Samikkanneu, le grand-père maternel de Viramma évoqué au chapitre I. De même, le remariage des veuves (souvent jeunes), prohibé par les hautes castes, est accepté par les autres. D'une façon

générale, peut-être à l'exception des brahmanes et de ceux qui les prennent pour modèles (selon le processus de « sanscritisation » défini par M.N. Srinivas), la société tamoule semble moins dure aux femmes que celle de l'Inde du Nord.

11. La scolarité indienne, comme l'anglaise, est organisée à partir de la classe I, première année de maternelle. La classe X accueille en conséquence des enfants d'environ quinze ans. La majorité des Harijans villageois quitte l'école avant cet âge. Un quart de *kani*, c'est un lopin de treize ares environ : trop peu pour éviter d'être aussi ouvrier agricole.

12. Pour 300 roupies, Amsa n'aura eu qu'un *tali* plaqué or... Viramma omet de mentionner que les dépenses du mariage sont traditionnellement à la charge des parents de l'époux. La dot avait pour but originel d'équilibrer les dépenses entre les deux familles. Aujourd'hui, même chez les Harijans, elle prend une importance accrue, en ajoutant au trousseau des biens d'équipement du ménage (radio, ventilateur, armoire) et des cadeaux qui vont en propre au marié (montre, bicyclette), en sus de l'or que doit fournir l'épousée, quand ses parents sont en mesure de s'endetter. Dans les classes moyennes, en ville en particulier, la dot est devenue une calamité nationale, contre laquelle le gouvernement se prononce régulièrement, sans succès jusqu'à présent (la loi, du reste, interdit la pratique de la dot, mais nul ne s'y réfère, sauf en cas de conflit grave entre les deux familles). Avoir plusieurs filles à marier est depuis longtemps une cause d'endettement tragique. Signalons au passage que les atrocités liées à la cupidité de l'époux ou de sa famille, qui conduit parfois à l'assassinat déguisé de la nouvelle épousée incapable de payer la dot promise, est un dérèglement social qui s'étend dans la petite ou moyenne bourgeoisie, mais qui épargne généralement les milieux pauvres, *a fortiori* les villageois.

13. Les deux enfants, lors de cet entretien, avaient respectivement trois ans et un an, d'où la prière qui suit.

Chapitre XXIII

1. Rappelons que l'envoûtement résulte de l'action d'un jeteur de sort, alors que l'exorcisme combat la possession par un esprit.

2. Un sort qui « ne partira qu'avec la tête », on l'a vu, c'est un sort dont on mourra.

3. On a défini le *kuttiçattan*, qu'on traduit par farfadet, en note 10 du chapitre VIII.

4. La Palar est le fleuve qui traverse le nord du pays tamoul, au sud de Madras, à une centaine de kilomètres de Karani.

5. Mon cou serait nu, car les veuves retirent leur *tali*.

6. L'hommage aux anciens, c'est ici ce que Viramma appelle la *puja* des pieds *(padai pusai)* : prosternation des jeunes époux devant les pieds des anciens de la famille. C'est à Viramma et à son mari que cet hommage aurait été rendu, s'ils avaient accepté de se rendre à ce mariage.

7. Les trois villes évoquées sont toutes des cités prestigieuses : Mysore est l'ancienne capitale des plus puissants maharajas de l'Inde du Sud ; Bangalore est la capitale de l'État du Karnataka ; Hyderabad, ancienne capitale du Nizam, le plus puissant des souverains musulmans du Deccan au XXe siècle, est devenue la capitale de l'État d'Andhra Pradesh. Les deux dernières villes comptent chacune plusieurs millions d'habitants. Toutes trois sont à des centaines de kilomètres de Karani ; autant de façons de souligner l'étendue de l'attraction qu'exercent les pouvoirs du *samiar*...

8. Montrant son bas, c'est-à-dire ici montrant son sexe.

9. Son sortilège était ici sous-entendu.

10. La fête de *Taï pusam* doit son nom à la position de l'étoile *pusam*, éponyme de la huitième constellation lunaire. La fête correspond généralement à la pleine lune du mois de *Taï*. Elle est marquée par des pénitences spectaculaires. Les fines aiguilles ici mentionnées sont plantées sur la partie du corps malade ou supposée telle (on fait de même, du reste, pour le bétail). Les pénitences proprement dites sont d'un autre ordre : joues percées d'une lance (même chez les enfants), dos percés de crochets qui tirent des objets lourds (jusqu'à une remorque de tracteur), corps suspendus à des manèges par des crochets dans le dos... L'essor récent de cette fête à Karani est riche de sens. Centrée sur la personne charismatique d'un *samiar* local, issu du monde des castes moyennes, elle affirme l'hindouité de ces castes d'une façon distincte du modèle brahmanique orthodoxe. Une comparaison entre la fête de Draupadi et celle de Taï pusam est significative à cet égard. La fête de Draupadi est véritablement la grande fête traditionnelle du village, celle à laquelle le corps social tout entier participe, chacun à sa place. Les prêtres brahmanes sont sur le char processionnel, près de la statue de la divinité ; l'orchestre auspicieux des barbiers précède le char, tandis que tout à l'avant l'orchestre des Parias ouvre la marche, le culte de Draupadi, dans son temple monumental, étant assuré par des prêtres de caste Vanniyar, celle, de statut moyen, à laquelle appartient la majorité des villageois de l'*ur*. En ce sens, la fête religieuse de Draupadi est aussi une fête sociale, qui porte témoignage de la cohésion — certes hiérarchisée — de l'ensemble villageois structuré autour de ses Vanniyar. À l'inverse la fête de Taï pusam ne manifeste pas, fût-ce avec des limitations, la cohésion sociale du village.

Les Harijans ne participent pas à la fête en tant que groupe social mais ils peuvent être admis comme pénitents à titre individuel, dans la mesure où ils respectent les pratiques radicales, mais temporaires, qu'impose alors le *samiar* (abstinence, végétarianisme, macérations). Retournement de perspective : aux fêtes de Draupadi, tout le village affirme sa structure ; les Harijans apparaissent dans leur fonction symbolique collective en tant qu'orchestre, mais, trop impurs, ne peuvent participer à la marche sur le feu. Aux fêtes de *Taï pusam*, conduites par le *samiar* dans un esprit plus durement inspiré, les Harijans sont privés de leur fonction symbolique mais sont admis, à titre individuel, à faire pénitence envers Murugan. Il faut dire un mot ici de cette divinité qui effraie tant Viramma. Fils de Siva, et donc divinité de très haut rang, appelé aussi Subramaniam en pays tamoul, Murugan est à la fois le dieu de la beauté, de la jeunesse et de la guerre. Il est surtout, dans le contexte de la fête de *Taï pusam*, un dieu pourvoyeur de maladies — et d'autant plus redoutable, donc, qu'il est de haut rang. Dieu des montagnes, il est essentiellement honoré dans six sanctuaires établis soit en montagne, soit sur une colline, le plus proche de ces grands temples de Murugan étant celui de Maïlam, auquel Viramma a fait allusion au chapitre XVIII. Que le *samiar* ait finalement obtenu qu'un des brahmanes du village lui fasse l'*abhishekam* au début de la fête (rite de consécration) est une marque supplémentaire de son aura.

11. Le *kavadi* est une petite structure de bois, ouverte, en arceau, que le dévot de Murugan porte ordinairement sur l'épaule, lors de la fête de Taï pusam. On en trouvait autrefois de fort beaux, en bois sculpté, dont les flancs s'ornaient de représentations de la divinité. Ceux d'aujourd'hui, à Karani, sont beaucoup plus simples, et décorés de tissu. Ce sont essentiellement les jeunes enfants qui les portent. Le *kavadi* symbolise la palanche avec laquelle l'*asura* Idumpan porta à Murugan, sur sa montagne, les offrandes dont il lui fit hommage. L'objet lui-même, par ses flancs sculptés dans les versions riches ou par sa forme en arceau dans les versions observées à Karani, évoque la montagne, lieu dévolu à Murugan dans la vieille tradition tamoule.

12. Gestes de pénitence : ici, au fil d'une conversation, il s'agit d'un mouvement de la main. Le pouce écarté sur la joue droite, les autres doigts de la main droite sur la joue gauche, la main se balance de façon que le pouce et les autres doigts touchent chaque joue en alternance. Autre gestuelle de pénitence, celle dite *toppikaranam*, qu'on a décrite chapitre X, note 6.

13. Cette matraque, c'est le redoutable *lathi* de la police indienne, bambou droit à bout ferré. Dans toutes ces fêtes attirant la foule, les gendarmes sont présents pour maintenir l'ordre si besoin est.

14. Viramma emploie le mot *aïdigam*, qui désigne à la fois, classiquement, la tradition religieuse et l'autorité découlant de cette tradition. Pour elle, le mot implique plus expressément l'idée de pratiques rituelles. Au total, l'emploi d'« *aïdigam* » donne ici tout leur poids à ces pratiques exaltées et mystérieuses, terribles et prenantes, parce qu'elles sont comme sanctifiées par une tradition perdue dans la nuit des temps, et qui fait que les pénitents, purifiés, s'acquittent sans dommage de leurs macérations impressionnantes (que cette fête de *Taï pusam* ait connu à Karani un essor récent dû au charisme de Murugaiya Gounder est ici secondaire). En même temps, l'admiration craintive envers ces pratiques

relève d'un double sentiment d'émerveillement : merveille que le courage de ces pénitents devenus pour quelques heures autres qu'eux-mêmes, et merveille que cette puissance protectrice de Murugan, qui les protège et leur permet de surmonter ces épreuves par lesquelles les pénitents s'adressent à lui pour rétablir ou préserver la santé des leurs.

CHAPITRE XXIV

1. Aiyanar est la divinité protectrice des villages. Ses sanctuaires se trouvent donc logiquement soit en marge du village, comme à Karani, soit franchement à l'écart du village, comme il sied aussi au gardien du territoire. Le mythe fait d'Aiyanar, probablement une vieille divinité dravidienne, le fils de Siva et de Vishnu, celui-ci assumant sa forme féminine de Mohini. Les temples d'Aiyanar sont remarquables non par leur architecture, mais par les statues de terre cuite qui les caractérisent : statues monumentales du dieu, de ses gardiens, et de chevaux et cohortes de chevaux de petite taille donnés en offrande par les dévots.

2. Le *pongal* est une préparation culinaire de fête, à base de riz au lait, avec beurre clarifié (mantègue), lentilles, épices. Elle peut être sucrée, ou salée, et il en existe de nombreuses variantes.

Le mot a donné son nom à l'une des très grandes fêtes du calendrier tamoul, Pongal, célébrée à la mi-janvier. Fête agricole par excellence, qui honore la terre nourricière et le bétail. Elle correspond à la saison traditionnelle de la moisson du riz, ainsi qu'à l'entrée du soleil dans le Capricorne, et au début de sa course vers le nord. La fête dure plusieurs jours. En prélude, le dernier jour du mois de *Markaji*, on nettoie et décore les maisons, ainsi que les objets liés à l'agriculture : c'est *Bogui*. Le premier jour du mois de *Taï* est célébré le Grand Pongal, qui marque le début réel de la fête, et que Viramma décrit ici : cuisson d'un riz nouvellement moissonné, confection de *pongal*, aspersion des champs avec l'eau de cuisson du riz. Le deuxième jour de la fête, c'est le Pongal des bœufs, *matteu pongal*. On orne bœufs et vaches, que l'on conduit en procession jusqu'au temple d'Aiyanar : fête collective s'il en est. Le troisième jour, dit Jour de la viande, *karinal*, est un jour de ripaille (au moins au *céri)*, ou du moins de bons repas chez les non-végétariens. En mineur, le quatrième jour, le Pongal des veaux répond à celui des bœufs et des vaches. C'est lors des fêtes de Pongal que les travailleurs agricoles liés à un maître reçoivent de lui des vêtements neufs.

3. Distinguons ici, une fois encore, les divers orchestres qui marquent la vie du village. L'orchestre paria, *paraimélam*, est l'orchestre rituel constitué des *totti* de l'année, Paraiyar de sous-caste Vettiyan, qui remplissent ainsi une obligation de caste. Lui répond, rituellement, l'orchestre des barbiers, orchestre auspicieux, jouant dans les temples et au plus près du char des divinités en procession (à l'inverse, le *paraimélam* est interdit d'entrée dans les temples de l'*ur*, puisque composé d'Intouchables. C'est en outre l'orchestre chargé des funérailles).

Viramma expose les fonctions des deux orchestres rituels un peu plus loin. Le troisième orchestre, dit *naiyandi*, est un orchestre composé de Harijans, comme le *paraimélam*, mais volontaires, et sans obligations rituelles. Il est spécialisé dans un répertoire profane de chansons gaies ou légères et de chansons d'amour.

4. Le *kondam* est une ronde récréative, chantée et dansée par les femmes harijans. Les chansons de *kavadi* sont celles des dévots de Murugan, portant le *kavadi* sur l'épaule lors des fêtes ou des pèlerinages en l'honneur de ce dieu.

5. Un ouvrier agricole qui dispose d'une paire de bœufs de labour est payé de 20 à 25 roupies la journée de travail, alors qu'il ne gagnera que 10 à 15 roupies s'il laboure avec les bœufs du propriétaire. Quant à l'introduction des vaches laitières, d'espèces croisées pour améliorer leur lactation, elle constitue l'un des volets importants de la politique gouvernementale de développement rural. Le lait est un produit coûteux, et la vente de lait à la coopérative — chaque village ou presque en compte une — permet aux sans-terre de gagner quelques roupies chaque jour.

6. Rappelons que Yéman (Yama en sanscrit) est le dieu de la mort.

7. La célébration décrite renvoie à un épisode sanglant du *Mahabharata*. Lors de leurs douze années d'exil, les Pandava arrivent un jour dans un village terrorisé par un *asura* du nom de Pakkasuran, qui réclame quotidiennement une charretée de riz, et qui dévore chaque jour le charretier avec sa cargaison. Alors que les villageois au désespoir se demandaient lequel d'entre eux serait sacrifié ce jour-là, Bhima se propose pour conduire la charrette et tue l'*asura*.

L'expression « je suis le Viran » n'évoque qu'indirectement le dieu redoutable Viran, carnivore et buveur d'alcool, créé par Siva pour tuer son beau-père qui l'avait offensé. Le mot « *viran* », en tamoul, signifie plus simplement le guerrier, et *viram* la force, le courage, la victoire ; on aurait pu aussi bien écrire : « Je suis l'invincible ! »

Viramma, enfin, dans cet épisode, donne une interprétation sujette à caution du jet de riz au sang sur l'énorme tête de terre façonnée pour ces dix-huit jours de fête par le potier du village. Cette tête, c'est celle d'Aravan (ou Aravin), fils d'Arjuna et d'une princesse Naga. Décapité, il obtint de Krishna la grâce de voir jusqu'à son terme la bataille opposant Pandava et Kaurava. Ici, Viramma évoque cette tête comme étant celle de Pakkasuran, ce qui est peu probable, car en principe dans la région de Karani et le pays d'Arcot on n'offre pas à la vénération la représentation de démons à moins qu'ils ne se soient transformés en dévots du dieu qui les a vaincus. Mais il se peut que Viramma ne fasse que traduire à sa manière la fonction ambiguë de cette tête.

8. On a dit ailleurs que ce lecteur du *Mahabharata*, même s'il en a l'apparence, n'est pas un brahmane, comme le croit Viramma, mais un Reddiar, appelé le *Bharatam pusari*, l'« officiant du *Mahabharata* » (voir note 9 du chapitre VII).

9. Le lever du drapeau *(kodi ettram)* marque le premier des dix-huit jours de la fête de Draupadi, la marche sur le feu marquant le dernier. Les dix-huit jours correspondent à la durée de la bataille de Kurukshetra, qui opposa les Pandava à leurs cent cousins les Kaurava, épisode qui est au cœur du *Mahabharata*. Les rites complexes du lever du drapeau ont pour but de protéger le territoire du village lors de cette fête qui est plus que toute autre la fête de la communauté villageoise de Karani. On « délimite » le territoire en récitant des mantra dans chacune des huit directions, aux marges du village, en invoquant les dieux liés à chacun de ces points cardinaux afin qu'ils jouent au mieux leur rôle de protecteur, et que nulle divinité et nul démon ne vienne troubler le bon déroulement des célébrations.

10. Le *karna* est une très longue trompe de métal, dont on doit, vu son poids, jouer verticalement. L'instrument s'ajoute à ceux des barbiers, bien que le joueur de *karna* ne soit pas de caste Ambattan, mais Gounder. On a souligné en note 3 de ce chapitre les distinctions entre orchestre des Parias et orchestre des barbiers, que Viramma explicite ici.

11. On trouve ici un écho des pratiques traditionnelles de paiement en nature des services rendus à la collectivité villageoise par telle ou telle caste chargée d'une attribution précise. Cet échange de prestations renvoie au concept de système dit *jajmani* en Inde du Nord. Le dû de la collectivité est ici prélevé sur le produit des terres des temples, puisqu'il s'agit de services rituels. On a vu au chapitre XI comment les jeunes Vettiyan, dont le fils de Viramma, astreints à remplir les fonctions de musiciens du *paraimélam*, récusaient le maigre paiement traditionnel et la fonction rituelle elle-même pour demander, au grand scandale des anciens de l'*ur* et du *céri*, d'être payés au prix du marché.

12. Viramma n'énonce ici que la situation la plus fréquente, mais elle souligne plus loin que lors de la marche sur le feu la statue de Draupadi est bien sortie du temple.

13. Ces troupes d'acteurs et de danseurs semi-professionnels sont celles qui se spécialisent dans le répertoire du *terrukkutteu*, la « danse des rues », fondé essentiellement sur des épisodes du *Mahabharata* : théâtre dansé populaire d'acteurs masculins aux rôles stéréotypés mais ouverts à l'improvisation, et aux costumes spectaculaires. Avec moins de moyens, le *térukkutteu* du Tamilnad est un peu le pendant moins raffiné du célèbre *kathakali* du Kérala.

14. Kishtan ou Kishtin, c'est la prononciation populaire, en pays tamoul, de Krishna. Krishna enfant volant du beurre, ou Krishna folâtrant avec les vachères (les *gopi)* et se cachant dans un arbre pour observer les femmes au bain sont des épisodes très connus de la jeunesse du dieu qui, plus tard, dans un tout autre contexte, éclairera Arjuna à l'heure du combat contre les Kaurava, en lui exposant la philosophie du devoir, de l'action et de la vie, dont le récit constitue la *Bhagavad-gita*, le « Chant du Bienheureux », chapitre essentiel du *Mahabharata*.

15. La scène évoque les victimes du combat entre Pandava et Kaurava.

16. On l'a dit en note 4 du chapitre XXIII, la Palar est le fleuve qui traverse le nord du pays tamoul, et qui se jette dans la mer au sud de Madras. Ajoutons qu'il baigne Kanchipuram, l'une des sept villes saintes de l'hindouisme. L'eau que traversent ainsi ceux qui viennent de marcher sur le feu participe de l'eau de la Palar, elle-même image, en terre tamoule, de l'eau sacrée du Gange.

17. On a donné en note 9 du chapitre VII quelques éclaircissements sur les rapports entre le feu et Draupadi : nous y renvoyons. De même, on a souligné en note 10 du chapitre XXIII les différences de signification entre la fête de Taï pusam et celle de Draupadi, celle-ci étant par excellence la célébration religieuse de l'unité de la communauté villageoise, placée tout entière sous sa déesse tutélaire, Draupadi.

Chapitre XXV

1. Un *kani* correspond à 5 350 m^2, soit un peu plus d'un demi-hectare, ou encore 1,33 acre. L'administration indienne compte en acre ou en hectare, le paysan tamoul en *kani* ou en *kuji* (un *kuji* : un centième de *kani).* Le lecteur français n'étant pas plus familiarisé avec l'acre qu'avec le *kani*, on a choisi de garder le terme tamoul. L'expression « un quart de *kani* » qui revient tout au long de ce chapitre correspond à 1 338 m^2 : un peu plus de 13 ares. C'est l'étendue que Viramma cherche toujours à obtenir en métayage, et qu'elle rêve de posséder.

2. Sani, ou Saniar, correspond à Saturne. Il est l'une des « neuf planètes » (Mercure, Vénus, Mars, Jupiter, Saturne, le soleil, la lune et Rahu et Ketu). Sani est l'un des dieux gardiens des huits orients, en charge du nord-est. C'est en ce sens qu'il faut comprendre ici « le coin de Sani » *(Sani mulai).* Sans doute y a-t-il quelque ambiguïté dans cette expression, car il est un autre dieu gardien du nord-est : Isan, qui est l'un des noms de Siva. Faut-il donc conjurer Sani, dieu inauspicieux, pour espérer de bonnes récoltes, ou, sous la formulation « coin de Sani », faut-il en fait comprendre « coin d'Isan », et placer la récolte à venir sous la protection d'une forme de Siva ? C'est en tout cas dans l'angle nord-est d'un champ qu'on fait la *puja* propitiatoire avant de préparer la pépinière ou de faire le premier labour.

3. Faire un carré : l'expression utilisée est *pattam katta*, qu'on peut traduire par nouer ou lier un carré. Mais carré n'est qu'un des très nombreux sens du mot *pattam* auquel est liée l'idée de bornage, de limitation et de consécration. La pépinière, où le jeune riz sera semé avant d'être repiqué dans la rizière quelques semaines plus tard, apparaît donc ici comme une manière de carré consacré.

4. Il s'agit ici de variétés hybrides à haut rendement et à maturation rapide,

typiques de la révolution verte. Dans les meilleures terres très bien irriguées, on peut faire trois cultures de riz dans l'année (l'usage étant plutôt deux, suivies d'une culture non irriguée). Les variétés anciennes restaient bien plus longtemps en terre, en particulier pour la saison rizicole principale dite *samba*, de juin-juillet à décembre-janvier. Un riz *samba* (il en est de multiples variétés) est un type de riz traditionnel apte à cette culture longue de six ou sept mois, qui donnait des grains savoureux, ou un riz « amélioré » cultivé maintenant en quatre mois et demi, à compter d'août, tel le *ponni*. Le *kannagi*, lui, est à l'inverse un riz d'été, cultivé à compter d'avril-mai, en moins de quatre mois comme l'IR 50 (donc avant les nouveaux *samba*, saison dite *sornavari)* ou à compter de décembre-janvier (donc après les nouveaux *samba*, saison dite *navarai)*. Les IR (8,20,50...) sont des variétés obtenues à partir de l'Institut international de recherche rizicole de Manille (IRRI, qui a donné IR). Hormis le riz, Viramma mentionne dans ce chapitre des céréales « sèches », parfois appelées menus grains. Ce sont essentiellement l'éleusine (T. *ragi* ou *kejvaragu), Eleusine coracana* (qu'on irrigue aussi aujourd'hui), le millet (T. *kumbu), Pennisetum typhoides*, le sorgho (T. *colam), Sorghum vulgare*, le petit-mil (T. *tenai), Setaria italica*, et le très robuste paspale (T. *varagu), Paspalum scrobitulacum*, ces deux derniers en déclin aujourd'hui. Viramma évoque aussi les lentilles, légumineuses qui fournissent un apport en protéines essentiel dans l'alimentation indienne. Les principales sont la lentille verte (T. *patchapaïr), Phaseolus aureus*, la lentille noire (T. *ulundu), Phaseolus mungo*, la lentille rouge (T. *tuvarai), Cajanus cajan*, et l'*avarai* (F.P. lablab), *Dolichos lablab*.

5. Les mesures de grain relèvent en pays tamoul (et dans toute l'Inde du reste) d'un système aux variantes extrêmement complexes, évoquant celui de l'Ancien Régime français. Les mesures de Madras, par exemple, ne sont pas toujours équivalentes à celles de Pondichéry. On donne ici des équivalences approximatives, pour les mesures de Pondichéry : le *marakka* (T. *marakkal)* standard correspond à 4 *padi* de grains (mais il en est aussi de 6 et rarement de 12 *padi)*. Un *padi* correspond à 800 grammes (mais le *padi* de Madras, lui, correspond à 2 *padi* de Pondichéry). Le *marakka* correspond donc à 3,2 kilos de paddy, un sac de paddy pesant 75 kilos.

6. Les castes de service du village ont traditionnellement droit à l'usage d'une part des terres villageoises, qui sont soit des terres de temple, soit les terres dites *poramboke*, communales ou domaniales. Ces terres dont usent les castes de service constituent le *maniyam*. Les Vettiyan, en rétribution (partielle) de leur service de *totti*, ont ainsi l'usage de terres de temple, mais qui sont, Viramma le souligne, d'étendue très modeste et de mauvaise qualité. D'où son espoir d'obtenir en métayage (seule ou associée à d'autres Paraiyar) un lopin de bonne terre irriguée. Cet espoir est d'autant plus vif que nombre de terres du *maniyam* ont été illégalement vendues à un certain nombre de ceux qui, ayant simplement des droits d'usage sur la terre, se sont fait octroyer des droits de propriété, en faisant enregistrer ces terres sous leur nom.

7. L'ardeur réformatrice du gouvernement est tout à fait surestimée par Viramma, aucune réforme agraire radicale n'ayant été mise en œuvre dans le Territoire de Pondichéry, auquel appartient Karani, ni dans l'État du Tamilnad, duquel relèvent des villages voisins. Les lois foncières n'ont nullement donné la terre à qui la cultive — c'est-à-dire au tenancier. Mais le souci de faire enregistrer les tenures (généralement conclues par simple accord oral) et la fixation de taux de métayage officiels ont effrayé bien des propriétaires. Des plafonds fonciers ont également été fixés qui tiennent compte de la qualité des terres et de la taille des familles. Sur ce plan tout particulièrement, la législation a été contournée. La fixation de salaires minima pour les ouvriers agricoles a eu davantage d'effet, plus en raison du jeu de l'offre et de la demande que de la loi elle-même. Quant au statut de « serf » qui est celui de Viramma et des siens, il est en théorie aboli et en tout cas en résorption. C'est ce qui permet, comme il est dit plus bas, de quitter le maître une fois remboursées les dettes qu'on a envers lui.

8. On note la dureté des métayages et des prêts usuraires, tout au long de ces pages : taux de 10 % par mois pour prêt de petites sommes d'argent ; taux de 100 % pour des grains rendus après la récolte, quelques mois plus tard ; prêteur sur gages professionnel, qui avance 10 % de la valeur de l'objet gagé. Les forts taux d'intérêt pratiqués — et l'on rembourse d'abord, bien entendu, les intérêts — nourrissent la spirale de l'endettement. En revanche, le « servage » permet d'emprunter au maître soit sans intérêt, soit à un taux très bas. La contrepartie est dans le mode de remboursement : l'asservissement sans horaire fixe, « compensé », aux yeux de Viramma, par une sécurité relative.

9. Voilà un écho des migrations indiennes en Malaisie. Viramma avait déjà signalé (chapitre IV) qu'un cousin de sa mère avait été « vendu » pour être coolie à Sri Lanka. L'embauche de main-d'œuvre indienne non qualifiée dans les plantations d'outre-mer (Malaisie, Sri Lanka, mais aussi Réunion et Antilles) se faisait par le biais d'agents recruteurs sans scrupules bernant de pauvres hères illettrés s'engageant sur contrat pour des années et finissant souvent leur vie loin de l'Inde.

10. Le mot tamoul employé ici est *pattini*, qui désigne une femme (héroïne mythologique généralement) qui doit à sa chasteté et à sa vertu exemplaires des pouvoirs surhumains.

11. Les variétés évoquées ici sont celles de riz anciens, antérieures aux hybrides ayant permis la « révolution verte ». Leurs noms traditionnels évoquent souvent des bijoux : *sirumani*, petite perle de verre ; *mukkutti*, bijou de nez, *kammal*, boucle d'oreille... *Vaïkundam*, on le sait, est le nom du séjour céleste de Vishnu. *Samba* désigne d'une façon générale ces riz traditionnels parvenant à maturité en six ou sept mois (voir la note 4 de ce chapitre).

12. Après la crise alimentaire du milieu des années soixante, l'Inde a mis sur pied un vaste réseau de « boutiques de rationnement » *(ration shops)* dites

« boutiques au juste prix » *(fair price shops)*, où chaque famille, qui dispose d'une carte, peut s'approvisionner en quantité limitée (et modeste) en produits de première nécessité (riz, huile, sucre, etc.) vendus au-dessous du prix du marché. Chaque village ou presque compte aujourd'hui une telle boutique.

13. *Kodumbavi*, de *kodumai*, torture, et *bavi* pécheresse. Dans la torture symbolique d'une pécheresse de terre ou de paille, rite propitiatoire, faut-il voir un écho de vieux sacrifices humains destinés à mettre un terme à la sécheresse ?

14. Le Reddiar n'appelle pas Anbin par son nom. Comme le veut l'usage, il utilise un surnom, ici le nom Ettyan, qui marque qu'il s'agit du huitième enfant de Viramma *(etteu* : huit).

15. Idéalement, le fils aîné doit allumer le bûcher de ses parents. Les rites observés par le fils aideront au mieux l'âme des défunts à trouver le repos. Le farouche espoir d'avoir au moins un fils, règle de vie de l'hindouisme, s'explique autant par cette fonction que par le souci, partagé par toutes les civilisations, d'assurer la lignée.

16. On peut préciser ici le vocabulaire employé pour marquer la servitude à laquelle Viramma et les siens sont soumis. Elle dit tour à tour *padiyal* et *adimai*, termes devenus quasi synonymes, et qu'on a commentés en note 1 du chapitre XVII. Mais elle précise « paria » chaque fois : le *padiyal paraiyan*, c'est-à-dire le Paria nourri et payé (pour une part) en nature, et la *sani paratchi*, c'est-à-dire la Paria qui ramasse les bouses de vache (sous-entendu : dans l'étable du maître). S'agissant de la part reçue par son mari et son fils lors de la récolte de millet, elle dit qu'ils reçoivent « un plein panier chacun : c'est la part des *adimai paraiyan* », c'est-à-dire des (Parias) asservis, liés à leur maître : le *bonded labour* des autorités indiennes, aujourd'hui illégal. Il faut toutefois distinguer ici les « liés » déracinés, mis dans les mains d'intermédiaires et d'entrepreneurs sans scrupules pour travailler dans des carrières ou des chantiers très éloignés de chez eux, dans un autre État généralement, et vivant quasiment en camp, des liens qui, dans tous les sens du terme, attachent les *adimai*, dans une relation personnelle à leur maître, que marque l'expression souvent employée : je suis « leur propre serve », « leur propre *paratchi* » *(sonda paratchi)*. Cet état vaut de très relatifs « privilèges », que Viramma souligne : tolérance du petit chapardage certes, part accrue sur les récoltes (qui n'est que la contrepartie du travail supplémentaire accompli), mais surtout sécurité en cas de grave difficulté, le Reddiar étant tenu de prêter à ses « propres Parias ». Encore faut-il que l'un comme l'autre respectent les règles de ce jeu fort inégal, couvrant une exploitation, et qu'en conséquence l'asservi se conduise « comme il faut » : « Il faut se conduire avec droiture. Je ne dois pas abuser en volant mon maître. » On a traduit par droiture le mot *sattiyam*, qui renvoie tout autant au concept de vérité qu'à celui de serment. Au Reddiar d'être lui aussi droit, dans la logique du système, puisque « ces âmes veillent » pour lui (le mot tamoul utilisé, issu du sanscrit, est *jiviam* : ces « vies »).

17. Les Vanniyar respectant les règles de l'intouchabilité refuseraient de manger une nourriture cuite par une Paraiyar. On a déjà dit comment la réception de nourriture est réglée selon des critères hiérarchiques de pureté, d'autant plus sensibles qu'il s'agit de nourriture cuite (ou d'eau). Le principe d'intouchabilité n'est que l'expression ultime, exacerbée, de ce principe hiérarchique de pureté qui fait qu'un orthodoxe ne reçoit pas de nourriture cuite de qui est considéré comme moins pur que lui. Viramma, parlant de mariage en début de chapitre, l'a souligné au passage : « L'*Iyer* reçoit sa mesure de riz non cuit, tandis qu'il faut nourrir les musiciens et le blanchisseur. »

18. *Kartikkai* est l'une des constellations dont l'apparition est célébrée par une fête : Viramma mange alors mieux que d'habitude. D'autres jeûneront (la plus importante de ces célébrations de *Kartikkai* est celle de *Kartikkai dipam*, déjà mentionnée). *Ammavasai* est le jour de nouvelle lune, particulièrement célébré aux mois d'*Adi* et de *Taï*, en hommage aux parents défunts.

19. Anbin, avec quelques autres, va effectuer parfois des travaux saisonniers en Andhra Pradesh, pour couper la canne à sucre chez des propriétaires parents du Reddiar. (Les Reddiar, on l'a dit, sont originaires d'Andhra Pradesh.)

20. Les « chansons de travail » sont essentiellement des chansons de repiquage, dites chansons *elala*, en raison de l'onomatopée qui revient en leitmotiv après chaque phrase. On en a donné un exemple, au chapitre I, où *elala* est transformé en *ellamba ellan*. Les chants *témmangu* sont des chansons gaies ou des chansons d'amour, que les orchestres *naiyandi* ont intégrées à leur répertoire par ailleurs riche en chansons moqueuses ou caustiques, chansons à rire.

21. Ce cordon ou bracelet protecteur a pour but d'éloigner la maladie. Il consiste le plus souvent en un morceau de tissu baigné dans de l'eau de curcuma — et donc comme sanctifié et devenu jaune — dans lequel est nouée une pièce de monnaie. C'est le *pirakkanam*.

22. De toute évidence, Viramma confond ici eunuques et pédérastes. Les eunuques complètement émasculés comme Selvaraj sont rares, car l'opération est difficile. Certains font le voyage de Bombay, où vit sans doute la plus forte communauté d'eunuques indiens, pour pareille ablation. La castration des seuls testicules est plus simple, même s'il n'est pas certain qu'elle soit pratiquée effectivement, comme Viramma le dit un peu plus loin, lors des fêtes en l'honneur de Kuttandavar. Comme toujours, tout a sa place en Inde, et les eunuques participent en tant que tels, en travestis, à de multiples fêtes, dont celle de Draupadi. Leur dieu tutélaire, Kuttandavar, illustre sur le mode mineur la dualité sexuelle déjà présente en Vishnu, sous sa forme féminine de Mohini. Le mythe de Kuttandavar vaut d'être conté. On a dit qu'Aravan, fils d'Arjuna, avait été décapité lors de la bataille de Kurukshetra. Son sacrifice devait valoir la victoire aux Pandava. Mais l'on fit remarquer que le sacrifice, pour être bénéfique, devait être celui d'un homme marié, ce qui n'était pas le cas d'Aravan. Pour sauver la situation, Krishna redevient pour un temps Vishnu, sous sa forme féminine de

Mohini, et épouse alors Aravan qu'on connaît dès lors, au Tamilnad, sous le nom de Kuttandavar (d'autres traditions tamoules font de Kuttandavar Krishna lui-même). Devenue veuve après le sacrifice, Mohini jette son *tali* : geste que reprennent les eunuques lors de la fête de Kuttandavar. On notera que l'ambiguïté sexuelle n'épargne pas Arjuna, archétype du héros guerrier. Lors de l'exil dans la forêt, Arjuna a repoussé les avances d'une princesse Naga, qui de dépit le maudit et le condamne à la pédérastie. Arjuna la supplie de revenir sur sa décision, ce qu'elle accepte, à une réserve près : un temps dans sa vie, Arjuna sera pédéraste. Et de fait, c'est dans cet état qu'il vivra l'année qui suit l'exil dans la forêt, lorsqu'il est du devoir des cinq frères de vivre, dans le monde, une année incognito. Telle est du moins la version populaire qui nous fut contée. Le *Mahabharata* précise simplement que lorsque les Pandava passent un an à la cour du roi Virata sous un nom et une fonction d'emprunt, Arjuna pour sa part se dit eunuque et maître de danse.

23. *Dinatandi* est l'un des grands quotidiens tamouls.

Chapitre XXVI

1. C'est-à-dire dans la pièce, ornée d'images des divinités, où l'on accomplit la *puja*.

2. « Dieu te montrera ton eau » : dans un pays qui craint la sécheresse, l'expression évoque avec force et simplicité l'idée de satisfaction, d'accomplissement des désirs ou, plus hautement, de salut, de délivrance.

3. Dans tout ce chapitre, quand Viramma ou son mari disent que le Reddiar ou le Gounder a gagné ou perdu les élections, il faut comprendre non que ces notables ou militants aient été candidats à la députation, mais que le candidat du parti que le Reddiar ou le Gounder soutient a gagné ou perdu l'élection. « Voter pour le Reddiar », c'est simplement voter comme il le désire. On a choisi de conserver la formule usitée, tout ambiguë qu'elle soit, car elle exprime bien, une fois explicitée, le rôle essentiel de filtre que les notables jouent dans la prise de conscience politique de leurs dépendants.

Dans un pays à forte population analphabète, les bulletins de vote portent tous les symboles imagés des candidats en compétition. Le rouet fut ainsi longtemps le symbole du Parti du Congrès.

4. Quand Viramma parle de Gandhi tout court, et *a fortiori* de « Pépé Gandhi », il s'agit bien sûr du Mahatma, assassiné en 1948. Jawaharlal Nehru, autre figure connue de tous, fut le premier des Premiers ministres de l'Inde indépendante, de 1947 à sa mort en 1964. Sa fille, Indira Gandhi (sans lien de parenté avec le Mahatma), fut le Premier ministre de 1966 à 1977, puis de 1980 à 1984. Kamaraj fut le ministre en chef congressiste de l'État de Madras (par la suite État du Tamilnad) de 1957 à 1963. Devenu président national du Congrès, c'est

lui, faiseur de Premiers ministres, qui poussa au pouvoir Lal Bahadur Sastri après la mort de Nehru puis, après la mort de Sastri en 1966, Indira Gandhi, qu'il pensait pouvoir contrôler. Contre lui et ses alliés, Indira brisa le Congrès en 1969 et obtint le soutien de la majorité. Kamaraj se retrouva, avec le « Vieux Congrès », dans l'opposition. Sans doute est-ce pour cela que Viramma l'appelle « le traître », appellation abusive qu'elle a dû entendre dans la bouche de militants passionnés. Annadurai, qu'on appelle aussi « Anna » (c'est-à-dire Grand Frère), fut le fondateur en 1949 du Parti pour l'émancipation des Dravidiens (DMK), parti régionaliste tamoul. Le DMK gagna les élections à l'Assemblée législative de l'État de Madras en 1967. Annadurai devint alors ministre en chef de cet État. Il fut emporté deux ans plus tard par un cancer. M. Karunanidhi, orateur, homme de plume et scénariste, lui succéda, et fut ministre en chef du Tamilnad de 1969 à 1977. Créé par scission du DMK en 1972, l'Anna DMK, conduit par la vedette de cinéma M.G. Ramachandran, dit M.G.R., parvint au pouvoir à Madras en 1977. M.G.R. devint alors ministre en chef du Tamilnad, et le resta jusqu'à sa mort en 1987. Aux élections de 1989, M. Karunanidhi, à la tête du DMK, revint au pouvoir jusqu'en 1991. Jayalalitha, héritière spirituelle de M.G.R., écrasa le DMK aux élections de 1991, après l'assassinat de Rajiv Gandhi près de Madras.

5. Contrairement à ce qui est affirmé, Gandhi est entré sur la scène politique nationale en 1919-1920, c'est-à-dire bien avant la naissance de Viramma. Autre erreur, on vient de le dire, Indira Gandhi, sans lien de parenté avec le Mahatma, n'est nullement la fille de Gandhi mais celle de Nehru. L'erreur de Viramma souligne à sa façon comment l'homonymie a servi Indira, et comment elle conforta sa popularité. Viramma se fait ici l'écho des programmes de développement rural mis en place au fil des décennies. L'épisode de la prison évoque la situation difficile dans laquelle se trouva Indira Gandhi après avoir mis fin à l'État d'urgence qu'elle avait fait décréter en 1975 pour sauver son pouvoir menacé. Elle perdit les élections de 1977 et une coalition menée par le Parti Janata parvint au pouvoir à New Delhi. Indira Gandhi vit alors son élection au Parlement contestée, sous prétexte qu'elle avait fait campagne en usant abusivement des prérogatives du pouvoir et des services de l'État. Elle fut emprisonnée quelques jours. C'est dans un tout autre contexte qu'elle fut assassinée en 1984. Revenue au pouvoir en 1980, elle ne put résoudre la question du Punjab, un État de l'Union sujet à une très grave poussée sécessionniste visant à créer un État sikh indépendant. Elle fut assassinée par des membres de son service de protection acquis à ces thèses.

6. Le *samadi* est en Inde la tombe ou le cénotaphe d'une personnalité illustre (politique ou religieuse). Le « collège des morts », c'est le musée. Le « collège des vivants », c'est le zoo.

7. Comprendre ici la période antérieure à l'Indépendance, marquée par le mouvement nationaliste conduit pour une part essentielle par le Congrès. S'il y

eut combat politique et accès de violence épisodiques, il n'y eut pas « guerre entre l'Inde et les Anglais ».

8. L'expression de Manikkam est plus concise. Il dit : « pour enseigner l'imagination ». Tant il est vrai que, pour beaucoup d'hommes soumis à toutes sortes de dominations, libérer l'Inde de la tutelle britannique, mais aussi penser une société indienne plus humaine — et c'était là le but essentiel de Gandhi —, relevait bien d'un effort d'imagination apte à concevoir l'inexistant et le futur au-delà de ce qui pouvait apparaître comme immédiatement vraisemblable.

9. Erreur : c'est un hindou d'une organisation extrémiste qui a assassiné Gandhi, et non un musulman. L'assassin et ses inspirateurs reprochaient au contraire au Mahatma d'avoir trop cédé aux musulmans, et permis ainsi la division du pays entre Inde et Pakistan.

10. Goubert Papa : Édouard Goubert. Représentant de l'Inde française à l'Assemblée nationale à Paris en 1951, maître manœuvrier, il se rallia en 1953 aux positions du Congrès indien demandant depuis des années le rattachement des Établissement français de l'Inde à l'Union indienne. Chandernagor, dès 1949, avait rejoint l'Inde. Les autres comptoirs (Pondichéry, Karikal, Mahé, Yanaon) furent transférés à l'Inde *de facto* en 1954 par le gouvernement Mendès France. S'il y eut effectivement, comme le raconte ici Manikkam, des coups de main et un certain militantisme musclé, particulièrement dans les communes du Territoire totalement enclavées dans l'Inde indépendante — ce qui permit à « la police de Madras » de suivre les choses de très près —, il n'y eut nulle « guerre entre les Français et les gens de l'Union », la France ne disposant du reste dans ses comptoirs que d'une simple police. Hormis ces incidents, le transfert s'opéra somme toute pacifiquement, et fut confirmé *de jure* en 1962. Après le transfert, É. Goubert fut, pendant près de trente ans, une personnalité marquante du monde pondichérien, plusieurs fois élu maire de la ville.

11. Aux partis déjà évoqués dans le récit ou en note, Manikkam ajoute ici le Parti des Vanniyar. Dans tout le nord du Tamilnad, les Vanniyar, sous leurs diverses dénominations (elles-mêmes hiérarchisées : Kudiyanar, Palli, Padaiyatchi, Gounder, voire Naïcker qui est pourtant une caste en soi), constituent la caste la plus nombreuse, caste de petits paysans pour l'essentiel. Ses organisations militantes ont parfois donné naissance à d'éphémères partis politiques tels, dans les années cinquante et soixante, le Parti des cultivateurs et des travailleurs *(Farmers and Toilers Party)* et le Parti du bien public *(Commonweal Party)*. À la fin des années quatre-vingt, le militantisme vanniyar s'est régénéré, afin de défendre les intérêts de la caste pour la réservation de sièges dans les collèges et les emplois publics. Un parti vanniyar, le *Pattali Makkal Katchi*, a présenté des candidats aux élections de 1989, avant de chercher à élargir son audience au-delà de cette seule caste.

12. Ancien militant congressiste, E.V. Ramassami Naïcker, surnommé « le Grand », c'est-à-dire Périyar, créa en 1925, en pays tamoul, un mouvement de

réformes sociales, le « Mouvement pour le respect de soi-même », puis en 1949 le *Dravida Kajagam*, l'Association dravidienne, prônant l'un et l'autre le rationalisme, dénonçant l'hindouisme et la suprématie des brahmanes, appelant à l'émancipation des Dravidiens tenus sous la férule de l'Inde du Nord autant que sous le joug britannique. Pas vraiment parti, car ne présentant pas de candidats aux élections, le *Dravida Kajagam* joua un rôle décisif dans la fermentation du sentiment d'identité et du régionalisme tamouls. Conduite par Annadurai, une majorité de membres du DK quittèrent l'Association en 1949, tout en se proclamant toujours disciples de Périyar. Ainsi naquit le *Dravida Munnetra Kajagam*, le DMK, qui, lui, devint très vite un vrai parti politique, centrant son action sur le seul Tamilnad, où il conquit le pouvoir, on l'a dit, en 1967. L'expression Adi-Dravidar, employée par Manikkam, est ici ambiguë. Étymologiquement, elle désigne les « Premiers Dravidiens », population autochtone, distincte des Aryens qui s'établissent en Inde du Nord vers le IIIe millénaire avant J.-C. Mais on l'emploie parfois aussi pour dénommer les Intouchables du Tamilnad, en les désignant ainsi comme les premiers (au moins historiquement) des Tamouls. Dans l'usage commun, les Dravidiens sont l'ensemble des peuples de l'Inde du Sud (États du Tamilnad, Andhra Pradesh, Karnataka, Kérala) parlant des langues constituant une famille particulière dont le tamoul est la langue mère.

13. Monsieur Subbaiah : chef du Parti communiste du Territoire de Pondichéry avant et après le rattachement du comptoir français à l'Inde. Il fut, pendant des décennies, une figure majeure de la vie politique locale. Les deux feuilles sont le symbole de l'Anna DMK. Le slogan de ses militants évoque la façon concrète dont on vote, en tamponnant, sur le bulletin portant tous les symboles des candidats en présence, le symbole du parti retenu.

14. Démocratie de type fédératif, l'Inde appelle ses citoyens à voter, au suffrage universel, pour élire deux types d'assemblée, l'Assemblée législative, au niveau de l'État fédéré (État du Tamilnad, Territoire de Pondichéry), et le Parlement ou Chambre du Peuple *(Lok Sabha)* au niveau national. Comme le remarque Manikkam, il est d'usage d'élire plutôt des congressistes comme membres du Parlement, même si, depuis 1967, les élus des partis régionalistes, DMK et Anna DMK, sont majoritaires à l'Assemblée législative de Madras. La vocation régionaliste des partis dravidiens est clairement perçue ici. Le « Roi du dharma » *(Dharmaraja)* dont parle Manikkam, c'est M.G. Ramachandran, chef charismatique de l'Anna DMK et ministre en chef du gouvernement du Tamilnad pendant dix ans, jusqu'à sa mort en 1987. On notera au passage combien Manikkam parle peu de l'évolution politique propre au Territoire de Pondichéry auquel appartient pourtant le village de Karani, bien que le Territoire, à l'inverse du Tamilnad, ait régulièrement connu l'alternance entre gouvernements congressistes et gouvernements conduits par le DMK. C'est que, enclave administrativement autonome, le Territoire de Pondichéry est idéologiquement partie prenante du monde tamoul. À ce titre, on l'a déjà souligné, les grands leaders politiques de l'État du Tamilnad sont bien, dans le Territoire, des figures de référence.

15. On a dit, en note 7 du chapitre XXV, que la réforme agraire, au Tamilnad comme dans le Territoire de Pondichéry, avait été très limitée après l'Indépendance. Manikkam évoque ici une autre de ses dérives : le détournement des terres communales devant être attribuées aux sans-terre — ou du moins à quelques-uns d'entre eux. Dans le système fédératif indien, le gouverneur (lieutenant-gouverneur dans le Territoire de Pondichéry) est le représentant local du pouvoir central, œil de New Delhi et plus haut personnage de l'État. Mais l'essentiel du pouvoir politique appartient au chef du gouvernement élu, le ministre en chef. D'où la suggestion de pétition à l'un et à l'autre, faite pour détourner les manifestants de toute protestation directe. La proposition des militants du DMK pour calmer le jeu : (« on va donner à chaque famille vingt *kuji* ») porte sur un peu moins de 1 100 m^2 (un *kuji* fait 53,20 m^2). Surface qui peut paraître dérisoire, mais qui est à peine moins grande que le quart de *kani* (soit 1 338 m^2) continûment souhaité par Viramma dans le chapitre précédent.

16. On notera tout au long de ce passage la fluidité du vocabulaire désignant ce propriétaire vanniyar dont les vaches du Reddiar ont piétiné la rizière. Palli, Padaiyatchi, Gounder sont autant de titres hiérarchisés au sein du grand groupe des Vanniyar. Le Reddiar use à l'occasion de l'une des dénominations les plus basses (Palli) à l'encontre de ce protestataire de médiocre statut, tandis que le jeune Manikkam, avec insolence, met les points sur les i, en lançant « Palli devenu Gounder » : façon de dire que nul n'est dupe de la médiocre extraction sociale de ce propriétaire et du titre plus honorable qu'il se donne.

17. *Adi !* est une interjection dont le sens est similaire à *Deï !* mais usitée uniquement envers des femmes. Terme d'appel, il est méprisant ou pas, selon le ton employé et selon qui l'emploie et à qui il s'adresse. La formule *vadi-podi !* (féminin) ou *vada-poda !* (masculin), c'est-à-dire « Viens ! Va ! » exprime de même cette relation hiérarchique qui est un peu au tamoul poli ce que le tutoiement peut être au vouvoiement français. Dans le présent contexte, Manikkam souligne délibérément le ton méprisant employé par le Reddiar envers sa mère, Paratchi asservie.

18. C'est-à-dire un homme du *céri*. Le mot *colony* est censé être moins connoté.

19. Réaffectons à chaque parti son symbole. Le Parti des laboureurs n'est nullement un parti professionnel. C'est le Parti Janata, qui eut un temps pour symbole une charrue. Il fut créé en 1977 comme instrument d'une coalition contre Indira Gandhi. Le Parti des deux feuilles, on le sait, c'est l'Anna DMK. Le Parti du rouet, c'est le Congrès, devenu « Vieux Congrès » ou « Congrès Organisation » après la scission opérée par Indira Gandhi en 1969. Kamaraj en était un des grands leaders. Le Parti de la vache et du veau était le « Nouveau Congrès », dirigé par Indira Gandhi.

20. Après l'état d'urgence et l'arrivée au pouvoir à New Delhi du Parti Janata, Indira Gandhi rénova son parti secoué par les excès autoritaristes de l'état

d'urgence (1975-1977). Ainsi naquit le Congrès-I (I comme Indira) qui adopta un nouveau symbole, la main. Se tromper de symbole en votant, et confondre la main, emblème du Congrès, avec le soleil levant, symbole du DMK, c'était donner son suffrage à l'adversaire majeur du parti.

21. Encore une persistance quotidienne de l'intouchabilité. En fait, le plus souvent, les teneurs d'échoppe de thé disposent de deux séries de verres, l'une étant réservée aux Harijans. La pratique, discrète, est illégale, et peut ainsi être le point de départ de contestations militantes, comme celle que condamne ici Viramma. (Voir chap. VII, note 2.)

22. « Mettre le bonnet » *(kula poda)* : expression courante pour dire berner. Elle vient d'un épisode d'un recueil de contes très connu. Un colporteur, vendeur de bonnets, s'était endormi dans un bois, avec sa marchandise près de lui. Pendant son sommeil, des singes lui dérobent ses bonnets et s'enfuient dans les arbres voisins. Le colporteur récupère son bien en se coiffant ostensiblement d'un bonnet abandonné près de lui ; les singes descendirent alors de leur arbre pour l'imiter, et placer leur bonnet sur la tête du marchand.

23. Ceint d'une poussière d'enclaves, le Territoire de Pondichéry s'est toujours prêté, par sa configuration géographique, à la contrebande, d'autant que le comptoir français était port franc. Après le transfert du Territoire à l'Inde, ce privilège a disparu, mais à l'inverse du Tamilnad souvent sujet à la prohibition, Pondichéry a toujours connu un régime libéral en matière d'alcool. Au trafic d'alcools commerciaux s'ajoute celui des distillations clandestines de boissons à bas prix, pratiquées dans tout le Tamilnad, comme à Pondichéry. Le trafic de cigarettes s'alimente, lui, à d'autres sources, par une contrebande liant le Sri Lanka aux côtes à mangrove du delta de la Kavéri. Cuddalore, chef-lieu du district du South Arcot, à une vingtaine de kilomètres de Pondichéry, est un des relais de cette contrebande.

JOSIANE ET JEAN-LUC RACINE

LA BOUCHE D'OMBRE,
ou comment est né ce livre
et ce qu'il nous dit

Il est des mots plus lourds que d'autres, plus chargés de sens, des mots si forts qu'ils ont couvert la terre, Babel de peuples, parce qu'ils disaient avec une puissance toute particulière ce que peut être l'homme, et les limites tragiques de son humanité. À l'inverse du vocabulaire de l'exotisme, toujours ancré dans son espace — raja, fakir, bayadère... —, ces mots voyageurs, quittant leur monde pour courir le monde, restent marqués du sceau du lieu qui les vit naître, mais n'en deviennent pas moins des mots mythiques, des mots témoins du genre humain.

Paria est de ces mots-là.

Intouchable, en quittant l'Inde, en est venu parfois, par inversion de sens, à désigner le puissant échappant à la loi commune. Paria est resté, lui, en quelque contexte qu'on l'utilise, porteur d'une même charge. Paria : l'abaissé, le méprisé, le rejeté aux marges des sociétés humaines. Mais l'abaissement d'un être, fruit d'une histoire individuelle, ne peut se confondre avec celui d'un groupe humain — en Inde, plus de 130 millions d'êtres —, car cet abaissement-ci est, lui, le résultat d'une mécanique sociale millénaire. Fait de civilisation, et comme tel inscrit dans l'histoire, il est aussi, en conséquence, inscrit au plus profond des consciences de celles et de ceux qui le subissent et s'en accommodent ou, aujourd'hui, le refusent.

Parias : premiers portraits

Le mot, sous sa forme portugaise qui l'universalisa, vient du tamoul. Loin de Goa, des marchands et des aventuriers portugais s'étaient établis dès le XVIe siècle sur la côte du Coromandel, au sud de ce qui, plus tard, deviendra Madras. Là vivait une caste d'Intouchables, les Paraiyar : « ceux du tambour », le *parai*, instrument impur, fait du cuir des bêtes mortes. Le terme est localisé, comme tous les noms de caste. Il vaut pour une région qui couvre aujourd'hui cinq districts du Tamilnad — un État de 55 millions d'habitants, au sud-est de l'Inde — et le Territoire de Pondichéry, de langue tamoule lui aussi, mais autonome, héritage du temps pas si lointain où il était comptoir français de l'Inde. Au sud de cette région, la caste la plus nombreuse d'Intouchables — d'ex-Intouchables, en théorie — porte le nom de Pallar. Au nord, dans l'État d'Andhra Pradesh, elle porte le nom de Malar. Que ce nom de Paria ait été retenu plus que d'autres par l'histoire s'explique sans doute par le fait qu'au pays tamoul la pratique de l'intouchabilité était vive, plus qu'au Bengale, par exemple, et que les Intouchables y étaient nombreux : aujourd'hui encore on recense dans le district du South Arcot où naquit Viramma, dont la vie vient d'être contée, 25 % de Harijans, l'un des plus forts pourcentages de toute l'Inde (le mot Harijan, enfant de Hari, l'un des noms de Vishnu, c'est-à-dire fils de Dieu, fut forgé par Gandhi pour se substituer à Intouchable, trop péjoratif). Mais la fortune du mot Paria, universalisé, tient plus encore au fait que cette terre du Coromandel fut dans la première moitié du XVIIIe siècle le haut lieu de la présence des deux grandes puissances européennes du temps, la France et l'Angleterre, luttant alors, autour de Madras et de Pondichéry, pour le contrôle du fructueux commerce des Indes [1].

1. Pour éviter toute ambiguïté et tout malentendu dans l'usage qu'on fait de mots jugés souvent sulfureux, voire insultants, par ceux qu'ils désignent, il importe de préciser — mais c'est une évidence — qu'on ne donne pour notre part, bien entendu, aucune charge négative, méprisante ou condescendante aux mots Paria et Intouchable qui sont utilisés ici. On dira plus loin, à la fin de ce texte, la charge qui pèse sur ce vocabulaire devenu d'autant plus sensible que sont vives l'émancipation et plus encore l'aspiration à l'émancipation. Cela souligné, notons qu'on usera ici du nom de caste Paraiyar pour désigner cette caste en tant que telle, en la distinguant des autres castes de Harijans avec lesquelles elle voisine à Karani (les prêtres valluvar de meilleur statut relatif, ou les cordonniers sakkiliar, de statut jugé plus bas). À l'inverse, et de façon plus commune, on usera de la forme occidentalisée Paria quand les subtilités des divisions internes aux Harijans comptent moins que leur appartenance d'ensemble au groupe des ex-Intouchables, dont les Paraiyar constituent de très loin, dans la région où vit Viramma, elle-même Paraiyar, le groupe le plus nombreux. Précisons enfin, pour dissiper d'éventuelles méprises, que l'Inde indépendante n'a jamais sup-

Le père Cœurdoux, un jésuite qui vécut en Inde de 1734 à 1779, donne en une page, vers le milieu du XVIIIe siècle, l'une des premières descriptions européennes des Parias, qui n'est pas flatteuse :

« Ce qu'il y a de plus déplorable dans la caste des Parias, c'est qu'ils n'ont ni éducation ni principes d'honneur. Aussi les plus grands désordres règnent-ils parmi eux ; et ils sont en fait de vices, par grossièreté, ce que les Brahmes sont par malice. Ils sont communément dans les campagnes d'une mal-propreté à faire horreur, et la grossièreté de leur esprit répond ordinairement à celle de leur figure. Ils sont de plus sujets à l'ivrognerie, vice extrêmement odieux aux Indiens. Outre les querelles qu'elle cause entre eux, elle attire de grandes violences à leurs femmes, qu'ils assomment de coups, lors même qu'elles sont enceintes.

« Ce qui révolte le plus contre eux les autres Indiens et leur amour excessif pour la propreté, ce sont les infâmes aliments dont usent les Parias : attirés par la puanteur d'une charogne qui a frappé leur odorat, ils vont la disputer aux chiens et aux corbeaux, pour l'aller manger ensuite dans leurs cabanes, souvent sans riz ou autre nourriture semblable qui l'accompagne. Peu importe de quelle maladie l'animal soit mort, puisqu'ils les empoisonnent quelquefois secrètement, pour se nourrir ensuite de ces infectes et dangereux aliments. C'est à quoi j'attribue certaines maladies contagieuses qui les enlèvent de temps à autre en grand nombre, tandis que les autres Indiens des mêmes lieux n'en sont pas attaqués.

« Tels sont les hommes que les autres Indiens ne veulent pas avoir pour voisins, et qu'ils obligent de former, hors des villes et des bourgs, des villages composés des seuls gens de leur caste [1]. »

L'abbé Dubois, arrivé à Pondichéry au titre des Missions Étrangères en 1792, plagiera l'inédit de Cœurdoux avant de le grossir d'additions considérables et d'en faire en 1825 un monument de deux forts in-octavo : *Mœurs, institutions et cérémonies des peuples de l'Inde*, appelé à devenir dans sa version anglaise un classique constamment réédité

---

primé officiellement les castes, contrairement à ce qu'on lit parfois. Elle a simplement condamné l'intouchabilité, devenue, du moins en théorie, une pratique tombant sous le coup de la loi.

1. Dans la version abrégée par Desvaulx, officier à Pondichéry, qui la remit en 1777 au ministre de la Marine, sous le titre *Mœurs et coutumes des Indiens*. Texte établi et annoté par Sylvia Murr, *L'Inde philosophique entre Bossuet et Voltaire*, vol. 1, EFEO, Paris, 1987. Voir p. 172. On a ici modernisé en partie l'orthographe retenue par l'édition savante.

jusqu'à nos jours. Si Dubois reprend la page de Cœurdoux qu'on vient de citer, il expose aussi, à l'inverse de son prédécesseur, ce qu'est l'intouchabilité :

« Toute personne qui a été touchée, soit par inadvertance, soit volontairement, par un pariah, est souillée par cela seul, et ne peut communiquer avec qui que ce soit, jusqu'à ce qu'elle ait été purifiée par le bain, ou par d'autres cérémonies plus ou moins importantes, selon la dignité et les usages de la caste à laquelle cette personne appartient.

« Manger avec des gens de cette caste, ou toucher à des vivres apprêtés par eux, et même boire de l'eau qu'ils auraient puisée ; se servir de vases de terre qu'ils ont tenus dans leurs mains ; mettre le pied dans leurs maisons, ou leur permettre d'entrer dans la sienne : tout cela offrirait autant de motifs d'exclusion ; et celui qui l'aurait encourue n'obtiendrait de rentrer dans sa caste qu'après de pénibles et dispendieuses formalités. Quiconque aurait eu commerce avec une femme pariah serait traité encore plus sévèrement, si son délit était prouvé [1]. »

De même, l'abbé Dubois reprend le père Cœurdoux quand il souligne la logique économique de l'abaissement des Parias, fournisseurs opprimés de main-d'œuvre à bas prix :

« Dans tous les pays de l'Inde, les pariahs sont entièrement asservis aux autres castes, et traités partout avec dureté. Dans la plupart des provinces, il ne leur est pas permis de cultiver la terre pour leur propre compte, mais ils sont obligés de se louer aux autres tribus qui, pour un modique salaire, les emploient aux travaux les plus pénibles. Leurs maîtres peuvent les battre quand ils le veulent, sans que ces malheureux aient le droit de se plaindre, ou de demander réparation pour les mauvais traitements qu'on leur fait endurer. En un mot, ils sont les esclaves-nés de l'Inde... [2] »

Mais Dubois dépasse encore Cœurdoux quand il souligne comment « cette caste si dégradée », qui est pourtant « la plus utile », accepte son état, c'est-à-dire — et nous y reviendrons — intériorise les valeurs discriminatoires qui l'abaissent :

« À quelque degré de misère et d'oppression que soient réduits les malheureux pariahs, on ne les entend jamais se plaindre de leur condition, ni même murmurer de ce que le hasard ne leur a pas donné une

1. J.A. Dubois, *Mœurs, institutions et cérémonies des peuples de l'Inde*, 1825, vol. 1, p. 53-54.

2. *Id.*, p. 51.

naissance plus relevée ; encore moins songent-ils à améliorer leur sort, en se réunissant pour forcer les autres tribus à les traiter comme des hommes devraient traiter leurs semblables. Tout pariah est élevé dans l'idée qu'il est né pour être asservi aux autres castes, et que c'est là sa seule condition, sa destinée irrévocable. Jamais on ne lui persuadera que la nature a créé les hommes égaux, ou qu'il est en droit d'exiger des autres tribus un traitement moins sévère que celui qu'il endure [1]. » Ces considérations humanistes dûment faites, l'abbé redevient descriptif, et paraphrase Cœurdoux ou en rajoute sur son prédécesseur : vices éhontés, désordre, brutalité, malpropreté, ivrognerie et querelles, femmes battues, consommation de charognes. Et Dubois de s'interroger : « Faut-il s'étonner, d'après ce qu'on vient de lire, si les autres castes ont horreur de celle-là ? Sont-elles si blâmables lorsqu'elles refusent de communiquer avec de pareils barbares, et les obligent de se tenir à l'écart, et de se bâtir des villages séparés des leurs [2] ? » Plus concis, Cœurdoux avait pour sa part résumé d'entrée de jeu son jugement en une simple phrase : « Si la caste des Parias est réputée fort basse aux Indes, elle mérite effectivement de l'être [3]. »

Résidant en Inde pendant des décennies, Cœurdoux et Dubois ne jugent pas seulement les Parias au travers de leurs seules lunettes d'Occidentaux. Chacun à sa façon — et Dubois est plus fin analyste que Cœurdoux — ils se font l'écho de la pensée indienne du temps. Écho d'autant plus précieux que les textes tamouls parlent fort rarement des Intouchables, sujet trop vil pour la plupart des auteurs et des commentateurs, le plus souvent Brahmanes ou du moins de hautes castes. Le mot Paraiyar apparaît certes dès la littérature du Sangam, au début de notre ère, sans que l'intouchabilité semble alors être aussi stricte qu'elle ne le deviendra par la suite. Mieux, l'un des plus grands écrivains tamouls, Tiruvalluvar, auteur vers le Vᵉ ou VIᵉ siècle du *Tirukkural*, recueil de maximes qui fondent la sagesse morale de tout un peuple sur des bases non étroitement religieuses, est ordinairement présenté comme étant un Intouchable, fils d'un Brahmane et d'une Paria (mais il est d'autres hypothèses). Avec le déclin des religions austères que furent au Tamilnad bouddhisme et jainisme, la résurgence de l'hindouisme s'établit sur des bases nouvelles, tout entières fondées sur

1. *Id.*, p. 52.
2. *Id.*, p. 60.
3. Cœurdoux, édition de Sylvia Murr, *op. cit.*, p. 172.

l'amour dévot de l'homme envers un dieu individualisé : la *bhakti*. Poètes inspirés, nourrissant encore aujourd'hui la foi contemporaine, les soixante-trois *nayanmar* sivaïtes et les douze *alvar* vishnuites chantent leur dévotion. Parmi eux, un Intouchable, Nandanar, dont l'histoire vaut d'être évoquée, car elle souligne combien l'exception confirme la règle, même chez ceux qui faisaient passer l'amour de Dieu bien avant les conventions sociales. En la personne de Nandanar, la fusion du Paria et du divin relève à proprement parler du miracle. À Tiruppungur, le taureau Nandi, monture de pierre de Siva placé comme toujours face au saint des saints, se déplace miraculeusement pour que Nandanar puisse voir l'image de son dieu depuis le portail extérieur du temple où il se trouve confiné. Mais le miracle n'efface pas la substance. Pour réaliser son rêve inouï, et approcher Nataraja, Siva dansant adoré à Chidambaram, Nandanar dut passer par les flammes, épreuve imposée par Siva lui-même, pour que son dévot intouchable soit purifié avant d'être admis en sa présence.

Contre les préjugés de caste : une autre tradition

Il est vrai que l'hindouisme engendra aussi des écoles de pensée non orthodoxes, rejetant le ritualisme brahmanique aussi bien que la hiérarchie des castes. Pendant des siècles, en pays tamoul, les *siddhar* ont ainsi prêché en yogis une morale débarrassée des préjugés de caste, et leur plus moderne héritier, Ramalingaswami, conduira après 1868, pas très loin de Karani, ce combat de critique sociale et de recherche de Dieu « pour l'Égalité et la Bonne Voie ». Après lui, des poètes nationalistes, tel Subramanya Barathi (1882-1921), voudront promouvoir une Inde régénérée par l'humanisme, et Bharati lui-même, tout Brahmane qu'il fût, remit symboliquement le cordon des deux-fois-nés, privilège des plus hautes castes ayant droit à la connaissance, à un jeune Intouchable, Kanakalingam, tandis que résonnaient les mantra védiques. Plus tard encore, des écrivains marxistes de renom, tel Jayakanthan, joueront à plein la carte du réalisme noir, en dénonçant la vie faite aux Parias cantonnés dans leurs *céri*.

Le sort des Intouchables, certes, n'en sera pas changé. Du moins, les aspirations de la pensée tamoule non orthodoxe ont-elles préparé de longue date les remises en question de ce siècle, marquées politiquement, à l'échelle de l'Inde, par deux figures opposées, Gandhi et Ambedkar, marquées aussi au Tamilnad par la personnalité d'un réformateur de haut vol, Périyar. Tous trois ont combattu l'intouchabilité, mais selon des stratégies fort distinctes. Gandhi, qui mène sur ce plan une bataille de longue haleine et qui forge le mot Harijan pour le substituer à celui, jugé dégradant, d'Intouchable, voit dans l'intouchabilité une dérive aberrante de l'hindouisme, et non une conséquence logique de ses principes hiérarchiques. Il appelle donc à y mettre un terme, sans pour autant vouloir abolir le système des castes. Dans les années trente, il fera céder Ambedkar, qui venait d'obtenir des Britanniques le principe d'un corps élu d'Intouchables distinct de celui de la majorité des élus. Ambedkar, Intouchable lui-même, mais sorti du lot pour devenir avocat et juriste, sera l'un des principaux rédacteurs de la Constitution de l'Inde indépendante, qui proclame l'égalité de tous et récuse toute discrimination fondée sur la caste. Bientôt l'intouchabilité sera proclamée illégale. Pourtant déçu dans son combat, Ambedkar finira, peu de temps avant sa mort en 1956, par recommander aux Harijans de quitter l'hindouisme, leur marâtre, pour embrasser le bouddhisme alors disparu de l'Inde. Les conversions en masse de néo-bouddhistes, dans son État du Maharashtra, l'arrière-pays de Bombay, feront avancer là une conscientisation ultra-minoritaire ailleurs.

E.V. Ramaswami Naïcker, dit le Grand Homme (Périyar), fonde pour sa part en 1925, au pays tamoul, le Mouvement pour le respect de soi-même, qui va dans le sens des revendications alors conduites par les bonnes castes non brahmanes contre l'hégémonie socioprofessionnelle des Brahmanes, occupant une part tout à fait déséquilibrée des responsabilités et des emplois liés directement ou indirectement au régime britannique. Mais Périyar va beaucoup plus loin, en attaquant de front l'hindouisme réduit au rang de superstition, en luttant contre l'intouchabilité, et en préconisant des mariages inter-castes, qui brisent l'un des mécanismes essentiels du système des castes, l'endogamie.

Par-delà leurs différences, tous ces mouvements réformateurs échouent à court terme : ce n'est pas à brève échéance qu'on peut renverser une idéologie forgeant les consciences des dominants comme celles des dominés depuis tant de siècles. Les graines de la contestation sont certes semées, mais Viramma, enfant des années quarante, reste profondément façonnée, comme l'immense majorité des millions d'ex-Intouchables, par cette pensée traditionnelle dominante, nourrissant un très large consensus dans les centaines de milliers de villages indiens. Elle vit dans l'acceptation de l'abaissement, de la sujétion, de la pauvreté. Mais autour d'elle, elle voit poindre les temps nouveaux, ceux de la grogne, ceux de la revendication, ceux de la politisation générale : des temps qui l'effraient, elle, satisfaite des lents progrès qui ont marqué sa vie, elle, l'humble Paria acceptant son destin.

Écouter Viramma, c'est donc entendre la voix de ceux qui ne prennent normalement pas la parole. À la suite d'Ambedkar, le peuple intouchable du Maharashtra s'est mobilisé tant bien que mal, assez du moins pour que celles et ceux sortis du rang et prêts à prendre la plume disent dans leurs nouvelles, dans leurs poèmes, dans leurs Mémoires, ce que fut leur enfance, combien fut difficile leur ascension sociale, ce qu'est désormais leur vie ouverte vers la ville, vie de militants ou d'enseignants, vies tragiquement partagées entre l'aspiration à la justice et cette intouchabilité originelle qui colle à l'âme des autres et de soi-même, quels que puissent être les échelons gravis. Est ainsi née toute une littérature, fille du mouvement *dalit* (le mot désigne les opprimés, et, dans les milieux politico-médiatiques, supplante désormais *harijan*, jugé trop marqué par un certain paternalisme hindou). Nombre de publications, traduites du marathi, sont aujourd'hui disponibles en français [1]. D'un autre registre est, toutefois, l'autobiographie (non traduite en français) de Debi Prasad Das, un Bengali, l'un de ceux qui, par exception, et grâce au système de réservation des emplois mis en place par l'Inde indépendante, devint haut fonctionnaire, et voulut pourtant, par écrit, assumer ce que furent ses origines et son passé [2]. Mais dans tous ces cas, s'expriment par la plume ceux qui, prisonniers de leur basse naissance, se sont opposés sous diverses formes au système d'oppression qui accable les leurs, ou du moins dénoncent ce système auquel ils ont commencé à échapper. Viramma, tirée de la majorité silencieuse par le hasard d'une rencontre et d'une confiance réciproquement gagnée, dit au contraire, en contant sa vie, ce qu'est le monde de ceux restés fidèles à la vie villageoise : monde des anciens, acceptant le sort qui lui est

1. Madhau Kondvilker, *Inde. Le Journal d'un Intouchable (1969-1977)*, L'Harmattan, Paris, 1985. Laxman Mané, *Oupra. L'Inde des Intouchables et des maudits*, Maren Sell, Paris, 1987. Daya Pawar, *Ma vie d'Intouchable*, La Découverte, Paris, 1990. Shantabai Kamble et Baby Kamble, *Parole de femme intouchable*, Côté-femmes, Paris, 1991.

2. D.P. Das, *The Untouchable Story*, Allied Publishers, New Delhi, 1985.

fait, monde des jeunes, aspirant à une dignité nouvelle ; une vie qui n'est pas non plus celle de ce Muli si bien contée par l'anthropologue américain James Freeman, Muli le souteneur un brin obsédé d'un village de banlieue, le débrouillard très lié à la grande ville proche [1]... Viramma, elle, n'a voulu vivre que dans la norme. Jamais non plus, à l'inverse des « Parias de l'espoir » dépeints par Denis Van der Weid et Guy Poitevin, elle n'a été mêlée à des actions militantes de conscientisation [2].

Analphabète, acceptant son sort mais sans s'enfermer dans un fatalisme paralysant, pleine de vitalité et aimant dire, Viramma offre ainsi un témoignage sans doute plus proche de celui que pourraient donner la plupart de ses compagnons d'infortune restant sous l'emprise des modes de pensée traditionnels toujours dominants, tout en voyant monter, dans l'Inde du suffrage universel où toutes les voix comptent, les forces ambiguës du changement. Pour donner à ce témoignage tout son poids autant que pour cerner ses limites, encore convient-il de savoir pourquoi et comment il fut recueilli.

DONNER À DIRE, DONNER À LIRE

S'il fallait dire ici pourquoi est né ce livre et comment il fut écrit, sans doute conviendrait-il de chercher sa double origine dans les arcanes de nos passés, là où furent semés les germes de la curiosité qui permit, constance et temps aidant, cette longue entreprise de parole, d'écoute et d'écriture dont on vient de lire la mise en forme. Qu'on nous pardonne de personnaliser ainsi les choses, mais quand on veut donner témoignage, en faisant émerger l'une de ces paroles normalement confinées dans l'oralité d'un quotidien obscur, il est nécessaire de dire qui sont les témoins : Josiane (ici J.), Pondichérienne, dont le tamoul est la langue maternelle, mais qui fit toute sa scolarité en français, et Jean-Luc (J.L.), qui découvre l'Inde des grands chemins en juillet 1968, année féconde,

1. James M. Freeman, *Untouchable. An Indian Life History*, George Allen et Unwin, Londres, 1979.

2. D. Van der Weid et G. Poitevin, *Inde. Les Parias de l'espoir*, L'Harmattan, Paris, 1978. Dans un récit d'une tout autre facture, Marc Boulet, journaliste aventurier *(Dans la peau d'un Intouchable*, Le Seuil, 1993) dénonce le sort des Intouchables mais s'enlise dans des clichés anti-indiens éculés.

avant d'enseigner à Pondichéry à compter de 1971, et de commencer peu après, en géographe, à étudier l'Inde du Sud.

Le hasard des rencontres fit que le premier village étudié fut Karani, dans l'une de ces enclaves de Pondichéry qu'on appelait autrefois aldées, enserrées dans les terres des princes, puis dans l'Inde anglaise et, depuis l'Indépendance du pays, dans l'État du Tamilnad. C'était en 1972. En 1978, J., devenue étudiante en ethnomusicologie, choisit comme sujet de recherche la musique populaire en pays tamoul. Karani fut revisité, et se révéla être, dans son apparente banalité de village hindou ordinaire, un terrain qui méritait d'être choisi. L'ordinaire était riche de musiciens et de chanteurs, riche de conteurs aussi. Les grandes forces en jeu dans les campagnes du Coromandel étaient là : la caste dominante des Reddiar, grands propriétaires terriens (la grandeur, ici, tient moins à l'étendue des terres possédées — quelques dizaines d'hectares au plus — qu'au pouvoir sur les hommes et sur les choses que donne cette possession) ; une masse de petits paysans ou de tenanciers vanniyar, de statut très moyen, deux ou trois familles de Brahmanes plutôt pauvres, desservant les temples majeurs dédiés à Isvaran (Siva), Pérumal (Vishnu) et Pillaiyar (Ganesh) ; quelques familles d'artisans honorables — des orfèvres, des menuisiers —, et les habituelles castes de service de bas statut, barbiers et blanchisseurs. Tous, des Brahmanes aux blanchisseurs, habitaient l'*ur* (prononcer *our)*, le pôle majeur du village, structuré autour de ses temples de pierre, de son bassin carré, de ses rues orientées. A l'écart de l'*ur* et de la route de terre qui y menait, se tenait le *céri*, le quartier des Parias : des dizaines de maisons de terre à toit de palmes ou de chaume, pas de temple monumental, pas de bassin. Dans d'autres villages de la région, le *céri* était parfois rejeté au loin, à des centaines de mètres de l'*ur.* À Karani, il en était beaucoup plus proche, et de nouvelles constructions ont depuis réduit un peu plus le vide séparant les deux quartiers. Mais la vraie distance, en l'affaire, ne se mesure pas mètre en main : elle est mentale plus encore que spatiale, même si l'idéologie discriminant le pur et l'impur s'inscrit visiblement dans l'espace villageois. En 1981, l'*ur* comptait 1 800 habitants, le *céri* 700.

En principe, les gens de l'*ur* n'entraient pas au *céri*, lieu impur et méprisé où vit la masse des ouvriers agricoles, des Paraiyar abaissés rituellement et dominés socialement, beaucoup de familles parias travaillant au fil de générations pour des familles possédantes de l'*ur*, dans un système d'asservissement plus ou moins marqué : la disponibilité de l'asservi envers son maître lui valant une sécurité relative, celle, en fait, de la survie.

Viramma : de la rencontre à la connivence

C'est en collectant chansons et ballades que J. rencontra Viramma. C'était alors une femme encore jeune (proche de la quarantaine ?), mais ignorant son âge. Venue du village de Velpakkam, pas très loin de Karani, elle avait été mariée enfant, la vie commune avec son époux n'ayant commencé qu'au lendemain de sa puberté. Elle avait eu coup sur coup douze enfants de son mari Manikkam, plus âgé qu'elle. Seuls trois avaient survécu : deux filles, Miniyamma et Sundari, et un fils, Anbin. Petite, vive, le teint sombre, le cheveu noir tiré en arrière et noué le plus souvent en un chignon hâtif, le nez large, les dents avancées rougies par le bétel, les yeux injectés de sang, les joues légèrement creusées, Viramma portait quelques pauvres bijoux. Au cou, une simple cordelette jaune où pendait le *tali* que n'enlève jamais avant le veuvage la femme mariée, et un collier fantaisie. Au poignet gauche, neuf bracelets de verre. Autant au droit. À chaque narine, une fausse pierre sertie dans une monture de cuivre. Sur la conque de chaque oreille, un petit bijou à motif floral. Les lobes, un peu distendus, étaient troués, mais vides ; le prêteur sur gage détenait les boucles de l'endettée. Aux mains, des mains robustes, mobiles, des mains de repiqueuse de riz, rien à droite, mais deux bagues d'argent grossier à gauche, l'une à l'index, l'autre à l'annulaire. Aux pieds nus, enfin, deux anneaux d'argent lisse à l'index droit, trois anneaux ciselés à l'index gauche. Au village, dans sa tenue de tous les jours, Viramma portait sur un jupon long délavé, le *pavadai*, un simple sari de coton fripé. Ni bustier pour tenir une poitrine lourde, ni sandales : née en un temps où les Intouchables ne pouvaient s'afficher avec ces attributs des castes supérieures, Viramma respectait la tradition d'humilité acceptée, n'enfreignant l'interdit que pour prendre l'autocar qui la menait de temps à autre à la ville.

Derrière un abord frêle, Viramma cachait une vitalité admirable. Ouvrière agricole asservie au Grand Reddiar — le *kambattam* du village, notable parmi les notables et principal propriétaire terrien — Viramma était aussi astreinte à nettoyer ses étables chaque soir, entre autres tâches qu'il pouvait plaire à son maître de lui attribuer. Au *céri*, elle était en outre sage-femme, et chanteuse, pleureuse aussi lors des deuils, quand il faut improviser à la gloire du défunt. Parfaitement illettrée, comme son mari du reste, elle sortit du lot des chanteuses par son aisance, par son large répertoire, par son entrain, par ses talents de conteuse. Peu à peu, elle déchirait le voile jeté sur les Parias. Naquit ainsi chez nous le projet de se faire témoins d'une vie promise à l'obscurité, le projet de donner à dire à ceux et à celles que l'on n'écoute pas d'ordinaire, eux qui sont au plus bas de la cascade de mépris qui régit la hiérarchie sociale indienne.

Nous avions été introduits à Karani par une famille paysanne respectée sans être des plus puissantes, dont l'un des membres était devenu un poète et un érudit. J.L. avait conduit dans ce village une première série d'enquêtes, éclairant structure de castes, espace villageois et activités économiques. Il avait alors commencé l'étude d'autres villages de la région, et choisit dès lors de faire porter sur eux les enquêtes plus sensibles, afin de ne pas nourrir l'éventuelle suspicion des puissants et de pervertir du coup les liens noués avec leurs dépendants. Ce que nous aurions besoin de savoir viendrait par d'autres voies, moins directes, mais plus sûres. J., à l'inverse, poursuivit à Karani une bonne part de son travail d'ethnomusicologue, qui lui ouvrit la porte de toutes les castes. Mais les bonnes relations avec les villageois ne pouvaient suffire. Pareil livre nécessitait une connivence qui ne se commande pas.

Cette connivence s'établit entre Viramma et J., par-delà leurs différences de caste et de milieu. Entrouvrir la bouche d'ombre, pour J.L., c'était l'espoir d'atteindre autant que faire se peut le tréfonds de l'humanité. C'était aussi d'une certaine façon, et sur un plan plus intellectuel, la promesse de comprendre — dans le vécu des opprimés — pourquoi l'Inde du XXe siècle n'avait pas fait la révolution. C'était aussi une autre façon de poursuivre un travail de géographe, en appliquant cette fois l'échelle d'analyse en deçà du village, de l'exploitation agricole, du paysan. Comprendre une vie paria, comprendre les espaces parcourus ou mentaux d'une ouvrière agricole intouchable, comprendre comment elle et les siens pensaient leur monde, c'était accomplir une plongée inespérée aux fondements mêmes d'un ordre socio-économique en évolution. Voir sortir de l'ombre un récit de vie, écouter ainsi le quotidien de « ceux d'en bas », ne relevait sans doute pas, *stricto sensu*, du travail du géographe. Mais quelle incomparable démarche était-ce pour approfondir ce qu'apportaient des méthodes plus orthodoxes, et surtout pour voir sous un autre angle la civilisation étudiée, la société rurale observée ! À l'heure des théoriciens de la modélisation, et dans l'océan de statistiques produit par l'administration indienne, il était bon, sans en faire pour autant une panacée, de se rappeler ce que disait en substance l'un des pères fondateurs d'une géographie humaine sans doute passée de mode, mais encore riche d'une ouverture à l'humanité des sujets étudiés : « J'en apprends plus sur les bancs de la place du village, le soir venu, qu'en conduisant mes doctes enquêtes » (modestie du propos, qui cachait combien les enquêtes permettaient de tirer parti des conversations paysannes, autant que celles-ci pouvaient éclairer les hypothèses du chercheur).

Entrouvrir la bouche d'ombre, c'était pour J. tout autre chose : c'était renouer avec les curiosités de l'enfance. Jeune ethnomusicologue, J. n'entretenait pourtant pas avec Viramma le rapport ordinaire de l'anthropologue à son informateur, et elle ne se donnait pas de délai pour mener à bien un questionnement dont elle ignorait au départ qu'il allait naître un livre. Viramma, dès lors, disposa du temps qu'il fallait pour que le récit de sa vie devînt naturel. Sur de mêmes thèmes, il lui arriva ainsi de livrer plusieurs variantes dont toutes ne charriaient pas la même part de vérité. Dans les tout premiers entretiens, Viramma tendit par exemple à parler de la condition des Parias en sous-estimant la dure réalité de leur condition. Au fil des mois, elle comprit qu'elle pouvait dire ce qu'elle ressentait profondément, sans crainte d'apparaître comme contestatrice de l'ordre établi — ce qu'elle n'était pas —, sans crainte non plus d'apparaître aux yeux de son fils comme une femme d'un autre temps. Elle revendiqua même comme sagesse son acceptation de l'ordre du monde. Mieux, entretien après entretien, sa mémoire se réveilla, et raviva en écho les souvenirs de ceux qui, toujours, l'entouraient au *céri*. Placée dans ce contexte par la personnalité de son interlocutrice, maîtresse du temps, confiante et heureuse de conter sa vie, Viramma, bientôt, ne tomba plus dans les pratiques qui désespèrent l'ethnologue assez fin pour les pressentir : dire à l'enquêteur ce qu'on présume qu'il attend de vous, ou le tromper délibérément.

Entre la citadine de bonne caste et l'ouvrière agricole asservie marquée à sa naissance du sceau de l'intouchabilité, grande était la distance. Mais toutes les familles de la petite classe moyenne, en Inde, emploient une bonne, pas toujours paria, du moins souvent de basse caste. Et J., comme tant d'autres enfants de Pondichéry, avait été bercée par les chansons des bonnes de la maison ou du voisinage, par les récits des blanchisseuses attachées de mère en fille au service de sa famille, par les histoires que contaient les vendeuses d'huile et de beurre clarifié, venant de la campagne pour faire du porte-à-porte. À l'âge de faire les courses au marché, elle s'était cent fois arrêtée auprès des marchandes qui faisaient chanter des ballades aux chanteurs itinérants et aux femmes de tireurs de *rickshaws* venues dépenser leurs quelques sous, car chacun savait que leur répertoire, puisant sa source dans la culture paria, est plus divers, plus drôle, plus scabreux qu'aucun autre. Que J. fût chrétienne et Viramma hindoue n'importait guère : il est, en Inde du Sud, bien des passerelles jetées entre le catholicisme et l'hindouisme populaire.

Dans le contexte du cru, Viramma et J. n'étaient pas au même rang de l'échelle des statuts rituels, mais elles partageaient assez pour que le miracle de la confiance s'installât. L'une savait dire, l'autre savait écouter et questionner. Toutes deux savaient rire. Par-delà leurs différences, elles appartenaient au même monde, elles parlaient la même langue, elles pouvaient dialoguer en terrain connu, entre Tamoules, entre femmes, bientôt entre mères. Un jour, la confiance devint connivence, et Viramma put ainsi dire à J. ce qu'elle n'avait parfois jamais dit à quiconque, tout comme, beaucoup plus tard, de vieux chanteurs présentés par Viramma acceptèrent de lui chanter des ballades incestueuses ou des célébrations salaces bien trop inconvenantes pour être révélées au premier questionneur venu. Le temps, au fil des ans, faisait son œuvre...

Dès qu'il nous apparut qu'un livre était possible, nous écrivîmes à Jean Malaurie, en exposant la teneur de notre projet : être fidèle à une réalité indienne saisie à ses sources les plus humbles, mais sans aucun misérabilisme, en sentant bien qu'à dire les choses telles qu'elles étaient, nous portions témoignage de la dignité de ceux qui n'ont normalement pas droit à la parole, témoignage de l'humanité des plus abaissés, dans ses faiblesses comme dans sa grandeur. Nous vivions alors à Calcutta. Rendez-vous fut pris pour notre prochain passage à Paris.

Témoins et biographes : questions de fond

Dès la première rencontre, dans le grand bureau de la rue Amélie où se trouvait alors le Centre d'études arctiques, la confiance fut établie.

Mais on ne crée pas, on ne conduit pas une collection comme Terre Humaine en faisant simplement confiance. Avec sa pensée si originale, savant, intuitif et prudent, Jean Malaurie pressentait un grand livre pour lui, mais mesurait mieux que quiconque les difficultés de l'entreprise, à la mesure de l'ambition intellectuelle qu'il donna d'emblée à sa collection. Il avait convaincu d'éminents anthropologues et écrivains de l'intérêt qu'il y avait aussi à parler à la première personne, relativisant ainsi le témoignage et donnant toute sa part à la subjectivité du regard. Mais, sur l'ampleur de cette volonté de renouvellement que représente Terre Humaine, donnons la parole à Jean Malaurie :

« Trop longtemps, par peur d'un subjectivisme littéraire, le scientisme *a dominé les sciences sociales. "Littérature d'anecdotes, ethnologie intimiste, folklore... Où est donc la* modélisation *du complexe social ?" Telles étaient les réactions dans certains cercles académiques.*

« Comment s'étonner que ce dernier avatar du positivisme ait abouti à "une ethnologie désincarnée qui manque son but" (Michel Leiris). Pour apprécier le désastre, il suffit d'observer où en est le "nouveau roman".

« Terre Humaine est une collection de résistance, elle s'est lentement constituée, livre après livre ; en vérité, elle a été, pour beaucoup, libératrice. En dehors de toute théorie, elle a invité les esprits les plus marquants et les plus divers de notre époque à se réunir dans une volonté d'écrire pour le public le plus large, en acceptant de se mettre sur le même plan que des témoins aussi inattendus que l'Indien hopi Talayesva, l'Intouchable Viramma, un serrurier parisien, un juif polonais, menuisier dans un ghetto proche de Cracovie.

« Ces derniers livres issus du peuple sont désormais des classiques ; ils ont enrichi notre humanité ; des écrivains tels Balandier, Duvignaud, Hélias, Lacarrière, Lévi-Strauss, Ragon et Soustelle se sont certainement estimés flattés d'écrire dans la même famille d'esprit que la Hongroise Margit Gari ou le petit Auvergnat Toinou ou la Japonaise Yamazaki Ikue. Autant de personnalités aussi vivantes et aussi riches dans leur psychologie que celles de nos plus grands romanciers. Des écrivains disparus — Zola, Ségalen, Ramuz — que Terre Humaine s'honore d'avoir publiés ne pourraient que plébisciter cette volonté d'égalité ne tenant compte dans le choix des auteurs ni des diplômes ni des milieux, mais de la force de créativité ou de la valeur d'homme

permettant de connaître de l'intérieur des sociétés fermées comme le Quartier de la mort *dans les prisons du Texas.*

« Oui, ce courant de pensée résolument transdisciplinaire a joué un rôle libérateur pour beaucoup de scientifiques de ma génération, durant les quarante dernières années. Il a introduit cette si nécessaire globalité du regard en ignorant ce funeste esprit de classe de l'"Intelligentzia" française.

« Cette collection de soixante-dix livres, chroniques du temps et des mœurs, permet une connaissance concrète des civilisations. Au-delà de ce qui sous-tend une vie, nous découvrons, par l'observation intérieure, les rêves qu'enfante l'imaginaire : le lecteur vit ainsi l'intimité du quotidien, guidé par des personnalités incomparables qui par empathie ou solidarité se mettent aux côtés de ces vaincus de l'histoire qui luttent inlassablement pour le respect de leur identité.

« Telle est la vertu de l'écriture si particulière dans Terre Humaine que, selon les critiques, il est un certain air de famille dans les styles. La collection a l'immense mérite de stimuler la pensée et de rénover l'esprit d'invention du lecteur en le rendant lui-même créatif.

« Y a-t-il quelque règle ? Aucune. Terre Humaine est un oasis de liberté où chacun s'exprime, indépendamment de quelque convention. Nous sommes mus par cette violence intérieure que suscite l'observation minutieuse de la vie. Et comment ne pas relire Marcel Proust, dans La Prisonnière. *Tout est dit en quatre lignes : "Le seul véritable voyage, le seul bain de jouvence, ce ne serait pas d'aller vers de nouveaux paysages, mais d'avoir d'autres yeux, de voir l'univers avec les yeux d'un autre, de cent autres, de voir les cent univers que chacun d'eux voit, que chacun d'eux est*[1]*." »*

Voir l'univers avec les yeux d'un autre, tel était bien notre propos. S'agissant d'une « histoire de vie » par laquelle un récit d'illettré devient texte, il convenait toutefois de s'interroger sur le concept d'auteur. Certains des témoignages recueillis dans Terre Humaine ne portaient en couverture que le nom de celle ou de celui qui avait conçu l'ouvrage, recueilli et mis en forme le récit. Parfois, à l'inverse, l'auteur du récit figurait seul sur la couverture, tel Don Talayesva pour ce classique qu'est *Soleil hopi*, l'initiateur du livre, l'anthropologue Léo Simmons, n'apparaissant qu'avec la plus grande discrétion sur la

1. Jean Malaurie : *Terre Humaine, Un courant de pensée*, in *Terre Humaine 2*, ouvrage collectif sous la direction de Jean Malaurie. Quarante témoignages. Terre Humaine/Poche. Presses Pocket, Paris, 1996.

page de titre. Avec l'autorité qui le caractérise, Jean Malaurie savait bien qu'aux attaques des petits maîtres de l'Université ou d'ailleurs niant, par esprit d'objectivité, la valeur des témoignages individuels, allaient bientôt se substituer de plus importants questionnements, émanant d'autres analystes qui, reconnaissant tout au contraire le prix de pareils témoignages, voudraient aussi savoir comment avaient pris forme ces « autobiographies » à plusieurs mains. Dès la fin des années soixante, des rédacteurs américains de « récits de vie » prônaient déjà un « dévoilement total » des procédures, et comme Vincent Crapanzano, auteur d'une biographie navajo, soulignaient la part de la culture anglo-saxonne des observateurs-rédacteurs dans l'élaboration, dans la mise en texte de vies répondant en fait à d'autres valeurs. Il fallait à cet égard jouer clair. Les interrogations de David Brumble, exégète des autobiographies d'Indiens d'Amérique, ne nous prirent pas de court lorsqu'elles parurent en français en 1993 [1].

Ainsi avions-nous rejeté le subterfuge de ce que Brumble dénomme le « rédacteur absent », faisant disparaître du corps du texte le témoin — questionneur, auditeur, puis rédacteur — comme pour mieux entretenir la fiction d'une authenticité non retravaillée. On a certes repoussé le principe sommaire du livre interview, structuré en questions-réponses (une procédure qui n'empêche pas plus qu'une autre, en dépit des apparences, la possibilité de distorsion, ou de fabrication délibérée). Les entretiens entre J. et Viramma ne répondaient d'ailleurs pas à ce modèle. On n'a pas pour autant fait disparaître J., présente tout au long du récit quand Viramma l'appelle Sinnamma, et présente *a fortiori* quand Viramma fait entrer J. et sa famille dans le corps même de son récit, c'est-à-dire dans sa propre vie (féminité partagée, décès du père, visites à la ville, raison des confidences...). C'est du reste précisément le but de cette annexe, souhaitée par Jean Malaurie dès le départ, que d'exposer les relations nouées entre Viramma et nous, que d'éclairer la genèse du texte proposé au lecteur, et de fournir enfin à celui-ci, par une mise en perspective globale complétant un fort appareil de notes, informations et commentaires dûment identifiés comme nôtres, et non subrepticement mêlés aux propos de Viramma. Il est enfin des interrogations de Brumble qui n'ont pas cours ici. Sans doute les « autobiographies » d'Indiens d'Amérique répondent-elles à des principes extérieurs à la logique de leur société, et à la

1. David Brumble, *Les Autobiographies d'Indiens d'Amérique*, PUF, 1993.

réalité du moi hopi, sioux ou navajo. Suivre pour l'essentiel un ordre chronologique, dit Brumble, est une convention de l'autobiographie occidentale qu'adoptent les « rédacteurs absents ». Mais en Inde, société hiérarchique aux fines discriminations où il importe de connaître sa lignée, les grands mythes, les *Puranas* ou l'oralité populaire font toujours place aux récits de vie, que scandent les étapes clés que sont l'origine, la naissance, la formation, le mariage. D'une façon plus générale, les rapports noués entre J. et Viramma n'étaient point ceux, redisons-le, d'une anthropologue conduisant avec une informatrice particulièrement prolixe un jeu de questions-réponses. La connivence établie à la longue faisait dépasser ce stade, et rendait du coup caduques certaines des questions troublant les anthropologues évoqués par Brumble. Souvent une question posée à Viramma n'amenait sur-le-champ qu'une réponse brève, parenthèse dans un propos ayant sa cohérence propre. La vraie réponse viendrait plus tard, parfois beaucoup plus tard, ou prendrait la forme de commentaires de Viramma écoutant souvent, avec les voisines du *céri*, les enregistrements de ses propos.

Au long dialogue avec Viramma s'ajoutèrent, espacés mais répétés, les échanges avec Jean Malaurie, dont la pensée a structuré livre après livre cette collection si diverse et si unitaire de Terre Humaine. Et toujours se posait le problème de l'élaboration d'un pareil texte. Comment le récit prenait-il corps ? Quelle était la part de chacun ? Et comment traduire les pensées et les mots ? Un traducteur peut « coller » à un texte aussi fidèlement que possible, dans le respect d'un style, ou transposer pour mieux rendre l'esprit, ou toucher au miracle qu'est la double transposition de l'esprit et de la lettre. Dans cette rude tâche, du moins dispose-t-il d'un texte achevé. Mais ici, le matériau premier était pour l'essentiel une parole brute, un libre propos, préservé en dizaines et dizaines d'enregistrements qu'il fallait nécessairement mettre en forme, et traduire, dans le souci de savoir transmettre sans trahir.

Pour sa part, en homme qui sent, qui devine, il fallait à Jean Malaurie parcourir cette Inde qu'il ne connaissait pas. Il lui fallait porter le pas dans les *céri*, il lui fallait, au sens premier, toucher les « Intouchables ». Un jour de 1983, au milieu des paysans, il prit place avec nous dans l'autocar de campagne qui partait du *bus stand* de Pondichéry, pour descendre à l'arrêt qui dessert Karani. Traversant les rizières et les champs de canne à sucre, il rencontra Viramma, dans la cohue des attroupements, secoués par les rires des femmes et les cris des gamins.

Oui, cette vie de Paria, il fallait l'éclairer, il fallait la transmettre. Pareille entreprise supposait la perspicacité et l'obstination du chercheur, l'intimité avec le milieu sud-indien, un sens sociologique, une connaissance des relations de dépendance et des conflits locaux. Mais il fallait davantage. Ce n'était pas une société abstraite qu'on décortiquait, pas des logiques, des stratégies épurées. C'était une vie, un être de chair, de sueur et de sang, des rires et des pleurs, des deuils et du labeur, des angoisses et des confidences. Il y fallait un travail du cœur autant que de l'esprit. Et à tout cela, lentement, longuement recueilli, il fallait donner forme.

La mise en forme du récit : de l'oral à l'écrit

L'aventure ainsi engagée, restait à transformer le dit en livre. Il était bien sûr hors de question de publier telle quelle la traduction des enregistrements accumulés au fil des rencontres, une décennie durant. Il arrivait à Viramma de parler de façon parfois répétitive, parfois hachée. Par association d'idées, une histoire inachevée dérivait vers une autre, avant d'être reprise plus tard. La plupart des entretiens, conduits au *céri* et parfois dans les champs, se déroulaient dans la cohue des voisins ou des curieux ne manquant pas d'intervenir sur tel ou tel point. De cette marée de paroles, il fallait à la fois transmettre un propos, respecter les mots prononcés, mais émonder les redites, abandonner les phrases en suspens quand le silence n'était pas porteur de sens. Quand on disposait sur un même thème, pour un même épisode de diverses versions contées au fil des ans, il fallait choisir la plus cohérente, la mieux vérifiée. Dans le domaine où Viramma était la moins prolixe, mais qu'il importait de comprendre — la politique —, elle fit appel à son mari, dont les propos sont ici rapportés comme tels.

Il fallait aussi, bien sûr, tout réentendre, puis agencer le désordre. L'ethnomusicologue publiant des ballades de Parias dans une édition savante respectera les règles en usage chez les analystes de l'oralité, car on sait qu'en l'occurrence tout mot, toute redite, tout inachevé compte, fût-ce au prix d'une quasi-illisibilité. Ici, le but était autre, et la distanciation, aussi réduite qu'on la voulût, inévitable. Porter témoignage, transmettre une parole si peu entendue supposait d'être lisible, et demandait le cas échéant de transcender la lettre brute pour transmettre le sens en gardant autant que faire se pouvait les mots mêmes de Viramma. Outre les problèmes de vocabulaire, se posait la question fondamentale de l'agencement d'un récit biographique : sélection des matériaux, ordonnancement des propos. Il fallait regrouper les thèmes, retrouver les continuités sous le flot des propos étalés sur des mois et des années, et décider d'un ordre d'exposition. Viramma étant illettrée, comment, au sens étymologique du mot, nommer cette entreprise « auto-bio-graphie » ? Nous n'étions pas même les nègres écrivant par procuration une biographie autorisée. Non. Nous nous voulions simplement témoins privilégiés, attentifs, scrupuleux, donnant à dire, puis donnant à lire. Nous ne cherchions pas à avancer une illusoire Vérité sur l'intouchabilité, mais du moins à transmettre avec fidélité les mots de Viramma éclairant sa vision du monde, et celle, parfois différente, de ses proches. Sous d'autres modes que Philippe Descola qui rédigea, lui, à la première personne sa chronique de la vie jivaro, mettant pour notre part en forme le long récit brut et donc fragmenté d'une vie, nous partageons la conviction de l'auteur des *Lances du crépuscule* s'interrogeant lui aussi sur ce que peut être la vérité de tels textes : « La composition littéraire réorganise le réel, elle ne modifie pas la substance du fait. »

Choisissant de traduire Viramma dans une langue sans apprêt, nous avions rejeté l'hypothèse d'une écriture artificiellement policée, celle que Milan Kundera découvre douze ans trop tard quand il s'avise que le traducteur de la première version française de *La Plaisanterie* a transformé son style dépouillé en un artifice « fleuri et baroque », à coups de « métaphores embellissantes » et d'archaïsmes. Du même coup était écartée la tentation symétrique — autre effet de style, en fait — de faire du mauvais Céline, et de jeter sur le papier, à l'état faussement brut, ce qui eût prétendu traduire un parler populaire, avec ses contractions, ses formes familières, sa vulgarité accrocheuse. Viramma le dit, reprenant la formule en usage chez les hautes castes : le dialecte des Parias n'est qu'« un demi-langage » *(para pecci* : *ara pecci)*, entendons une langue chargée de grossièretés, et un parler ne respectant ni le style, ni le ton, ni les usages du « beau tamoul » cher aux puristes, ni même ceux du tamoul quotidien en usage à l'*ur*, quoique chacun le comprenne.

Garder les mots crus ne posait pas de problème. La vraie question portait sur le recours éventuel à un procédé de traduction d'une langue populaire. En 1916, dans *Le Feu*, Henri Barbusse avait choisi le parti alors novateur de respecter le langage des tranchées [1]. En fait, il censurait les mots crus, mais troussait ses dialogues dans une langue dont la syntaxe et les contractions avaient le mérite de s'approcher du parler populaire. Comment suivre ce choix dans notre entreprise, quand il fallait d'abord franchir en continu — et non pas dans de seuls dialogues — l'obstacle de la traduction d'un propos déjà si éloigné par nature du contexte culturel du lecteur, y compris de nombre de lecteurs indiens ? Trois cent cinquante pages d'artifice auraient-elles donné au témoignage reçu un tour, un ton plus vrais ? Les traductions du tamoul en français sont si peu nombreuses encore — qu'elles portent sur les textes classiques ou sur la poésie contemporaine — qu'on a jugé prématurée pareille tentative courant toujours le risque de l'illisibilité.

On a donc retenu le plus simple, le moindre procédé : laisser J., la seule vraie bilingue en l'affaire, et l'interlocutrice privilégiée de Viramma, ordonner et traduire les propos longuement recueillis en une langue simple, familière sans être délibérément vulgaire, ayant le souci du mot juste — ce mot de Viramma, comment le rendre au plus près ? — fût-ce un mot cru. Toute difficulté, toute expression posant problème fut discutée avec J.L. qui assura en outre le découpage interne aux différents chapitres, en balisant le texte de sous-titres empruntés aux propos de Viramma, et prit en charge la rédaction des notes et des annexes, pensées et revues ensemble. La structure du récit, à partir des matériaux disponibles, fut aussi arrêtée en commun.

Pour l'essentiel, les modes d'exercice de la traduction tinrent à deux paramètres : le bilinguisme de J., et son acceptation du milieu paria qui n'était pas le sien. Cette acceptation, permettant la connivence déjà évoquée, faisait naître une réciproque essentielle, l'acceptation de J. par le milieu paria. À analyser les choses au plus près, la traduction résultait en fait d'une imprégnation, agissante à la fois lors des enregistrements des propos de Viramma et de ses proches et lors de la traduction. Lors du dialogue, lors de l'écoute, tout était mis en mémoire : les mouve-

1. En s'en justifiant dans le corps même du récit, en un court chapitre intitulé « Les gros mots », où, répondant à la question (apocryphe ou réelle ?) d'un camarade lui demandant s'il aurait le courage de respecter le langage des poilus « qu'i's disent et qu'i's répètent des choses que les imprimeurs n'aiment pas besef imprimer. Alors quoi ? Si tu ne le dis pas, ton portrait ne sera pas r'ssemblant : c'est comme qui dirait que tu voudrais les peindre et que tu n'mettes pas une des couleurs les plus voyantes partout où elle est. Mais pourtant ça s'fait pas ». *Le Feu*, Le Livre de poche, 1965, p. 221-222.

ments d'humeur de Viramma, sa gestuelle, ses rires, sa voix, et tout cela contribua aussi à la traduction. L'imprégnation était perçue du reste par les habitants d'autres *céri* que J. visitait pour ses recherches universitaires, en quête de chanteurs et de musiciens dont on lui avait, d'un *céri* à l'autre, donné les noms. Son tamoul, alors, retrouvait spontanément des tournures, des expressions de Viramma, qui étonnaient les Harijans ne s'attendant pas à entendre une jeune femme dont ils voyaient bien qu'elle n'était pas des leurs s'exprimer comme eux : « Sinnamma parle comme nous ! » Après des écoutes répétées des enregistrements — dont le matériau avait été identifié par thèmes dans quelques gros cahiers d'écolier — J. traduisait passage après passage, en revivant ce qu'elle entendait une fois encore, moments intenses, moments de joie ou d'émotion vécus avec Viramma. Pensant alors en tamoul, elle écrivait en français. Dualité précieuse mais inconfortable : il fallait faire l'effort, comme tout traducteur, de retrouver les codes de la langue de traduction, et J.L. pouvait ici l'aider, en cas de difficulté. Ces hésitations tenaient moins à l'usage de tel ou tel mot intraduisible — si tel était le cas, on le dira plus bas, on a choisi de conserver le mot tamoul — qu'à la richesse et aux nuances du vocabulaire de Viramma. Qu'on ne se méprenne pas à cet égard : analphabète, Viramma n'est pas inculte. S'exprimant en une langue jugée grossière, ce « demi-tamoul » qui est la marque des Parias, elle n'en est pas moins chanteuse, conteuse, femme de parole, femme aimant parler. Langue rugueuse n'est pas fruste. À vrai dire, si Viramma avait été retenue parmi tant d'hommes, tant de femmes rencontrés au tout début de l'enquête de la jeune ethnomusicologue, n'était-ce pas précisément parce qu'elle savait mieux que d'autres parler des choses et des êtres ?

Les mots de Viramma

Dans cet exercice de traduction, J. souffrit pourtant de pertes inévitables, qui n'étaient point seulement dues à la dilution de la musique d'une langue ou de la signification d'un ton. Parfois, revenant encore et encore sur un mot, sur une formulation, sur un sous-entendu, il fallait se résoudre à n'en point trouver d'équivalent vraiment satisfaisant. Du moins J. se donna-t-elle toujours un objectif, qui fournissait une manière

UN EXEMPLE DE TRADUCTION BRUTE

On fournit ici un exemple de traduction brute opérée à partir de l'enregistrement. Il porte sur le décès d'une des sœurs de Viramma, et sur les causes qui lui sont attribuées. La version publiée se trouve chapitre VIII, « La mangeuse de fœtus », au début des pages intitulées « L'enterrement des briques » (p. 123-124). L'épisode s'insère dans une série de deuils : mort de la mère, puis, seize jours plus tard, mort d'une nièce. Faute de ressources, le frère de Viramma décide d'accomplir simultanément les cérémonies requises par ces deux décès.

On indique en note les endroits où ont pris place dans la version définitive des propos complémentaires de Viramma, extraits d'autres enregistrements où elle évoquait brièvement les mêmes thèmes. On en précise alors le contenu.

V. Ma nièce est morte de diarrhée le « jour du lait » de ma mère *(seizième jour)*, le jour du lait, *ahum !* Nous avons fait en une seule chose... Nous avons fait le *punniyastanam* en même temps. Normalement il faut le faire séparément, mais nous nous l'avons fait ensemble pour ma mère et pour cette enfant.

Question de J. : Pourquoi ?

V. Comment faire s'il y a deux choses dans une maison ? Comment voulez-vous qu'on s'en sorte s'il y a deux morts en même temps ? Nous ne sommes pas des riches. Mon frère est le seul garçon vivant. Il n'a ni frère aîné, ni cadet. Qui est là pour le soutenir ? Que fera-t-il le pauvre tout seul ? Il n'a personne pour lui venir en aide. Ma sœur (j'en ai trois), elle est morte au mois de *pankuni* cette année même — *nka*. Elle avait une espèce de tuberculose, *pstch*. Un rat l'a mordue — *nka*. Elle toussait beaucoup, mais en fait sa maladie date de plus longtemps. Quand elle était bébé elle a été mordue par un rat, un gros rat, Sinnamma ! Vous savez, on ne sent pas quand le rat vous mord. Son souffle *marattutum*[1] (anesthésie). Il y avait été de tout son soûl (grignotant, dentelant) complètement une oreille, et ce poison était resté dans son corps. On avait négligé de lui donner des médicaments. On s'est dit : « C'est un bébé. Un rat, ce n'est pas grand-chose » et on a laissé tomber. Ce poison est rentré dans son sang. Ça lui a donné la tuberculose. Elle toussait tellement (crises) qu'on faisait rougir du fer dans le feu et on l'avait marquée au fer ici, partout, partout, partout, ici, ici, ici, ici *(gestes*

1. Le commentaire sur le souffle vient d'une autre version.

montrant le dos) pour la soulager de ses toux. La pauvre avait des brûlures partout. Mais rien n'y a fait. Elle en avalait beaucoup des pâtes d'herbes en tous genres — rien n'a guéri — que lui donnait un *mantrakkarar vettakkarar.* Il chantait aussi des *mantramam* avec à la main des feuilles de margosier pour lui faire descendre le poison [1]. Rien n'y a fait : elle est morte la pauvre fille ! Elle a laissé un fils. Lui aussi a été très malade. C'est moi qui l'ai gardé après sa mort. Je fais la cérémonie de « roulade dans l'ordure ». Oui, Sinnamma ! On fait ça aux petits qui sont toujours malades. Ma sœur n'a pas eu d'enfants pendant longtemps, c'est-à-dire qu'elle avortait, ou les enfants mouraient. Alors elle avait fait un vœu avant sa mort, pour avoir au moins un enfant qui vive. Après sa mort, moi j'ai fait cette cérémonie. On va dans trois maisons chercher une coudée de tissu — un peu, grand comme ça *(geste)* — dans chacune. On les étend par terre. On couche l'enfant dessus, puis dans trois autres maisons on va troquer l'enfant contre une mesure de son en disant : « L'enfant est à vous et le son est à moi. » (Bien sûr) [2] chaque fois on récupère l'enfant après avoir dit cela. Ensuite il faut aller chercher une poignée d'ordures — un peu, un peu, comme ça *(geste)* — dans trois tas d'ordures de maisons. On mélange bien ces trois (tas d') ordures. On étale, et on roule l'enfant sur ces ordures en disant : « Ton nom est Kuppa. Tu es Kuppa » et on lui met un anneau dans le nez [3], qu'il porte même aujourd'hui. Tu peux le voir encore porter. Ce sont des cérémonies qui font que l'enfant vit et ne meurt pas. Les anciens le disent ainsi, *ahum !* Moi, est-ce que je ne l'ai pas fait pour Anbin ? Il est né quatre garçons et ils sont morts chaque fois. C'est après que j'ai fait cette cérémonie qu'il est resté vivant, que je l'ai appelé Anbin et il est resté. *Ahum !* Pour ça il n'y a pas de castes ni rien, *hun !* Même les riches le font, Sinnamma, une caste comme les Reddi aussi, m'a demandé de le faire pour leur enfant. Bien sûr on donne (aussi) le nom de leur dieu de lignée [4].

---

1. Autre version ultérieure plus précise ; recours à d'autres exorcistes, dont l'un utilise des plumes de paon pour faire descendre le poison.

2. Le ton employé, celui d'une évidence rassurante, sera transposé en « bien sûr ».

3. Un anneau fait d'un fil d'argent.

4. Précision : le petit Reddi, lui aussi, porte le nom de Kuppa, que suit celui de son dieu de lignée.

de guide à la traduction : tenter de faire en sorte qu'un lecteur tamoul francophone, bilingue comme elle, puisse en lisant ce texte retrouver l'écho de sa langue, de son monde, retrouver l'atmosphère bruyante des *céri* ou des quartiers populaires, retrouver aussi, plus généralement — et toutes castes confondues — ce sens de la dérision, cet usage des ellipses qui marquent si fortement l'esprit tamoul. On pouvait espérer que, lisant tel mot, telle formulation, reviennent à ce lecteur imaginaire l'expression, le mot tamoul, ici traduits, ou qu'à tout le moins le texte français, en dépit de tel ou tel appauvrissement, de telle ou telle approximation, charrie pourtant ce quelque chose, ce parfum, ces correspondances, ces suggestions qui en assurent l'authenticité.

Cette volonté de serrer au plus près le vocabulaire de Viramma explique qu'on ait traduit telle expression tamoule plutôt que de lui substituer la formulation française équivalente. Ce choix — car l'ascèse et la rigueur peuvent aussi donner très vite leurs propres récompenses — préserve parfois un parfum de « tamoulité » qui surmonte les périls de la traduction. Pour s'en tenir à quelques exemples, on dit ainsi : « comme on prend soin de ce qui est précieux comme l'or », plutôt que « en en prenant soin comme de la prunelle de mes yeux » (chap. VII) ; « sommeil de mort » et non « sommeil de plomb » (chap. I) ; « bondir de son trou comme une souris » et non « comme un lapin » (chap. II). Ce souci neutralise quelquefois sans grande conséquence les gallicismes : on dit ainsi « de façon effrontée » et non « de façon cavalière » (chap. IV) et l'on risque « me hérissa les poils » plutôt que de conserver « me donna la chair de poule » qui sonne si peu indien (chap. III). Mais en d'autres circonstances, la quête du mot juste au détriment du mot venant plus spontanément sous la plume évite la connotation idéologique ethnocentrique : c'est bien « l'aumône pour Mariatta » que demande Viramma, mendiant de porte en porte pour satisfaire la déesse de la variole, et non « la charité pour Mariatta » qu'on avait d'abord été tenté de proposer. Autre cas de figure : le principe de répétition (avec ou sans onomatopée) qui anime très couramment le tamoul populaire. On a ainsi retenu dans la bouche du montreur de tours : « Regardez, regardez, regardez, regardez ! » qu'il faut entendre prononcé le plus vite qu'il se peut, alors qu'on eût capté un auditoire français en lui disant : « Vous allez voir ce que vous allez voir ! » (chap. VIII). On a de même rejeté la tentation d'évoquer « le rythme vertigineux du tambour » pour conserver « mon cœur battait au rythme du tambour, pada, pada, pada... » (chap. II).

Cette logique de la fidélité aux mots prononcés explique aussi, de façon beaucoup plus marquante, l'abondance des mots tamouls qu'on a conservés. L'excuse-t-elle aux yeux du lecteur ? On a jugé que c'était là l'indispensable prix à acquitter pour tenter de pénétrer une autre civilisation, dans ses dimensions aussi bien culturelles que matérielles. Glossaire et notes compenseront peut-être l'inconfort de ce choix, qui a toujours été guidé par un principe ; quand l'usage de la traduction française n'impliquait pas de perte de sens ou de trop grande dilution des spécificités tamoules ou indiennes, on a toujours choisi le mot français. Dans les cas contraires, on a choisi de conserver le mot tamoul, à moins qu'il n'existât une possibilité de recourir à ce qu'on peut appeler le français pondichérien, un français ayant accueilli dans son vocabulaire nombre de mots tamouls à peine transformés (ainsi pannelle pour *panai*, ce récipient sans anse si commun). Précieuse fut à cet égard la recension du docteur Paramananda Mariadassou sur la pharmacopée traditionnelle, et donc sur la botanique [1]. Viramma, en bonne villageoise, cite continûment les plantes qui l'environnent. Grâce au docteur Mariadassou nombre d'entre elles — la brède ou le jamblonnier, la cassie ou le paspale — trouvent ici place sous une dénomination qui sonne à nos oreilles comme un écho de mots oubliés ou, telle l'herbe-hirondelle, font entrer l'érudition dans le monde de la poésie. Tous ces mots, tamouls ou franco-pondichériens, sont du reste répertoriés dans l'épais glossaire fourni en fin d'ouvrage, tandis qu'un long appareil de notes permet à l'occasion d'éclairer le contexte culturel qui donne son sens à une expression qu'on choisit de traduire au plus près, telle que « le ventre bas comme Pillaiyar », un des noms de Ganesh, dieu auspicieux à tête d'éléphant, mais aussi au ventre proéminent (chap. I) ; ou cette image du porc sacrifié enduit de curcuma, pareil « à une tamoule qui sort du bain » (chap. XIX). Pas de quiproquo ici, car la comparaison est flatteuse : dans la bouche de Viramma, « les Tamoules » désignent les femmes de l'*ur*, par opposition à celles du quartier des Parias, donc celles de bonnes castes, au teint supposé plus clair, celles aussi qui sont à même de se faire belles (et le porc porte autour du cou des fleurs, comme elles en portent autour du chignon), celles enfin qui une fois par semaine, au sortir du bain, s'enduisent le visage de pâte de curcuma.

Pour autant, et quel qu'ait pu être notre souci du mot juste, on a

1. Paramananda Mariadassou. *Le Jardin des simples de l'Inde*. Pondichéry, 1913.

inévitablement perdu une part de la richesse des propos de Viramma. Car aux difficultés générales auxquelles se heurte celui qui tente de passer d'une langue à une autre — *traduttore, traditore* — et qui plus est, ici, d'une civilisation à une autre, s'ajoutent les problèmes propres à l'oralité. La parole, plus encore qu'un texte, ne prend tout son sens qu'en situation, par ce qui l'accompagne et l'enrichit : le ton, le regard, le rire, les gestes du conteur, les réactions de l'auditoire. Très exceptionnellement, on a choisi d'ajouter un qualificatif inexistant dans la bouche de Viramma quand il est apparu que c'était là le seul recours pour traduire non un mot, mais un ton : ainsi « ce *foutu* estomac » réclamant chaque jour qu'on le remplisse (chap. I), et « cette *fameuse* bouillie » donnée aux filles lors de leur puberté (chap. III). Beaucoup plus fréquemment, on a tenté de faire au mieux en notant entre parenthèses, dans le fil du récit reconstitué, les plus marquants des « accompagnements » du discours, fournis comme autant d'« indications scéniques » (« Viramma rit » ; « Viramma fait un geste de pénitence », « Viramma baisse la voix »...). Ce n'est là, du reste, que demi-mesures, car ces attitudes relèvent le plus souvent d'une anthropologie du geste et du rire. Les gestes ont été expliqués en note si nécessaire. Mais le rire ? Propre de l'homme, sans doute, il est aussi, pour une part de ses manifestations, un fait culturel, et donc localisé ; en Inde on rit fréquemment quand on est dans l'embarras ou en situation d'échec momentané, ce qui n'empêche nullement le Tamoul d'être grand amateur de rire franc, et d'être un moqueur-né. On dira plus loin, d'ailleurs, comment Viramma sait rire, sans arrière-pensée, de nombre de malheurs ou de peines qui furent les siens et qui la firent pleurer, le temps, depuis, ayant fait son œuvre.

Ces problèmes surmontés, ces limitations perçues et acceptées, reste l'essentiel. En reconstituant ainsi l'histoire de Viramma, en ordonnant ses propos — pièces d'un puzzle fidèlement conservées, inventoriées, répertoriées —, on n'a pas fait un de ces « livres-magnétophones » rapidement composés. On a, des années durant, usé de la machine pour préserver une parole vivante après avoir été dite. Puis lentement, humblement, scrupuleusement, on a, des récits de Viramma, fait *un* récit continu, et conté, en témoignant d'une vie, une histoire. On a ainsi — démarche spontanée bien plus que choix délibéré — retrouvé un mode de pensée majeur de l'Inde : la narration.

Psychanalyste et donc homme d'écoute, Sudhir Kakar a souligné avec force comment « les Indiens, de façon caractéristique, ont toujours recherché l'expression de significations essentielles et collectives dans le modèle narratif », et comment aujourd'hui encore, « le moyen favori de transmission et d'enseignement de la pensée continue d'être le récit ». Analphabète comme tant d'autres, Viramma vit totalement dans l'oralité. L'esprit nourri de mythes, de fragments d'épopées, de contes, de chants, de représentations du théâtre des rues, elle s'inscrit dans le monde en croisant sa propre histoire à celle des autres, hommes morts ou vivants, héros, esprits ou dieux, et tous trouvent place dans son récit, qui renvoie lui-même pour une part aux récits autres qui constituent sa culture. Kakar le dit aussi : « Pour comprendre la personne en Inde, et en particulier l'histoire non dite de ses peurs et de ses désirs — de son imaginaire — il faut accéder à la signification de ces récits [1]. »

Depuis deux siècles, l'indianisme classique s'est attaché aux récits les plus nobles, ceux des textes anciens, épopées du *Mahabharata* et du *Ramayana*, recueils des *Purana* contant les aventures divines — comme il a porté attention aux innombrables traités, compilations et gloses. Depuis quelques années, le monde longtemps méprisé des traditions orales découvre à son tour ses richesses, auxquelles il conviendrait aujourd'hui d'ajouter ces nouvelles narrations que multiplient le cinéma populaire et l'art présent des conteurs, car l'oralité vit et change : elle se nourrit des héritages sans s'y laisser enfermer, elle reçoit et retransmet tous les mouvements de la vie, toutes les dynamiques contemporaines. Viramma, se racontant, se fait l'écho d'un certain nombre de récits : mythe fondateur des Parias, histoires de divinités populaires, contes qu'elle aime, ballades connues de tous en pays tamoul, telle la triste histoire de l'infanticide Nallatangal. Mais contant sa vie, elle ajoute aussi un nouveau récit à tous ceux qui l'ont façonnée. Et il nous faut « accéder à la signification » de ce récit-là, venu lui aussi, fût-ce par notre intermédiaire, des profondeurs de l'Inde.

UNE VIE PARIA

Parlant d'elle sans apprêt ni misérabilisme, n'ayant rien à dénoncer car ne prenant aucune distance vis-à-vis du monde paria dans lequel elle a toujours vécu, Viramma nous livre les éléments d'un récit dont

1. Sudhir Kakar, *Eros et imagination en Inde. Récits intimes*, Éditions des Femmes, Paris, 1990, voir p. 10 et 11.

l'analyse appelle sans doute quelques remarques préliminaires. Première interrogation : comment percevons-nous (ou comment percevions-nous), avant même d'avoir lu ce livre, ce que peut être une vie paria banale, celle de ces millions d'ouvriers agricoles misérables qui peuplent les campagnes de l'Inde ? À l'image générale de pauvreté et de dénuement attachée au concept de tiers monde — gardons ici ce cliché exagérément simplificateur, mais forgeant la perception dominante en Occident —, l'Inde, dans ce cas précis, ajoute un mal particulier aux maux généraux : l'intouchabilité. Le lyrisme révolutionnaire d'Eugène Pottier n'est plus guère de mode aujourd'hui, et sans doute lit-on moins Frantz Fanon qu'il y a trente ans. Mais si leurs fortes formules ont gardé dans la conscience universelle quelque validité — damnés de la terre, forçats de la faim —, n'est-ce pas précisément parce que, aujourd'hui encore, le Paria misérable et écrasé reste un stéréotype du malheur de vivre, un réprouvé du genre humain, lié à un maître exploiteur pour se remplir le ventre, quand bien même la faim, qui n'a pas tout à fait quitté l'Inde, sévit maintenant avec bien plus de virulence sous d'autres cieux ?

La vie de Viramma, enracinée dans l'indianité, relève ainsi d'un questionnement bien plus large, qu'on formulerait naïvement si l'on se demandait, face à l'intouchabilité, où commence l'inhumain dans les sociétés humaines. Car l'on sait bien en ce siècle de boucheries guerrières et de massacres, de génocides et de camps de concentration, que l'inhumain est dans la mesure de l'homme. Pourtant, à écouter Viramma, on comprend vite que tout est plus compliqué. De ses mots simples, elle nous conte la richesse d'une vie que la pauvreté et la dépendance n'ont pas réduite à néant. Son enfance, « c'était le royaume des dieux sur terre » (chap. I), et le bilan de l'existence qu'elle a menée, Paria asservie à un maître, c'est qu'elle vit bien, « sans manquer de rien », « sans mourir de faim » (chap. XXVI). Juger du coup que Viramma, après tant de millions de prolétaires, vit dans l'aliénation telle que Marx la définissait n'est sans doute pas faux. Mais le constater n'apporte rien à la compréhension de sa personne, ni au sens qu'elle donne à sa vie. Pour déchirer le voile, et avant de noter comment, Paria parmi tant d'autres, Viramma a mené sa vie, il faut la replacer dans son cadre culturel, il faut la mettre en situation : il faut penser l'intouchabilité selon sa logique indienne.

L'intouchabilité comme système

Pour Viramma comme pour toutes celles et tous ceux qui l'ont précédée, marqués comme elle du stigmate de l'intouchabilité, la vie se déroule — ou du moins se déroulait il y a encore quelque temps — dans un monde d'une grande cohérence, un monde fondé sur une philosophie simple et longtemps consensuelle. Être paria, dans cet univers traditionnel qui imprègne encore tant le présent, c'est accepter, avec une humilité obligée, une longue suite d'interdits ; c'est être l'objet de multiples mesures d'exclusion, mais ce n'est pas être simplement, totalement exclu. L'intouchabilité place au bas du système social, elle dégrade et marginalise, mais elle ne place pas le Paria *hors* du système. C'est par extension abusive et tout à fait impropre qu'on appelle parfois les Harijans des « hors-castes », puisque comme partout les Harijans de Karani sont ordonnés en castes et en sous-castes hiérarchisées. On trouve ainsi, on l'a noté, les prêtres valluvar au-dessus des Paraiyar, et, au-dessous d'eux les cordonniers sakkiliar. Au sein même des Paraiyar, caste la plus nombreuse du *céri*, les Pannaiyar sont de meilleur statut que les Vettiyan, et ne sont donc pas astreints aux obligations de service imposées à leurs voisins. Structurés en castes comme tous les hindous, les Harijans sont tout au plus des hors-*varna*, rejetés qu'ils sont hors de ces quatre catégories ordonnant en principe l'essentiel de la société hindoue (Brahmanes, hommes des textes et des rites ; Kshatriyas, hommes de la force et du pouvoir ; Vaishyas, hommes de la production, des biens et des échanges, Shudras, hommes des services de bas statut), cet ordonnancement quadripartite et théorique étant du reste beaucoup plus net en Inde du Nord qu'en Inde du Sud où le *varna* des Brahmanes est le seul ou presque à être établi sans conteste. Hors-*varna*, les Parias du pays tamoul et les autres Intouchables sont frappés d'interdiction de résidence au sein de l'*ur* (le gros du village où vivent, précisément, les non-Intouchables), et leur pratique de l'espace villageois est sujette à de multiples contraintes : non-accès aux temples et aux puits de l'*ur* — car leur présence pollue — règles d'usage des rues et des ruelles de l'*ur* qui les obligent à une attitude et à une tenue vestimentaire marquant leur bas statut ; ces pratiques de l'espace et ces règles de comportement traduisant en fait des relations hiérarchisées entre hommes, sur la base de l'appartenance de caste et des hiérarchies supposées du pur et de l'impur dont Louis Dumont, dans *Homo hierarchicus*, a souligné l'importance fondamentale.

Pour autant, les Parias font partie du système. Pôle inverse de celui des Brahmanes, ils donnent tout autant qu'eux, mais comme en négatif, son sens à la hiérarchie qui structure le système des castes, d'ailleurs plus rigide à ses extrêmes qu'en ses niveaux intermédiaires. L'exclusion qui frappe les Intouchables n'est qu'une exclusion partielle : exclus des sphères de la pureté, car considérés comme pollués en permanence et polluants par nature, les Parias, et particulièrement les Vettiyan — la sous-caste des Paraiyar à laquelle appartiennent Viramma et les siens — sont inclus dans la vie villageoise au titre même des obligations fonctionnelles et rituelles que leur vaut leur impureté. Choisis par rotation au sein des Vettiyan, les *totti* ont en charge les funérailles des villageois (crémation ou enterrement selon les castes), et l'orchestre qu'ils se doivent de former, le *paraimelam*, est tout aussi nécessaire au bon déroulement des fêtes religieuses de l'*ur* que l'orchestre des barbiers, à ceci près que le second, auspicieux, joue en l'honneur des dieux, précède au plus près leurs chars processionnels et joue dans les temples, alors que le *paraimelam* aux puissantes sonorités joue au plus loin des chars, dont il annonce à la ronde l'avancée, et ne peut franchir le portail des temples.

Sur un autre plan — et l'abbé Dubois n'avait pas manqué de le souligner — l'intégration des Intouchables à la vie économique du village est décisive, puisqu'ils constituent l'essentiel (mais non la totalité) de la main-d'œuvre des ouvriers agricoles, dans un monde où la riziculture requiert, au temps du repiquage comme à celui de la moisson, des travailleurs nombreux auxquels même de petits paysans doivent recourir. Traditionnellement — et c'est toujours le cas pour Viramma — nombre de ces ouvriers agricoles parias étaient des *adimai*, travailleurs asservis dans une relation de patronage et de dépendance nouée au fil de générations entre une famille possédante de haute caste et une famille paria. On dira plus bas en quoi consiste cette relation, et comment Viramma la vit sur un mode positif, parce que, si dure soit-elle, elle lui offre une relative sécurité. Mais pareille causalité matérielle ne serait rien sans le cadre idéologique qui l'englobe : Viramma intègre cette soumission dans une vision du monde, de l'ordre du monde, qui lui fait accepter son propre abaissement.

Pareille vision, pour l'essentiel, n'est que le reflet d'une philosophie traditionnellement dominante, et nourrie des valeurs de l'hindouisme. Si les temples de l'*ur* leur sont fermés, si la lecture des textes sacrés leur est en principe interdite, les Parias n'en vivent pas moins dans un monde compris au travers des concepts clés de l'hindouisme. Viramma, qui vénère un dieu colérique et amateur de sacrifices sanglants, un dieu de bas statut, partage toutefois avec tous les hindous, y compris les brahmanes les plus orthodoxes, des croyances fondamentales qu'elle exprime avec une clarté d'autant plus remarquable que ses perceptions religieuses sont par ailleurs bien souvent imprécises (quiproquo du chapitre XV sur le mot *védam).*

Karma et dharma : la règle du jeu hiérarchique

À la base de tout, le *karma* et le *dharma*. Le *dharma*, c'est à la fois l'ordre socio-cosmique par lequel l'univers continue d'être, et le devoir définissant, pour chaque *varna* comme pour chaque caste, la façon d'être et le comportement qui inscrivent chacun de leurs membres dans l'ordre qui les transcende. Pour chaque être, la chaîne des actes qu'il accomplit détermine son *karma*. Respecter son *dharma* donne un bon *karma*, et le *karma* de chacun détermine à son tour ce que sera sa prochaine réincarnation. Naître paria n'est donc pas le fait d'un hasard malheureux, mais bien le fruit amer du comportement qui fut le sien lors d'existences antérieures (le *karma* des ancêtres ou des maîtres, Viramma le dit, influençant aussi, dans une certaine mesure, celui des enfants ou des dépendants). Mais qui peut être sûr d'avoir un bon *karma* ? Le vieux sage du *céri*, Muniyin, le dit à Viramma, alors qu'il sait sa mort prochaine : « Je suis né paria, j'ai fait mon devoir pendant le temps qui a été le mien, et je vais mourir paria. Peut-être que je renaîtrai dans le ventre de la Reddiar chez qui j'étais serf, peut-être que je serai chien errant. Qui sait ? » (chap. XVIII). Et qui sait *a fortiori* quand le *karma* sera si bon qu'il permettra enfin, après tant et tant de réincarnations, d'échapper au cycle des renaissances, et de se fondre dans le divin ? Viramma prétend l'espérer, comme toutes celles qui, sages-femmes, ont eu à connaître si souvent le sang des mères et le cri des nouveau-nés : « Isvaran ne nous donnera pas l'enfer, ni à moi, ni aux autres accoucheuses !... Il ne nous enverra pas renaître ! Non, pas cette condamnation à renaître ! » (chap. VIII). Mais sans doute est-ce plutôt là fol espoir qu'intime conviction...

Car Viramma est *adimai* avant d'être accoucheuse ; elle est paria, ouvrière agricole asservie à un maître. Comme telle elle a son *dharma* propre, qu'il importe de respecter pour acquérir des mérites, et gagner la considération due, toutes inégalités gardées, à qui se comporte comme il convient. Et le premier devoir d'un Paria soucieux du *dharma*, c'est de s'accepter comme tel, comme Paraiyar. On utilise peu au Tamilnad le mot Intouchable, jugé comme partout infamant — et la pratique de l'intouchabilité est aujourd'hui un délit. Le mot existe pourtant, et Viramma l'emploie (chap. IX) : *tintatavan*, celui qui souille en permanence (radical *tittu* : souillure, impureté) par opposition au *titteukar*, l'impur d'occasion non intouchable par nature, comme la femme qui a ses règles ou l'homme qui revient de funérailles. Cette impureté consubstantielle attribuée aux Parias implique qu'ils ne touchent pas ce qui doit être pur : temple, eau, maisons de l'*ur* (ou au moins leur cuisine), ni bien sûr les villageois eux-mêmes. Les choses vont d'ailleurs plus loin que le contact direct. Dans les cas extrêmes relevés autrefois au Kérala, l'ombre même d'un Intouchable polluait, et pour les plus orthodoxes, il était une distance minimale à maintenir entre purs et impurs. Il convient aussi, en certaines circonstances, de ne pas entendre (les récitations des Védas, en particulier), et de ne pas regarder. Ainsi Viramma voit-elle son lait tarir pour avoir osé observer subrepticement la *puja* faite en l'honneur de la déesse de lignée de la famille de son maître. La femme du Reddiar la tire de ce mauvais pas en faisant une *puja* expiatoire, et en pourvoyant le bébé affamé et la mère de bracelets et de cendres consacrés. Mais la maîtresse ne manque pas de rappeler à la Paria angoissée que sa mésaventure est une sanction divine, un avertissement à qui a enfreint les règles : « Surtout, ne t'amuse plus à regarder quand on fait une *puja* ! Notre Kattéri est bonne, elle s'en est tenue là avec toi. Mais quand on la contrarie, elle peut faire avorter une femme enceinte, ou étrangler ses enfants au lieu de les élever. As-tu oublié qui tu es ? Vous autres, vous êtes impurs ! » (chap. VII). Et dans un tout autre milieu social, mais dans un contexte lui aussi religieux, c'est encore l'impureté des Parias qui effraie ces marginaux de très bas statut que sont les Chasseurs (une tribu sédentarisée établie hors de l'*ur)*. Lors des flagellations qui marquent le culte que rendent les Chasseurs aux Sept Vierges, il est toujours une femme en transe pour *sentir* s'approcher les Parias attirés par la scène, et pour les sentir de loin : « *Deï !* À un demi-arpent d'ici, ça sent le vent qui sent le Paria ! Oh ! Enfuyez-vous ! » (chap. XII). Cette odeur imaginaire, celle de l'impureté, enferme encore un peu plus les Parias dans cette tunique de Nessus que tresse ce qui fait une personne physique : toucher, voir, entendre, sentir. Tout se conjugue ainsi pour définir les règles d'une mise à l'écart, qui n'exclut évidemment pas les rapports sociaux, mais qui rejette fermement, dès lors que la pureté et le divin sont en jeu.

Cet état d'impureté définitive ne s'assume pas sans un recours aux mythes. Celui qu'évoque Muniyin fait descendre les Paraiyar d'un voleur de tambour. Celui qu'Anbin conte à sa mère met en lumière ce pèlerin qui, dans le temple de Murugan à Mailam, a touché l'os de bœuf qu'a laissé tomber un corbeau. Dans les deux cas, un symbole du Paria est en jeu. Dans les deux cas, surtout, l'incident focalisé sur ce symbole — le tambour *parai*, la viande de bœuf — cristallise une rupture, celle par laquelle l'unité sociale originelle est rompue, les Parias identifiés et du coup mis à l'écart : « Si ce fils de pute n'avait rien volé, se lamente Muniyin, on aurait vécu à l'*ur* tous ensemble ! » Et si le toucheur d'os ne s'était pas trahi, Murugan n'aurait pas possédé l'officiant du temple de Mailam pour lui faire connaître qu'Il voulait un nouveau temple, non souillé celui-là, et interdit aux Parias. Les brahmanes n'auraient pas alors décidé de « séparer les hommes qui, avant, étaient unis » (chap. XVIII). Ainsi nourrit-on la nostalgie d'une unité originelle, si anciennement perdue...

Des origines mythiques à ce qu'elle a vécu, Viramma nous dit comment l'impureté qui accable le Paria appelle l'impureté, comment s'alourdit cette chaîne de corrélations qui enserre l'Intouchable dans sa nasse. Tout, dans la logique du système, se conjugue vers cet abaissement. Ne vénérant pas Siva sous sa forme majeure, mais sous celle, inférieure, de Périyandavin qui n'en est qu'un mode amenuisé, Viramma sait combien cette hiérarchie des formes divines gouverne celle des hommes : « C'est aussi parce qu'on vénère un tel dieu que ceux d'en haut (c'est-à-dire les hautes castes) nous rejettent et qu'on vit à l'écart » (chap. XIX). De même, dans le monde si prégnant de la possession, l'impureté fragilise et expose aux esprits : « On compte beaucoup de possédées dans notre caste, et la possession fait peur à ceux d'en haut qui nous repoussent » (chap. XIX). Abaissé, le Paria doit à son statut même une certaine licence : « D'habitude, dans notre caste, on ne respecte pas les règles de pureté... Nous, on peut manger de tout, rien ne nous est interdit. » Cet accès à la viande de bœuf vaut d'ailleurs aux Parias de porter en eux une certaine image de force physique et de vitalité, qui fait même que, curieusement, des familles de bonnes castes (celle du Grand Reddiar, ou celle de ce Marwari de Madras dont le jeune fils est malade) recherchent le lait des nourrices parias, supposé fort riche. Mais à cette ambiguïté près — exception qui confirme la règle, quand sont en jeu des nourrissons —, la tragique dialectique de l'interdit et de la liberté enserre le Paria dans son état d'impureté : plus grande est la licence, plus elle est la marque infamante de l'intouchabilité, et plus elle appelle une prise de distance qui sépare le pur de l'impur, un impur acceptant son sort avec humilité, *dharma* oblige : « On est paria : on doit vivre humblement à l'écart des autres castes » (chap. XIX).

Et le *dharma* d'un Paria, Viramma en fait sa règle de vie : respect des hiérarchies et, en premier lieu, droiture vis-à-vis des maîtres. Elle le dit et le redit à son fils qui aspire à autre chose : « Notre devoir est d'obéir à notre maître... On n'est pas malhonnête envers celui qui vous nourrit » (chap. XXV). Encore faut-il que l'obéissance soit acceptée avec humilité, et qu'elle se traduise en actes. Viramma demande à son fils « d'aller au travail habillé comme un pauvre », et elle ajoute : « Si le maître qui t'emploie veut te frapper, baisse-toi et laisse-toi faire. En voyant ton attitude son cœur fondra et il laissera retomber son bras » (chap. XX). Gandhi n'espérait rien d'autre que ce sens partagé du devoir pour faire avancer les choses par la non-violence...

Cette philosophie de la dépendance n'est pas une simple acceptation de l'abaissement du démuni pour au moins trois raisons. Elle intègre d'une part le fait fondamental d'être intouchable, justification idéologique d'inégalités qu'on pourrait presque dire de substance, et qui ajoute à la misère économique ce que l'époux de Viramma, Manikkam, résume en une phrase simple : « Non seulement on est pauvre, mais on a eu le grand tort de naître paria » (chap. XXVI). Cette philosophie n'exclut pas, d'autre part, une certaine lucidité qu'expriment maintes comparaisons entre les dépendants et leurs maîtres : Parias, dit Viramma, « nous sommes des femmes condamnées à cuire au soleil » (chap. VII), alors que les femmes de bonnes castes, « les autres, avec ce qu'elles mangent, elles vivront plus longtemps » (chap. V). À l'austérité obligée qui est la sienne, Manikkam ne manque pas d'opposer le bien-être des Reddiar, vivant à l'ombre, mangeurs de fruits, buveurs de lait (chap. XXVI). Le devoir de soumission, corrélé à la hiérarchie des castes, se trouve ainsi indissociable de ses composantes économiques. Cause ou effet — vieux problème de la primauté de l'œuf ou de la poule, de la superstructure et de l'infrastructure et, dans le contexte indien, des rapports entre caste et classe — la hiérarchie des castes surdétermine aussi, dans la dualité du maître reddiar et de ses dépendants parias, l'inégalité économique fondamentale, d'essence quasi divine. Le constat banal et cru : « les

Reddiar, ce sont ceux qui ne vont pas travailler et qui font travailler les autres » (chap. XVII) ou, sous une forme encore plus condensée, « leur métier, c'est d'être riche » (chap. XXV), doit être replacé dans la perspective qui est la sienne : « Dieu a donné des terres aux hautes castes riches, et il a donné aux basses castes pauvres le devoir de cultiver ces terres » (chap. XVII). Et cette disparité, fruit du *karma*, génère une dépendance qui conditionne la survie : « On a besoin d'eux pour se remplir le ventre » (chap. XVIII). Troisième remarque : cette dépendance, si voulue soit-elle par le destin, n'est pas toujours acceptée sans amertume, particulièrement en périodes de tensions. Damnés de la terre, les Parias ? Manikkam, contant à J. combien sont dures et humiliantes les négociations avec le Reddiar pour obtenir un prêt, sait à l'occasion trouver d'autres formules, d'autres images où, derrière le Paria de l'Inde du Sud, perce le prolétaire universel : « Vous, quand vous suez, c'est de l'eau. Nous, c'est du sang ! » (chap. XXVI).

Le respect du dharma : soumission et tensions

Prolétaires au plein sens du terme (« nous, on ne possède pas de terre : Dieu ne nous a laissé que ces yeux et ces mains pour gagner notre vie », chap. XVII), subissant à leur façon la loi d'airain des salaires, Manikkam et Viramma n'illustrent évidemment pas pour autant le stéréotype que Marx mettait en lumière dans les usines ou dans les mines de la révolution industrielle. Ces prolétaires de campagne, eux, sont parfaitement intégrés dans le système collectif qui régit les hiérarchies de statut et les relations de pouvoir au village, et sont personnellement liés à leur maître. Viramma peut dire, amère : « On s'use pour le Reddiar depuis des générations » (chap. XXV), et affirmer ailleurs, sans qu'il y ait là contradiction : « Après nos maris, ce sont les Reddiar chez qui on est serves qu'on respecte le plus » (chap. XVII).

Viramma vit dans un rapport de sujétion qui est celui d'un clientélisme paternaliste agissant dans le respect des valeurs hindoues, pas très différemment d'autres paternalismes observés sous d'autres cieux, en d'autres temps. Son maître, le Grand Reddiar, n'est pas n'importe qui. *Kambattam* du village, il est, plus que tout autre notable, comme l'écho local du pouvoir royal traditionnel. Plus que tout autre, il doit donc, tout en exploitant sa main-d'œuvre asservie, respecter le *dharma* du maître, qui est d'accorder à ses dépendants certaines garanties. Le bon maître, comme le bon roi, est celui qui exige, mais aussi celui qui donne et qui protège. À l'échelle villageoise, de pareilles garanties sont censées être offertes : dans le système social traditionnel, les *totti*, comme ceux de plus haut statut qui assurent des services indispensables et coutumiers, ont droit à des rétributions propres, en particulier une part de la récolte des terres du temple, ou à un droit de métayage sur une part de ces terres. Ce serait pourtant un peu court de ne voir dans cet échange de prestations et contre-prestations, que les indianistes appellent le système *jajmani*, qu'un simple mode original de régulation sociale, plus soucieux d'orientation à l'ensemble que d'autonomie individuelle. Et Louis Dumont s'avance bien loin — *a fortiori* quand il s'agit des Parias — quand il énonce cette remarque volontairement dérangeante : « En somme, le système des castes devrait apparaître plutôt comme moins “exploiteur” que la société démocratique. Si l'homme moderne ne le voit pas, c'est qu'il ne conçoit plus la justice en dehors de l'égalité [1]. » Certes, l'égalité n'est pas une valeur de l'hindouisme. Certes, le système, dans sa logique propre, demande simplement que le *dharma* soit respecté, c'est-à-dire, en termes réducteurs, que justice soit faite, chacun étant à sa place. Mais l'inégalité est telle, ici, qu'elle broie, qu'elle enchaîne, qu'elle tue. Viramma peut mettre sur le compte du destin la mort de neuf de ses douze enfants (« tout ça est écrit ! », chap. X), l'on sait bien que choléra et fièvres mortelles ne frappent pas de même façon maison des maîtres et huttes des miséreux (le père Cœurdoux avait à sa manière noté ces écarts de mortalité qu'il liait au régime alimentaire). Et pour que chacun reste à sa place, le consensus ne suffit pas. Quand il tient bon, la violence muette de la faim ou du besoin mollit les âmes et le conforte. Quand il s'effrite, tout est possible ; le compromis, l'intimidation, ou la violence brute à l'égard des Harijans, dont la presse indienne donne chaque année des centaines de témoignages. Au Tamilnad, la plus marquante de ces répressions fut — à moins de 100 km de Karani — celle du village de Kijavenmani où en 1969 quarante-deux Harijans, y compris femmes et enfants, furent brûlés vifs dans leurs huttes par les hommes de main d'un grand propriétaire, en représailles d'un assassinat commis sur fond de grève d'ouvriers agricoles. L'affaire

1. Louis Dumont, *Homo hierarchicus. Essai sur le système des castes*, Gallimard, Paris, 1966, p. 139.

fit grand bruit dans la presse nationale, et passa — très lentement — en justice. Acquitté, le grand propriétaire fut finalement assassiné. Beaucoup plus près de Karani, de multiples incidents entre Vanniyar et Parias se sont plus récemment terminés tragiquement sans que la presse s'en fasse toujours l'écho, alors même que d'autres affaires impliquant la police et marquées par des morts en détention sont parvenues, elles, jusqu'à Amnesty International [1].

Dans un contexte moins tendu — mais Manikkam nous dit comment la police traite trop fréquemment les gens de peu (chap. XXVI) — l'*adimai* qu'est Viramma sait pouvoir compter sur le Grand Reddiar lors des périodes exceptionnelles qui requièrent de lourdes dépenses, et en particulier lors des mariages et des deuils, cérémonies sociales par excellence, qu'il convient de célébrer avec autant de faste qu'il se peut pour assurer son statut, si bas soit-il. Système clos, cercle vicieux. Sans ressources, mais contraints en ces moments clés de l'existence sociale de paraître pour être, et de dépenser pour paraître, Viramma et son mari reçoivent grains et roupies du Reddiar. Mais l'essentiel de ce que celui-ci leur accorde est un prêt, qui attache encore un peu plus à son autorité ses débiteurs, un prêt remboursé le plus souvent en travail. La servitude héréditaire de l'*adimai* s'enracine dans ces dettes accumulées dont on ne finit jamais de payer l'intérêt, et moins encore le capital. Cette servitude, aux yeux de Viramma, n'a pourtant pas que des inconvénients. Mieux, elle est enviable pour un pauvre Paria de village, et suscite même des jalousies (au point que sa belle-sœur, qui n'a pas la « chance » d'être liée à un *kambattam*, lui aurait fait jeter un sort par dépit, chap. XXIII). La servitude a ses contraintes, mais aussi ses très relatifs privilèges : tolérance d'un chapardage modeste, refusé aux journaliers, droit aux carcasses des bêtes mortes du maître, voire — rêve rarement satisfait — un lopin en métayage pour quelques mois. Plus fondamentalement, la servitude, c'est du travail assuré, et une sécurité relative garantie par l'ancienneté des liens noués et par les devoirs qui s'imposent au bon maître, dont le devoir de protection.

Cette relation n'est évidemment pas vécue sur un pied de simple subordination. Menacés par un militant de l'*ur* mécontent de constater qu'ils refusent leur vote en faveur du parti qu'il représente après en

1. Amnesty International, *Inde, torture, viols et morts en détention*, Éditions francophones d'A.I., Paris, 1992. Voir le cas de Sekar et Kandan, du Territoire de Pondichéry, p. 68.

avoir accepté de l'argent, les Parias de Karani s'abritent vite derrière l'autorité morale du Grand Reddiar, qui convoque le fauteur de trouble et le blâme publiquement, mais avec un paternalisme apitoyé envers les Parias, « pauvres apeurés, tapis comme des bêtes dans la forêt » (chap. XXVI). Satisfaction des intéressés, toute honte bue. Autant il intervient rapidement dans des affaires collectives où son autorité trouve à s'exercer au mieux pour son image publique, autant le maître prend son temps dans les relations privées avec ses dépendants. Son paternalisme condescendant n'entend pas satisfaire sans détour, sans commentaires et sans récrimination toutes les demandes qui lui sont soumises : Manikkam conte avec amertume la réticence avec laquelle le Grand Reddiar ne lui a finalement prêté qu'une part du grain et de l'argent qu'il sollicitait pour marier son seul fils (chap. XXVI).

Un pas de plus, et le sentiment d'injustice engendrera des conflits de type traditionnel — se déroulant dans la logique du système de dépendance — quand un maître abuse de son pouvoir, et oublie son *dharma*. Contre un Bangareu Reddi qui s'abaisse à jeter du sable sur l'épi de millet que s'apprêtait à manger une journalière chapardeuse, une grève d'un an s'instaure, qui n'est pas un mouvement de revendication, mais bien un boycott social. Viramma de commenter : « Il ne suffit pas d'être riche pour gagner l'estime des autres. Ce qui compte, c'est la richesse des actes qu'on fait envers les autres, envers les pauvres. Lui, il n'a gagné que notre mépris. Et pour lui rendre sa politesse, personne n'est allé travailler chez lui cette année-là » (chap. IX). Manikkam, alors jeune homme, injustement frappé par le Reddiar au point d'être hospitalisé, répond de même : pendant six mois, il refuse de travailler pour qui a franchi les bornes. Pareilles tensions sont vouées à être publiques, puisqu'elles ont pour cause une violation nette du *dharma*, et concernent à ce titre plus que des individus, mais bien l'ordre villageois. Aussi voit-on le conflit entre Manikkam et son maître finalement résolu par le *samiar* du village, sa plus prestigieuse personnalité religieuse, qui rappelle à Manikkam — et à son maître qui depuis des mois a essuyé bien des reproches de tous bords — les règles de la réciprocité qui assurent la permanence du consensus inégalitaire : « Lui (le Reddiar) doit te garder comme une mère garde son enfant ; toi, tu dois terminer tes jours chez lui » (chap. XXVI).

FORCES ET REPÈRES

L'acceptation de la dure vie que mène Viramma n'est toutefois pas le fruit du seul consensus idéologique unissant oppresseurs et opprimés dans des pratiques de domination et de sujétion. La cohérence essentielle que fonde cette idéologie partagée s'appuie également sur bien d'autres paramètres, qui donnent eux aussi à la vie de Viramma son sens, ses références, et sa part de joie.

La maison et la vache

Dure vie que la sienne, assurément. L'oppression qu'elle subit la cantonne dans une condition qui n'est pas celle d'un total dénuement, mais bien une pauvreté confinant à la misère. En cette affaire comme en tant d'autres, il y a les faits, et les perceptions qu'en ont ceux qui y sont confrontés, et qui s'en plaignent, s'en inquiètent, ou s'en accommodent. Viramma parle ainsi fort peu de son logement, car elle estime qu'il n'offre rien de marquant, une fois conté comment l'espace disponible chez sa belle-famille fut divisé après son mariage, pour procurer au jeune couple le peu d'intimité qu'elle souhaitait. Banal au *céri*, ce logement consiste en une seule pièce, élément de base de ce que l'on appelle ici une « maison à poutres », longue construction de terre à toit végétal (chaume de riz, feuilles de canne à sucre ou jonc) supporté par une charpente de bois grossier. Pas de fenêtre, l'aération se faisant par l'interstice laissé entre le haut du mur et le chaume descendant très bas. Une porte étroite, que l'on franchit en se courbant, au fond d'un léger renfoncement surélevé, étroite plate-forme qui rappelle, sur un mode altéré, le *tinnai*, la véranda classique des maisons de bon aloi. Une porte, une pièce : voilà sa maison. Viramma et Manikkam ont vécu là, dans une vingtaine de mètres carrés, avec leurs trois enfants survivants, aujourd'hui établis chacun chez soi, le fils Anbin demeurant avec sa femme et ses filles dans un autre des éléments de cette longue maison à poutres où demeurent ses parents.

Dans la pièce obscure qui abrite Viramma et Manikkam, un sol de terre battue — on dort sur une natte qu'on déroule — dont un renflement, dans le coin sud-est, accueille deux petits fourneaux d'argile (mais c'est tout autant dehors que Viramma fait la cuisine). Pas un meuble. À l'autre bout de la pièce, une pile de pannelles d'argile préserve les maigres réserves de grains dont dispose Viramma. En face, trois malles métalliques superposées renferment de pauvres richesses : des vêtements pour l'essentiel, et quelques modestes bijoux. D'un mur à l'autre est tendue une ficelle épaisse, sur laquelle sont jetés les vêtements d'usage courant. Sur le rebord du mur du fond, protégées par le toit, les deux grosses pannelles de mariage reçues voici bien longtemps offrent toujours au regard leurs motifs colorés, perroquets et fleurs entrelacés. Dans le mur nord, une petite niche abrite une lampe rituelle en cuivre, à l'effigie de Kamakshi — une des formes de Lakhsmi, déesse de la prospérité. Au-dessus et autour d'elle, les marques sectaires du sivaïsme — trois barres blanches horizontales — sont peintes plusieurs fois sur le mur, qu'ornent encore quelques rares photos de famille encadrées, et ces calendriers publicitaires décorés de portraits de vedettes de cinéma ou des grandes figures de la vie politique : Indira et Rajiv Gandhi ; M.G. Ramachandran, le charismatique ministre en chef du Tamilnad, tous aujourd'hui décédés. Signe des temps, sur une petite étagère de bois, au-dessus de boîtes et de flacons, trône désormais un transistor. Dans le coin proche des foyers, de la vaisselle d'aluminium, et un porte-cuillers rudimentaire, bois taillé dans lequel se fixent les manches des modestes instruments de cuisine. Au sol, deux pannelles d'argile renferment la provision d'eau fraîche, aujourd'hui tirée fort commodément du petit château d'eau construit par les pouvoirs publics à deux pas de là, sur la place du *céri*. Devant la maison, dans la ruelle de terre qui la sépare de la construction voisine (une autre maison à poutres), un abreuvoir circulaire est à demi enterré. Là traînent aussi les pannelles à récurer. Mais c'est derrière la maison, sous un appentis, que Viramma abrite sa grande richesse : une vache et son veau, une de ces petites vaches de race locale qui, si modestes soient ses lactations, n'en est pas moins pour Viramma la marque palpable du mieux-être qui est le sien (s'y ajoute la paire de bœufs de labour obtenue avec subvention et prêt du gouvernement) et, plus intensément encore, le témoignage symbolique d'une bénédiction, voire d'une présence divine : « La vache, c'est Sridévi », un autre nom, particulièrement auspicieux, de Lakshmi (chap. XXIV). Peu loquace sur sa maison, Viramma l'est bien davantage sur son bétail, pourtant réduit, mais d'autant plus important qu'elle n'a pas de terre.

Manger, chanter

Prolixe, elle l'est aussi sur cette grande question : manger. Elle a connu la faim dans sa jeunesse ou, plus tard, en des temps difficiles où elle cherchait un complément de ressources hors de Karani. Mais c'était là des situations exceptionnelles, même en faisant la part d'une nostalgie brossant des années d'enfance un tableau idéalisé, celui d'un monde où les pluies étaient plus abondantes qu'aujourd'hui, celui d'un temps où, jeune épouse, elle faisait « cuire du riz pour les deux repas : le dîner d'abord, et le reste pour le matin — en ce temps-là on pouvait se le permettre » (chap. IV).

L'ordinaire en fait, le lot des pauvres gens, c'est un vrai repas de riz le soir, avec, quand on le peut, « une bonne sauce forte au tamarin, avec des aubergines ou du poisson salé » (chap. IV) ou, sinon, un moins riche accompagnement. Le matin, c'est l'heure du *kanji*, le riz de la veille conservé dans de l'eau et mangé « avec un oignon ou un piment ». Le repas de midi, porté aux champs les jours de travail, est souvent fourni par l'employeur. Ce n'est qu'une bouillie de millet ou d'éleusine, appelée *kuj* lorsqu'elle est liquide et *kali* lorsqu'elle est pâteuse. En période difficile, les adultes sauteront un repas, pour nourrir un peu mieux les enfants. Guère de lait, guère de fruits, produits de luxe. Pour tenir bon, des stimulants : peu de thé, fort rare à la maison, mais du bétel que Viramma chique autant qu'elle le peut et, pour Manikkam, de l'alcool de palme, le *kallu* des gargotes où les ouvriers agricoles se rassemblent le soir, assommoirs de tant de pauvres hères.

Sur le maigre budget d'un ménage, la nourriture compte au premier chef, tout en échappant pour une part au circuit monétaire. On cueille citrouilles ou aubergines qui poussent sans soin, on récupère auprès du Reddiar un peu de piment, de l'huile de sésame, ou les douceurs que la maîtresse de maison veut bien, parfois, abandonner, tandis que, selon la coutume, une part de la récolte moissonnée revient, en nature, aux ouvriers. Tout cela permet de vivre — fût-ce en état de déséquilibre nutritionnel — et permet même, de temps à autre, de satisfaire l'envie de friandises d'une petite-fille : une ou deux galettes, quelques sucreries. Mais ce qui est quotidien pour beaucoup — *dosai* et *idli* par exemple, qui marquent tant, dans le monde indien, la cuisine tamoule — est pour Viramma une rareté.

Par contraste, les grandes fêtes sont aussi la promesse de grands repas qui, excitant d'abord l'imagination, vivent longtemps après dans les souvenirs, que le repas soit rituellement végétarien ou qu'il soit, mieux encore, carné. Évoquant ces fêtes où les parfums de camphre et d'encens s'ajoutaient aux « bonnes odeurs de cardamome et de lait de coco », Viramma trouve les mots simples mais les plus forts qui soient : « Pour nous, c'était le bonheur » (chap. XIX). Et ce n'est pas un hasard si, dans les descriptions des plateaux d'offrandes comme dans celles des nourritures prises aux jours fastes, Viramma est particulièrement précise, répertoriant avec soin tous les éléments, tous les ingrédients, dans des énumérations qui font parfois penser à un Rabelais qui serait moins soucieux de pantagruélique drôlerie que de fixer dans la mémoire l'importance des choses qui font vivre, ou qui émaillent la vie par extraordinaire. Tout compte, en société de pénurie, d'autant qu'à la précieuse rareté s'ajoute la valeur sociale des choses offertes ou reçues, qui confortent ou questionnent, selon le cas, votre statut.

Toujours, d'ailleurs, on trouve l'écho de ce balancement entre l'épreuve du quotidien et ce qui aide à tenir bon. Voyez le dur travail des champs, les heures dans la boue des rizières, sous le soleil montant vers son zénith, les jambes écartées mais non pliées, le dos courbé vers les plants qu'on repique. On souffre vite, mais on est toutes ensemble, et l'on chante. On chante (chap. I) la peine qui tenaille le corps :

Nos jambes enfoncées dans la boue nous font souffrir,
Ellamba ellan !
Aie pitié de nous, bourreau !
On a vite repiqué,
Un semis de paddy à chaque empan,
Des douleurs aux genoux, les traits tirés
Ellamba ellan !

Mais on chante aussi (chap. VII) les ballades d'un riche patrimoine mêlant aux mythes les récits tragiques de la condition humaine, tournant toujours autour des grands points d'ancrage de la vie que sont, en toutes castes, la parentèle, les épousailles, les enfants — ou plutôt leur négatif : drames de famille, mariages manqués, stérilité :

Au temple de Patchaiyamma,
J'ai même apporté du lait.
Le lait n'a pas caillé, Amma !
Mes fautes passées ne sont pas expiées !

Ayo ! En me disant que je n'ai pas d'enfant,
J'ai même marché jusqu'à Chidambaram.
Il ne m'a pas, Tillai nana,
Yemma, Celui de la forêt,
Il ne m'a pas fait la grâce d'un enfant !

Et ce malheur imaginaire d'autrui, cette évocation collective de douloureux destins disent aussi, comme par contraste, qu'après tout la vie qu'on mène, pauvres Parias, aurait pu être pire.

Enracinements

La force de ces miséreux dont Viramma est ici un exemple se nourrit aussi d'un triple enracinement dont les composantes, en se croisant, multiplient d'autant leurs effets. Le premier de ces enracinements est territorial. Sans terre, Viramma est pourtant bien la fille d'un espace qui dessine pour elle et pour les siens un cadre de vie d'une extrême cohérence, connu, parcouru de génération en génération. Cet espace vécu est remarquablement limité. Une enfance passée à Velpakkam, puis, sitôt pubère, une vie d'épouse menée comme il se doit dans le village de son mari, Karani, distant d'une bonne dizaine de kilomètres. L'espace familial (lieu de naissance des parents, lieu de résidence des frères, village des deux filles mariées) est remarquablement compact. Les autres villages régulièrement mentionnés sont proches, eux aussi : ils appartiennent au cercle de l'économie (le petit marché voisin, les villages où Viramma a pu, un temps, chercher un travail additionnel), au cercle des pouvoirs locaux, ou à celui des relations d'ordre culturel (villages des musiciens ou des danseurs invités pour les fêtes publiques ou les célébrations familiales).

La ville ? Un bref séjour à Madras s'est mal terminé : pourchassée par les esprits rôdant sur les trottoirs où elle s'était établie pour accompagner son mari ayant trouvé là un travail provisoire, Viramma est vite rentrée à Karani. Pondichéry, à une heure d'autocar, c'est autre chose : l'hôpital où Viramma accompagne les futures mères qui vont accoucher, le grand marché où, retour de l'hôpital, l'on va acheter quelques douceurs. C'est aussi la ville où la poignée de garçons du *céri* qui a surmonté les écueils de la sélection scolaire a trouvé un emploi envié car définitif soit en usine, soit comme fonctionnaire. Pondichéry, c'est encore le lieu du pouvoir, où le Grand Reddiar se rend fréquemment, le lieu où il faut graisser la patte pour obtenir prêts et subventions liés aux programmes gouvernementaux de développement rural. Reste Tirupati, la ville aux sept collines où chaque année des millions de dévots rendent hommage à Vishnu. Viramma y est allée une seule fois — son plus lointain voyage — avec d'autres gens du *céri*, les lieux de pèlerinage majeurs, dans la cohue qui les caractérise, ne dressant pas les barrières mentales qui ferment encore aux Harijans les temples villageois. Sur la voie de Madras, elle est aussi allée à Malayanur, sur les rives de la Palar, pour tenter de vaincre la stérilité de sa bru, là où, près du banian couvert de mèches de cheveux, les cendres des cadavres aident la vie à naître dans le ventre des femmes. Autre pèlerinage en famille, beaucoup plus proche : Mailam, où s'enracine le mythe originel des Parias dans la version qu'en donne le vieux Muniyin.

Confinée, à trois exceptions près (Madras, Tirupati, Malayanur), à un espace de quelques dizaines de kilomètres carrés, l'existence de Viramma s'ouvre toutefois vers de plus larges horizons, cartes mentales de ce qui restera pour elle à tout jamais des lieux imaginés, mais bien réels, lieux des autres, lieux des dieux. L'espace des proches s'inscrit dans la grande histoire des migrations de misère. Hommes abusés par les recruteurs rabattant vers les plantations d'outre-mer un pauvre gibier humain, un cousin partit au Sri Lanka sans laisser de trace, tandis qu'un beau-frère réussit, lui, en Malaisie. L'espace des autres, c'est aussi celui des visiteurs qui, venus de loin, passent à Karani. Citadins du Karnataka ou d'Andhra Pradesh espérant guérison du *samiar* exorciste du village, ou inquiétants sorciers montreurs de tours venus du Kérala. L'espace des autres, c'est encore celui des marginaux : caste des voleurs, établie à Karani dans l'agriculture, mais continuant d'exercer ses talents dans les grandes métropoles (Bombay, Delhi), ou eunuques et travestis, balançant entre Bombay, leur grand pôle en Inde, et le village de Pillaiyarkkuppam où, pas très loin de Karani, ils célèbrent une fois l'an leur dieu tutélaire, Kuttandavar.

L'espace des dieux, illimité par essence, est pensé aussi sous trois ordres distincts : séjours célestes *(Dévalogam, Sivalogam, Vaïkundam)* ; villes saintes et lieux de pèlerinage où ils se sont manifestés (plusieurs sites sont évidemment cités en Inde du Sud ; le Gange, l'Himalaya et Bénarès le sont pour l'Inde du Nord), et, indissociable de la vie ordinaire, indissociable de ces mille lieux où, dans le village comme dans la campagne environnante, dans le margosier proche de la maison comme sur les berges de la rivière voisine, dieux et esprits sont présents. Espace culturel par excellence que ces lieux divins, ou sanctifiés par le divin. Viramma, on l'a dit, n'a qu'exceptionnellement couru les pèlerinages et leurs grands temples. La géographie religieuse qui est la sienne n'est donc pas nécessairement celle que dessine un parcours individuel. Locale, régionale, sud-indienne ou pan-indienne, cette géographie s'inscrit dans les catégories d'une civilisation. Et c'est bien par elle que Viramma, pauvre Paria tamoule enracinée à sa terre, participe du monde indien tout entier [1].

Enracinée à son espace, Viramma l'est aussi à sa culture. Hautes castes et lettrés n'ont que mépris pour ces analphabètes, et doutent qu'ils puissent avoir une culture digne de ce nom. Le mépris, en l'occurrence, aveugle. Sous l'emprise du modèle culturel dominant — et alors que ce modèle vise précisément à les rejeter hors de la connaissance — les Parias luttent en effet pour accéder au monde des grandes épopées, et à celui des dieux de haut statut. Marginalisés lors des fêtes majeures de l'*ur*, les Parias ne peuvent imaginer pouvoir marcher sur le feu à la fin des dix-huit jours qui célèbrent la fête de Draupadi, l'héroïne divinisée du *Mahabharata* : « On n'y pense même pas en rêve ! On sait bien que c'est impossible, on n'est pas assez purs pour ça » (chap. XII). Et si certains d'entre eux sont autorisés à « approcher Murugan » en participant, après de durs préparatifs, aux macérations processionnelles qui marquent la fête de *Taï pusam*, Viramma n'en est pas moins, ce jour-là, apeurée comme tant d'autres à l'idée que son impureté de simple spectatrice puisse lui valoir le courroux divin (chap. XXIII).

Il faut pourtant la voir, en des circonstances moins tendues, en revenant des champs s'arrêter discrètement contre le mur du grand temple de l'*ur*, pour entendre le conteur évoquer au micro tel ou tel épisode de l'épopée

1. Pour une illustration cartographique de cette géographie vécue, voir J.-L. Racine, « Paria, espaces d'une vie », *Mappemonde*, Montpellier, 1992, 4, p. 19-22.

des Pandava (chap. VII). Il faut aussi penser à oncle Râpe-Coco, au vieux de Kanur et à grand-père Canard, à ces hommes mûrs qui ont appris à lire à force de volonté, traçant des lettres hésitantes sur le sable, pour ouvrir ensuite les brochures populaires à bas prix contant tel ou tel épisode des épopées, et en tirer la substance des pièces qu'ils monteront, eux, ouvriers agricoles intouchables, eux, comédiens amateurs, dans les *céri* de Karani ou des villages voisins. Et dans un autre champ créatif, il faut voir le doux Kapok, à l'âme déchirée d'artiste, préparer ses pigments, ses terres, ses feuilles, pour peindre sur les murs du *céri* ces motifs décoratifs ou symboliques relevant d'un authentique art populaire.

La culture orale paria ne se limite toutefois pas à copier le modèle dominant. Animée par un goût pour les passions, la vie, le rire, capable de tout dire, elle s'est aussi développée dans les vides circonscrits par les normes guindées de la bienséance des hautes castes. À l'orchestre rituel qu'est le *paraimelam* s'ajoute ainsi, sur une base cette fois volontaire, l'orchestre *naiyandi*, jouant, dansant, chantant un répertoire amoureux ou comique, et volontiers obscène, dont Viramma se fait plus d'une fois l'écho. Se noue ainsi dans le *céri* une convivialité qui dépasse la solidarité née du besoin et les éventuelles tensions nées de la promiscuité. C'est ce côté des choses que Viramma met en lumière, bien plus que les querelles — nombreuses — qui émaillent vies familiales et rapports de voisinage, comme si ces tensions n'étaient que l'écume des choses, l'important étant au contraire ce qui se partage, ce qui réunit.

Voilà bien là le troisième enracinement, celui qui inscrit l'individu dans une collectivité, dans un réseau de relations complexes qui font que ni lui ni la famille nucléaire (parents et enfants) ne sont jamais isolés. Liens familiaux et lignagers décisifs, entre parents croisés et parents alliés qui tissent de larges cousinages ; liens internes à la caste et à la sous-caste, vie partagée du *céri* lors des mille événements heureux ou malheureux qui, définissant l'histoire de chacun, constituent aussi une part de l'histoire de tous. Viramma le dit, d'une façon très générale : « Les Parias, c'est comme les corbeaux. Il n'y a pas que la couleur qui compte. Comme les corbeaux on est toujours en groupe. Comme les corbeaux, on ne mange jamais seul » (chap. I). Elle le dit aussi avec plus de chaleur car les circonstances sont alors particulières, à propos de ce qui fut, au *céri*, son heure de gloire, le sacrifice du porc à Périyandavin : « Tout le monde au *céri* participe à la fête, tout le monde aide... » (chap. XIX). Et l'on voit comment, en des cérémonies de ce type, l'on passe de porte en porte, pour offrir une part du sacrifice

— en d'autres cas ce sera pour mendier rituellement —, afin de marquer par cet itinéraire les liens qui unissent les habitants du *céri*.

Savoirs, peurs et rites

La cohérence avec laquelle Viramma a vécu résulte aussi des savoirs qui sont les siens, ou qui sont détenus par d'autres qu'on peut consulter. Que ces savoirs soient fondés ou non (lait tourné en eau, sang évaporé...) importe moins, en un sens, que l'adhésion que Viramma leur porte : une adhésion qui définit au mieux une sphère de certitudes, au pis un champ laissant des marges de manœuvre. La santé est par excellence le domaine de tels savoirs. Dans un monde où rôdent constamment la maladie et la mort — qui ne sont que des effets des sorts jetés ou des volontés supérieures —, les savoirs en matière de santé relèvent à la fois de la connaissance banalisée des simples et d'un rapport aux esprits et aux dieux, domaine angoissant des exorcistes. À la portée de tous, il est des savoirs préventifs ou actifs en principe efficaces — préparer la jeune fille pubère à son nouvel état physiologique (chap. III) ou remettre sur pied la nouvelle accouchée (chap. VI) — qui relèvent d'une pratique diététique, alors que nombre d'affections, ou l'avortement à la tige d'herbe-hirondelle, voire le suicide au vomiquier s'inscrivent dans un usage extrêmement divers des plantes.

Indissociables des savoirs sont les rites, qui sont eux-mêmes, en fait, des savoirs véhiculant des pouvoirs, souvent moins des célébrations que des modalités de protection. Certains de ces rites, d'ailleurs, visent à ruser avec le destin : l'échange symbolique de l'enfant souffrant et du son, l'usage de l'ordure donnant son nom au malade ou l'enterrement des briques (chap. VIII) sont ainsi autant de détours par lesquels on sait échapper aux appétits des déesses redoutables. La grossesse est par excellence une période à risque, et donc un temps scandé par les rites : plateaux de la mi-grossesse au cinquième mois, fête du *simantam* au septième, cérémonie de l'eau ou du lait vers le neuvième mois (chap. VI)...

Effectifs ou illusoires, tous ces savoirs collectifs apportent d'ordinaire une certaine sécurité, ou du moins une certaine paix de l'esprit (quand ils ne retardent pas dramatiquement l'admission en ultime recours du malade à l'hôpital). Mais ils ne peuvent parer à tout. Face aux incertitudes tragiques que sont la maladie et la stérilité, il faut recourir aux savoirs moins accessibles et inégalement efficaces des spécialistes. Tout procède alors par étapes : régimes, simples et rites ne suffisant pas, on se tourne vers le modeste exorciste de village, le petit vendeur d'amulettes de bazar, avant d'approcher des talents plus rares — et donc plus inquiétants —, ou de risquer un pèlerinage. S'ouvre ici le domaine des menaces et des craintes, des angoisses et des peurs. Viramma vit dans un monde régi par la possession et par les esprits. Son grand-père paternel était jeteur de sorts : petit jeteur de sorts, qui perdit le peu de terre qu'il détenait (ou n'est-ce là qu'un mythe familial ?) lorsqu'un farfadet le posséda (chap. I). Viramma elle-même a été possédée par la démone Kattéri (chap. VIII), elle s'est fait violer par l'esprit errant du beau-frère aîné de sa fille (chap. XIV), et elle reste possédée en permanence par Minisuprayan (chap. VIII). Sa vie est marquée par les sorts qu'on lui a jetés, y compris quelques proches : eau sanglante dans la cuisine, douleurs qui n'en finissent pas... Partout planent la menace des puissances de tous rangs — des humbles défunts en attente de réincarnation jusqu'aux dieux les plus menaçants — et la crainte des jeteurs de sorts, au rang desquels les magiciens en quête d'enfants et d'os de premiers-nés sont particulièrement redoutés. Chacun a peur des esprits, « de ces souffles, de ces ombres ». Possédés et pénitents, aux grandes fêtes comme aux lieux particulièrement chargés de pouvoirs, cherchent par l'exorciste et ses mantra, ou par la macération publique, à vaincre le mal qui le mine ou qui afflige un de ses proches.

Cette terrible logique de la sorcellerie, à qui l'accepte, donne un sens aux épreuves de l'existence et laisse espoir de guérison à l'homme si constamment mû par un irrépressible instinct de vie. Car en dépit de toutes ces menaces, en dépit de la grande pauvreté, en dépit de l'opprobre de l'intouchabilité et de l'écrasement social, reste à l'œuvre, chez Viramma et les siens, une admirable vitalité, qui n'est pas seulement la condition de la survie et le rempart contre le désespoir, mais qui se nourrit aussi de ce don précieux : la gaieté. On pourra rechigner, et dire par exemple que dans les célébrations de la mort, la fête et la musique ne sont que les masques de la peine et de l'angoisse, ou dire que la danse est oblation corporelle. Mais il y a, dès lors que la mort est venue à son heure, un commentaire rétrospectif qui ne trompe pas : mélange de tristesse vraie et de distance pleine d'humour. Viramma décrit ainsi les funérailles de sa mère et le chagrin sincère qu'elle en eut. Elle évoque le souvenir de la défunte, les rites funèbres familiaux, les chants de lamentation. Vient le tour de l'orchestre *naiyandi*, coûteux supplément voulu par Manikkam pour honorer sa belle-mère. Quatre musiciens, deux danseurs grimés, dont l'un travesti. Le rythme des tambours et des clochettes tintinnabulant aux chevilles. L'amour du couple mimé, obscène, au milieu des rires de la foule et des endeuillés : « Dans ces cas-là, souligne Viramma, il n'y a que le mort qui ne regarde pas ! » Dérive ? Délire ? Que non pas ! C'est une sorte d'hommage, de fête qu'on offre au mort avant qu'il ne nous quitte : « On ne sait pas si après, dans notre prochaine vie, on sera encore ensemble » (chap. XIII). Les tambours de la mort sont aussi ceux de la vie.

Le rire des vivants

Dans cette distance prise vis-à-vis de la douleur, dans le rire franc qui accompagne l'évocation des brutalités subies lors de l'attaque de Karani par les séides du Reddiar de Naliveli (chap. XXVI), dans le fou rire des femmes écoutant l'édenté du *céri*, possédé annonçant dramatiquement que la déesse de la variole bat la campagne et s'approche (chap. X), il est aussi une sagesse ou une force d'âme qui accepte la vie comme elle vient, avec la mort ou le malheur comme compagnons. Car il faut le dire et le redire quelle que soit la violence de ce monde : la vie dure qui fut la sienne, les drames qui l'ont marquée, Viramma les a contés fort souvent le rire à la bouche, empreinte d'un humour qui est un trait psychologique fort commun chez les Parias — celui d'une autodérision, celui d'une aptitude à plaisanter sur ses malheurs, faute, peut-être, de pouvoir répondre autrement à la dureté du sort et à celle des hommes. Aussi la relation nouée entre Viramma et J. tout au long de ce récit, de cette écoute et de leurs à-côtés, fut-elle davantage marquée par la gaieté et la plaisanterie que par le sentiment dramatique de la vie. Peut-être est-cc là l'une des faiblesses de ce livre, qui témoigne de la verve de Viramma mais ne peut rendre pleinement l'atmosphère du récit qu'elle fit. Le cinéma tamoul, lui, est mieux armé à cet égard, et par l'image et par la langue. Lorsqu'il peint l'homme, y compris celui des *céri* et des bidonvilles, il sait par ses dialogues, par les intonations et les parlers des acteurs, par leurs attitudes et par leurs gestes, mêler comme dans la vie même la légèreté de l'esprit et la drôlerie des propos aux tensions du quotidien. Viramma, c'est ainsi l'enjouement et le rire entrecoupés d'inquiétudes, de frayeurs et de regrets plutôt que l'inverse. Et s'il fallait l'inscrire, elle comme les siens, dans l'ordre de la peinture européenne (car l'art indien, lui, a négligé les paysans), ce serait moins les sombres intérieurs et les visages au regard fixe des miséreux des frères Le Nain qu'il faudrait évoquer que les tableaux à peu près contemporains de maîtres flamands ou hollandais de second rang — un Brouwer, un Van Ostade — ou, bien mieux encore, Bruegel l'ancien, celui de *La Moisson* ou du *Repas de noces*, celui du *Combat de Carnaval et Carême*, celui même du *Triomphe de la Mort*, qui mêle la cohue, la couleur et l'ardeur de la vie aux coups de faux de la camarde.

Cette vitalité n'est pas que légèreté. Elle renvoie aussi à une autre facette de la philosophie de l'existence, à une autre dimension du *dharma*, que l'anthropologue indien T.N. Madan a bien mise en lumière, en soulignant que les notions de « vie domestique » et de « bon augure » nourrissent en Inde une saine philosophie de la vie, et que la tradition de l'hindouisme — ni *a fortiori* sa modernité — ne s'enferme pas dans les seules valeurs de la pureté et du renoncement [1]. La « vie de bien », celle menée en famille, la quête du bon augure qu'appelle chaque matin le *kolam* de farine de riz que Viramma dessine devant sa porte sous-tendent ainsi la force d'âme de ceux pour qui l'austérité n'est pas un choix, mais un sort imposé, une force d'âme qui sait prendre la vie comme elle est, et en goûter le sel.

La vitalité de Viramma est également indissociable de sa féminité. Le mouvement féministe indien n'a pas manqué de souligner combien le fait d'être intouchable *et* femme ajoute à l'abaissement, en cumulant deux handicaps sociaux. Le fait est parfaitement avéré à maints égards, en particulier sur deux plans : les salaires plus bas que ceux des hommes (discrimination indépendante de la caste, il est vrai, mais la plupart des ouvrières agricoles sont harijans), et la pression sexuelle, forte en paroles sinon en actes (s'y ajoute aussi, de mieux en mieux étudiée, l'inégalité nutritionnelle entre filles et garçons, le harcèlement voire l'élimination de jeunes épousées n'apportant pas la dot espérée étant plutôt un fait de classe moyenne). Mais il faut compter aussi avec la puissance des femmes, entendons des femmes accomplies, celles qui ont à la fois mari et fils. « Qu'y a-t-il de plus que des enfants, pour nous les femmes ? » demande Viramma. « À quoi ça sert donc d'être

1. T.N. Madan, *À l'opposé du renoncement. Perplexités de la vie quotidienne hindoue*, Éditions de la Maison des sciences de l'homme, Paris, 1990.

une femme », si l'on reste sans enfant ? (chap. IX). Ce sentiment d'accomplissement, qui hiérarchise les femmes aussi sur ce double critère (« sale veuve » ou « fils de veuve » sont des insultes, et la stérilité est une malédiction), confère à la mère de famille un pouvoir réel, qui s'exerce d'abord sur la maison (« ici, même une fourmi rouge ne peut pas bouger sans mon autorisation », dit drôlement Viramma, chap. V), mais qui peut aussi, selon les personnes en jeu, publiquement s'affirmer : les fortes femmes, au *céri*, ne manquent pas !

À la dureté de l'existence répondent donc une admirable vitalité, une admirable dignité aussi, qui donnent force et font tenir bon dans un cadre riche de repères, mais pourtant lourd de questionnements. Vivant au jour le jour, endettée à jamais, dans la crainte du maître, des dieux et des esprits, des sorts jetés et de la maladie, Viramma pense également le monde en termes d'incertitudes, la plus grande de ces inconnues étant celle d'après la mort, celle des renaissances qui lui sont promises et dont elle ne sait rien. Le combat quotidien ou l'angoisse de la destinée la troublent pourtant moins que la confrontation avec un présent qui la dérange, parce qu'il perturbe les valeurs sur lesquelles elle a conduit sa vie.

UN MONDE QUI CHANGE

Dans le vocabulaire de Viramma, un mot sanscrit, sous sa forme tamoulisée, revient avec insistance : *kaliyugam*, l'âge de Kali. Dans la haute tradition, le terme désigne les sombres temps présents, l'âge de la décadence où règne Kali la terrible, la violente. Le mot renvoie à la conception hindoue du temps, divisé en ères extrêmement longues — les *yugam* — définies par leur relation plus ou moins étroite au *dharma*. Dans la langue familière de Viramma, *kaliyugam* désigne plus simplement les temps d'aujourd'hui, par opposition à ceux de son enfance : quand cllc dit « dans cc *kaliyugam* », il faut comprendre « maintenant, de nos jours », par référence à « autrefois ». Le lien avec le *dharma* n'est toutefois pas évacué. Au fil de sa vie, Viramma a vu tant d'évolutions, et elle en sent tant d'autres en gésine, qu'elle a l'impression d'être passée d'un âge à un autre. Cette mutation, qui l'inquiète plus qu'elle ne la réjouit, affecte le champ qui définit sa vie et sa philosophie de la vie : l'intouchabilité. Ces évolutions, qu'elle apprécie pourtant en partie, et les aspirations contestatrices qu'elle observe et qu'elle désapprouve la jettent dans l'incertitude et l'inquiètent, car elle s'interroge sur la disparition du *dharma* tel qu'il avait toujours été défini, tel qu'il s'inscrit encore aujourd'hui dans sa conscience. Et transgresser les impératifs du devoir ne peut rien amener de bon. En mots plus plats, vouloir échapper à la dépendance, prétendre quitter sa place, ne plus accepter d'être paria, c'est s'engager dans une aventure risquant de coûter très cher. C'est tout cela, l'âge sombre où les hommes souffrent, aussi bien que les mutations présentes que Viramma induit sous le terme de *kaliyugam*, replaçant ainsi son récit dans les temps mythiques aussi bien que dans les évolutions contemporaines.

Les mutations de l'intouchabilité : une lente émancipation

De ces mutations, Viramma est un témoin particulièrement précieux. Elle nous a dit l'enfance, la vie quotidienne, les rapports sociaux hérités de la tradition, et leurs pesanteurs écrasantes mais acceptées — acceptées parce que écrasantes. Elle nous dit aussi ce qui change, comment elle le perçoit, et comment d'autres, y compris de très proches, réagissent ou participent à cette énorme dynamique sociale qui, lentement, transforme l'Inde. Une transformation d'autant plus lente qu'il est des dizaines de millions de Viramma n'osant sauter le pas, et des centaines de millions de mieux lotis freinant ou réprimant toute velléité d'émancipation.

Du point de vue extérieur qui est celui du lecteur comme il est du reste le nôtre, tous les changements évoqués vont dans le sens d'un mieux-être des Harijans et d'un affaiblissement de l'intouchabilité. L'intérêt des propos de Viramma qui, elle, voit les choses de l'intérieur tient précisément à ce qu'elle ne lie pas systématiquement les deux choses, bien au contraire. À première vue, les logiques d'exclusion — intouchabilité ou apartheid — appellent deux réactions, sitôt exclu l'impossible immobilisme : ou l'on vise, au sein du système, à des améliorations essentiellement matérielles ; ou l'on conteste le système, en l'attaquant de front ou de biais, violemment ou non. L'idéal (non expressément formulé) de Viramma serait de combiner les améliorations matérielles auxquelles elle est naturellement sensible avec un maintien du système de l'intouchabilité qui, mettant chacun à sa place, dessine une société claire, consensuelle, sûre. Mais c'est là un rêve naïf, et Viramma n'est pas dupe. Elle sait bien que les améliorations matérielles se chargent de bien plus de sens que n'en charrie leur fonction strictement pratique. « Tout change », dit-elle. La formule, au-delà de son apparente banalité, est à prendre au pied de la lettre. Dans une société où tout est signe — Michaux, dans son *Barbare en Asie*, l'avait noté : « En Inde, rien à voir, tout à interpréter » —, le moindre changement déborde de lui-même, et retentit sur le tout. Comme symbole du monde qui change, prenez l'objet quotidien : « Tout le monde a de la vaisselle de cuivre » (chap. VIII, entre autres, car Viramma souligne ce point de nombreuses fois) ; « aujourd'hui, tout le monde a des savates aux pieds ». Et voyez le contexte, qui donne sens à l'objet qui est signe. Avoir des pannelles de cuivre ou d'aluminium, plus chères mais plus solides que celles d'argile, c'est disposer de ce qu'on ne trouvait autrefois qu'à l'*ur*. La vaisselle de cuivre, tout particulièrement, renvoie l'image traditionnelle, quasi stéréotypée, de la maison de bonne tenue et, comme par implication, de caste pour le moins honorable. Avoir des savates aux pieds, c'est plus encore : c'est porter enfin ce qui était autrefois explicitement refusé aux Intouchables, ne pouvant accéder au village que pieds nus, les hommes torse nu, le *somin* relevé au-dessus des genoux ; les femmes la poitrine simplement drapée sans corsage ; et pour chacun la plus grande humilité inscrite dans la démarche, dans le regard, dans l'attitude, et *a fortiori* dans l'éventuel propos. Nul objet n'est innocent, ni bien sûr l'apparence...

« Autrefois, dit Viramma, on était sales, négligés, dégoûtants » (chap. XX). Elle apprécie aujourd'hui, comme tant d'autres, le savon parfumé, la lame de rasoir pour s'épiler, le talc pour s'éclaircir le visage, et elle voit non sans fierté les jeunes du *céri*, maintenant que l'argent circule un peu mieux, soigner leur mise le soir venu, et donner ainsi une autre image d'eux-mêmes, les garçons en chemise de nylon et les cheveux gominés, les filles en sari de nylon, corsage ajusté, *potteu* au front, fleurs dans les cheveux. Qui est qui, dès lors, dans la fausse comédie des apparences ? « Les hommes de l'*ur* ont l'eau à la bouche quand ils voient nos filles, et on les entend dire : Regarde ça ! Est-ce qu'on dirait une Paria ? Elle est si *décente* ! » (Chap. XX. Le qualificatif est un anglicisme passé dans la langue villageoise pour dire de quelqu'un qu'il présente bien.) Mais gare à qui confondrait le jeu et les vrais enjeux. Aussi Viramma adjure-t-elle son fils Anbin à la prudence. Se tromper d'heure et de lieu, s'afficher hors du *céri* dans la tenue qu'il affectionne, c'est se départir de l'humilité due, c'est frôler la provocation, c'est risquer l'incident : « Il faut qu'on dise que le garçon né de mon ventre est très poli, très bien élevé, respectueux, et non que c'est un voyou, un querelleur, un arrogant. » Aubin a des *somin* en coton, des chemises de nylon et bien d'autres vêtements. Viramma en est heureuse, sous réserve qu'il ne les mette pas devant ses maîtres, à l'heure du travail, où il convient de se rendre « comme un enfant pauvre ! » (chap. XX).

La crainte de Viramma ne l'aveugle pas tout à fait. Elle perçoit mal l'évolution des rapports de forces liée à la pratique du suffrage universel, qui conforte le poids des Harijans, mais elle comprend fort bien que tout est signe, que tout porte sens. Relevant ici du corps et des apparences, le goût des jeunes Paraiyar pour les vêtements de tout le monde traduit à sa façon une des multiples démarches de copie auxquelles une caste, dans le monde indien, a toujours recouru dès lors qu'elle a tenté de hausser son statut, en adoptant (plus ou moins efficacement) les pratiques de castes supérieures. Adopter les vêtements de l'*ur*, soigner sa mise et sa coiffure, ce n'est pas seulement moderniser son apparence, c'est accéder à des pratiques perçues, dès lors qu'elles se manifestent aussi hors du *céri*, comme des symboles transcendant l'intouchabilité. Viramma donne un nom à ce processus : « civilisation », et quand elle dit « on se civilise », il faut comprendre que les Parias commencent à partager avec les autres castes certains des attributs d'un meilleur statut. Ils échappent ainsi, à petits pas, à ce qui les enfermait dans un monde marqué — en sus de l'impureté rituelle et s'y ajoutant — par la saleté, le laisser-aller, les mœurs jugées grossières.

Le contexte politique : rhétorique populiste et suffrage universel

Ce petit jeu des apparences, au-delà de son côté innocent, prend d'autant plus de sens qu'il accompagne un ensemble d'évolutions plus lourdes, qui contribuent lentement à faire bouger les choses. Viramma voyait dans l'adoption de nouvelles pratiques corporelles ou dans l'accès à certains services — l'accouchement à l'hôpital par exemple — la marque d'un processus de *civilisation* des Parias. Manikkam, lui, définit ce processus en d'autres termes, véhiculant eux aussi cette idée fondamentale d'*intégration* quand il a cette formule : « Depuis qu'on nous a accueillis dans la société... » (chap. XXVI). Il attribue au Père de la nation les origines de cette difficile mutation : dans son combat pour l'Indépendance, Gandhi voulut que tous puissent « apprendre à imaginer l'avenir », comme le dit joliment Manikkam. Dans le même temps, luttant en parallèle contre l'intouchabilité, le *mahatma* adjurait les Harijans : « N'ayez peur de personne... Il faut vaincre votre ignorance d'abord » (chap. XXVI). Après l'Indépendance, l'État a pris le relais, non sans ambiguïté, la rhétorique égalitaire gouvernementale se heurtant nécessairement aux pouvoirs établis et aux impératifs du jeu politique. Dans ces circonstances, le populisme apparut comme le meilleur des compromis à l'élite la plus réaliste, ancienne élite possédante liée au Congrès ou passant parfois dans les rangs des partis dravidiens au pouvoir à Madras, ou nouvelle élite issue des castes moyennes, plus fortement marquée par ces mêmes partis dravidiens. Sans amorcer de véritable révolution sociale, le populisme pouvait, du point de vue des élites traditionnelles, maintenir les dominés dans l'allégeance aux dominants, dès lors que ceux-ci, jouant de la carotte et du bâton, concédaient un certain nombre de mesures témoignant qu'un effort était accompli. Une fois abandonné le rêve d'un Tamilnad autonome et dès lors habitués au pouvoir d'État, les partis dravidiens, DMK et Anna DMK, trouvaient tout autant dans le populisme le biais par lequel justifier leur pouvoir continu à Madras, le Congrès gouvernant pour sa part, le plus souvent, à Delhi. Avec près d'un quart des électeurs inscrits, les Harijans constituèrent ainsi une masse de manœuvre essentielle au jeu d'une démocratie parlementaire appelant régulièrement les électeurs aux urnes. Pour quel résultat ?

Viramma, peu au fait de la vie politique — elle conte ses mésaventures dans l'isoloir (chap. XXVI) —, résume les choses à sa façon, en une analyse nuancée. Appréciation générale : le gouvernement agit pour le changement. Ainsi « Indira Gandhi a lutté pour nous les pauvres », tout comme Annadurai, « cette incarnation des grands dieux », le premier des ministres en chef du Tamilnad issu des rangs des partis régionalistes dravidiens (chap. XXVI). Et d'énumérer les progrès accomplis : diffusion de l'eau potable, distribution de terrains constructibles (ceux-ci essentiels, car ils assurent un toit qui ne dépend pas du seul bon vouloir du maître), éclairage et extension du *céri*, moins congestionné que jadis, accès à l'école publique, carte de rationnement donnant droit à quelques produits de base à prix subventionnés. Restriction personnelle : « Cela dit, Indira Gandhi, Anna, personnellement, je n'en ai jamais rien obtenu : ni un bout de terre, ni une roupie » (chap. XXVI), ce qui n'est d'ailleurs pas exact, puisque Viramma (ou plutôt Anbin) a pu acheter à bon prix une paire de bœufs dans le cadre d'un programme gouvernemental de développement.

Viramma n'est pas dupe pour autant : elle évoque les arrière-pensées politiciennes (« Maintenant, un peu avant chaque élection, on fait de nouveaux travaux au *céri* », chap. XXVI), l'achat des voix (avec tarifs en nature et en espèces), la malhonnêteté des partis. Plus fin analyste, Manikkam démonte pour sa part le mécanisme par lequel les possédants préservent leurs acquis, ou détournent à leur profit une réforme agraire qui, vue de près, a été extrêmement modeste : « Le parti du Congrès lutte peut-être pour les pauvres, mais ceux qui y sont ont de l'argent : ce sont des gens qu'on accueille dans les magasins en leur offrant du thé ou du café. Des gens qui sont assis dans des fauteuils, au frais, le soir, sur leurs vérandas, et qui préparent leur coup, qui réfléchissent aux dessous-de-table, à quel chef de village il faut donner deux cents ou trois cents roupies, à quel comptable il faut glisser de l'argent pour avoir les registres du cadastre. Ce sont ces gens-là qui nous prennent les terres qu'on aurait dû recevoir. Et si on se bat pour avoir ces terres, ils viennent dire au comptable : "*Innappa !* Le Reddiar ou le Gounder a besoin de ces champs. Barrez ce nom-là et celui-ci. Débrouillez-vous pour faire disparaître ça des registres : il y aura tant d'argent pour vous..." » (chap. XXVI).

Les nouvelles tensions : le système remis en cause

Pourtant, on ne saurait sous-estimer l'importance des mutations en cours, car les choses changent là où tout se décide : dans les têtes. La question de génération est ici essentielle. Voyez Manikkam. Beaucoup plus politisé que sa femme, il est de longue date sympathisant communiste, et a participé à plusieurs manifestations organisées par le chef du parti à Karani, Gopala Gounder, soit en période électorale, soit lors de luttes foncières. Mais dépendant du maître, et inquiet de son engagement pour cette raison, il s'en ouvre au responsable du Parti communiste et accepte aussitôt le compromis que celui-ci lui propose : que les autres membres de la famille votent, eux, dans le sens du maître sous réserve que lui continue à voter pour le Parti (chap. XXVI). Mieux, l'image de Gopala Gounder, modèle de militant communiste, est dans le même temps parfaitement intégrée dans les valeurs hindoues : ce « prince » parmi les hommes, ce « roi qui a lutté pour les pauvres, qui a souffert pour nous », comme le dépeint Viramma, méprisait l'argent tout en fréquentant les puissants. Modeste, jamais hautain, jamais autoritaire, il était en fait un homme du *dharma*, « respecté de tous les êtres de cette terre » (chap. XV). Manikkam est certes plus critique de l'ordre établi que sa femme, mais celle-ci ne voit pas, entre elle et lui, de césure profonde. Viramma se satisfait des modestes améliorations constatées, mais reste à jamais marquée, plus encore que Manikkam, par le système idéologique qui l'a façonnée. À l'inverse, son fils — et d'une façon plus générale les jeunes Harijans — a grandi dans un cadre déjà dynamique. Leurs points de référence ne sont plus la société villageoise des années trente ou quarante, mais celle de la politisation de masse, du cinéma, du transistor, de la vidéo (et bientôt du câble, déjà présent en ville). Aussi Anbin, comme beaucoup d'autres garçons de son âge, va-t-il beaucoup plus loin que Viramma, beaucoup plus loin que son père, même s'il n'est pas, lui, sympathisant communiste, mais proche du DMK dont il arbore volontiers les *somin* bordés de rouge et noir. Tel Manikkam, les parents de ces jeunes gens vivaient les conflits *au sein* du système de dépendance. Eux refusent désormais l'intouchabilité : ils récusent le système lui-même. Ils veulent vivre mieux, matériellement. Mais ils savent aussi, dans leur dignité blessée d'hommes, quel est le poids des symboles et celui des mots. Viramma n'utilise pas « Harijan », trop porteur à son gré d'une aspiration émancipatrice. Anbin, lui, refuse ordinairement de prononcer le mot Paria, trop entaché à ses yeux d'un mépris millénaire. D'autres passent à l'acte, tel ce garçon du *céri* qui exige de boire, à l'échoppe de thé sise à l'entrée du village, dans les verres réservés aux gens de l'*ur*, mettant ainsi à vif l'un de ces détournements de la loi par lesquels on continue encore de pratiquer publiquement l'intouchabilité. Viramma s'en offusque : « Ça, c'est vraiment du culot ! C'est pas parce qu'au cinéma on voit ces messieurs boire dans les verres de tout le monde qu'il faut faire comme eux ! Que deviendra le commerce de Kuppussami si les Parias se mettent à boire dans ses verres ? Plus personne de l'*ur* n'ira chez lui ! » (chap. XXVI).

Au-delà du culot, le refus de jouer le jeu sait aussi parfois aller au cœur des choses, là où l'économique et l'idéologique tissent en se mêlant la toile enfermant traditionnellement les Paraiyar — et plus particulièrement les Vettiyan — dans leurs obligations rituelles, dans leurs devoirs de caste. En refusant avec ses camarades de constituer comme le veut la coutume le *paraimelam*, l'orchestre paria associé aux sorties des chars processionnels de l'*ur*, et en choisissant pour le faire la fête de Draupadi, la plus longue et la plus importante du village, Anbin porte le fer là où il blesse le plus. Rejetant la misérable rétribution coutumière dévolue aux *totti*, et demandant à être payés comme des travailleurs, Anbin et ses compagnons transposent délibérément une obligation d'essence socio-religieuse en une revendication salariale : c'est récuser du coup leur état de Vettiyan, leur statut de *totti*, c'est se libérer symboliquement du fardeau de l'intouchabilité et des devoirs qui s'y attachent [1]. Viramma ne peut accepter pareille rébellion des esprits, tout en concédant que les gens de l'*ur* devraient mieux rétribuer les musiciens du *paraimelam*. Mais elle s'inquiète vivement des tensions nourries par ce conflit, et de leurs immédiats contrecoups : entre autres, l'impossibilité faite aux Parias, cette année-là, d'aller quêter à l'*ur* comme de coutume pour célébrer, au *céri*, la fête de Mariamman. Voilà donc perturbées les deux grandes fêtes des déesses, tandis que les gens de l'*ur*, eux, n'oublient pas l'affront reçu. Or c'est grâce à elles, et grâce à eux que vivre est possible : « On travaille et on mange à sa faim. Pourquoi vouloir casser cette tradition ? » Aux vieux du *céri* fâchés de voir perdre un temps les obligations rituelles de leur état qui donnaient un sens à leur vie tout en leur valant de modestes contreparties, répondent les jeunes, délivrés d'une humiliation, ne fût-ce que le temps du conflit : « Tu crois encore qu'on est de l'ancien temps, qu'on doit se soumettre comme autrefois ?... Qu'est-ce que tu veux qu'on aille foutre là-bas ? » (chap. XI). Un pas de plus, que franchit Anbin, et la dénonciation du système nourrit la révolte contre Dieu, au nom de l'égalité des hommes : « Quel est ce malheureux Dieu qui nous a faits Parias ? Pourquoi, à la naissance, eux deviennent supérieurs et nous inférieurs ? Pourquoi a-t-il fait ça, ce putain de Dieu : eux riches et nous pauvres ? » (chap. XX).

Rentrée ou ouverte, cette révolte n'est pas que passion. Anbin sait

1. Pour replacer cet événement dans son contexte idéologique traditionnel, voir J. Racine, « Chanter la mort en pays tamoul. L'héritage reçu et le stigmate refusé », *Purusartha*, Paris, EHESS, à paraître.

aussi parfaitement analyser le fonctionnement contemporain du système d'oppression, et les liens entre l'appel au maintien des valeurs traditionnelles et la défense des nantis. La lutte contre l'émancipation des Intouchables se mène autant dans l'ordre du symbolique et des apparences que dans celui des relations de sujétion, puisque la première des dépendances niche dans les cœurs. L'éducation, dès lors — une éducation socio-politique autant que scolaire —, est le sésame qui, libérant l'esprit du fardeau des acceptations d'antan, rend tout possible. « La vérité, souligne Anbin, c'est que les gens de l'*ur* ne veulent pas qu'on s'élève et qu'on soit éduqués comme eux... C'est que si demain on arrive nous aussi à posséder quelques acres, ils ne seront plus respectés, ils ne trouveront plus de main-d'œuvre à bon marché, ils n'auront plus de serfs. Voilà ce qu'ils craignent. C'est pour ça qu'ils insistent sur les règles d'autrefois : que je sois toujours devant eux à moitié nu, que je leur parle les bras croisés, que je ne porte pas mon *somin* baissé jusqu'à terre... » (chap. XX). Contre la tradition sociale définissant des rapports de pouvoir inscrits dans le cadre d'ensemble des hiérarchies de la pureté, et liant, fût-ce de façon non linéaire, la dépendance des hommes à l'inégalité des statuts rituels, Anbin, lui, met les choses à plat : « Ce n'est pas eux qui me nourrissent, pas eux qui m'habillent. Je ne leur dois rien. Je travaille et ils paient mon travail : c'est tout ! » (chap. XX). Rappelons-nous ce que Viramma disait du Grand Reddiar à cet égard : « Il me protège, moi aussi je dois lui donner ma protection... On n'est pas malhonnête envers celui qui vous nourrit. » De la mère toute marquée encore du devoir de soumission au fils tendu vers l'émancipation, voyez la distance parcourue, alors que tous deux, sous l'autorité du même maître, vivent la même vie, dans le même village.

Viramma entre l'espoir et l'inquiétude : l'impossible égalité

À bien écouter Viramma, on pressent pourtant que la mère elle aussi est en marche. Elle n'avance pas du même pas. Elle ne sautera pas le pas. Mais elle a, au plus profond d'elle-même, la conscience d'avoir été façonnée par des valeurs qui, pour une part, sont aussi duperie. Elle évoque avec le vieux Muniyin, qui comme elle craint le pire, le « temps où on ignorait tout, où on était sans malice » (chap. XVIII). « On pouvait tout nous faire croire en ce temps-là. Il suffisait d'élever la voix » (chap. VI). Du reste, n'a-t-elle pas perçu, jeune mère, l'enjeu qu'était l'école, au moins pour Anbin (« On n'a eu qu'un fils : j'ai souhaité de tout mon cœur qu'il étudie », chap. XX) ? Voyez-la, économisant sou à sou en secret, dès la naissance, pour habiller dignement le petit le jour de sa première rentrée, une entrée dans un monde nouveau, élargi, pour recevoir de maîtres de meilleures castes la clé d'un avenir encore nimbé de rêve, dans une école sise à l'*ur*, mais ouverte à tous. Rêve évanoui, car Anbin quittera vite l'école sans avoir vraiment appris à lire.

Pas si naïve, Viramma comprend aussi combien, derrière les beaux discours, l'argent mène le monde. Dans ce *kaliyugam*, « c'est l'argent qui fait les castes... C'est l'argent le maître, et quand on sait en gagner on se place plus haut qu'hier » (chap. XVII). L'exemple des éleveurs de porc l'impressionne : enrichis par leur commerce, devenus propriétaires, ils sont désormais admis dans l'*ur*, eux qui étaient autrefois à peine au-dessus des Parias. Viramma sait la part d'hypocrisie sociale qui permet de fermer les yeux quand chacun y trouve son compte et que les apparences sont sauves (ainsi des maîtres d'école harijans admis à résider dans l'*ur* à cause de leur fonction, du loyer qu'ils peuvent payer, admis aussi parce qu'ils viennent d'ailleurs, et qu'on peut publiquement taire leur origine).

Domine pourtant chez elle l'inquiétude, car ce monde en mouvement lui échappe. Elle admet « qu'autrefois, on ne pouvait pas revendiquer comme maintenant », mais ne croit guère au succès des refus ou des luttes lancés contre « ceux d'en haut » : « Ça ne sert à rien de lutter contre ces gens-là » (chap. V). Cette résignation n'est pas simple fatalisme : elle masque mal la peur qui est la sienne, une peur nourrie des risques pris avec le *dharma* et les dieux, qui ont voulu que les Parias soient ce qu'ils sont ; peur, aussi, d'un conflit social condamné à mal tourner. Muniyin le dit à sa façon : « Ce ne sont pas les hommes des partis qui vont changer le sort des Parias et les mêler aux autres castes. Ces hommes-là, ils vont détruire tout : l'harmonie, la paix qu'on a ici » (chap. XVIII). La paix des opprimés, l'harmonie de la soumission acceptée... C'est au nom de cette harmonie inégalitaire, mais comprise comme étant l'ordre des choses, que Viramma récuse, comme le vieux Muniyin, ceux qui prétendent apporter l'égalité des hommes : « On veut nous unir, alors que Dieu a dit : “Restez chacun dans votre caste. Vivez séparément. Il n'y aura pas de dispute ; ce sera l'harmonie, et le monde tournera dans le bon sens !" Aujourd'hui, on pense le contraire. On veut unir tout le monde, que tous soient pareils, que tous aient les mêmes droits. Ça, c'est le *kaliyugam* ! C'est bien qu'on veuille notre élévation, mais il vaut mieux qu'on reste à notre place ! » (chap. XX). Vouloir de l'extérieur « unir le *céri* et l'*ur* » n'apportera ni unité vraie, ni respect mutuel, ni « cette bonne entente » que Viramma appelle de ses vœux. Cette peur d'un impossible amalgame, cette volonté si profonde de voir que chacun reste à sa place et contribue ainsi au consensus social ne sont pas guidées par de seules considérations idéologiques. L'intérêt y trouve aussi sa part, dans l'esprit de Viramma, puisque c'est précisément l'inégalité acceptée qui — le paradoxe n'est qu'apparent — la fragilise et lui donne en même temps les maigres garanties qui permettent à cette fragilité de ne pas tourner au désastre. Vieille fable universelle du loup et du chien... Le collier a ses avantages, pour ceux qui l'ont toujours porté. Et Viramma d'implorer Anbin : « On a toujours été *totti*, restons-le ! On ne gagnera rien en refusant, et au contraire on perdra tout ! Les gens de l'*ur* ont de l'argent, et on dépend d'eux pour se remplir le ventre ! » (chap. XVIII).

Les caractères de la dynamique politique et sociale qui affecte l'Inde d'aujourd'hui prennent dès lors des contours mieux définis. Aucun des partis au pouvoir, au niveau central ou dans les États, n'a vraiment mené contre l'intouchabilité une guerre radicale, pour de multiples raisons : crainte d'ouvrir la boîte de Pandore, volonté de préserver les intérêts des castes hautes ou moyennes qui contrôlent les diverses sphères du pouvoir, ou simple impuissance. C'est seulement en 1993 qu'on vit arriver au gouvernement en Uttar Pradesh, le grand État de l'Inde gangétique, un parti harijan, le Bahujan Samaj Party, allié à un parti porte-voix des basses castes, le Samajwadi Party. Coalition sans doute fragile, et pour l'heure encore unique. Pour autant, et quels que soient insuffisances et dérives, dévoiements ou blocages, un certain nombre de réformes ont été mises en œuvre. Les améliorations matérielles évoquées par Viramma — voirie, eau, électricité — inscrivent dans l'espace du *céri* les traces d'un mieux-être quotidien. Si insuffisants soient-ils, les programmes de développement rural confortent pour leur part l'impression de mouvement, en accordant aux membres des « castes répertoriées » des conditions plus avantageuses que celles accordées aux autres ruraux bénéficiaires de ces programmes (pour sa paire de bœufs, Anbin obtint ainsi une subvention plus forte et un prêt à taux préférentiel). Enfin, le principe de réservation — dont Viramma ne parle pas directement car aucun de ses proches n'en a bénéficié — ouvre à une frange de Harijans les portes des collèges et des universités, et leur donne accès à l'emploi rêvé de fonctionnaire, voire au pouvoir (pensons à la fille du *talaiyari*, élue député : son père, le Harijan qui par fonction est le plus lié à l'administration, a su jouer au mieux des voies théoriquement ouvertes à tous, mais en fait empruntées par une minorité apte à s'y aventurer).

Hors des équipements collectifs inscrits dans l'espace quotidien, les réformes ne touchent pas tous les Harijans, loin de là. Mais leur existence est un signe, perçu comme tel par les Harijans eux-mêmes et par l'ensemble du corps social. Fût-ce à petits pas, elles donnent en effet une amorce de concrétisation à un discours politique constamment répété depuis près d'un demi-siècle. Certes, grande est la distance entre les mots et la réalité des choses, et l'on devine que le Harijan qui siège obligatoirement au *panchayat* villageois — quand celui-ci fonctionne, ce qui n'est pas toujours le cas — ne dispose que d'une marge de manœuvre extrêmement étroite, voire nulle, dans une assemblée où la réalité des puissances locales mène le jeu. Mais, une fois encore, les mots ne sont pas innocents, quand bien même les profèrent ceux qui ne se sentent pas le moins du monde engagés par eux. La rhétorique électoraliste et politicienne est largement un masque. Viramma le sait bien, qui préfère voter comme le souhaite son maître — un homme sur qui elle peut compter — plutôt que pour les militants d'autres partis l'approchant en période électorale : « Ils pensent à nous avant les élections, mais après ils ne savent plus où on habite » (chap. XXVI).

Les mots, répétés au fil des ans, n'en deviennent pas moins ferments, levains d'une société en lente transformation. Ceux qui, gens de l'*ur*, condamnent cette évolution, ceux que choquent l'affaiblissement des vieilles valeurs et l'insoumission des jeunes Parias, ceux qui trouvent que l'État en fait trop pour eux, ne manquent pas d'accuser la politisation des esprits et le rôle (grossi) des agitateurs venus de Pondichéry (chap. XVIII). D'autres, en leur vie quotidienne, acceptent désormais une évolution des mœurs : on les voit quand l'eau tarit à l'*ur* venir s'approvisionner au réservoir construit à l'entrée du *céri*, l'eau de ses robinets, pour ces modernes, n'ayant pas été polluée par un contact avec les Parias comme le serait l'eau tirée au seau d'un puits. Plus libéral que d'autres notables, le Grand Reddiar se permet de plaisanter sur les évolutions en cours. Son propos, pourtant, met mal à l'aise Manikkam, qui pressent que la plaisanterie peut bien vite tourner court et qui s'empresse lui aussi de rejeter sur les hommes de partis extérieurs au village la responsabilité de l'appel égalitaire à la réforme sociale. Au maître qui refuse de s'engager sur une demande de prêt formulée dans le cadre traditionnel de la servitude, en prétextant que tout change au profit des Parias, et que Manikkam peut s'adresser à l'association mutualiste qui vient d'être créée au *céri* (« Par les temps qui courent, c'est pour vous que tout se met en place ; c'est vous qui avez toutes les facilités ! Vous allez bientôt nous égaler, devenir comme notre caste ! »), Manikkam répond par l'esquive et, plutôt que d'argumenter, préfère simuler la non-responsabilité, usant d'emblée de mots de lamentation — *ayo* — et de respect — *Sami* : « *Ayo*, *Sami !* Ce n'est pas moi qui demande ça ! Ce sont des gens d'ailleurs qui veulent que je devienne comme ça ! » (chap. XX). Mais derrière la prudence, bonne conseillère, perce l'aveu : il existe bien une dynamique d'émancipation bousculant les campagnes. Et cette dynamique, les anciens du *céri* les moins politisés la craignent plus que tout, plus même que ne s'en lamentent les conservateurs de l'*ur.* Tout comme Viramma, ces anciens aspirent à mieux vivre — s'ils n'attendent pas la mort comme Muniyin —, mais en eux l'esprit de soumission, indissociable de la quête d'une sécurité minimale, est si intériorisé qu'il gouverne encore leur jugement sur un monde qui bouge.

Les théories de l'intouchabilité : consensus et altérité

Dans l'ombre des profondeurs de l'Inde, que retenir en définitive du récit de Viramma ? Donner à dire, quand nous nous lançâmes dans cette longue écoute, ne répondait pas à une quête de théoriciens cherchant à confirmer des hypothèses sociologiques, ni à un acte militant, qui eût été bien présomptueux. Était en œuvre, plus humblement, le souci de comprendre, s'il se pouvait, une simple vie, tout en sachant que la richesse d'un récit individuel compenserait sans doute, à l'âge des lourdes enquêtes statistiques, la modestie de notre unique « échantillon », en faisant émerger, par le dit comme par le non-dit, toute l'épaisseur d'une société, vue d'en bas. Les mille spécificités du cadre indien tissaient la substance de cette vie, tout enracinée à sa terre, lourde aussi d'une histoire plurimillénaire. Mais dans le même temps l'essence de cette vie transcendait ses paramètres indiens, et posait la vieille, l'éternelle question de l'inégalité et de l'asservissement. Bousculant les lieux et les siècles, Viramma faisait écho, sans s'en douter le moins du monde, au manant de la vieille France, voire au serf du Moyen Age qui, Georges Duby le rappelle, était lui aussi écarté de l'Église des hommes de meilleur rang. Et au Reddiar évoquant les Parias, « tapis comme des bêtes de la forêt », répondait le souvenir de La Bruyère et de ses « animaux farouches », les pauvres hères misérables des campagnes du Roi-Soleil, « noirs, livides et tout brûlés de soleil » qui « se retirent la nuit dans des tanières où ils vivent de pain noir, d'eau et de racines ».

Mais à quoi bon chercher des comparaisons érudites, évoquer serfs russes, esclaves des royaumes africains ou *shineimin* japonais ? Viramma est plus simplement la sœur de tous ceux qu'on pourrait définir — n'était la lourdeur pédante de la formule — comme des « opprimés structurels », nés et morts dans un système fondé sur la discrimination de fait ou de droit, et donc distincts par essence des opprimés occasionnels, bafoués par les péripéties de l'histoire. Goutte d'eau dans l'immense mer de l'Inde, Viramma devient à sa façon figure emblématique de tous les damnés de la terre et du ciel, ou du moins de tous les asservis acceptant leur statut. À l'écouter et à l'entendre, on comprend les craintes de ceux si menacés qu'ils préfèrent la sécurité de la sujétion, cette habitude, à l'inconnu qu'est le changement ; les peurs de ceux qui redoutent les velléités d'émancipation, condamnées, à les en croire, à l'échec cuisant. Viramma témoigne de la redoutable puissance des logiques d'asservissement, subjuguant les esprits dans l'amour de leurs chaînes. Mais elle éclaire aussi, Viramma la souriante, la force des méprisés, l'enjouement des humbles, et tout ce qui fait au quotidien la grandeur des petits, trouvant dans les menus espoirs qu'ils s'autorisent, comme dans cette autre sécurité que créent la convivialité et la culture reçue en héritage, des contrefeux collectifs aidant à tenir, en rejetant l'individualisme sans méconnaître l'individualité. Qu'on nous comprenne bien, cependant : dire ainsi ce qu'est la grandeur des asservis n'est pas nier l'asservissement, ni l'enjoliver ou en minimiser la charge. C'est simplement gratter l'écorce épaisse pour trouver sous l'aubier, au cœur du système oppressif, le fin canal de sève qui fait que la vie continue dans l'humaine dignité.

L'écorce, pourtant, craque, et l'aubier lui-même se fend. Témoin de son temps, Viramma est par cela même porteuse d'une image vouée à disparaître. La sève, désormais, commence à frémir, et le système dans lequel Viramma a grandi est, à moyen terme, condamné. Aussi peut-on sans doute dépasser aujourd'hui les termes du débat sur l'intouchabilité qu'ont animé, particulièrement dans les années soixante-dix, nombre d'anthropologues (américains pour la plupart) ayant conduit leurs recherches au sein de villages indiens, et notamment tamouls.

Michael Moffatt, qui étudia les Harijans de deux villages du North Arcot, distinguait alors trois théories majeures [1]. L'une, illustrée, entre autres, par Katherine Gough, soulignait les spécificités des castes intouchables se différenciant de la culture inhibante des Brahmanes, porteurs du modèle dominant, par une culture — ou une nature — plus libre, plus terre à terre, moins spéculative. Cette théorie de l'extériorité des Intouchables dont l'abbé Dubois en un sens avait jeté les prémices, en rejoignait une autre (soutenue en particulier par des anthropologues ayant travaillé sur des communautés intouchables de l'Inde du Nord), celle de modèles quasi alternatifs que se donneraient les Harijans. Ainsi K. Gough observe-t-elle chez les Pallar du Thanjavur une solidarité, voire un égalitarisme et un amoindrissement de l'autorité des liens de parenté définissant selon elle un type social distinct du modèle dominant. Plus marquante encore à cet égard serait l'étude de Pauline Kolenda, estimant que les balayeurs intouchables qu'elle observe en Inde du Nord refusent de penser leur sort en termes de *karma*. Joan P. Mencher, qui travailla comme Moffatt au North Arcot, pousse plus avant l'analyse [2]. Les Harijans observés ne vivent pas seulement à l'écart du système dominant. Ils n'adhèrent pas simplement à d'autres modèles : ils mettent au clair l'oppression qu'ils subissent. Contraints d'agir dans le cadre d'un système qui les lie, ils ne sont pas pour autant contraints d'y croire, en acceptant les justifications véhiculées par l'idéologie dominante. En d'autres termes, les Paraiyar, porteurs d'une vision largement matérialiste du monde, ne sont pas dupes du système des castes, masque jeté sur l'exploitation de l'homme par l'homme.

Contre de telles interprétations, Moffatt défend lui-même une troi-

1. Michael Moffatt, *An Untouchable Community in South India. Structure and Consensus*, Princeton University Press, Princeton, 1979. Voir chapitre I.

2. Dans des articles aux titres suggestifs : Joan P. Mencher, « Group and Self-Identification. The View from the Bottom », *ICSSR Research Abstracts Quarterly*, vol. III, n° 2-3, New Delhi, 1973, p. 173-208, et « The Caste System Upside Down, or the Not-So-Mysterious East », *Current Anthropology*, vol. 15, n° 4, 1974, p. 469-493.

sième théorie, fondée sur une analyse structuraliste de la société tamoule. Les Harijans qu'il observe, dans des villages voisins de ceux où travailla Mencher, ne sont pas hors ou contre le système, mais bien dedans. « Ils ne possèdent pas une culture [Moffatt dit *sub-culture*] distincte. Ils ne sont ni détachés de la rationalisation du système, ni étrangers à elle. La "vision d'en bas" [allusion à la théorie de Mencher] est fondée sur les mêmes principes et les mêmes appréciations que la "vision du centre" ou que la "vision d'en haut". Le système culturel des Intouchables indiens ne remet pas clairement en cause l'ordre social dominant. Il recrée bien plutôt au sein des Intouchables un microcosme du système d'ensemble. » Il existe ainsi pour Moffatt « un consensus culturel fondamental du haut au bas de la hiérarchie locale des castes », un consensus qui joue à la fois dans l'ordre de l'inclusion et de l'exclusion, comme dans celui de l'imitation ou de la complémentarité, ordres dont les règles définissent largement les structures de la société [1].

Pour notre part, attentifs aux structures comme au mouvement, on a maintes fois souligné la vigueur du consensus liant Viramma au système qui l'oppresse, mais qui à ses yeux relève d'un dessein divin, et qui de surcroît lui offre une garantie de sécurité. À l'entendre, on a pu relever maintes pratiques que Moffatt appellerait imitatives. Copie conforme du modèle dominant qui les marginalise, les Paraiyar marginalisent eux-mêmes, en s'appuyant également sur des critères de pureté supposée, les Sakkiliar jugés plus bas qu'eux, et les règles d'acceptation ou de refus de la nourriture entre les deux castes intouchables répondent parfaitement aux normes régissant acceptation ou refus de la nourriture entre castes de l'*ur* d'inégal statut, ou entre gens de l'*ur* et gens du *céri* (chap. XVIII). Sur un mode plus mineur peut-être, on voit aussi les Paraiyar donner à leurs prêtres valluvar le titre d'*Iyer*, porté au Tamilnad par les Brahmanes sivaïtes. Et l'on a peut-être noté, quand Viramma s'apprête, le jour solennel du sacrifice du porc offert à son dieu de lignée, qu'elle se vêt d'un « sari blanc tout neuf » porté « à la façon brahmane » (chap. XIX).

Mais dans le même temps, et Viramma est fort claire sur ce point, la vision qu'ont les Paraiyar de Karani de la hiérarchie locale des castes n'est pas la simple copie du modèle hiérarchique dominant, qui place sans conteste les Brahmanes au sommet de l'échelle des statuts. Justifiant plutôt à cet égard les théories de l'altérité, marquée par des consi-

1. Moffatt, *op. cit.*, p. 3-5.

dérations économiques et matérielles, jugeant en fait des statuts à l'aune du pouvoir réel plus que de la seule pureté présumée, Viramma place au plus haut les Reddiar, maîtres de la terre et des hommes, et non la poignée de Brahmanes villageois, les Pappan, intercesseurs du divin, certes, mais prêtres aux ressources modestes, au service des Reddiar et donc, dans la logique de Viramma, plus bas qu'eux : « Eux, les Brahmanes, ils ne possèdent rien, ou presque rien, sauf les terres du temple... On ne va jamais travailler pour eux : c'est pour ça qu'on peut se moquer d'eux librement. Les Pappan sont les prêtres des Reddiar pour les mariages, pour les *puja* des ancêtres et pour tel ou tel rituel... Ils sont plus bas que les Reddiar » (chap. XVII). On aura goûté au passage la liberté qu'autorise la non-dépendance, et qui nourrit les plaisanteries grasses, brocardant en chansons les Brahmanes sur leur point fort transformé en point faible par la dérision paria : l'obsession de la pureté.

De nouveaux modèles idéologiques : la poussée des basses castes

L'univers de Viramma, défini par l'attachement qu'elle porte aux traditions, ne se laisse donc pas enfermer dans une seule des théories évoquées ou proposées par Moffatt. Le consensus, dominant dans l'ensemble, n'exclut pas des marges d'autonomie définies au sein du système (relâchement vis-à-vis des règles de pureté), ou en dehors de lui (Reddiar supplantant les Brahmanes), encore que d'autres théories, critiques de la thèse de Louis Dumont reprise par Moffatt, privilégient comme Viramma une interprétation faisant, dans le système hiérarchique, la part belle au pouvoir, toujours défini d'ailleurs dans ses rapports au *dharma* et aux Brahmanes. *A fortiori* la prise en compte des proches de Viramma complique-t-elle les choses, dès lors qu'entrent en jeu ceux qui, contraints de vivre dans le système, en nient le bien-fondé et aspirent à s'en échapper. Anbin exprime à cet égard aussi parfaitement la nouvelle idéologie paria que sa mère symbolise l'ordre ancien régissant les consciences, un ordre qui décline sans avoir, tant s'en faut ! disparu. Nouvelle idéologie, mais aussi nouvelle culture, rejetant les formes d'autrefois marquées par l'acceptation des obligations rituelles (le *paraimelam)* ou copiant, fût-ce sur un mode particulier, le modèle dominant (troupe d'amateurs du *céri*, au répertoire inspiré par les épopées). Viramma se lamente de voir ainsi se perdre un savoir qui était aussi source de joies : « Ils ont honte, ils ne savent plus rien, maintenant, ces jeunes cons ! Mon Anbin, avant son mariage, savait encore jouer le rôle de Lakshmanan » (le frère de Rama, dans le *Ramayana).* « Ce crétin dit qu'il ne veut plus faire ça, qu'il a tout oublié... Ça ne les intéresse plus tout ça. Ce qu'ils veulent, c'est se plaquer les cheveux avec beaucoup d'huile, se mettre de beaux habits, et aller dans les salles de cinéma » (chap. XI).

On peut regretter comme Viramma que se perde ainsi un patrimoine d'autant plus précieux qu'il repose sur des pratiques très largement orales : il importe de collecter au plus vite ce que disent encore — quand ils acceptent de le dire — les vieux chanteurs, les vieux conteurs parias. Mais il faut aussi, et Viramma ne peut s'y résoudre de bon cœur, comprendre comment la médiatisation des loisirs entraîne les jeunes Parias d'aujourd'hui dans un mouvement social incoercible, comment elle s'ouvre délibérément à tous les publics et, ce faisant, comment elle ouvre le monde aux marginaux d'hier.

Ces marginaux d'hier demeurent certes, dans la médiatisation ambiante, des consommateurs plus que des créateurs, à une remarquable exception près : celle de la littérature *dalit*, née au Maharashtra, où la poussée des ex-Intouchables fut vive dès les années cinquante. Ce courant littéraire porté par des auteurs issus des castes « intouchables » prend corps aujourd'hui au Tamilnad. Comme ailleurs, la « littérature *dalit* » y englobe des écrits fort divers tant dans leur forme (romans, nouvelles, autobiographies, poésie, théâtre...) que dans leur contenu idéologique. De la dénonciation du sort fait aux opprimés (tel est le sens du mot *dalit*, on l'a dit) à une nouvelle agressivité envers les autres castes, de l'auto-apitoiement à la théorisation de la littérature *dalit* comme outil subversif créateur d'un « langage de l'insurrection », large est l'éventail. S'y illustrent, entre autres, pour s'en tenir à quelques noms, le romancier K. Daniel, Tamoul sri-lankais (auteur de *Panchamma, Kanal* et *Tannir*, publié en 1993), la nouvelliste Devi Bharati *(Bali)* et le poète ponchidérien Raj Gauthaman, critique et théoricien de la culture et de l'oppression *(La Culture dalit*, 1993 ; *Une perspective dalit de la culture tamoule*, 1994). Pour Gauthaman, le Tamilnad ne connaît encore qu'une littérature « pré-*dalit* », mais les conditions d'émergence d'un mouvement puissant sont désormais réunies... À l'inverse, dans un cinéma qui sait jouer de la fibre sociale tout en étant commercial, les opprimés restent avant tout des sujets. Longtemps absents de la littérature, les Harijans — ou l'image des Harijans — sont désormais présents sur les écrans, comme le sont du reste tant d'autres, issus du petit peuple des villes et des campagnes. Sujets *et* acteurs cette fois, les Harijans le sont sur une autre scène, fort liée à celle du cinéma : la scène politique. La conjonction établie entre ces deux sphères est essentielle à la compréhension du Tamilnad contemporain, car le mouvement dravidien a plus que tout autre, et avant tout autre, compris ce que le cinéma couplé au théâtre populaire pouvait offrir comme moyen de politisation des masses, comme ferment d'évolution des esprits. Les quatre ministres en chef qui ont gouverné le Tamilnad depuis que le DMK a gagné les élections de 1967 sont tous liés à l'écran : Annadurai moins que les autres sans doute, mais il a été aussi scénariste. Karunanidhi « le poète », comme l'appelle Viramma, n'a jamais séparé en lui l'agitateur du scénariste, M.G. Ramachandran, trésorier du DMK avant de le quitter pour fonder l'Anna DMK, était pour sa part l'acteur le plus célèbre, puis l'homme politique le plus charismatique du pays tamoul, étendant son ombre protectrice sur celle qui fut sa partenaire à l'écran, et qui devint après sa mort ministre en chef à son tour : Jayalalitha.

Idole. Avec M.G. Ramachandran, la polysémie du mot prête à penser. L'idole au sens hollywoodien du terme fut un peu aussi l'idole qu'adore l'épris du divin, et quelques passionnés suivirent dans la mort le « roi du *dharma* », *dharmaraja*, en se suicidant. Un excellent observateur de la société tamoule, M.S.S. Pandian, a souligné comment, des films de Karunanidhi dénonçant dans les années cinquante les maux de la société, on est arrivé au mythe Ramachandran incarnant l'homme droit et résolu de basse naissance qui s'élève par la force individuelle du caractère bien plus que par une lutte collective contre le système [1]. Cette ambiguïté du mouvement dravidien, qui l'a conduit en quelques décennies de la dénonciation sulfureuse de la religion au populisme le plus politicien, ne peut toutefois occulter son rôle historique. Croissant au rythme de l'affaiblissement d'un parti communiste fort actif au Tamilnad à l'heure de l'Indépendance, le mouvement dravidien a pesé lourd dans l'émergence, au sein des basses castes, de nouvelles mentalités. C'était du reste son programme, inscrit dans le nom même du parti :

1. M.S.S. Pandian, « The Image Trap. M. G. Ramachandran », *in Films and Politics*, Sage, New Delhi, 1992.

Dravida Munnetra Kajagam, Mouvement pour l'émancipation des Dravidiens, ceux-ci étant définis comme excluant de leur sein les Brahmanes, venus ou censés être venus, jadis, de l'Inde du Nord. On pourrait beaucoup dire des disparités entre les discours émancipateurs et les blocages de la société ou la réalité du développement. Reste que, dans des configurations propres au pays tamoul, mais sans diverger de l'évolution globale de l'Inde tout entière, le mouvement dravidien a été à sa façon, après la disparition de Gandhi, un autre éveilleur de dignité. Il a su durer, quoique baigné dans les compromissions politiciennes, quoique divisé en frères ennemis, chacun ne parvenant au pouvoir qu'avec le soutien sans participation du Congrès, chacun détaillant la corruption de l'autre. Le secret de cette longévité sans égale pour un parti régionaliste est sans doute là, dans ce talent qu'eut le mouvement pour distiller, chez les basses castes des *ur* et des villes, comme chez les Intouchables des *céri*, le sens d'une dignité découverte ou recouvrée, et l'aspiration à un mieux-être fondée sur des bases autres que le consensus inégalitaire. Que tout cela ait trop souvent engendré de nouveaux clientélismes et de nouvelles dérives est une autre histoire...

Voilà où nous en sommes aujourd'hui, entre Viramma et Anbin, entre deux *yugam*. Les vieilles valeurs sont encore fort prégnantes, et les inégalités criantes loin d'être anéanties. Comme toujours, les réformes qui s'attaquent à des questions de fond, et qui touchent aux mentalités aussi bien qu'au pouvoir, génèrent de nouvelles tensions tout en nourrissant de vieux antagonismes. Le Tamilnad a sa part de difficultés, mais on n'y voit pas ces massacres ensanglantant encore aujourd'hui, bien trop souvent, les campagnes du Bihar ou de l'Uttar Pradesh. Face à la lente montée des aspirations des Harijans, bénéficiaires en outre de maigres mesures gouvernementales, les Vanniyar du Tamilnad (appelés souvent Gounder, comme à Karani) ont voulu, dans les années quatre-vingt, crier leur frustration. Petits paysans, voire ouvriers agricoles, les Vanniyar ont joué une fois encore la carte communautaire, doublant leur association de défense, le Vanniyar Sangam, d'un bras politique, le Pattali Makkal Katchi (Parti du peuple travailleur) et recourant sans état d'âme à l'agitation violente. Même dans leur bastion que sont les districts entourant Karani, les Vanniyar du PMK n'ont pourtant su regrouper tous les leurs sur la seule base d'un alignement de caste. S'estimant floués par les résultats d'un développement inégal favorisant ceux du dessus, inquiets de la poussée de ceux du dessous, le Vanniyar Sangam et le PMK, après l'échec d'une campagne électorale menée sour leurs seules couleurs, en sont venus à proposer une alliance aux Harijans qui, eux, ne disposent pas d'un puissant parti représentatif. Mieux, le leader du Sangam a annoncé que, si le PMK gagnait de futures élections, il désignerait un Harijan au poste de ministre en chef. Démagogie ? Le problème est pourtant posé, si mal le soit-il, et l'épisode n'est pas le seul à témoigner de l'enjeu symbolique que peut être la seule évocation d'un retournement purement hypothétique du haut et du bas aux sphères les plus élevées du pouvoir : n'a-t-on pas vu V.P. Singh, ancien Premier ministre de l'Inde, proposer à l'opposition, en 1992, qu'un candidat harijan soit opposé au candidat consensuel du Congrès, un Brahmane du Nord, élu du reste sans difficulté, après avoir été le second du président précédent, un Brahmane du Sud, tandis que le pays est gouverné depuis 1991 par un autre Brahmane du Sud ?

Du devoir d'humilité à la quête d'une dignité nouvelle

Nous sommes bien loin, en apparence, de Viramma et de sa vache, des jeteurs de sorts et du Grand Reddiar. Mais en vérité, tout est lié. L'oppression reste vive, les droits de l'homme trop souvent ignorés. Rien pourtant n'est tout à fait comme avant, et tout bouge. Bien des maîtres eux-mêmes, particulièrement dans les régions agricoles riches comme celle de Karani, jouent désormais le jeu d'une agriculture de type capitaliste, et n'entendent plus garder de dépendants asservis — sauf un ou deux toujours utiles —, préférant la souplesse de la loi de l'offre et de la demande, et les ouvriers sous contrat limité. Le marché de l'emploi et le marché tout court bousculent ainsi les vieilles structures. Contre Viramma, Anbin voit plutôt cela d'un bon œil, même si la liberté, parfois, se paie cher : l'asservi, lui, n'est pas un chômeur potentiel.

Un nouveau monde se met ainsi peu à peu en place, un monde marqué, chez ceux portant le fardeau historique de l'intouchabilité, par un souci de dignité qui tend les âmes, et fait parfois crisper les poings. Qui s'étonnerait qu'en cette phase d'incertaine mutation, cette aspiration à la dignité soit ombrageuse, voire orageuse ? Les mots, les mots qui disent ou qui masquent, qui libèrent ou qui blessent, les mots pèsent lourd en cette affaire, et c'est sur eux qu'on veut finir.

On l'a dit d'emblée en note 1 de ce texte, nous n'avons donné dans cette analyse aucune valeur négative aux mots Paria ou Intouchable utilisés ici. L'usage de ces termes est pourtant délicat. Sauf rapport d'intimité rare, ces mots ne sont plus guère prononçables ou recevables entre interlocuteurs de rangs traditionnellement différents, et ils ne sont plus guère admis dans les propos publics, sauf dans des rapports de force visant à blesser, ou à rappeler à ceux qu'ils désignent qu'ils doivent rester « à leur place ». Chacun comprend la sensibilité de ceux qui ne veulent pas, qui ne veulent plus être appelés ainsi. Mais comment échapper à l'identité sociale, et comment analyser une société, y compris dans ses transformations, sans user des catégories sur lesquelles elle est fondée ? L'esquive du jargon officiel est sans doute illusoire. Pour éviter d'user de mots trop lourds, l'administration comme la presse recourent à un vocabulaire aseptisé, en parlant de « castes répertoriées » *(scheduled castes)* pour désigner les castes d'ex-Intouchables. Mais très vite — pouvait-il en être autrement ? — la formule ou ses initiales S.C. ont été elles aussi pesamment connotées (encore que de plus en plus de personnes non harijans se déclarent désormais S.C. dans des formulaires officiels pour bénéficier des concessions faites aux Harijans). Le terme harijan lui même est devenu aujourd'hui, particulièrement en Inde du Nord, un qualificatif lui aussi mal venu, car jugé trop ambigu. C'est également le cas au Maharashtra, où nombre d'ex-Intouchables, on l'a dit, se sont convertis au bouddhisme : ils n'apprécient guère une dénomination frappée du sceau de l'hindouisme (Hari : Vishnu), et y décèlent la marque d'une extériorité condescendante, voire hypocrite ou récupératrice. Eux, transcendant la diversité des castes d'ex-Intouchables, se définissent tels qu'ils se jugent : *dalit*, c'est-à-dire écrasés, opprimés. Le mot se généralise rapidement aujourd'hui. On ne l'a pas employé ici pour la simple raison que jamais, pendant toutes les années d'entretien, ni Viramma, ni les siens, ni quiconque à Karani, ne l'a mentionné devant nous. Mais cela change vite : le mot *dalit* se diffuse largement dans la presse, dans les écrits, dans les discours politiques, tandis qu'apparaissent, venus des autorités, d'autres substituts, mots-écrans permettant d'éviter ce qui devient des mots tabous [1]. On voit ainsi fleurir un nou-

1. Par contraste, on observera toutefois que la transmission de la littérature *dalit* en France joue à plein sur le mot Intouchable dans les titres donnés aux ouvrages traduits qu'on a cités en note 8, même lorsque les titres originaux étaient beaucoup plus neutres. Et sans doute convient-il, règle de l'édition en matière de témoignage ou de documents, de situer la question en jeu, un impéra-

veau vocabulaire mêlant statut social hérité du passé et statut économique effectif : la formule « sections les plus faibles » *(weaker sections)* cherche, entre autres trouvailles du jargon officiel, à transcender les seules appartenances de caste sur lesquelles l'État fondait sa politique de réservation d'emplois publics : une façon de prendre en compte les troubles anti-réservationnistes ayant secoué l'Inde du Nord en 1990.

Cette fluidité d'un vocabulaire particulièrement sensible, ces ruses du langage, ce jeu du dit et du non-dit, toutes ces tensions sous-jacentes ou manifestes sont au cœur même de l'Inde d'aujourd'hui. Elles disent à la fois combien la caste est vivante, mais aussi comment elle évolue sous la double poussée du jeu politique — manipulateur et manipulé, mais aussi seul véhicule de transformation « douce » — et du vécu de chaque citoyen indien. Chacun accepte aujourd'hui qu'on ne puisse plus constituer en Inde un gouvernement régional ou national sans qu'y figurent un ou plusieurs Harijans (gardons ce mot pour l'heure). Cette victoire n'implique cependant pas qu'à la base, au village comme à la ville, les relations de groupe à groupe ou d'individu à individu soient libérées des hiérarchies d'antan. Mais c'est un autre livre qu'il faudrait ici écrire...

Viramma, pour en revenir à elle, Viramma qui s'embrouille dans les bulletins de vote, Viramma qui ne peut concevoir de voter autrement que son maître, Viramma reste une femme de l'ancien temps, comme dirait son fils. Son *dharma* de Paria, elle l'assume pleinement, dans une fascinante conjonction de faiblesse et de force d'âme. Cette force d'âme, ce stoïcisme si l'on veut, ne sont pas ceux des esprits antiques de haut rang, parvenus au faîte des honneurs sociaux, et qui pensaient résorber dans la seule sagesse du philosophe la différence maître-esclave, jugée accidentelle. Viramma, elle, sait quelle est cette différence, dont le poids a marqué toute sa vie. Deux mille ans après Sénèque, elle ne montre que trop « cette chose fort ordinaire, la patience, qui est enseignée par la répétition des injustices », elle qui rappelle constamment son fils au devoir d'humilité, à l'acceptation des hiérarchies, elle qui cherche à tempérer les ardeurs juvéniles d'un pathétique : « Sois patient ! Notre vie s'améliore petit à petit » (chap. XVIII). Mais aujourd'hui, la constance du sage, hindou ou antique, n'est plus tout à fait de mise, et

---

tif auquel échappe heureusement la littérature. Pour notre part, mais non sans hésitation, on a accepté comme titre *Une vie paria*, puisque Viramma s'assume comme telle.

le détachement de l'âme, qui fait si bon ménage avec l'asservissement de l'homme, est moins que jamais une valeur reconnue par tous. Dans l'âge des passions où nous sommes, la sagesse d'Anbin et de ses camarades — jeunes gens ordinaires, pas même militants résolus d'un mouvement *dalit* —, c'est d'aspirer à un autre statut. C'est de comprendre le pourquoi des choses, et de frayer aux Parias de jadis une voie moins inhumaine. Combat au quotidien, contre autrui et contre une part de soi. Combat lourd d'embûches et de pièges, lourd de risques et de régressions. Mais combat décisif pour une Inde qui entre dans son quatrième ou cinquième millénaire, et qui compte aujourd'hui, avec près d'un homme sur six, une part toujours plus large de notre humanité. Une Inde qui s'inscrit, comme le reste de la planète, dans ce siècle des foules et des aspirations multipliées, terre humaine qu'on ne peut réduire, quoi qu'on ait parfois dit, et si fortes soient les pensées fondatrices de sa civilisation, au seul temps immobile, à la seule quête du divin. Car le chant de la vie, au *céri* de Karani comme ailleurs, l'emporte sur les tambours de la mort.

De mieux qualifiés que nous, intellectuels et militants *dalit*, livrent aujourd'hui, sous de multiples formes, à Pondichéry, au Tamilnad et dans toute l'Inde, loin des feux médiatiques, une lutte quotidienne qui est à la fois culturelle, sociale et politique, dont on peut espérer qu'elle ne dégénérera pas en une sommaire guerre des castes qui ne ferait que cristalliser les segmentations passées. À l'encontre de nouveaux écrits tamouls *dalit*, *Une vie paria* n'est pas un livre de combat, mais un témoignage mettant en lumière la vie et la pensée d'une Paria villageoise, acceptant son sort, et inquiète de voir une nouvelle génération contester l'ordre établi. En éclairant la dignité, le courage et les valeurs des opprimés d'un banal village du sud de l'Inde, nous croyons apporter une pierre à l'histoire présente des plus modestes, des plus silencieux, ceux que l'historiographie indienne appelle parfois « les subalternes ». En donnant la parole à Viramma, nous avons voulu rendre une mémoire vivante, où ont leur part l'oppression et les peurs, assurément, mais aussi les joies, les savoirs, les manières d'être : tout ce qui fait, en somme, une culture au quotidien. En accordant ainsi à ce travail de mémoire tout son champ, nous espérons avoir œuvré à une meilleure compréhension de ceux qui furent si longtemps rejetés. Puisse ainsi ce récit vrai contribuer, modestement, au mouvement d'émancipation des humiliés, pour qu'ils gagnent leur pleine place dans une société où tous honoreraient le simple titre qu'Unjai Rajan, directeur d'une publication culturelle *dalit*, a donné à sa revue : *Manusanga*, Humains.

Paris, avril 1994.
Pondichéry, août 1994.

La couvée. (Dessin de Viramma.)

ANNEXES

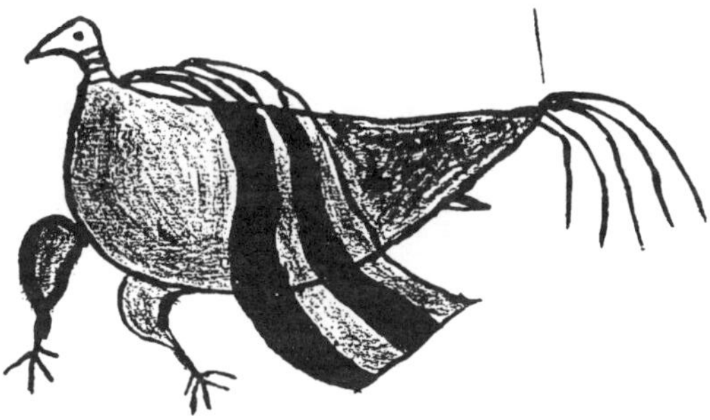

Annexe I

PERSONNES MENTIONNÉES DANS LE RÉCIT

Les noms de personnes sont donnés sous une forme facilitant une prononciation relativement proche du tamoul parlé (*u* se prononçant *ou*, *j* se prononçant *dj*). La translittération savante de la forme tamoule écrite, selon les principes du *Tamil Lexicon* publié par l'université de Madras, suit entre parenthèses. On n'a toutefois pas translittéré les noms authentiques, qui sont ceux de personnalités politiques ou de vedettes de cinéma, et qui sont suivis d'un astérisque. On a donné à ces noms leur graphie habituelle dans la presse indienne de langue anglaise. Tous les autres noms de personnages réels mentionnés dans le récit sont des pseudonymes. Si les renseignements décrivant une personne ici définie par un pseudonyme correspondaient au nom réel d'une autre personne à laquelle ces mêmes renseignements pourraient s'appliquer, ce ne serait là que pure coïncidence, sans signification.

Adi (āti). Tante de Viramma, du même lit que son père : fille de Kannima, première femme de grand-père Samikkanneu.

Ambigai (ampikai). Femme du *céri* de Karani. Son mari Ramin, décédé accidentellement, est devenu un esprit.

Ammapponneu (ammapponnu). Harijan de Karani. L'esprit de La Panse, son mari mort sans avoir eu d'enfant, apparaît à Viramma.

Amsa (amsā). Petite-fille et belle-fille de Viramma, nièce et femme d'Anbin, qui a épousé la fille de sa sœur aînée. Était possédée, et n'a pu avoir d'enfant pendant des années.

Ananda Gounder (āṉanta kavuṇṭar). Résident de Karani. Fut un militant du mouvement rationaliste Dravida Kajagam.

Anbin (aṉpaṉ). Huitième des douze enfants de Viramma, un des trois à avoir survécu : son seul fils. A épousé sa nièce Amsa.

Anjalai (añcalai). Amie de Viramma à Karani. Son fils a été possédé par les Sept Vierges, sa fille par Irsi Kattéri.

Anjamma (añcammā). Femme du barbier à Karani. Est sage-femme et masseuse.

Annadurai, C.N.* (1909-1969). Militant du Dravida Kajagam, il en partit pour créer un vrai parti politique, le Dravida Munnetra Kajagam (DMK), qui emporta les élections à l'Assemblée de l'État de Madras en 1967. Fut alors ministre en chef de l'État jusqu'à sa mort. Reste une figure de référence pour le DMK et l'ADMK.

Arayi (āṟāyi). Femme du *céri* de Karani. Ouvrière asservie chez des Kepmari.

Balu (pālu). Un jeune Harijan de Karani, amateur des devinettes de Viramma.

Bangareu Reddi (paṅkāru reṭṭi). Riche propriétaire de Karani. Mesquin envers Dieu comme envers les pauvres.

Bojakkannan (pojakkaṇṇaṉ). Un jeune Harijan de Karani, auquel Viramma aime poser des devinettes obscènes.

Bommaikkanneu (pommaikkaṇṇu). Harijan célibataire de Karani. Spécialiste de la dangereuse *puja* aux Sept Vierges.

Canard (« grand-père Canard »). Surnom d'un Harijan de Karani. Un des fondateurs de l'ancienne troupe d'acteurs du *céri*.

Chandran (cantiraṉ). Harijan de Karani. Employé au Centre hospitalier de Pondichéry, à Gorimédeu.

Danamma (taṉammā). Amie de Viramma à Karani. Originaire de Putrai. Craint qu'on enlève son fils premier-né. Affronte l'esprit de Ramin, décédé trop jeune.

Darasuram (taracurāmaṉ). A offert une statue de Kattavarayan pour le temple de Mariamman au *céri* de Karani.

Édenté (l'). Un Harijan de Karani. Possédé par la déesse Mariatta, il annonce l'arrivée de l'épidémie de variole.

Egavalli (ekāvalli). Jeune fille du *céri* de Karani qui voulait avorter.

Ellamma (ellammā), dite grande sœur Ellamma. Cousine aînée de Viramma. Habite Karani. Elle a arrangé le mariage de Viramma avec Manikkam.

Ettyan (eṭṭiyaṉ). « Le huitième. » Surnom donné par le Grand Reddiar à Anbin, fils de Viramma.

Gandhi, Indira* (1917-1984). Premier ministre de l'Inde de 1966 à 1977 et de 1980 à son assassinat par ses gardes sikhs, en 1984. Fille de Jawaharlal Nehru, Premier ministre de 1947 à 1964. Mère de Rajiv Gandhi, Premier ministre de 1984 à 1989.

Gandhi, Mohandas Karamchand* (1869-1948). Quand Viramma dit Gandhi, c'est bien sûr du Mahatma qu'il s'agit, le Père de la nation. Menant en parallèle la lutte pour l'indépendance et le combat contre l'intouchabilité, il inventa le néologisme Harijan, Fils de Dieu, pour désigner les Intouchables.

Ganesan (kaṇēcaṉ). Mari de Kaliamma. Présent à la maternité lors de la substitution de son fils.

Gopala Gounder (kōpāla kavuṇṭar). Militant communiste de Karani, très respecté de tous pour son comportement social exemplaire, respectueux du *dharma*.

Goubert, Édouard* dit Goubert Papa (1894-1979). Homme politique pondichérien. Fut député de l'Inde française à l'Assemblée nationale, puis rallia le mouvement nationaliste de rattachement des Établissements français à l'Inde, qui fut obtenu *de facto* en 1954. Fut par la suite plusieurs fois réélu maire de Pondichéry.

Grand Reddiar (le). Terme par lequel Viramma désigne, dans les deux villages où elle a vécu, le gros propriétaire, de caste Reddiar, qui est le notable du village, et auprès duquel, dans les deux cas, sa famille est attachée par de multiples liens (travail, dette...). Un personnage essentiel de sa vie.

Guérisseur Nadar (le). Spécialiste du traitement des maladies vénériennes.

Gundurayan Reddiar (kuṇṭurāyaṉ reṭṭiyār). Père du Grand Reddiar de Karani. A soutenu le mouvement de rattachement du territoire de Pondichéry à l'Inde lors des troubles villageois de 1954.

Irsamma (irucammā). Femme de Nadesan. Victime d'une substitution de nouveau-né à l'hôpital de Pondichéry.

Irsin (irucaṉ). Ami du père de Viramma, à Velpakkam.

Janaki (jāṉaki). Fille aînée du Grand Reddiar de Velpakkam. Possédée par un démon. Ayant subi un premier échec, elle trouve un mari après que ses parents eurent organisé la cérémonie du mariage de poupées.

Jayalalitha* (née en 1946). Actrice de cinéma très célèbre, longtemps partenaire de M.G.R. à l'écran, avant de le rejoindre en politique à la tête de l'Anna DMK. Ministre en chef du Tamilnad depuis 1991.

Kacimma (kāciyammā). Belle-sœur aînée de Viramma.

Kalimuttu (kāḷimuttu). Blanchisseur du *céri* de Velpakkam. Construit pour Viramma le réduit de réclusion des filles pubères. Accompagne les suppliants varioleux au temple de Mariamman.

Kaliyamma (kāḷiyammā). Femme de Ganesan. On a failli substituer une fille à son fils nouveau-né, à l'hôpital de Pondichéry.

Kaliyan (kāḷiyaṉ). Chef *(nattam)* du *céri* de Karani. A offert au temple de Mariamman la statue de la déesse.

Kaliyappa (kāḷiyappa). Résident du *céri* de Karani. Fut militant du mouvement rationaliste Dravida Kajagam.

Kamaraj Nadar* (1903-1976). Ministre en chef congressiste de l'État de Madras de 1954 à 1962, puis président national du Congrès. Porte Indira Gandhi au pouvoir en 1966, puis s'y oppose ouvertement après la scission du parti en 1969.

Kandassami (kantacāmi). Potier de l'*ur* de Karani.

Kanikkai (kāṇikkai), dite tante Kanikkai. Amie de la grand-mère maternelle de Viramma. Assiste à sa naissance à Velpakkam et à ses premières règles.

Kannan (kaṇṇaṉ). Joueur de tambour au *céri* de Velpakkam. Officie lors des rites de puberté.

Kannappin (kaṇṇappan). Harijan de Karani. Mari violent, il fut battu publiquement par sa femme.

Kannima (kaṉṉimā), dite grand-mère Kannima. Fille de charretier. Première femme de Samikkanneu, grand-père paternel de Viramma.

Kannima (kaṉṉimā). Amie de Viramma à Karani.

Kanur (Le Vieux de Kanur). Harijan de Karani, originaire de Kanur. Un des fondateurs de l'ancienne troupe d'acteurs du *céri.*

Kapok. Surnom donné à un Harijan de Karani. Artiste, il orne de ses peintures murales les maisons du *céri.*

Karpayi (karuppāyi). Femme du *céri* de Karani. Ouvrière agricole asservie chez des Kepmari.

Karunanidhi, Muthuvel* (né en 1924). Leader du parti régionaliste DMK (Dravida Munnetra Kajagam). Écrivain, scénariste, homme de cinéma. Ministre en chef du Tamilnad de 1969 à 1977, puis de 1989 à 1991.

Karuppan (karuppaṉ). Le premier garçon du *céri* de Karani qui ait fini ses études. Travaille en usine à Pondichéry.

Kasturi (kastūri). Amie d'enfance de Viramma à Velpakkam.

Kichtin (T. kiṣṭaṉ, déformation de Krishna). Garçon harijan de Karani. A vu les Sept Vierges.

Kirti (kīrtti). Amie d'enfance de Viramma à Velpakkam.

Kittéri (kittēri). Amie d'enfance de Viramma à Velpakkam.

Kokilam (kōkilam). Harijan de Karani. Maîtresse d'un Naïcker, elle a été répudiée par son mari.

Konakkali (kōṇakkāli). Vieille du *céri* de Velpakkam. Participe aux rites de puberté de Viramma.

Krishnan (kiruṣṇaṉ), dit oncle Krishnan. Demi-frère du père de Viramma. Joue le rôle dévolu normalement à l'oncle maternel lors de la puberté de Viramma, à Velpakkam.

Krishnan (kiruṣṇaṉ). Harijan de Karani. Danseur grimé en chasseur lors de la procession de Mariamman.

K.S. Homme politique, élu de la circonscription de Karani à l'Assemblée législative de Pondichéry.

Kumari (kumāri). Vendeuse de poisson séché, à Karani.

Kuppin (kuppaṉ). Harijan de Karani. Danseur grimé en chasseur lors de la procession de Mariamman.

Kuppu (kuppu). Chanteuse lors de la réclusion de Viramma devenue nubile, à Velpakkam.

Kuppu (kuppu). Femme du *céri* de Velpakkam, affligée d'une descente d'organe.

Kuppu (kuppu). Vieille de Karani. A surpris une femme qui s'empoisonnait.

Kuppussami (kuppucāmi). Harijan du *céri* de Karani, militant du Parti communiste.

Kuppussami (kuppucāmi). Habitant de *l'ur* de Karani. Tient une échoppe de thé.

Lakshmanan Reddi (lakṣmaṇaṉ reṭṭi). Un propriétaire foncier de haute caste, mécontent de la promotion des Harijans, à Karani.

Maciyan (maciyaṉ), dit grand frère Maciyan. Harijan de Velpakkam. Porte le panier et la natte de mariage de Viramma lors de ses épousailles.

Mahalingam Gounder (makāliṅkam kavuṇṭar). Métayer régulier de terres du temple à Karani.

Maître d'école (le). Voir Vattiar.

Malliga (mallikā). Son père a été chef du *céri*.

Mani (maṇi), dit grand frère Mani. Souraire à Velpakkam, et *mantirakkarar* : chasse démons et esprits. Il est guérisseur.

Mani Iyer (maṇi aiyar). Prêtre harijan du *céri* de Karani.

Mani Kepmari (maṇi kēppumāri). Habite l'*ur* de Karani. A attrapé la vérole.

Manikkam (māṇikkam). Mari de Viramma, qu'elle n'appelle jamais directement par son nom, comme le veut la coutume.

Manivélu (maṇivēlu). Harijan de Karani. Jouait Draupadi dans les représentations données lors des fêtes de Draupadi. A offert, avec Darasuram, une statue de Kattavarayan au temple de Mariamman.

Manjamma (mañcammā). Fille du blanchisseur du *céri* de Velpakkam. Récupère le jupon souillé par les premières règles de Viramma.

Mannankatti (maṇṇaṅkaṭṭi). *Urtotti* de Karani.

Mariamma (māriyammā). Mère de Kaliyamma. Présente à la maternité lors de la substitution de son petit-fils.

Marimuttu (mārimuttu). Beau-frère de Viramma, à Karani. Frère aîné de Manikkam. Époux de Vanamayil.

M.G.R.*. Initiales de Marudur Gopalan Ramachandran (1917-1987). Célébrissime acteur de cinéma, incarnant des héros issus du peuple. Trésorier du DMK, il fit scission en 1972, créant alors avec ses clubs d'admirateurs un nouveau parti, de même idéologie, l'Anna DMK, qu'il porta au pouvoir au Tamilnad. Fut ministre en chef de 1977 à sa mort.

Minatchi (mīṉāṭci). Fille cadette du Grand Reddiar de Velpakkam. Ne sait répondre aux devinettes de Viramma.

Miniyamma (miṉiyammā). Quatrième des douze enfants de Viramma, l'aînée des trois ayant survécu.

Moustachu (le). Boutiquier du *céri* de Karani, vendant, entre autres, bétel et cigarettes. Son fils joue dans l'orchestre *naiyandi*.

Munissami (muṉicāmi). Harijan de Karani. Était *urtotti* lors de la mort de Gopala Gounder.

Munissami (muṉicāmi), dit grand-père Munissami. Grand-père de Kittéri, amie de Viramma à Velpakkam : le conteur le plus apprécié des enfants du *céri*.

Muniyin (muṉiyaṉ), dit grand-père Muniyin. Le plus vieux des Harijans de Karani. Raconte à Viramma le mythe originel des Parias.

Murali (murali). Harijan du *céri* de Karani. Militant du DMK, il est petit fonctionnaire à Pondichéry.

Murugaiya Gounder (murukaiyyā kavuṇṭar). Personnalité éminente de Karani. Chef héréditaire du village *(nattam)*, il est aussi devenu *samiar*, saint homme pourvu de pouvoirs particuliers. Exorciste, il a construit le temple de Murugan, et anime la célébration de *Taï pusam* et la fête de Draupadi.

Murugan (murukaṉ). Sous l'influence de la démone Kattéri, il se blesse en creusant un puits.
Muttu (muttu). Frère de Viramma.
Nadan (nātaṉ). Mari d'Irsamma. On a substitué une fille à son fils nouveau-né.
Nadesan (naṭēcaṉ). Père de Viramma.
Nagamma (nākammā). Amie d'enfance de Viramma à Velpakkam.
Nagesh*. Vedette du cinéma tamoul, spécialisé dans les rôles comiques.
Nallamma (nallammā), dite grande sœur Nallamma. Belle-mère de Mani Iyer, prêtre harijan sivaïte de Karani. Viramma a protégé un de ses fils par le rite des ordures.
Narayana Gounder (nārāyaṇa kavuṇṭar). Comptable du village de Karani.
Nayagam (nāyakam). Harijan du *céri* de Velpakkam. Son fils est mort du choléra.
Nayaki (nāyaki). Amie d'enfance de Viramma à Velpakkam.
Nehru, Jawaharlal* (1889-1964). Premier ministre indien de 1947 à sa mort. Père d'Indira Gandhi.
Nettappakkam (neṭṭappākkam), dite grande sœur Nettappakkam. Amie de la mère de Viramma. Aide au repas de conjuration du mauvais œil à la veille de son mariage.
Nilamma (nīlammā). Amie d'enfance de Viramma à Velpakkam.
Œil-de-Hibou. Surnom du Grand Reddiar de Velpakkam. Surprend Viramma et ses amies qui dérobent ses arachides.
Pajani Gounder (paḻani kavuṇṭar). Père du maître d'école.
Pakkiam (pākkiyam). Amie de Viramma à Karani.
Pakkiri (pakkiri). Femme du cordonnier de Karani.
Pandéri (paṇṭēri), dit grand-père Pandéri. Grand-père maternel de Viramma, qui ne l'a pas connu.
Pandéri (paṇṭēri). Harijan de Karani. Grand amateur de femmes : en est affaibli, et vérolé.
Panse (la). Surnom de Sukumarin, mari d'Ammapponneu. Mort sans avoir eu d'enfants. Son esprit revient au village. Viramma en a eu plusieurs visions.
Parasuramin (paracurāmaṉ). Harijan de Karani. Son frère, instruit, a pu entrer dans la police (mais sans être inspecteur, comme Saktivélu).
Patchamma (paccammā). Amie d'enfance de Viramma à Velpakkam.
Patchayappan (paccaiyappaṉ). Père de Manikkam, beau-père de Viramma.

Patteu (paṭṭu). Mère de Viramma. A eu sept enfants.

Pavunu (pavuṇu). Jeune femme venue de Vijayavada pour se faire exorciser à Karani.

Pérambin (perampaṉ), dit grand frère Pérambin. Blanchisseur de Karani. Connaît les mantra efficaces contre les diarrhées infantiles dues aux cadavres. Joueur d'*udukkai*.

Pérumal Gounder (perumāḷ kavuṇṭar). Leader du DMK à Karani.

Petit Gounder (le). Frère cadet du maître d'école (le Grand Vattiar). Fils de Pajani Gounder, il est agriculteur, et anime la coopérative laitière de Karani.

Petit Reddiar (le). Frère cadet du Grand Reddiar, à Karani.

Pied-d'Éléphant. Surnom d'un Harijan de Karani. Il est chiromancien.

Pombur (le Vieux de Pombur). Harijan du *céri* de Velpakkam. Possédé par Kali, il écarte le choléra du village.

Ponni (poṉṉi). Bru du chef dụ *céri* de Karani, mariée à Mani. N'a eu d'enfants qu'après avoir fait le rite du bébé de farine.

Ponnuttambi (poṉṉuttampi). Eunuque de Nellipet.

Rajnikant*. Vedette du cinéma tamoul, héros justicier et combattant.

Ramachandran M.G.*. Voir M.G.R.

Ramakrishnan (rāmakiruṣṇaṉ). Fils de Kaliyamma. Victime à la naissance d'une tentative de substitution.

Ramalingam Naïcker (rāmaliṅkam nāyakar). Propriétaire foncier à Velpakkam.

Ramassami (rāmacāmi). Vieux blanchisseur de Karani. Connaissait des chants d'exorcisme.

Ramin (rāman). Mari d'Ambigai. Mort accidentellement. Son esprit revient importuner une femme mariée, pour simuler la vie de famille qu'il n'a pu avoir.

Ranga (raṅkā). Harijan de Karani. Danseur déguisé en Koravan lors de la procession de Mariamman. Danseur travesti, maître de l'orchestre *naiyandi*.

Râpe-Coco, dit oncle Râpe-Coco. Surnom d'un Harijan de Karani. Un des fondateurs de l'ancienne troupe d'acteurs du *céri*.

Rasatti (rācātti). Femme infidèle. A choisi de partir avec son amant après confrontation devant le conseil du village.

Rayappan (rāyappaṉ). Harijan de Karani, sérieusement blessé lors de l'attaque du village par les hommes de main du Reddi de Nalivéli.

Rukkumani (rukkumaṇi). Amie d'enfance de Viramma à Velpakkam.

Sakkamma (cakkammā). Amie de Viramma à Karani.

Saktivélu (saktivēlu). Harijan de Karani, devenu inspecteur de police à Pondichéry. Frère de Sukumarin.

Sami (cāmi), dit grand frère Sami. Porte la malle de mariage de Viramma.

Samikkanneu (cāmikaṇṇu), dit grand-père Samikkanneu. Grand-père paternel de Viramma. Ouvrier agricole asservi. Pratique la sorcellerie. A eu des enfants de deux lits.

Sandanam (cantāṉam). Mari trompé. A accepté la réconciliation après confrontation devant le conseil du village.

Sankar (caṅkar). Un jeune Harijan de Karani, amateur des devinettes de Viramma.

Sankarin (caṅkaraṉ). Harijan de Karani. Danseur déguisé en sorcier lors de la procession de Mariamman.

Sarda (cārtā), dite grande sœur Sarda. Cousine aînée de Viramma. Habitait à Velpakkam.

Saroja (carōjā). Belle-sœur de Viramma, épouse de son frère Muttu. Réside à Velpakkam.

Selvam (celvam). Cordonnier joueur de trompe. Équarrisseur.

Selvaraj (celvarāj). Eunuque du village de Mangappakkam.

Senguéni (ceṅkēṇi). Son mari s'est évanoui sous l'influence de la démone Kattéri. Pour sauver sa fille, a recouru à la cérémonie dite de « l'enterrement des briques ».

Sinnamma (ciṉṉammā). Tout au long des entretiens, terme par lequel Viramma s'adresse à son interlocutrice *(cf.* chap. I, n. 3 pour les connotations hiérarchiques du mot).

Sinnappin (ciṉṉappaṉ). Harijan de Karani. Fils de Venkadesa. Remplit les fonctions héréditaires de *talaiyari*, aide du comptable (aujourd'hui administrateur) villageois. Sa fille est une élue locale.

Sinnatambi (ciṉṉattampi), dit grand frère Sinnatambi. Voisin de Viramma à Velpakkam.

Sinnatambi (ciṉṉattampi). Tisserand de Palayam. A tissé la toile des oreillers du trousseau de Viramma.

Sinnatambi (ciṉṉattampi). Harijan de Karani. Instruit, il est devenu électricien dans une usine de Pondichéry.

Siralam (cīrālam). Ami du père de Viramma à Velpakkam.

Sisatta (cicāttā). Harijan de Karani. Son bébé a contracté une grave diarrhée due aux cadavres.

Sivaji* (Sivaji Ganesan). Vedette de premier plan du cinéma tamoul.

S'est illustré, entre autres, dans de nombreux films historiques et mythologiques.

Somin blanc. Surnom du maître de danse de la troupe de l'*ur* de Karani.

Suba (cupā). Menuisier à Karani.

Subbiah, Varadarajulu* (1911-1993). Leader du Parti communiste du Territoire de Pondichéry.

Subbu (cuppu), dite grand-mère Subbu. Grand-mère de Rukkumani, elle assiste aux premières règles de Viramma.

Subramaniam Gounder (cuppiramaṇiyam kavuṇṭar). Propriétaire à Velpakkam.

Sujata*. Vedette du cinéma tamoul. Apparaît généralement dans des rôles d'innocente, ou de femme en quête de justice.

Sukumar (cukumār). Un des Harijans de Karani, pompier à Pondichéry.

Sundari (cuntari). Onzième enfant de Viramma, la plus jeune de ses trois enfants vivants. Porte un des noms de la déesse Draupadi.

Suriya (cūriyā). Cousine de Viramma. Participe aux préparatifs de son mariage.

Swara Reddi (cuvara reṭṭi). Propriétaire foncier. Maître de grand-père Samikkanneu.

Tacimma (tācimmā), dite grande sœur Tacimma. Comme Viramma, sa fille est l'objet des avances obscènes de l'officier d'état civil de Karani.

Tangavélu (taṅkavēlu). Homme du *céri* de Karani. A trouvé une chaîne en or cachée par les voleurs Kepmari. Elle lui a permis de se construire une maison en dur au *céri*.

Tirumala Gounder (tirumalai kavuṇṭar). Musicien de l'*ur*, à Karani. Joueur de *pambai*.

Vadivélu (vaṭivēlu). Gounder de Karani. Militant du DMK.

Valli (vaḷḷi). Femme du *céri* de Karani. A récupéré des pièces d'or cachées par des voleurs Kepmari, et a pu ainsi marier sa fille.

Vanamayil (vaṉamayil). Belle-sœur aînée de Viramma. Femme de Marimuttu.

Vanaroja (vaṉaroja). Cousine de Viramma. Participe aux préparatifs de son mariage.

Vattiar (vāttiyār), dit le Grand Vattiar : le grand maître d'école. Fils aîné de Pajani Gounder, cultivateur à Karani. Il a été l'instituteur du fils de Viramma, avant d'enseigner à Pondichéry. Il est linguiste, musicien et poète.

Vattiya (vaṭṭiyaṉ), les quatre frères Vattiya. Possédés par Éjeumalaiyan, ils font part de ses oracles.
Vellai (veḷḷai), dit grand-père Vellai. Chanteur des louanges de Mariamman lors des épidémies de variole.
Velpakkatta (vēlpākkattā), c'est-à-dire « celle de Velpakkam ». Appellation donnée couramment à Viramma.
Vimala (vimalā). Aide-cuisinière à la crèche de Karani.
Vinayagam (viṉāyakam). Danseur, membre de l'orchestre *naiyandi* de Karani.
Viramani (vīramaṇi). Harijan du village de Pérukkarur. A des démêlés avec l'esprit d'un suicidé, après avoir mangé du carry de porc.
Virappin (vīrappaṉ). Harijan de Karani. Danseur déguisé en Koravan lors de la procession de Mariamman.
Vira Reddi (vīra reṭṭi). Un propriétaire foncier de Karani, mécontent des facilités offertes aux Harijans.
Virassami (vīracāmi). Cordonnier au *céri* de Karani.
Virayi (vīrāyi). Nièce de Viramma. Ensorcelée, elle a été exorcisée par un prêtre du village de Érippattu.

Annexe II

DIVINITÉS, ESPRITS ET HÉROS

Les divinités, esprits ou héros mentionnés dans les notes, mais non par Viramma elle-même, sont indiqués par un astérisque. On donne d'abord une graphie permettant une prononciation relativement proche du tamoul parlé puis, entre parenthèses, la translittération savante du mot tamoul (t.) ou sanscrit (s.).

Adisivan (t. aticivaṉ). Littéralement, le Premier Siva, ou le Siva primordial.

Aïttalamma (t. ayttalammā). Nom composé associant celui des deux épouses (Ayi et Talamma) d'un Chettiar de Karani divinisées après s'être immolées sur son bûcher.

Aiyanar (t. ayyaṉār). Vieille divinité dravidienne, intégrée de longue date dans le panthéon brahmanique en tant que fils de Siva et de Vishnu (celui-ci sous sa forme féminine de Mohini). C'est le gardien des champs, protecteur armé du territoire du village. Son temple, marqué souvent par de grandes statues multicolores entourées d'une foule de chevaux ou de cavaliers de terre cuite, est toujours en marge du village. On écrit aussi parfois Ayanar, ou Ayainar.

Ammai (t. ammai). La Mère, un des noms de Mariamman.

Andava (t. āṇṭavā). Un des noms de Siva. Le mot même signifie « celui qui gouverne », et aussi « Dieu ».

Anjaneyar ou **Anjinayar** (t. āñcanēyar). Un des noms d'Hanuman, le dieu-singe, fils de Vayu, dieu du vent et d'une guenon. Allié précieux de Rama dans son combat contre Ravana, roi de Lanka, dans l'épopée du *Ramayana*.

Aravin ou **Aravan** (t. aravāṉ). Fils d'Arjuna et d'une princesse Naga. Décapité, il obtint de Krishna la grâce de voir jusqu'à la fin la bataille du *Mahabharata* entre les Pandava et les Kaurava. Le « champ d'Aravin » est le nom donné au quartier de Karani où se dresse l'énorme tête d'argile d'Aravin modelée lors de la fête de Draupadi.

Arjuna ou **Arjunan** (t. arccunā ou arjuṉaṉ, du s. Arjuna). Le plus illustre des cinq Pandava, fils de Kunti et d'Indra. C'est à lui que Krishna, cocher de son char de guerre, révèle les principes d'action conduite en conformité avec le devoir, qui constituent la *Bhagavad gita*.

Asura (t. acurā : du s. asura). Êtres célestes, démoniaques, ennemis des dieux. Résident dans les cieux, contrairement aux *arakkan*, sortes d'ogres vivant sur terre.

Asurapputiran* (t. acurapputtiraṉ). *Asura* lié au mythe de Draupadi.

Bhima (t. pīmā, du s. Bhīma). Un des cinq Pandava, fils de Kunti et de Vayu, combattant redoutable.

Brahma* (s. Brahmā). Une des divinités majeures, vue parfois comme le créateur. Présent dans de nombreux mythes post-védiques.

Brahman* (s. Brahman). L'absolu, l'unité cosmique. La triade *(trimurti)* de Brahma, Vishnu et Siva unifie les trois aspects du *brahman*.

Budam (t. pūtam). Être surnaturel à allure de géant. Se borne à effrayer ceux à qui il apparaît. Dans les récits mythologiques populaires, sont dévoués envers les *déva* pour lesquels ils travaillent. Les gardiens du séjour de Siva *(sivalogam)* sont des *budam*.

Darittrampey (t. tarittirampēy). Esprits maléfiques (étymologiquement, « esprits qui apportent la ruine »).

Dasaratha* (s. Daśaratha). Roi d'Ayodhya, père de Rama.

Déva (t. tēvar, du s. Deva). Êtres célestes divins, à l'inverse des *asura*, êtres célestes démoniaques.

Dévi (t. tēvi, du s. Devī). 1. Nom générique pour déesse, reine, épouse au pays tamoul. 2. En temps qu'être divin personnifié, Dévi peut désigner chacune des grandes déesses (Durga, Kali, Parvati), et elles toutes à la fois.

Dharma* (s. Dharma). Dieu allégorique du *dharma*, père de Yudishthira.

Dhrishtadyumna* (s. Dhṛṣṭadyumna). Frère de Draupadi.

Dhritarashtra* (s. Dhṛtaraṣṭra). Roi de Kuru, père des Kaurava.

Draupadi (t. Tiraupati, du s. Draupadī). Dans le *Mahabharata*, épouse des cinq frères Pandava. Devenue une déesse populaire, objet d'une des fêtes les plus importantes du calendrier, fête marquée par la marche sur le feu. A un temple à Karani.

Drupada* (s. Drupada). Roi de Panchala, père de Draupadi.

Duryodhana* (s. Duryodhana). Aîné des Kaurava.

Éjeumalaiyan (t. ēḻumalaiyāṉ). « Celui-des-sept-montagnes » : un des noms donnés à Pérumal, c'est-à-dire à Vishnu, le plus souvent par des membres de castes de bas rang.

Ettiyan (t. ettiyaṉ). Un des assistants de Yama, dieu de la mort. Gardien des champs crématoires. Les Vettiyan, sous-caste de Paraiyar, seraient des descendants d'Ettiyan.

Gangaiyamma (t. kaṅkaiyammaṉ). Mère Gange. Déesse du Gange, eau versée par Sakti sur la tête de Siva pour calmer l'échauffement dû à la mise en place du troisième œil qu'elle venait de lui offrir. Une des femmes de Siva, Gangaiyamma, est dans nombre de mythes une rivale de Parvati. Représentée souvent dans les cheveux de Siva.

Garudan (t. karuṭaṉ, du s. Garuḍa). Aigle géant (parfois représenté avec corps d'homme mais bec et serres d'oiseau de proie). Véhicule de Vishnu.

Gopi* (s. Gopī). Vachères de la mythologie krishnaïte.

Govinda (t. kōvintaṉ, du s. Govinda). « Le Trouveur de vaches » : un des noms de Krishna, c'est-à-dire de Vishnu dans sa huitième incarnation (pour échapper à la mort promise par son oncle, roi de Mathura, Krishna fut secrètement confié à un couple de vachers).

Harichandran (t. ariccantiraṉ ; du s. Hariścandra). Roi mythique qui, par respect de la parole donnée, accepta de déchoir au point d'être chargé des crémations. Sa statue se trouve sur le chemin menant aux champs de crémation.

Idumpan (t. iṭumpaṉ). *Asura* vaincu par Murugan, qui en fit son dévot.

Indra* (s. Indra). Roi des dieux, père d'Arjuna.

Irsi Kattéri (t. irucikāṭṭēri). 1. Esprit maléfique féminin. Démone mangeuse de fœtus, responsable d'avortements. 2. Une forme maudite de Kamatchi, condamnée par Siva à errer dans les champs de crémation et à se nourrir de cadavres et de fœtus pour avoir voulu lever la malédiction pesant sur son fils Kattavarayan.

Isan (t. īcaṉ, s. Īśāna). Un des noms de Siva, équivalent d'Isvaran.

Isvaran (t. īcuvaraṉ, du s. Īśvara) ou **Isan** (t. īcaṉ, du s. Īśāna). Le « Maître » : un des noms de Siva, le plus courant en pays tamoul, où l'on trouve son temple dans tous les villages.

Kakkappattan (t. kakkappattan). Un des noms d'Aiyanar. Protecteur des voleurs Kepmari.

Kali (t. kāḷi, du s. Kālī). Une des formes redoutables de Durga, « celle au trident », épouse de Siva : Kali la Noire et son collier de crânes, la colérique, déesse destructrice d'hommes, appelant des sacrifices sanglants.

Kaliyamma (t. kāliyammā). Kali la Mère.

Kama* (s. Kāma). Dieu de l'amour. Voir Manmadan.

Kamatchi (t. kāmāṭci) ou **Kamakshi** (t. kāmākṣi, s. Kāmākṣi.). Une forme de Parvati condamnée par Siva à un exil de douze années sur terre pour avoir douté de la capacité de Siva à nourrir tous les êtres, même la fourmi qu'elle avait délibérément cachée dans sa boîte de *kungumam*. Elle médite alors devant un *lingam* de terre (Mannarsami) dans un jardin au bord de la rivière Kampa et se donne un fils, Kattavarayan, pour garder ce jardin. Maudite une seconde fois, elle prend le nom de Patchaiyamma. Son effigie est représentée sur les petites lampes à huile, de cuivre ou de laiton, qu'on trouve près des autels domestiques.

Kamban* (t. kampaṉ). Poète tamoul (vers le XIIe siècle), auteur d'une version du *Ramayana* en tamoul.

Kanni (t. kaṉṉi). Voir Vierge.

Kanniyamma (t. kaṉṉiyammā). Nom générique de chacune des Sept Vierges.

Karna (t. karṇā. du s. Karṇa). Un des héros du *Mahabharata*. Guerrier exceptionnel, il prend le parti opposé aux Pandava, sans savoir qu'il est leur demi-frère. Arjuna le tuera, sans connaître non plus leur parenté.

Kattavarayan (t. kāttavarāyaṉ). Fils créé par Kamakshi, maudit par Siva et condamné à l'empalement pour avoir voulu empêcher les Kanni de prendre des fleurs dans le jardin de sa mère. Là où il n'y a pas de temple de Kamakshi, on trouve sa statue (ou son pal) près du temple de Mariamman.

Kattéri (t. kāṭṭerī). 1. Divinité menaçante, mais pouvant protéger les bébés ou donner des enfants aux femmes stériles. 2. Esprits féminins maléfiques. Voir Irsi Kattéri et Rana Kattéri.

Kaurava* (t. kauravar du s. Kaurava). Les cent frères, opposés à leurs cousins les Pandava dans le *Mahabharata*.

Kavalkaran (t. kāvalkkāraṉ). Le gardien, divinité du *céri* de Karani.

Ketu* (s. Ketu). L'une des neuf planètes de la cosmologie hindoue.

Kishtan (t. kiṣṭaṉ). Forme populaire du nom de Krishna.

Krishna (t. kiruṣṇā ; s. Kṛṣṇā). « Le Noir » : huitième avatar de Vishnu. Dans le *Mahabharata*, il est allié aux Pandava et conduit le char d'Arjuna. Par la suite, Krishna devient l'objet d'un culte fondé sur une religion plus personnelle, nourri de l'amour du fidèle pour son dieu. Voir Kishtan.

Kunti* (s. Kuntī). Femme de Pandu, mère de Yudishthira, Bhima et Arjuna.

Kuttandavar (t. kuttantavar). Nom donné à Aravan, fils d'Arjuna, dès qu'il épouse Mohini pour pouvoir être sacrifié afin que les Pandava remportent la bataille de Kurukshetra. Mohini n'est autre que Krishna, redevenu Vishnu sous sa forme féminine. Kuttandavar est le dieu des eunuques.

Kuttiçattan (t. kuṭṭiccāttāṉ). Étymologiquement, petit diable, le mot çattan étant passé au tamoul *via* l'urdu « shaïtan ». En fait, plutôt un farfadet, un lutin (étymologiquement, du reste, lutin signifie esprit diabolique).

Lakshmanan (t. laṭcumaṇaṉ ou lakṣmaṇaṉ, du s. Lakṣmaṇa). Demi-frère de Rama, dans l'épopée du *Ramayana*. Personnifie la loyauté.

Lakshmi (t. laṭcumi ou lakṣmi, du s. Lakṣmī). Épouse de Vishnu. Déesse de la prospérité, de la beauté, qu'on invoque pour les biens temporels, mais aussi, sous ses autres formes, pour obtenir des grâces et des biens spirituels. Elle se manifeste aussi dans de nombreuses déesses-mères villageoises.

Madri* (s. Mādrī). Femme de Pandu, mère des jumeaux Nakula et Sahadeva.

Mahadevan (t. makātevaṉ, du s. Mahādeva). « Le Grand Dieu. » Un des noms de Siva (parfois utilisé aussi pour Vishnu).

Mahadisvaran (t. makātīsvaraṉ, du s. Mahādīśvar). « Le Grand Isvaran », c'est-à-dire le Grand Siva, dans une formulation populaire, pour désigner un être d'une puissance exceptionnelle.

Mahakrishnan (t. makākiruṣṇā, du s. Mahākṛṣṇa). Littéralement « le Grand Krishna ».

Mangavarttamma (t. maṅkavarattammā). Une des formes de la déesse Lakshmi.

Manmadan (t. maṉmataṉ, du s. Manmatha). Un des noms de Kama, dieu de l'amour sous la forme du dieu de la beauté. Fut réduit en cendres pour avoir troublé la méditation de Siva. Sa femme Radhi obtint qu'il revienne à la vie, mais sous forme invisible pour tout autre qu'elle.

Mannarsami (t. maṉṉarcāmi). « Le seigneur de terre » : nom du *lingam* (symbole phallique de Siva) de terre devant lequel Kamatchi a médité lors de ses douze années d'exil sur la terre.

Mariamman (t. māriyammaṉ). Déesse de la variole, une des déesses-mères les plus vénérées en pays tamoul. Une des formes de Sakti, dont la tête a été fixée sur le corps d'une jeune Intouchable de la caste des cordonniers.

Mariatta (t. māriyāttā). 1. Nom donné à Mariamman en tant que déesse de la variole. 2. Variole, varicelle, oreillons.

Mayan (t. māyaṉ, du s. Māyā). Une des formes de Vishnu, en tant que dieu de l'illusion.

Mayilaru (t. mayilāru). Déesse de lignée des blanchisseurs.

Mère Gange. Voir Gangaiyamma.

Mini (t. miṉi). 1. Diminutif de Minisuprayan, au sens d'esprit en attente de réincarnation. 2. Le mot désigne aussi des esprits féminins, appelés également Mohini (au sens 2).

Minisuprayan (t. miṉicupparāyaṉ). 1. Déformation de Munisvaran, une des formes inférieures de Siva. 2. Esprit, démon. Forme transitoire de défunt en attente de réincarnation. Égorge ceux à qui il apparaît. En ce sens, appelé parfois simplement *mini*.

Mohini (t. mōkiṉi, du s. Mohinī, au sens 1). 1. Dans la mythologie, Mohini est le nom donné à Vishnu quand il prit la forme d'une femme séduisante pour soustraire aux *asura* leur part d'ambroisie. 2. Esprit maléfique féminin (vêtu d'un sari blanc, fleurs aux cheveux) : agresse les jeunes hommes par appétit sexuel. Une fois possédées, ses victimes maigrissent dramatiquement.

Mudévi (t. mūtēvi, du s. Mudevī). Une sœur de Lakshmi, inauspicieuse. Elle apporte malchance et difficultés. Son animal est le corbeau.

Muni (t. muṉi, qui signifie colère). Chacun des sept gardiens créés par Patchaiyamma ; nom donné à Kamatchi après la seconde malédiction que lui inflige Siva. Un de ces *muni* est Patchassami, une forme de Vishnu.

Munnadiyan (t. muṉṉatiyān). « Celui-qui-vient-d'abord » : divinité secondaire, gardien d'une divinité principale. Le Munnadiyan de Périyandavin ressemble grossièrement à Pillaiyar.

Murugan ou **Subramaniam** (t. murukaṉ ou cuppiramaṇiyam). Second fils de Siva, symbole de la beauté masculine, de la jeunesse, objet particulier des cultes de *bhakti*. Sa monture est le paon.

Naga (t. nākaṉ du s. nāga). Serpents divinisés, génies souterrains. Dans tout village tamoul on trouve leur lieu de culte : des pierres sculptées d'un couple de serpents en caducée.

Nakulan (t. nakulaṉ, du s. Nakula). Un des cinq Pandava, avec son jumeau Sahadeva.

Nallatambi* (t. nallatampi). Frère de Nallatangal.

Nallatangal (t. nallataṅkāḷ). Héroïne d'une ballade très célèbre. S'est suicidée avec ses sept enfants après avoir été rejetée par sa belle-sœur, qu'anéantit alors son frère Nallatambi.

Narakasura (t. narakacuraṉ, du s.). *Asura* vaincu par Krishna.

Nataraja (t. naṭarājā, du s. Naṭarāja). Un des noms de Siva, en tant que dieu de la danse.

Nilamba (t. nilampā). Une des Sept Vierges.

Pakkasuran (t. pakkacuraṉ, du s. Bhakkasura). Un *asura* mentionné dans le *Mahabharata*. Pressurant un village devant lui offrir chaque jour charretée de riz et charretier, il est tué par Bhima.

Pandava (t. pāṇṭavā, du s. Pāṇḍava). Les cinq frères, héros de l'épopée du *Mahabharata*. Ce sont Yudishthira, Bhima, Arjuna, Nakulan et Sahadeva. Leur épouse commune est Draupadi. (Il s'agit en fait au mieux de demi-frères, les trois premiers sont les fils respectifs des dieux Dharma, Vayu et Indra et de leur mère Kunti, les derniers sont les fils des dieux jumeaux Asvin et de Madri, Kunti et Madri étant les deux épouses du roi Pandu qu'une malédiction promet à la mort sitôt qu'il connaîtra le plaisir de l'amour.)

Pandu* (s. Pāṇḍu). Époux royal de Kunti et Madri, qui unies à cinq dieux enfanteront les Pandava.

Paramasiva (t. paramaciva, du s.). Un des noms de Siva. Littéralement « le Siva accompli ».

Parvati (t. pārvati. s. Pārvatī). Parèdre de Siva.

Patchaissami (t. paccaicāmi). Le plus grand des sept *muni*, que l'on dit être une incarnation de Vishnu, venu protéger sa sœur Patchaiyamma.

Patchaiyamma (t. paccaiyammā) ou **Patchaivajiyamma** (t. paccaivā ḻiyammā). Une forme de Kamatchi en méditation sous des bananiers aux feuilles vertes (vert : *paccai)*, après avoir été maudite une seconde fois par Siva pour avoir effleuré de son sein le *lingam* (Mannarsami) qu'elle voulait protéger des flots.

Patrakali (t. patrakāḷi, du s. Bhadrākālī). Forme redoutable de la déesse Kali en colère, à Chidambaram.

Péramanar (t. peramāṉār). Dieu de lignée des Pannaiyal, sous-caste des Paraiyar.

Périyandavin ou **Périyandavan** (t. periyāṇṭavaṉ). Étymologiquement « Le Grand Dieu ». Dieu de lignée de Viramma. L'un des dieux majeurs des Vettiyan, sous-caste des Paraiyar. En fait un double de Siva, créé par Daksha, son beau-père.

Pérumal (t. perumāḷ). Nom le plus commun de Vishnu, au pays tamoul. On trouve son temple ou ses temples dans tous les villages.

Pillaiyar ou **Poullaiyar** (t. piḷḷaiyār ou puḷḷaiyār). Autres noms : Ganesan (Ganesh), Ganapati, Vinayagar. Un des fils de Siva et de Parvati, à tête d'éléphant, au ventre proéminent. Auspicieux, il est l'un des dieux les plus populaires de l'Inde, le « seigneur des obstacles », celui qu'on invoque avant de commencer une entreprise, un travail, une œuvre.

Poraiyatta (t. poraiyāttā, ou periyāttā). Déesse des limites. Une sœur redoutable de Selliyamman. Gardienne du territoire. Son petit temple est à l'écart du village, dans les champs.

Potteuraja* (t. pōttu rājā). Vainqueur d'Asurapputiran, lié au culte de Draupadi.

Radhi (t. rati ; s. Rati). Épouse de Manmadan, dieu de l'amour foudroyé par Siva. Elle obtint d'être la seule à voir son époux ramené à la vie.

Rahu* (s. Rāhu). L'une des neuf planètes de la cosmologie hindoue.

Rama (t. irāmaṉ ou rāmar. s. Rāma). Septième incarnation de Vishnu, héros du *Ramayana*.

Ranakattéri (t. raṇakkāṭṭēri). Esprit féminin maléfique, goule buveuse de sang. Voir Kattéri.

Renukka (t. rēṉukkā, du s. Reṉukā). Nom de Parvati, dans le mythe de Mariamman.

Sahadeva* (s. Sahadeva). L'un des Pandava, fils de Madri et d'un des Asvin. Voir Sakulan.

Sakti (t. cakti : du s. śakti). Déesse personnifiant l'énergie ou le pouvoir divin. Se manifeste sous de multiples formes féminines, toutes chargées en sus d'un caractère particulier, telles Parvati, épouse de Siva ; Durga la guerrière ; Kali la destructrice... Des déesses de moindre rang, mais très vénérées, telle Mariamman, sont aussi considérées comme des formes de Sakti.

Sakulan (t. cakulaṉ). Dénomination tamoulisée populaire de Sahadeva, l'un des Pandava, jumeau de Nakulan.

Sami (t. cāmi). Un terme générique pour désigner Dieu (Seigneur).

Sani ou **Sanyan** (t. caṉi ou caṉiyaṉ, du s. Śani). Dieu équivalant à Saturne, et de mauvais augure. Gardien du nord-est. L'une des neuf planètes, avec Mercure, Vénus, Mars, Jupiter, le Soleil, la Lune, Rahu et Ketu.

Selliyamman (t. celliyamma<u>n</u>). L'aînée des Sept Vierges nées des grelots de l'anneau de cheville de Sakti. Demeurée célibataire, protectrice des Harijans.

Sengajuniramman* (t. ceṅkaḷunīramma<u>n</u>). Sakti de Virampattinam, souvent confondue à Karani avec Mariamman.

Sirutondai Nayanar* (t. ci<u>r</u>uttoṇṭai nāya<u>n</u>ār). Un des saints sivaïtes tamouls.

Siva (t. civā, du s. Śiva). On dit parfois Sivan (t. civa<u>n</u>) Avec Vishnu, l'un des deux dieux majeurs du panthéon hindou. C'est le dieu de la procréation, de la vie, de la danse, mais aussi le destructeur du monde, et le Grand Yogi, l'ascète par excellence. Pour les sectes sivaïtes, le Dieu suprême. Voir Isvaran.

Sridévi (t. srītēvi, du s. Śrīdevī). Un des noms de Lakshmi.

Subramaniam (t. cuppiramaṇiyam). Autre nom de Murugan.

Sundari* (t. cuntari). Un des noms de Draupadi.

Sunidan* (t. cunita<u>n</u>). Roi descendant des Pandava.

Tirumal (t. tirumāl). L'un des noms donnés à Vishnu, quand il siège au *Vaikundam*.

Vayu (t. vāyu, du s. Vāyu). Le dieu du vent. Divinité védique.

Velan (t. vēla<u>n</u>). Nom traditionnel de Murugan.

Venkatapati (t. vēṅkaṭāpati). « Le Seigneur de la Montagne. » L'un des noms donnés à Vishnu au grand temple de Tirupati.

Venkatesvara* (t. vēṅkaṭēṣvara). Un des noms de Vishnu.

Vierges (les Sept Vierges, ou sept **Kanni**) (t. captaka<u>nn</u>ikaḷ). 1. Divinités tutélaires des étangs, déesses de lignée des chasseurs issus des tribus Irula. 2. Il y a trois autres séries de sept vierges : celles nées des grelots de Sakti (voir Selliyamman), celles descendues des cheveux de Siva, celles liées à Aiyanar.

Vinayagar (t. vināyakar, du s. Vināyaka). Un des noms de Ganesan, en tant que destructeur des obstacles.

Vira Pandya (t. vīrapāṇṭiya), appelé aussi **Kattabommeu** (t. kaṭṭapommu). Roi du sud du pays tamoul né en 1760, célèbre pour sa lutte contre la puissance de la Compagnie des Indes. Il fut pendu, et son frère, avant de fuir et d'être pris à son tour, exécuta toutes les femmes de sa famille pour qu'elles ne tombent pas dans les mains britanniques. Vira Pandya est ainsi devenu le héros d'une ballade célèbre.

Viran (t. vīra<u>n</u>). Divinité secondaire, redoutable, dieu carnivore et buveur d'alcool. Selon certains mythes, fils créé par Siva pour tuer le roi Daksha, son beau-père, qui ne l'avait pas convié à un grand sacrifice où tous les dieux étaient invités (ne pas confondre avec Madurai Viran).

Vishnu (t. viṣṇu, du s. Viṣṇu). L'un des dieux majeurs du panthéon hindou, avec Siva. Vishnu, le préservateur, le sauveur du monde, s'est réincarné plus de trente fois pour rétablir le bon ordre des choses, dix avatars (*avatara* : descente) étant mis en avant par une tradition tardive. Deux de ces incarnations ont nourri les deux grandes épopées indiennes : Rama, dans le *Ramayana* (septième des dix avatars majeurs), et Krishna, dans le *Mahabharata* (huitième avatar, le neuvième étant Bouddha). L'âge noir où l'on vit, le temps des désordres et de la misère, le *kaliyugam*, s'achèvera avec la prochaine incarnation de Vishnu, attendue sous la forme de Kalki, corps d'homme et tête de cheval. Autres noms courants au Tamilnad : Pérumal, Venkatesvara.

Vishvamitra* (s. Viśvāmitra). Sage, aurait écrit une partie du Rig Veda. Soumet Harichandran à de douloureuses épreuves morales.

Yéman (t. yemaṉ), ou **Yémadevan** (t. yematevaṉ), ou **Yaman** (t. yamaṉ, s. Yama). Le dieu de la mort.

Yudhisthira* (s. Yudhiṣṭhira). Aîné des Pandava, fils de Kunti et de Dharma.

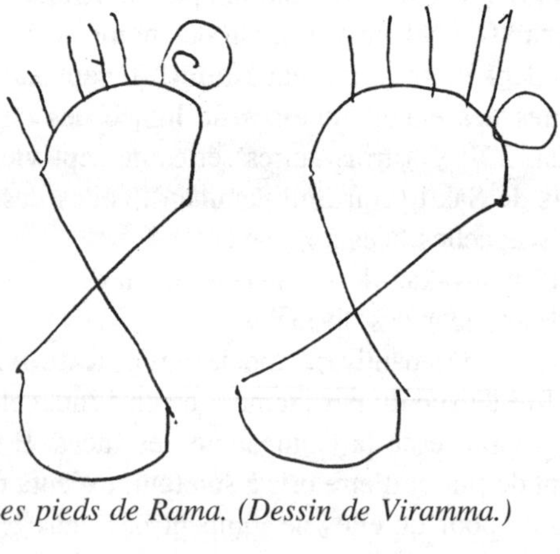

Les pieds de Rama. (Dessin de Viramma.)

Annexe III

CASTES ET COMMUNAUTÉS

Comme précédemment, on donne ici les noms de castes et de communautés dans une graphie permettant une prononciation relativement proche du tamoul parlé. Ces noms sont suivis, entre parenthèses, de la translittération savante de leur forme tamoule, marquée par un t., ou de leur forme sanscrite, marquée par un s. (p.i. : pan-indien ; f.p. : franco-pondichérien).

Adi Dravidar (t. āti tirāviṭar). Étymologiquement, « premiers Dravidiens ». Néologisme administratif parfois utilisé pour désigner, sous une forme flatteuse mais qui ne trompe personne, les Harijans du Tamilnad, c'est-à-dire les anciens Intouchables.

Ambattan (t. ampaṭṭaṉ). Caste des barbiers. Sont aussi musiciens et pratiquent souvent une médecine traditionnelle. Leurs épouses sont sages-femmes.

Brahmane (t. pirāmmaṇaṉ, du s. Brahman). Ensemble des membres du *varna* du plus haut statut, dévolus selon la tradition à l'étude des textes ou à la prêtrise. On distingue principalement en pays tamoul les *Iyer* sivaïtes des *Iyengar* vishnuites. Les prêtres brahmanes ne desservent que les temples dédiés aux divinités majeures de l'hindouisme. Attention : tous les Brahmanes ne sont pas prêtres, et, surtout, tous les prêtres ne sont pas brahmanes. On désigne en tamoul les Brahmanes sous le nom de Parppanar, ou Pappar.

Chetti, Chettiar (t. ceṭṭi, ceṭṭiyār). Haute caste de commerçants tamouls (ou, pour certains d'entre eux, originaires du pays canara, sur la côte du Karnataka). De multiples castes ayant des activités commerçantes se diront Chettiar, en usant de ce mot comme d'un titre.

Dalit (p.i., t. talit). Le mot, qui signifie « opprimé », désigne la communauté des ex-Intouchables. Au départ usité au Maharashtra par des militants jugeant trop paternaliste le mot *harijan*, *dalit* est devenu, dans les années 90, d'usage commun dans la presse, les discours, les publications. Viramma n'emploie pas ce terme.

Dommara (t. tommara). Originellement, tribu d'acrobates itinérants. La plupart d'entre eux sont sédentarisés et sont ouvriers agricoles ou éleveurs de porcs. On les appelle aussi Tombin.

Gounder (t. kavuṇṭar, ou kauṇṭar). Titre le plus fréquemment porté par les membres de la caste des Vanniyar.

Harijan (p.i.). « Fils de Dieu ». Néologisme créé par Gandhi pour désigner l'ensemble des castes d'Intouchables (aujourd'hui ex-Intouchables, en principe, l'intouchabilité ayant été proscrite par la Constitution indienne). Le mot équivaut au terme administratif de « castes répertoriées » *(scheduled castes)*. Voir *dalit*.

Idaiyar (t. iṭaiyar). Caste des bouviers et bergers et des laitiers.

Irula (t. iruḷaṉ). Tribu de chasseurs-cueilleurs, de tradition forestière, aujourd'hui sédentarisée aux marges des villages. Viramma les appelle « caste » des chasseurs (Vettaikkaran).

Iyer (t. aiyar). 1. Titre de brahmanes sivaïtes. 2. Par abus de langage le mot désigne, au *céri*, les prêtres harijans, qui sont plus exactement des Valluvar vishnuites ou des Pandaram sivaïtes.

Kanakkappillai (t. kanakkappiḷḷai). Caste des comptables. Ses membres remplissent traditionnellement la fonction de *karnam*.

Kepmari (t. kēppumāri). Caste de voleurs professionnels, pour une part reconvertis comme agriculteurs, et se donnant alors le titre de Mudaliar.

Komutti (t. kōmaṭṭi, du télugu). Caste de commerçants, de langue télugu, de statut moindre que celle des Chettiar, tout en se parant parfois de ce titre.

Koravan ou **Koravin** (t. kuṟavaṉ). Tribu de chasseurs semi-nomades, connus pour la liberté de leur allure et de leurs propos et pour leur marginalité. Voir Kuratti.

Kosavan (t. kuyavaṉ). Caste des potiers.

Kudittinnakkarar (t. kuṭittiṉakkarar). Autre forme de Kudiyanar.

Kudiyanar (t. kuṭiyaṉar). Nom donné aux Vanniyar pauvres, réduits à l'état d'ouvriers agricoles depuis plusieurs générations (il s'agit plus d'un état que d'un titre, même si leur position économique médiocre influe sur leur position hiérarchique au sein des Vanniyar). Sont parfois considérés comme les premiers Vanniyar ayant habité la région *(kudi-yanavar* : « ceux qui sont devenus habitants »).

Kudiyanavar (t. kuṭiyāṉavar). Autre forme de Kudiyanar.

Kuratti (t. kuṟatti). Femmes de la tribu des Koravan. Voir ce mot.

Marwari (t. mārvari, du rajasthani). Nom générique d'un ensemble de castes de commerçants, originaires de l'ancien État de Marwar, dans le Rajasthan. Ses membres ont émigré dans toutes les grandes villes de l'Inde et dans bien des petites, pour se livrer aux affaires et au commerce de l'argent.

Mudaliar (t. mutaliyār). Haute caste de propriétaires, ruraux ou urbanisés *(mutal* : premier). Plusieurs castes de moindre rang se parent du titre de Mudaliar, en particulier les tisserands Sengoundar. Il n'y a pas de Mudaliar à Karani (excepté les Kepmari qui se donnent ce titre).

Nadar (t. nāṭār). Caste de collecteurs de noix de coco et de vin de palme, originaires du sud du Tamilnad. Leur statut, bas, est cependant supérieur à celui des Sanar, caste de même profession, mais originaire de la région.

Naïcker (t. nāyakkar). 1. Titre porté par des cultivateurs, au sommet de la hiérarchie des Vanniyar. 2. Le mot provient du titre de *nayak*, donné à de petits souverains locaux d'origine télugu, ayant régné en pays tamoul aux XVIIe et XVIIIe siècles. Certains Naïcker prétendront donc descendre de ces souverains, ce qui est vrai pour un petit nombre d'entre eux.

Narikara (t. narikkāraṉ). Contraction de Narikkoravan (t. narikkuṟavaṉ) ou « Korava des renards ». La subdivision la plus nombreuse des Koravan.

Odéar (f.p.). Francisation du nom de caste Udaiyar. Voir ce mot.

Padaiyatchi (t. paṭaiyāṭci). Un des titres portés par les membres de la caste des Vanniyar. Voir ce mot.

Palli (t. paḷḷi). Un des titres portés par les Vanniyar. Eux-mêmes, le plus souvent, se diront Padaiyatchi ou Gounder.

Pandaram (t. paṇṭāram). Titre de prêtres harijans, de secte sivaïte.

Pannaiyar (t. paṇṇaiyār). Sous-caste de Paraiyar, supérieure aux Vettiyan.

Pappan (t. pārppāṉ). Forme familière de *parppan*, ou *parppanar* ; nom générique pour désigner un Brahmane en pays tamoul.

Paraiyar (t. paṟaiyar). Caste la plus nombreuse des ex-Intouchables en pays tamoul. Le mot s'est contracté en Paria, en français comme en anglais.

Paratchi (t. paṟaicci). Femme paria. Le terme, s'il est employé par des non-Harijans, est péjoratif. Voir Paria.

Paria (f). Le mot, d'origine tamoule, est la déformation française (et anglaise) du nom de Paraiyar, la principale caste d'ex-Intouchables du nord du Tamilnad. Il est devenu ainsi le terme générique international pour désigner les Intouchables, avant d'être employé au sens figuré, pour désigner toutes sortes d'exclus.

Parppanar (t. pārppānār). Nom générique des Brahmanes en pays tamoul. On dit plus couramment *parppar*, et familièrement *parppan*.

Reddi, Reddiar (t. reṭṭi, reṭṭiyār, du télugu). Haute caste de propriétaires terriens, généralement bien nantis, d'origine télugu.

Sakkili (t. cakkili, du télugu). Caste de cordonniers, l'une des plus basses parmi les Harijans. Parlent télugu.

Sanar (t. cāṇar). Caste des collecteurs de noix de coco et de vin de palme. Originaires de la région, à l'inverse des Nadar, originaires du sud du pays tamoul, et de statut supérieur à celui des Sanar. Les Sanar sont appelés souraires en français de Pondichéry.

Sikh (p.i., t. cīkkiyar). Fidèle d'une religion syncrétiste, empruntant à l'hindouisme et à l'islam, fondée au XVIe siècle au Punjab, au nord-ouest de Delhi.

Souraire (f.p.). Membre de la caste Sanar, collecteurs de noix de coco et de vin de palme.

Tombin (t. tompaṉ). Tribu à laquelle appartiennent les porchers du village. Voir Dommara.

Tulukkan (t. tulukkaṉ). Nom utilisé en pays tamoul pour désigner les musulmans.

Udaiyar (t. uṭaiyār). Caste de paysans, d'assez bon rang (le nom est souvent francisé en Odéar).

Valluvar (t. vaḷḷuvar). Caste de prêtres harijans, de secte vishnuite.

Vaniyan (t. vāṇiyaṉ). Caste des presseurs d'huile.

Vannan (t. vaṇṇaṉ). Caste des blanchisseurs, de bas statut, mais non intouchable. On précisera, pour la caste des blanchisseurs intouchables habitant le *céri* : *Vannarapparaiyan*, c'est-à-dire « Vannan paria ».

Vanniyar (t. vaṉṉiyar). Caste d'agriculteurs, la plus nombreuse au nord du pays tamoul, de rang moyen. Ses membres portent des titres divers, tels que Palli, Padaiyatchi, Gounder, Naïcker. Les plus pauvres des Vanniyar, ouvriers agricoles, sont dits Kudiyanar.

Vettaikkaran (t. vēṭṭaikkāraṉ). Caste des chasseurs, marginale au village, probablement issue de la tribu semi-nomade des Irula, aujourd'hui sédentarisée. Voir Irula.

Vettiyan (t. veṭṭiyaṉ). Sous-caste de Paraiyar à laquelle appartient Viramma. C'est aux Vettiyan que reviennent les tâches rituelles marquant leur bas statut, en particulier celles liées aux funérailles. Les *totti* joueurs de tambour sont des Vettiyan.

Villiyar (t. villiyar). « Archers » : un des noms anciens donnés à la tribu des Irula. S'applique parfois aux chasseurs Vettaikkaran.

Annexe IV

GLOSSAIRE

On a fait figurer au glossaire l'ensemble des termes qui pouvaient poser problème au lecteur à l'exclusion des noms de divinités, esprits ou héros mythologiques, pour lesquels nous le renvoyons à l'annexe II. On trouvera donc ici : mots tamouls ou mots en diverses langues indiennes, mots du vocabulaire franco-pondichérien, noms de partis politiques ou d'œuvres littéraires. Les noms de castes sont donnés pour mémoire, et renvoient à l'annexe III. Les mots qui n'apparaissent que dans les notes et non dans le corps du récit sont suivis d'un astérisque. On précise à leur suite dans quelle note ils apparaissent, pour éviter de répéter ici de trop longs commentaires. Conformément au principe adopté pour l'ensemble des annexes I à IV, la graphie retenue dans le texte est suivie entre parenthèses de la translittération de la forme écrite du mot. Quand on a donné un mot en traduction française, ou en franco-pondichérien (souvent un végétal), la translittération du mot tamoul suit entre parenthèses. Quand une même plante est définie par deux dénominations botaniques différentes (vieille classification suivie par P. Mariadassou, et classification plus récente), on donne d'abord le terme ancien puis, en fin de définition, le terme récent. L'initiale t. annonce la forme tamoule du mot en translittération ; s. indique l'origine sanscrite du mot considéré (mais on n'a pas indiqué pour chaque mot issu du sanscrit quelle était son origine) ; p.i. marque un mot d'usage pan-indien (souvent hindi) ; f.p. indique un mot relevant du franco-pondichérien.

Abhishekham* (t. apiṣēkam du s.). Rite de lavage (à l'eau ou au lait le plus souvent) de la divinité d'un sanctuaire.

Adi (t. āṭi). Quatrième mois du calendrier tamoul (mi-juillet-mi-août).

Adi Dravidar (t. āti tirāviṭar). Voir annexe Castes et communautés.

Adimai* (t. aṭimai). Ouvrier agricole asservi (chap. XVII n.1 ; chap. XXV n.16). Équivaut à *pannaiyal* (voir ce mot).

ADMK ou **ANNA DMK**. Initiales ou forme contractée de l'Anna Dravida Munnetra Kajagam. Voir ce terme.

Aïdigam* (t. aitikam). Tradition religieuse, autorité de la tradition (chap. XXIII, n.15). Le mot s'emploie aussi pour désigner les épisodes importants de mythes évoqués dans la célébration de certains cultes.

Aïkkodutattai* (t. aikkoṭuttaṭṭu). Un type de bijou d'oreille (chap. II, n. 12).

Aïppaci* (t. aippaci). Septième mois du calendrier tamoul (mi-octobre-mi-novembre) (chap. II, n.3).

Akka* (t. akkā). Grande sœur, sœur aînée. Pour l'usage des termes de parenté, voir note 1 du chapitre I.

Alam (t. alam). Eau de curcuma mélangée à de la chaux. « Faire l'alam » consiste à présenter cette eau sur un plateau de cuivre, avec du bétel, en faisant tourner le plateau près du visage de celui qu'on honore. Ce rituel privé est calqué sur le rituel du culte honorant l'image de la divinité qu'on appelle *tiparatanai.*

Amarante (f., t. cirukkīrai). *Amaranthus campestris.* Il s'agit ici de l'amarante des champs, aux très petites feuilles.

Ambattan (t. ampaṭṭaṉ). Voir Castes et communautés.

Amma (t. ammā). Mère, ou Madame, selon le cas. Le diminutif *ma*, utilisé comme suffixe après un nom, souligne l'idée de féminité.

Ammavasai (t. ammavācai). Jour de la nouvelle lune, particulièrement célébré aux mois d'*Adi* de *Purattaci* et de *Taï,* en hommage aux parents défunts.

Ammi (f.p., t. ōmam). *Trachyspermum ammi.* Plante aux propriétés semblables à celles de l'anis.

Andhra Pradesh. État voisin du Tamilnad, au nord de celui-ci. On y parle la langue télugu. Viramma dit parfois simplement Andhra.

Ani* (t. āni). Troisième mois du calendrier tamoul (mi-juin-mi-juillet).

Anna (t. aṇā). Un seizième de roupie, dans le système monétaire prédécimal.

Anna (t. aṇṇā) ou **Annin*** (t. aṇṇaṉ). Grand frère, frère aîné. Pour l'usage des termes de parenté, voir note 1 du chapitre I.

Anna Dravida Munnetra Kajagam (aṇṇā tirāviṭa muṉṉēṟṟa kaḻakam) : ADMK. Anna étant ici le diminutif d'Annadurai, fondateur du DMK. Parti créé par M.G. Ramachandran, par scission du DMK (voir ce sigle). Au pouvoir au Tamilnad de 1977 à 1989, et depuis 1991.

Annakkayireu* (t. aṇṇakkayiṟu). Cordon porté autour des reins.

Anni (t. aṇṇi). Belle-sœur aînée. Le terme s'emploie chez les Paraiyar pour s'adresser de façon respectueuse à une femme mariée encore jeune (par rapport à celui qui parle). On dit « Tante » pour une femme plus âgée.

Annin* (t. aṇṇaṉ). Forme parlée de Anna. Frère aîné, grand frère.

Appa (t. appā). Père, ou Monsieur (en relation d'égalité, ou de supérieur à inférieur). Utilisé comme tel, ou en suffixe, le mot indique simplement la masculinité : Viramma peut dire « Appa » à son fils en ce sens. Le diminutif d'*appa* est *pa.*

Arabchatti (t. arapccaṭṭi). Tambour en demi-sphère, instrument caractéristique de l'orchestre paria, utilisé en particulier pour les cérémonies funèbres.

Arassanikkal* (t. aracāṇikkal). Rameau de *ficus religiosa*, utilisé lors des rites de mariage.

Arasseumaram* (t. aracamaram). Pipal, *ficus religiosa.* Voir figuier de pagode.

Arassor* (t. araicōṟu). Riz de la mi-grossesse.

Aratti* (t. āratti). Synonyme de *tiparatanai.* Voir ce mot chap. II, n. 10.

Arbre de bel (f.p., t. vilvamaram). *Aegle marmelos.* Un arbre de moyenne grandeur, au tronc cendré. Ses fruits, son écorce, ses racines, ses feuilles et ses fleurs ont des propriétés thérapeutiques. On tire aussi de ses fruits un poison mortel.

Artchagar* (t. arccakar). Prêtre brahmane (chap. XI, n. 3).

Asura* (t. acurar, du s.). Être céleste, ennemi des *deva* (chap. VI, n. 13).

Attai* (t. attai). Tante. Pour l'usage des termes de parenté, voir note 1 du chapitre I.

Auspicieux*. Anglicisme passé dans le vocabulaire anthropologique français de l'indianisme pour qualifier particulièrement les moments ou les périodes propices, par opposition à celles jugées néfastes, selon un savoir très codifié.

Avani (t. āvaṇi). Cinquième mois du calendrier tamoul (mi-août-mi-septembre).

Avarai (t. avarai). *Dolichos lablab.* Une plante vivace grimpante, aux fleurs blanches ou mauves, fort utilisée pour les tonnelles *(Lablab purpureus).* Voir aussi cassier.

Avatar (f., du s. avatāra, descente). Incarnation d'une divinité. S'emploie essentiellement pour les incarnations de Vishnu, dont les plus célèbres sont celles de Rama et de Krishna.

Aye ! (t. āy). Interjection dont on use pour appeler un inférieur, un enfant, ou pour attirer son attention.

Ayo ! (t. ayyō). Interjection marquant la surprise (plutôt désagréable) ou la pitié.

Ayoyo ! Forme emphatique de *ayo !*

Ayya (t. ayyā). Monsieur.

Banyan (f., t. ālaimaram). Arbre imposant, aux nombreuses racines aériennes, très caractéristique des campagnes indiennes.

Bassie (f.p., t. iluppai). *Bassia longifolia.* Un grand arbre aux nombreuses branches, aux feuilles longues et lancéolées, aux fleurs blanches *(Madhuca longifolia).*

Bauhinie (f.p., t. mantārai). *Bauhinia purpurea.* Un arbrisseau aux fleurs rouge violacé. La fleur elle-même.

Bhagavad gita*. « Chant du Bienheureux. » Chapitre célèbre du *Mahabharata* exposant les principes du devoir d'agir (chap. XXIV. n. 14).

Bhakti (t. pakti. du s.). Sentiment d'extrême dévotion envers une divinité qu'on adore et qui se laisse adorer dans une relation de partage, de participation du fidèle à la divinité.

Bharata pucari* (t. paratappūcāri). Récitant du *Mahabharata* (chap. VII, n. 9).

Bharatam (t. pāratam, du s. mahābhārata). Synonyme de *Mahabharata*, l'une des deux épopées essentielles, avec le *Ramayana*, de la culture hindoue.

Bidi (p.i. pīṭi). La cigarette du pauvre, constituée d'une feuille roulée de *Diospyros melanoxylon.*

Billi* (t. pilli). Type de magie noire (chap. VI, n. 15).

Bogui* (t. poki). Veille du premier jour des fêtes de Pongal, marquée par le nettoyage des maisons (chap. XXIV, n. 2)

Bonda (t. poṇṭā). Beignet de pâte de lentilles noires, avec graines de moutarde, gingembre, piment vert, oignon, noix de coco, poivre en grain.

Brahmane (f., t. pirāmmaṇaṉ, du s.). Voir annexe Castes et communautés.

Brède (f.p., t. kalavaikkīrai). « Mélange de plusieurs variétés d'herbes qui croisent leurs tiges, feuilles et fleurs sur les bords de toutes les flaques d'eau » (P. Mariadassou).

Bryone (f., t. kōvai). *Coccinia indica.* Une herbacée grimpante à grandes fleurs blanches dont les fruits sont d'un rouge brillant à maturité *(Coccinia grandis).*

Bumadeukkaran* (t. pumāṭukkāraṉ). Montreur de bœufs savants (chap. IX, n. 3).

Bundi (t. punti). Friandise à base de farine de pois chiche et de sucre, façonnée en boulettes frites.

Carry ou **curry** (f. du t. kaṟi). *Kari*, en tamoul, c'est la viande. Par extension de sens, les Britanniques ont appelé *carry*, ou *curry*, les plats de viande en sauce de la cuisine indienne, puis les épices utilisées dans leur préparation, en particulier sous la forme de préparation réduite en poudre.

Cassier ou **Cassie** (f., t. avarai). *Cassia sophera*. Groupe d'arbustes, dont les noms précis diffèrent selon la couleur des fleurs. On en extrait la casse, un purgatif, entre autres usages médicinaux. Voir aussi *avarai (Dolichos lablab)*.

Céri (t. cēri). Le quartier harijan à l'écart du village majeur, appelé *ur*. On dit parfois, pour préciser les choses, *paracéri* (t. paraicceri : *céri* des Parias), le mot *céri*, originellement, signifiant village sans connotation de caste. On emploie de plus en plus aujourd'hui, pour désigner le *céri*, le mot « colonie », supposé mieux en harmonie avec les volontés d'émancipation.

Champak (t. caṉpakam, du s.). *Michelia champasa*. Un arbre aux belles fleurs jaunes. La fleur elle-même.

Chetti (t. ceṭṭi), Chettiar (t. ceṭṭiyār). Voir annexe Castes et communautés.

Cholam* (t. coḷam). Sorgho (chap. XXV, n. 4).

Cisse (f.p., t. peranṭaikkōṭi). *Cissus quadrangularis*. Arbrisseau grimpant à petites feuilles et à vrilles. Appelé aussi *achit* (f.p.).

Citterai (t. cittirai). Premier mois du calendrier tamoul (mi-avril-mi-mai).

Collecteur (t. kaleikṭar, de l'anglais *collector)*. Titre du plus haut fonctionnaire de chaque district. Ses attributions sont plus grandes que celles d'un préfet français.

Colonie. Le mot, d'usage moderne en ce sens, est un euphémisme de plus en plus courant pour désigner le *céri*, le quartier des Harijans. Il est emprunté à l'anglais *colony*, désignant habituellement, dans le jargon officiel, puis dans la langue courante, un nouveau quartier.

Commonweal Party*. Parti politique qui défendait les intérêts des Vanniyar, dans les années cinquante et soixante (chap. XXVI, n. 11).

Congrès. Parti politique dont le nom est associé au mouvement nationaliste. Après l'Indépendance (1947) et la mort de Nehru (1964), il connut de nombreuses scissions, le parti clé étant celui dirigé successivement par Indira Gandhi, Rajiv Gandhi et, depuis 1991, par le Premier ministre Narasimha Rao. Dominant très largement la scène nationale, le Congrès a été écarté du pouvoir au Tamilnad depuis 1967 par les partis dravidiens qui, dans leur rivalité de frères ennemis, ont conclu tour à tour avec lui des alliances électorales, sans qu'il participe au gouvernement (chap. XXVI, n. 18 et 19).

Curcuma (f., t. mañcaḷ). *Croccus longa*. Plante herbacée, à rhizome jaune, utilisée très communément aussi bien comme condiment aromatique que comme cosmétique. Appelé safran des Indes, le curcuma ne doit pas être confondu avec le safran vrai *(Croccus sativus)* dont on utilise les pistils rouges comme condiment (coûteux). La confusion vient de ce qu'en tamoul un même mot *(kungumam)* désigne le safran et la pâte à base de poudre de curcuma avec laquelle on dessine les *potteu* (sans doute certains *potteu* ont-ils été faits autrefois avec de la poudre de safran et non de la poudre de curcuma).

Curry (f.). Voir carry.

Dalit (p.i., t. talit). Voir annexe Castes et communautés.

Darba (f., t. taruppai). *Poa cynosuroides*. Une herbacée utilisée dans de nombreux rituels *(Phragmites karka)*.

Dasari* (t. tācari). Prêtre valluvar vishnuite (chap. VIII, n. 18).

Datura (f., de l'hindustani dhatura, t. ūmattai). *Datura metel*. Une solanacée aux larges feuilles dentelées. Feuilles et graines sont utilisées dans la confection de cataplasmes contre furoncles et bubons.

Dè ! (t. tē). Exclamation du vocabulaire paria marquant l'affection.

Deï ! (t. ṭēy). Exclamation marquant le mépris. Quand un aîné s'adresse à un cadet, l'exclamation peut prendre un tour affectueux ou amical, selon le ton ou le contexte social. Contrairement à *dè !*, exclamation affectueuse, *deï !* est usitée par toutes les castes, et pas seulement par les Harijans.

Demi-sari (f.p.). Vêtement des jeunes filles, drapé porté sur le buste et l'épaule, au-dessus d'une jupe longue.

Devalogam* (t. tēvalōkam, du s.). Monde des dieux (chap. XXIII, n. 14).

Dharma (t. tarumam, du s). Le devoir propre à chacun, dans le respect de son statut et pour la préservation de l'ordre du monde.

Dharmakarta (t. tarumakarttā, du s). Au sens étroit, membre d'un conseil de temple. Au sens large, personnage respectant le *dharma*, et remarquable pour ses qualités morales.

Dharmaraja (t. tarumarājā, du s.). Étymologiquement, « roi respectueux du *dharma* ». Désigne ici M.G. Ramachandran.

Di (t. ṭī). Terme d'adresse, utilisé comme suffixe entre femmes amies, ou par le mari envers sa femme, par un aîné envers une cadette. Hors de ces relations précises, le terme est irrespectueux (au sens de « Hé, toi ! »).

Dinatandi (t. tiṉatanti). *Le Télégramme du jour.* Journal quotidien populaire, publié en tamoul.

Dipavali ou **Divali** (p.i., t. tīpāvaḷi). Une des grandes fêtes du calendrier hindou, fête des lumières, célébrée en octobre-novembre, lors de la nouvelle lune d'*Aïppaci.*

DK. Initiales du Dravida Kajagam. Voir ce terme.

DMK. Initiales du Dravida Munnetra Kajagam. Voir ce terme.

Dommara (t. tommara). Voir annexe Castes et communautés.

Dosai (t. tōcai). Sorte de crêpe faite à base de pâte de riz fermentée et de lentilles.

Dosham (t. tōṣam). Diarrhée infantile avec déshydratation. Voir aussi *kujidosham.*

Dravida Kajagam (t. tirāviṭa kaḻakam : « Association des Dravidiens »). Mouvement de réforme sociale créé en 1944, au Tamilnad, par E.V. Ramassami Naïcker, dit Périyar, pour promouvoir la grandeur du pays dravidien (l'Inde du Sud), contre l'hégémonie des Brahmanes et de l'Inde du Nord (voir chap. XXVI, n. 12).

Dravida Munnetra Kajagam (t. tirāviṭa muṉṉēṟṟa kaḻakam : « Association pour l'émancipation des Dravidiens »). Parti politique régionaliste créé en 1949 par C.N. Annadurai sur une base idéologique proche, au départ, de celle du Dravida Kajagam. C'est aujourd'hui, avec son frère ennemi l'Anna DMK, l'une des forces politiques essentielles du pays tamoul (voir chap. XXVI, n. 12).

Dvaparayugam* (t. tuvāparayukam, du s.). Troisième *yugam.* Voir ce mot. chap. VII, n. 9.

Éclipta (t. karicalāṅkaṉṉi, ou karacanāṅkaṉṉi). *Eclipta prostrata.* Plante herbacée comestible, aux multiples usages médicinaux. Appelée aussi (f.p.) karissa.

Élala* (t. ēlāla). Chansons de repiquage du riz, chap. XXV, n. 20.

Éleusine (f.). Voir kejvaragu.

Fanon (f.p.). Un huitième de roupie, dans l'ancienne comptabilité non décimale en usage en Inde française.

Farmers and Toilers Party*. Parti politique, émanation des Vanniyar, dans les années cinquante et soixante (chap. XXVI, n. 11).

Figuier de pagode (f.p., t. aracamaram). *Ficus religiosa*. Un grand arbre qui doit son nom à la proximité des temples qu'il ombrage très souvent. C'est le *pipal* de l'Inde. Un rameau de cet arbre, dit *arassanikkal*, est un élément essentiel des rites de mariage.

Gombo, ou **Gombaud** (f., t. veṇṭaikkāy). *Hibiscus esculentus*. Le fruit de cet hibiscus est très communément utilisé à la façon d'un légume ; appelé en anglais, à travers toute l'Inde, *lady's finger (Abelmoschus esculentus)*.

Gounder (t. kavuṇṭar, ou kauṇṭar). Voir annexes Castes et communautés.

Haricot noir (f.p., t. payiṟṟaṅkāy). *Dolichos tranquebariensis*. Une légumineuse annuelle, aux graines assez grosses, et peu digestes.

Harijan (p.i., t. arijaṉ). Voir annexe Castes et communautés.

Herbe-hirondelle (f.p., t. erukkaṉceṭi). *Calotropis gigantea*. Arbrisseau aux très nombreux usages médicinaux (contre l'épilepsie, la paralysie, les ulcères). La branche est utilisée dans les avortements de fortune.

Idaiyar (t. iṭaiyar). Voir annexe Castes et communautés.

Idli (t. iṭṭali). Galette de riz et de lentilles, cuite à la vapeur.

Innada (t. iṉṉaṭā). Terme d'adresse d'un homme de haut statut envers un autre de statut plus bas ; bien plus méprisant, selon le ton, que *Innappa*. Le mot, sans mépris, s'emploie aussi d'un aîné à un cadet, voire d'un supérieur à un inférieur : tout est toujours question de ton.

Innanga (t. eṉṉaṅka). Terme d'adresse, très respectueux, envers un homme de statut supérieur.

Innappa (t. eṉṉappā). Terme d'adresse envers un homme : marque une politesse assez condescendante, car émanant d'un aîné envers un cadet, ou d'un homme de statut supérieur envers un autre de statut plus bas.

Irula (t. iruḷaṉ). Voir annexe Castes et communautés.

Iyer (t. aiyar). Voir annexe Castes et communautés.

Jacquier (f., t. palāmaram). *Artocarpus integrifolia*. Un grand arbre donnant de très gros fruits ovoïdes, poussant sur le tronc, et un suc laiteux.

Jagre (f.p.). Sucre non raffiné obtenu après ébullition artisanale du jus de canne (ou du jus de palmier à sucre).

Jajmani* (hindi : jajmānī). Type de relations nouées entre maîtres de maison et possédants, d'une part, et castes de service, d'autre part (chap. XXIV, n. 11).

Jamblonier (f.p., t. nāvamaram). *Syzygium jambalorum*. Arbre commun, aux petites fleurs blanches, aux fruits ronds de la taille d'une cerise, mais blancs ou noirs selon la variété considérée. *Syzygium cumini*.

Janakkatteu (t. jaṉakkaṭṭu). Formule magique sans signification, tel notre abracadabra.

Janata (p.i. de l'hindi). Parti créé en 1977, en Inde du Nord, regroupant de nombreux opposants au Congrès d'Indira Gandhi. Une dizaine d'années plus tard, le *Janata Dal* résulta d'une même logique d'opposition et l'emporta sur Rajiv Gandhi en 1989. Parti peu important au Tamilnad.

Jaya mangalam (t. jayamaṅkalam, du s.). Hymne auspicieux, chant de victoire.

Jilebi (t. jilēpi). Sucrerie en forme de tortillon baignant dans un sirop. Friandise de mariage.

Jiviam* (t. jīviyam, du s.). Vie (chap. XXV, n. 16).

Kalam (t. kaḷam). Mesure de capacité et de poids, 37 kilos de grain environ, soit un demi-sac. Correspond à 12 *kuruni* environ.

Kali (t. kaḷi). Bouillie pâteuse, au contraire du *kuj* liquide, faite avec les mêmes céréales que celui-ci, mil ou éleusine.

Kaliyugam (t. kaliyukam, du s.). Dans la mythologie hindoue c'est l'âge présent, celui de Kali, âge du désordre du monde, que viendra régénérer Kalki, le dixième avatar de Vishnu. Viramma emploie ce mot, de façon plus restrictive, pour désigner le temps présent et les changements sociaux qui le marquent, par rapport au temps de son enfance. Voir *Yugam*.

Kambattam (t. kampattam, du télugu). Le mot désigne un gros propriétaire dont l'aisance, le statut, le style de vie et l'autorité morale font un notable incontesté. La plupart sont Reddiar (l'étymologie du mot est télugu, au sens premier de propriétaire foncier). Un mot voisin d'origine urdu, *kambatteu*, signifie pompe, splendeur. À sa mesure, le *kambattam* donne une image du statut royal tel que le conçoit l'hindouisme.

Kambu* (t. kampu). Mil (chap. XXV, n. 4).

Kammal* (t. kammal). Boucle d'oreille (chap. II, n. 12).

Kanakkappiḷḷai (t. kaṇakkappiḷḷai). Voir annexe Castes et communautés.

Kani (t. kani). Mesure de surface de 5 350 m^2, divisée en 100 *kuji*. Viramma parle souvent de quart de *kani*, soit environ 1 338 m^2.

Kanji (t. kañci). Le mot désigne le plus souvent le riz de la veille conservé dans l'eau, et consommé le lendemain matin. Il désigne aussi une bouillie faite à base de riz concassé.

Kannagi* (t. kaṇṇaki). Variété de riz à haut rendement (chap. XXV, n. 4).

Karagam (t. karakam). Pannelle de cuivre neuve, remplie d'eau, à l'ouverture couverte de feuilles de margosier, portée lors de cérémonies religieuses. Représente la déesse.

Karai (t. kārai). Une variété de riz utilisée pour faire des galettes.

Karinal (t. karināḷ). « Jour de la viande ». Troisième jour des fêtes de Pongal, marqué, chez les non-végétariens, par un festin carné.

Karissa (t. karicalāṅkaṉṉi). *Eclipta prostrata.* Voir *éclipta.*

Karma ou **Karman** (t. karmam, du s.). La chaîne des actes qui gouvernent nécessairement le destin de chacun, par-delà les morts et les renaissances.

Karna (t. karṇā). Longue trompe de métal, un des instruments de l'orchestre rituel de l'*ur.*

Karnam (t. karṇam). Comptable et teneur des registres villageois. La fonction était héréditaire et aux mains de la caste des comptables *(kanakkappillai).* Depuis peu, les fonctionnaires recrutés sur concours remplissant ces mêmes fonctions portent le nom d'administrateurs villageois *(Village Administrative Officer)* et sont, contrairement aux *karnam* d'autrefois, régulièrement mutés.

Kartikkai (t. kārttikai). Huitième mois de l'année tamoule (mi-novembre-mi-décembre).

Kartikkai dipam* (t. kārttikai tīpam). Fête de Kartikkai où l'on allume de multiples lampes dans chaque maison, en écho à la célébration de Siva conduite cette nuit-là au grand temple de Tiruvannamalai (chap. IV, n. 11).

Karudai samba (t. karuṭa campā). Une des variétés anciennes de riz *samba.*

Karumati* (t. karumāti). Rites funéraires (chap. VIII, n. 14).

Karunai (t. karuṇai). *Amorphophallus campanulatus.* Une plante herbacée à petites fleurs sombres malodorantes, dont on mange les tubercules savoureux, aux multiples propriétés thérapeutiques de surcroît. Le tubercule est appelé « pomme de terre de Selinga » ou, pour une variété plus sauvage, « bois de couleuvre ». *Dracontilum polyphyllom.*

Kattani* (t. kaṭṭaṇi). Sage-femme (chap. VI n. 18).

Kavadi (t. kāvaṭi). Arceau de bois décoré, porté par les dévots lors des fêtes de Murugan, qui rappelle la palanche avec laquelle l'*asura* Itumpan, vaincu par le dieu, lui porta ses offrandes. Les « chansons de kavadi » relèvent du répertoire des chants en l'honneur de Murugan.

Kejvaragu* (t. kēḻvaraku). Éleusine. Une céréale particulièrement nutritive. *Eleusine coracana.*

Kelti (t. keḷiṟṟumīṉ). Un poisson d'étang au corps aplati.

Kepmari (t. kēppumāri). Voir annexe Castes et communautés.

Ketmie (f.p., t. kaciṉikkīrai ou puḷiccakkīrai). *Hibiscus cannabinus.* Une haute herbacée aux feuilles palmées et comestibles. On tire des tiges macérées une sorte de chanvre.

Kettanir* (t. keṭṭanīr). Étymologiquement, la « mauvaise eau ». Le mot désigne les œdèmes, qu'on croit dus à un sang appauvri et devenant aqueux (chap. V, n. 7).

Kino (f.p., t. muruṅkamaram). *Erythrina stricta.* Un arbre aux belles fleurs rouge orangé (chap. I, n. 17).

Kodi* (t. kōṭi). Sari offert cérémonieusement lors de grands événements familiaux tels que mariages ou funérailles (chap. XIII, n. 2).

Kodiyettram* (t. koṭiyeṟṟam). Lever du drapeau. Rite de protection du territoire (chap. XXIV, n. 9).

Kodumbavi (t. koṭumpāvi). Mannequin représentant une femme stérile, utilisé lors des rites propitiatoires contre la sécheresse.

Kolaicindeu* (t. kolaiccintu). Ballades ayant pour thème des histoires criminelles (chap. VIII, n. 13.)

Kolam (t. kōlam). Dessin auspicieux, géométrique, fait sur le sol avec de la farine de riz : un authentique art populaire (féminin) pratiqué, avec des variantes, par toutes les castes.

Komutti (t. kōmuṭṭi). Voir annexe Castes et communautés.

Kondam (t. koṇṭam). Une ronde récréative chantée par les femmes harijans.

Koppeu* (t. koppu). Un type de bijou d'oreille (chap. II, n. 12).

Koppi (t. koppi). Petit cône de cuivre assorti de très petites clochettes, qu'on fixe à l'extrémité des cornes de bœuf.

Koravan (t. kuṟavaṉ). Voir annexe Castes et communautés.

Kosavan (t. kuyavaṉ). Voir annexe Castes et communautés.

Kudiyanar (t. kuṭiyāṉar). Voir annexe Castes et communautés.

Kudiyanavar (t. kuṭiyāṉavar). Voir annexe Castes et communautés.

Kudumbam katteu padeu* (t. kuṭumpak kaṭṭuppāṭu). Planification des naissances, qui équivaut le plus souvent, dans les pratiques gouvernementales, à la stérilisation (chap. V, n. 11).

Kuj (t. kuḻū). Bouillie de mil et d'éleusine. Un des plats de base des villageois pauvres, généralement porté à midi aux travailleurs des champs.

Kuji* (t. kuḻi). Mesure de superficie, égale à un centième de *kani*, soit 53,50 m^2 (chap. XXV, n. 1).

Kujidosham (t. kuḻitōṣam). Une grave diarrhée infantile, attribuée à l'influence des cadavres ou des cimetières. Voir *dosham.*

Kulam* (t. kuḷam). Pièce d'eau de bonne tenue, généralement voisine d'un temple (chap. VII, n. 11).

Kulla poda* (t. kullāppōṭa). « Mettre le bonnet » : berner (chap. XXVI, n. 21).

Kumbabishekam* (t. kumpāpiṣēkam, du s.). Rite de consécration d'un temple (chap. XI, n. 3).

Kumbam (t. kumpam). Petite pannelle emplie d'eau, couverte de feuilles de margosier. Disposée dans les maisons (contrairement au *karagam)*, elle symbolise la déesse Mariamman (chap. X, n. 7).

Kungamam (t. kuṅkumam). 1. Préparation avec laquelle on fait traditionnellement les *potteu* rouges ornant le front des femmes mariées. On l'obtient en mélangeant de l'eau, du jus de citron, de la chaux vive et de la poudre de curcuma. 2. Le mot désigne aussi la poudre de vrai safran.

Kuppam* (t. kuppam). Suffixe de toponymie : désigne un village de bord de mer (chap. XXII, n. 5).

Kuppan* (t. kuppaṉ). « Fait d'ordure », nom donné aux enfants pour qui un rite de sauvegarde a été fait, impliquant l'usage d'ordures (chap. VIII, n. 17).

Kuratti (t. kuṟatti). Voir annexe Castes et communautés.

Kurudeu* (t. kuruṭu). Un type de bijou d'oreille (chap. II, n. 12).

Kuruni (t. kuruṇi). Mesure de capacité et de poids : environ 3 kilos de grain. Douze *kuruni* font un *kalam.*

Kutteu (t. kuṭṭu). Purée mélangée à base de lentilles et d'un autre ingrédient, légume ou feuilles.

Kutteu* (t. kūttu). Danse, théâtre populaire. Voir *terukkutteu, nadakan* (chap. XI, n. 6).

Kutti* (t. kuṭṭi). Petite fille. Pour l'usage des termes de relation, voir note 1 du chapitre I.

Kutticattan* (t. kuṭṭiccāttaṉ). Farfadet (chap. VIII, n. 10).

Laddeu (t. lattu). Boulette sucrée à base de farine de pois chiches aux noix de cajou, raisins secs, cardamome. La pâte est d'abord frite dans l'huile, puis baignée dans un sirop, et façonnée enfin en boulette.

Lathi* (hindi). Matraque de bambou ferrée de la police (chap. XXIII, n. 13).

Lok Sabha* (hindi). Chambre du peuple. Une des deux chambres du Parlement national indien (chap. XXVI, n. 14).

Ma (t. mā). Diminutif de *Amma* (mère), utilisé pour s'adresser aux femmes avec familiarité ou affection, ou même aux enfants de sexe féminin. S'emploie aussi comme suffixe.

Macchan* (t. maccāṉ). Beau-frère. Pour l'usage des termes de parenté, voir note 1 du chapitre I.

Maci (t. māci). Onzième mois du calendrier tamoul (mi-février-mi-mars).

Madajani* (t. matajaṉi). Maladie d'origine sexuelle, marquée par des symptômes à la fois mentaux (délire) et physiques (chap. V, n. 9).

Magudi (t. makuṭi). Flûte renflée des charmeurs de serpent.

Maï* (t. mai). Pâte noire pour souligner le contour des yeux (chap. II, n. 4).

Malai* (t. malai). Mont, colline, montagne (chap. XXI, n. 3).

Malayalam (t. malaiyāḷam). Langue du sud de l'Inde, parlée dans l'État du Kérala.

Malayali (t. malaiyāḷi). Originaire ou spécifique du Kérala.

Mama* (t. māmā). Oncle. Pour l'usage des termes de parenté, voir note 1 du chapitre I.

Maniyam* (t. māṉiyam). Terres communales ou terres de temple dont l'usage est octroyé aux castes de service, à titre de rétribution partielle (chap. XXV, n. 6).

Manjal* (t. mañcal). 1. Curcuma. 2. Jaune (chap. XXI, n. 5).

Mantègue (f.p.). Beurre fondu, le *ghee* indien, utilisé dans les rituels et dans la cuisine.

Mantirakkaran (t. mantirakkāraṉ). Diseur de mantra, exorciste, mais aussi (ou surtout !) petit magicien de rue.

Mantiravadi* (t. mantiravāti). Diseur de mantra pratiquant la magie noire (chap. VI, n. 15).

Mantirikkiravar* (t. mantirikkiṟavar). Exorciste pratiquant la magie blanche (chap. VI, n. 15).

Mantra (t. mantiram. du s.). Un mot clé de l'hindouisme. Au sens plein du terme, formule (phonème, syllable, mots ou groupes de mots) chargée de pouvoir, sous réserve qu'elle soit correctement énoncée. Dans sa forme la plus haute, le mantra peut être considéré comme l'adéquation avec la divinité. Dans leurs formes les plus courantes, dans la pratique populaire, les mantra sont plutôt des formules rituelles utilisées pour écarter démons et esprits, voire des formules magiques. Il en existe un nombre infini (chap. I, n. 9).

Marakkal (t. marakkāl). Mesure de capacité et de poids pour les grains. Équivaut au *kuruni*. Un *marakkal* fait normalement quatre *padi* de Pondichéry, soit environ 3,2 kilos de paddy (chap. XXV, n. 5).

Margosier ou **margousier** (f., t. vēppamaram). *Azadirachta indica*. Arbre omniprésent dans les lieux habités. Ses propriétés médicinales sont multiples.

Mariatta* (t. māriyāttā). Maladies attribuées à la déesse Mariamman. Un des noms de cette déesse (chap. X, n. 1).

Markaji (t. mārkaḻi). Neuvième mois du calendrier tamoul (mi-décembre-mi-janvier).

Marwari (t. mārvāri, du rajasthani). Voir annexes Castes et communautés.

Matam* (t. matam). Religion. Mot polysémique, d'où quiproquo dans l'esprit de Viramma (chap. XIV, n. 5).

Mattai (t. maṭṭai). 1. Rachis, axe des feuilles de cocotier : une arme redoutable. 2. Noix de coco sèche.

Mattal* (t. māṭṭal). Un type de bijou d'oreille (chap. II, n. 12).

Matteuppongal* (t. māṭṭuppoṅkal). Fête des bœufs et des vaches, le deuxième jour des fêtes de Pongal (chap. XXIV, n. 2).

Meljatiar* (t. mēl jātiyār). Terme générique pour désigner les hautes castes.

Morinde (f.p., t. nuṇamaram). *Morinda citrifolia*. Un arbrisseau volubile, dont les feuilles sont utilisées dans la pharmacopée.

Moringuier ou **Moronguier** (f.p., t. muruṅkai). *Moringa pterygosperma*. Arbre omniprésent dans les lieux habités. Son fruit, la moringe, est très communément utilisé dans la cuisine tamoule. L'arbre est réputé accueillir des esprits.

Mudaliar (t. mutaliyār). Voir annexe Castes et communautés.

Mudugunir* (t. mutukunīr). Cérémonie précédant la première naissance, célébrée généralement le sixième ou le huitième mois de la grossesse en versant de l'eau ou du lait sur le dos de la femme enceinte « pour lui procurer un heureux accouchement » (P. Mariadassou), (chap. VI, n. 3.).

Muni (t. muṉi). Un type de démon redoutable. Voir annexe Divinités, esprits et héros.

Murukkeu (t. muṟukku). Tortillon frit et craquant à base de lentilles et de riz.

Mutiradanam* (t. mutiraitāṉam). Rite d'inscription sur le corps des signes sectaires vishnuites (chap. VII, n. 4).

Mysore pak (t. maicūrppāku). Pâtisserie sèche, friable, à base de farine de pois chiche.

Nabab (t. nāpapu, de l'urdu). Prince ou seigneur musulman de haut rang. Au sens figuré, désigne un personnage riche et puissant *(a fortiori* s'il est musulman).

Nadakan* (t. nāṭakam). « Pièce dansante ». Théâtre populaire consacré au répertoire des Puranas ou des mythes régionaux (chap. XI, n. 6).

Nadar (t. nāṭār). Voir annexe Castes et communautés.

Nadesvaram (t. nātēsvaram). Genre de hautbois de grande taille, un des instruments de base de la musique auspicieuse. Les musiciens parias utilisent, eux, un petit *nadesvaram*, appelé *senaï*, apparenté au *shenaï* classique de l'Inde du Nord. Viramma confond les deux instruments (chap. II, n. 28).

Nagar* (t. nakaram, du s.). Ville, lotissement, chap. IV, n. 10.

Naïcker (t. nāyakkar). Voir annexe Castes et communautés.

Naiyandi (t. naiyāṇṭi) 1. Orchestre de divertissement, composé de jeunes Harijans volontaires, par opposition au *paraimelam*, orchestre paria rituel (chap. XIII, n. 3). 2. Répertoire des orchestres *naiyandi* : chansons drôles ou caustiques, chansons d'amour.

Nalungeu (t. naluṅku). Conjuration du mauvais œil : cérémonie conduite la veille du mariage.

Namam* (t. nāmam). Marque sectaire vishnuite, chap. IX, n. 4.

Narabali* (t. narapali). Sacrifice humain, chap. VIII, n. 13.

Naragam* (t. narakam). L'enfer, chap. VI, n. 17 ; chap. XXIII, n. 14.

Narikoravan ou **Narikara** (t. narikkuṟavaṉ). Voir annexe Castes et communautés.

Nattam (t. nattam). Fonction traditionnelle héréditaire de chef de village. Aujourd'hui le *nattam*, qui n'est plus une autorité officielle, demeure un notable souvent consulté.

Navarai* (t. navarai). Saison rizicole d'hiver (janvier à mai), chap. XXV, n. 4.

Nelliquier (f.p., t. nellimaram). *Phyllanthus emblica*. Un arbre aux fruits acides, à côtes, de la taille d'une cerise mais jaunes *(Emblica officinalis)*.

Ninuri (f.p., t. kīḻānelli ou niṉūri). *Phyllanthus ninuri*. Une euphorbiacée aux propriétés (entre autres) anti-syphilitiques.

Nitchayam* (t. niccayam). Promesse de mariage.

Odéar (t. uṭaiyār). Voir annexe Castes et communautés.

Olai* (t. ōlai). Pannelle à riz. chap. IV, n. 7.

Otteu (t. ōṭṭai). Instrument à vent, à hanche, de sonorité basse, utilisé comme bourdon.

Pa (t. pā). Abréviation de *Appa* (père, monsieur) d'usage très commun entre hommes, usité par un aîné envers un cadet, ou un supérieur envers un inférieur. Le ton est affectueux. S'emploie aussi comme suffixe.

Padai* (t. pātai). Couche mortuaire (chap. XIII, n. 4).

Padaipuçai* (t. pātapūcai). « Puja des pieds », prosternation des jeunes époux devant les anciens (chap. XXIII, n. 6).

Padaiyatchi (t. paṭaiyāṭci). Voir annexe Castes et communautés.

Paddy (f., du malais, *via* l'anglais). Riz non décortiqué : c'est le riz brut en grains obtenu par simple battage après la récolte.

Padi (t. pati). Mesure de grain. Le *padi* de Pondichéry pèse environ 800 grammes de paddy. Quatre *padi* font ordinairement un *marakkal*.

Padiyal (t. paṭiyāl). Ouvrier agricole attaché à un propriétaire pour une durée déterminée. Il accomplit pour lui toutes sortes de travaux, agricoles ou autres, et perçoit un salaire fixe en nature. Ne pas confondre avec le *pannaiyal*, travailleur asservi. Voir chap. XVII, note 1.

Pagakkaï (t. pākakkāy). *Momordica charantia*. Une plante grimpante très commune au fruit charnu et amer, consommé comme légume.

Paisa (t. paicā). 1/100 de roupie, dans le système décimal d'aujourd'hui. 1/192 de roupie dans l'ancien système. Au pluriel *paice*.

Palli (t. paḷḷi). Voir annexe Castes et communautés.

Pambai (t. pampai). Double tambour, accroché à la taille, caractéristique des orchestres *naiyandi*.

Panai* (t. pāṉai). Récipient ventru, sans anse. Il en est d'argile, de cuivre ou d'aluminium, voire maintenant en plastique, certains usages étant liés à certains matériaux (chap. I, n. 6). Voir pannelle.

Panchayat (p.i., t. pañcāyattu). Conseil traditionnel assurant le fonctionnement de la collectivité villageoise (étymologiquement, ce conseil compterait cinq membres). On a donné ce nom aux nouveaux conseils élus partout, après l'Indépendance, au suffrage universel. À côté de ces corps élus et officiels, il existe des instances traditionnelles, réglant les affaires du village, du *céri*, voire de telle ou telle caste, qu'on appellera aussi *panchayat*.

Pandal (t. pantal). Abri de palmes à structure de bambou, dressé temporairement devant les maisons lors de cérémonies où les invités sont nombreux.

Pandaram (t. paṇṭāram). Voir annexe Castes et communautés.

Pangali (t. paṅkāḻi). « Parents, parallèles ou consanguins opposés aux croisés ou alliés » (L. Dumont). Pour plus de précision sur ce terme aux implications très complexes, voir chap. XIX, n. 1.

Panguni (t. paṅkuṉi). Le dernier mois du calendrier tamoul (mi-mars-mi-avril).

Pannaiyal* (t. paṇṇaiyāḷ). Ouvrier agricole permanent, attaché à un maître, parfois équivalent d'*adimai*, ouvrier agricole asservi. Voir chap. XVII, n. 1.

Pannaiyar (t. paṇṇaiyār). Voir annexe Castes et communautés.

Pannelle (f.p, du t. pāṉai). Pot d'argile ou de cuivre, bien renflé, sans anse. Les pannelles de cuivre servent à transporter l'eau, celles d'argile servent à cuire à l'eau.

Pappa (t. pāppā). Petite fille.

Pappan (t. pārppāṉ). Voir annexe Castes et communautés.

Parai* (t. paṟai). Tambour plat, caractéristique de l'orchestre paria. Aurait donné son nom à la caste des Paraiyar (chap. XIII, n. 3 ; chap. XIX, n. 1).

Paraimélam* (t. paṟaimēḷam). Orchestre rituel des Paraiyar (chap. XIII, n. 3).

Paraiyar (t. paṟaiyar). Voir annexe Castes et communautés.

Paratchi (t. paṟaicci). Femme paria, par extension, femme du *céri*. Le mot est méprisant quand quelqu'un de l'*ur* le prononce. Il est utilisé par les Harijans eux-mêmes, dans le contexte des travaux habituels qui sont les leurs. Voir annexe Castes et communautés.

Paria (f). Voir annexe Castes et communautés.

Pariyam* (t. pariyam). Fiançailles publiques (chap. II, n. 7).

Parppanar (t. pārppāṉār). Voir annexe Castes et communautés.

Paspale (f.p., t. varaku). *Paspalum scrobiculatum*. Un mil très robuste.

Patchapaïr* (t. paccaippayaṟu). Lentille verte, chap. XXV, n. 4.

Pattali Makkal Katchi* (t. pāṭṭāḷī makkaḷ kaṭci). « Parti du peuple travailleur ». Parti politique, émanation des groupes de pression de la caste des Vanniyar. Créé à la fin des années quatre-vingt (chap. XXVI, n. 11).

Pattam* (t. paṭṭam). Carré consacré lors de la mise en culture d'un champ (chap. XXV, n. 3).

Patti* (t. pāṭṭi). Grand-mère. Pour l'usage des termes de parenté, voir note 1 du chapitre I.

Pattini* (t. pattiṉi). Femme d'une chasteté et d'une vertu telles qu'elles lui confèrent des pouvoirs surhumains (chap. XXV, n. 9).

Payacam (t. pāyācam). Entremets à base de lait, de lentilles vertes, de vermicelle et de tapioca, parfumé à la cardamome, aux noix de cajou et aux raisins secs.

Payin* (t. paiyaṉ). Garçon. Pour l'usage des termes de relation, voir note 1 du chapitre I.

Petit pois pouilleux (f.p., t. pūṉaikkaḷi). *Mucuna pruriens*. Une légumineuse aux multiples propriétés médicinales. Les graines sont astringentes. Les poils des gousses provoquent de fortes démangeaisons.

Pey (t. pēy). Esprits maléfiques des suicidés ou des défunts victimes d'une mort violente.

Picotte (f.p., t. ēṟṟam). Instrument de puisage d'eau par balancier, actionné le plus souvent par deux hommes appelés picottiers.

Piçaceu (t. picācu). Esprits créés par Kali pour combattre les *asura*.

Pipal* (t. aracamaram). *Ficus religiosa* (chap. II, n. 14). Voir figuier de pagode.

Pirakkanam* (t. pirakkāṉam). Cordon ou bracelet de protection contre les maladies (chap. XXV, n. 21).

Pirattanaikkar* (t. pirāttaṉaikkārar). Pèlerin ayant fait un vœu (chap. IX, n. 5).

Pongal (t. poṅkal). 1. Préparation culinaire de fête, à base de riz bouilli au lait, mantègue, lentilles, épices. 2. Une des très grandes fêtes tamoules, fête des récoltes, célébrée à la mi-janvier. Lors du second jour de la fête, on honore bœufs et vaches en leur offrant du *pongal* (sens 1).

Ponneu* (t. poṇṇu). Fille. Pour l'usage des termes de relation, voir chapitre I, note 1.

Ponni* (t. poṉṉi). Variété de riz à haut rendement (chap. XXV, n. 4).

Porampoke* (t. porampōkku). Terre communale ou gouvernementale (chap. XXV, n. 6).

Porcher (f.p., t. pūvaracamaram). *Thespesia populnea.* Un arbre très commun au bord des routes, à belles fleurs jaunes.

Potteu (t. poṭṭu). Point auspicieux porté au front, principalement par les femmes (sauf les veuves) et les jeunes filles. Sur sa composition et sa symbolique, voir chap. II, n. 4.

Pourpier (f., t. pacaḻai). *Portulaca quadrifida.* Une herbacée grimpante, dont les feuilles charnues ont des propriétés désinfectantes.

Puçari (t. pūcāri). Prêtre non brahmane.

Puja (t. pūcai, du s.). Acte d'offrande et de prière à la divinité, marqué par un rituel plus ou moins élaboré.

Pulao (t. pulavu, de l'urdu). Riz pilaf.

Purana* (t. purāṇa, du s., pluriel). Série de textes post-védiques racontant sous forme de récits les grands mythes de l'hindouisme, tout en enseignant à chacun ce qu'il convient de faire en matière de rites et d'action (chap. XXIII, n. 14).

Purattaci (t. puraṭṭāci). Sixième mois du calendrier tamoul (mi-septembre-mi-octobre).

Putteu (t. puṭṭu). Farine de riz cuite à la vapeur, avec sucre et noix de coco : c'est le mets qu'on offre aux invités lors de la cérémonie marquant la puberté féminine.

Puvarasseumaram* (t. pūvaracamaram). *Thespesia populnea.* Voir porcher (chap. IV, n. 1).

Ramayana* (t. rāmāyaṇam. du s.). Épopée contant la vie de Rama (chap. VII. n. 13).

Rasam (t. racam). Préparation liquide, digestive, à base d'eau poivrée et de tamarin.

Reddi (t. reṭṭi). Voir annexe Castes et communautés.

Reddiar (t. reṭṭiyār, du télugu). Voir annexe Castes et communautés.

Ricinelle (f.p., t. kuppaimēṉi). *Acalypha indica.* Une plante annuelle, à feuilles ovales et à petites fleurs verdâtres. Ses usages médicinaux sont multiples, en particulier contre les troubles intestinaux.

Rickshaw (t. rikṣā, p.i., du japonais). Tricycles pour transporter, en principe, deux passagers. Ils ont remplacé les anciens rickshaws à bras tirés par un homme courant entre les brancards. On n'en trouve pas dans les villages.

Sadhu (t. cātu, du s.). Homme (ou femme) de toute caste, de tout statut, qui a choisi de vivre comme « renonçant », mendiant itinérant ayant en principe renoncé à tout désir matériel ou attachement.

Sakkili (t. cakkili, du télugu). Voir annexe Castes et communautés.

Sakti* (t. cakti, du s.). Principe féminin d'énergie divine (chap. II, n. 4). Voir annexe Divinités, esprits et héros.

Samadi (t. camāti, du s.). Tombe ou cénotaphe, à l'origine, d'un maître religieux, et aujourd'hui, tout autant, d'un grand leader politique (au sens premier : intense méditation par laquelle le sujet s'identifie à l'objet de la méditation).

Samba (t. campā). 1. Principale saison rizicole, centrée sur les pluies de septembre à novembre. Durait traditionnellement six à sept mois. 2. Variétés de riz de longue durée utilisées lors de cette saison.

Sambar (t. cāmpār). Sauce de lentilles et de légumes. Une préparation de base de la cuisine tamoule.

Sami (t. cāmi). Un des termes génériques pour dénommer Dieu (ou tout dieu masculin). Par extension, maître. Terme de profond respect.

Samiar (t. cāmiyār). Un saint homme, qui dispose de pouvoirs spirituels.

Sanar (t. cāṇar). Voir annexe Castes et communautés.

Sani (t. cāṇi). Bouse de vache.

Sani paratchi* (t. cāṇi paṟaicci). « La paria des bouses de vache » désigne une ouvrière agricole liée à la maison du maître (chap. XXV, n.16).

Sanimulai* (t. caṉimūlai). La direction de Sani, c'est-à-dire le nord-est.

Satti* (t. caṭṭi). Poêlon (chap. VI n. 7).

Sattiyam* (t. cattiyam). Vérité, serment, droiture (chap. XXV, n. 16).

Satyagrahi* (p.i.). Néologisme gandhien : « combattant de la liberté », militant non violent (chap. XX, n. 7).

Savonnier (f., t. poṅkaṉ). *Pongamia glabra.* Arbre qui doit son nom à son écorce riche en saponine. Ses fruits servent à combattre l'asthme et les morsures venimeuses. *Pongamia pinnata.*

Sélaveu (t. celavu). Poudre qui sert à faire une sauce donnée à la mère après l'accouchement. On l'obtient en écrasant des graines de cumin, de moutarde et d'ammi, et du gingembre.

Senaï (t. ceṉāy, de l'urdu). Instrument à vent, auspicieux, d'usage populaire : c'est un petit *nadesvaram*, moins sophistiqué que le *shenaï* de la musique classique de l'Inde du Nord.

Siddha* (t. cittā). Un des systèmes médicaux traditionnels (chap. VI, n. 9).

Sidi* (t. cīti). Sexe féminin, mot vulgaire (chap. XXI, n. 4).

Sikakaï (p.i., t. cīyakkāy). *Acacia sinuata.* Dit en français pondichérien

« Acacia poix à décrasser ». Ses gousses contiennent de la saponine et servent à fabriquer un shampooing.

Sikh (t. cīkkiyar, du punjabi). Voir annexe Castes et des communautés.

Simantam (t. cimantam). Cérémonie liée à la grossesse, et normalement célébrée le septième mois (c'est à cette date, selon la tradition, que l'ovule fécondé devient fœtus) : fête en l'honneur de la femme enceinte, qui met ses bijoux et peut « satisfaire toutes ses envies alimentaires » (P. Mariadassou).

Sippeu* (t. cīppu). Au sens premier : peigne. Désigne aussi une main de bananes.

Sitalam (t. cītaḷam). Nom porté par de multiples maladies marquées par la fièvre ou les refroidissements.

Somin (t. cōmaṉ). Pagne de coton blanc, non cousu, porté par les hommes. Il est plus digne de le porter tombant jusqu'aux chevilles que remonté jusqu'aux genoux.

Sornavari* (t. cornavāri). Saison rizicole (juin à septembre), pour riz rapide (chap. XXV, n. 4).

Souraire (f.p.). Voir annexe Castes et communautés.

Sphoerante (f.p., t. kōṭṭaikkarantai). *Sphœranthus hirsutus*. Une plante aromatique, aux nombreuses vertus médicinales, utilisée aussi pour se noircir les cheveux. *Sphœranthus indicus*.

Suji* (t. cuji). Spirale dessinée sur le crâne par des cheveux en épi (chap. VII, n. 16).

Sukkumattadi* (t. cukkumāntaṭi). Bâton des renonçants (chap. V, n. 10).

Sulam* (t. cūlam). Trident de Siva (chap. II, n. 6).

Suniyam* (t. cūṇiyam). Type de magie noire (chap. VI, n. 15).

Sunnambu (t. cuṇṇāmpu). Chaux. Les « chansons *sunnambu* » constituent un répertoire particulier que chantent les femmes dans les chantiers de fours à chaux artisanaux.

Taï (t. tai). Dixième mois du calendrier tamoul (mi-janvier-mi-février).

Taï puçam (t. tai pūcam). Fête célébrée à la pleine lune du mois de Taï, en l'honneur de Murugan, marquée par la présence de pénitents se livrant à de dures épreuves.

Talaiyari (t. talaiyāri). Adjoint harijan du comptable villageois, grand connaisseur du cadastre et collecteur des taxes.

Tali (t. tāli). Bijou d'or porté en collier par les femmes mariées qui ne le quittent jamais, jusqu'à leur veuvage.

Tambi (t. tampi). Petit frère, et par extension petit garçon. Une personne âgée continuera à appeler *tambi* celui qu'elle a connu petit garçon.

Tangaitchi* (t. taṅkacci). Petite fille. Pour l'usage des termes de relation, voir note 1 du chapitre I.

Taritram pey* (t. tarittiram pēy). Esprit s'attaquant aux choses matérielles (chap. I, n. 7).

Tata* (t. tātā). Grand-père. Pour l'usage des termes de relation, voir note 1 du chapitre I.

Tchi ! (t. ccī). Exclamation marquant l'agacement ou le dégoût, voire le mépris.

Télugu (t. teluṅkam, du télugu). 1. Langue dravidienne, parlée principalement dans l'État d'Andhra Pradesh. 2. Membre de l'ethnie télugu, dont le *télugu* est la langue maternelle.

Témmangu* (t. temmāṅku). Chants *témmangu :* chansons drôles, moqueuses ou d'amour (chap. XXV, n. 20).

Tenai* (t. tiṉai). Petit-mil (chap. XXV, n. 4).

Terrukkutteu* (t. terukkūttu). Théâtre de rue, consacré au répertoire des épopées (chap. XI, n. 6).

Tinnai (t. tiṇṇai). Espace ouvert, plate-forme bordée de colonnes, dans l'alignement des murs extérieurs de la maison. La porte d'entrée se trouve donc séparée de la rue par le *tinnai*, espace intermédiaire entre le dedans et le dehors, où l'on peut recevoir visiteurs ou inférieurs qu'on ne veut pas faire entrer.

Tiparatanai* (t. tīpārātaṉai). Rite de présentation à la divinité d'un plateau portant entre autres du camphre allumé (chap. II, n. 10).

Tirnur (t. tirunīr). Mélange de cendre et de chaux réduites en poudre, avec lequel on inscrit sur le front les marques sectaires.

Tombin (t. tompaṉ). Voir annexe Castes et communautés.

Toppukaranam* (t. tōppukkaraṇam). Gestuelle de prière (chap. X, n. 6).

Totti (t. tōṭṭi). Harijan de la sous-caste des Vettiyan, remplissant pour un an la fonction de musicien du *paraimélam*, chargé aussi des funérailles. Il y a sept *totti* au village, outre *l'urtotti* (voir ce mot).

Trishoda* (p.i. du s.). Théorie médicale indienne fondant la santé sur l'équilibre entre les trois éléments corporels que sont l'air, le chaud et le froid (chap. VI, n. 6).

Tulukkan (t. tulukkaṉ). Voir annexe Castes et communautés.

Tundeu (t. tuṇṭu). Châle de coton porté par les hommes sur l'épaule.

Les basses castes de travailleurs agricoles le portent aussi parfois en turban.

Tungumunjimaram* (t. tūṅkumūñcimaram). Arbre. *Samanea saman* (chap. VIII n. 3).

Tuvarai* (t. tuvarai). Lentille rouge (chap. XXV, n. 4).

Udaiyar (t. uṭaiyar). Voir annexe Castes et communautés.

Udukkai (t. uṭukkai). Tambour en forme de sablier et à bourdon, un des composants des orchestres *naiyandi*.

Ujakkeu* (t. uḻakku). Petite mesure. Au sens figuré, petite personne (chap. IV, n. 2).

Ulundu* (t. uḻuntu). Lentille noire (chap. XXV, n. 4).

Uppuma (t. uppumā). Préparation à base de semoule de blé sautée aux épices et aux oignons.

Ur (t. ūr). Le village, par opposition au *céri*, hameau séparé des Intouchables. C'est dans l'*ur* que vivent les familles non intouchables, depuis les Brahmanes et les castes possédantes (avec, à leur tête, les Reddiar) jusqu'aux basses castes de service comme les barbiers. C'est à l'*ur* que se trouvent les grands temples du village, dédiés à Isvaran (Siva), Pérumal (Vishnu) et Pillaiyar (Ganesh). À Karani, on trouve aussi (entre autres) un temple de Draupadi et un temple de Mariamman. Tous ces temples sont sans commune mesure avec ceux du *céri*, et sont interdits *de facto* aux Harijans. L'*ur* est donc à la fois le lieu de la pureté religieuse, du statut social et de la puissance économique.

Urtotti (t. ūr tōṭṭi). Harijan chargé d'annoncer les nouvelles villageoises et d'assurer le lien entre les sept *totti* et les autorités de l'*ur*.

Uttaravukekkaradu* (t. uttaravukkēkkiṟatu). Demande d'autorisation adressée à une divinité avant d'entreprendre une action importante (chap. XI, n. 5).

Uyarndajatiar* (t. uyarnta jātiyār). Terme générique pour désigner les hautes castes (chap. I, n. 15). On dit aussi *meljatiar*.

Vaceul (t. vācal). Cour intérieure des maisons tamoules de bonne tenue. Le terme précis est *ulvācal*.

Vaçiyam* (t. vaciyam). Type de magie noire (chap. VI, n. 15).

Vadai (t. vaṭai). Galette à base de lentilles, de pois chiches, de soja noir.

Vadai à trou. Certains *vadai* sont d'une pièce, d'autres en auréole. L'expression « *vadai* à trou », qui désigne ces derniers, est employée vulgairement à propos des filles ou des femmes.

Vaikaci* (t. vaikāci). Deuxième mois du calendrier tamoul (mi-mai-mi-juin).

Vaikunda ekadasi* (t. vaikuṇṭavēkātaci, du s.). Jour de jeûne et de célébration de Vishnu, en *Markaji* : commémore la victoire de Vishnu, incarné dans la belle Ekadasi, sur un *asura* (voir annexe VI).

Vaïkundam (t. vaikuṇṭam, du s.). Le séjour de Vishnu dans la mythologie vishnuite. « Aller au *Vaïkundam* », c'est mourir.

Valluvar (t. vaḷḷuvar). Voir annexe Castes et communautés.

Vaniyan (t. vāṉiyaṉ). Voir annexe Castes et communautés.

Vannan (t. vaṇṇaṉ). Voir annexe Castes et communautés.

Vanniyar (t. vaṉṉiyar). Voir annexe Castes et communautés.

Varagu* (t. varaku). Paspale, une céréale robuste, *Paspalum frumentaceum* (chap. XXV, n. 4).

Variçai* (t. varicai). Plateau cérémoniel (chap. VI, n. 2).

Varna (t. varṇa, du s.). Dans la tradition brahmanique de l'Inde du Nord, chacun des quatre ordres organisant la société selon un principe hiérarchique : brahmanes (prêtres), *kshatriya* (guerriers), *vaishya* (commerçants), *sudra* (agriculteurs et castes de service, les agriculteurs, dans la haute tradition étant classés *vaishya)*, les castes impures, intouchables, étant rejetées hors de cet ordre quadripartite. Dans la pratique, en pays tamoul, la hiérarchie des statuts s'organise sur un modèle distinct, avec Brahmanes, hautes castes non brahmanes, moyennes ou basses castes et ex-Intouchables.

Véda (t. vētam, du s.). Au singulier, la suprême connaissance telle que l'expriment les livres saints du brahmanisme et de l'hindouisme (Védas, Brahmanas et Upanishads particulièrement). Au pluriel, les Védas sont les quatre plus anciens recueils : Rig Veda. Sama Veda. Yajur Veda. Atharva Veda. Pour le sens donné au mot en milieu populaire, voir chap. XV, n. 6.

Velaikkarar* (t. vēlaikkārar). « Travailleur. » Désigne le plus souvent les ouvriers agricoles non harijans (chap. XIX, n. 3).

Vettaikkaran (t. vēṭṭaikkāraṉ). Voir annexe Castes et communautés.

Vettiyan (t. veṭṭiyaṉ). Voir annexe Castes et communautés.

Villiyar (t. villiyar). Voir annexe Castes et communautés.

Vilvirai (t. viḷvirai). Une variété traditionnelle de semence de riz.

Viran* (t. vīraṉ). Guerrier (chap. XXIV, n. 7). Voir aussi annexe Divinités, esprits et héros.

Vomiquier (f., t. eṭṭimaram). *Strychnos nux-vomica.* Arbrisseau au tronc gris, dont les graines contiennent de la strychnine.

Yemma ! (t. yemmā). Interjection de *Amma !* : Ô Mère !

Yennayya (t. eṉṉaiyā). Terme d'adresse envers un homme de statut supérieur, mais pas très respectueux, ou sur un ton plaisant.

Yeval* (t. ēval). Type de magie noire (chap. VI, n. 15).

Yugam (t. yukam, du s. yuga). Au sens premier, un des âges du monde, dans une théorie cyclique du déroulement du temps : une année de Brahma compte 311 000 milliards d'années humaines. Un jour de cette année est un *kalpa*, c'est-à-dire « le temps que dure un monde, depuis la création jusqu'à la dissolution ». Un *kalpa* compte mille grands âges ou *mahayugam* de 12 000 années humaines, et chaque grand âge compte quatre *yugam (cf.* Louis Renou, *L'Inde classique).* Plus prosaïquement, pour Viramma, un *yugam* c'est une époque, à l'échelle de sa propre vie (chap. II, n. 10). Voir *kaliyugam.*

Annexe V

ESQUISSES GÉNÉALOGIQUES

Les arbres généalogiques de Viramma présentés ici ont été délibérément établis à partir de son récit, et non d'un questionnement systématique qui aurait permis sans doute de combler les vides et de mettre les noms là où ils manquent. On a préféré la spontanéité et ses lacunes, qui rendent mieux compte de la façon dont Viramma elle-même perçoit sa lignée : on a voulu davantage situer celles et ceux qui comptent dans le récit que construire, en ethnologue, des arbres généalogiques aussi complets que possible, ce qui aurait dû être d'autant plus faisable que les Tamouls, comme tous les Indiens du reste, disposent d'un vocabulaire de parenté extrêmement riche, qui témoigne de l'importance culturellement attachée aux relations de parenté. Nos questionnements précis, dont le récit porte témoignage, n'ont porté que sur les enfants de Viramma. À cet égard, la difficulté avec laquelle Viramma a retrouvé l'ordre de naissance et le nom de ses douze enfants (chap. VII) était en soi fort éloquente : le nombre et la mort, ces deux récurrences, rendent compte du flou dans lequel Viramma s'est tenue sur ce point, bien des disparus étant décédés très jeunes. Occultée chez les ascendants, l'énorme mortalité infantile est évidente chez les descendants : Viramma a perdu neuf enfants sur douze, et Miniyamma, sa fille aînée, en a perdu deux sur cinq. Côté ascendants, les liens de parenté de Viramma avec ses grands-parents sont les plus clairs. La lignée de son mari Manikkam est en revanche trop mal établie pour figurer ici. On notera aussi l'imprécision au niveau des frères et des sœurs. Quant aux évocations multiples des beaux-frères et des belles-sœurs, elles sont trop confuses pour permettre une ébauche de figuration graphique. Ne sont donc figurés nominalement, dans ces deux cas, que les proches qui ont marqué d'une façon ou d'une autre le récit. On notera que la fille aînée de

Miniyamma, Amsa, a épousé son oncle maternel Anbin, cas de figure classique en pays tamoul : Amsa est donc à la fois la petite-fille et la bru de Viramma.

Précisons enfin que les petits-enfants de Viramma répertoriés dans l'arbre généalogique de sa descendance, dressé en 1990, n'étaient pas tous nés lors des diverses phases de son récit, commencé en 1979. Il ne faut donc pas s'étonner des discordances éventuelles qu'on peut relever entre le récit qui précède et le graphique qui suit.

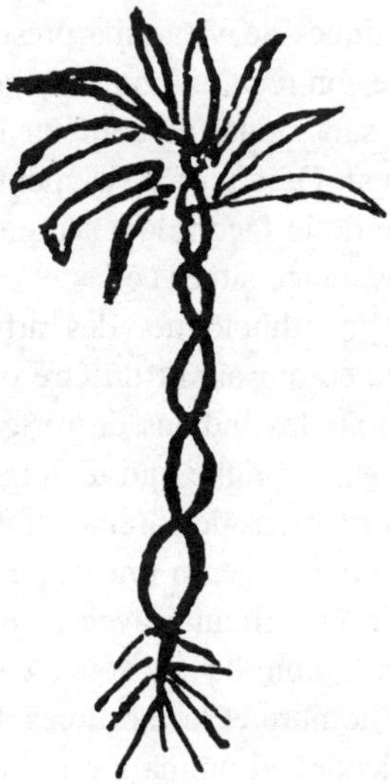

LES ASCENDANTS DE VIRAMMA

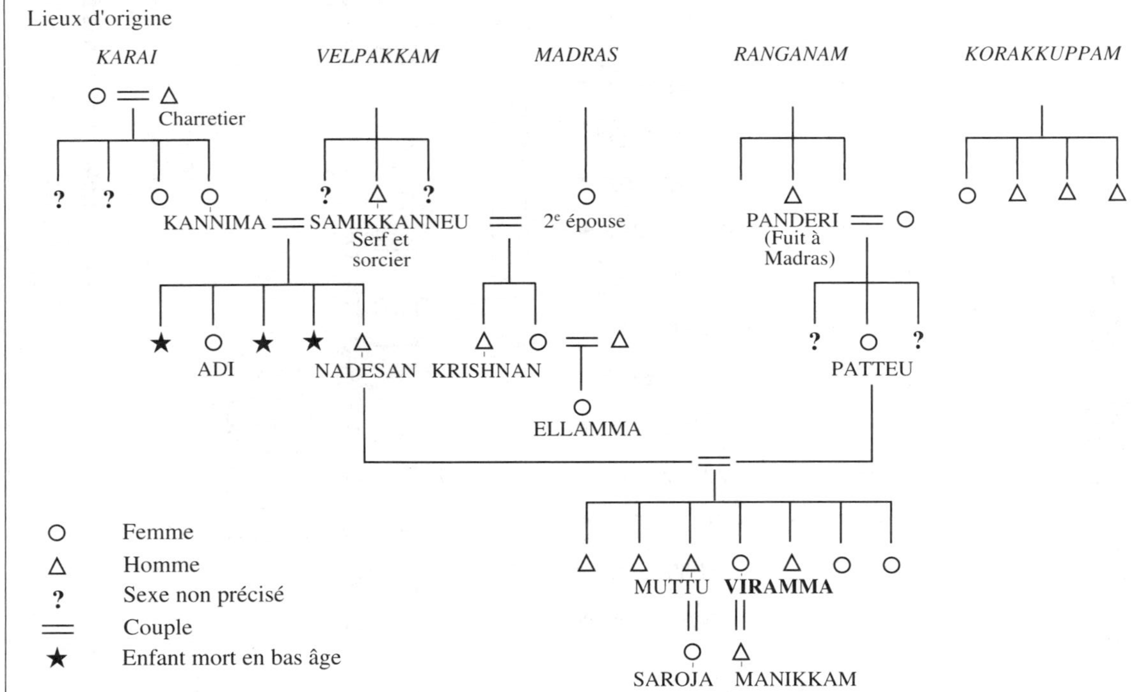

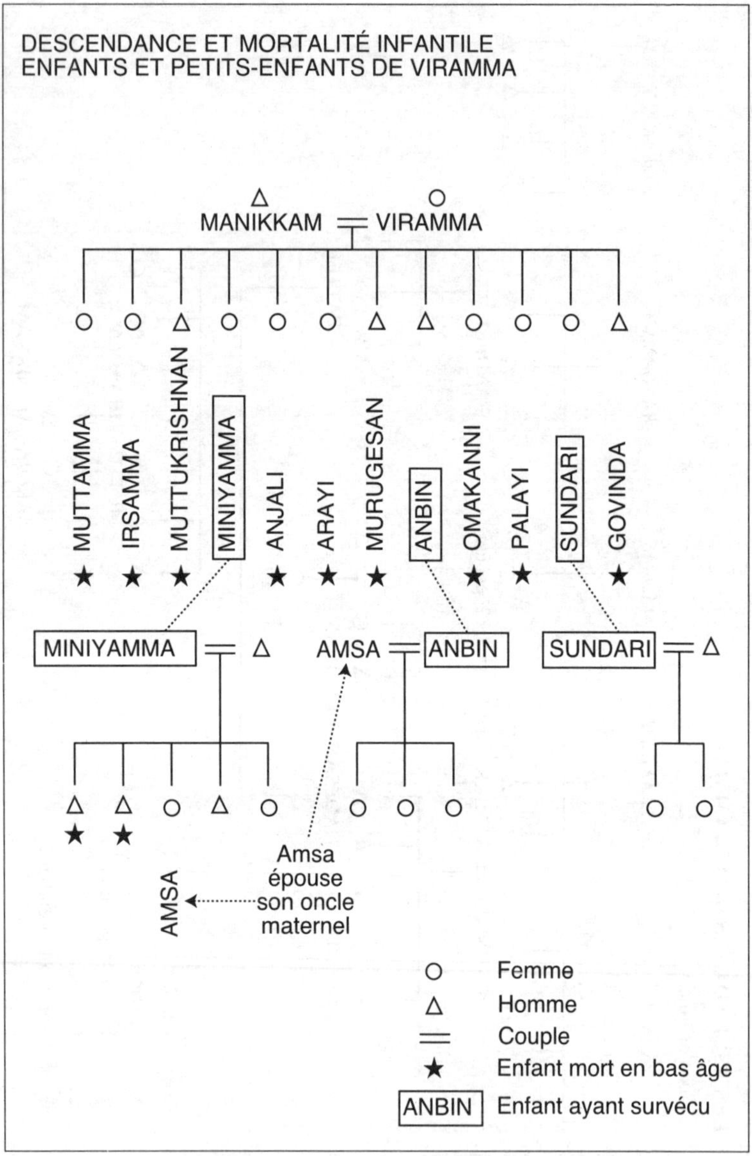

DESCENDANCE ET MORTALITÉ INFANTILE
ENFANTS ET PETITS-ENFANTS DE VIRAMMA
MANIKKAM
VIRAMMA
MUTTAMMA
IRSAMMA
MUTTUKRISHNAN
MINIYAMMA
ANJALI
ARAYI
MURUGESAN
ANBIN
OMAKANNI
PALAYI
SUNDARI
GOVINDA
MINIYAMMA
AMSA
ANBIN
SUNDARI
Amsa épouse son oncle maternel
AMSA
Femme
Homme
Couple
Enfant mort en bas âge
ANBIN
Enfant ayant survécu

Annexe VI

LES TRAVAUX ET LES JOURS : AUTOUR DU CALENDRIER

Le calendrier tamoul est à la fois structuré par des mois solaires et des fêtes lunaires. Pour un peuple tout entier empreint de cosmologie, et si marqué par l'astrologie, le calendrier annuel et ses cycles sont d'une extrême importance. Chaque jour compte des heures auspicieuses et d'autres inauspicieuses. L'année, elle aussi, compte des mois particulièrement favorables et d'autres qui le sont moins. On n'entrera pas dans le détail de ces considérations qui, année après année, constituent la matière des almanachs qu'on trouve dans la maison de tous ceux qui savent lire, ou presque : notre but n'est pas d'exposer ici une anthropologie du temps chez les Tamouls, en entrant dans les logiques complexes qui relient le temps de l'homme au temps cosmique, et celui-ci au vécu quotidien.

On se borne donc à donner ici un tableau des concordances entre grands travaux agricoles et fêtes importantes, en regard d'un double calendrier, tamoul d'une part, français de l'autre. Les mois tamouls s'inscrivent pour l'essentiel dans les signes du Zodiaque : ils sont donc décalés d'une quinzaine de jours, approximativement, par rapport au calendrier français. L'année tamoule commence avec le mois de Cittirai, le 13 ou le 14 avril, quand le soleil « entre » dans la constellation du Bélier, premier des signes zodiacaux.

Les grandes saisons culturales indiquées correspondent à la tradition encore en usage voici quinze ou vingt ans, dans ces régions marquées par ce haut fait de la civilisation tamoule : l'irrigation par étang artificiel, qui rend possible, les années où les pluies sont bonnes, le stockage d'assez d'eau pour conduire deux cultures successives de riz, la première, dite *samba*, durant de quatre à six mois selon les variétés

Mois tamouls	Mois français	Fêtes importantes
Cittirai	Avril-mai	Nouvel an tamoul
Vaikaci	Mai-juin	
Ani	Juin-juillet	
Adi	Juillet-août	Bouillie de Mariamman* Fête de Périyandavin**
Avani	Août-septembre	Pillaiyar caturtti Krishna jayanti
Purattaci	Septembre-octobre	Fête des armes : Ayudha puja
Aïppaci	Octobre-novembre	Dipavali
Kartikkai	Novembre-décembre	Kartikkai dipam
Markaji	Décembre-janvier	Vaïkunda ekadesi
Taï	Janvier-février	Pongal Taï pusam Fêtes des 7 Kanni*, d'Aiyanar*, de la rivière*
Maci	Février-mars	Sivaratri Maci magam
Panguni	Mars-avril	Fête de Draupadi

<table>
<tr><th>Calendrier climatique</th><th>Calendrier rizicole</th><th>Mois tamouls</th></tr>
<tr><td rowspan="2">Saison très chaude et sèche avec orages possibles</td><td rowspan="4">Riz kar
(fin de la deuxième culture)
Moisson</td><td>Cittirai</td></tr>
<tr><td>Vaïkaci</td></tr>
<tr><td rowspan="3">Saison chaude à pluies très irrégulières</td><td>Ani</td></tr>
<tr><td>Adi</td></tr>
<tr><td>Pépinière</td><td>Avani</td></tr>
<tr><td rowspan="3">Saison des pluies</td><td rowspan="5">Repiquage
Riz samba
(première culture)
Moisson</td><td>Purattaci</td></tr>
<tr><td>Aïppaci</td></tr>
<tr><td>Kartikkai</td></tr>
<tr><td rowspan="2">Saison douce à sécheresse croissante</td><td>Markaji</td></tr>
<tr><td>Taï</td></tr>
<tr><td rowspan="2">Saison sèche à chaleur croissante</td><td rowspan="2">Repiquage
Riz kar
(début deuxième culture)</td><td>Maci</td></tr>
<tr><td>Panguni</td></tr>
</table>

utilisées, la seconde, dite *kar*, usant de variétés à croissance plus rapide. En terres sèches, ou à la suite de la culture du riz *samba* si l'on ne dispose pas de suffisamment d'eau pour faire une deuxième riziculture, on cultive traditionnellement soit de l'arachide, soit les « menus grains », céréales de type millet, mil ou éleusine. Avec la très remarquable diffusion de l'irrigation par puits, les paysans à même de s'équiper ainsi se sont depuis affranchis pour une part considérable des impératifs du calendrier d'autrefois. La double riziculture s'est banalisée dans la région, l'arachide est souvent irriguée, et la canne à sucre, demandant beaucoup d'eau, s'est développée elle aussi. Canne et riz, plus que jamais, définissent dans les paysages du Tamilnad l'image d'une abondance qui mêle aux effets de la « révolution verte » le souvenir enjolivé de la fertilité chantée dans les textes classiques de la littérature du Sangam, voici environ deux millénaires.

On remarquera l'abondance des grandes fêtes tamoules se succédant pour l'essentiel d'août à mars. La grande fête agricole de Pongal coïncide pour sa part avec la récolte du riz *samba*, la moisson par excellence de la tradition tamoule. De septembre à décembre, on parle de saison des pluies plutôt que de mousson, car ce terme, pourtant fort usité, est en réalité impropre, le mécanisme des pluies au Tamilnad ne répondant pas à celui de la grande mousson frappant les côtes occidentales de l'Inde à compter de la fin juin. La saison très chaude et très sèche, à l'inverse, est pauvre en fêtes, comme elle est pauvre en travaux agricoles.

Dans la liste des fêtes, on a distingué celles qui marquent tout le Tamilnad (voire l'Inde entière) de celles plus localisées, importantes à Karani : ces dernières sont accompagnées d'un astérisque*. La fête de Périyandavin, elle, en compte deux** : elle est une fête caractéristique du *céri*. Cherchant simplement à fournir un tableau pratique où le lecteur puisse retrouver, dans le contexte annuel qui est le leur, les fêtes qui ont émaillé le récit de Viramma ou nos notes explicatives, on ne prétend pas à l'exhaustivité : nombre de fêtes sectaires ou familiales sont omises, dans la mesure où nous n'avons mentionné que les célébrations qui constituent les grands repères pour tous. Soulignons enfin que même si les Harijans demeurent exclus des temples dc l'*ur*, toutes les fêtes indiquées marquent d'une façon ou d'une autre le calendrier de Viramma, car il n'est guère de fêtes religieuses qui ne s'accompagnent de manifestations extérieures aux temples : le village prend alors un aspect particulier, sensible à tous.

CARTES

Carte 1 : Karani, Pondichéry et le Tamilnad dans leur cadre indien.

74°
76°
78°
80°
Ghâts Occidentaux
KARNATAKA
ANDHRA PRADESH
1923
Mangalore
Bangalore
Madras
Palar
Kaveri
1713
TERRITOIRE DE PONDICHÉRY
Mysore
Ponnaiyar
Karani
12°
Mer d'Arabie
1750
Pondichéry
2060
Vellar
Salem
Calicut
Golfe du Bengale
Kaveri
Coimbatore
KERALA
Trichy
Thanjavur
TAMILNAD
10°
2695
Jaffna
Cochin
Vaïgai
Golfe de Mannar
SRI LANKA
Trivandrum
8°
Cap Comorin
Colombo
2243
6°
4°
2°
0
100 km
AFGHANISTAN
0
500 km
JAMMU ET CACHEMIRE
Aksai Chin
CHINE
HIMACHAL PRADESH
PENDJAB
ARUNACHAL PRADESH
PAKISTAN
Brahmapoutre
Indus
HARYANA
Delhi
New Delhi
NÉPAL
SIKKIM
BHOUTAN
Lucknow
UTTAR PRADESH
ASSAM
NAGALAND
RAJASTHAN
Gange
MEGHALAYA
BIHAR
Dacca
Ahmedabad
Narmada
MADHYA PRADESH
MANIPUR
GUJARAT
TRIPURA
MIZORAM
Calcutta
MAHARASHTRA
ORISSA
BENGALE OCCIDENTALE
Bombay
Pune
Golfe du Bengale
BIRMANIE (MYANMAR)
Mer d'Arabie
Hyderabad
ANDHRA PRADESH
KARNATAKA
Bangalore
Madras
ANDAMAN ET NICOBAR
KERALA
TAMILNAD
SRI LANKA
OCÉAN INDIEN

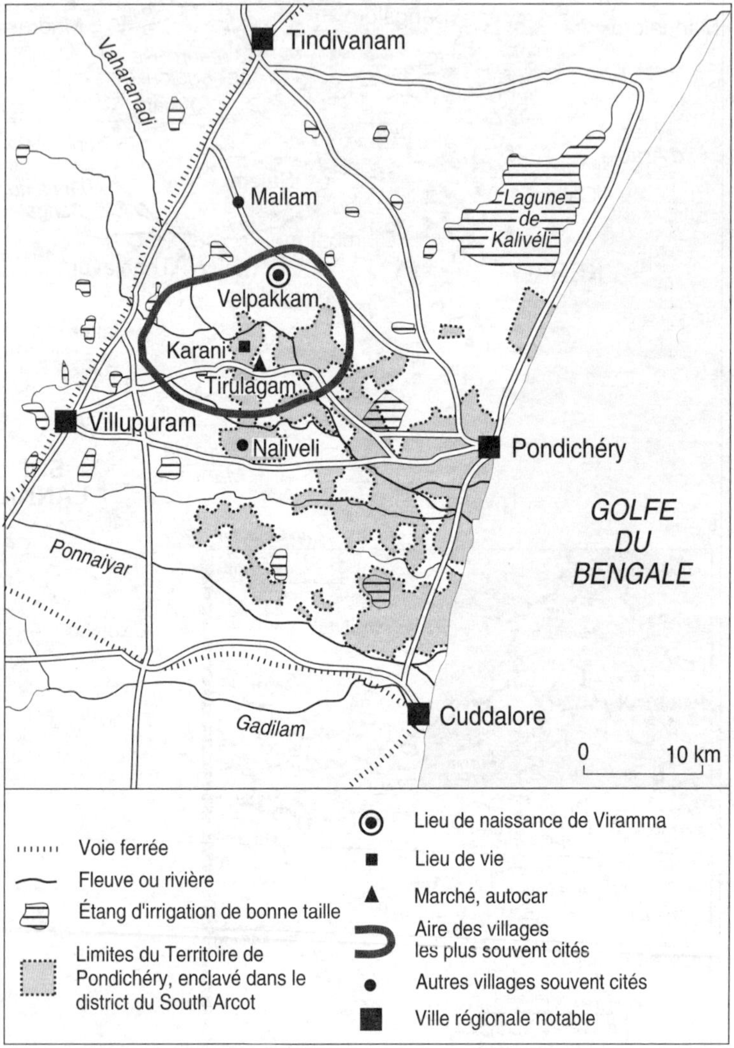

Carte 2 : Karani et sa région.
D'après J.-L. Racine in Mappemonde, n° 4, 1992.

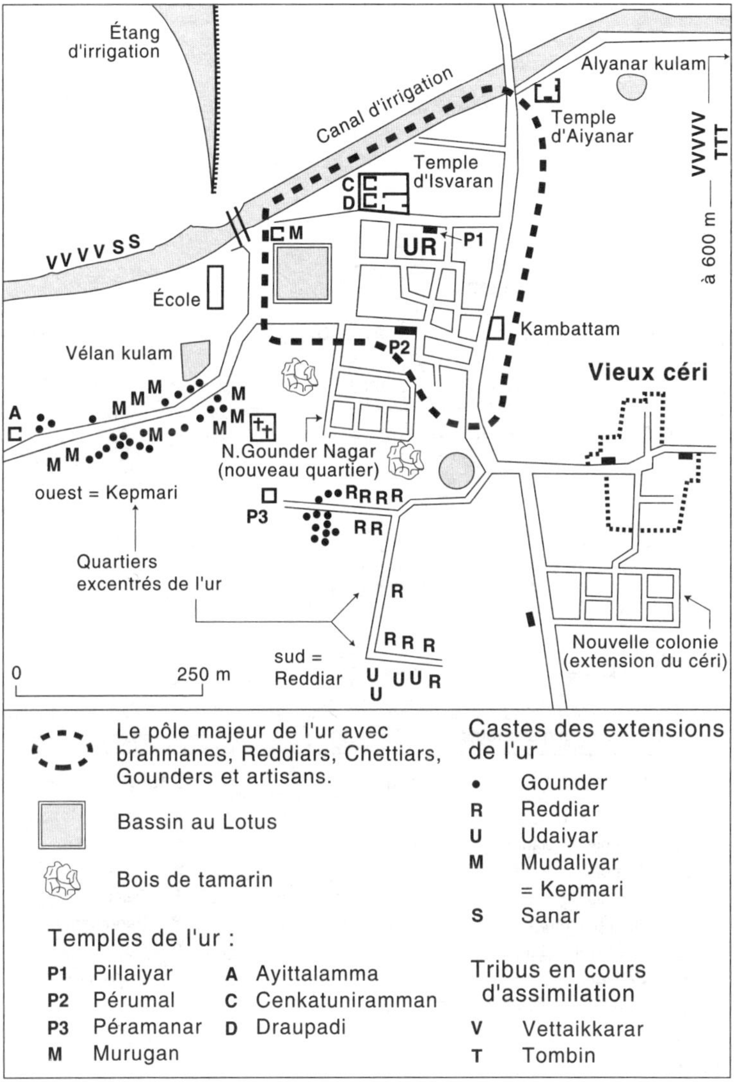

Carte 3 : Karani, l'ur et le *céri.*

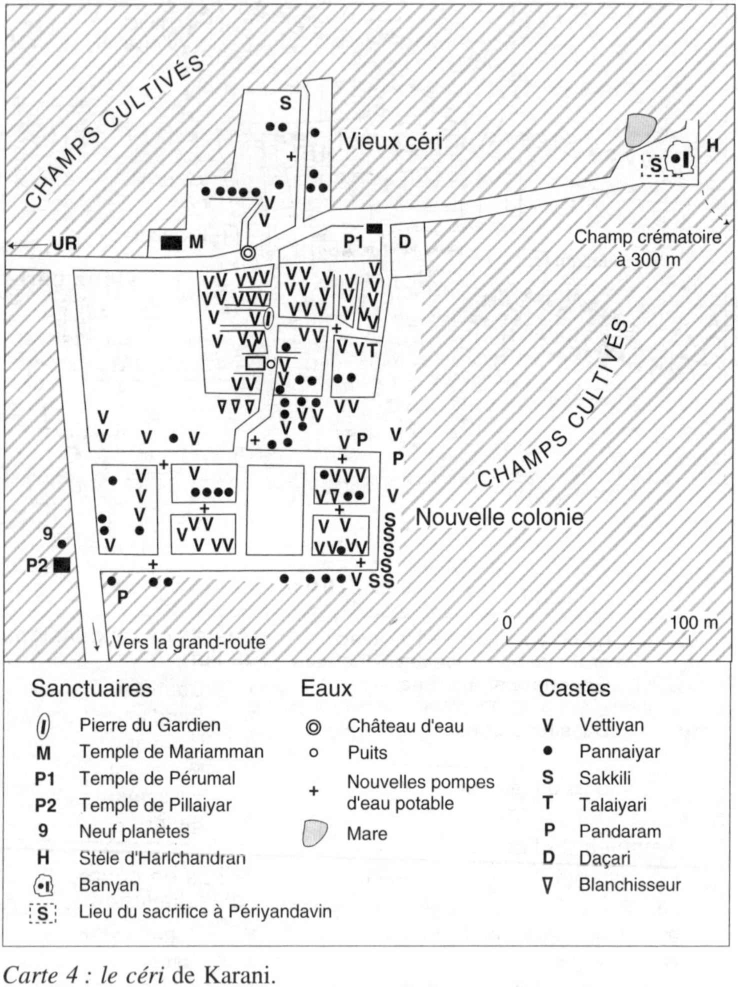

Carte 4 : le céri de Karani.

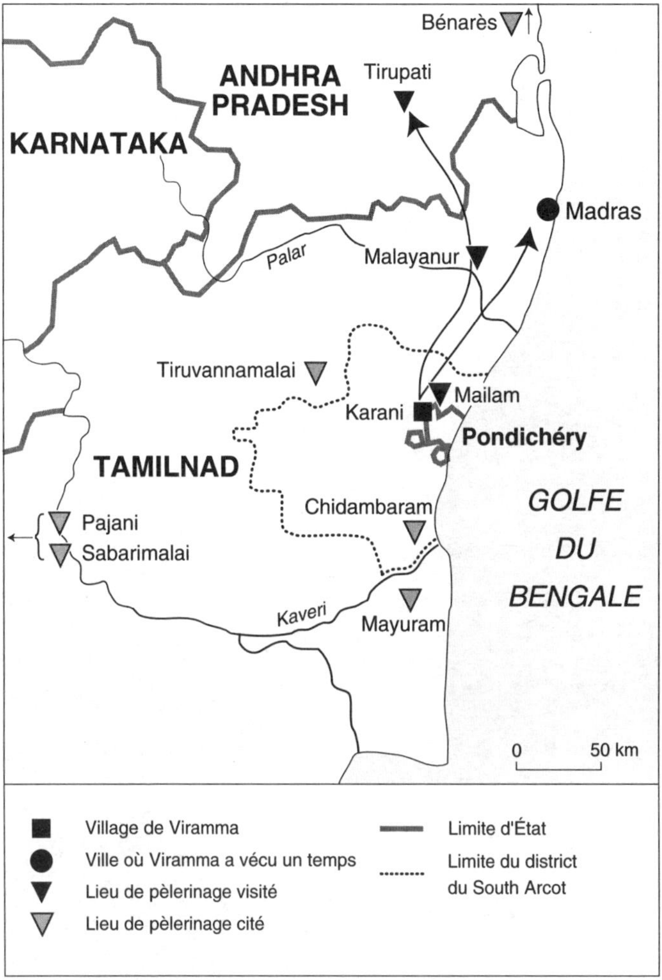

Carte 5 : les voyages de Viramma.
D'après J.-L. Racine in Mappemonde, n° 4, 1992.

INDEX DES NOMS DE PERSONNES

R

S

T

V

Y

Z

INDEX DES NOMS DE LIEUX

INDEX DES THÈMES

B

C

D

I

M

Q

S

T

TABLE DES ILLUSTRATIONS IN TEXTE

Les illustrations proviennent de diverses sources :

— Des dessins de Viramma elle-même qui, pour l'occasion, tint pour la première fois un crayon entre ses doigts.

— Des copies, par Patrick Mérienne, de peintures murales décoratives faites par Kapok, un Harijan de Karani.

— Des copies, par Patrick Mérienne, d'illustrations gravées au stylet sur un recueil d'*ole*, rectangles taillés dans des feuilles de palmier, dont l'assemblage constitue les manuscrits traditionnels. Le recueil utilisé est de facture très populaire (collection Racine).

— Des copies de *sakkaram*, diagrammes d'exorcisme ou d'envoûtement collectés par Paramananda Mariadassou dans son recueil *Médecine traditionnelle de l'Inde. La magie noire*, publié par ses soins à Pondichéry en 1937.

— Des dessins de Patrick Mérienne ou de Jean-Luc Racine, d'après des photographies prises à Karani.

TABLE DES ILLUSTRATIONS HORS TEXTE

A l'exception de la photo 72, prise par Jean Malaurie, toutes les photos sont de J. et J.-L. Racine

Premier Cahier

pièces, ouvrant directement sur l'extérieur. Les beaux-frères de Viramma et leur famille vivent dans les autres pièces.

11. Anbin recueille le lait d'une noix de coco qu'il vient d'ouvrir (1994).

12. Karani, la rue principale du vieux *céri* (1974). C'est d'un côté de cette rue, dite rue du Gardien (voir photo 49), que sont choisis chaque année, parmi les Vettiyan, ceux qui devront être *totti* pour les douze mois à venir. L'année suivante, les *totti* seront choisis parmi les Vettiyan habitant de l'autre côté. Le puits est maintenant tombé en désuétude, car le *céri* dispose désormais d'un petit château d'eau, et de pompes à main... Sur les champs qu'on devine au fond s'étend aujourd'hui la « colonie » – le nouveau *céri* – construit sur des terres offertes par l'État pour faire face à la croissance de la population. (En 1981, le vieux *céri* surpeuplé comptait 700 habitants.)

13. Irrigation par pompe, Karani (1994). L'irrigation individuelle par pompe électrique ou diesel s'ajoute de façon significative à l'irrigation collective traditionnelle par étangs et par canaux. Les cultures irriguées par excellence sont le riz et la canne à sucre.

14. Karani. La mare à l'entrée de l'*ur* (1983). Le soir venu, on y lave bœufs et charrettes.

15. La rivière de Gingee (1973). Son large lit sablonneux borde le finage de Karani, dont on voit l'extrémité au-delà des eaux.

16. Karani. La corvée d'eau à l'*ur.* Une lourde pannelle sur la hanche, voire une seconde pannelle sur la tête, deux femmes de l'*ur* rentrent à la maison. *Ur* et *céri* ont chacun leur point d'eau : traditionnellement, les Intouchables n'ont pas accès aux points d'eau des castes de plus haut statut, qui vivent à l'*ur.*

17. Un petit temple au bord de l'eau, sur la route de Pondichéry à Karani (1974). La route enjambe ici un canal d'irrigation, visible au second plan. Au bord de l'eau, un petit temple ancien, construit près d'un banian sous lequel paissent quelques vaches : une image toute marquée d'indianité...

18 et 19. Viramma et Manikkam devant leur seuil (1974). Le renfoncement en façade, forme élémentaire du *tinnai* des maisons de meilleure facture, est masqué par des feuilles de cocotier. Des cordes de paille tressées maintiennent le chaume du toit.

20. Karani. La rue principale de l'*ur* (1974). À comparer avec la rue principale du *céri* (photo 12) : chaussée plus large, maisons de briques à toit de tuiles ou à toit en terrasse (à droite) plus nombreuses, pylones électriques plus précoces qu'au *céri*. Le bâtiment de briques, à gauche, abrite des boutiques. Au premier plan, on remarque les paysans portant leur pagne de coton blanc (le *somin)* relevé au-dessus des genoux.

21. Une maison de terre à toit de chaume, dans l'*ur* de Karani (1974). Même l'*ur* compte de nombreuses maisons de terre à toit végétal. Certaines d'entre elles, de bonne taille, offrent comme celle-ci une façade à deux fenêtres, séparées par un *tinnai* central. Noter le raccordement électrique sortant du toit.

22. Une maison classique de briques à toit de tuiles, dans l'*ur* de Karani (1976), maison traditionnelle caractéristique, en pays tamoul, des familles relativement aisées. Le *tinnai* central, avec ses colonnes de teck, a meilleure allure que dans la maison précédente. Il conduit à la porte d'entrée, à deux battants et à linteau sculpté.

23. Une maison de maître exceptionnelle, dans un village de la région (1976). Vaste demeure à étage et à colonnes massives. Le grand *tinnai* en façade est précédé d'une véranda qui court sur toute la longueur de la maison. Sans être toujours aussi impressionnantes, les demeures des notables villageois traditionnels – de caste reddiar à Karani – se détachent du lot commun par leur taille, leur étage, le souci architectural rendant visible la puissance de leur propriétaire.

24. Karani. Au *céri*. La pompe et le chaume (1985). Après la moisson, la paille de riz s'entasse entre les maisons. Les toits de chaume seront refaits si besoin est. A gauche, les pannelles sont agglutinées auprès d'une des pompes à main distribuant de l'eau potable.

25. Karani. Au *céri* (1985). Un bœuf rumine...

26. Karani. Au *céri*. Les saris sèchent (1985). Sur les barrières mobiles des enclos à chèvres, sèchent des saris de cotonnade imprimée qu'on vient de laver.

27. Le riz cuit (1978). L'angle nord-est de la demeure de Viramma, comportant une seule pièce. De petites étagères sont accrochées au mur, ainsi qu'un porte-cuillères. Une pannelle est suspendue à l'armature en bambou du toit de chaume : le

riz cuit y est conservé, à l'abri d'une petite pannelle faisant couvercle.

28. Le mur des lampes (1978). Sur le rebord du mur des lampes (agrandies photo 31) reposent des pannelles de terre renversées. Derrière, le toit de chaume. Entre mur et toit, un espace permet d'aérer quelque peu une pièce sans fenêtre, que seule la porte très basse ouvre sur la rue.

29. Calendriers et photos de famille (1978). Au-dessus de la niche où est déposée la lampe à huile, calendriers et photos de famille sont fixés au mur. Les calendriers sont décoratifs. Sur le mur de terre, on voit, répétées en nombre, les trois barres horizontales des sivaïtes. Le dieu de lignée Périyandavin, qu'on ne représente pas, est perçu comme une forme de Siva.

30. L'ampoule électrique (1994). Quinze ans après les photos précédentes, peu de choses ont apparemment changé. Le riz cuit est toujours suspendu (mais dans un récipient en inox). Le porte-cuillères est toujours là. Du grain est conservé dans les pannelles de terre empilées contre le mur. Grande innovation toutefois : près de l'étagère, on voit une ampoule électrique. Le gouvernement a équipé ainsi chaque maison du *céri* dans les années 80. L'angle de la prise de vue cache au regard un autre équipement : un transistor est posé sur l'étagère.

31. La lampe à kérosène et la lampe à huile rituelle (1978). À gauche, la petite lampe à kérosène, qui dégage une fumée noire tâchant le mur. A droite, une niche taillée dans l'argile du mur reçoit le plateau de cuivre utilisé pour faire l'*aratti*. Dessus est posée la lampe à huile rituelle, portant l'effigie de Kamakshi, un des noms de la déesse Parvati. Les marques sivaïtes tracées sur le mur n'excluent pas, en haut à droite, la petite image de Sri Venkateswara, nom donné à Vishnu, à Tirupati : souvenir du pèlerinage accompli dans la ville sainte.

32. Les pannelles (1985). Différentes sortes de pannelles, en argile ou en cuivre, reposent sur un cercle de paille qui assure leur stabilité. Signe de progrès partagé, nous dit Viramma : « Tout le monde, aujourd'hui, possède de la vaisselle en cuivre... ».

33. La réserve d'eau de Viramma (1985). Dans la ruelle qui court devant sa porte, à l'ombre du mur du voisin, s'alignent les pannelles d'eau fermées par des bouchons de fortune.

34. Mortier et vans (1985). De pierre ou de végétal, des objets d'usage quotidien.

35. Viramma pile le paddy (1985). Dans un mortier profond, les deux femmes (Viramma est à droite) abaissent alternativement leur pilon pour décortiquer le paddy. Les grains de riz perdent alors leur enveloppe. Ce labeur, conduit au rythme régulier du martèlement des pilons, s'accompagne souvent de chants.

36. Une femme du *céri* prépare le repas (1985). On cuisine chez soi ou dehors. Dans une posture accroupie caractéristique, cette femme utilise la lame oblique de l'*arouvamanai* posé sur le sol pour couper les légumes. L'entourent pannelles, petit flacon d'huile et van.

37. Le repiquage du riz (1974). Voilà par excellence le dur travail des ouvrières agricoles, le plus souvent parias. Les pieds écartés dans l'eau boueuse, les femmes, jambes droites et reins tendus, repiquent brin à brin le riz transplanté des pépinières.

38. Un *totti* : le joueur d'*arabchatti* (1976)

39. Les sept *totti* du *paraimélam* (1990). La sous-caste des Vettiyan, à laquelle appartient la famille de Viramma, fournit par rotation les *totti* du village, qui doivent, entre autres tâches rituelles, constituer l'orchestre paria, le *paraimélam*, requis pour les funérailles et nombre de processions. On compte, de gauche à droite, cinq joueurs de *parai*, le tambour plat dont le nom est à l'origine du mot paraiyar qui fut occidentalisé en paria, un joueur d'*arabchatti*, tambour hémisphérique, et le joueur de trompe *(kombu)*. Tous ces instruments, de bas statut, sont emblématiques des Parias. A l'*ur*, l'orchestre rituel des barbiers utilise d'autres instruments.

Deuxième Cahier

40. Kapok décore un mur (1986). L'artiste, un Paraiyar du *céri* de Karani, travaille à l'aide des couleurs végétales et des terres qu'il a préparées sur la natte posée derrière lui. Les teintes sont ocres et vertes. On a présenté le détail des divers motifs de sa composition tout au long de ce livre. En encadré, le sourire de Kapok.

41. La houe sur l'épaule (1985). Noter la tenue de travail de

l'ouvrier agricole : torse nu, *toundeu* noué en turban. La houe *(mamouti)* est sur l'épaule...

42. Paternité (1978). Vêtements recherchés : le père est en chemise blanche. La fillette, en robe à carreaux, porte dans ses cheveux tirés de gros nœuds de couleur. Son visage est poudré pour être éclairci. Au front, le *potteu* noir des fillettes (il est rouge chez les femmes).

43. Dans une rue du *céri*, un fourneau en plein air. Au fourneau intérieur s'ajoute parfois, en saison sèche, un fourneau de plein air : voilà une cuisine à double foyer de terre. A gauche, un lit de repos, en cordes de coco tressées (mais beaucoup dorment sur une simple natte). Au centre, derrière le fourneau, se tient Viramma en visite.

44. L'édenté (1985).

45. Regard... (1985). Après le travail, le *toundeu* dénoué est porté sur l'épaule ou, plus dignement, sur les deux épaules.

46. Une rue du *céri* : après le travail... (1994). Le soir venu, beaucoup d'hommes portent la chemise, comme les garçonnets rentrant de l'école.

47. Au marché de Tirulagam : une gargote (1983). Une gargote typique de bord de chaussée : une échoppe de thé (on voit, à droite, le haut récipient de cuivre dans lequel bout le lait) où l'on peut manger des beignets frits, des *idli* cuits à la vapeur, des biscuits, des bananes. A droite de l'échoppe : des cannes à sucre fraîchement coupées.

48. Au marché de Tirulagam : bananes et cannes à sucre (1983). L'étal d'un marchand de fruits peu coûteux, productions locales : régimes de bananes et cannes coupées en janvier.

49. Au *céri* de Karani : les pierres du Gardien (1985). Ce sanctuaire est tout proche de la maison de Viramma. Les pierres, symboles divins, seraient, dit-on, sorties seules de terre.

50. Au *céri :* le temple de Mariamman (1978). Le plus ancien temple du *céri*, dédié à la déesse de la variole, Mariamman, la Mère, dont on voit l'effigie sur sa monture, le lion, au-dessus de la porte du simple sanctuaire. Devant, dans l'enceinte du temple, se dressent la stèle de Kattavarayan et les pals évoquant son supplice (voir dessin page 152).

51. A l'*ur*, la stèle de Potteuraja (1985). Elle fait face au temple de Draupadi. Le combattant manie l'épée au service de la déesse.

52. Almanachs et calendriers : panthéon hindou et vedettes de cinéma (1994). Lors d'une fête religieuse dans un village de la région, les marchands ambulants s'installent : ici le vendeur d'almanachs (portant en couverture des serpents) et de calendriers. L'iconographie populaire privilégie les portraits de divinités (au fond, second rang, au-dessus des almanachs) et les photos de vedettes de cinéma (y compris le faux militaire du fond). Au premier plan, en bas à droite, Kamal Hasan, la vedette masculine des années 80.

53. Propagande électorale pour le DMK, à Karani (1977). À l'entrée de l'*ur* de Karani, sur un mur de la maison d'un militant du Dravida Munnetra Kajagam, Mouvement pour l'émancipation des dravidiens, propagande électorale en faveur du parti, avec le portrait de son chef historique, M. Karunanidhi, joignant les mains en signe de salut respectueux aux électeurs.

54. Chez Viramma, en 1985, un calendrier orné des portraits d'Indira Gandhi, M. G. Ramachandran et Rajiv Gandhi. Après l'assassinat d'Indira Gandhi, en octobre 1984, les élections, au Tamilnad, ont vu se nouer l'alliance victorieuse entre l'Anna DMK, dirigé par M. G. Ramachandran, et le Congrès, dirigé au plan national par Rajiv Gandhi. Les portraits des trois leaders ornent ce calendrier portant le nom d'un commerçant d'un village proche de Karani.

55. Compétition électorale : des partis multiples (1977). Slogans et arguments peints sur les murs d'un village du South Arcot, lors des élections de 1977. Chaque parti s'est attribué une part de mur. A gauche, l'Anna DMK indique en grosses lettres son symbole : « Deux feuilles ». Les bulletins de vote portent les noms de tous les candidats ornés du symbole visuel de leur parti, qui permet aux analphabètes d'apposer une marque sur le nom retenu. A côté, un texte du Parti communiste indien marxiste, avec marteau, faucille et étoile rouge. A droite, une violente diatribe contre l'Anna DMK et son leader, M. G. Ramachandran, dont on voit la caricature. L'Anna DMK avait soutenu l'état d'urgence imposé par Indira Gandhi depuis 1975.

56. Au sol, un *kolam* pour Pongal (1983). A l'*ur* de Karani : un *kolam* très élaboré pour Pongal. Les *kolam*, dessins décoratifs et auspicieux, souvent géométriques et parfois figuratifs, sont

dessinés le matin, avec de la poudre de riz et éventuellement – comme ici – avec des poudres de couleur. On reconnaît la pannelle de *pongal* chaud, qu'encadrent deux cannes à sucre. En janvier, Pongal est, par excellence, la fête agraire, marquant la récolte de la grande saison traditionnelle du riz, après la saison des pluies de septembre-novembre. La canne à sucre vient généralement à maturité au même moment.

57. Le Pongal des bœufs : les cornes peintes (1983). Le jour du Pongal des bœufs, les paysans ornent leurs bêtes et peignent les cornes des bœufs (parfois aux couleurs de leur parti politique préféré).

58. A l'*ur*, temple d'Isvaran (1983). Isvaran est le nom le plus commun de Siva en pays tamoul... On le voit ici assis, jambe gauche repliée. Dans l'une des quatre mains, on reconnaît le tambour *udukkai*, un de ses emblèmes. Une tiare dans les cheveux, des bijoux sur le corps, il est là dans sa gloire souveraine. Le pied droit repose sur un *asura* vaincu. Autour, les sages, barbe et chignon haut. De chaque côté, le taureau Nandi, monture du dieu.

59. A l'*ur*, temple de Mariamman (1983). La déesse porte à Karani le nom de Sengajuniramman. La posture est la même que celle de Siva sur la photo précédente. On reconnaît aux mains de la déesse le tambour et le trident. Ce temple de Mariamman, comme celui d'Isvaran ci-dessus, et comme celui de Draupadi, sont situés dans le complexe religieux majeur de l'*ur*, que protège un mur d'enceinte. L'accès de ces temples étant interdit aux Paraiyar, Viramma n'a jamais vu les statues ici présentées.

Les processions de pénitents (photos 60 à 63). Elles se déroulent à travers l'*ur*. Les dévots Paraiyar peuvent participer à celles de Mariamman et de Taï pusam, mais pas à celle de Draupadi.

60. Célébration de Taï pusam, à Karani, en l'honneur de Murugan (1985). Processions de pénitents aux joues percées de longues lances ou de tridents. Il est d'autres macérations, avec crochets pris dans la peau (photos 63 et 64).

61. Fête de Mariamman, à Karani (1990). Le pénitent, qu'asperge une parente, a les joues transpercées d'une courte lance. Deux

lourdes noix de coco sont accrochées aux pectoraux, quatre autres (invisibles ici) sont accrochées à la peau du dos.

62. Fête de Draupadi (1983). Pris dans une cage, percé de pointes, le dévot rappelle ainsi l'enfermement de Draupadi que narre une version populaire locale du Mahabharata.

63. Célébration de Taï pusam, à Karani (1985). Un jeune pénitent, les joues percées d'une lance, une autre lance à la main (symbole de Murugan) tire à travers l'*ur* un petit char processionnel accroché à la peau du dos.

64. Célébration de Taï pusam, à Karani (1985). Outre la procession des pénitents à travers l'*ur*, la célébration de Taï pusam est marquée par l'érection, près du temple de Murugan, d'un mât où sont suspendus, à l'horizontale, des pénitents qui seront lancés dans un mouvement de manège. Les pénitents sont suspendus par des cordes nouées aux chevilles et à la taille, et par des crochets passés dans la peau du dos. On leur confie souvent, comme ici, des bébés malades, enserrés dans leurs bras, pour implorer le secours divin.

65. Fête de Draupadi, à Karani (1983). On y évoque pendant dix-huit jours le combat ayant opposé, dans le Mahabharata, l'armée des Pandava (dont Draupadi est l'épouse commune) à celle de leurs cousins les Kaurava. Un acteur recouvert d'une toile blanche joue ici le rôle d'un guerrier mort, sous son suaire.

66. Au *céri*. Harichandran. En marge du *céri*, sous un banian, se dresse la statue d'Harichandran (dessinée page 186). On lui présente le corps des défunts que l'on conduit au champ de crémation ou d'ensevelissement. Au nord de l'*ur*, une autre statue d'Harichandran est dressée sur le chemin qu'empruntent les corps des défunts de l'*ur*. Les hommes sont séparés dans la mort comme dans la vie.

67. Une scène d'exorcisme, à l'*ur* de Karani (1990). Devant le temple de Mariamman, lors de la fête de la déesse, le prêtre, muni de l'*udukkai*, tambour en forme de sablier, tente de chasser le démon du corps de la possédée, en transe, cheveux dénoués. La foule observe attentivement.

68. Au *céri*, avant le sacrifice du porc, Karani (1986). Une femme de la famille des sacrifiants, guirlande de jasmin au cou, est en prière avant le sacrifice du porc en l'honneur de Périyanda-

vin, une forme inférieure de Siva. Les trois cônes d'argile sur lesquels on a versé du lait en offrande symbolisent le dieu, qui n'a pas d'effigie permanente.

69. La famille offrant le porc, Karani (1986). Guirlande de jasmin au cou, et marques sectaires sivaïtes sur le corps, les hommes de la famille offrant le sacrifice sont en prière.

70. Le couteau du sacrifice, Karani (1986). Le sacrifiant en prière s'incline devant le couteau du sacrifice, couvert de fleurs lui aussi, qui repose contre un des cônes d'argile couvert de lait, juste avant de transpercer la bête.

71. Une *puja* en l'honneur d'un défunt, environs de Pondichéry (1973). La grande fête de Maci magam voit se ranger sur la plage, face à la mer, les statues des divinités de dizaines de temples importants de la région. La foule est dense, et attire des *pusari.* L'un de ces prêtres opère pour un villageois une *puja* à la mémoire d'un parent défunt. Les bâtons d'encens sont fichés dans le sable.

72. Viramma et sa fille, avec Josiane et Jean-Luc Racine. *Céri* de Karani, 1983. Photo Jean Malaurie.

73. Viramma, entre Josiane Racine et Jean Malaurie. *Céri* de Karani, 1983.

TABLE DES MATIÈRES

Terre Humaine a créé, dans les sciences sociales, depuis 1955, un courant novateur, a suscité un souffle dont on n'a pas fini de mesurer la fécondité.

En personnalisant le regard, Terre Humaine l'a relativisé et a renouvelé la nécessaire dialectique du « Je-il ».

Cette collection a construit, livre après livre, une anthropologie à part entière, au regard global, où toute théorie ne s'élabore que sur une expérience vécue. A l'écart des idéologies aujourd'hui dépassées du néopositivisme, des théories et des modes s'accompagnant de terrorisme idéologique, Terre Humaine, oasis de liberté dans un esprit de totale indépendance, est un puissant courant de renouveau de la recherche et de la littérature, dans la tradition si française de la littérature du réel.

Les auteurs les plus connus (Zola, Lévi-Strauss, Ramuz, Segalen, Hélias), les plus anonymes et parfois même illettrés (témoignages en direct d'autochtones), se rejoignent comme dans une grande famille pour faire prendre conscience au lecteur tout à la fois de sa propre intelligence des problèmes et de la complexité des sociétés et des civilisations.

Dans une vivante interdisciplinarité, dans un brassage de milieux et de classes, à niveau international, Terre Humaine propose, ses lecteurs disposent.

Toujours d'avant-garde avec ses 68 ouvrages parus (dont 38 édités en Presses Pocket dans la collection Terre Humaine/Poche), cette collection pionnière, qui comporte de nombreux best-sellers traduits dans le monde entier, se veut être un appel à la liberté de connaître et de penser.

OUVRAGES PARUS DANS LA COLLECTION **TERRE HUMAINE** (1955 → 1995)
* *Ouvrages augmentés d'un dossier de Débats et Critiques*
□ *Ouvrages parus également en Terre Humaine/Poche (Presses Pocket : n°s 3000 et suivants)*

Jean Malaurie.* □ — Les Derniers Rois de Thulé. *Avec les Esquimaux Polaires, face à leur destin. 1955. Cinquième édition 1989.*

Claude Lévi-Strauss. □ — Tristes Tropiques. 1955.

Victor Segalen.* □ — Les Immémoriaux. 1956. Deuxième édition 1983.

Georges Balandier.* □ — Afrique ambiguë. 1957. Troisième édition 1989.

Don C. Talayesva.* □ — Soleil Hopi. *L'autobiographie d'un Indien Hopi.* Préface : C. Lévi-Strauss. 1959. Deuxième édition 1983.

Francis Huxley.* □ — Aimables Sauvages. *Chronique des Indiens Urubu de la forêt amazonienne.* 1960. Troisième édition 1990.

René Dumont. — Terres vivantes. *Voyages d'un agronome autour du monde.* 1961. Deuxième édition 1982.

Margaret Mead. □ — Mœurs et sexualité en Océanie. I) *Trois sociétés primitives de Nouvelle-Guinée.* II) *Adolescence à Samoa.* 1963.

Mahmout Makal.* □ — Un village anatolien. *Récit d'un instituteur paysan.* 1963. Troisième édition 1985.

Georges Condominas. — L'Exotique est quotidien. *Sar Luk, Vietnam central.* 1966. Deuxième édition 1977.

Robert Jaulin. □ — La Mort Sara. *L'ordre de la vie ou la pensée de la mort au Tchad.* 1967. Deuxième édition 1982.

Jacques Soustelle.* □ — Les Quatre Soleils. *Souvenirs et réflexions d'un ethnologue au Mexique.* 1967. Troisième édition 1991.

Theodora Krœber.* □ — Ishi. *Testament du dernier Indien sauvage de l'Amérique du Nord.* 1968. Deuxième édition 1987.

Ettore Biocca. □ — Yanoama. *Récit d'une jeune femme brésilienne enlevée par les Indiens.* 1968. Deuxième édition 1980.

Mary F. Smith et Baba Giwa.* □ — Baba de Karo. *L'autobiographie d'une musulmane haoussa du Nigeria.* 1969. Deuxième édition 1983.

Richard Lancaster. — Piegan. *Chronique de la mort lente.* La réserve indienne des Pieds-Noirs. 1970.

William H. Hinton. — Fanshen. *La Révolution communiste dans un village chinois.* 1971.

Ronald Blythe. — Mémoires d'un village anglais. *Akenfield (Suffolk).* 1972. Deuxième édition 1980.

James Agee et Walker Evans.* □ — Louons maintenant les grands hommes. *Trois familles de métayers en 1936 en Alabama.* 1972. Deuxième édition 1983.

Pierre Clastres.* □ — Chronique des Indiens Guayaki. *Ce que savent les Aché, chasseurs nomades du Paraguay.* 1972. Deuxième édition 1985.

Selim Abou.* □ — Liban déraciné. *Autobiographies de quatre Argentins d'origine libanaise.* 1972. Troisième édition 1987.

Francis A.J. Ianni. — Des affaires de famille. La Mafia à New York. *Liens de parenté et contrôle social dans le crime organisé.* 1973.

Gaston Roupnel. □ — Histoire de la campagne française. Postfaces : G. Bachelard, E. Le Roy Ladurie, P. Chaunu, P. Adam, J. Malaurie. 1974. Deuxième édition 1989.

Tewfik El Hakim.* □ — Un substitut de campagne en Égypte. *Journal d'un substitut de procureur égyptien.* 1974. Troisième édition 1983.

Bruce Jackson.* □ — Leurs prisons. *Autobiographies de prisonniers et d'ex-détenus américains.* Préface : M. Foucault, 1975. Deuxième édition 1990.

Pierre Jakez Hélias.* □ — Le Cheval d'orgueil. *Mémoires d'un Breton du pays bigouden.* 1975. Troisième édition 1985.

Per Jakez Hélias. — Marh al lorh. *Envorennou eur Bigouter.* 1986. (Édition en langue bretonne).

Jacques Lacarrière.* □ — L'Été grec. *Une Grèce quotidienne de quatre mille ans.* 1976. Deuxième édition 1986.

Adélaïde Blasquez. □ — Gaston Lucas, serrurier. *Chronique de l'anti-héros.* 1976.

Tahca Ushte et Richard Erdoes.* □ — De mémoire indienne. *La vie d'un Sioux, voyant et guérisseur.* 1977. Deuxième édition 1985.

Luis Gonzalez.* □ — Les Barrières de la solitude. *Histoire universelle de San José de Gracia, village mexicain.* 1977. Deuxième édition 1983.

Jean Recher.* □ — Le Grand Métier. *Journal d'un capitaine de pêche de Fécamp.* 1977. Deuxième édition 1983.

Wilfred Thesiger.* □ — Le Désert des Déserts. *Avec les Bédouins, derniers nomades de l'Arabie du Sud.* 1978. Deuxième édition 1983.

Joseph Erlich. □ — La Flamme du Shabbath. *Le Shabbath, moment d'éternité, dans une famille juive polonaise.* 1978.

C.F. Ramuz. □ — La pensée remonte les fleuves. *Essais et réflexions.* Préface de Jean Malaurie. 1979.

Antoine Sylvère. □ — Toinou. *Le cri d'un enfant auvergnat. Pays d'Ambert.* Préface : P.-J. Hélias. 1980.

Eduardo Galeano □ — Les Veines ouvertes de l'Amérique latine. *Une contre-histoire.* 1981.

Éric de Rosny.* □ — Les Yeux de ma chèvre. *Sur les pas des maîtres de la nuit en pays Douala.* 1981. Deuxième édition 1984.

Amicale d'Oranienburg-Sachsenhausen.* □ — Sachso. *Au cœur du système concentrationnaire nazi.* 1982. Deuxième édition 1990.

Pierre Gourou. □ — Terres de bonne espérance. *Le monde tropical.* 1982.

Wilfred Thesiger.* □ — Les Arabes des marais. *Tigre et Euphrate.* 1983. Deuxième édition 1991.

Margit Gari.* □ — Le Vinaigre et le Fiel. *La vie d'une paysanne hongroise.* 1983. Deuxième édition 1989.

Alexander Alland Jr. — La Danse de l'araignée. *Un ethnologue américain chez les Abron (Côte-d'Ivoire).* 1984.

Bruce Jackson et Diane Christian.* □ — Le Quartier de la Mort. *Expier au Texas.* 1985.

René Dumont.* □ — Pour l'Afrique, j'accuse. *Le journal d'un agronome au Sahel en voie de destruction.* Postfaces : M. Rocard, J. Malaurie, 1986. Deuxième édition 1989.

Émile Zola. □ — Carnets d'enquêtes. *Une ethnographie inédite de la France.* Introd. : J. Malaurie. Avant-propos : H. Mitterand, 1987.

Colin Turnbull. □ — Les Iks. *Survivre par la cruauté. Nord-Ouganda.* Postfaces : J. Towles, C. Turnbull, J. Malaurie. 1987.

Bernard Alexandre. □ — Le Horsain. *Vivre et survivre en pays de Caux.* 1988. Deuxième édition 1989.

Andreas Labba. — Anta. *Mémoires d'un Lapon.* 1989.

Michel Ragon. — L'Accent de ma mère. *Une mémoire vendéenne.* 1989.

Michel Leprieur. — Quand Rome condamne. *Dominicains et prêtres-ouvriers.* 1989.

Robert F. Murphy. □ — Vivre à corps perdu. *Le témoignage et le combat d'un anthropologue paralysé.* 1990.

Pierre Jakez Hélias. — Le Quêteur de mémoire. *Quarante ans de recherche sur les mythes et la civilisation bretonne.* 1990.

Jean Duvignaud. — Chebika *suivi de* Retour à Chebika. 1990. *Changements dans un village du Sud tunisien.* 1990.

Laurence Caillet. □ — La Maison Yamazaki. *La vie exemplaire d'une paysanne japonaise devenue chef d'une entreprise de haute coiffure.* 1991.

Augustin Viseux. □ — Mineur de fond. *Fosses de Lens. Soixante ans de combat et de solidarité.* 1991.

Mark Zborowski et Elizabeth Herzog.* □ — Olam. *Dans le shtetl d'Europe centrale, avant la Shoah.* Préface d'Abraham J. Heschel. 1992.

Ivan Stoliaroff — Un village russe. *Récit d'un paysan de la région de Voronej. 1880-1906.* 1992.

Angelo Maria Ripellino — Praga magica. *Voyage initiatique à Prague.* 1993.

Philippe Descola. — Les Lances du crépuscule. *Relations jivaros. Haute-Amazonie.* 1994.

Jean et Huguette Bézian. — Les Grandes Heures des moulins occitans. *Paroles de meuniers.* 1994.

Viramma, Jean-Luc et Josiane Racine. — Une vie paria. *Le rire des asservis. Pays tamoul, Inde du Sud.* 1995.

TERRE HUMAINE – *COURANTS DE PENSÉE*

N° 1 : **Henri Mitterand.** — Images d'Enquêtes d'Émile Zola. *De la Goutte-d'Or à l'Affaire Dreyfus.* Préface de Jean Malaurie. 1987.

N° 2 : **Jacques Lacarrière.** — Chemins d'écriture. Postface de Jean Malaurie. 1988. Deuxième édition. 1991.

N° 3 : **René Dumont.** — Mes combats. 1989.

N° 4 : **Michel Ragon.** — La Voie libertaire. Postface de Jean Malaurie. 1991.

ALBUMS **TERRE HUMAINE**

N° 1 : **Wilfred Thesiger.** — Visions d'un nomade, Plon, 1987.

N° 2 : **Jean Malaurie.** □ — Ultima Thulé. Bordas, 1990.

Achevé d'imprimer en février 1996
dans les ateliers de Normandie Roto Impression s.a.
61250 Lonrai
pour le compte de France Loisirs, Paris

Achevé d'imprimer [illegible]
[illegible] Normandie Roto Impression [illegible]
[illegible]
[illegible]

Dépôt légal : février 1996
N° d'éditeur : 26604
N° d'imprimeur : 960284